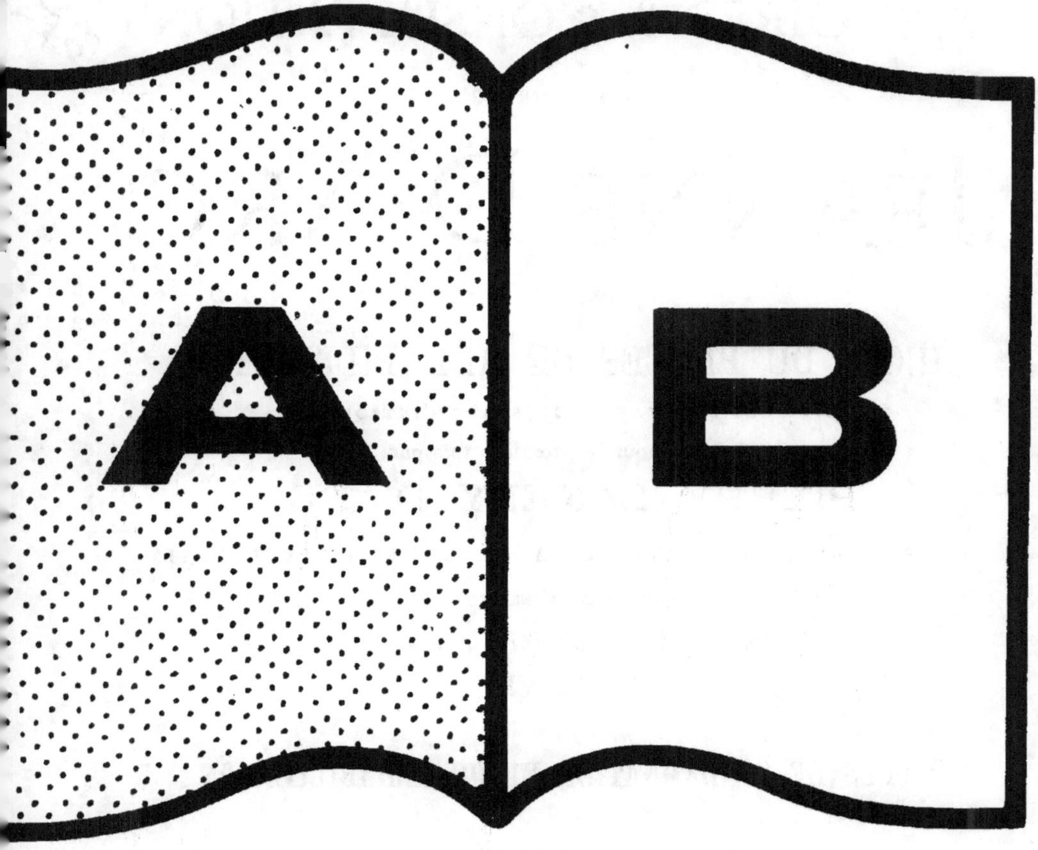

Contraste insuffisant

NF Z 43-120-14

MÉMOIRES & CONSULTATIONS

EN FAVEUR DE

JEANNE D'ARC

PAR LES

JUGES DU PROCÈS DE RÉHABILITATION

D'APRÈS LES MANUSCRITS AUTHENTIQUES

Publiés pour la première fois par

PIERRE LANÉRY D'ARC

DOCTEUR EN DROIT, AVOCAT A LA COUR D'APPEL D'AIX

LAURÉAT DE L'INSTITUT

Pour servir de complément et de

TOME VI

AUX

PROCÈS DE CONDAMNATION ET DE RÉHABILITATION

DE

JULES QUICHERAT

PARIS

ALPHONSE PICARD, ÉDITEUR

Libraire des Archives Nationales et de la Société de l'École des Chartes

82, RUE BONAPARTE, 82

1889

MÉMOIRES & CONSULTATIONS

en faveur de

JEANNE D'ARC

IN-8 DE 650 PAGES, PRIX 10 FRANCS

OUVRAGES DU MÊME AUTEUR

Lettre d'un Aixois (1649). Marseille, Chauffard, 1884, in-8 (épuisé).
Jeanne d'Arc, par M. Joseph Fabre. Marseille, Chauffard, 1884, in-8 (épuisé).
Jeanne d'Arc sur les autels. Aix, Nicot, 1886, in-8 (épuisé).
Jeanne d'Arc à Domrémy. Paris, Bray-Rétaux, 1886, in-8 (épuisé).
— La même, 2e édition. Grenoble, Dardelet, 1886, in-8 (épuisé).
Jeanne d'Arc de Schiller. Pari., Bray-Rétaux, 1886, in-8 (épuisé).
Jeanne d'Arc en face de l'Église. Bray-Rétaux, 1886, in-8 (épuisé).
Jeanne d'Arc et Monseigneur Dupanloup. Epernay, 1886, in-8 (épuisé).
— La même. Grenoble, Dardelet.
Le culte de Jeanne d'Arc au xve siècle. Grenoble, Dardelet, 1887, in-8 (épuisé).
— Le même 2e édition. Orléans, Herluison, 1887, in-8 (1 fr. 50).
Bibliographie des ouvrages relatifs à Jeanne d'Arc, catalogue des principales études historiques et littéraires consacrées à la Pucelle d'Orléans, depuis le xve *siècle jusqu'à nos jours.* Paris, Techener, 1887, in-8 de 300 p. 10 grav. (épuisé).
Jeanne d'Arc chez les auteurs du xvie *siècle.* Orléans, Herluison, 1888, in-8 de 60 p. (2 fr. 50).
Bibliographie cynégétique. Paris, Techener, 1886, in-8 (épuisé).
Les Francs-Tireurs de la Sarthe. Paris, Bray-Rétaux, 1887, in-8 (épuisé).
Gilles de Rais. Paris, Bray-Rétaux, 1887, in-8, (épuisé).
— Le même. Grenoble, Dardelet, 1888, in-8.
Histoire de la propriété prétorienne à Rome. Paris, Arthur Rousseau, 1888, in-8 de 103 pages (2 fr.)
Du franc-aleu. (Médaille d'or du ministre de l'Instruction publique). Paris, Arthur Rousseau, 1888, in-8 de IV et 455 p. (9 fr.)
Les Coutumes de Marseille au xiiie *siècle,* Aix, 1889, in-8 de 250 p. (3 fr.)
Le droit de propriété en Provence à la veille de la Révolution. (Communication au Congrès des Sociétés savantes à la Sorbonne, mai 1888). Paris, Leroux, 1889, in-8 (3 fr.)

Mémoires & Consultations

EN FAVEUR DE

Jeanne d'Arc

PAR LES

Juges du Procès de Réhabilitation

D'APRÈS LES MANUSCRITS AUTHENTIQUES

Publiés pour la première fois par

PIERRE LANÉRY D'ARC

DOCTEUR EN DROIT, AVOCAT A LA COUR D'APPEL D'AIX

Pour servir de complément et de

TOME VI

AUX

PROCÈS DE CONDAMNATION ET DE RÉHABILITATION

DE

Jules QUICHERAT

PARIS
ALPHONSE PICARD, Éditeur
Libraire des Archives Nationales et de la Société de l'École des Chartes
82, RUE BONAPARTE, 82

1889

PRÉFACE

Quicherat et Dupanloup sont les deux hommes qui ont fait assurément le plus en ce siècle pour la mémoire de Jeanne d'Arc. D'autres travaux sans doute ont pu être plus brillants, plus recherchés du public banal que les *Procès* de Quicherat. D'autres efforts, guidés par le même zèle pieux, pourront être couronnés de succès et arriver au but que n'avait pu atteindre, malgré son ardent désir, Mgr Dupanloup pour « Sa chère Sainte », nul n'aura fait plus pour la Pucelle que ces deux champions de la première heure: l'un nous a donné les textes des documents authentiques, base nécessaire à toute histoire de Jeanne d'Arc; l'autre nous a dessillé les yeux en nous rappelant que dans la guerrière il y avait aussi la vierge martyre, nous a montré que sous la cuirasse battait un cœur si admirable qu'il était digne de notre culte, nous a révélé cette personnification sublime à la fois de l'amour patriotique et de l'esprit religieux qui honorerait l'autel où nous la placerions.

Aussi sommes-nous persuadés que ces deux noms, celui du collecteur et celui de « l'évêque de Jeanne d'Arc », resteront éternellement attachés à celui de la Pucelle et qu'ils participeront toujours à sa gloire, à cette gloire au développement de laquelle ils ont du reste si ardemment travaillé !

Avant la publication par Quicherat, dans la collection de la *Société de l'histoire de France*, des textes authentiques des *Procès de condamnation et de réhabilitation de Jeanne d'Arc*, peu d'auteurs avaient eu la patience de recourir aux manuscrits de ces textes, et c'est en quoi l'œuvre de l'éminent professeur à l'Ecole des Chartes a été utile à la mémoire de la Pucelle : elle a facilité bien des travaux qui, sans elle, n'eussent jamais été entrepris ; elle est comme le point de départ et la base d'un cycle d'ouvrages, dont plusieurs fort remarquables, sur la libératrice de la France. Bien que ces manuscrits se trouvent à la Bibliothèque nationale, il est certain que le déplacement nécessaire pour les consulter, le temps de les parcourir et de s'y reconnaître, la difficulté de les déchiffrer, auraient rebuté bien des auteurs, qui, le Quicherat en main, ont pu faire d'excellentes études sur Jeanne d'Arc. Aussi, est-il vrai de dire que, parmi les écrivains qui se sont le plus occupés de ce sujet, il n'en est assurément qu'un très petit nombre ayant eu la patience de recourir aux manuscrits eux-mêmes, et cela à titre de pure curiosité, puisque l'édition qu'ils en ont est parfaite en tous points. Or, ceux-là ont été frappés d'une chose, c'est qu'on oublie beaucoup trop que les manuscrits, dont il s'agit, n'ont pas été publiés dans leur intégralité. En effet, celui du procès de condamnation l'a bien été, mais non pas celui du procès de réhabilitation.

Nous causions dernièrement de ce sujet, dans un des salons du ministère de l'Instruction publique, avec un des érudits orléanais qui connaissent assurément le mieux l'œuvre de Quicherat, un savant admirateur de l'héroïne, qui travaille avec zèle à sa canonisation et qui remplit même à ce procès des fonctions officielles. Nous fûmes étonné de voir qu'il ignorait complètement, lui qui pourtant avait rédigé des rapports pour la Congrégation des rites, l'existence de certains mémoires, dédaignés par Quicherat.

Celui-ci, en effet, a bien publié les sentences, les lettres, les témoignages, les actes de procédure du procès de réhabilitation, mais il a laissé à peu près complètement de côté les mémoires des docteurs en théologie consultés à ce sujet, ou tout au moins n'a fait que les indiquer.

Ces mémoires consultatifs sont de trois sortes :

I. — *Mémoires préliminaires au procès de réhabilitation.*

1° Consultatio domini Theodorici. (Le seul publié par Quicherat, t. II, p 22 à 58.)

2° Summarium domini Theodorici.
3° Opinio Pauli Pontani.
4° Consultatio Pauli Pontani.
5° Opinio Johannis Heremite.
6° Scriptum Guidonis de Verseilles.
7° Summarium Johannis Brehalli.

II. — *Mémoires insérés au procès de réhabilitation.*

1° Opusculum Johannis Jarsonno. (Le seul publié par Quicherat, t. III, p. 298 à 306).
2° Consideratio Heliæ de Bourdeilles.
3° Consilium Thomæ Basini.
4° Opinio Martini Berruyer.
5° Opinio Johannis Bochardi.
6° Opinio Johannis de Montigny.
7° Opinio Guillelmi Bouille.
8° Consideratio Roberti Ciboule.
9° Recollectio Johannis Brehalli.

III. — *Mémoires extra-judiciaires.*

1° Traité de Jacques Gelu.
2° Propositions d'Henri de Gorcum (publiées par Quicherat, t. III, p. 411 à 421.)
3° Sibylla francica clerici anonymi rotuli duo (publié par Quicherat, t. III, p. 421 à 468)[1].

Les trois mémoires : de Gerson, de Gelu, de Gorcum, avaient déjà été imprimés ensemble à Ursel, dans le duché de Nassau, en 1606, sous le titre de : Sibylla francica | seu | de

Ainsi donc, de ces dix-neuf mémoires consultatifs, Quicherat n'en a publié in-extenso que quatre, ou plutôt en a publié un et a donné une nouvelle impression de trois autres.

admira- | bili Pvella | Johanna Lotharinga, pastoris | filia dvctrice exercitvs Francorum | sub Carolo VII : Dissertationes aliquot coævorum | scriptorum historicæ et philosophicæ, in qvibvs | de arte magica obiter dispvtatvr et histo | riæ aliæ complvres lectv Iv | cvndissimæ inservntvr. | Item | Dialogi duo | de qverelis Franciæ | et An | gliæ et ivre svccessionis vtrorvmqve Regvm | in regno Franciæ. | Omnia ex bibliotheca Melchioris | Haimins feldii Goldasti ervta | et in lvcem prodvcta. | Vrsellis | ex officina Cornelii Sutorii, impensis Johannis Berneri | anno MDCVI.

Ce volume rare et curieux, in-8º carré, débute par 2 ff. préliminaires pour l'*Index auctorum*. L'ouvrage se compose de deux parties avec pagination séparée : la première, qui occupe les pages 1 à 36, est consacrée à la dissertation intitulée : *Laudavani cujusdam anonymi clerici de Sibylla Franciæ rotuli duo quos Goldasto communicavit R.P. Johannes Mynzenbergius Prior Monasterii Carmelitarum apud Francofurdianos.*

La seconde, composée de 43 pages, renferme :

1º M. *Heinrici de Gorckeim Propositionum de Puella militari in Francia, libelli duo.*

2º *Johannis de Gerson, cancellarii Parisiensis apologia pro eadem;* quam tamen veluti spuriam censet Goldastus.

3º *Ejusdem veritas ad justificationem ejusdem Puellæ :* quam et ipsam spuriam esse affirmat Goldastus.

4º *Patri episcopi cameracensis Dialogi duo de querelis Franciæ et Angliæ et jure successionis utrorumque regum in regno Franciæ.*

Ce *Dialogus cujus interlocutores sunt milites duo, unus Francus, alter anglus,* est aussi imprimé dans les œuvres complètes de Gerson, au tome II (Cologne, Jean Koeloff, 1483, 4 vol. in fol.; ou Parisiis 1606 in-fol. p. 870) ou au tome IV de l'édition Ellies du Pin (Antuerpiæ 1706, 5 vol. in-fol. ; ou Hagæ comi-

Pourquoi a-t-il négligé les quinze autres ?

C'est qu'en 1845, époque de cette publication, on s'occupait beaucoup moins de Jeanne d'Arc qu'aujourd'hui ; et même, d'une façon générale, la science documentaire était moins à l'ordre du jour. Nous savons quel initiateur a été, à ce double point de vue, l'éminent érudit.

En second lieu on ne parlait pas encore de la canonisation de la Pucelle et Mgr Dupanloup n'avait pas encore prononcé le grand mot. Aussi Quicherat pouvait-il dire, (t. V, p. 469) :

« Le vœu de la Société de l'histoire de France était
« de publier intégralement le procès de réhabilitation.
« Sans la faire manquer au but qu'elle voulait atteindre,
« j'ai cru pouvoir lui conseiller une réduction notable
« sur le chapitre VIII, à l'égard des mémoires consul-
« tatifs. Ces ouvrages en effet n'ont rien d'historique.
« On ne fait qu'y discuter l'orthodoxie de Jeanne ou la
« légalité de sa condamnation d'après les circonstances
« consignées au procès. Ouvrages de jurisprudence ou
« de théologie, ces mémoires auraient grossi mal à pro-

---

tum, sous le titre de : *Opus collativum de quadam Puella, quæ olim in Francia equitavit. Cujus editio Mag. Johanni de Gerson adscribitur, sed magis apparet stylus Mag. Henrici de Gorckeim.*) Fabricius ne paraît pas avoir eu connaissance de ces propositions. Les deux premiers chapitres, intitulés *Sibylla Franciæ* et les propositions de Gorcum, ont été composés, comme le reste de l'ouvrage, vers 1429.

La Biblioth. vaticane (fonds de la reine de Suède n° 307) et la Biblioth. nation. possèdent plusieurs manuscrits de ces mémoires.

« pos d'un volume la présente édition ; joint à cela
« qu'il sont si mal digérés la plupart, qu'Edmond Ri-
« cher, tout théologien qu'il était, avait lui-même
« prononcé leur exclusion lorsqu'il projetait la pu-
« blication du procès. « Et ne seroit besoin, dit-il,
« de les faire imprimer pour ce qu'ilz sont trop peu éla-
« bourez et polis, et tumultuairement escrits, me-
« sure en un siècle où la barbarie triomphoit. »
« (Mst Fontanieu, P. 285 Bibl. nat.)

Mais, depuis quarante ans, la situation n'est plus la même ; on s'occupe plus que jamais de Jeanne d'Arc, et les plus petits détails de sa vie, les moindres témoignages de ses contemporains sont recueillis avec le plus grand soin. Ce qui pouvait paraître superflu à cette époque nous paraît nécessaire aujourd'hui.

Voici ce que disait naguère M. Marius Sepet, à propos d'un des mémoires que nous publions ici :

« La recollection de Jean Bréhal est un examen
« consciencieux et minutieux, d'après les principes de
« la théologie et du droit canon, des accusations por-
« tées contre Jeanne et de la procédure suivie contre
« elle. Beaucoup trop dépréciée par M. Quicherat,
« qui n'estimait pas à sa juste valeur l'importance
« des sciences sacrées dans leurs rapports avec la
« science historique — quoique cette importance res-
« sorte, surtout dans un sujet tel que l'histoire de
« Jeanne d'Arc — ce traité fait un très grand hon-
« neur au dominicain qui l'a composé et mériterait
« d'être étudié d'une façon plus approfondie qu'il ne
« semble l'avoir été jusqu'à présent et que nous ne

« pouvons aujourd'hui le faire nous-même. » (Marius
« Sepet. *Jeanne d'Arc*, Tours 1885, p. 475).

Nous sommes les premiers à reconnaître que tout n'est pas chef-d'œuvre de clarté, de cœur et de bon sens dans ces mémoires, et qu'ils méritent peut-être dans une certaine mesure, — quoique ce soit là plutôt le procès de la science canonique de l'époque, que celui de ces mémoires en particulier — la critique d'Edmond Richer, et celle que leur faisait naguère M. Joseph Fabre :

« Le caractère commun des mémoires, sur le pro-
« cès de Jeanne, dit M. Fabre, est d'être très érudits et
« point vivants. Tout y est jurisprudence ou théolo-
« gie. Dans leurs interminables dissertations, ces au-
« teurs pérorent sur la foi, sur la soumission à l'Eglise
« et sur le surnaturel ; parlent volontiers de la magie
« comme d'une science véritable qui a ses règles ;
« multiplient les citations ou se perdent en subtili-
« tés scolastiques. On s'étonne, en lisant leurs con-
« sultations indigestes, d'y trouver une si extrême
« sécheresse. Point de détails sur la vie de Jeanne, sur
« ses vertus, sur ses patriotiques élans, sur son
« œuvre héroïque. Ces pédants se bornent à ergoter
« dogmatiquement sur l'orthodoxie de la Pucelle, et
« à démontrer à coups de *distinguo*, l'illégalité de sa
« condamnation. » (J. Fabre, *Procès de réhabilitation*
« *de J. d'Arc*, Delagrave 1888, t. II, p. 185).

Cette indignation n'est peut-être pas dépourvue de tout fondement, mais il faut remarquer que nous sommes au xve siècle, et voir ce qu'était la science canonique à cette époque ; ces docteurs n'étaient consultés qu'au point de vue purement dogmatique et n'avaient point à s'occuper de questions de fait, ni à se laisser aller à leurs sentiments, ils devaient juger avec leur raison et non avec leur cœur, ce qui explique leur sécheresse habituelle, sécheresse qui n'exclut pas, comme on pourra en juger, en bien des endroits, les témoignages les plus chaleureux. On voit combien tout le sublime de la mission de Jeanne s'est imposé à ces hommes pourtant froids et a su leur arracher, comme malgré eux, des cris d'admiration, partis du cœur ceux-là ! Et alors même que ce jugement sévère serait complètement exact, que les mémoires dont il s'agit seraient secs, indigestes, ternes et morts, ne tireraient-ils point de leur seul sujet un intérêt suffisant à les rendre dignes de la lumière ?

Quoi qu'il en soit, il nous a paru utile de les mettre au jour. Indépendamment de la valeur intrinsèque qu'ils peuvent offrir, n'est-il pas intéressant de connaître l'opinion des hommes les plus éclairés et les plus considérables de cette époque sur le fait de Jeanne, sur sa mission, sur l'illégalité et l'iniquité de sa condamnation ? On a publié récemment bien des notes, bien des panégyriques même très postérieurs, qui sont loin d'offrir le même intérêt que ces mémoires authentiques, faits avec pièces à l'appui, par les célébrités théologiques de cette époque, par des contemporains chez qui le souvenir de Jeanne était encore vivant, et qui avaient reçu mission officielle de les écrire.

Et même, ne nous est-il pas permis de nous demander, si cette opinion élogieuse d'évêques contemporains — qui sont tous des apologistes de la Pucelle — n'aura pas quelque valeur, quelque répercussion dans le procès qui est actuellement en instance à Rome? Nous croyons fermement que si Quicherat vivait, il aurait eu sûrement l'idée de compléter son œuvre, car le moment est opportun ; c'est donc pour nous non seulement un honneur mais un devoir, de mettre ce modeste travail sous la protection du nom de l'illustre érudit.

« *Les procès de condamnation et de réhabilitation* « *de Jeanne d'Arc* par Quicherat sont un modèle » disait en 1888, dans le compte rendu annuel des travaux de la *Société de l'histoire de France,* son digne président, le comte de Mas-Latrie. Nous avons pris cette phrase dans son sens relatif comme dans son sens absolu, et nous nous sommes attaché à suivre la façon de procéder du maître, en même temps qu'à conserver l'orthographe par lui adoptée[1].

Puisse-t-il n'y avoir pas une trop grande différence

---

[1] C'est ainsi que nous avons rajeuni, comme l'a fait Quicherat certaines formes archaïques des M^sts du XVe siècle. Ceux-ci portent par exemple : hii, revelacio, preciosus, oppinio, repperit, verissimile, reffert, satellittes, mundus, dampnandum, contempnere, excercere, diffinitio, quitquid, abhominabilis, habundantia, cathena, omelia, ydolatria, ymo, ymago, juridicio, pulcra, nichil, michi, proter, cottidie, litera, ex sui naturâ etc...

Nous nous sommes servi pour collationner les citations de droit canon, des textes du *Corpus juris canonici,* édition d'Æmilius Friedberg (Lipsiæ, Tauchnitz 1879 et 1881, 2 vol. in-4°).

entre le modèle et la copie ! Puisse celle-ci être digne de celui-là ! Puisse-t-on ne pas taxer de présomptueux le sous-titre de notre volume : *Complément de la publication de J. Quicherat !*

I

SUMMARIUM DOMINI THEODORICI

AUDITORIS ROTÆ IN CURIA ROMANA[1].

Jesus et gloriosus Hieronimus.

SUMMARIUM TOTIUS PROCESSUS HABITI CONTRA JANETAM VULGO DICTAM
LA PULCELA

INCHOATUS fuit processus per dominum Petrum, tunc Belvacensem episcopum, contra quamdam Johannam vulgo appellatam la Pulcela, anno Domini 1430, secundum rictum et computationem Galliarum, indictione 9, die 9 mensis Januarii, pontificatus felicis recordationis domini Martini papæ quinti anno quarto decimo. Qui episcopus prætendens se jurisdictionem habere in dictam Janetam, ex eo quod fuerat intra limites suæ diocesis capta in quodam conflictu bellico, per gentes armigeras domini ducis Burgundiæ; ac primum dictus episcopus, uti patet ex processu, ut creditur a rege Angliæ instigatus, personaliter adiit castra domini ducis Burgundiæ, tunc sita apud Compendium, et ipsum ac dominum Johannem de

---

[1] Le Théodore dont s'agit, que les manuscrits appellent à tort Theodoricus, est *Théodore de Leliis*, l'un des plus grands canonistes du XVe siècle. A vingt-cinq ans il tenait les assises de la Rote, en 1462 était évêque de Feltre, et peu après de Trévise ; il fut sous trois papes la lumière du tribunal romain, il publia de nombreux ouvrages de controverse religieuse et mourut à trente-huit ans, au moment où il allait être nommé cardinal par le pape Pie II.

Luzemburgo, sub cujus custodia ipsa Johanna detinebatur, requisivit ut dictam Johannam traderent regi Angliæ, ut inde rex Angliæ eam traderet et assignaret Ecclesiæ, offerens et paciscens, quod satis dedecens esse videtur, nomine regis se daturum captoribus sex mille

Théodore de Leliis s'occupa activement du procès de réhabilitation de Jeanne d'Arc. Il fit deux ouvrages en faveur de celle-ci :
Une *consultatio*, réfutation des douze articles allégués contre Jeanne, elle a été publiée in-extenso par Quicherat t. II, p. 22 à 58, parmi les pièces préliminaires du procès de réhabilitation.

L'opinion de Th. de Leliis sur le procès de condamnation est complètement favorable à la Pucelle. Voici comment il s'exprime dans sa *Consultation* :

« An videatur manifesta ex actis calumnia et iniquitas apparere, attento
« quod Johanna fuit per episcopum, judicem, illicitis pactionibus et pretio
« nummario ad supplicium comparata, et ipsi regi Angliæ tradita ; ut pa-
« tet ex requisitione ipsius episcopi facta. Attento etiam quod ipsa Johanna
« per regem Angliæ non fuit libere tradita, sed cum retentione et pro-
« testatione, de qua in litteris regis. Attento ulterius quod fuit in sæcu-
« laribus et profanis carceribus posita, ut apparet toto processu, et quod
« fuerit tradita scutiferis et armigeris custodienda. Item attento quod fuit
« ferreis compedibus mancipata, diuturno carcere macerata, defensionis
« copia denegata, multis perplexis quæstionibus irretita, de quibus habe-
« tur in *Summario processus*, an evidens appareat calumnia et injustitia
« judicantium. »

On le voit, l'auditeur de Rote juge avec une juste sévérité les procédés employés par Cauchon.

Mais il parle d'un *Sommaire du procès*. Ce sommaire est un abrégé fait par Théodore de Leliis lui-même pour l'usage des consultants. Le manuscrit original existe à la suite de celui de la *consultation* dans le mst 3878, fonds Ottobonien, à la Bibliothèque Vaticane, et, comme lui, autographe.

Trois copies s'en trouvent à la Bibliothèque nationale ; la première sous le n° 13837 du fonds latin (97 ff. du xve s.) provenant de la Bibl. de St Germain des Prés n° 1421, intitulé : « Extractum a processu contra
« Johannam Puellam per Anglicos facto, cum processus annullatorem, in
« quo continentur opiniones plurimorum doctorum et opiniones advoca-
« torum consistorialium. » fol. 1 à 9 verso. L'autre dans le mst de Saint-Germain de Harlay, n° 51, fol. 47 ; la troisième dans le n° 9790 f. lat. (ancien 5970 bis, autrefois 1033 du supplém. latin) intitulé « Varia de Joanna d'Arc, » copie faite en 1787 par les ordres du baron de Breteuil ministre et secrétaire d'Etat, par les soins du cardinal de Bernis de l'Académie des belles-lettres, alors ambassadeur de France auprès du Saint-Siége.

Ce *Summarium* est resté inédit. Quicherat, t. V, p. 426, s'est borné à en donner les premières et dernières lignes, regrettant de n'avoir pu lui donner place, de n'avoir pu le publier dans son entier.

franchos, et cuidam Bastardo, forte illorum duci, qui eam primus cepit, annuos redditus mille ducentarum, aut trecentarum librarum. Et ulterius offerebat cautionem decem millium francorum qualem dicit ex legibus belli pro redemptione unius regis, vel principis debere præstari. Hæc requisitio fuit facta per modum cujusdam pactionis, et conventionis, oblatis quibusdam cedulis in forma capitulorum, (uti apparet ex copia dictarum cedularum idiomate gallico, in processu folio 5[1]), sic que dicta Johanna quoddam modo venumdata pecunia tradita fuit regi Angliæ. Qui rex ipsam per litteras jussit exhiberi dicto episcopo totiens quotiens vellet eam de causa fidei examinare ; protestans tamen in fine ut etiamsi dicta Johanna non conviceretur de hæresi, sibi redderetur. Ex quo arguitur consignatio non fuisse satis libera. Hoc constat per litteras ipsius regis.

Dicta Johanna sic tradita, dictus episcopus a capitulo Rothomagensis Ecclesiæ sede vacante impetravit sibi concedi, et commodari territorium ad exercendam jurisdictionem in dictam Puellam : et de concessione apparet ex litteris capituli.

Igitur anno et die supra dictis in domo Consilii Regii, prope Castrum Rothomagense ipse episcopus Belvacensis evocatis, ut asserit in prima sessione, quibusdam consultoribus, procedere cœpit. Qui consultores tunc decreverunt informationes quasdam præparatorias esse faciendas, quas et episcopus fieri commisit, asserens se alias informationes habuisse, quas non inserit in processu, fortassis dolo eas prætermittens ; et hæc gesta fuerunt in prima deliberatione. Et postea altera die, scilicet 13 Januarii ejusdem mensis, fuerunt, ut asserit lectæ quædam informationes habitæ in loco originis, quæ non inseruntur processui. Quod dolo factum videtur, quoniam dictæ informationes forsan dictam Johannam adjuvabant, quod satis præsumitur ; quoniam consultores adhibiti censuerunt per articulos magis distincte materiam aperiri, ut deliberari posset an concernerent causam fidei, ita ut merito citari deberet ; ut patet.

Et notandum, quod a die incohati processus, usque diem 19 februarii, non solum non fuit adhibitus Inquisitor hæreticæ pravitatis,

[1] Théodore de Leliis, à la suite de chaque article, renvoie aux folios de la grosse du procès qu'il avait entre les mains. Comme, en l'absence de la dite grosse, ces renvois ne présentent plus d'intérêt, nous les avons supprimés.

sed etiam nulla de eo mentio facta. Ex quo magis mirandum, quare in exordio processus vicarius Inquisitoris nominetur in actibus, qui non intervenit et nondum fuerat evocatus. Die ergo illa 19 februarii, in alia sessione, ut ipsi vocant, lecti dicuntur articuli fieri mandati ad informationem præparatoriam faciendam, et attestationes super illis, quæ tamen sunt, et ut præsumendum est, consulto in processu prætermissæ : et tunc fuit conclusum Inquisitorem hæreticæ pravitatis in regno Franciæ esse vocandum. Et licet esset ita decretum de evocando principalem Inquisitorem, ex postea sua sponte idem episcopus requisivit quemdam assertum vicarium Inquisitoris in diocesi Rothomagensi, ut se adjungeret sibi in processu : qui dixit se dubitare an sua commissio cohartata ad civitatem, et diocesim Rothomagensem, extenderetur ad causam illam, quæ agebatur ratione jurisdictionis Belvacensis in territorio commodato. Et licet denuo ne sæpius requireretur dixit se nolle promittere, nisi haberet potestatem, ut hæc apparent ex processu.

Propter quod dictus episcopus litteras ad Inquisitorem scripsit, ut personaliter veniret, aut commissionem daret dicto vicario causa agendi dicti processus, dicens se velle cum illo uniformiter procedere.

Ex primo die 21 mensis februarii fuit in carcere dicta Johanna citata, quæ executori respondit quasi declinando jurisdictionem, quod petebat adhiberi viros ecclesiasticos de Francia sicut de Anglia, et quod supplicabat, quod antequam adduceretur in judicium responsura posset audire missam : quod sibi extitit denegatum. Admonita ut juraret, respondit quod forte ab ea interrogarent talia, de quibus non responderet, et quod de revelationibus sibi divinitus factis non responderet, etiamsi deberet sibi detruncari caput, quoniam, id sibi per visiones et suum consilium secretum fuerat præceptum, ne cui diceret, nisi Carolo regi Francorum. Et quod infra octo dies bene sciret an deberet id revelare. Tandemque sæpius admonitu juravit dicere veritatem super concernentibus causam fidei. Demum interrogata respondit de loco originis, nomine parentum, de proprio nomine, de nomine suæ parochiæ, de suo baptismo, et quod sciebat orationem dominicam, sed nolebat dicere, nisi episcopus interrogans audiret eam in confessione. Conquesta est etiam duriciem carceris, quod Puella debilis compedibus ferreis detineretur.

In altera sessione, celebrata die 22 februarii, iterum fuit vicarius Inquisitoris requisitus, qui denuo respondit se non posse intervenire nisi haberet specialius mandatum ; sed quandum poterat ratum habuit, et ratum habebat ; circa quod videndum si processus alias fuit nullus, aut ratihabitio proficeret.

Deinde iterum producta ubi supra, Johanna requisita ut juraret dicere veritatem, dixit se semel jurasse ; et quod possent de tali re petere, de qua illa non responderet veritatem. Professa est etiam se a matre vere, et scire didicisse.

Item solitam se quolibet anno confiteri proprio curato, vel alteri sacerdoti, de ipsius licentia : et aliquando bis, aut ter religiosis mendicantibus. Quod recipiebat sacramentum in die sancto Pasce. Item, quod dum esset tredecim annorum, quadam die ea existente in orto proprio audivit Vocem alloquentem eam a dextro latere versus ecclesiam. Quod primitus incussit sibi magnum timorem eaque vox claritate quadam circumfulta erat. Quam vocem credebat missam, a Deo. Et quod Vox illa suadebat sibi quod se bene regeret, et quod frequentaret ecclesiam : et quod sæpe, scilicet bis, aut ter in hebdomada admonebat eam quod veniret in Franciam. Et quod pater ejus ignoraret recessum suum. Et quod Vox illa prædixit quod liberaret civitatem Aurelianensem obsidione. Et quod præcipiebat quod iret ad oppidum quodam de Valecoloris ad quemdam Robertum, qui sibi traderet quatuor comites itineris : et quod se excusavit dicens, se esse pauperem filiam ignaram artis bellicæ. Et quod avunculus suus eam adduxit ad dictum oppidum. Deinde enumerat progressum sui itineris et adventum ad regem Francorum, adjiciens in fine, quod nullum petebat aliud finale præmium ab illa Voce, quam audiebat singulis diebus, nisi salutem animæ suæ. Et inter reliqua confessa est, quod fecerat fieri unum insultum contra civitatem Parisiensem : et hæc in illa sessione.

In secunda sessione, primum admonita, quod juraret simpliciter, respondit adjurando, per fidem suam, quod talia ab ea peterent, quæ ipsa non diceret : et cum semel jurasset, se revelationes suas non indicaturam, ipsi non deberent eam incitare ad dejerandum. Dixit etiam judici, quasi declinans ejus jurisdictionem « Attendite « bene, vos dicitis vos esse meum judicem ; vos assumitis vobis grande « onus, et nimis oneratis me. » Et licet dictus episcopus sæpius sibi interminaretur nisi juraret pœnam tamquam convictam de crimine, tamen illa sæpissime restitit jurare generaliter: et tandem juravit se dicturam tantum de eo quod tangebat processum. Fessa est etiam se illa die, qua non comederat a meridie externæ dici, usque ad illam horam, ter audivisse Vocem : quæ Vox consolata est eam dicens, quod audacter responderet, et quod Deus juvaret eam. Illa autem rogavit ut consuleret Dominum quid esset responsura. Deinde, rursus declinans jurisdictionem judicis, eum admonuit « Adver- « tatis, vos dicitis vos esse meum judicem : ego sum missa a Deo : vos « ponitis vos in magno periculo »; quod satis potest referri ad onus conscientiæ propter similia verba in eadem sessione prolata. Item cum peteretur ab ea, si revelare revelationes ei fuisset per illam vocem prohibitum, respondit quod volebat habere dilationes quindecim dierum ad respondendum. Item dixit, quod æque firmiter credebat, sicut fidem Christianam, et quod Deus nos redemisset a pœnis inferni, vocem illam venire a Deo, et ex sua ordinatione. Petiit etiam sibi dari in scriptis quædam puncta, quibus nolebat respondere pro tunc, adjiciens puerorum esse proverbium ; homines pro dicenda veritate solere suspendi. Et interrogata an esset in gratia Dei, caute respondit « Si ego non sum, Deus ponat me : si sum, Deus me con- « servet in illa ; » adjiciens quod si esset in peccato, credit quod Vox illa non veniret ad eam ; quod satis potest interpretari eam dixisse de mortali peccato, per ea quæ dicit, de Sancto Michaele, de quo dixit, quod quando eum videbat non videbatur sibi esse in peccato mortali : et item multa de peccato. Non tamen dixit, quod non posset peccare ; sed se referre ad Deum : et hanc responsionem habere pro magno thesauro.

Interrogata de Burgundis, respondit, quod noverat unum Burgundum, cui voluisset caput esse truncatum ; si tamen placuisset Deo ; et quod postquam intellexerat Voces favere regi Franciæ, odit Burgundos, denuntians Burgundis guerram, nisi facerent quod deberent. Interrogata de una arbore existente apud locum originis ipsius, respondit quod villæ de Dompremy est arbor quam quidam vocant divinarum fatalium : ubi est fons, ad quem infirmi febricitantes vadunt, ut inde sanentur ; sed ipsa ignorat an inde sanentur. Et quod ipsa aliquando ibat spaciatum cum aliquibus filiabus, et faciebat apud illam arborem serta pro imagine Beatæ Virginis illius loci. Quod audivit a quadam muliere, quod viderat ibi divinas fatales ; sed ipsa nescit an sit verum. Ipsa autem nunquam in eo loco vidit ;

sed nescit an viderit alibi vel non. Item quod vidit ponere sertas in ramis a puellis ; et ipsa aliquando posuit : sed postquam fuit illi indicatum quod veniret in Franciam, abstinuit a jocis omnibus : et postquam attigit annos discretionis, nescit an ibidem tripudiasset. Item dixit quod ibi est nemus quoddam quercosum, quod videtur ab hostio Patris sui : sed nescit ibi esse divinas fatales : Et dum frater suus diceret quod ibi cœperat fatum, ipsa negavit, asserens, quod quando venit ad regem quidam eam interrogabant de nemore, dicentes exstare prophetiam de puella ventura ab illo nemore, cui ipsa non adhibuit fidem. Et de veste muliebri dixit, « Detis mihi unam « et sinite me abire » : alias contentor de ista, ex quo Deo placet, quod eam deferam.

Ex post dicta Ianeta quarto interrogata, respondit quod habuerat ab illis vocibus licentiam revelandi quod dictura erat. Dixit illas esse voces beatæ Katharinæ, et Margaretæ, quæ sibi apparebant coronatæ pulchris coronis : et quod de hoc fuit interrogata Pictavis. Et quod bene cognoscebat unam ab altera per salutationem, quam ei faciunt ; et quia se nominant sibi ; et a septem annis elapsis eam acceperunt gubernandam. Sed quod primo habuit confortationem a sancto Michaele, et ejus vocem audivit cum esset tredecim annorum ; quo tempore audivit primam vocem. Et quod tunc non erat sanctus Michael solus, sed bene associatus Angelis. Et quod illos corporaliter et realiter vidit. Et quod plorabat quando recedebat ab ea ; et voluisset transire cum illis. Et quod erat multum luminis ab omni parte, ubi Vocem audiebat. Optabat autem ut ea apertius innotescerent ; quæ dicebat haberi librum sui examinis, qui erat Pictavis. Et de veste virili interrogata, respondit, quod non fecerat consilio hominis, nec cepit vestem, vel aliud fecit, nisi divino præcepto. Et interrogata, an id præceptum putaret licitum, caute respondit se existimare, quod quidquid fit per præceptum Dei putat licite fieri. Et interrogata, an esset aliquis Angelus super caput Francorum regis, quando accessit ad eum, respondit. « Per Beatam Mariam ego nescio, nec eum vidi. » Quod non ad salvandum ea, quæ dicta videntur in oppositum. Et quod rex suus priusquam sibi crederet habuit bona intersignia, et per clarum. Et quod bene tribus hebdomadis fuit interrogata per clerum apud villam de Chinon et Pictavis. Et Rex habuit signum de ea priusquam crederet. Dixit etiam, quod misit e Turonis quæsitum unum ensem, qui erat in ecclesia sanctæ

Katharinæ de Fierboys, retro altare, in quo erant quinque cruces, et erat rubiginosus ; et fuit sibi per voces indicatum, illum ensem illic esse. Et scripsit viris ecclesiasticis loci illius, quod mitterent illum sibi. Et licet aliqui fecissent sibi fieri vaginas de serico, et panno aureo ipsa abjecit, et fecit fieri de corio forti. Sed non fecit ensem illum benedici, nec posuit super altare, ut fortunatior esset. Et quod solum diligebat illum ensem, quia repertus erat in ecclesia sanctæ Katherinæ quam bene diligit. Sed quod postea dimisit illum ensem et accepit alium ablatum ab uno Burgundo, quia melior videbatur ad bonos ictus, et dandum bonas alapas.

Et quod fecit fieri unum vexillum cujus campus erat seminatus liliis ; et erat mundus figuratus, et duo Angeli a lateribus : et erat de bochasino albo. Et quod erant a latere inscripta hæc verba « Je- « sus, Maria. » Et quod plus quadragesies diligebat vexillum quam ensem. Et quod in aggressura hostium ipsa gestabat vexillum, ne quemquam suis manibus interimeret ; sicut nec unquam interemit. Deinde, de modo levandi obsidionem ab Aurelianis, quod de dixit prædixisse. Et quod prædixit regi suo se vulnerandam ; sed ob hoc non dimisit negotiari. Et alia plura quæ fidem non attingunt.

In altera examinatione, quæ habetur, multa extra rem ; sed illud satis pertinens. Interrogata de summo pontifice, respondit obediendum Romano Pontifici Romæ existent ; et quod illum credebat. Et quod consuevit in litteris ponere « Jesus, Maria » : et aliquando ponebat in signum, quod ille, cui scribebat non impleret quod mandabat. Prædixit etiam, et denuntiavit quod ante septem annos Anglici perdent majus vadium, quam fecerunt Aurelianis : quod quidam intelligunt impletum de Parisiis. Et quod perdent totum in Francia. Et quod habebunt majorem perditionem quam habuerunt in Francia. Et confirmavit de quotidianis revelationibus, et apparitionibus beatorum Katherinæ et Margaritæ ; quas dixit, nescit an haberent membra, vel non : sed quod videbat earum figuras et audiebat vocem pulchram, dulcem et humilem. Dixit etiam interrogata an Sanctæ locutæ sunt cum ea sub arbore, de qua supra, quod nesciebant quod audivit eas prope fontem, quæ est juxta arborem, et quod Sanctæ promiserunt sibi eam adducere in Paradisum. Et quod ab illis hoc requisivit. Item dixit beatam Katharinam, et Margaretam eam impellere ad confitendum. Et quod de peccato mortali non credebat fecisse opera, per quæ incurrisset peccatum mortale.

Et precata est Deum, quod preservaret eam a talibus operibus.

In alia examinatione, de qua folio quarto, dixit et repetiit de apparitionibus, asserendo quod viderat ipsos oculis suis et quod credebat eos ita firmiter esse, sicut Deus est. Dixit dum interrogaretur, quid ei revelatum de liberatione sua respondit non pertinere ad processum ; non debere eam loqui contra se ; et se nescire diem et horam. Tandem de hoc fatigata, sicut etiam in superioribus, dixit, quod dixerant sibi revelationes, quod liberaretur ; sed nescit diem, neque horam. Item dixit quando peragrabat Franciam, recipiebat sæpe in bonis villis sacramentum in habitu virili, sed non in armis.

Et de saltu turris dixit, quod voces prohibuerunt se saltare ; sed ea non valens ferre quod Anglici illo veniebant ut caperent eam, dejecit se, commendando se Deo et beatæ Mariæ : et fuit læsa ex illo saltu, et statim a beata Katharina confortata. Et quod non dixit quod mallet mori, quam incidere in manus Anglicorum ; sed quod malebat animam Deo reddere, quam in eorum manus incidere.

Hæc gesta et confessata primis deliberationibus. Ex postea Episcopus decrevit eam seorsum examinare, et non in præsentia plurium. Et die 10 martii, cœpit eam in carcere interrogare : quæ interrogata, respondit, sibi dum esset super fossata Meleduni per voces illarum sanctarum fuisse prædictum de captione sua, ante festum sancti Joannis : et quod grate, patienterque perferret, quoniam Deus adjuvaret eam. Et quod non sciebat diem, neque horam : quam si scivisset, non secommisissset illi periculo. Et tamen si fuisset sibi præceptum, paruisset, quidquid illi contingere potuisset.

Et de vexillo interrogata, respondit se vexillum illud arripuisse præcepto sanctarum, a quibus sibi præceptum exstitit, quod faceret in eo depingi Regem Cœli, et eo libere uteretur. Sed significationem ejus rei se dixit ignorare.

Eodem loco videtur interpretata quod alias dixit, quod episcopus ponebat se in periculo, dicens : « Vos dicitis vos esse meum judi« cem, nescio si scitis, sed cavete ne male judicetis, ne Deus vos in« de castiget. » Ex quo videtur jurisdictionem judicis declinasse, et admonere de Divino judicio. Et dixit quod sibi daretur duplum responsionum, ut posset ostendere Parisius : quod non propter denegatam defensionem ibidem conquesta est quod vexabatur tot petitionibus.

Et notandum quod de liberatione sua videtur incerta locuta, dicens se habuisse ambiguas revelationes, quod haberet succursam : quod poterat esse vel per liberationem, vel aliquam perturbationem judicii : et finaliter sibi dictum,« non cures de martirio tuo ; tu venies finaliter in regnum Paradisi. » De quo quia sibi fuerat revelatum, erat ita certa, sicut si ibi esset : quod declaravit statim sequenti examinatione. Et sane multum videtur salvasse quod alias dixit de peccato, cum interrogaretur, an crederet post revelationes posse peccare, respondit se nescire; sed ex toto se referre ad Deum. Et cum rursus diceretur sibi, illam responsionem esse magni ponderis, respondit quod habebat etiam ipsam pro magno thesauro.

Decima tertia examinatione, eodem die facta, ipsa sponte sua declaravit responsionem suam priori examinatione factam de certitudine salutis, quod illud intelligebat dummodo teneat juramentum, et promissionem, quam fecit Deo, videlicet quod ipsa servaret virginitatem suam tam corporis, quam animæ. Et de peccato dixit, quod nescit an peccaverit ; sed credit si esset in peccato mortali derelinqueretur a sanctis Virginibus : et quod tamen nemo poterat satis mundam habere conscientiam. Ibidem etiam interrogata de particularibus, et de insultu Parisiensi, quod non credit se mortaliter peccasse : et si peccaverit, id erat confitendum sacerdoti. Excusavit etiam se de æquo episcopi Silvanetensis. Et de saltu turris, quod non fecerat animo desperato, sed evadendi, et subveniendi multis bonis gentibus ; et quod in illo recognoscit se peccasse ; et fuisse confessam et veniam consecutam. Et de delatione habitus, postquam faciebat præcepto Dei et in servitio suo, non credebat se male agere : sed quando placeret Deo præcipere, statim deponeret.

Decima quarta examinatione, monita ut se submitteret in responsionibus determinationi Ecclesiæ, dixit quod responsiones suæ examinarentur primo per clericos, si quid ibi sit contra fidem Christianam ; et tamen si sciret aliquid esse contra fidem Christianam, nollet sustinere et nollet venire in contrarium. Dicens etiam quod erat contenta quod daretur sibi habitus muliebris unius burgensis sine causa pro audiendo Missam, petens quod liceret sibi postea reassumere habitum virilem : et ibidem instantissime petiit in honorem Dei, et Beatæ Mariæ quod posset audire Missam. Et iterum interrogata an vellet se submittere Ecclesiæ, dixit, quod nil vellet facere contra fidem Christianam : et si quid esset quod judicaretur eam contra fidem Christianam dixisse, vel habere supra corpus suum vellet illud abjicere. Et cum iterum urgeretur de eodem, dixit se non responsuram tunc aliud, sed die sabbati. Dixit etiam ibi multa de suis apparitionibus, dicens quod firmiter credebat illas, quas videbat, esse beatas Katharinam et Margaretam, quæ erant in Cœlo, in quarum honorem offerebat aliquando in missa sacerdoti munera : et quia prædictum sibi erat a sancto Michaele. Qui sanctus Michael prima apparitione sibi incussit terrorem ; deinde cognovit eum ex doctrina, quia docebat quod esset bona, et quod Deus illam diligeret et subveniret calamitatibus Franciæ.

Decima quinta examinatio habetur, in qua dicit se apparitione sancti Michaelis, asserens, quod firmiter credebat eum esse sanctum Michaelem, sicut quod Dominus noster passus esset pro nobis. Et ad hoc credendum impellebat eam bonum consilium, bona confortatio, et bona doctrina. Et iterum interrogata de Ecclesia, dixit quod vellet sustinere eam toto posse et non deberet prohiberi ire ad Ecclesiam, et ab audiendo missam. Ex quo satis apparet eam non intellexisse quid sit Ecclesia. Dixit quod referebat se ad omnes sanctos ; et quod unum et idem sibi videbatur de Deo, et Ecclesia. Et quod erat missa ex parte Dei et beatæ Virginis, et sanctorum omnium ; et illis se submittebat. Dixit etiam quod nesciebat an Deus oderet animas Anglorum ; sed illud prædicebat quod totum perderent, in Francia : et quod Deus permiserat affligi Gallicos aliquando, forte pro peccatis ipsorum.

Decima sexta examinatio, in qua interrogata de vexillo, respondet, quod illud fecerat depingi præcepto sanctarum ; non quod victoria consisteret in vexillo, sed erat in Domino. Et inter multa, quæ dixit extra rem, dixit quod adduceretur ad Papam, et quod responderet totum quod deberet.

Ubi dicit etiam quod faciebat serta imaginibus sanctarum Katharinæ et Margaretæ in honorem illarum, quæ erant in Cœlo. Et interrogata de mulieribus quæ vadunt per aera, dixit quod nunquam ivit, et detestata est sortilegia ipsarum.

Factis dictis interrogationibus die 24 martii, fuerunt lectæ coram dicta Johanna, quæ addidit ad articulum de habitu muliebri : « Tradatis mihi unam tunicam muliebrem pro exeundo carceres, et eundo ad domum matris, » dicens se postea consulturam quid facere deberet. Cætera ratificavit credens se ita dixisse, ut in illis continebatur.

Item die Dominica in Ramis palmarum die 25 martii, requisita ab Episcopo, utrum si ei concederetur audire missam dimitteret habitum virilem, respondit et supplicavit quod dimitteretur audire missam in illo habitu. Et tandem videtur dixisse non reciperet viaticum mutando habitum : tamen instanter petiit in illo habitu sibi ministrari.

Item decretum fuit postea, et conclusum, quod post interrogationes ex officio inchoaretur processus ordinarius, et proponerentur articuli.

Juravit Promotor de calumnia. Fuerunt oblati unus vel plures consultores ipsi Johannæ ad respondendum ; et illa respondit agendo gratias, et quod nolebat recedere a consilio Dei. Juravit dicere veritatem super articulis quantum concernerent processum.

Interrogata de signo, tunc noluit indicare et manifestare. Tantum dixit, illud esse bonum et dignum ; et quod ostensum fuit viris ecclesiasticis regni Franciæ, episcopis, archiepiscopis et nominatim archiepiscopo Remensi ; et res data pro signo erat ditissima, ita ut nullus eam describere posset. Et quod fuit sibi revelatum a vocibus, quod audacter adiret regem et quod appareret signum, propter quod illam reciperet. Et postquam fuit impletum, scilicet, cum Angelus ex parte Dei suo regi signum attulisset, ipsa egit gratias Deo, præsertim cum redargueretur a clericis regni, qui audientes et videntes signum fuerunt bene contenti. Et quod fecit reverentiam et flexit genua et discoperuit caput : tamen non dicit cui.

Hæc omnia dicta et confessata septem examinationibus, sive sessionibus, quarum sex primæ publicæ fuerunt, ultima in carcere secretior. Ex post 12 martii post septem, ut præmittitur, examinationes, exhibita et ostensa fuit commissio specialis Inquisitoris hereticæ pravitatis data Vicario suo de adjungendo de Bellvacensi episcopo in ista causa, postquam illam ostendit Vicario, offerens illi communicare priores confessiones. De hac exhibitione oblatione et commissionis tenore patet. Ex post iterum per dictum episcopum et sine Inquisitoris Vicario in carcere interrogata et examinata ipsa Janeta ; quæ repetiit de signo dato regi, dicens quod Angelus, qui primo sibi apparuerat, cum detulit signum allocutus est regem, dicens, ut ipsi Janetæ fidem daret, et illam exerceret quoniam futurum erat, ut per eam regnum relevaretur. Et quod illæ sanctæ crebro non invocatæ veniebant ad eam ; et si quando non venissent, ipsa requisivisset Deum ut illas emitteret. Et quod promisit illis sanctis virginitatem tamquam missis a Deo, quod satis erat : subdens, quod quum primum audivit Vocem illam vovit servare virginitatem. Et quod suas revelationes nemini indicavit, nec curato, aut alteri ecclesiastico ; sed solum Roberto de Baudricuria et regi suo : non ex eo quod Voces prohibuerint hoc ; sed ne ad nolitiam Burgundorum veniret vel patris qui eam impedirent a proposito. Fassa est etiam quod recesserit sine licentia parentum ; sed quod ex postea eis scripsit et habuit veniam ab illis. Dicens quod ex quo Deus præcipiebat, oportebat id fieri, etiamsi habuisset centum patres ; et si fuisset filia regis. Non tamen fuisse sibi prohibitum a Vocibus, quod parentibus non indicaret, quin potius suo commissum arbitrio ; sed ipsa noluit affligere parentes. Dixit etiam, quod recedente sancto Michaele, et Angelis, quos videbat, osculabatur terram per quam transierant. Et interrogata utrum Angeli essent diu cum ipsa, nil specifice respondit ad illud : sed forte mistice aliquid exprimere volens, ait multotiens Angelos venire inter Christianos, et non videri, quos illa sæpe vidit. Et quod aliquando voces alloquentes eam vocitabant « filiam Dei. »

Fuit eadem die nona examinatio in carcere facta, et sine vicario Inquisitoris per episcopum. Et interrogata de certo somnio, quod pater dicebatur habuisse, dixit quod audivit patrem somniasse Janetam filiam ituram cum gentibus armorum ; ex quo patrem contristatum aliquando dixisse fratribus, quod si id crederet futurum voluisset eam a seipso potius submergi : et parentes suos de recessu consternatos quasi amentes affectos. Et de habitu interrogata, dixit se sponte cepisse, non ad requestam cujusquam. Et interrogata an præcepto Vocum, dixit quidquid boni fecerat, præcepto Vocum fecisse et de habitu alias responsuram. Et alia plura, quomodo sperabat redimere dominum ducem Aurelianensen vel ex anglicis captivis, vel transfretando in Angliam, et manu forti eum arripiendo.

Die 13 martiis, post omnes examinationes et interrogationes supra scriptas novem Vicarius Inquisitoris dixit simul velle et ipsi episcopo assistere ; et eosdem constituit officiarios promotorem scilicet, executorem et custodem, quos episcopus antea constituerat, ut patet.

Decima examinatio. Tunc cœpta est simul interrogari. Et primo de signo respondit : « Velletis me incurrere perjurium. Vos non debetis id velle quoniam ego juravi non dicere, ne nimis honerarer ab hominibus. » Deinde in continenti dicit quod illud signum fuit quoniam Angelus portavit coronam regi suo, certificans ei quod recuperaret totum regnum suum auxilio Dei et opera ipsius Joannæ : subdens quod dicta corona fuit tradita in præsentia regis sui et recondita in thesauro regis : et corona erat aurea. Adjiciens quod Angelus fecit reverentiam regi suo, et inclinavit se sibi, et protulit illa verba quæ supra dixit. Et dictus Angelus gradiebatur super terram associatus aliis pluribus Angelis et ascendit gradus cum ipsa Johanna. Et quod angelo recedente cœpit flere, quod non posset illum sequi. Et interrogata quare id sibi magis quam alteri contigisset, respondit quod placuit Deo ita facere per unam simplicem puellam. Potest intelligi etiam aliquid de corona forsan mistice sensisse per ea, quæ infra eadem examinatione videtur innuere, coronan illam non fuisse opere et manu factam ; quoniam nullus aurifaber scivisset facere talem. Et quod erat corona missa a Deo et quod erat boni odoris si bene custodiatur, et quod erat in modum coronæ.

Duodecima examinatio facta etiam fuit præsente vicario Inquisitoris, in qua iterum interrogata de saltu, dixit expresse quod duabus de causis voluit saltare, quia audiverat crudelitatem exercendam in illos de Compendio, qui ferro, et igne, usque ad ætatem septem annorum erant interimendi ; et post excidium bonorum virorum nolebat supervivere. Altera quia sciebat se venditam Anglicis ; et malebat mori quam in illorum manus incidere. Et quod prohibita fuit a sanctis Virginibus et contaminata ex casu, sed confortata et ei venia ab illis repromissa. Et quod oravit Deum, ne sineret bonos viros ita fideles Domino suo crudeliter interire. Et quod non credebat se interficere, sed saltans commendavit se Deo, sperans evadere. Et visa est dicere, quod turbabatur in intelligendo responsa sanctarum ; propter turbationem carcerum et tumultus custodum. Et quod Voces sunt circumamictæ lumine et claritate.

Capitula incipiunt cum responsionibus.

. Ad primum articulum fassa est quod Papa et viri Ecclesiastici habent conservare fidem catholicam ; sed quod se non submittet nisi Ecclesiæ Cœlesti : et quod nollet tamen in fide deficere.

Ad secundum quod permittebat se adorari, respondit negando et quod si qui sibi osculati sunt sibi manus, fuit ea invita et contra ejus voluntatem : sed quod pauperes veniebant ad eam quos libenter videbat.

Ad tertium quod tenuit hæreticum dogma, negat dicens, quod sustinuit Ecclesiam pro posse.

Ad quartum in eo quod tangit damnas fatales, professa est se nescire quid sit.

In aliis articulis et omnibus ferme ad priora responsa.

Ad quintum decimum tamen articulum, in quo dicebatur quod maluerat non participare in Divinis quam dimittere habitum, respondit quod non fecit ex irreverentia.

Ad octavum decimum quod dissuasit pacem, negat dicens quod sollicitavit litteris ad pacem dominum ducem Burgundiæ, et cum Anglicis pax fieri poterat si dimitterent quæ temere usurparunt.

Ad quinquagesimum articulum est notanda responsio- nam incusata de invocatione respondit se invocare Deum et beatam Mariam, quod mittant sibi consilium et confortationem his verbis : « Piis-
« sime Deus, in memoriam tuæ sanctæ passionis, obsecro digneris
« mihi revelare quomodo debeo respondere his viris ecclesiasticis.
« Ego bene scio quantum ad habitum, scio præceptum per quod cepi ;
« sed nescio modum per quem debeam dimittere : quare velis mihi
« indicare : » et tunc sanctæ apparent.

Ad articulum quinquagesimum quartum specialiter de eo quod impingebatur, quod volebat habere obsequia virorum in camera, et dormiebat inter viros, respondit quod non verum ; quin sæpe in cubiculo habebat unam, vel duas mulieres ; quas quando non poterat habere jacebat armata.

In responsione etiam ad quinquagesimum sextum articulum, respondit quod nollet liberari auxilio diaboli a carceribus.

Ad sexagesimum primum articulum de submissione Ecclesiæ utrum velit se referre ad judicium Ecclesiæ de omnibus, quæ fecit. Respondit quod erat contenta dum modo non præciperet sibi aliquid impossibile : et appellat impossibile quod revocet revelationes sibi factas a Deo. Et quando Ecclesia vellet facere aliud contra præceptum sibi factum a Deo, quod non faceret pro re quacumque. Et interrogata utrum credat se subjectam Ecclesiæ militanti, proprie respondit quod sic Deo primo servito : non tamen habebat præceptum quod se non submitteret. Et de reliquis dixit se responsuram die sabbati ventura.

Die sabbati sequenti interrogata, respondit per omnia ut supra proxime.

Ex post statuerunt judices omnes confessiones redigendas ad duodecim articulos et illos transmittere consulendos variis doctoribus et magistris, qúod et fecerunt.

Ex post delatis deliberationibus Universitatis super articulis, monita fuit ipsa Johanna, et declarata omnia quæ super singulis articulis sentiebat Universitas : multis exhortationibus requisita, ut in processu, quod se submitteret judicio Ecclesiæ. Ipsa vero respondit quod volebat sustinere quæ dixerat in processu, etiamsi videret tormenta sibi parata, et ignis cruciatum sibi inferi. Quo audito judex in causa conclusit pronuntians se tunc demum judicem competentem, et citans eam in crastinum ad audiendum sententiam et ad faciendum et procedendum ulterius prout de jure.

Deinde die judicii, quæ fuit 24 maii, habita concione vel predicatione facta a quodam Doctore, dum admoneretur ab eo ipsa respondit : « Quantum est de submissione Ecclesiæ ego respondi, quod « omnia dicta et facta mea transmittantur Romam ad Dominum nos- « trum Papam, cui me et Deo primo me refero. » Et nota quod dixit se alias respondisse : propter quod satis potest suspicari, cum id nulla parte processus caveatur, dolo tacitum, vel prætermissum. Et iterum interrogata an vellet revocare, dixit quod remittebat se Deo et Papæ. Et licet hoc diceret, captiose fortassis illi dixerunt non sufficere, dicentes alios esse etiam judices ordinarios in suo diocesi ; et alia per quæ videntur etiam auctoritati Apostolicæ contrariæ.

Ex postea cum cœpisset sententia ferri, illa dixit se velle quod vellebat se omnino referre Ecclesiæ : propter quod fecerunt eam palam abjurare in forma.

Qua abjuratione non obstante, illico per sententiam fuit dicta Johanna ad perpetuos carceres et panem doloris et aquam angustiæ perpetuo condemnata.

Cui sententiæ dicta Johanna dixit ad commonitionem Inquisitoris eadem die in carcere velle parere, et oblatum muliebrem habitum sponte suscepit.

Post triduum judices reversi referunt eam deprehendisse in habitu virili et respondisse objurgatam, se sponte suscepisse, primo quia habitus ille erat decentior inter viros. Item quia non observata promissa de relaxando compedes ferreos. Et quod mallet mori, quam in illis diutius permanere ; petens quod daretur sibi gratiosus carcer, et quod volebat omnino facere quod Ecclesia imperabat.

Ex postea etiam dixit, se fuisse objurgatam a sanctis Virginibus de proditione veritatis pro salvando animam, et quod abjuraverat timore ignis non intelligens ; et quod malebat semel agere pœnitentiam, quam cruciari perenni carcere.

Judices his auditis die 29 martii convocato consilio, retulerunt in medium quid agendum, scrutantes vota singulorum : et major pars et omnes ferme venerunt in sententiam cujusdam domini Egidii Abbatis Fiscampnensis judicantis eam relapsam : consulentis tamen, quod cedula abjurationis, quam supra asserit Johanna se non intellexisse, iterum legeretur eidem et exponeretur illi verbum Dei ; quo facto ipsa remante in pertinacia, traderetur judici sæculari. Quod tamen miror fuisse prætermissum : nec enim apparet fuisse servatum : quod nota ad impugnationem processus.

Nulla ergo alia lectione cedulæ, nec instrucione præmissa, contra vota, ea ipsa die, et quasi ipsa hora properatum est ad condemnationem et traditionem curiæ sæcularis, per quam flammis tradita crudeliter interiit.

Post condemnationem et executiomem sententiæ, aliquos dies post, videlicet VII junii, judices fecerunt examinari aliquos testes de dictis et confessis per eam quando adducenda erat ad judicium, quæ in effectu continent ipsam Johannam fuisse deceptam et delusam ab illis vocibus quæ promiserunt eidem liberationem suam. Dicebat tamen se realiter illa vidisse quæ de apparitionibus dixit et de Angelis quos minutis quibusdam corporibus apparuisse dicebat : excepto eo quod dixerat de corona delata regi suo per Angelum, asserens semet fuisse angelum delatorem et coronationem in promissione coronæ attulisse. Ex quo videtur satis congrue interpretata sermonem suum primum. An tamen esset boni spiritus vel mali dicebat se refere ad judicium ecclesiasticorum. Fertur eam etiam devote confessam et magna contritione Dominici Corporis sacramentum assumpsisse [1].

---

[1] Ce dernier paragraphe est important en ce qu'il prouve qu'en 1452, on ne songeait pas à contester l'authenticité de l'information posthume rejetée à la fin du procès.

II

OPINIO DOMINI PAULI PONTANI

UTRIUSQUE JURIS DOCTORIS ET ADVOCATI IN CONSISTORIO SACRO [1].

Domini nostri Jhesu Christi, per quem discernitur et intelligitur ipsa veritas, præsidio invocato, præsuppositis his quæ in facto narrantur, plura dubia discutienda videntur.

Et primo, an hujusmodi revelationes seu aparitiones a bonis vel a malis spiritibus factæ censendæ sint. Et videtur prima fronte quod a malis : Primo quia ita demum istæ occultæ inspirationes a spiritu bono fierent dum tamen si ille qui inspiratum se asserit a Deo per miraculi operationem aut scripturæ testimonium hoc probet, ut patet in Moyse et Johanne Baptista, alias ei non creditur, cap. « Cum

---

[1] Ce Paul Pontanus était avocat au Consistoire apostolique.
En 1452 il vint en France comme secrétaire de la légation du cardinal Guillaume d'Estouteville ; et contresigna à Orléans, en cette qualité les indulgences accordées à l'occasion de la fête anniversaire du 8 mai.
On trouve à cette époque plusieurs lettrés italiens du même nom : un Louis Pontanus, mais qui était mort de la peste au concile de Bâle en 1439 ; un Jean Jovien Pontanus précepteur puis secrétaire et conseiller d'Alphonse d'Aragon, mort en 1503. Enfin le cardinal Octave Pontanus, il nous semble que l'avocat consistorial serait plutôt ce dernier.

ex injuncto » *De hæreticis*[1] ; « Nisi cum pridem, § Sed dices » *De renunciatione* [2] ; in cap. « Si quis præpostera[3] » ; sed ista neque scripturæ testimonium neque miraculi operationem ostendit, igitur etc..

Secundo, idem videtur probari a causa suæ missionis, videlicet ad faces belli excitandas et, per consequens, humani sanguinis effusionem faciendam, quod maxime diaboli desiderare videntur et etiam dicuntur secundum Augustinum in cap. « Nec mirum [4]. » Perfecti enim, qui ab auctore lucis inspirationem se habere asserunt, non debent se immiscere bellis carnalibus, sed circa bella spiritualia occupari, cap. « Nisi bella [5]. »

Tertio, quia mulierem miscere se bellis est prohibitum aut arma gerere et similia cum sint de genere proprio prohibitorum cum virorum cœtibus se inserat contra. Cap. *De regulis juris*[6] ; ibi super virilia officia, L. « Mutus » *De procuratoribus*[7] ; cap. « Mulieres » *De judiciis*[8], cum similibus ; et in istis in dubio semper in pejorem

---

Cette *oppinio* est un avis que l'auteur donna à première vue d'après les pièces dont il eut communication à Orléans, c'est-à-dire d'après le procès de condamnation et les informations de 1452.

Nous donnons ce mémoire d'après le mst n° 13837 f. lat. à la Bibl. nat. fol. 13 à 20, du xve s. (ancien 1421 de la Bible de Saint-Germain des Prés.)

Un autre mst s'en trouve dans le n° 51 du fonds de Saint-Germain de Harlay, à la Bibl. nationale. (xviie siècle fol. 34 « Domini Pauli Pontani advocati consistorialis quædam allegationes in processum Puellæ. »)

Enfin le mst de Soubise, du xvie s. contenait, d'après Lenglet Dufresnoy et de l'Averdy, qui l'avaient consulté dans la Bibliothèque du cardinal de Rohan, une traduction française de ce mémoire : « Ensuit aucunes allegations de Messire Raoul de Pont, advocat consistorial et en Parlement, touchant le procès de la Pucelle. »

Le mst de l'Arsenal (jurisprudence française n° 144, du xviiie siècle) contient la copie de cette traduction avec le même titre inexact quant au nom de l'auteur et quant à sa qualité d'avocat en Parlement. Lenglet Dufresnoy, *Histoire de Jeanne d'Arc*, 3e partie p. 270. De l'Averdy, *Notice des manuscrits de la bibl. du roi*, t. III, p. 194 et 295.

Quicherat, t. II, p. 59 et 60 n'a publié que quelques lignes de ce mémoire.

[1] *Decretalia Gregorii* lib. V, tit. 7, cap. 12.
[2] *D. Gregor.* I, 9, 10.
[3] *Decret. Gratiani*, Distinct. L, can. 27.
[4] *D. Grat.* causa xxvi, quæst. V, can. 14.
[5] *D. Grat* C. XXIII, I, 1.
[6] *D. Greg.* V, 41, 2.
[7] *Digeste*, III, 3, 43.
[8] *D. Bonifacii*, II, 1, 2.

partem interpretramur ; cap. primo *de Præsumptionibus* [1] ; ca. « Quisquis » *De electione* [2].

His tamen non obstantibus contrarium verius videtur. Primo attendendum est quod istæ occultæ inspirationes, an a Deo procedant vel non, soli Deo qui est secretorum cognitor patent, nec de piis quisquam inferior certam dare potest sententiam cum ipse cui patent cordis archana penitus occulta et secreta dijudicet, can. « Si omnia [3] ; » can. « Erubescant [4] ; » can. « Christiana [5] : » Unde de hujusmodi occultis non judicat Ecclesia, cap. « Tua nos, » *De Simonia* [6], et nota in can. « Erubescaut [7] » cum non possit de iis divinare aliquis, cap. « Ut nostrum ut Ecclesia bene sine divin. conf. » (III, 12) [8]. Et quamvis Spiritu sancto plenus esset Paulus, non tamen potuit secreta divini consilii agnoscere, can. « Beatus Paulus [9] : »

In his enim Ecclesiæ judicium sæpe fallere et falli potest, cap. « A nobis est sæpe quæstium » *De sententia excomunicationis* [10], unde dixit Augustinus, in primo libro *De civitate Dei* cap. xxv, II, de certis virginibus quæ, ne violarentur, se in flumen præcipitaverunt et ab Ecclesia dicuntur venerari, quod ipse non improbat, quia nescit an ex inspiratione Dei id fecerunt. Ex quo patet quod non potuit super hoc aliquid certum judicium dari. Conjecturari autem ex pluribus possumus revelationes seu apparitiones huic factas a bono spiritu fuisse.

Prima enim conjectura est quod ipsa erat virgo, prout ipsa constanter asseruit et inspiciendam se exhibuit, neque de contrario umquam constitit ; ex quo verisimilius est eam a Spiritu sancto inspirationem habuisse cum prout dicit Ambrosius in can. « Tollerabilius [11] », ubicumque Dei virgo est, templum Dei est, et sicut nuptiæ

---

[1] *D. Greg.* II, 23, 1.
[2] *D. Greg.* I, 6, 43.
[3] *D. Grat.* C. VI, I, 7.
[4] *D. Grat.* Dist. XXXII, cap. 11.
[5] *D. Grat.* D. XXXII, 9, V, cap. 23.
[6] *D. Greg.* V. 3, 34. (Ce chapitre est adressé *Decano Belvacensi.*)
[7] *D. Grat.* D. XXXII, 11.
[8] *D. Greg.* I, 23, 9.
[9] *D. Grat.* C. XXII, II, 5.
[10] *D. Greg.* V, 39, 28.
[11] *D. Grat.* C. XXXII, Q. V, cap. 1.

mundum, ita virginitas replet paradisum, can. « Nuptiæ terram replent [1]. » Ipsa enim sola virginitas potest animas hominum, Deo presentare, in authentica *De lenonibus* § « Sancimus [2] » et est principium aliarum virtutum in authentica, *Quomodo oporteat episcopos* § « neque [3]. » — Secunda conjectura est quod erat humilis : patet primo ex assertionibus suis quod ipsa se excusabat quod erat simplex puella et non apta ad hujusmodi opus. Item quia non quæsivit honorem mundanum, sed dumtaxat petiit animæ suæ salutem. Item interrogationibus intricatis, repetitis et difficilibus vexata numquam superbe, at turbate videtur respondisse, quæ humilitas præsertim virginitati conjuncta cum admiratione laudatur, cap. « Hæc scripsimus [4]. » Merito potuit a bonis spiritibus apparitiones et revelationes habere juxta illud : « Super quem requiescet spiritus almus aut meus nisi super humilem et trementem verba mea. » — Tertia conjectura est vitæ suæ probitas. Nam constat quod honestissime vixit, ecclesiam et missarum auditionem frequenter frequentavit, sæpe confitebatur, pia in pauperes erat, libenter jejunabat et similia faciebat quæ justam vitam probant. — Quarta quidem conjectura est quod, ut ipsa asserit, angelus ille in principio incussit sibi magnum timorem et in fine dimisit eam cum lætitia, quod est angeli boni signum, ut dicunt theologi de Angelo qui apparuit Zachariæ, item de eo qui beatam Mariam salutavit ibi « Ne timeas Maria. » — Quinta conjectura est qualitas mandatorum quæ illi apparitiones faciebant, nam, ut ipsa asserit, sæpe dicebant sibi quod se bene regeret, quod confiteretur se, quod frequentaret ecclesias, quod custodiret animi et corporis virginitatem et eam ducerent ad beatitudinem paradisi, et quod ipsa nunquam aliud ab illis petiit quam salvationem animæ suæ, quæ omnia sunt signa optimi spiritus, juxta illud : « A fructibus eorum. » — Sexta conjectura est quod ipsa, dum sibi apparebant, nonnunquam se signo crucis signabat, ut ipsa asserit, nec præterea recedebant, cum tamen crucis signum virtutem expulsionis maligni spiritus habeat, can. « Postea signatur » *De consecratione* [5]. — Septima conjectura est quod ipsa dicebat se clare et pers-

[1] *D. Grat.* C. XXXII, I, 12.
[2] *Clementinæ Novellæ* XIV (III, 1,) § 1.
[3] *Clement. Novel.* VI (I, 6) § 5.
[4] *D. Grat.* D. XXX, 16.
[5] *D. Grat.* D. IV, 63.

picue intelligere vocem illarum et quæ illi dicebant, et quod vox illa erat clara et humilis, cum tamen econtra malignorum spirituum, secundum Augustinum, illa sit consuetudo involute, captiose et obscure revelare, ut si verum non dicunt, possint etiam sub mala interpretatione obscuri verbi auctoritatem suam apud suos cultores retinere, in can. « Sciendum est hanc [1]. — Octava conjectura est catholicus et devotissimus finis obitus ipsius Johannæ cum, ut ex processu et testibus constat, etc. ante abjurationem judices decreverunt et permiserunt quod fieret particeps communionis corporis Domini et aliorum sacramentorum Ecclesiæ et cum maximis lacrimis et summa devotione communicavit ac in mediis flammis benedictum nomen Jhesus acclamando religiosissime dies finivit ; cum tamen illos quos diabolus sua inspiratione deceperit faciat male finire et tandem in æternam damnationem adducat, ut dixit Augustinus, ponens exemplum de Saüle, qui diabolum in forma Samuelis a Pythonissa excitatum adoravit, can. « Nec mirum [2] ». — Nona et major conjectura est miraculi operatio. Nam ipsa prædixit futura, videlicet quod tempore illo quo status regis in maxima oppressione erat, spoponderit et prædixerit quod faceret eum Remis in brevi coronari, cum fere omnibus impossibile videretur et ita secutum fuit, et similiter de dissolutione obsidionis Aurelianis, sed apertius prædixit quod omnes Anglici expellerentur de regno, exceptis illis qui remanerent interfecti et quod perderent omnia quæ habebant in regno, quæ vix unquam credidit aliquis quod hodie verificatum vidimus. Ista ergo futurorum pronuntiatio boni spiritus signum est, juxta illud « Evangelicum, non est vestrum, sed cum pater voluerit revelare, » et illud « Annunciate nobis quæ ventura sunt et dicemus quod dii estis. » — Decima conjectura est et maxima aliud miraculum. Nam, secundum beatum Bernardum, licet magna et divina fuerint miracula quæ Dominus gessit in terris, hoc tamen super omnia enitui quod in paucis, simplicibus et pauperibus totum mundum, et omnem altitudinem ejus sibi subjugavit. Refert hocce et Joan. in cap. « Venerabilis » *De præbendis* [3]. Ita etiam nos possumus dicere quod una puella xviii annorum, vel circa, indocta in armis, ex infirma plebe, ea tempestate qua conditio regis status deplorabilis videbatur ani-

---

[1] *D. Grat.* C. XXVI, IV.
[2] *D. Grat.* C. XXVI, V, 14.
[3] *D. Gregor.* III, 5, 37.

mos omnes erexit et suo animo hostes exterruit, superavit, profligavit adeo ut a facie ejus fugerent civitates et oppida inimicorum apertis portis sibi paterent. Miraculum sic censendum cum vix umquam tale quid fuerit auditum aut litteris annotatum : ex quibus patet quod non obstat ca. « Cum ex injuncto [1] » cum simil. imo facit, facit pro cum hæc apparuerit miraculorum operatio, vel respondetur ad illud can. quodd ato quod non apparuerint miracula, ibi dicitur quod illi non creditur si se a Deo missum asserat, non dixit tamen quod ex eo a malo spiritu missus censeatur imo potius cum penitus occultum sit judicio Dei relinquitur ut supra probavi. Vel sic tertio respondetur quod aut vult dogmatizare seu prædicare tanquam missus a Deo et quia in hoc vertitur magnum periculum non creditur ut ibi, aut aliud agere et judicio Dei relinquitur ut supra. Vel quarto aut asserit ex revelatione debere fieri quod omnino est malum et censetur ex malo spiritu. Ita dicit can. « Nec mirum [2] » et ita intelligitur ca. « Nisi quæ » sed dices ibi quia contra veritatem et ca. *De Renunciatione*, aut quod est bonum vel indifferens et tunc secus, ut dictum est, præsertim cum tot efficaces conjecturæ ad bonum existant, quia in incertis non certis locus est conjecturis, ca. « A nobis est sæpe quæstium » *De sententia excommunicationis* [3] ; ca. II. *De renunciatione* li VI [4] ; L. « Continuus § Cum ita » *De verborum obligationibus* [5] ; L. « In his » *De condit. et demonstrationibus* [6]. Præterea non obstat quod immisceret se bellis quod erat malum, quia ipsa se non ingessit, imo excusavit quod erat simplex puella et ignara ad bellum et voces dixerunt sibi rememorando calamitatem patriæ et patientiam regis quod veniret quia patria alleviaretur et rex pacem in regno haberet : unde meritorium fuit opus et licitissimum bellum, ca. « Apud veros [7] » et ca. « Noli existimare [8]. » Et ut bellum sit justum ista debent concurrere : primum, quod pro reportandis rebus aut pro defensione patriæ fiat, ca. « Si nulla urget [9] ; » secundum

[1] *D. Greg.* V, 7, 12.
[2] *D. Grat.* C. XXVI, V, 14.
[3] *D. Greg.* V, 39, 28.
[4] *D. Bonifacii,* 1, 7, 2.
[5] *Digeste* XLV, I, 137, § 2.
[6] *Digeste* XXXV, I, 16.
[7] *D. Grat.* C. XXIII, I, 6.
[8] *D. Grat.* C. XXIII, I, 3.
[9] *D. Grat.* C XXIII, 8, 15.

quod non voluntarie, sed necessario fiat et ex eo pax inducatur, dicto ca. « Noli ; » Tertium, quod non fiat animo ulciscendi, can. « Quid culpatur [1] ; Quartum quod ex mandato principis fiat, can. « Justum est bellum [2]. » Quintum quod perfecti ut ecclesiastici sanguinem non fundant, can. « Clerici quæ in quacumque [3]. » Quæ omnia hic manifeste concurrunt : de primo patet, item de secundo et tertio cum ipsa hortabatur eos ut irent ex parte Dei in patriam eorum sine læsione et ita semper præmonebat, et asserit quod mallet distrahi equis quam venisset in Franciam sine præcepto Dei. De quarto constat et de quinto cum ipsa nullum unquam interfecerit, quin imo prohibebat interfici, et portabat, ut asserit, suum vexillum ut non interficeretur. Præterea quod esset justa causa belli probo ex alio quoniam rex Angliæ non potest prætendere juste se habere jus in, seu ad, regnum Franciæ aliquomodo. Ita etiam in terminis decidit illustris doctor Baldus de Perusio in L. I. *De Senatoribus* [4], cujus verba formalia hæc sunt : Item nota enuntiat quod masculi potius quam feminæ succedunt in regno, et addit quod ubi non succedit femina non succedit filius ejus. *De re judi.* ad apostolice libro VI in novella. Nam omne quod est extra duce sequitur naturam propriæ generationis, et ideo si filia regis Francorum non successit in regno ex rationabili consuetudine Francorum, filius ejus et dominus rex Angliæ in regno Francorum aliquid jus prætendere non potuit, quia in causato non potest esse plus virtutis quam procedat ab influente, et est expressum. *De his qui feudum dare possunt.* § « Hac autem notandum est [5] » verba sunt Baldi. Ergo licuit huic subditæ sibi præstare pro rege in bello justo præsidium ; per quæ patet non obstare quod tertio loco supra in quæque adduceram quia istud est de genere permissorum, et debet ad bonum in dubio interpretari, stantibus ita validis conjecturis. Amplius dico quod cum ex conjecturis et miraculis satis constet inspirationem a bono spiritu fuisse debet ab omni eo quod egit aut dixit, penitus excusari cum legem propriam inspirationis quæ omnem

---

[1] *D. Grat.* C. XXIII, 1, 4.
[2] *D. Grat.* C. XXIII, 2, 1.
[3] *D. Grat.* C. XXIII, 8, 5.
[4] *Digeste* I, 9, 1.
[5] *Feudorum consuetudines* I, 1, 3.

legem superat secuta fuerit, quod licet ca. « Ex parte » *De convers. conjugat* [1] ; ca. « licet [quibusdam] » *De regular.* [2] ; ca. « Duæ sunt leges* [3] ; » can. « Dixit [Dominus ad Moisen] » Hæc enim lex inspirationis excusavit Jacob a mendacio. § « Item opponitur [4] ; » Israelitas a furto ut habetur in can. « Dixit Dominus [5] ; » Sansonem ab homicidio, canon. « Si non licet [6], » et « Occidit [7] ; » Abraham ab adulterio, *Genesis* XXI et Davidem a pluritate uxorum, *Regum* XI et plures similes de quibus in ca. « Gaudemus » *De divortiis* [8]. Ergo multo magis hanc excusavit a præmissis quæ de se licita videntur. Postremo posito sine præjudicio quod revelationes essent a malis spiritibus, tamen quia Angelus Sathane se transfigurat nonnunquam in Angelum lucis. cap. « Licet » *De regulas* [9] ; can. « Nec mirum [10] ..... » Ista ex isto errore decepta quod essent boni fuit. Quod patet, quia dixit se illis exhibuisse honorem respectu sancti Michaelis et sanctarum Katharinæ et Margaretæ quæ sunt in Cœlo quia putat esse illas quæ sunt in Cœlo ; unde iste error non est sibi periculosus neque damnandus. § « Similiter [11] » etc. præsertim cum in ista sua opinione pertinax non steterit omnino, imo Ecclesiæ judicio se submisit, ut infra in quinto dubio subjiciam. Et hæc de primo.

Dubitatur secundo an gestatio habitus virilis in ea culpabilis fuerit vel non. Videtur quod sic quoniam si qua mulier suo proposito judicans utile ut virili veste utatur et propter hoc viri habitum imitetur anathema sit, ca. « Si qua mulier [12] » et habetur de utroque XVII, ca [13]. Præterea apostolus præcipit mulierem velare caput suum, non

---

[1] *D. Greg.* III, 32.
[2] *D. Greg.* III, 31, 18.
[3] *D. Grat.* C. XIX, 2, 2.
[4] *D. Grat.* C. XIV, 5, 12.
[5] *D. Grat.* C. XXII, 2, 22.
[6] *D. Grat.* C. XIV, 5, 12.
[7] *D. Grat.* C. XXIII, 5, 9.
[8] *D. Grat.* C. XXIII, 8, 14.
[9] *D. Gregor.* IV, 19, 8.
[10] *D. Gregor.* III, 31, 18.
[11] *D. Grat.* C. XXVI, 5, 14.
[12] *D. Grat.* C. XXIX, 1.
[13] *D. Grat.* D. XXX, 6.
[14] *D. Grat.* D. XXX, 2.

decurtatis crinibus incedere. Secundo quia in hoc videtur pertinax fuisse cum præelegerit non audire missam neque communicare, etc. quando est de præcepto Ecclesiæ et sic contempsit mandata Ecclesiæ, ca. « Omnis utriusque sexus » *De penitentiis et remissionibus* [1]; ca. « Missas die » *De consecratione* [2]; cum similibus.

Sed his non obstantibus contrarium arbitror dicendum. Primo, quia si istam habitus gestationem fecit ex inspiratione divina, ut ipsa asserit et præsumitur, ut supra dixi, nullo modo est culpabilis, quia ubi spiritus, ibi libertas, ut in dicto cap. « Licet » *De regular* [3]. in dicto can. « Duæ sunt leges [4] » ; nam et Jacob fratris vestibus ad deceptionem patris et fratris supplantationem usus ex eadem spiritus libertate est, quod alias sibi non licuisset. — Secundo quia, ut dicit archidiaconus in ca. « Si qua mulier [5], » allegatus ille textus intelligitur quando causa luxus aut libidinis hoc ageret, et ita sentit ibi glossa, alias secus. Sed in casu nostro, ut ipsa asserit, non ex luxu, sed ut ad luxum non excitaret viros cum quibus conversaretur; hoc fecit et ut minus illis placeret, ut ipsa asserit et ex testibus constat, igitur non est culpabilis. Plerumque enim ex qualitate habitus mulieris ad libidinem alii provocantur. L. « Item, » apud Labeonem. § « Si quis indicto ; » ca. « Si qua mulier. » Illud habet locum quando ex luxu, secus si hoc ageret quia timeret virginitatem perdere et se violari: abest enim ut ea, quæ propter bonum facimus, nobis ad culpam imputentur, cap. « De occidendis [6]. » Nam et mutatio habitus clericis permittitur, et assumptio habitus laicalis conceditur, ubi justa causa timoris exigit habitum transformari, cap. « Clerici, » ultimo *De vita et honestate clericorum* [7]. Sed ista asserit quod ne violaretur et agilior esset ad resistendum istum habitum gestabat, et pro eo quia alii Anglici tentaverunt ejus pudicitiam, igitur excusatur. Patet etiam quia dixit quod si permitterent eam abire vel in carcere ecclesiastico et honesto, vel cum societate mulierum ponerent, erat contenta sumere muliebrem habitum ; et sic,

---

[1] *D. Gregor.* V, 38, 12.
[2] *D. Grat.* D. I, 64.
[3] *D. Greg.* III, 31, 18.
[4] *D. Grat.* . CXIX, 2, 2.
[5] *D. Grat.* D. XXX, 6.
[6] *D. Grat.* C. XXIII, 5, 8.
[7] *D. Greg.* III, 1, 15.

ubi cessabat timor violationis, non recusabat gestare mulieris habitum : iste enim metus virginitatis perdendæ major quam mortis esse debet, L. « Isti quidem, » *Quod metus causa* [1] ; L. II § Initium *De origine juris*. Et propter istam rationem metus ista permutatio permittitur, secundum glossam et doctores in cap. « Si quis ex clericis, » *De vita et honestate clericorum* [2] ; et in cap. indicto « Si qua mulier ; » quæ omnia in ista concurrebant cum esset in continua expeditione bellorum. — Quarto, non est verum quod ipsa postposuerit non audire missam ne mutaret habitum, imo instanter requisivit audire missam et communicare et quod daretur sibi vestis ad modum filiæ unius burgensis et assumeret. — Quinto, potest excusari quia dixit se jurasse suo regi quod non mutaret habitum, et si dicas quod juramentum erat illicitum, respondeo quod hoc incertum est an ex inspiratione bona ; præterea inter hæc duo mala constituta, quod eligeret probabiliter dubitabat attenta fragilitate sensus [3] et juvenili ætate, can. « Nerui [4] », et præsertim quod ex hoc ab hæresi excusetur. — Sexto in finalibus fuit contenta secundum judicum arbitrium et sine aliqua conditione habitum dimittere, ut patet ex processu, et sic in hoc non fuit pertinax. — Septimo non potuit ex hoc dici relapsa cum si gestatio habitus fuit inculpabilis, ergo et reassumptio. Item, quia ex testibus constat quod reassumpsit ne corrumperetur ab attentantibus eam violare. Item, quia, dum esset in lecto, removerunt sibi muliebrem [vestem] et posuerunt virilem ut, si vellet ad necessaria naturæ surgere, cogeretur virilem sumere, ut ex testium depositione constat et necessitas non subjicitur legi, cap. « [Si quis propter necessitatem] » *De furtis* [5] cum similibus. Inhonestius enim fuisset sibi quod sine veste incederet quam si cum virili.

Tertio dubitatur an gesta et facta ejus, quæ ex processu constant, sint damnatione vel excusatione digna. Et videtur primo quod sint damnanda, quia ipsa venerabatur illos spiritus malignos, quo cade-

---

[1] *Digeste* IV, 4, 8.
[2] *D. Greg.* III, 1, 4.
[3] On lit en marge et d'une autre écriture : « *aut sexus.* »
[4] *D. Grat.* D. XIII, 2.
[5] *D. Greg.* V, 18, 3.

bat in idolatriam seu sortilegium, can. « Episcopi eorumque [1] ; » et
« Sciendum est [2]. » Item quia ipsa asserit quod amplexabatur illas
sanctas et angelum, cum hi corpore carerent. Sed respondetur quod
ipsa asserit expresse se illas veneratas fuisse credens esse illas et in
honorem illarum quæ sunt in paradiso ut a Deo pro se gratiam obtinerent, et sic per cultum qui sanctis debetur, ca. I, et per totum,
De reliquiis et veneratione sanctorum [3], et plene per glossam ordinariam, can. « Tibi Domino [4]. » Item licet angeli non habeant corpus,
assumunt tamen sibi aliquando, nam et Jacob cum Angelo luctaba-
tur et sic eum amplexabatur. Item etiam si essent mali spiritus excusatur quoniam eos bonos credens venerata est, XXIX, q. I, cap. I.
D. *Grat.*; nec obstat quod Saul credens esse Samuelem venerando
non excusatur quia recurrerat ad artem illicitam Pythonissæ per
quam Angeli boni non excitantur, can. « Nec mirum [5]. »

Sed reprehensibile videtur in factis suis quod absque licentia patris discesserit contra mandatum divinum « honora parentes, » ut
habetur *Ecclesiastici* III « honora parentes ut sis longævus super terram » et ad [effectum] honora patrem et matrem, hoc est primum
mandatum in lege, cap. v, I ad Thimotheum ; discant mu-
tuam invicem reddere parentibus vicem, hoc enim acceptum est
coram Deo : unde filius invito patre, potius maligno quam bono spiritu ducitur, can. « Noluit [6]. » Sed his respondetur, ut ipsamet respondet, quod oporteret magis Deo quam patri obedire, ex quo hoc
sibi per inspirationem præcipiebat aut præcipi sibi credebat, juxta
illud : « qui diligit patrem plus quam me, non est me dignus. »
Item quia asserit recessum patri et matri cælasse ne ex hoc eos magis affligeret, et sic ex pietate. Item quia semper, ut asseruit, in
aliis illis obedivit et de hoc ab eis petiit veniam et indulserunt sibi,
unde quia se ipsam correxit, patet ex hoc eam reprehendi non posse, can. « Hæc est fides [7]. »

Tertio reprehensibile in factis suis videtur quod bellis se immis-

---

[1] *D. Grat.* C. XXVI, 5, 12.
[2] *D. Grat.* C. XXVI, 3 et 4, 2.
[3] *D. Greg.* lib. III, tit. XLV.
[4] *D. Grat.* D. LXIII, 33.
[5] *D. Grat.* C. XXVI, 5, 14.
[6] *D. Grat.* C. XXXIII, 5, 16.
[7] *D. Grat.* C. XXIV, 1, 14.

cebat, sed huic supra responsum est et addendum quod dormiebat associata mulieribus ubi habere poterat, alias semper induta cubabat, ut tueretur castimoniam.

Quarto videtur reprehensibile quod faciebat apponi nomen Jhesus et Maria in litteris, in quibus mandabat mala fieri. Sed respondetur quod hoc ipsa negat cum prosecutio belli esset justa. Item dicitur quod suus secretarius apponebat ex se, quia quidam dicebant hoc decere, dum nomen Jhesus nominamus, debemus flectere genua, saltem cordis, cap. « decet » *De immunitate Ecclesiarum* [1], et in nomine Domini omnia fieri debeant. L. « In nomine » *De officio præfecti Africæ* [2] ; can. « In nomine [3]. »

Quintum videtur reprehensibile quod ex desperatione de turri altissima saltavit tentando Deum, juxta illud : « Non tentabis Dominum Deum tuum « Lucæ III ; can. « Illud etiam sciscitari [4]. » can. « Queritur cur patriarcha [5] ; » cap. finale *De purgatione vulgari* [6]. Sed ipsa respondet probe quod saltando de turre non fecit ex desperatione sed in spe salvandi corpus suum et succurrendi pluribus bonis gentibus, et quod de hoc petiit veniam a Deo ; nam, secundum Gregorium, dum undique acies hostium ingruunt, inde se præcipitent, dabit ubi minus periculum obsesso fuerit can. « [Nerui testiculorum [7].] » Item quod quia audiverat quod illi de Compendio debebant poni ad ignem et sanguinem, malebat mori quam hoc pati : unde hoc fuit signum maximæ caritatis, juxta illud : « Majorem caritatem nemo habet quam ut animam suam, id est animatum corpus ponat pro amicis suis. » Et sic gesta sua excusantur.

Quarto dubitatur an in dictis suis reprehensibilis vel excusabilis sit. Et videtur quod reprehensibilis et non excusabilis, dum mentita videtur, quod angelus portavit illud pretiosum signum regi et quod se genuflexit angelus ante regem, quod nefas est credere, se-

[1] *D. Bonifacii*, III, 23, 2.
[2] *Code*, I, 27, 2.
[3] *D. Grat.* D. XXIII, 1.
[4] *D. Grat.* C. XXIII, 4, 46.
[5] *D. Grat.* C. XXII, 2, 22.
[6] *D. Gregor.* V, 35, 3 « Dilecti filii noviter. »
[7] *D. Grat.* D. XII, 2.

cundum textum psalmi « minuisti eum paulo minus ab Angelis » et spiritus sanctus mendacem et fictum fugit, can. « Zizania [1]; » « Salvator [2]; » et can. « Ostenditur [3]. » Sed respondetur quod sicut non licet mentiri, ita licet caute respondendo veritatem tacendo fingere, sicut fecit Abraham coram Pharaone, can. « Queritur § Ecce [4]. » Sic Angelus est nomen officii : idem est enim quod Dei nuntius juxta illud « Ego mitto angelum ante faciem meam etc. », et loquitur de Johanne Baptista. Ista autem dicebat se nuntiam Dei ad regem; merito poterat dicere quod angelus, id est ipsa nuntia Dei, portavit regi coronam, id est palmam victoriæ, per quam pervenit ad coronam. Unde dicitur coronari qui victoriæ gloriam obtinet, juxta illud Apostoli : « Non coronabitur nisi qui legitime certaverit » Unde in hoc non fuit mentita sed caute locuta, et si dicatur quod imo quia dixit quod ille angelus erat sanctus Michael, respondetur prout dixit Dyonisius, de cœlesti hierarchia, ubi concludit quod supremi gradus angelorum non mittuntur, et dum objicitur de seraphim misso ad Isaiam, dicit quod illud quod fit per inferiores in concernentibus proprietates et officia superiorum dicitur per superiores fieri : unde seraphim non per se sed per alium mundavit linguam Isaiæ etc. Ita in proposito sanctus Michael dicitur princeps militiæ, Danielis X. Cum ergo Johanna quæ egit asserat ex Michaelis revelatione se fecisse, dicitur sanctus Michael fecisse et quod ipsa fuerit ille angelus satis innuunt verba sua.

Secundo in dictis reprehensibilis est quia dicebat quod certa erat et firmiter tenebat sicut fidem christianam quod salvaretur, cum tamen nemo sciat an apud Deum odio vel amore dignus sit. Sed respondetur quod hoc asserebat futurum verum si ipsa servabat quod Deo promisit, videlicet virginitatem tam corporis quam animæ, et ille servat virginitatem qui nullomodo peccat, secundum Augustinum in sermone super evangelio de decem virginibus, juxta illud « qui gloriabitur castum se exhibeat in corde, » can. « Sic enim [5]. »

Tertio reprehensibile videtur quod sit futura in quibus, etc. quan-

---

[1] *D. Grat.* C. I, 1.
[2] *D. Grat.* C. I, 1, 3.
[3] *D. Grat. De consecratione.* D. IV, 32.
[4] *D. Grat.* C. XXII, 2, 22.
[5] *D. Grat. De pœnitentia* II, 40.

doque est mentita, ut videtur, ut in liberatione sua a carceribus, et similibus. Sed respondetur quod dicta ejus omnia sunt verificata. Et de liberatione a carceribus, licet Voces aliquando sibi dixerint quod sic, tamen in finalibus dixerint quod submitteret se judicio Ecclesiæ et quod sustineret martyrium patienter quia in fine salvabitur, et sic dixit in omnibus verum.

Quarto videtur reprehensibilis in dictis dum asserit illas sanctas diligere Gallicos, de quorum parte sunt et odire Anglicos, cum tamen apud Deum et sanctos non sit acceptio personarum; cap. « Novit » *De judiciis* [1] cum simil. Sed respondetur quod ipsamet declarat se dicens quod illæ Sanctæ odiunt quos Deus odit et diligunt quos Deus diligit, juxta illud de Jacob « Dilexi Esaü, odio habui. »

Quinto videtur reprehensibilis in dictis, dum asserit, quia videtur asserere quod non habet peccatum mortale neque unquam peccavit. Sed hoc non est verum quia ipsa dixit quod nescit an peccaverit mortaliter et quod non velit Deus quod ipsa fecerit aut faciat aliquid propter quod anima sua sit onerata quod esset quando peccasset et dignam pœnitentiam non egisset : quæ verba nil mali continent, et sic dicta sua excusantur.

Quinto dubitatur an erraverit circa submissionem Ecclesiæ, et videtur quod sic, tum quia non videtur voluisse se submittere judicio Ecclesiæ militantis, etc. declarata differentia inter triumphatem et militantem, tum quia submissionem revocavit quam in finalibus fecerat. Cum tamen quilibet viator debet judicio militantis Ecclesiæ subjici, can. « Hæc est fides [2]; » can. « Ego Berengarius [3]. » Extra quam Ecclesiam non est salus, can. « Alienus [4] » et can. « Qui vult confiteri § Ideoque [5]. » Imo sicut præcisus ab arbore ramus, vel rivulus a fonte arescit, ita separantes se ab unitate Ecclesiæ pereunt, can. « Ipsa pietas [6] ; » can. « Loquitur [7], » et multa similia quæ possent in partem istam adduci.

His tamen non obstantibus, contrarium videtur concludendum,

---

[1] *D. Greg.* II, 1, 13.
[2] *D. Grat.* C. XXIV, 1, 14.
[3] *D. Grat.* De consecratione, 4. II, 42.
[4] *D. Grat.* XXIV, 1, 19.
[5] *D. Grat.* De pœnitentia VI, 1.
[6] *D. Grat.* XXIII, 4, 24.
[7] *D. Grat.* XXIV, 1, 18.

videlicet quod ipsa omnino excusabilis sit ex pluribus. — Et primo quoniam ipsa quæ faciebat ex revelatione a bono spiritu agebat, ut supra in primo dubio ostensum est, et sic exæquebatur legem privatam inspirationis divinæ, per quam eximebatur ab omni lege communi quia ita concedit Ecclesia fieri, cap. « Gaudemus » *De divortiis*[1]; cap. « Licet » *De regularibus* [2]; can. « Duæ sunt [3] » cum simil. Et sic, in hoc sequebatur judicium Ecclesiæ, quin imo si contrarium fecisset, contra conscientiam suam bene informatam per hujusmodi bonam inspirationem peccasset et ædificavisset ad gehennam, cap. « Litteras, » *De restitut. spoliat*[4]; cap. « Per tuas, » *De symonia* [5]. Et si ista conscientia ex discreta et probabili credulitate informata, qualem esse istam Johannam ex pluribus supra ostendimus ad consilium prælati deponi non potest, omnino sequendum est cap. « Inquisitioni » *De sentent. excommunicationis* [6], et habetur in cap. « Ad aures » *De temporibus ordinationum* [7]; in cap. « Per tuas » per Hostiensem Joannem Andre. præallegato, et per Archi[diaconum] in §. I. ver. xxviii, q. I et can. « Denique [8]. » — Secundo stante etc. dubio an ista inspiratio sit ex bono vel malo, cum hoc sit omnino occultum et soli Deo notum et consequenter de his Ecclesia non dijudicet, can. « Erubescat [9], » can. « Christiana [10]; » cap. « Sicut tuis [11] » et cap. « Tua nos » *De simonia* [12], quoniam in iis posset falli, cap. « A nobis, » *De sententia excommunicationis* [13], et hoc judicio Dei reservat Ecclesiæ judicium et conscientiæ propiæ relinquit, cap. « Inquisitioni, » *De sententia excommunicationis* [14]: merito in hoc non erravit si Dei judicio dumtaxat se submisit. — Ter-

---

[1] *D. Gregor.* IV, 19, 8.
[2] *D. Greg.* III, 31, 18.
[3] *D. Grat.* C. XIX, 2, 2.
[4] *D. Greg.* II, 13, 13.
[5] *D. Greg.* V, 3, 32.
[6] *D. Greg.* V, 39, 44.
[7] *D. Greg.* I, 11, 5.
[8] *D. Grat.* D. IV, 6.
[9] *D. Grat.* D. XXXII, 11.
[10] *D. Grat.* C. XXXII, 5, 23.
[11] *D. Greg.* V, 3, 33.
[12] *D. Greg.* V, 3, 34.
[13] *D. Greg.* V, 39, 21.
[14] *D. Greg.* V, 39, 44.

tio, quia quibus quæ concernunt articulos fidei nos tenemur sequi quod tenet et sequitur judicium Ecclesiæ, alias essemus hæretici, cap. I *De summa Trinitate* [1] et cap. I eodem titulo [2]. In aliis vero tenemur sequi judicium Ecclesiæ in his quæ tenet et docet can. « Nolite errare [3]; » can. « Novit [4],.» cum similibus. In aliis datur libertas tenendi quod placuerit, ut an Salmon sit salvatus vel non, vel an tot sint salvandi homines quot angeli ceciderunt vel quot remanserunt, cum etiam inter doctores Ecclesiæ, scilicet Augustinum et Gregorium sit contrarietas. In his enim quilibet potest sequi opinionem suam. Ita notat Joann. Andre. in cap. I *De summa Trinitate*[5], et Hieronymus in cap. « Ne innitaris » *De consti*[6]. Ad propositum ergo credere hujusmodi inspirationem esse a bono spiritu non est de fidei articulis. Item nec Ecclesia tenet aut docet quod sit ex malo spiritu, imo judicio Dei hujusmodi arcanum relinquit, ut supra late deduxi. Ergo Johanna, sequendo suam sententiam, non erravit. — Quarto, excusaretur ipsa Johanna si se non submisisset judicio Ecclesiæ quia non intelligebat sufficienter quid esset Ecclesia, ut patet ibi « Ego non sum talis quod non debeam ire ad Ecclesiam, » et dum dicit quod non facit differentiam inter sanctos et Ecclesiam, et similia, et, ut testes deponunt, a principio judicio omni non intelligebat quid esset Ecclesia, sed postquam intellexit et fuit sibi declaratum, illi semper se submisit et quod judex reprehendebat et minabatur illis qui volebant sibi declarare, et istas subtilitates ex se una puella scire non poterat. — Quinto, testes amplius probant quod quidam fingentes se esse ex potestate regis Franciæ dolose suadebant ei quod se non submitteret Ecclesiæ, si volebat evadere. — Sexto quia numquam directe se recusavit submittere Ecclesiæ, imo omnia verba per eam prolata possunt interpretatione sana salvari et excusari, ut ex ipsorum inspectione apparet. — Septimo, imo se submisit Ecclesiæ tripliciter : primo implicite, secundo explicite, tertio explicitissime : Implicite, dum dixit quod nil valet facere contra fidem christianam quam Dominus stabilivit, et si ali-

[1] *D. Greg.* I, 1.
[2] *D. Bonifacii*, I, 1.
[3] *D. Grat.* D. XI, 3.
[4] *D. Grat.* D. XII, 10.
[5] *D. Bonifacii*, I, 1.
[6] *D. Greg.* I, 2, 5.

quid dixisset vel fecisset vel esset supra corpus suum quod clerici scirent dicere esse contra fidem Christianam ipsa nollet sustinere, sed expelleret, ergo se submisit judicio Ecclesiæ in his in quibus fides christiana et catholica vult eam submitti ; quia qui vult antecedens, vult quæ ex eo necessario secuntur, L. « Quominus » *De fluminibus*[1] ; can. I « Quæ sint rega. » X ; Cod. L. II *De jurisdictione omnium judicum*[2]. Neque ipsa, cum esset juvenis mulier, tenebatur explicite articulos fidei scire et asserere, secundum Innocentium post theologos juris, cap. « De summa trinitate[3]. » Explicite se submisit Ecclesiæ, dum se submisit papæ judicio ad quem de causis fidei spectat judicare, cap. « Majores » *De baptismo*[4] ; can. « Hæc est fides[5]. » Explicitissime, quoniam testes deponunt quod ipsa, postquam intellexit terminos de Ecclesia, semper se submisit judicio Ecclesiæ et concilii generalis et quod petiit suos articulos deliberari per Ecclesiam antequam abjuraret, quod fuit sibi denegatum. Unde ipsi judices recusaverunt judicium Ecclesiæ, non Johanna. Item deponunt quod episcopus Belvacensis, tunc judex, prohibuit scribi per notarium illam submissionem factam Ecclesiæ per Johannam, de quo illa conquesta est. Item quod submisit se constat ex processu, cum ante abjurationem fecerint dari sibi communionem corporis Dominici, quod in existente manifeste in peccato mortali non debet fieri, cap. « Si sacerdos, » et ibi nota, *De officio judicis ordin.*[6] ; can. « Quotidie[7] », cap. « Vestra » *De cohabitatione clericorum et mulierum*[8]. Ultimo non potest dici relapsa propter illa verba quod se damnaverat pro salvando vitam suam, quia sane intellecta sanant quod ipsa in cedula abjurationis dixerat se esse hæreticam et similia, et sic se ex sua voce damnaverat propter timorem ignis, et concludit quod non intendit revocasse nisi proviso quod placeat Deo, non dixit nisi proviso quod placeret revelationibus aut vocibus : unde cum non esset talis qualem cedula illam esse asserebat, recte

---

[1] *Digeste* XLIII, 12, 2.
[2] *Code* III, 13, 2.
[3] *D. Greg.* I, 1, 1.
[4] *D. Greg.* III, 42, 3.
[5] *D. Grat.* C. XXIV, 1, 14.
[6] *D. Greg.* I, 31, 2.
[7] *D. Grat.* De consecratione II, 13.
[8] *D. Greg.* III, 2, 7.

hæc dixit. Præterea ubi non est lapsus, non potest dici relapsus, ut ex se patet ad quod cap. « Super eo » *De hæreticis*[1].

Sexto dubitatur an ex præmissis omnibus fuerit hæretica judicanda, cui dubio satis clare ex superius allegatis respondetur quod, nedum hæretica sit censenda, omnia ejus dicta et facta excusatione dignissima sunt. Præterea ille dicitur hæreticus qui novas vel falsas opiniones vel sectas gignit, vel sequitur contra dogma catholicum, can. « Hæreticus[2] ». Sed ista non est hujusmodi, ut supra patet, ergo nec hæretica est judicanda, imo potius venit excusanda, ut supra exstitit allegatum et ostensum in multis passibus hujus tractatus, et ad illud est recurrendum.

Ultimo dubitatur an processus ex sententia contra Johannam habiti ex juris ordine non servato aut aliunde corruant, et breviter ista perstringens dico quod sic. Primo quia Belvacensis episcopus non erat competens judex, ergo sententia nulla, cap. « Si a non competente judice[3], » per totum ; cap. « Ad nostram, » *De consuetudine*[4]. Nam, neque de ejus diœcesi ex origine erat, neque ibi hæresim commisit, et sic non sortiebatur ratione delicti forum, Causa III, quæstio VI[5], cap. « Si quis[6] » ; ca. « Placuit » ; cap. « Postulasti[7] » et cap. ultimo *De foro competenti*[8] ; authentica « Qua in provincia, » *Ubi de criminibus agi oporteat*[9]. Secundo corruunt, quia Belvacensis elegit conjunctim cum prætenso subinquisitore procedere secundum cap. « Per hoc » *De hæreticis*[10] ; et tamen de assistente inquisitore cum delegantis potestate non constat, qui cum sit censendus delegatus dicto capitulo « Per hoc », de jurisdictione non præsumitur, nisi ex actis constare videatur ; cap. « Cum in jure, » cum sua materia, *De officio delegati*[11], cap. « Per tuas » *De arbitris*[12]. Tertio

[1] *D. Bonifacii* V, 2, 4.
[2] *D. Grat.* C. XXIV, 3, 28.
[3] *Code*, VII, 48.
[4] *D. Greg.* I, 4, 3.
[5] *D. Grat.* cette question est intitulée : *Extra provinciam autem reus nullatenus est producendus.*
[6] *D. Greg.* II, 2, 1.
[7] *D. Greg.* II, 2, 14.
[8] *D. Greg.* II, 2, 20.
[9] *Code* III, 15, 2.
[10] *D. Bonifacii* V, 2, 17.
[11] *D. Greg.* I, 29, 31.
[12] *D. Greg.* I, 43, 9.

corruit, etiam si competens judex adjunctus fuisset, quia ex actis constat quod ad plures actus solus sine illo processit et sic nullum, dicto cap. « Per hoc ; » L. « Item si unus, » *De arbitris* ; cap. « Cum plures » a contrario, *De officio delegati*[1]. Quarto etiam corruunt quod sæpe non per se, sed per alios examen fecerunt, quod in gravi causa et criminali fieri nequit, authentica « Judices[2] », et apud eloquentissimum cap. *De fide instrumentorum*[3], et cap. primum in Clementinam, *De officio delegati*, cum similibus. Quinto corruit aut saltem debet ut injusta retractari, quia constat ex testibus quod in subinquisitorem et alios habentes consulere in causa fuerunt maximæ minæ et magni terrores illati inducentes justum metum, secundum glossam in can. « Injustum[4] » et in can. « Si episcopus[5] ». Sexto eodem modo ex injustitia debet retractari, quia recusavit judicem tanquam capitalem inimicum, ut testes dicunt, juxta cap. « Suspicionis, » *De officio delegati*[6] ; cap. « Cum speciali[7] », et ibidem per doctores *De appellationibus*. Septimo quia judicio papæ et Concilii se submisit, ergo inferior non potuit judicare post hujusmodi provocationem, can. « Si quis Vestrum[8] ; » can. « Ad Romanam[9] ; » cap. « Dilectis » *De appellationibus*, cum similibus[10]. Octavo cum causa esset gravissima fidei de occultis revelationibus judicare et ipsa in hoc petiit se per papam judicari, nulliter isti processerunt cum hoc sit judicio papæ reservatum, cap. « Majores, » *De baptismo*[11]. Item detentio in carcere privato, denegata illi defensio et consilium, prohibitio quod alii eam instruerent, denegatio quod articuli per Ecclesiam non videantur, prohibitio judicis quod notarius illius excusationes non scriberet, item falsificatio articulorum transmissorum consultoribus, vexatio et intri(n)catio in nodosis positionibus quibus eam involvebant, submissiones dolosæ ac deceptivæ consulentium,

[1] *D. Bonifacii* I, 14, 8.
[2] *Clementina* I, 8, un.
[3] *D. Greg.* II, 22.
[4] *D. Grat.* C, XI, 3, 89.
[5] *Id.* cap. 4.
[6] *D. Greg.* I, 29, 39.
[7] *D. Greg.* II, 28, 61.
[8] *D. Grat.* II, 6, 4.
[9] *D. Grat.* C. II, 6, 8.
[10] *D. Greg.* II, 28, 55.
[11] *D. Greg.* III, 42, 3.

et de præambulo processus, formæ processum non constare, et plura alia, quæ nunc est otiosum prosequi, faciunt dictos processus et sententiam debere retractari. Deo laus. Amen.

Et ista pro prima summaria visione de jure videntur concludenda mihi Paulo Pontano utriusque juris doctori minimo ac sacri consistorii advocato. Salvis sanctæ matris Ecclesiæ determinatione et judicio, ac etiam cujuslibet melius sentientis.

              Deo gratias. Amen.

III

CONSULTATIO DOMINI PAULI PONTANI[1]

Primus articulus continet quasi summam omnium articulorum et incipit : « Quædam femina, » et dividitur in plures partes. In prima ponit de revelationibus et apparitionibus sancti Michaelis, sanctarum Katharinæ et Margaretæ, et quod ex parte Dei erant, et voto virginitatis : et in hoc concordat cum articulo tertio, qui incipit : « Item dicta femina. » Secunda pars continet de reverentia illis per eam exhibita ; et concordat cum articulo undecimo, incipiente : « Item dicta femina dicit. » Tertia pars habet de præcepto per illas facto, quod veniret ad regem, et ex qua causa,

---

[1] Quicherat, t. II, p. 61 à 67, n'a donné non plus qu'une très faible partie de ce second mémoire de Paul Pontanus. Cet ouvrage, plus approfondi que le précédent, est fait sur le modèle de la consultation de Théodore de Leliis, c'est-à-dire qu'il démontre l'inexactitude des douze articles et qu'il indique en terminant, les points de droit qu'auront à trancher les praticiens. D'après Quicherat, Pontanus se serait aidé des mêmes documents que de Leliis, c'est-à-dire du procès de condamnation qu'il appelle *primum registrum*, et des deux informations de 1452 faites sur l'ordre du cardinal d'Estouteville (*processus præparatorius, processus ultimus.*)

Le m[st] original se trouve au n° 2284 du fonds Ottobonien à la Bibliothèque vaticane, fol. 31.

et de signo ; et concordat cum articulo secundo, incipiente : « Item dicta femina dicit quod signum. » Quarta pars de assumptione et gestatione habitus virilis, et concordat cum articulo quinto incipiente : « Item dicta femina dicit de mandato. » Quinta pars est de recessu a parentibus sine scitu eorum, et prosecutione bellorum ; et concordat cum articulo septimo incipiente : « Item dicta femina dicit quod nil fecit. » Sexta pars est de submissione Ecclesiæ, cum qua concordat articulus duodecimus incipiens : « Item dicta femina dicit et confitetur. » Septima pars dicit quod certa erat salvari ; et concordat cum articulo nono, qui incipit : « Item dicta femina dicit et affirmat. » Extra summam primi articuli, est quartus articulus loquens de certitudine futurorum ; et sextus loquens de verbis *Jesus* et *Maria* in litteris suis positis ; et octavus loquens de saltu turris ; et decimus loquens de dilectione dictarum Sanctarum in regem Franciæ et alios de parte sua. Quibus sic conjunctis, ne bis idem repetatur.

Circa primam partem primi articuli, et consequenter circa articulum tertium, addendum est, primo, pro pleniori instructione habentium in hujusmodi causa consultare, quod hæc mulier erat tempore intentati contra eam judicii, ætatis xix annorum vel eo circa, ut ipsa asseruit in prima sessione ; et sic ponderetur quod nondum plenum animi vigorem et intellectum obtinebat. Item ipsa asserebat se habuisse primam vocem in horto patris sui, non apud arborem Fatarum ; et quod illam habuit ad se juvandum ac gubernandum ; et quod prima vice habuit magnum timorem : quod est boni Angeli signum.

Item prout ipsa asserebat, illa Vox docuit eam bene se regere

La Biblioth. nationale possède deux textes : l'un dans le m[st] de Saint Germain de Harlay n° 51, l'autre dans le n° 9790, f. latin, du xviiie s. (ancien 5970 *bis*).

Le m[st] ottobonien est précédé d'une notice du prieur des dominicains de Vienne qui semblerait indiquer que cette consultation de Pontanus est hostile à la Pucelle. En effet ce religieux allemand dit que Brehal lui envoya, en même temps que le traité de Leliis, *quemdam huic valde contrarium*, et il ajoute *infra :* « Folio xxxi incipit tractatus Anglicorum « *prædicto tractatui contrarium*, et incipit sic : Primus articulus conti- « net quasi summam. » C'est là une erreur complète qui ne peut être attribuée, comme le pense Quicherat, qu'à une lecture superficielle, car, ainsi qu'on peut le voir, ce traité, loin d'être conçu dans l'opinion anglaise, est très favorable à Jeanne.

et frequentare ecclesiam ; et quod sibi Vox dicebat revelasse quod levaret obsidionem ante Aurelianis, prout fecit. Item quod ipsa nescit quod, postquam habuit discretionem, ipsa tripudiaverit juxta dictam arborem. Item quod post recessum ipsius Vocis, plorabat et bene voluisset quod eam deportaret. Item quod, antequam rex voluit sibi credere quod esset ex bono spiritu, fuit per tres hebdomadas interrogata a clericis de parte sua et judicaverunt quod in ea non erat nisi bonum. Item quod ipsa prophetizavit Anglicis perditionem omnium qui tenebant in Francia : quod hodie videmus verificatum. Item dicit quod nescit an illis apparitionibus aliquid erat de brachiis, vel an erant alia membra figurata. Item dicit quod loquebatur clare et clare intelligebat et vox erat pulchra, dulcis et humilis. Et quod Voces sibi dixerant quod rex suus restitueretur in regnum suum, velint, nolint adversarii. Et quod ipsa bene scit, quod rex suus lucrabitur regnum Franciæ ; et hoc ipsa ita bene scit, sicut sciebat quod interrogantes erant coram ea. Item quod sancta Katherina et Margareta faciunt ipsam sæpius libenter confiteri. Item quod ipsa ad multa non respondit, quod non potest dicere sine perjurio. Item dicit quod quicquid unquam fecit in suis magnis agendis, ipsæ Voces semper succurrerunt ei : et hoc est signum secundum eam quod sunt boni spiritus. Item quod ipsa primo timuit dum venit sanctus Michael ; et quod ipsa non credidit : sed postquam ipsam docuit in tantum quod eum cognovit. Et quod dabat ei monita, primo quod esset bona juvenis, et Deus adjuvaret eam. Quod credit firmiter esse bonas Voces, sicut credit Christum passum : et movetur ad credendum propter bonum consilium, et bonam confortationem et bonam doctrinam ; quæ fecerunt et dederunt dictæ Johannæ. Item dicit, quod ipsa non credit in fatis ; imo credit, quod sit sortilegium quodam. Quod prima vice habuit Voces in meridie in horto patris sui, et habuit magnum timorem. Quod Vox custodivit eam et docuit se regere et frequentare ecclesiam. Quod Voces vocabant eam Johannam filiam Dei. Dicit quod totum quod fecit non est sortilegium, nec aliqua mala res. Item quod nihil fecit ex consilio malignorum spirituum. Quod sanctus Michael dabat ei doctrinam quod esset bona et quod Deus adjuvaret eam. Quod Anglici expellentur de regno. Quod sanctæ Katherina et Margareta faciunt libenter eam confiteri. Quod credidit quod erat sanctus Michael propter bonam doctrinam, quam sibi dabat. Quod clerici de parte sua post magnas factas de ea examinationes, dixerunt quod in ea non erat nisi bonum. Excusat se quinque de interrogatoriis, quibus non respondet, quod non potest ea dicere sine perjurio. Quod Angelus dimittit eam anxiam cum desiderio recedendi cum eo. Interrogata an ex meritis suis has habuerit revelationes, dixit quod pro re magna, pro rege, et succursu bonarum gentium de Aurelianis et quod placuit Deo sic facere per unam puellam simplicem pro repellendos adversarios regis. Quod ipsa non crederat viro, nec mulieri in talibus, nisi haberet aliquod signum. Item quoque quando veniebant ad eam sanctæ Katherina et Margareta, signabat se signo crucis. Hæc ex primo registro.

Ex processu præparatorio Frater Martinus Prædicatorum [1], qui audivit eam in confessione, dixit, quod semper et in fine dierum suorum reperit eam fidelem et devotam. Ex processu ultimo Frater Ysambardus [2], octavus testis, asseruit, quod quidam Anglicus, qui illam odiebat, dum vidit illam ita religiose finivisse, fuit quasi attonitus et in extasi. Et quod asserebat quod visum fuerit sibi, in emissione spiritus ipsius Johannæ, videre quamdam columbam albam exsilientem de flamma.

Dominus Thomas presbyter [3] decimus quartus testis, dicit quod audivit a multis quod visum fuit nomen Jesus inscriptum in flamma ignis, in quo illa fuit combusta. Hæc ob primum.

Circa secundam partem primi articuli, et consequenter circa undecimum articulum, addendum est, quod ipsa asserit, quod nunquam requisivit a dicta voce aliud præmium finale, quam salvatiorem animæ suæ. Item quod ipsa rogabat vocem, ut impetraret auxilium a Domino : et sic eas non venerabatur, nisi prout sancti venerantur. Item quod ipsa tria petivit a vocibus primo quod Deus eam liberaret : item conservaret existentes in obedientia regis sui : et salutem animæ suæ. Item quod veneratur ipsas sanctas Katherinam et Margaretam, credens esse illas, quæ sunt in Paradisio. Et hoc facit in honorem Dei, Beatæ Mariæ et sanctarum Katherinæ et Margaretæ, quæ sunt in Cœlo.

Quod nunquam voci suæ requisivit aliam mercedem quam salva-

[1] Martin Ladvenu.
[2] Isambert de la Pierre.
[3] Thomas Marie.

tionem animæ suæ. Quod facit reverentiam Beatæ Katherinæ, quæ est in Cœlo, quia illam putat esse istam.

Circa tertiam partem primi articuli et consequenter circa secundum articulum addendum est quod ipsa dicit, quod venerat pro bono patriæ, regis et bonarum gentium et ducis Aurelianensis: et quod placuit Deo per unam simplicem puellam hoc agere. Quod sanctus Michael apparuit sibi et dabat ei monita quod esset bona et Deus adjuvaret eam. Et inter alia quod veniret ad succursum regis Franciæ, recitans sibi calamitatem, quæ erat in regno Franciæ, et sic erat pia causa. Item quod ipsa dixerat voci, quod ipsa erat una pauper filia, nec sciret equitare, nec ducere querram. Et sic se non se ingessit. Item ipsa fuit nuntia ex parte Dei regi suo, quod faceret cum recuperare regnum suum. Et sic poterat vocari angelus et justa erat causa belli. Item dicit, quod per sanctam Mariam ipsa nescit, et non vidit si erat Angelus aliquis supra caput regis dum fuit portatum sibi signum. Item satis innuit quod Angelus, qui portavit, signum regi, erat ipsa Johanna : nam dicit quod Angelus dicit regi suo quod poneretur ipsa Johanna in opus, et statim patria esset alleviata. Et interrogata, an esset ille Angelus qui sibi apparebat? Respondit quod est semper idem et nunquam ei deficit. Item dicit quod signum fuit, quod Angelus certificavit regem suum apportando sibi coronam, et dicendo quod ipse habebit totum regnum Franciæ integre, auxilio Dei, et mediante ipsius labore Johannæ ; et quod ponerat eam in opus. Et quod illa corona significabat, quod rex suus teneret regnum suum Franciæ, et hæc sunt verificata. Et illud de reverentia si referatur ad eam, in nullo offendit quod rex et alii crediderunt quod ille, qui Johannæ apparebat esset bonus Angelus, propter documentum et Ecclesiasticorum et scientiarum eorum et quia sunt clerici. Dicit quod quando fuit allatum regi signum : « Ego cogito quod non erat alius quam ipse quamvis prope essent multæ gentes. »

Circa quartam partem primi articuli et consequenter ad quintum articulum de habitu virili addendum est, quod interrogata an vellet habere vestem muliebrem, dixit : « Detis mihi unam et ego accipiam et recedam alias non. » Item dicit se assumpsisse vestem virilem ex præcepto Dei : et si Deus præciperet quod aliam sumeret, ipsa faceret. Et sic non ex luxu illud faciebat. Item, interrogata an peccaverit sumendo habitum virilem, item dicit melius facere obediendo supremo Domino, videlicet summo Deo. Quod ipsa non credebat male facere de habitu virili, quem portabat pro bono partis suæ. Item de habitu, quod ipsa facit ex præcepto Dei, et in servitio Dei ; et quando Deo placeret ipsa deponeret. Et in prima sessione ipsa petivit audire Missam. Item ipsa instantissime petebat in honorem Dei et Beatæ Mariæ, quod permitterent eam audire Missam et quod darent ei vestem muliebrem sine cauda et assumeret. Et excusat se de non depositione habitus, quod juraverit regi non deponere, seu dimittere habitum. Item dicit quod non percipit Viaticum mutando habitum neque poterat habitum mutare pro audiendo Missam. Quod sine præcepto Dei habitum virilem non accepit, et pro obediendo Deo facit. Item dicit : « Si vultis mihi dare licentiam, tradatis mihi unam vestem muliebrem, ego accipiam eam, et ibo, alias non. » Quod citius vellet mori, quam revocare quod fecit ex præcepto Dei : et quod non dimittet pro audiendo Missam habitum virilem. Item dicit : « Certificetis me de audiendo Missam, si sim in habitu muliebri, et ego respondebo vobis. » Quæ certificata dicit : « Quid dicetis, si ego juravi non deponere habitum virilem ? Verumtamen faciatis mihi fieri unam vestem sine cauda et ego capio et ibo ad Missam ; et in regressu reassumam vestem virilem. » Et requisivit instantius in honorem Dei nostri Domini quod posset audire Missam. Cui tamen cum diceretur, quod absolute reciperet habitum mulieris, respondit : « Tradatis mihi habitum unius filiæ burgensis, videlicet unam houpelandiam longam, et similiter capucium muliebre, et accipiam pro audiendo Missam. » Et post multa subdit quod si deberet duci ad supplicium et mori non dimittet habitum virilem, et quando se armet secundum præceptum Dei. Item dicit quod ipsa bene voluerat assumere unam tunicam longam et capucium mulierum pro eundo ad ecclesiam et recipiendo communionem ; promisso quod statim postquam reversa esset dimitteret et reassumeret virilem. Item dicit quod : « Quando ego fecero illud, ad quod ego sum missa ex parte Dei, ego accipiam habitum muliebre. » Item interrogata, quare post abjurationem reassumaserat habitum virilem, respondit quod erat sibi magis licitum, vel conveniens habere habitum virilem dum inter viros erat, quam habere muliebrem. Et quod receperat propterea quia non fuerit sibi servatum promissum, quod iret ad Missam, et quod educeretur de compedibus ferreis. Quod si judices volunt, ipsa resumet habitum muliebrem, et de residuo nil aliud facio. Hoc ex primo registro.

Ex processu præparatorio primus testis, Guillelmus Manchon, notarius, deponit quod Johanna utebatur veste virili, et conquerebatur, quod non audebat se exuere, formidans quod de nocte ipsi custodes inferrent violentiam : et quod bis conquesta fuit, quod voluerant eam violare. Item testis deponit quod postquam resumpsit habitum muliebrem, ipsa erat contenta de hujusmodi habitu, et petiit sibi mulieres dari cum ea et mitti ad carceres Ecclesiæ, et quod detineretur per viros Ecclesiasticos. Et postmodum habitum virilem se excusando quod si fuisset missa ad carceres Ecclesiæ non assumpsisset habitum virilem : et cum habitu muliebri non fuisset ausa tenere se cum custodibus Anglicis.

Frater Bardinus[1], secundus testis, deponit idem quod proximus addens quia per unum magnæ auctoritatis fuit tentata de violentia. Ipsa ut esset agilior ad resistendum, dixit, se habitum virilem resumpsisse : et quod ipsa non portabat habitum muliebrem, nisi ut non complaceret armigeris cum quibus conversabatur. Ex processu ultimo dominus Johannes[2], quartus testis, dicit quod custodes removerunt sibi habitum muliebrem dum esset in lecto et vellet surgere et illum peteret pro necessario corporis beneficio, noluerunt sibi dare. Ex quo compulsa fuit resumere virilem : ex quo prætendebant eam relapsam.

Frater Martinus[3], duodecim testis, deponit, quod quidam magnus dominus Anglicus intravit de nocte ut eam opprimeret. Ipsa resumpsit habitum virilem, ut illa asseruit.

Circa quintam partem et consequenter circa septimum articulum addendum est, quod ipsa dicit se venisse cum avunculo suo ad Robertum et Baudricuria, et quod excusabat se vocibus quod erat pauper filia, nesciens ducere bellum neque equitare. Item dicit quod mallet esse distracta cum equis quam venisse in Franciam sine licentia Dei. Item ipsa dicit quod asserit se portasse vexillum, in quo erat *Jesus Maria* pro evitando ne interficeret aliquem ; et quod ipsa nunquam interfecit aliquem. Et quod venit ut rex suus recuperaret suum regnum. Dicit quod in cunctis obedivit patri et matri, præter-

---

[1] Bardinus de Petra.
[2] Martinus Ladvenu.
[3] Jean Massieu.

quam in illo recessu, de quo postea illis scripsit et dederunt ei veniam. Et postquam Deus præcipiebat, oportebat hoc fieri, etiamsi patrem regem habuisset. Et propter pœnam, quam intulisset patri et matri, non dixit eis. Item dicit quod Anglici a Francia expellentur exceptis illis qui ibi decedent. Item quod non sperat a Deo aliud præmium quam salvatorem animæ suæ. Quod ipsa dixerat voci quod erat una pauper filia, nec sciret equitare, nec ducere guerram. Quod de omni eo quod fecit noluit habere aliud præmium quam salvatorem animæ suæ. Iterum quod mallet se esse distractam cum equis, quam in Franciam venisse absque licentia Dei. Quod nisi esset gratia Dei, ipsa nesciret aliquid facere. Quod nunquam voci aut revelationi suæ quæsivit aliam mercedem in fine, excepto salvationem animæ suæ. Quod in omnibus obedivit patri et matri, excepto isto recessu : et quod postea scripsit illis et sibi remiserunt. Quod ipsa quando erat in gestis annorum, de nocte jacebat associata cum una muliere : et quando ejus societatem habere non poterat, dormiebat vestita, vel armata. Quod ipsamet portabat estandart per evitando ne ipsamet interficeret adversarios, et quod nunquam interficerit hominem. Quod illud vexillum et pictura fuerunt per eam facta in honorem Dei. Et quod victoria vexilli et sua omnia sunt attribuenda Deo, et spes victoriæ erat fundata in Deo et non alibi.

Circa sextam partem primi articuli et consequenter circa duodecimum articulum de submissione Ecclesiæ, addendum est quod ipsa asserit se servasse præcepta Ecclesiæ confitendo et communicando singulis annis secundum mandatum Ecclesiæ. Interrogata cui Papæ tum esset obediendum, dicit quod ipsa credit quod debeamus obedire ipsi Papæ in Roma existenti : et quod ipsa credit in dominum Papam qui est Romæ. Petit quod examinentur et videantur responsiones ejus per clericos et sibi dicatur an sit ibi aliquid contra fidem Christianam quam Deus præcepit. Hoc ipsa nollet sustinere, et esset bene irata deveniendo in contrarium. Interrogata an dicta et facta sua velit submittere Ecclesiæ, dixit « Omnia dicta et facta mea sunt in manu Dei, et de his expecto me ad ipsum. Et certifico vos quod ego nihil vellem facere aut dicere contra fidem Christianam. Et si ego aliquid fecissem, aut dixissem, aut quod esset supra corpus meum quod clerici scirent dicere, esse contra fidem Christianam quam Dominus stabilivit, ego non vellem sustinere, sed illud expellerem. » Per quæ saltem implicite videtur se submisisse Ecclesiæ.

Interrogata si velit se ponere in determinatione sanctæ matris Ecclesiæ de omnibus factis suis, sive sit bonum, sive sit malum, respondit quod quantum ad Ecclesiam, ipsa diligit eam et vellet eam sustinere ex toto posse suo pro fide nostra Christiana : et ipsa non est quæ debeat impediri pro eundo ad ecclesiam, et audiendo Missam. Et sic patet qualiter sumabat verbum illud *Ecclesia*. Et quantum ad bona opera, quæ fecit, oportet quod referat se ad Regem Cœli qui misit eam ad regem Franciæ. Item an se referat ad Ecclesiam. Dicit : « Ego me refero ad Deum et Beatam Mariam et omnes sanctos et sanctas Paradisi : et videtur mihi quod unum et idem est de Deo et de Ecclesia, et quod de hoc non debet fieri difficultas. Quare vos facitis de hoc difficultatem ? » Et tunc fuit sibi declarata decretoria. Et dicit quod pro nunc non respondebit aliud et quod mavult mori quam revocare illud quod Deus fecit sibi facere. Item requisivit quod ducatur coram Papa, et ipsa respondebit totum illud quod debet coram eo. Item monita quod attenderet regratiata fuit de consilio oblato : « Sed ego non intendo me separare a consilio Dei. » Quod credit quod dominus noster Papa et alii ecclesiastici sunt pro conservando fidem Katholicam et puniendo deficientes. Sed quantum ad ipsam, de suis factis non se submittet nisi solum modo Ecclesiæ Cœlesti, videlicet Deo, et sanctis Paradisi. Et credit firmiter quod non deficit neque vellet deficere in fide nostra. Affirmat quod pro posse suo sustinuit Ecclesiam. Tenet quod debet obedire domino nostro Papæ Romano, et ipsa credit in Papa Romano. Quoniam concluditur in fine articulorum, quod ipsa male sentit de fide, ipsa se refert Deo. Iterum de submissione Ecclesiæ, respondit quod vellet deferre reverentiam, et honorem Ecclesiæ militanti pro posse suo. Et de se referendo de factis suis ad prædictam Ecclesiam militantem dixit : « Oportet quod ego me referam ad Dominum meum qui fecit mihi facere hæc. » Interrogata si se referret Ecclesiæ militanti petiit dilationem ad sabbatum. Item dicit quod responsiones suæ videantur et examinentur per clericos ; et postea dicatur sibi si sit aliquod contra fidem Christianam. Et ipsa bene sciet per consilium suum dicere quid inde erit. Et postea dicit quod reperiet per consilium suum. Et tamensi sit aliquid mali contra fidem quam Deus præcipit, ipsa non vellet sustinere et esset bene irata de eundo contrarium. Item dicit : « Omnia opera mea et facta mea sunt in manu Dei, et de his me refero ad ipsum. Et certifico vos quod ego non vellem aliquid facere, vel dicere contra fidem Christianam. Et si ego fecissem, vel dixissem, vel quod esset super me aliquod, quod clerici scirent dicere quod esset contra fidem Christianam, quam Dominus noster stabilivit, ego non vellem sustinere sed illud expellerem. » Interrogata an Ecclesiæ subjiciatur, dixit mittans sabbati.

Interrogata die sabbati, an Papæ debeat plene respondere, requisivit : « Ducatis me ad eum et ego respondebo quod debeo. » Item dicit quod ipsa se refert militanti Ecclesiæ, proviso quod eadem Ecclesia non præcipiat sibi impossibile, videlicet quod revocet ista quæ fecit et dixit ex parte Dei ; et non revocabit ea pro quacumque re, neque pro homine vivente. Et quod se refert Deo, cujus ipsa semper faciet præceptum. Et in casu quo Ecclesia militans sibi præciperet contrarium, ipsa non referret se ad hominem mundi. Interrogata an sit subjecta Papæ, cardinalibus, episcopis et ecclesiasticis, dicit quod sic Deo primitus servit, et scit hoc fecisse ex præcepto Dei ; et quia amat Deum servit illi soli : et est bona christiana : et vellet adjuvare et sustinere Ecclesiam toto suo posse. Quod ipsa non credit aliquid fecisse contra fidem Christianam. Dum esset infirma, requisivit quod haberet confessionem, Sacramentum Eukaristiæ et sepeliretur in terra sancta. Credit quod Sancta Scriptura sit revelata a Deo : et quod erat bona christiana, et bene baptisata et sicut bona Christiana moreretur. Quod ipsa diligit Deum, servit sibi, est bona Christiana et vellet adjuvare et sustinere Ecclesiam ex toto suo posse : et quod bene vult quod Ecclesiastici et Katholici orant pro ea. Item dicit : « Ego bene credo Ecclesiam existantem hic inferius, sed de meis factis et dictis, sicut alias ego dixi, ego me expecto et refero ad Dominum Deum. Et ego bene credo quod Ecclesia militans non potest errare neque deficere, sed quantum ad dicta et facta mea, ego pono ipsa et refero ex toto ad Deum, qui fecit me facere quod ego feci. » Interrogata an habeat judicem in terris saltem Papam. Respondit : « Ego habeo bonum magistrum, videlicet Deum, ad quem expecto me de toto et non alium. » Et an velit se submittere Papæ, dixit » Ducatis me ad ipsum et ego respondebo ei. » Quod consuluit voces an se submitteret Ecclesiæ, quæ illi dixerunt, quod si velit quod Deus eam adjuvaret, se referat Deo de omnibus factis suis. Item respondit : « Quantum est de submissione Ecclesiæ ego respondi eis de isto puncto, de omnibus operibus quæ ego feci et dixi, ipsa transmittantur ad Romam penes dominum nostrum summum Pontificem, ad quem et ad Deum primo ego me refero. » Et interrogata iterum an velit revocare omnia dicta et facta sua, ipsa dixit : « Ego refero me Deo et domino nostro Papæ. » Dum esset lecta pars sententiæ, dixit se tenere quod Ecclesia et clerici tenent subjiciens se ordinationi eorum et faciens abjurationem, de qua in processu. Item quod si permittatur quod audiat Missam et ponatur extra compedes ferreos, et detur ei carcer gratiosus, ipsa erit bona et faciet illud quod Ecclesia voluit, alias prædiligebat mori, quam sic stare in compedibus. Item post abjurationem dixit quod voces fecerunt sibi magnam pietatem de illa grandi perditione abjurationis per eam factæ pro salvando vitam suam : et quod ipsa se damnaverat pro salvando vitam suam. Item dicebat Johanna, quod ille qui prædicabat erat falsus prædicator et plura dixerat eam fecisse, quæ non fecerat. Item quod si diceret quod Deus non misisset eam ipsa damnaret se. Et quod veraciter eam Deus misit : et quod revocationem fecit pro timore ignis : et quod non intelligebat sic facere et dicere ; neque intelligebat quod continebatur in cedula abjurationis. Item quod prædiligit facere pœnitentiam suam una vice, scilicet moriendo, quam sustinere pœnam in carcere. Item quod non intelligebat aliquid revocare, nisi proviso, quod hoc placeret Deo. Item dixit quod, si judices volunt, recipiet habitum muliebrem et de residuo nil aliud faciet. Hæc ex primo registro.

Ex processu præparato primus testis deponit quod Johanna in judiciis omnibus non bene intelligebat factum Ecclesiæ : et quod duo Fratres qui voluerunt eam, intruere, magna sustinuerunt pericula ob minas Anglicorum. Secundus testis, quod audivit ab ea, quod habebat cor ad Deum : et quod ipsa Deo et Ecclesiæ voluit obedire. Tertius testis quod erat bona et Katholica et Katholice finivit invocando Jesus usque ad extremum et rogaverit eum ut ostenderet sibi crucem. Item quod interrogata ab episcopo Belvacensi si vellet se submittere Ecclesiæ, dixit : « Quid est Ecclesia? Quantum est de vobis, nolo me vobis submittere, quoniam estis inimicus meus capitalis. » Cui exposito per loquentem quod celebrabatur consilium, in quo erant prælati etiam de parte sua, dixit quod illi se submittebat, et tunc fuit illi testi dictum quod taceret in nomine Diaboli. Quartus testis quod in conscientia sua ipsa Johanna erat bona Katholica, bonæ et honorabilis vitæ, et quod ita erat publica fama. Quintus testis quod Johanna interrogata an submitteret se Ecclesiæ dixit : « Quid est ecclesia ? » Cui exposito quod erat Papa et prælati representantes Ecclesiam, dixit quia sic et quod ducerent eam ad Papam. Item quod in fine audivit eam in confessione et quod devotissime cum maxima lacrimarum effusione communicavit.

Ex processu ultimo primus testis, quod exposito Johannæ quid esset Ecclesia, se illi submittebat. Quod fecit devotissimas orationes in exitu suo provocantes omnes ad lacrimas. Et quod pie et Katholice obiit invocando nomen Jesus et Beatæ Virginis. Secundus testis quod illa submittebat se judicio Ecclesiæ, rogando sanctum Michaelem quod eam dirigeret et consuleret. Et quod pluries in examine suo dixit quod se submittebat domino nostro Papæ et quod duceretur ad eum. Tertius testis quod aliqui de parte regis Franciæ se esse fingentes, de nocte suggerebant sibi quod non se submitteret Ecclesiæ. Quartus testis dicit quod Johanna dixit, quod volebat articulos videri et deliberari per Ecclesiam antequam abjuraret : quod sibi denegaverunt. Et quod quidam fingens se gallicum, de nocte dixit illi, quod si se submitteret Ecclesiæ, inveniret se deceptam : dixit quod si per eam fuerit aliquid minus bene dictum aut factum, volebat corrigere aut emendare arbitrio judicum : ita quod ipsa dixit : « Vos me interrogatis de Ecclesia militanti et triumphanti et ego non intelligo terminos : sed volo me submittere Ecclesiæ, sicut decet bonam christianam ; » et quod petiit consilium ad respondendum, sed fuit sibi denegatum. Et de communione cum lacrimis per eam devotissime facta. Nec unquam vidit aliquam personam ita Katholice finivisse dies suos. Sextus testis ait, quod duo Fratres, qui iverunt ad suadendum Johannam ut se submitteret Ecclesiæ, fuerunt in maximo periculo ab Anglicis. Item quod sæpius facta sua et seipsam submisit Ecclesiæ. Et unus Frater, qui suasit sibi quod se submitteret Concilio generali, fuit acriter a Belvacensi episcopo reprehensus. Item, quod bene apparebat quod ipsa non intelligebat differentiam inter triumphantem et militantem Ecclesiam. Quod in obitu fecit pulcherrimas orationes, commendando se Deo et petendo veniam ab omnibus. Septimus testis concordat cum sexto de submissione Ecclesiæ : et quod quidam dicebant : « Nos sumus omnes perditi comburando istam, » et quod in mediis flammis acclamabat nomen Jesus. Octavus deponit quod submisit se Papæ et Concilio generali non autem episcopo, quem dicebat suum inimicum. Et quod episcopus dixit notario quod non scriberet istam submissionem. Cui Johanna dixit : « Vos bene scribetis quæ faciunt contra me, non quæ me, » et quod fuit factum magnum murmur de hoc in concilio. Item quod submisit se Ecclesiæ, et postquam fuit docta, semper submisit se Papæ. Et quandoque distulit se submittere Ecclesiæ, quia non intellexit quid esset Ecclesia. Decimus, quod Johanna se submisit judicio Papæ et Ecclesiæ. Undecimus, quod quidam fingens se ex parte regis Franciæ, suadebat quod non se submitteret Ecclesiæ. Item quod credit ipse testis illam se submisisse Ecclesiæ et quod illa non intelligebat quid esset Ecclesia. Duodecim testis, quod audivit ab ea quod submittebat se Ecclesiæ et summo Pontifici : et quod hoc constabat judicibus qui fecerunt sibi dari Corpus Christi Domini ante primam abjurationem. Sexdecimus testis, quod ipsa Johanna inter flammas inclamabat nomen Jesus.

Circa septimam partem primi articuli, et consequenter circa articulum nonum addendum est, quod ipsa dicit quod esset magis dolens de mundo, si sciret se non esse in gratia Dei. Quod ei videtur quod quando videt sanctum Michaelem non est in peccato mortali. Quod sanctæ Katherina et Margareta faciunt eam sæpius confiteri et libenter. Et nescit an fuerit in peccato mortali : « Nec placeat, inquit, Deo, quod fuerim : aut faciam opera vel fecerim per quæ anima mea sit onerata. » Item quod si sui oraverint pro ea, videtur quod non male faciunt. Quod prima vice, qua audivit vocem, juravit servare virginitatem, et erat tredecim annorum. Interrogata si posset peccare mortaliter, ipsa dicit quod nihil scit, sed se refert Deo. Item illud quod dicit, quod credit firmiter se salvari intelligit, si ipsa servaverit quod promisit Deo, scilicet virginitatem tam corporis quam animæ. Quod etiamsi non esset in peccato mortali, credit quod quis non possit nimis mundare conscientiam suam confitendo. Quod ipsa esset valde dolens, si sciret se non esse in gratia Dei, et ait : « Si sum, Deus me conservet ; si non sum Deus me ponat in gratia sua. » Quod nescit an sit in peccato mortali et an fuit : et quod non placeat Deo quod fecerit, aut faciat unquam propter quod anima sua sit onerata. Quod est certa quod ibit in Paradisum, dummodo teneat promissum suum, scilicet quod servet virginitatem corporis et animæ. Quod nesciret mundare nimis conscientiam suam : et quod si esset in peccato mortali, credit quod sanctæ Katherina et Margareta recederent ab ea. Et quod promiserunt eam ducere in Paradisum : et quod ipsa ab eis ita petivit. Quod prima vice qua audivit Voces vovit Deo virginitatem. Quod ipsa non sperat, neque petivit ab eo aliud quam salvatorem animæ suæ.

Circa quartum articulum, de certitudine futurorum, primo patet hodie quod quæ prædixerat de Anglicis sunt verificata, et sic potest bene sibi credi verum dixisse, juxta illud evangelicum : « Hæc dixi vobis priusquam fiant, ut cum factum fueris credatis quia ego dixi vobis. » Item addendum est quod ipsa dicit, quod nescit quando erit a carcere liberata. Quod Voces primo dicunt quod liberabitur, et postea quod non curet et quod capiat gratanter martirium suum, quia finaliter veniet in Regnum Paradisi. Et hoc dixerunt sibi Voces simpliciter et absolute : et hoc est sine defectu. Per juramentum affirmat, quod nollet, quod diabolus traxisset eam extra carceres ad liberationem.

Circa sextum articulum, loquentem de Jesu et Maria in litteris suis appositis, addendum est, quod non est necessarium quod scriberet quod feceret interfici non obedientes litteris suis. Et litteras, quas direxit exercitui obsidenti Aurelianum, aliter et remendate loquuntur, ut per eos depravate, ut constat ex processu. Item interrogata de illis signis *Jesus Maria,* respondit quod clerici scribentes litteras suas hoc ibi ponebant : et quod quidam dicebant hoc esse decens.

Circa octavum articulum, de saltu turris, addendum est, quod ipsa asserit dum saltavit de turri, quod hoc fecit timore Anglicorum. Recommandavit se Deo et Beatæ Mariæ. Item quod ipsa dicit ; quod mallet reddere animam suam Deo quam esse in manu Anglicorum. Item quod ipsa audiverat dici quod omnes illi de Compendio usque ad ætatem septem annorum debebant poni ad ignem et sanguinem : et quod mallebat mori quam vivere post destructionem bonarum gentium : et illa fuit una causa saltus sui. Alia, quod ipsa sciebat, fuit se esse venditam Anglicis. Quod quando saltavit credebat evadere, non mori ; et quod commendavit se Deo. Quod ipsa saltando non fecit ex desperatione sed animo salvando corpus suum et succurrendo pluribus bonis gentibus existentibus in necessitate. Et quod postea saltum confessa fuit et petiit veniam a Domino.

Circa decimum articulum, loquentem de dilectione Sanctarum

Katherinæ et Margaretæ in regem et illos de parte sua; addendum est, quod ipsa interrogata an dicta sancta Katherina odiat Anglicos, dicit quod ipsa odit quos Deus odit. Iterum interrogata an sancta Margareta odiat Anglicos, dicit quod amat quos Deus amat.

Ex quibus habentur substantifice, per verba formalia ea quæ concernunt dictos articulos contenta in dictis registris. Ex his etiam patet cuicumque legenti, quod articuli fuerunt minus fideliter ex processu eliciti, imo mendose et corrupte depravati.

Articuli seu dubia extra præmissos danda sunt breviter hujusmodi.

An dicti processus et sententia nullitati subjiciantur, cum dominus Belvacensis non videatur fuisse competens judex, etiam dato quod esset in ejus territorio capta, cum neque ibi deliquerit, neque ex alio forum sortiebatur.

An ex nullitate corruant, cum episcopus Belvacensis elegerit procedere cum prætenso subinquisitore conjunctim, et tamen de assorti Inquisitoris a quo delegatus censetur, cum constituentis seu subdelegantis, potestate, nullo modo constat.

An sint nulli, quia ex processu patet episcopum solum sine subinquisitore per eum adjuncto, ad plures actus substantiales processisse, ut, plures solemnes interrogationes, loci assignationes et similia.

An sint nulli, quia sæpe per alios et non per se solum fecit episcopus Johannam examinari, attento quod causa erat criminalis et gravissima.

Quia ex dictis testium ultimi processus, constat de metu maximo et impressione illatis per Anglicos in subinquisitorem et alios habentes consulere in causa; an ex dicto metu processus corruat.

An, attento quod Johanna recusavit dictum episcopum ut incompetentem et suspectum, et sibi, ut asserebat, capitalem inimicum, ex hoc processus et sententia sint nulli aut saltem manifeste iniqui.

An, quia judicio Papæ et Concilii se submisit et ad eos duci petiit, et sic sub Papæ protectione se submisit, processus et sententia postea per eos contra illam habiti, sint nulli.

An, attenta gravitate causæ, videlicet de istis revelationibus secretis et occultis quæ soli Deo notæ sunt, et de dubio causæ fidei quæ soli Sedi apostolicæ est reservata, nulliter isti processerint, præsertim cum per Papam judicari petierit.

An, attento quod ipsa Johanna in carcere privato detinebatur laicorum et in manibus hostium capitalium qui erant ad ipsius custodiam deputati, et adeo inhumanissime eam tractabant quod mori desiderabat; et attento quod petiit se duci ad carcerem ecclesiasticum et gratiosum : ex eo processus corruat.

An, quia constat quod denegatum erat quod nullus eam alloqueretur, et petiit consultorem et directorem sibi quandoque dari, quod sibi fuit denegatum ; attenta etiam ætate juvenili decem et novem annorum, et fragili sensu muliebri : corruat processus.

An ætas hujusmodi excuset ab hæresi, in materia nostra, dubia, saltem ad relaxationem pœnæ ordinariæ.

An, quia illi qui volebant eam dirigere et instruere fuerunt per episcopum et Anglicos prohibiti, et eis terrores multi illati, ex ista denegata defensione, sententia et processus subjaceant nullitati.

An, quia petiit articulos suos per Ecclesiam videri et discuti antequam abjurasset, cum fuerit sibi denegatum, sint processus et sententia nulli.

An, quia episcopus assertus judex, ut constat, prohibebat quod per notarium scriberentur excusationes et submissiones suæ, ex hoc processus totus invalidus, imperfectus et non veridicus habendus sit.

An, quia elicientes articulos consultoribus transmissos, non veridice sed mendaciter, imperfecte et calomniose illos formarunt, ex hoc etiam sententia et processus corruant, attento hujusmodi dolo perspicuo.

An, quia constat per testes et ex processu quod interrogantes eam multum vexabant et involvebant in difficillimis quæstionibus et captiosis interrogationibus, adeo quod, secundum eos, vix maximus doctor scivisset satisfacere; et sic ut eam in sermone caperent : ex eo a dicto crimine excusetur : attentis etiam, ut dictum est, sua ætate et sexu, ac defensione et consilio denegatis.

An, quia per submissas fictasque personas suadetur sibi quod non se submitteret Ecclesiæ, et calumniose removebant sibi vestem muliebrem, ut sumeret virilem, ex hoc etiam dolo judicium corruat.

An, quia non constat de præambulo processus super infamia, ex eo etiam processus hujusmodi irritetur.

Quia ipsa Johanna in schedula abjurationis et in sententia

condemnationis reputatur revelationum et apparitionum divinarum mendosa confictrix, perniciosa seductrix, præsumptuosa, leviter credens, superstitiosa, divinatrix, blasphema in Deum, sanctos et sanctas ipsius Dei, in suis sacramentis contemptrix legis divinæ, sacræ doctrinæ et sanctionum ecclesiasticarum prævaricatrix, seditiosa, crudelis, apostatrix, schismatica, in fide nostra multipliciter errans, in Deum et sanctam Ecclesiam multis modis delinquens, ipsi Ecclesiæ, domino Papæ ac generali Concilio expresse, indurato animo, obstinate atque pertinaciter submittere se recusans; pertinax, obstinata, excommunicata, atque hæretica : an, juxta contenta in processu, fuerit consenda talis.

Cætera suppleat prudentia consultorum.

[Sic signatum :] Paulus Pontanus advocatus consistorialis.

IV

OPINIO DOMINI JOHANNIS HEREMITE [1]

AD quæsita in facto defunctæ Johannæ Puellæ per ordinem sub correctione sic dici potest et responderi.

Ad id quod primo loco quæritur « An processus et sententia, etc. » Postquam dicta Johanna, ut præsupponitur, non deliquit in territorio illius episcopi neque alias ejus subdita erat, videtur quod nullam in eam potuerit exercere jurisdictionem. Solus enim transitus dictæ Johannæ per ejus territorium vel sola ejus captio in eodem non subjecit eam suo foro seu jurisdictioni. Ait lex : « Durissimum est quotquot locis quis navigat vel iter faciens

---

[1] Ce mémoire avait échappé aux recherches de Quicherat.
Voici en effet ce que disait à son sujet ce savant collecteur, (t. V, p. 431, et t. II p. 215) :
« La consultation de Pierre l'Hermite, sous doyen de Saint-Martin de Tours est un mémoire en réponse à dix-sept des articles proposés par Paul Pontanus en dehors de la question de dogme. Le texte original est perdu; il n'en reste qu'une détestable traduction française dans le manuscrit de l'Arsenal, (n° 144 Jurisprud. française), traduction qui n'était que la copie de celle contenue dans le manuscrit de Rohan Soubise. Outre que la transcription est faite avec très peu de soin, la traduction en est si fautive, elle accuse tellement l'ignorance de son auteur en matière de droit qu'on ne peut véritablement pas attribuer la valeur d'un document à un morceau si défiguré. Après avoir longtemps hésité à reproduire quoi que

delatus est, tot locis se defendere debeat. » L. « Heres absens, » §
« At. si quis ab eo », *De judiciis* [1], et per consequens videtur quod
quidquid per dictum episcopum in hoc facto contra ipsam Johannam
actum erit, quoad effectum nullius roboris sit vel momenti, ut in
Cap. « At si clerici » *De judiciis* [2], et Cap. *Si a non competente judice* [3], » per totum, cum pluribus aliis.

Ad secundum articulum « An ex nullitate corruant, etc. » Ubi dubitatur de delegata vel subdelegata jurisdictione, tunc non præsumitur de ea nisi probetur, nec stabitur ejus delegati vel subdelegati

ce fût, qu'il nous suffise de rapporter le premier et le dernier paragraphe de cette très fautive traduction :
Ensuite l'opinion de messire Pierre Lhermite sous doyen de l'église de Saint-Martin de Tours.
Il me semble sous correction qu'aux questions et demandes faites au procès de defuncte Jeanne la Pucelle, on peut dire et respondre en cette manière à ce qu'est demandé à un article, c'est ascavoir si le procès et la sentence estoient valables et raisonnables.
Puisque la dicte defuncte n'offensa point au territoire de l'evesque de Beauvais etc...
Au xviie article et dernier je prouve qu'elle est inculpable : 1º à cause qu'un vray et juste juge doit toujours avoir devant les yeux de sa conscience la vérité et équité, sans tendre rets, corde ny filets à quelqu'un pour le decevoir et tromper, par le chapitre *De viduis* ; 2º à cause qu'il doit toujours tendre à sauver et délivrer de mort un pauvre prisonnier ou prisonnière. Mais pour ce que cet evesque a fait tout à l'opposite, c'est à scavoir qu'à la simple, rustique et innocente Pucelle, laquelle ne cognoissoit rien en procès, il a proposé et demandé questions difficiles, subtiles et captieuses pour la prendre et condemner par ses paroles, mettre à confusion et fraudulente diception : je dis et conclus que faussement et iniquement. »
M. de L'Averdy dans sa notice des manuscrits de la bibliothèque du roi (t. III, p. 518) analyse en quelques lignes ce mémoire qu'il ne connaissait non plus que par la mauvaise traduction du manuscrit Soubise.
Toutefois le texte original n'était pas perdu, il n'avait qu'échappé aux investigations de ces érudits. Nous le donnons d'après le manuscrit 13837 f. latin à la Bibliothèque nationale, du xve siècle, f°s 38 recto à 40 verso.
Comme l'avait soupçonné Quicherat et ainsi qu'on va le voir, la traduction française du manuscrit de l'Arsenal est aussi inexacte qu'incomplète, l'article qu'elle nous donne comme le xviie et dernier, n'est dans le texte que le xvie.

[1] *Digeste*, V, 1, 19.
[2] *D. Greg.* II, 1, 4.
[3] *Codex*, VII, 48.

processui vel sententiæ nisi probetur commissio. Ita notat Hen. in dicto cap. « Cum in jure, » *De officio delegati*[1]. Et ratio, secundum eum et Innocentium ibidem, quia dubitatio est de fundamento, scilicet an habuerint jurisdictionem, ex quo ergo non constat de potestate seu de commissione ipsius asserti inquisitoris, omnino ruit processus, quia ubi fundamentum non est, superædificari non potest, can. « Cum Paulus [2]. »

Ad tertium, « An sint nulli quia ex processu. » In jure soli tres casus excipiuntur, in quibus, scilicet inquisitor sine episcopo, vel episcopus sine inquisitore, in causa fidei procedere non potest. Unus enim vel ejus delegatus, sine altero vel ejus delegato, accusatum de hæresi duro carcere sive arcto qui magis ad pœnam quam custodiam videatur tradere, vel tormentis exponere, aut ad sententiam contra ipsum procedere non valet; in Clementina « Multorum, » post principium, *De hæreticis* [3]. Non videtur ergo quod propter expressa in articulo subjaceat processus nullitati, nisi forte ex processu verisimiliter appareret in vim interrogationum illarum de quibus in articulo et responsionum ad eas secutarum sententiatum fuisse, quia tunc, cum idem judicium de via et termino sit habendum, L. « Oratio », *De sponsalibus* [4], probabiliter dici posset sententiam fore nullam.

Ad quartum « An sint nulli quia sæpe.... » Certum est quod causa fidei ab episcopo vel inquisitore delegari valet, ut ex pluribus locis dictæ clementinæ multorum evidenter apparet, et ideo non videtur processus ex eo irritus seu irritandus, quod ipse episcopus solus non per se sed per alios dictam Johannam pluries examinare fecit, maxime cum hic casus non sit de exceptis in articulo inmediate præcedente.

Ad quintum « Quia ex dictis testium....» Johannes, glossator, can. « Quatuor » super vero timore [5] quærit nunquid tenet sententia quam judex per metum tulit, et solvit quod sic. Sed elidi potest per exceptionem, can. « Omne quod [6]. » Si ergo iste subinquisitor as-

[1] *D. Greg.* I, 29, 31.
[2] *D. Grat.* C. I, 1, 26.
[3] *Clementina*, V, 3, 1.
[4] *Digeste*, XXIII, 1, 16.
[5] *D. Grat.* C. XI, 3, 78.
[6] *D. Grat.* C. XXV, 1, 8.

sertus per metum cadentem inconstantem virum sententiam tulit una cum dicto episcopo et etiam consiliarii per dictum metum consulere juste omiserunt, non dubium quin ex iis veniat hujusmodi sententia irritanda et adnullanda, constita de metu prædicto.

Ad sextum « An attento quod dicta Johanna.... » Clarum est de jure quod suspecti et inimici maxime capitales judices esse non debent, ut multipliciter probatur in can. « Quia suspecti [1] » nam et propter inimicitias capitales quis a testificando repellitur? Cap. « Cum oporteat » *De accusationibus* [2] *;* cap. « Per tuas. » *De simonia* [3]. Fortiori ergo ratione a judicando repelli debet, quia minor causa judicem repellit quam testem, ut notat Jo. can. « Consanguinei [4]; » can. « Quicumque [5]. » Et sufficit, secundum eumdem Johannem, in dicto can. « Quia suspecti, » aliquem protestari suspicionem et quidquid post illam protestationem fit non tenet, sicut nec post appellationem interpositam, cap. « Cum sicut » *De eo qui mittitur in possessionem causa reservandæ* [6], imo licet non protestetur, si tamen probet postea suspicionem cassatur, quod fit contra eum ut extra: ut lite non contestata, accedens hæc ipse Johannes. Notorium autem est per totum Franciæ regnum et alibi, quod ipse definitus Petrus Cauchon tunc episcopus Belvacensis et par Franciæ, dum viveret, partes Anglicorum inimicorum capitalium dictæ Johannæ contra dominum regem Franciæ, dominum suum naturalem tam ratione originis quam beneficii, fovebat, et clare patuit quia, reducta ad ipsius domini regis Franciæ obedientiam Belvacensi civitate, obtinuit se per sedem apostolicam ad ecclesiam Lexoviensem in Normannia sitam se transferri, quæ patria tunc ab Anglicis occupata detinebatur. Merito ergo memorata Johanna ipsum episcopum tunc Belvacensem ut incompetentem judicem, suspectum et inimicum capitalem seu saltem inimicorum capitalium fautorem notorium recusavit, et per consequens, præmissis attentis, liquet irritum fore et inane omne et quidquid per dictum episcopum adversus eamdem Johannam post et contra recusationem hujusmodi actum est.

[1] *D. Grat.* C. III, 5, 15.
[2] *D. Greg.* V, 1, 19.
[3] *D. Greg.* V, 3, 32.
[4] *D. Grat.* C. III, 5, 1.
[5] *D. Grat.* C. XI, 1, .
[6] *D. Greg.* II, 15, 2.

Ad septimum « An quia se judicio papæ.... » Ubi quis se protectioni domini papæ submittit, pro appellante haberi et reputari debet, quia submissio protectioni Papæ vicem appellationis obtinet cap. « Ad audientiam nostram » cum ibi notatis, De *appellationibus*[1]. Similiter itineris arreptio ad sedem apostolicam vim appellationis habet, cap. « Dilecti filii » eodem titulo De *appellationibus*[2]. Ex quo ergo dicta Johanna se judicio Papæ et Concilii commisit aut submisit et ad eos duci petiit, et sic sub papæ et Concilii protectione se submisit, licet per simplicitatem verbum appellationis non expresserit, utpote jurium positivorum prorsus ignara. Videntur per jura prædicta processus et sententia postea per ipsos episcopum Belvacensem et prætensum subinquisitorem contra dictam Johannam facti et habiti nulli, considerato maxime quod, ut infra dicitur, ipsa in carcere privato laicorum detinebatur et per suos capitales inimicos custodiebatur, omni penitus auxilio et solatio destituta.

Ad octavum « An attenta gravitate causæ, etc. » Ubi dubium est an id quod agitur seu de quo agitur sapiat hæresim vel hujusmodi causa ad Petri sedem referenda sit et nulla alia sedes de ea cognoscere potest, cap. « Majores, » De *baptismo*[3]; can. « Quotiens [4], » cum ibi notatis. Et merito secundum Hostiensem in dicto cap. « Majores, » quia, etsi aliis apostolis imperatum fuit laxare rete in prædam, et etiam dictum « Quodcumque ligaveris, » etc. Mathei XVIII, soli tamen Petro dicitur : « Duc in altum, » id est in profundum disputationum Lucæ V, et eisdem cap. « Etsi quæstiones [5] ; » can. « Non turbatur [6]. » Quia ergo de secretis revelationibus et occultis quæ soli Deo notæ sunt agebatur, debuit hæc causa ad Sedem apostolicam referri attento quod hoc dicta Johanna requirebat, ut præmissum est. Ex quo sequitur processum et sententiam dictorum episcopi et subinquisitoris prætensi super hoc habita ipso jure fore nulla, cum causa hæc Sedi apostolicæ reservata fuit, et sic nullus alius de ea absque ejus mandato speciali cognoscere potuit, can. « Huic sedi [7]. »

[1] D. *Greg.* II, 28, 34.
[2] D. *Greg.* II, 28, 52.
[3] D. *Greg.* III, 42, 3.
[4] D. *Grat.* C. XXIV, 1, 12.
[5] D. *Greg.* V, 3, 18.
[6] D. *Grat.* C. XXIV, 1, 7.
[7] D. *Grat.* D. XVII, .

Ad nonum « An attento 'quod ipsa Johanna in carcere privato....»
Licet accusati de hæresi, cum crimen sit mere ecclesiasticum, incarcerari et detineri debeant in carceribus ecclesiasticis et non laicalibus, quos communes habere debent episcopus et inquisitor, et si non habeant, in carceribus episcopi sunt detrudendi, ut in Clementina prima *De hæreticis*. Non videtur tamen quod ob specificata in articulo, si alias de legitimitate processus constaret, corruat ipse processus, cum hæc substantiam seu efficaciam processus fidei contingere non videantur, nisi forte propter præmissa mens ipsius Johannæ, adeo turbata et læsa fuerit, quod digne explicare et intimare non potuerit quod sentiebat, quo casu dici posset haberi debere, ac si cum mente capto sine curatore processum fuisset.

Ad decimum « Quia constat....» Ad defendendum hæresim, id est, ad sustinendum aliquam speciem hæresis non esse hæresim, consultor seu advocatus intervenire non debet, ut innuit Hostiensis, in cap. « Si adversus, » *De hæreticis* [1], in glossa cum sint ver. Sed ad defendendum hæresim, scilicet ad defendendum personam accusatam de hæresi, antequam sit legitime confessa seu convicta de hæresi ejusque innocentiam ostendendam, defensor seu consultor in processu inquisitionis intervenire potest, et si contra jura gravetur, accusatus poterit appellare secundum Henricum Bohie in dicto capitulo « Si adversus [2]. » Idem videtur sentire glossa XXIV, q. II §
« His auctoritatibus [3], » dicens quod si quis post mortem de crimine hæresis accusetur, ut fieri potest cum quæstio fidei non moriatur, eisdem causa et quæstione, can. « Sane profertur. » Defensor intervenire potest maxime, aut in casu præsenti intervenire debuit consultor, seu director ipsius Johannæ, ætate et sexus fragilitate ac causæ gravitate considerata, et consideratis imo judex ex officio suo eidem Johannæ, etiam si non petiisset, de consilio providere debuit. Feminis enim, pupillis, vel alias debilibus seu iis qui sanæ mentis non sunt, si nemo sit qui eis petat advocatum, ultro debet dare judex. L. « Necquidquam, » § « advocatos, » *De officio proconsulis et legati* [4]; et ubi majus periculum imminet, fortius et citius, per jura et judices subveniri, ut notat Hostiensis in cap. « Cum inter, » *De*

[1] *D. Greg.* V, 7, 11.
[2] *D. Greg.* V, 7, 11.
[3] *D. Grat.* C. XXIV, 2, 5.
[4] *Digeste*, I, 16, 9.

exceptionibus [1]. Quia ergo expresse judex denegavit dictæ Johannæ dare in hac causa tam gravi et ardua, consultorem vel directorem, videtur ex hoc corruere processus, cum asserens: ne partium merita causarum pandantur. L. Cod. « Si per vim vel alio modo; » cap. « Ex litteris » *De in integrum restitutione* [2].

Ad undecimum « An hujusmodi ætas...» In delictis seu excessibus singulorum, non solum qualitas et quantitas delicti, sed ætas, scientia, sexus atque conditio delinquentis sunt attendenda: et secundum hoc, unicuique debet judici cum idem excessus magis sit in uno quam in alio puniendus, cap. « Sicut dignum » in principio *De homicidio* [3]. Quia ergo dicta Johanna tempore processus contra eam agitati, ut in præcedenti quæsito dicitur, juvenis erat, utpote in nono decimo ætatis suæ anno constituta, et quia dubium est, ut supra tactum est, an factum de quo accusabatur, scilicet de secretis et occultis revelationibus, hæresim saperet vel non, etiam quia ipsa Johanna in rure nata et nutrita ac fere omnibus vitæ suæ diebus inter ruricolas simplices et ignaras personas conversata est, videtur quod hæc eam ab hæresi excusent saltem ad relaxationem pœnæ ordinariæ.

Ad duodecimum dubium « An quia illi....» Ad hoc dubium satis patet responsio per ea quæ supra dicta sunt in decimo dubio.

Ad tertium decimum « An quia petiit articulos suos.... » Ut supra dictum est in octavo dubio, ubi dubitatur an factum aliquod sapiat hæresim vel non, quæstio hæc ad Sedem Petri referenda est. Quia ergo etiam dubium est, ut etiam ibi dictum est, an factum de quo accusabatur dicta Johanna, scilicet de secretis et occultis revelationibus, hæresim saperet vel non. Juste requirebat ipsa Johanna articulos suos videri per Ecclesiam et discuti antequam abjuravisset, quod de romana Ecclesia quæ cunctarum Ecclesiarum et universorum Christi fidelium mater est et magistra, cap. « Antiqua » *De privilegiis* [4]. Etiam sentisse putandum est quod quia hoc sibi denegatum est, videntur sententia et processus nulli ob defectum jurisdictionis.

Ad quatuordecimum dubium, « An quia episcopus....» Statutum

---

[1] *D. Greg.* II, 25, 5.
[2] *D. Greg.* I, 41, 4.
[3] *D. Greg.* V, 12, 6.
[4] *D. Greg.* V, 33, 23.

est in Concilio generali ut, tam in ordinario judicio quam extraordinario, per publicam personam aut duos viros idoneos fideliter universa judicii acta conferebantur, cap. « Quoniam contra falsam,» *De probationibus* [1]. Ex hoc ergo quod episcopus assertus judex prohibuit quod per notarium causæ non scriberentur excusationes et submissiones dictæ Johannæ ad ipsius justificationem seu saltem delicti, si quod est, attenuationem faciendam, in hoc manifeste suspectum esse ostendens se, videtur ejus processus invalidus, imperfectus et non veridicus. Nam excusationes et submissiones hujusmodi probabiliter movere poterant animum cujuslibet recte judicantis ad eam absolvendam, vel saltem ad mitius cum ea agendum, si in quoquam fuisset culpabilis, attentis maxime ejus sexu et ætate.

Ad quindecimum « An quia per elicientes... » Notat Chy. in L. unica, Code *De errore calculi* [2], quod sicut contractus ex mente contrahentium suum robur habet L. « Obligationum substantia, » *De obligationibus et actionibus* [3], sic et sententia suum robur habet ex mente actorum. Et hoc satis probant L. « *Illicitas* § Veritas » *De officio præsidis* [4], et l. III, C. *De sententia quæ sine certa quantitate profertur*, ibi in fine : « Si parte aliqua actorum certa quantitas sit comprehensa [5]. » Quia ergo elicientes articulos consultoribus transmissos non veridice, sed mendaciter, imperfecte et calumniose illos formarunt in magnam justitiæ elusionem falsumque in hoc committendo, L. I, § « Qui in rationibus, » et L. Pauli § I, ad Cod. *De fal.* Super quibus transmissis et non secundum veritatem gestorum cum divinare non potuissent, credendum est ipsos consultores quærenti qui fideliter omnia referre debebat, juxta cap. « Cum Bertholdus, » *De sententia et re judicata* [6], responsum ac consilium dedisse liquet quod sententia et processus corruunt, præcipue sententia quæ secundum acta ferenda erat, quia judex, secundum allegata et probata debet judicare, ut in dicto § « Veritas » si episcopus juxta eorum consilium, ut verisimiliter præsumendum est, sententiave-

---

[1] *D. Greg.* II, 19, 11.
[2] *Code,* II, 6.
[3] *Digeste,* XLIV, 7, 3.
[4] *Digeste,* I, 17, 6 § 1.
[5] *Code,* VII, 46, 3.
[6] *D. Greg.* II, 27, 18.

runt. Ad quid enim articulos corrupisset, vel corrumpi fecisset, nisi secundum corruptos procedere voluisset.

Ad sextum decimum, « An quia, etc... » Nemini est laqueus parandus, Can. « De viduis[1]. » Interrogatio etiam seu positio captiosa reprobatur a jure, juxta notata per spi. ti. depositio § VII ver. decisio, considerandum est, ex quo ergo interrogationes factæ dictæ Johannæ quæ simplex erat persona et juris penitus ignora multum, ut præsupponitur, vexabant et involvebant in difficillimis quæstionibus; erantque captiose ac intellectus sui capacitatem, ut in eodem quæsito innuitur, transcendebant, ut sic eam in sermone caperent, videtur ex hoc a dicto crimine excusari, maxime cum ad id quod « quis non intelligit congruum dare non possit responsum, » juxta L. « Ut responsum, » C. *De transactionibus*[2], attentis etiam in quæsito.

Ad septimum decimum « An quia per submissas vel fictas personas... » Alicujus malitia alterius simplicitati damnum seu nocumentum afferre non debet, L. I in principio, *De dolo malo*[3]. Si ergo callida persuasione ut præsupponitur, ipsarum submissarum fictarumque personarum non se submiserit Ecclesiæ dicta Johanna, simplex creatura, ut supra dictum est, vel si ipsæ personæ calumniose sibi removerunt vestem muliebrem ut virilem assumeret; et propter hoc, alias non factura, virilem vestem assumpsit, satis posset dici ex hoc judicium corruere, maxime si ex mente et scientia prætensorum dictorum judicum seu alterius eorum præmissa processerint, ad instar contractus bonæ fidei quem nullum reddit dolus dans causam contractui, ut in L. « Eleganter, » §I, eodem titulo *De dolo*[4].

Ad ultimum etiam quia non constat de præambulo processus super infamia. Hodie est decisum quod si per viam inquisitionis super certis criminibus contra aliquem præsentem nec reclamantem aut quidquam super hoc excipientem, infamiæ inquisitione omissa, ad veritatem eorum criminum procedant processus hujusmodi, ex eo quod non fuit de infamia primitus inquisitum, ulterius impugnari nequit, ut in cap. II *De accusationibus, inquisitionibus et denunciationibus*[5].

[*Explicit*] *opusculum subdecani quondam sancti Martini Turonensis.*

---

[1] *D. Grat.* C. XXVII, 1, 7.
[2] *Code*, II, 4, 15.
[3] *Digeste* IV, 3, 1.
[4] *Digeste* IV, 3, 7.
[5] *D. Bonifacii*, V, 1, 2.

V

SCRIPTUM MAGISTRI GUIDONIS DE VERSEILLES,

CANONICI SANCTI GRATIANI TURONENSIS, SUPER CERTIS PUNCTIS PUELLÆ[1]

Ut detur responsio ad ea puncta principalia quæ Johannæ Puellæ objecta fuerunt, suam condemnationem concernentia, est advertendum primo circa apparitiones ejus quod angeli aliquando corpora assumunt humana effigie insignata ; hoc patet exemplo et ratione. Exemplo, nam habetur in pluribus passibus sacræ Scripturæ, unde scribitur *Genesis* XVII, quod tres angeli in figura hominum apparuerunt Abrahæ in convale Manbre quos hospitio recepit, et XIX legitur quod Loth duos angelos in forma viri

---

[1] Nous publions ce mémoire d'après le manuscrit 13867 f. latin de la Bibliothèque nationale (fol. 40 à 43.)

Il n'est pas mention dans Quicherat, ni de Guidon de Vorseilles chanoine de saint Gratien de Tours, ni de son écrit sur la Pucelle.

recepit hospitio ; et ambo putabant eos esse homines. Et, ut dicit Augustinus super illud ad Hebræos ultimo, per hoc enim placuerunt Deo quidam angelis hospitio receptis, glossa ut Abraham et Loth receperunt eos nescientes ipsos esse angelos, sed arbitrantes esse homines, *in quibus Deus esset et loqueretur.* Similiter legimus de angelo qui perægre est profectus cum Tobia et conducebat eum. Item legimus Luce I quod angelus Gabriel missus est ad Mariam virginem. Item Actuum II de angelo qui apparuit Cornelio, et, cap., XII de angelo qui apparuit Petro et eduxit eum de carcere.

Item probatur ratione. Doctoris devoti, in secundo libro *Sententiarum*, Dist. VIII, art. II ubi dicit quod in angelis duplex est vis, scilicet centemplativa et administrativa. Secundum contemplativam convertuntur ad Deum, et sic non indigent solatio corporis assumpti, sed secundum administrativam descendunt ad nos et condescendunt nobis, et ut nobis congruentius condescendant, solatio corporis assumpti indigent *ad aliquas operationes exercendas*, indigent ad seipsos manifestandos, indigent ad nosmetipsos confortandos, et ideo assumunt corpora sicut organa ad operandum, sicut signa ad se manifestandum, sicut cooperimenta vel habitacula ad conversandum. Hoc autem magis exigit indigentia ex parte nostra quam indigentia ex parte sua, et quia finis imponit necessitatem iis quæ sunt ad finem et corpus effigiatum vel organisatum, humana effigie maxime competit operationibus spiritus rationalis et expressius significat et tanquam pulchrum indumentum quodammodo decorat ; ideo angelus assumit corpus non qualecumque, sed humana effigie insignitum ; hæc dominus Bonaventura.

Item notandum quod corpus assumptum ab angelo est de natura aeris. Angelus enim, aliqua virtute occulta quæ non latet ipsum, condensat aerem secundum plus et minus ad voluptatem ipsius, concurrente natura alicujus vaporis terrestris vel aquosi, qui quidem facit tam ad varietatem condensationis quam ad multiformitatem coloris, et tunc potest suscipere figuram et effigiem et ita corpori organico effici conformis. Potest etiam in una parte condensari plus et in alia minus et in alia minime, et, secundum hoc, habere in se diversos colores et ita corpori humano effici quasi in omnibus conformis. In hoc modo concordant sanctus doctor et doctor devotus et alii, in secundo libro *Sententiarum*, Di. VIII. Similiter dæmones ex Dei permissione assumunt corpora de natura aeris propter hoc quod aer maxime transit et est vertibilis in quodcumque, et hujusmodi signum est quod quidam, nitentes corpus a dæmone assumptum scindere gladio vel perfodere, id efficere non valuerunt, quia partes aeris divisi statim continuantur, verum tamen magna apparet differentia inter corpora angelorum et dæmonum, quia corpora angelorum apparent splendida et corpora dæmonum apparent obscura.

Item notandum quod angelus in assumpto corpore verbo vocali loquitur homini, ut apparet in pluribus passibus sacræ Scripturæ. Sed tunc sicut non profert sonum in organis materialibus secundum naturam, ita nec circulariter immutat medium quemadmodum est in voce naturali, unde non auditur, nisi ab illo ad quem ordinatur. Et est simile in apparitionibus angelorum quos quidam vident et alii æque propinqui non vident, ut patet in Heliseo et puero ejus : et Danielis I, legitur, « Vidit virum vestitum lineis habentem renes accintos auro obrizo etc. et vidit visionem solus ; viri autem qui secum erant, non viderunt. »

Item sciendum quod, sicut dictum est de angelis quod possunt assumere corpora, ita dicendum est de animabus sanctis quod ex dispensatione divina possunt sibi corpora assumere et ad nos descendere. Exemplum habemus de beato Martino, cui in cella sua Agnes et Maria apparuerunt visibiliter cum eo loquentes.

Item notandum est quod, cum alicui personæ apparet angelus bonus, eam alloquitur de re honesta et utili, ad salutem ac patriæ liberationem ad hostibus, aut ad correctionem peccatorum, sicut clare patet legenti passus sacræ Scripturæ, in quibus fit mentio de apparitionibus angelorum. Malus autem angelus, etsi aliquando aliqua vera et bona dicat, miscet tamen aliqua falsa et mala ac superstitiosa, cupiens illam personam decipere. Et qui a bono angelo movetur, vivit deinceps virtuose et secundum Deum ; qui autem a dæmone visitatur, licet aliquando exterius bene vivere videatur, non tamen perseverat, sed tandem interior ejus materia detegitur, ut patet de pseudo apostolis et pluribus aliis.

His ita suppositis, et considerata responsione Puellæ in processu tacta, apparet quod ista visitata fuit a bonis spiritibus, et quia scriptum est primo Johannis VII « Probate si spiritus ex Deo sunt, » hoc potest probari tum ex parte visitantium, tum ex parte ipsius Puellæ visitatæ. Ex parte visitantium, quia illi hortabantur eam quantum ad se ut virtuose viveret et catholice, ac secundum Deum; etiam hortabantur eam ad bonum opus et licitum et bonum finem, scilicet ad belligerandum pro rege et ad relevandum regnum Franciæ ab oppressione inimicorum suorum. Pie enim credendum est quod, sicut istud regnum est institutum et confirmatum a Deo, quod luce clarius patet ex eo quod misit Deus oleum sacrum de Cœlo, quo reges Franciæ inungerentur, quibus inunctis virtutem dedit ægrotos curandi a certa infirmitate ; misit etiam lilia aurea, quibus arma sua decorantur, ita voluit illud regnum conservare ne transferretur ad exteros, nec voluit per potentiam armatæ militiæ istud regnum relevare, ut incolæ regni agnoscerent hoc factum esse a Deo. Nam tempore quo Puella militiæ se accinxit, Anglorum exercitus potentissimus erat et pars regis valde depressa ; sed Deus hanc puellam elegit ut Anglos confunderet ad ostendendum quod non in multitudine belli victoria, sed de Cœlo fortitudo est, et sic fragilem sexum Deus elegit ut confunderet fortia, quemadmodum legimus *Judicum* IV de Delbora, quod Dominus tradidit in manu Delboræ mulieris in prælio exercitum Jabini regis Chanaam, et ei reputata est victoria pro filiis Israel contra Sysaram, principem exercitus dicti regis Jabini in torrente Cyson.

Ex parte etiam Puellæ probatur quod ipsa fuit visitata a bonis spiritibus, quia post visitationem ejus virginitatem servavit et usque in finem in ea perseveravit, catholice vixit, ecclesiam frequentavit, sæpe confessa est. Ex quibus apparet quod dicta Puella non debuit condemnari tanquam dictarum apparitionem mendosa confitrix, tanquam superstitiosa et invocatrix dæmonum, tanquam blasphema in Deum ac sanctos et sanctas, etc.

Pro responsione ad secundum punctum, quantum ad revelationes, est notandum quod solus Deus scit futura quæ dependent ex arbitrio libero. Nam ab æterno omnia sunt sibi præsentia, Ysaye XLI « Priora et novissima nuntiate mihi, et dicam quod Dii estis. » Verumtamen Deus quidem revelavit prophetas. Futura ita per angelos revelare potuit quæ ventura erant concernentia sublevamen regni Franciæ et suæ personæ fortunam et adversariorum confusionem. Unde si pie creditur quod missa fuerit a Deo ad succurrendum regno Franciæ, ita etiam pie credere possumus quod revelationes aliquorum futurorum recepit a Deo per suas voces. Unde a sancto Spiritu recepit Paulus quod multa passurus erat in Jerusalem, *Ac-*

tuum XX et de multis sanctis idem habemus. Igitur propter istas revelationes ipsa non erat condemnanda divinatrix neque superstitiosa, cum dixit quod certa erat de salute sua, non absolute, sed certis conditionibus appositis observatis, quas posuit, et tunc verum dixit. Nam homo certus esse debet quod erit salvus si mandata Dei adimpleat. Christus enim dixit : « Si vis ad vitam ingredi, serva mandata » Math XIX. Nihil hic est mendosum neque præsumptuosum. Item dictum ejus debet intelligi de certitudine spei.

Item, quod spiritibus sibi apparentibus reverentiam exhibuerit, in hoc non est increpanda, sed laudanda, quia firmiter tenebat eos a Deo esse missos, et ideo reverabatur eos cultu non latriæ sed dubiæ et ex devotione quam gerebat ad eos ; offerebat quandoque munera sacerdotibus et candelas in ecclesia, et faciebat missas celebrari in honorem eorum, ut dicitur in processu. In his omnibus est laudanda et judicanda Deo devota et sanctis ejus.

Quod iverit, dum erat in ætate puerili, spatiatum ad quamdam arborem duarum Fatalium dictam, cum aliis filiabus coætaneis. Hoc fuit vitium puerile, nihil malitiæ cogitans. Non enim habetur quod tunc sortilegium fecerit, sed postea se correxit cum didicit a suis vocibus illud esse vanum et sibi prohibitum.

Item sibi objectum est, quod habitum virilem gerebat, quod tamen prohibitum est in sacra Scriptura, et sic judicatur tanquam prævaricatrix legis divinæ sacræ doctrinæ et sanctionum ecclesiasticarum.

Circa istud est advertendum, quod hoc prohibitum est in veteri lege Deuteronomii XXII, ubi dicitur : « Non induetur mulier virili veste et vir non induetur veste feminea. » Sed multa sunt in veteri lege prohibita quæ in nova lege non sunt prohibita, ut esus quorumdam animalium prohibitus est in veteri lege, qui in nova lege non est prohibitus ; et Deuteronomio prohibetur indui vestimento ex lana et lino contexto, et tamen nunc non prohibetur, quia causa nunc cessat propter quam fiebat talis prohibitio. Nam tunc prohibitum fuit Judeis, quia proclivi erant ad idolatriam, ne induerentur vestimento ex lana et lino contexto, *Deuteronomii* XXII ; et ne mulier indueretur veste virili econtra ad vitandum idolatriæ cultum. Hujusmodi enim vestibus variis ex diversis confectis gentiles in cultu suorum deorum utebantur, et etiam in cultu Martis mulieres utebantur armis et vestibus virorum, et in cultu veneris econtra viri utebantur vestibus mulierum. Nunc autem homines christianæ religionis ad idolatriam non sunt proclivi. (Hæc sanctus Thomas, in prima secundæ partis, quæstione 102, articulo 6). Et si dicitur quod quando mulier est induta veste virili et econtra de viro incentivum est concupiscentiæ et occasionem libidini præstat, et sic hæc prohibitio ad mores spectat, et per consequens omni tempore est prohibitum et in omni lege, quia malum. Dicendum quod aliud est malum de se, et aliud est secundum se. Malum secundum se, quod nullo modo, nulla circonstantia potest fieri bonum, ut odire Deum, odire proximum ; malum vero de se, aliqua circumstantia potest fieri bonum, ut occidere hominem malum est de se contra præceptum illud « Non occides, » et tamen occidere hominem ex præcepto justitiæ bonum est. Similiter rapere aliena, malum est de se, et filii Israel spoliaverunt Ægyptios et non peccaverunt, quia ex præcepto Dei id fecerunt. Modo ad propositum ; etsi mulierem induere vestem virilem dicatur malum ex ea parte qua præbet incentivum libidinis, tamen hoc est tale quod ex circumstantia potest fieri bonum, cum, scilicet, sit ex præcepto Dei et ad finem certum bonum, quemadmodum accidit circa Puellam. Ipsa enim ex processu affirmat se fecisse ex præcepto Dei, et ut redderetur aptior ad arma exercenda, propter quod missa erat a Deo.

Item dici posset quod non omne quod præbet occasionem mali malum est de se, sicut pulchra mulier non incedens vagis gressibus non elevata facie, non extenso collo, non nutibus oculorum, sed simpliciter gradiens, a viro ipsam vidente potest concupisci, et tamen mulier in hoc non peccat quamvis vir peccat. Unde, proprie loquendo, mulier non dedit viro occasionem peccandi, sed vir accepit illam. Ita in proposito : cum Puella accepit habitum virilem simplicem, non dedit viris occasionem peccandi, nec fecit stimulo libidinis. Imo non puto quod quisquam hominum concupiscentia in eam exarserit; sed, sicut ex Dei præcepto habitum virilem sumpsit, ita pie credendum est quod Dei dono nullus in eam exarserit cum virginitatem vovisset. Quod autem ipsa communionem receperit in habitu virili nullum reputo inconveniens, attenta vocatione sua, sed signum est quod ipsa erat Deo devota, quando inter strepitum armorum ita ad quietem sui animi redibat, Dei non immemor, ut confiteretur sæpe et eucharistiam reciperet, ac libenter missam audiret.

Item quod accusatur quod, post abjurationem, resumpsit habitum virilem et ideo condemnatur tanquam relapsa, dicendum est quod ex informationibus reperitur quod vi et violentia resumpsit et quod ablata fuit vestis muliebris et præsentata vestis virilis, unde fuit coacta illam vestem virilem assumere.

Item dico quod, si sponte resumpsisset, non tamen est ibi sufficiens causa ut condemnaretur tanquam relapsa in hæresim et dimitteretur curiæ sæculari. Nam duplex est relapsus : unus in errorem et ea quæ sunt contra fidem, et qui sic relabitur relinquendus est sæculari justitiæ; alius est relapsus in vitia et ea quæ sunt contra bonos mores, et qui sic relabitur non meretur pœnam ignis in hoc sæculo, nec relinquendus est curiæ sæculari : ut puta, si quis juraverit non amplius fornicari et postea reincidat in fornicationem, non erit propterea puniendus tanquam hæreticus. Ita in proposito dicendum est : mulierem sumere vestem virilem non est contra fidem, licet contra bonos mores, si adsit circumstantia quæ actum reddat honestum, ut hoc facere ex præcepto Dei, quod ita accidit Puellæ ; quia vestem virilem induit ex Dei præcepto, unde non peccavit quia resumpsit habitum virilem, sed potius quia abjuravit habitum illum non amplius sumere ; unde merito voces suæ increpaverunt eam quia revocaverat pro salute sua corporali seu temporali illud quod fecerat ex præcepto Dei.

Item si diligebat habitum virilem, non est mirum cum illum assumpsisset ex præcepto Dei : unde ex devotione et amore quem gerebat ad Deum, illum habitum diligebat.

Item quod dicta puella condemnatur et judicatur tanquam schismatica quia, ut dicitur, noluit se submittere judicio Ecclesiæ militantis. Ex responsione sua contrarium apparet, ut in processu habetur, quia dixit et petiit quod omnia dicta sua et facta transmitterentur Romam ad dominum nostrum Papam, ad quem et ad Deum primo se referebat. Nonne satis se submisit judicio militantis Ecclesiæ, quando se judicio Papæ submittebat, qui est caput Ecclesiæ militantis, ad quem causæ fidei tandem devolvuntur ? Dixit etiam quod se referebat Ecclesiæ, dum tamen non præciperet ei aliquid impossibile, reputans illud impossibile, scilicet quod revocaret illa quæ fecit et dixit ex præcepto Dei. Timebat ergo ne Ecclesia quæ tantum judicat de exterioribus præciperet ei aliquid facere, per quod derogaret secreto præcepto Dei : quamvis enim Ecclesia non possit errare in his quæ juris sunt, potest tamen errare in his quæ sunt facti, propter non sufficientem informationem. Factum autem revelationum istarum secretissimum est : unde vix aut nunquam informatio fieri posset, quod tales revelationes fuerint a maligno spiritu, nisi a posteriori. Imo probabilius posset informari quod factæ fuerint a bono spiritu ex signis superius dictis, quia in hoc sæculo devote et pie vixit apud Deum, honeste èt juste apud proximum, et in se ipsa virgo permansit ; et si bellum gessit, hoc fuit ut inde pax sequeretur in regno Franciæ ; quod sibi commissum erat a Deo posse tenus adimplevit. Non ob hoc judicanda est credulis, sed fidelis et quod non cupiebat effundere sanguinem. Hoc totum patet satis ex responsione sua in processu tacta.

Item attentis interrogatione judicis et responsione sua, apparet quod judex quæsierit omnem occasionem capiendi eam in verbis, nec attenderit ad intentionem verborum responsionis suæ. Cum enim ipsa fuerit illiterata et simplex, non potest in sua responsione uti verbis ita præcisis, quemadmodum uteretur vir literatus et prudens ; unde magis erat attendendum ad intentionem verborum qnam ad verba. Et hoc debet facere bonus judex, sicut Philosophus dicit primo Rhetoricæ, quod judex debet aspicere ad pium intellectum verborum, non ad verba.

Item si dicta Puella abjurationem suam revocaverit non debet ob hoc dici relapsa, sed rediviva, quia ceciderat abjurando et surrexit abjurationem revocando.

Ex his concluditur quod sententia, contra Puellam lata, est injusta, temeraria, Dei offensiva, sacræ doctrinæ abusiva et de hæresi suspecta.

Explicit opinio antedicti spectabilis magistri Guidonis de Verseilles in prætensum processum Puellæ.

VI

SUMMARIUM FRATRIS JOHANNIS BREHALLI,

INQUISITORIS FIDEI [1]

Quia ipsa Johanna in cedula abjurationis et in sententia condemnationis reputatur revelationum et apparitionum divinarum mendosa confictrix, perniciosa seductrix, præsumptuosa, leviter credens, superstitiosa, divinatrix, blasphema in Deum, Sanctos et Sanctas, ipsius Dei in suis sacramentis contemptrix legis divinæ, sacræ doctrinæ et sanctionum ecclesiasticarum prævaricatrix, seditiosa, crudelis, apostatrix, schismata, in fide

---

[1] Jehan Bréhal, dit Quicherat, était un docteur en théologie, prieur des Jacobins de Paris, et inquisiteur général dans le royaume de France. Natif de Normandie, il avait fait profession chez les Dominicains d'Evreux. Il peut être regardé comme celui qui joua le principal rôle dans la réhabilitation de Jeanne d'Arc. Au commencement de l'année 1452, le cardinal d'Estouteville se l'adjoignit pour procéder d'office à la révision du pre-

nostra multipliciter errans, in Deum et sanctam Ecclesiam multis modis delinquens, ipsi Ecclesiæ, domino Papæ ac generali concilio expresse, indurato animo, obstinate atque pertinaciter submittere se recusans ; pertinax, obstinata, excommunicata atque hæretica, an juxta contenta in processu fuerit censenda talis ?

mier procès. A cet effet, il entendit les premiers témoins cités à Rouen ; il voyagea par toute la France pour informer sur la vie de Jeanne ; enfin il se mit en correspondance avec les plus fameux docteurs du royaume et de l'étranger pour avoir leur opinion sur une matière si délicate. Quicherat, t. II p. 70, a publié une lettre relative à la Pucelle, qu'écrivit Bréhal au frère Léonard prieur des Dominicains de Vienne, en lui envoyant des mémoires sur ce sujet.

Les délégués désignés par Calixte III, en 1455, l'ayant également appelé à siéger avec eux, pendant huit mois que dura le procès, Bréhal vaqua continuellement à cette affaire, tantôt à Rouen, tantôt à Paris ; et cela au milieu de circonstances difficiles pour lui, attendu que l'Université de Paris était en guerre ouverte avec les Ordres mendiants dont il était l'un des chefs. La sentence définitive fut prononcée, comme l'on sait, le 7 juillet 1456 ; le 21 du même mois Bréhal conduisait à Orléans la procession expiatoire ordonnée par cette même sentence. Au mois de février suivant, dans une assemblée solennelle de l'Université, présidée par le connétable de France, il fit publiquement la soumission des quatre ordres, et, quoique ses paroles fussent trouvées un peu fières, la paix fut conclue entre le corps enseignant et les dissidents, redevenus ses suppôts.

Après cela on rencontre le nom de *maistre Jehan Bréhal, inquisiteur de la foy*, sur les registres de l'Echiquier de Rouen, où il est mentionné comme faisant défaut aux assises de 1463. Il reste de lui un traité manuscrit *De libera auctoritate audiendi confessiones religiosis mendicantibus concessa,* et une vaste compilation des avis doctrinaux rédigés en faveur de Jeanne d'Arc, laquelle il composa par ordre du tribunal et que nous donnerons plus loin. (Quetif et Echard, *Script. ord. Præd.* t. I, p. 815. — Duboulai *Hist. univ. Par;* t. V, p. 615. — Delaroque, *Hist. de la maison d'Harcourt* t. III, p. 552, 573, 577).

Le présent sommaire avait été composé par l'Inquisiteur de France pour diriger les docteurs consultés au sujet de la réhabilitation. Quicherat (t. II, p. 68) n'a publié que le simple énoncé des propositions sur lesquelles l'auteur argumente, mais en laissant de côté l'argumentation elle-même.

Le texte original s'en trouve dans le manuscrit 2284 d'Ottoboni à la Bibliothèque Vaticane.

La Bibliothèque nationale en possède trois copies : l'une dans le manuscrit 51 fonds Saint-Germain de Harlay, une autre dans le n° 9790 fonds latin ; la troisième sous le n° 13837 f. latin (f°s 13 à 20.)

Une traduction française se trouvait dans le manuscrit de Soubise, mais elle n'a point été reproduite dans le manuscrit de l'Arsenal. Elle était

principaliora puncta atque graviora, super quibus Johanna puella fuit tamquam hæretica condemnata et ignis supplicio tradita secuntur ; nec non et ejus responsiones et ad illa substantialiter de processu perstricta.

Quod asseruit se apparitiones et visiones corporales Sancti Michaelis et Sanctarum Katharinæ et Margaretæ habuisse, voces spirituum frequenter audivisse et revelationes multas accepisse.

Istud ex processu et confessatis per eam deducitur. Nam, ut dicit ipsa, in ætate tredecim annorum existens primam vocem audivit in horto patris sui, hora meridiei et magnum habuit timorem : neque tam cito credidit quod esset Sanctus Michael ; ter enim sibi apparuit antequam crederet. Sed ex postea ipsam in tantum docuit quod bene cognovit eum. Cognovit enim ipsum ex doctrina, quia dicebat ei quod esset bona, et quod Deus illam diligeret, et subveniret calamitatibus Franciæ. Et cum primo habuit confortationem ab eo, non erat solus, sed bene associatus aliis Angelis. Ipsaque prima vice, qua vocem audivit, vovit servare virginitatem quamdiu placeret Deo. Non credit in fatis ; imo credit quod sit sortilegium. Fatetur tamen se semel audivisse voces ad fontem, qui est juxta arborem dictam Fares, latine Fatalium. Deinceps, prout asseruit, voces frequenter audivit et vidit prædictos angelum et Sanctas sibi apparentes corporaliter oculis suis : et ipsi sanctæ apparebant coronatæ pulchris coronis, cum claritate, et magno lumine ab omni parte ; usque ad voces audiebat, figurasque ipsarum Sanctarum videbat, præsertim capita, et illas amplexabatur, unamque ab alia cognoscebat, quia se nominabant ei. Nescit vero an in illis apparitionibus esset aliquid de brachiis, vel erant alia membra figurata.

précédée d'un petit recueil des réponses de Jeanne sur le fait de ses voix, dont M. de L'Averdy *(Notice des manuscrits de la biblioth. du roi* t. III, p. 192) nous a conservé le début :

« Ensuivent les poincts les plus principaulx et grants, sur lesquels Jehanne la Pucelle fut prinse en gardant les brebis, comme herectique et idolastre et fut condamnée et finalement par supplice de feu consumée au vieil marché de Rouen devant Saint Sauveur ; et les responses qu'elle feist et que on peult tirer et extraire à son procès, à cause qu'elle a dict et affirmé avoir eu visions et apparitions corporelles de Sainct Michiel, oy et receu souventes foys les voix et revelations de Saincte Marguerite ; Saincte Catherine et autres esperitz. » (Quich. t, V, p. 430.)

Loquebantur clare, et clare intelligebat, eratque vox pulchra, dulcis, et humilis. Pro re magna habuit ipsa revelationes, videlicet pro rege pro succursu bonarum gentium de Aurelianis ; et quod placuit Deo sic facere per unam puellam simplicem pro repellendo adversarios regis. Credidit firmiter esse bonas voces, sicut credidit Christum passum pro nobis et sicut credit fidem Christianam, quod Deus est et quod redemit nos a pœnis Inferni, quodque veniunt a Deo et ex ordinatione sua. Movetur ad credendum propter bonum consilium, bonam confortationem et bonam doctrinam. Et quod vox illa a septem annis elapsis accepit eam gubernandam ; et illam habuit ad se jurandum et gubernandum : dabatque ei monita quod esset bona juvenis et Deus adjuvaret eam. Docuit eam se bene regere, Ecclesiam frequentare, sæpius confiteri, virginitatem servare. Denunciavitque ei miseriam Franciæ et bonarum gentium Franciæ ; et quod ipsa veniret ad succurrendum ei. Unde et ipsæ voces in suis magnis agendis semper succurrerunt ei. Unde credit signum esse quod sint boni spiritus. Tempore quo communiter, ipsas audit hora completorii quando pulsatur campana pro Ave Maria. Cum apparebant, signabat se signo crucis. Neque aliquod præmium unquam petivit ab eis, nisi salvatorem animæ suæ. Et quitquid boni fecit, fecit de præcepto vocum suarum : per quas etiam asseruit sibi fuisse præceptum, ne quædam revelaret, nisi Karolo regi suo. Quandoque etiam ei dicebant quod audacter responderet interrogantibus eam et Deus ipsam adjuvaret. Voces ipsæ prohibuerunt ei ne saltaret seu præcipitaret se de turre : nihilominus saltavit : et post saltum fuit confortata a beata Katharina : et de hoc quæsivit veniam a Deo. Post recessum vocis plorabat et bene voluisset quod eam secum deportasset. Ab ipsis vocibus requisivit quod eam ducerent in Paradisum ; et hoc promiserunt ei. A quibus etiam fuit sibi revelatum quod in vexillo suo faceret depingi Regem Cœli et duos Angelos et eo libere uteretur. Dixitque quod ipsi voci se excusavit quod erat una pauper filia, nec sciret equitare, nec ducere guerram. Eam vocabant Johannam filiam Dei et non præcipiebant ei quin obediret Ecclesiæ. Post abjurationem voces increpaverunt eam, quia revocaverat pro salvando vitam suam illud quod fecerat de præcepto Dei. Voces ipsas, ut asseruit, non invocabat, sed Deum et Beatam Mariam quod mittant sibi auxilium, consilium, confortationem, et hoc sub quadam pia verborum forma in processu expressa.

An ex his possit debite censeri revelationum et apparitionum mendosa confictrix, perniciosa seductrix, præsumptuosa, leviter credens, superstitiosa, invocatrix dæmonum, divinatrix, blasphema in Deum, sanctos et sanctas, sicut in sententia habetur?

Quod aliqua futura prædixit.

Ex processu asseruit quod rex suus restitueretur in regnum suum et ipsum lucrabitur, velint nolint adversarii : et hoc ita bene sciebat sic quod præsens erat in judicio. Quod levaret obsidionem Aurelianis, et rex coronaretur Remis. Indicavit eńsem absconditum in ecclesia Sanctæ Katharinæ, signatum tribus crucibus. Quod Anglici expellerentur a Francia, exceptis illis, qui ibidem decederent ; et quod ante septennium dimitterent majus vadium, quod habebant in Francia, et haberent majorem perditionem quam alias habuissent. Scivit per voces se fore captivandam ; sed diem, vel horam, ignorabat, quia se non exposuisset periculo : et de post quod hoc scivit se retulit capitaneis de facto guerræ. Prædixit se vulnerandam ante Aurelianum et ante Parisius. Quod voces dixerunt ei quod liberaretur e carcere et haberet succursum a Deo per magnam victoriam. Sed nesciebat utrum hoc esset per liberationem a carcere vel per turbationem judicii. Tamen sibi postea dicebant : « Non cures de martirio tuo, quia tu finaliter venies in Regnum Paradisi. » Interrogavit voces an esset combusta, seu comburendo. Responsum accepit quod se referret Deo et ipse eam adjuvaret. Quod de sua salute certa erat, ac si jam esset in Paradiso ; quod, ut dixit, intelligebat dummodo servaret juramentum et promissionem, quam fecit Deo, videlicet quod ipsa bene servaret virginitatem tam animæ quam corporis.

An similiter ex istis possit censeri divinatrix, superstitiosa, leviter credens, præsumptuosa, seductrix, perniciosa et mendosa, apparitionum confictrix ut in sententia exprimitur?

Quod spiritibus sibi apparentibus et eam alloquentibus reverentiam exhibuit.

Ex processu ivit quandoque spatiatum apud quamdam arborem dominarum fatalium cum aliis filiabus quando erat juvenis ; sed ex postquam habuit voces, non immiscuit se jocis. Fecit autem tunc quandoque serta, seu capillos apud prædictam arborem pro imagine

Beatæ Virginis illius loci. Credebat Angelos et Sanctos ei apparentes illosmet esse qui sunt in Cœlis. In quorum honorem offerebat quandoque munera sacerdotibus candelas. In ecclesia faciebat Missas celebrari et imaginibus eorum in ecclesiis quandoque capillos apponebat. Præcedente Sancto Michaele et Angelis quos videbat osculabatur terram per quam transierunt. Rogabat voces ut impetrarent auxilium a Domino. Tria petiit a vocibus : quod Deus eam liberaret, quod conservaret existentes in obedientia regis sui, et salutem animæ suæ. Noluisset quod dæmon extraxisset eam de carcere.

An ex istis possit haberi dæmonum invocatrix et idolatra, prout fingitur in processu?

Quod habitum virilem gestavit et bellis se immiscuit.

Ex processu affirmat se non fecisse humano consilio, nec aliquem de hoc onerat : nec vestem ipsam cepit, nec aliud fecit, nisi ex præcepto Dei, credens quod quitquid ex præcepto Dei fit, licite fit. Et postquam illud faciebat ex præcepto Dei, et in servitio suo, non credebat male agere. Sed quando placeret Deo præcipere, et tempus adveniret dimittendi et fecerit illud pro quo missa est ex parte Dei, tunc reciperet habitum muliebrem. Interrogata semel an vellet audire Missam in habitu muliebri, respondit supplicando quod dimitteretur in habitu virili audire Missam. Et quod mutaret habitum, petiit quod in ipso habitu virili sibi ministraretur. Sed tamen quandoque dixit : « Tradatis mihi unam vestem longam usque ad terram sine cauda, ad eundum ad Missam, et deinde reassumam habitum quem habeo. » Item dixit : « Detis mihi unam houpellandiam, ad modum unius filiæ burgensis, et unum capucium muliebre, et ego accipiam pro eundo ad Missam. Et ideo certificetis me de audiendo Missam, si debeo accipere habitum muliebrem. » Frequenter accepit communionem in habitu virili, sed nunquam in armis. Post abjurationem dixit se ideo reassumpsisse habitum virilem, quia decentior erat inter viros, quam muliebris. Ex informationibus reperitur, quod ex vi reassumpsisset virilem. Quoad bella dixit quod ipsa erat missa ex parte Dei ad subveniendum calamitatibus regni Franciæ : et quod ipsamet portabat vexillum suum, ne aliquem interficeret. Quod nunquam aliquem interfecit. Quod ante Aurelianum, in Gergonam, et ubique litteris, verbis, adversarios movebat ad pacem, tractatum et recessum.

An ex præmissis possit digne reputari Sacramentorum contemptrix legis Divinæ, sacræ doctrinæ et sanctionum Ecclesiasticarum prævaricatrix, apostatrix, seditiosa atque crudelis, sicut in sententia continetur?

Quod judicio militantis Ecclesiæ se in dictis et factis suis submittere videtur recusasse.

Ex textu processus dixit sæpius, interrogata de fide, quod erat bona Christiana et bene baptisata et quod sicut bona Christiana moreretur. Quodque de dictis et factis suis se referebat ad Deum et Beatam Mariam et omnes Sanctos atque Ecclesiam victoriosam in Cœlis. Et quod idem esset de Deo et Ecclesia : neque de hoc, ut dicit, debet fieri difficultas : subdens. « Quare de hoc facitis difficultatem ? » Antequam intraret primum examen petiit quod adhiberentur viri Ecclesiastici de partibus Franciæ, sicut et Angliæ. Et iterum alibi, quod vocarentur tres aut quatuor clerici de sua parte et coram eis responderet veritatem. Quod alias in Chinone et Pictavis fuerat per prælatos et clericos suæ partis diu interrogata et examinata ; sed non invenerunt in ea nisi bonum. Episcopo Belvacensi dixit quandoque in judicio : « Vos dicitis vos esse meum judicem; advertatis bene quid facitis, quoniam vos accipitis magnum onus. » Dixit, ulterius quod quantum ad Ecclesiam diligit eam et vellet eam sustinere toto posse suo pro fide Christiana nostra : et ipsa non est quæ debeat impediri de eundo ad Ecclesiam et de audiendo Missam. Rursus dicit : « Videantur dicta et facta mea, examinentur per clericos et postea dicatur mihi an sit ibi aliquid contra fidem et ego sciam per consilium meum vobis dicere quid inde erit. Et certifico vos quod si sit aliquid mali in dictis aut factis meis contra fidem Christianam, quam Dominus stabilivit, quod clerici sciant dicere, ego non vellem sustinere, sed illud a me expellerem. » Et quandoque dixit : « Ego essem bene irata deveniendo contra. » Frequenter vero præmissa repetiit, voces non præcipiunt ei quando obediat Ecclesiæ. Dixit etiam : « Credo quod hæc Ecclesia inferior non potest errare vel deficere. » Frequenter interrogata, an vellet se judicio Ecclesiæ submittere dixit : « Ego refero me Deo, qui fecit mihi facere illud quod feci. » Semel etiam dixit quod referebat se Ecclesiæ, dummodo non præciperet sibi aliquod impossibile. Et reputabat impossibile hoc, videlicet quo ipsa revocet illa, quæ dixit et fecit ex parte Dei. Et quod illud non revocabit pro quacumque re vel pro quocumque viventi : neque se referret de hoc ad hominem mundi. Asserebat tamen, quod credebat in Papam qui est Romæ, et quod erat sibi obediendum ; requirens frequenter quod duceretur ad eum. Et in die qua abjuravit, publice petiit quod omnia dicta et facta sua transmitterentur ad Romam penes dominum nostrum Papam, ad quem et ad Deum primo se referebat.

An ex istis censeri veniat schismatica, in fide multipliciter errans, in Sanctam Ecclesiam temere delinquens, determinationi, emendationi, correctioni atque judicio Sancti Matris Ecclesiæ, domini nostri Papæ, et sacri generalis Concilii expresse, indurato animo, obstinate ac pertinaciter se submittere recusans : ideo etiam pertinax, obstinata, excommunicata et hæretica : quod in sententia finaliter concluditur?

Hæc sunt super quibus principaliter videtur esse deliberandum.

VII

CONSIDERATIO HELIÆ DE BOURDEILLES[1]

SEQUITUR CONSIDERATIO REVERENDI PATRIS DOMINI HELIÆ, EPISCOPI PETRAGO-
RICENSIS, SUPER PROCESSU ET SENTENTIA CONTRA DICTAM JOHANNAM PRO-
LATA ; IN QUA CONSIDERATIONE OSTENDITUR QUALITATES EIDEM JOHANNÆ
IN SENTENTIA ATTRIBUTAS, CONFESSIONI ET DICTIS IPSIUS MINIME CONVENIRE ;
IMO CONTRARIAS POTIUS IPSI APPLICARI DEBERE

SCRIPTUM est « Si difficile et ambiguum apud te judicium
« esse perspexeris et judicum intra portas tuas videris ver-
« ba variari, venies ad sacerdotes levitici generis quæres-
« que ab eis, qui judicabunt tibi judicii veritatem. » *Deuteronom.*

[1] Elie de Bourdeilles, de l'ordre des Cordeliers, était évêque de Péri-
gueux à vingt-quatre ans, il occupait ce siège depuis 1447 ; en 1467 il fut
nommé archevêque de Tours, puis cardinal. Brantôme, son neveu, se plaint
dans son *Discours sur les provisions aux bénéfices (Hommes illustres)*

XVII, 8. Hujus oraculi sententiam secutus, christianissimus princeps noster et dominus Francorum rex Karolus, quum difficile valde et ambiguum apud se judicium perspexisset de quadam puella quondam, Johanna nomine, quæ a Rege Cœlorum sempiterno arbitratur illi directa, in suarum miserationum quæ a sæculo sunt immensa multitudine, ad ipsius regis Francorum consolationem et regni liberationem ; sed olim per gentem Anglorum capta dignoscitur et graviter inculpata nec non morti tradita ; ex quo multorum verba intuitus est variari utrum a bono vel nequam spiritu adducta venisset, et an, tale quale sustinuit judicium, subire ac sic tali sententia veraciter criminari et æqua judicii lance condemnari potuisset : veniens, inquam, idem Dominus noster rex, vocavit sacerdotes levitici generis, hoc est pontifices et sacerdotes Ecclesiæ quos ad hoc eligere censuit, quærens ab eis judicii veritatem. Inter quos suæ regiæ majestatis pia dignatione, me, fratrem Heliam, sacri ordinis minorum, presbyterorum minimum, Petragoricensem vocatum episcopum, licet ignorantiæ caligine creberrimæ præpeditum, jussit annumerari et per suas patentes litteras a me, suo pusillo, rei hujus veritatem sciscitari. Cujus imperiis secundum exiguitatis meæ portionculam, obnixe parere curavi, et processus summarium contra eamdem Johannam agitati seriose percucurri atque sententiam contra eam latam pernotavi ; et ea quæ circa hæc minus male sensi, prout denotantur inferius, disserui.

Unde illa sententia lata contra ipsam Johannam continet viginti articulos, in quibus reputatur :

que le cardinal, qui était fort riche dépensa toute sa fortune en œuvres pies, sans pitié pour sa famille.

Nous donnons le mémoire de Bourdeilles d'après le manuscrit de la Bibl. nationale, n° 5970 fol. 111 recto. à 132 recto. Comme ce mémoire fut inséré au procès, il se trouve dans presque toutes les copies de l'instrument du procès de réhabilitation. On le trouve notamment dans le manuscrist 1916 de la Biblioth. Vaticane, fonds de la reine de Suède, copie authentique de 1475, fol. 224 à 266 ; à la Bibl. nationale 17012 etc... Il existe encore à part dans un manuscrit de l'Arsenal (fonds latin, Histoire, n° 88) provenant de la Biblioth. des Célestins à Paris, datant du XVe siècle et intitulé : « Justificatio Puelle Francie que a rege celorum « sempiterno, arbitratur Karolo regi Francorum directa ad ipsius conso- « lationem et gubernationem ; sed olim per gentem Anglorum capta di- « gnoscitur et morti tradita. »

M. de l'Averdy appelle Elie de Bourdeilles : Hélie Hervé.

Primo, revelationum et apparitionum divinarum mendosa confictrix. Secundo, perniciosa seductrix. Tertio, præsumptuosa. Quarto, leviter credens. Quinto, superstitiosa. Sexto divinatrix. Septimo, blasphema in Deum et Sanctos et Sanctas ipsius Dei in suis sacramentis. Octavo, contemptrix legis divinæ. Nono sacræ doctrinæ et sanctionum ecclesiasticarum prævaricatrix. Decimo, seditiosa. Undecimo, crudelis. Duodecimo, apostatrix. Tredecimo, schismatica. Quatuordecimo, in fide nostra multipliciter errans. Quintodecimo in Deum et sanctam Ecclesiam multis modis delinquens. Sextodecimo, ipsi Ecclesiæ, domino Papæ ac generali Concilio expresse, indurato animo obstinanter atque pertinaciter sumittere se recusans. Decimo septimo pertinax. Decimo octavo, obstinata. Decimo nono, excommunicata. Vigesimo, hæretica.

De quibus videndum est per ordinem utrum eadem Johanna ex toto tenore processus contra eam agitati, talis ut asseritur, fuerit censenda.

Et primo, quantum ad primum articulum, in quo inculpatur tanquam revelationum et apparitionum divinarum mendosa confictrix, causam quare talis censeri debuerit decurso processus toto summario, non invenio sufficientem ad condemnandum, nisi occasionem sic eam criminandi sumpserint ex eo quia dixit se beati Michaelis et sanctarum Katherinæ et Margaretæ visionem habuisse et voces eorum audivisse et allocutos eam fuisse, quæ non sufficentia reputo. Pro cujus quidem articuli elucidatione et ipsius Puellæ pia excusatione, notandum duo esse officia beatorum angelorum, unum inquam Deo assistere, aliud vero ministrare sicut colligitur ex illo Danielis capitulo VII : « Millia millium ministrabant ei et decies « milles, centena millia assistebant ei. » Assistere nempe est faciem Dei contemplari et ab eo revelationes per theophanias recipere ; nec non laudes divinas in plenitudine gloriæ suæ sine fine promere atque resonare. Ministrare vero est nuntiare pro temporis opportunitate vel operari secundum officium, est enim ministerium officii et nuncii, unde sunt omnes administratores spiritus in ministerium missi propter eos qui hæreditatem capient salutis. Ad Hebræos primo et secundum hoc ipse summus et optimus universorum conditor Deus, qui superna cœlorum regna eisdem beatis spiritibus angelicis decoravit, ad laudem et gloriam atque honorem sui nominis ac majestatis etiam eorum ministeria miro ordine dispensavit ad orbis administrationem et bonum regimen universi. Ita ut quidam eorum præsunt Ecclesiis, sicut Michael, nunc dicitur princeps Ecclesiæ. Sicut olim Sinagogæ, unde ipse cum diabolo de Moysis corpore altercatus est, ut dicitur in epistola beati Johannis Baptistæ ex eo quod diabolus ejus corpus prodere vellet ut ipsum pro Deo Judæorum populus adoraret, et ipse sanctorum animas recipit et in Paradisum exultationis producit. Ipse, inquam, princeps magnus tempore antichristi consurget et stabit pro electis Dei, Danielis XII, et alii aliis Ecclesiis particularibus præsunt, ut luculentius invenitur *Apocalipsis* 2 et 3, quasi per totum, et beatus Gregorius hoc docet II, 24 *Moralium*. Quidam vero regnis et regionibus, ut dicitur Danielis X : « Princeps regni Persarum restitit mihi, » et ibidem : « Cum enim egrederer apparuit princeps Græcorum. » « Quidam « autem personis, ut inquit Jhesus, angeli eorum in Cœlis semper « vident faciem patris mei qui in Cœlis est. » Et *Actorum*, cap. xii « Angelus ejus est. » Etiam angeli angelis præsunt, ut satis elicitur ex Zachariæ cap. ii, et ex dictis magni Hierarchæ Dionisii, *De antica hierarchia* : « De hac tamen prælatione sanctorum angelorum in suis « distinctis ordinibus, nunc super sedeo. » Secundum autem has prælationes supernorum ac beatorum spirituum de quibus pulchre tractat Isodorus Ethicorum libro primo, cap. v et quæ maximæ sunt ad custodiam humanæ fragilitatis, secundum beatum Gregorium, sunt effectus multiplices, apparitiones variæ et allocutiones miræ.

In quantum siquidem præsunt Ecclesiis effectus est purgare, illuminare et proficere, nam, secundum magnum Hierarcham Dyonisium de angelica hierarchia, cap. x, illæ celestes primo et multiplicius sunt manifestativæ Dei in secretis, unde pro cæteris creaturis excellentes et dignæ habentur angelica monitione, eo quod divina illuminatio ingignitur primo illis et manifestationes Dei in his quæ sunt super nos per ipsos ad nos defferuntur, unde dicit Scriptura, *Gala.* iii, Quod lex est ordinata per angelos. Angeli etiam ad servorum cognitionem et amorem provocantes sanctos patres nostros et ante legem et post legem et eosdem ab errore infidelitatis et prava conversatione, reducentes ad veritatem et justitiam, revelaverunt eis aut ordines cœlestium ministeriorum, ut prima Corinth. xii *Scio hominem*, Danielis II *Revelatum est* etc. ; X *Annunciabo tibi* etc. Aut quasdam divinas prænunciationes, ut Ysaiæ vii *Ecce virgo* etc. et Lucæ primo legitur quod Gabriel angelus docuit Zachariam sacerdotem summum misterium, quod ipse a Deo didiscerat scilicet primum præter spem divina gratia nascitur in futurum prophetam qui mundo salubriter manifestaret dominicæ incarnationis misterium. Idem etiam angelus beatam Mariam docuit misterium quod ipse a Deo didiscerat, scilicet Deum assumpturum carnem de illa. Item legem in capite primo quam angelus docuit Joseph vere adimpletam esse quod promisit Deus DD de Christo. Nec dedignantur sancti angeli etiam pusillos unde alius angelus evangelizavit pastoribus per solitudinem et silentium purgatis ut apti fierent percipiendis revelationibus angelicis. Christi nativitatem et cum eodem angelo multitudo cœlestis exercitus mortalibus formam illam laudabilem ad glorificandum Deum tradidit, « Gloriam in excelsis Deo etc. » Lucæ II. Et alius Angelus nequaquam despexit Agar ancillam Abraham in afflictione positam, in solitudine Bersabeæ errantem blande consolans et vocans eam de Cœlo, *Genesis* XXI. Ad idem beatus Dionisius : « Commemoro etiam præcipuas annunciationes angelorum in terra exhibitas. Si quidem cum Dominus Jhesus qui super substantiabiliter præeminet etiam cœlestibus spiritibus humanam naturam assumeret, manens tamen in perfectione naturæ divinæ non a se repulit ordinationem quam ipse cum Patre et Spiritu sancto constituerat, scilicet ut humana seu ecclesiastica hierarchia per angelicam disponatur, sed obedienter se subdidit in eo qua homo. Hæc ille. Et idem in hoc capite angeli sanctos hierarchias humanæ seu ecclesiasticæ hierarchiæ sed sum agunt ad splendores sapientiæ sibi cognitos. Idem sentire dignoscitur Hugo de Sancto Victore, super angelicam hierarchiam ejusdem beati Dionisii *libro commentariorum*, in capite *tribus hierarchiis* et in expositione litteræ, lib. X ; Et lux Ecclesiæ Gregorius, super Luc, cap. XXIV.

In quantum autem idem beati spiritus angelici præsunt regnis et regionibus, eorum officium est curas mundi administrare et regere omnia jussa Dei, ut docet Ysidorus, *De summo bono*, liber primus, cap. x ; *Civitates* custodire (Ysaiæ VI), in adjutorium populo Dei venire, ut Michael Danielis X et XII et numero XXII *De populo Israel*, et primo *Regum*, cap. v. Recolitur quod angeli veniunt in occursum Helisei et in adjutorium et liberaverunt eum et civitatem in qua erat de manu regis Syriæ et omni exercitu suos inimicos visibiles et invisibiles arcere. De invisibilibus Thomas Scotus et doctores. Unde beatus Gregorius, lib. XV *Moralium :* « Angelicos spiritus Dei milites

« dicimus quia decertare eos contra potestates aereas non ignora-
« mus, quæ appetum ex adjutorio cuncta regentis præstant. » De
visibilibus dupliciter, scilicet ab eis salvando et liberando, *Exodi* xiv,
ac eos justo Dei judicio interdum percutiendo, primo *Regum*, cap. xix
De angelo qui percussit in castris Assiriorum etc., Lib. secundus *Paralipomenon*, cap. xxxii.

In quantum autem præsunt personis sancti angeli sunt custodes
nostri, unde unicuique hominum ab exordio suo deputatur angelus
ad custodiam non solum electis, verum etiam reprobis, nam et antichristus habebit deputatum suum angelum qui licet propter nimiam obstinationem suam non sit habiturus ad promotionem, habebit tamen ad accusationem et ut appareat malitia ejus esse
totaliter ab eo, cuidam non subtrahit communia beneficia retrahenda a malo quæ aliis communiter impenduntur, juxta dictum domini Pe. aureoli II *Sententiarum* de N. IX, I. Distinctio secunda. Unde
et a multis malis cessabit retractus ab angelo custode et hunc effectum ad minus semper consequitur angelus per custodiam in quantumcumque obstinato, ut dicit beatus Thomas art. III et IV, Pars
prima, Quæst. 113. Et ad hoc quod sunt homines sub angelorum
custodia faciunt auctoritates supra allegatæ et beatus Gregorius XXI,
XXIV, *Libro moralium*, et sanctus Hieronimus, et beatus Augustinus
super Deci Dei et Rica. libro *de mistico somno*, ac Chrisostomus super lib. I.

Hujus autem angelici custodis effectus est multiplex, primo peccatorum preservatio, unde angelus Domini custodivit sanctam Judith
euntem et redeuntem in domo Holofernis et non permisit eam coinquinari, sed sine polutione peccati revocavit eam. Ejusdem cap. xiii,
secundo. Ad bonum promotio et morum instructio ut Thobiæ V, *De
Thobia filio et uxore ejus Sacra*, cap. xii.

Tertio divinæ voluntatis revelatio, ut Judi V et XIII de mane et
uxore et quomodo docuit eam et revelavit divinæ voluntatis beneplacitum nempe Dei angelus beatissimæ virgini et martyri Christi
Quiteriæ revelavit quod acceptum esset de ea divinæ voluntatis et
suæ conversationis sanctissimæ modum docuit ac locum orationis a
Deo sibi deputatum ostendit atque gloriosum martyrii triumphum
eidem imminere prædixit.

Quarto castitatis et virginitatis conservatio, unde angelus Domini
conservavit uxorem Abraham ne pollueretur in domo Pharaonis fla-

gellando cum plagis maximis secundum Nicholaum de Lira, innitendo dictis Hebræorum *Gen.* xii, De beata Cecilia legitur quod angelum Dei habebat amatorem qui nimio zelo custodiebat corpus suum ut virginitas ejus inviolata conservaretur. Nam angelis semper est cognata virginitas, ut beatus docet Hieronimus in sermone; ac soror angelorum asseritur a Cypriano (liber *Virginitate*), quare et virgines angelis assimilantur, beato profitente Ambrosio (liber *De viduis*) et Chrisostomo, super Judith et glos. I *Corinth.* vii, a nuptiis enim abstinere cum sancta virginitas proposito angelorum est imitatio, ut ait Daniel lib. IV cap. xv, et licet angelicæ custodiæ sint alii effectus quam plurimi isti tamen ad præsens et ad nostrum propositum sufficiant.

De apparitionibus autem et allocutionibus sanctorum angelorum pluries factis hominibus testante sacro eloquio didicimus, et tum viris quam mulieribus non ambigimus, ut *Genesis* xv, xix, xxi, xxii, xxxii; *Exodi* ix, num. 22; *Judith* iii, vi, xiii; *Regum* iii, xix, x, I *Paralipomenon* xxxi; *Thobiæ* iii, 9; Isaiæ v; Danielis ii, iii, iv, ix, xxx; Za. i, ii, Matthiæ i, xxv; Lucæ ii; *Joh.* li; *Actorum* li, 5; *Apocalipsis* quasi per totum.

Ad idem sanctorum animas mortalibus se apparuisse et allocutas, fuisse in sacris codicibus et sanctorum gestis aperte legimus, sicut in transfiguratio Domini apparuerunt apostolis Moyses et Helias cum eo loquentes, Mathæi xvii et Marci ix, ac multi sancti surrexerunt cum Domino et apparuerunt multis Mathæi xxvii; unde etiam beatus Gamaliel apparuit Christi sacerdoti Luciano et misit ad Johannem episcopum Hierosolimitarum et beatus Petrus apostolorum primicerius apparuit Agathæ sanctissimæ et eam dulcissime est allocutus cum per eum Dominus mammillam suo pectori restituere dignatus est et eadem beata Agatha apparuit. Beatæ Luciæ matrique suæ Eutheriæ et beata Agnes virgo sui transitus die cum multis virginibus suis parentibus apparuit eosque dulciter allocuta est et aliæ quasi innumeræ, quas pertranseo, apparitiones mirabiles factæ sunt tam angelorum quam sanctorum, de quibus quomodo fiant disserere expedit ad nostrum propositum consequendum.

Unde hujus apparitiones tripliciter fiunt illuminando scilicet ad spiritum ut patet quando angelus vel spiritus manifestat aliquid in assumpto corpore unde sancti angeli cum sint incorporei ut profitetur libro secundo *Sententiarum*, distinctio V. Assumunt aliquando corpora Deo præparante ad impletionem misterii a Deo injuncti, de quibus quidem corporibus assumptis tractat beatus Augustinus, tertio libro *de Trin.* cum enim homini pro statu isto non conveniat aliquid intelligere sine fantasmate, *eodem articulo,* de anima quia nihil est in intellectu quin præsens fuerit in sensu et nolenti intelligere de necessitate occurunt corpuscula beato asserente Augustino IV, supra Genesim ad litteram, et beatus Dyonisius de Antica Ierarchia dicat quod non est possibile aliter nobis suportare lucis divinum radium nisi varietate sanctorum velaminum allegorice circumvelatum, suple de lege communi. Patet quod ad hoc ut res distinctæ a nobis sentiantur et imaginentur necessariæ sunt species sensibiles et imaginabiles in organo sensus et imaginis subesse extenso, ut deducit egregie Ricar. I, quæst. De Angelis et ob hoc angeli sancti nos illuminaturi et nobis occulta revelaturi, assumunt sibi corpora in quibus possint nostris sensibus se representare et apparere ac docere dispositive et circa nostras imaginationes sine tamen novi fantasmatis creatione seu productione operati. Hujusmodi autem apparitiones fiunt etiam interdum non in assumpto corpore, sed tantum in voce, sicut ad Samuelem, primo *Regum,* cap. III, et ad Heliam Tesbitem in monte Dei ores III, *Reg.* 4 et ad dilectum Domini Johannem *Apocalipsis* primo.

Etiam loquitur angelus Domini dupliciter homini, primo modo verbo vocali, id est assumpto corpore. Sed tunc, sicut non profert donum in organis materialibus secundum naturam, ita nec circulariter immutat medium quemadmodum est in voce naturali, unde non auditur nisi ab illo ad quem ordinatur, sicut patuit de beato Severino Calosensi episcopo, qui audivit voces angelorum psallentium animam beati Martini in Cœlum defferentium quas archidiaconus ejus qui ei adhærebat, non valebat audire; donec prostrati permitteret quod et factum est. Et est simile in apparitionibus ipsorum sanctorum angelorum quos quidem vident et alii, æque propinqui non vident, ut apparet in Heliseo et puero ejus IV, *Regum* 6.

Secundo modo loquitur angelus homini per impressionem rerum sensibilium nostro instrumento imaginis, et sic loquitur vigilantibus et dormientibus, et hanc potestatem etiam diabolus habet, unde sæpe apparet hominibus et loquitur in aliquo corpore non ut angeli sancti ad illuminationem, sed ad illusionem sine ludificationem, et hoc si permittatur a Deo et angelis sanctis, ut possit Ricardus X. S. et declarat diffuse novem ludificationis modos ad sensum, et, sicut dictum est supra de angelis bonis, ita et de malis qui locuntur homini dupliciter quandocumque sensum immutando, et hoc vel imaginem alicujus rei imprimendo instrumento visus, vel objiciendo in sui similitudinem alicujus rei, ut ad plenum deducitur ibi. Secundo modo loquitur diabolus homini per impressionem rerum sensibilium instrumento imaginis et hoc facit quandoque vigilantibus, quandoque dormientibus, ut tangit Glo. xxxiv, 300 et sic immittit cogitationem mali, nam et secundum apostolum II *Corinth.* xi; ipse se transfigurat in angelum lucis, Glo. i; ostendit se quasi angelum Dei, S. X; vel aliquem cœlestem angelum, ut decipiat quod et ad erumnas hujus vitæ pertinet et similiter a P. Ambrosio Augustinus *De Trinitate Dei*, ut colligitur ex eadem glosa. Transfigurat enim se ad tentandum eos quos ita erudiri opus est, vel ad decipiendum aliquos prout justum est ad quod magister dicitur dæmones fictos amicos eosque tanto nocentiores quanto astuciores et fallaciores patitur inimicos; et eidem beatus Augustinus super Genesim, lib. XII. Discretio difficillima est cum spiritus malignus quasi tranquillus agit ac sine vexatione alia corporis assumpto humano spiritu. Dicit vera et utilia transfigurans se in angelum lucis ad hoc ut cum illi in manifestis bonis creditum fuerit, se ducat ad sua. Hoc discerni posse nullo modo arbitror nisi dono Dei de quo ait apostolus alii discretio spirituum ideo sancti qui spiritu sancto inspirati locuti sunt, Pe. ii. in quibuscumque apparitionibus et visionibus et collocutionibus et vocibus factis sive in somnis, sive in vigilia minime decipi seu falli aut illudi potuerunt habentes discretionem spirituum ipsius spiritus sancti dono. Hoc amplius certa experientia probantes ex suavitate et gustu et intimo sapore dulcedinis spiritus Dei, ut tangit glosa ordinaria, *Ecclesiast.* xxxiv. Super illo verbo nisi ab altissimo fuerit emissa visitatio et beatus Gregorius, libro quarto *Dialogorum* et per quos Deus omnipotens, pius et bonus super omnia benedictus docuit Ecclesiam suam sanctam tot evidentissimis testimoniis tantis signis et prodigiis confirmatis, quod ea non nisi per eum fieri potuerunt, secundum Ricardus *De trin.* libro primo, et per quos est sacra scriptura præsentialiter inspirata et divinitus revelata ac sufficienter nobis tradita atque in omnibus necessaria et non superflua, ut notat doctor subtilis magister Johannes Scotus in prolegomenis Sen. quæstio secunda. Quorum tam præpollens et gloriosa virtus exstitit ut non solum dæmones eos illudere non præsumeret sed et eorum præsentias sustinere nequaquam valerent, ista tamen quia non sunt præsentis speculationis et prolixa egerent discussione pertransco.

Sed ab illis quibus non est tum primus spiritus Dei datus nec in tanta plenitudine non est dæmon seu Sathanas si se transfigurat in angelum lucis et se conspectui hominis objiciat etiam si credatur angelus bonus vel Christus propter hoc statim suscipiendus nec adorandus neque sequendus simpliciter secundum doctrinam doctoris irrefragabilis magistri Alex. de Allia. sententia tertia, quæstione XLV, articulo tertio, nec secundum eum excusaretur ignorantia facti et assignatur hujus triplex ratio : Prima est quia quilibet est præmonitus per sacram Scripturam quod angelus tenebrarum transfigurat se in angelum locis, ut II *Corinth.* XI et *Mathœi* XXIV, « Multi « venient in nomine meo etc. Video quilibet tenetur discutere et « non statim adorare. » Secunda ratio est quia quisque habet remedium orationis ad quod confugere debet, quoniam si oraret Deum toto corde ut revelaretur ei veritas Deus non permitteret eum decipi, in hoc enim casu intelligitur id Jo. XV : « Si quid petieritis pa« trem in nomine meo dabit vobis, scilicet quod est Jhesus, » quod interpretatur salus, hoc est quicquid petieritis ad salutem, secundum quod exponit beatus Augustinus. Patet ergo ex hoc quod qui errat non adhibet omnem diligentiam quam debet. Sic ornavit sanctus presbyter Lucianus post apparitionem sancti Gamalielis in inventione beati Stephani dicens : « Domine si hæc visio est ex te « præsta, ut et iterum ac tertio manifestetur mihi, » et post in orationibus et jejuginiis sese constituit donec de visione quod ex Deo esset bene cognovit et certiorari promeruit. Tertia ratio quia facillime posset unusquisque vitare periculum scilicet apponendo conditionem hoc modo : « Adoro te si tu es Christus, » aut si appareat ut angelus, « adoro te si tu es angelus bonus » adoratione siquidem quæ debetur angelis bonis.

His igitur scilicet oratione et conditione diligenter ac omni vigilantia et sollicitudine adhibitis quæ quidem sollicitudo, secundum beatum Augustinum in Enchiridio, non est inutilis in his diebus malignis ne cum Sathanas se transfigurat fallendo ad aliqua perniciosa seducat si sensus corporis fallit mentem vero non moveat a vera rectaque sententia qua quisque fidelem vitam gerit, nullum est in religione periculum vel cum se bonum fingens ea facit vel dicit quæ bonis angelis congruunt, etiamsi credatur bonus non est error periculosus aut morbidus, ut dicit glossa in capite præ allegato, quæ a beato Augustino sumpta est.

Concludo igitur quod apparitiones bonorum angelorum fiunt ad sensum, quod etiam malis interdum permissa est, ut supra deductum est.

Secundo fiunt illuminando intellectum et talis illuminatio ad intellectum solum perfecta est, non dicitur tamen quod angelus non illuminat intellectum efficiendo cognitionem in anima, quia non in intellectu novam speciem creare nec habitum novi luminis creare, sed nec ejus intentionem quo vult convertere potest quæ tria requiruntur ad cognitionem illuminant autem intellectum excitando et disponendo et lumen divinum in nos transfundendo, unde talia removet in anima scilicet ignorantiam et nubila fantasiarum ac fallacias Phicarum spirationum, revelationum, contrariarum et facit in fantasia transmutationem specierum componendo et dando secundum exigentiam rei quam vult revelare, item irradiat lumen intellectus sui super illas ut moneant intellectum nostrum, ut sic plura et subtiliora videri possint in lumine duplicato, item excitat intentionem animæ aliquo motu ut convertat se super illa fantasmata abstrahendo ab aliis. Ad hoc facit quod dicit Avicensis XXX mice capita quarto *Quod nos imprimimur* XL *Disponimur ab intelligentiis*, et beatus Gregorius ait, XXXV *Moralium*, versus principium nonnunquam vere etiam per angelum humanis cordibus ista loquitur ut ipse angelus mentis obtutibus præsentetur non tamen loquitur idem sanctus de nostra cognitione naturali, sed spirituali, quod est per lumen prohibitum, ut dictus Ricardus de media villa exponit.

Tertio fiunt apparitiones illuminendo et accendendo effectum et sic nos perficiunt secundum illos tres actus, quos eisdem sanctis angelis attribuit beatus Dyonisius *De antica Hierarcha*, unde ipsi affectum nostrum inflammant et incendunt ad amorem divinum excitando et adjuvando quod significari potest per hoc quod ad Ysaiam prophetam « Volavit unus de seraphin cum calculo etc. » Ysai. v.

Nunc superiora, quæ descripsi et taliter qualiter deduxi, applicando. Non dubium quin, in tam excelso regno ubique terrarum celebri atque famoso sicut hoc Francorum fore dignoscitur quod et illud christianissimum a Christo gloriosum atque colendum et tota mente, totaque animi virtute usque ad mortem inclusive, amplectandum nomen accepit, derelictum fuerit quin semper habuerit Dei omnipotentis angelos sanctos ad custodiam quorum aliqui præfuerunt Ecclesiis, alii regno et regni partibus ac reliqui personis singularibus expressis, et de se satis veritas liquet. Cum igitur olim tempore præfatæ Johannæ ipsum regnum gravibus pressuris jacturis et tribulationibus foret expositum, adeo ut ei de propinquo immineret excidium ac sic collabentes Ecclesiæ desolarentur, civitates et populus innocens duceretur in captivitatem et prædam, clamaverunt que ad Dominum, et esset cor regis fiduciam habens in Domino qui non derelinquit sperantes in se et de sua virtute gloriantes humiliat, pie credi potest ut angeli sancti Dei custodes venerunt in adjutorium et, per ministerium unius puellæ virginis Domino cooperante ac totum principaliter efficiente, liberaverunt regnum de tantis de quibus subjacebat gravaminibus. In sacris nempe codicibus sæpe legimus quod omnipotens Dominus flagella immittit interdum per bonos, interdum vero per angelos malos, non ut perdat, sed ut convertat et misericordaliter corrigat, et ab æternis suppliciis erruat, et hoc de illis est intelligendum qui præsentibus suppliciis commutantur in bonum, et sic perseverant. Qui autem inter flagella doniores et deteriores fiunt ut Pharao præsentibus æterna connectunt de mente magistri sententiarum Lib. IV, dist. 5, et beati Augustini super illud : *Cantici ignis est* etc. *Deuteronomii* xxxii, et venerabilis Bedæ super id : *Et ecce offerebant ei paraliticum* Mathæi ix, et *De pœnit.* dist. iii § *amittas.* De flagellis immissis per angelos bonos scribitur *Genesis* xix de submertione Sodomorum, et II *Regum*, 4. De angelo Dei percutiente populum propter peccatum et ibi doctores. De immissis autem per angelos malos Pe. II. Misit eos in iram indignationis suæ indignationem iram et tribulationem immistiones per angelos malos et loquitur de persecutione Ægyptiorum et Job primo de persecutione animalium et pastorum et liberorum proprii corporis ipsius sancti Job et primo *Regum* xvi. De Saule qui exagitabat spiritus nequam et II Corinthiorum, cap. xii, de beato Paulo cui datus est stimulus carnis angelus Sathanæ utitur scilicet angelis tam bonis quam malis ad executionem justitiæ.

Nusquam tamen legimus ut malis utatur ad liberationem a malis et exhibitionem misericordiæ. Unde in percussione Ægyptiorum utebatur malis angelis, ut supra dictum est, sed in liberatione populi Israel de manu eorum, utebatur bonis angelis, nam eidem populo dictum est : « Ecce ego mittam angelum meum qui præcedat te et « custodiat in via et introducat te etc. » *Exode* XXIII, nam præcedebat angelus in columna nubis per diem et ignis per noctem, *Exode* XIII et XIV. Sic patet differentia quia bonis et malis utitur angelis omnipotens Deus ad punitionem justitiæ seu etiam exercitium patientiæ, non tamen utitur angelis malis ad liberationem propriæ et exhibitionem misericordiæ, et præfertur cum hujus sacri ministerii capaces non existant, plurimis rationibus, quæ causa brevitatis omitti possunt.

Cum igitur præfata puella Johanna missa fuerit ad regem Franciæ tunc afflictum et humiliatum sub potenti manu Dei et ad regnum in toto graviter flagellatum per gentem Anglorum, Deo permittente et forte bonis vel malis angelis, hanc divinam justitiam humiliter exequentibus per visibilia opera bellica ipsorum Anglicorum, qui ut totum regnum suæ ditioni subjacerent omnes quasi regios fines debellabant et in pluribus subjugabant, citra injuriam et præjudicium quorumcumque semper loquendo sine titulo saltim approbato per Ecclesiam et noto. Missa inquam hæc puella ad liberationem et consolationem regis et regni ad quam liberationem et consolationem non concurrunt angeli mali, ut supra deductum est, et liberavit regnum de manibus dictorum Anglicorum ministerialiter Domino misericorditer cooperante, ut pie credi potest.

Sed quia ipsa Johanna in sententia condemnationis, ut supra dicitur, reputatur revelationum et apparitionum divinarum mendosa confictrix. Hoc est dictum quod ipsa confixerit illas revelationes et apparitiones de quibus supra se habuisse cum non habuerit et quoniam sæpe per contradictionum propositiones et earum decisiones veritas interdum melius elucessit, quia secundum beatum Augustinum nisi quæstio in tantum fecerit proposita non delectabat exposita. Ideo ad majorem elucidationem hujus primi articuli propono quæstionem.

Utrum ipsa Johanna ex suis assertionibus et confictionibus et alias ex tenore processus contra eam agitati potuerit condemnari tamquam revelationum et apparitionum divinarum mendosa confictrix.

Et arguitur primo quod sic, nam secundum beatum Remigium super Mathæum, illi qui ab actibus terrenis et sæcularibus negotiis requiescunt per frui angelica visitatione merentur, sed hæc Johanna implicabat se terrenis actibus et sæcularibus negotiis, nec requiescebat ab illis ut pote guerris et armis et cum sæcularibus viris erat habitatio sua. Ergo non merebatur perfrui angelica visitatione. Sic igitur concluditur quod erat revelationum et apparitionum divinarum mendosa confictrix, cum appareret eas habere et non haberet, secundum hæc dicta et ut talis potuit condemnari.

Præterea de hujusmodi revelationibus et apparitionibus nulla unquam potuit haberi certitudo nisi ex suis assertionibus, sed illis suis assertionibus non fuit credendum per Cap. « Cum ex injuncto. » *De hæreticis*, quia non probavit per miraculi operationem nec per Scripturæ testimonium, neque se missam eo modo quo scriptura præcepit quod tamen requireretur juxta notata per innocentiam, extra et præfato capitulo, Igitur potuit reputari confictrix et si dicatur quod illud capitulum solum se extendit ad illos qui mittuntur ad prædicationem et non ad illos qui mittuntur ad alios effectus et officia patet contrarium, quia Moyses, de quo fit mentio in eodem capitulo, non mittebatur ad Pharaonem regem Ægypti ad prædicationem sed ad liberationem populi Israel de manu Ægyptiorum, et tamen non fuisset sibi credendum quod esset missus a Deo, nisi probasset per operationem miraculi, igitur nec huic Johannæ fuit credendum, dicenti se esse missam a Deo ad liberationem regni Francorum de manibus Anglicorum cum non probaverit, nec per scripturæ testimonium, neque per operationem miraculi, et ad hæc benefacit quod scribitur Johannis IV « Nolite omni spiritui credere, sed probate spiritus si ex Deo sint. »

Confirmatur quod ipsa Johanna in cedula abjurationis confessa est se esse confictricem et revelationum est apparitionum divinarum, ergo ipsa talis debuit reputari et ut talis condemnari tenet gratiam quia confessio criminis facta contra se sufficit ad condemnandum et ut pro convicto quis habeatur, Cap. « At si clerici[1]; » Cap. *De confessis*, facit etiam ad hoc quod notavit Jo. Andreas et Innocentius in capitulo præ allegato, cum super verbo deponendum, nam [in confientem nullæ sunt partes judicis, nisi ut con-

---

[1] *D. Greg.* II, 1, 4. (*De judiciis*).

demnet *Ad legem aquiliam*[1]. Ad hoc etiam facit quod dicit beatus Thomas III quæstione quadam, de quolibet quod in foro pœnitentiali creditur homini pro se et contra se, sed in foro judiciali creditur homini contra se et non pro se. Cum igitur ista Johanna asseruit in foro judiciali se esse confictricem, patet quod fuit sibi credendum et sic juste potuit condemnari.

In oppositum arguitur per ea quæ notat venerabilis Beda et alii doctores super verbo *Nolite judicare,* quia de incertis et dubiis non debemus sententiam deffinitivam dare sine temere diffinire, neque de occultis judicare, ut docet beatus Augustinus de sermone Domini. Sed istæ revelationes et apparitiones sunt valde occultæ, imo nullus potuit, seu debuit de eis judicare, sed Deo simpliciter judicium relinquere, cui reservantur omnia occulta. Prima *Corinthiorum* IV.

Pro solutione hujus prætermittenda sunt quatuor preambula.

Primum est quod de hujusmodi revelationibus et apparitionibus divinis nullus omnino mortalium aliquid judicare aut aliquid certum noscere valet, cum sint supra sensum et supra rationem nisi specialiter illi divinitus datum fuerit, sacra Scriptura testante.

Secundum præambulum, quod humanæ creaturæ in utroque sexu non repugnat ex se hujusmodi revelationibus et apparitionibus divinis illustrari, imo capax earum exstitit et se eas habere gaudent quam pluries pusilli et magni diversimode, ut multipliciter deductum est.

Tertium præambulum, quod nullus fidelium aliquam revelationem et apparitionem divinam firmiter credere et simpliciter confiteri debet præter eas quas Scriptura divina supernaturaliter inspirata amplectitur, nam dicit Ricardus de IX patriarchiis, « Suspecta mihi « est omnis veritas quam non confirmat Scripturæ auctoritas et sa- « crosancta mater Ecclesia, spiritu sancto edocta recipit et fideles « suos tenendas docet, alias si secus fiat periculose agitur. » Unde sententia est beati Augustini lib. LXIII, Quæst. « Evangelio non « crederem nisi auctoritas Ecclesiæ me ad hoc coegisset. » Etiam istud præambulum aliis variis et quam plurimis aliis mediis et rationibus deduci ac sacræ Scripturæ testimoniis et sanctorum aucto-

---

[1] *Digeste* IX, 2.

ritatibus multipliciter posset fulciri si opus esset, sed quia de se notum existit etiam gratia brevitatis potuit obmitti.

Quartum præambulum quod alias revelationes et apparitiones ab istis factas et assertas a personis timoratis potest quisque non firmiter et determinate sed pie credere, dum tamen aliquid erroris aut quod sit contra bonos mores vel Ecclesiæ auctoritatem non contineant et verisimilibus atque rationabilibus muniantur fundamentis divinis Scripturis consonantibus et cum adjecto videlicet quod creduntur salva determinatione sacrosanctæ matris Ecclesiæ, ut sic de primis habeatur firma fides de istis, vero opinio, cum hoc adjecto. Nam semper in omnibus tenendis requiritur auctoritas Ecclesiæ salva, ut sentit Aurelius Augustinus loco supra scripto, et idem *De doctrina christiania*, lib. III, dicit « Consulere debet quis re-
« gulam fidei quam de scripturarum planioribus locis et Ecclesiæ auc-
« toritate percepit. »

His itaque sic præmissis, venio ad solutionem quæstionis propositæ et videtur mihi dicendum quod de illis revelationibus et apparitionibus ipsi Johanna factis, ut ipsa asseruit, utrum veræ sive fictæ fuerint. Nullus hominum viatorum ex puris naturalibus scrutari sufficienter aut noscere potuerit, sive aliquid de eis certum dicere vel diffinire nisi quibus hoc Deus supernaturaliter dederit, ut supra dictum est; cum dicat apostolus, *Prima Corinthiorum* II : « Quis
« enim scit hominum quæ sint hominis nisi spiritus hominis qui in
« ipso est, ita et quæ Dei sunt, nemo cognoscit nisi spiritus Dei ? »
Verumtamen hoc firmiter tenemus quod omnipotens Dominus, cujus natura bonitas et opus misericordiæ est humanas mentes sæpe per hujusmodi revelationes et apparitiones illustrare dignatus est quemadmodum humanæ saluti ab æterno expedire præscivit, ut ex sacræ Scripturæ testimoniis et sanctorum gestis plene didiscimus, et de plurimis supra patuit. Hoc iterum scimus quod idem Dominus Deus non alligavit potentiam suam aliquibus causis secundis aut temporibus, neque misericordiam suam minoravit, quin eadem nunc et semper facere possit et belle novit misericorditer cum nobis salubriter expedire videbit et quod non repugnat alicui humanæ creaturæ utriusque sexus his revelationibus et apparitionibus divinis irradiari, ut supra de multis patuit, ergo nulli dubium, illis potuit ipsa Johanna illustrari, et prout ipsas se habuisse eas asseruit. Sed utrum verum sit quod eas habuit certum non habemus eo quod

de Scripturis sanctis non habent auctoritatem, neque inter eas quas scriptura divina amplectitur et sacrosancta mater Ecclesia recipit, communiantur. Unde sine Ecclesiæ auctoritate non est eis firma fides adhibenda, nam neque quantumcumque virtutibus et sanctitate rutilantem atque signis et prodigiis coruscanter licet venerari pro sancto sine Romanæ Ecclesiæ auctoritate, ut in capitulo primo extra de reliquiis et veneratione sanctorum, propter ea quæ notantur a doctoribus juris canonici in eodem capitulo, ac juris divini super id sacri eloquii, « Videte ne seducamini, multi enim venient in nomine meo, » Lucæ XXI. Et ob hoc sunt semper omniæ Ecclesiæ judicio omnino subjicienda, quia juxta sententiam beati Hieronimi XXIV, quæst. i. « Hæc est fides, quæ Ecclesia approbat « approbandus est, et quæ reprobat reprobandus est. » Sed verum quod sunt quædam media quæ Ecclesia nec approbat, nec improbat, sicut illa de quibus dubium est utrum sint vera vel ficta, vel utrum sint bona vel mala, quia possunt se habere ad utramque partem et de istis rationabilior et melior pars eligi sub pietate et totum in meliorem partem interpretari, secundum venerabilem Bedam super Lucæ, capitulo V. Quia igitur revelationes et apparitiones, quas præfata Johanna se habuisse asseruit, vertuntur in dubium, utrum veræ fuerint sive fictæ et sacrosancta Romana Ecclesia de eis nihil deffiniverit nec improbaverit. Ipsæque nihil erroris manifesti quod sit contra fidem et bonos mores aut Ecclesiæ auctoritatem continent, patet quod sunt in meliorem partem interpretandæ, videlicet quod sunt veræ, pie tamen et salva determinatione sacrosanctæ matris Ecclesiæ.

Quod, si quis velit easdem revelationes et apparitiones calumniari, propter delationem habitus virilis et armorum, ad hoc dicetur inferius, et licet in his quæ pie creduntur decernere salva determinatione Ecclesiæ non sit erroneum, tamen in pejorem partem interpretari est vitium et condemnare prohibitum juxta præfati venerabilis Bedæ et aliorum doctorum expositionem super verbo *Nolite condemnare*, Lucæ, cap. v. Ex his igitur potest concludi quod præfata Johanna non debuit revelationum et apparitionum divinarum mendosa conflitrix condemnari salva correctione cujuscumque melius sentientis et salva pace opponentium, asserentium et facientium et eisdem in aliquo non detrahendo, quia hoc erat in pejorem partem interpretari, etsi objicietur jam dubium non erat quin confictrix foret propter confessionem suam. Dicetur inferius in responsione ad argumentum, quod confessio illa non valvit ad condemnandum.

Rursus alia pars, videlicet quod non erat confictrix, nec ut talis poterat condemnari, multis potest rationibus et verisimilibus judiciis roborari.

Prima ratio sumitur natura ipsarum revelationum et apparitionum cum sint proportionabiles cuicumque intellectui humano bene disposito, licet actos supernaturales sint, quia in talibus, eas naturaliter non valet attingere sed supernaturaliter inspirantur a Deo juxta notata per magistrum Johannem Scotum in prologo, seu quæst. prima. Et sic ipsa Johanna asserendo se eas habuisse nihil dixit Deo impossibile et sic incapabile cum esset rationalis creatura ad imaginem Dei et similitudinem facta quæ, secundum beatum Dyonisium, capax est ad suscipienda divina Algamata et perceptiva divinorum radiorum et luminum, quia sic per hujusmodi revelationes et apparitiones ac quibus sæpius et indubitanter utitur divina clementia in suis sanctis et electis, non solum in magnis, sed etiam in parvis, ut in Agar ancilla Abraham, de qua supra dictum est, et nedum in bonis, sed etiam interdum in malis propter bonos ut in Balaam XXII. Cum igitur dicta Johanna id asseruerit, quod erat Deo possibile et sibi proportionabile, et quod, secundum Providentiam, divinæ dispensationis creaturis rationabilibus magnis et parvulis sæpe præstatur misericorditer, quis hominum in hoc scire potuit consilium Dei, ut hanc puellam illustrare voluerit per hujus revelationes et apparitiones, ac quis ex certa scientia deffinire quivit eam illas non habuisse et tamquam confictricem condemnare? Nec video quod accusantes eam possint neque poterint sufficienter probare, quod hujusmodi revelationes et apparitiones non habuerit, et, quod confictrix fuerit, quia non erat in potestate ipsorum scire consilium Dei, Ro. XI, Et tamen probare tenebantur probationibus luce clarioribus, secundum jura.

Secunda ratio sumitur ab ætate et fragili sexu ipsius Puellæ, unde mulier inferior est viro, quia facta est de viro, ut ait Hu. de Sac. secundo libro, Pars xi, Cap. x, et sic fragilior viro et est sexus muliebris incantus et mollis, sicut dicit Chrisostomus super Matthæum, et debilis, secundum eumdem in *Epistola ad Hæbreos*, articulo xxix. Sic de se ardua facta dare, opus magnarum virium agere non valet, et si hæc vera sunt in ætate matura, quanto magis in tenera ! Nunc autem Puella in tali fragili sexu constituta et in ætate tenera XIII annorum, ex infimis parentibus orta, inter rudes educata, et post pecora custodienda in campis conversata ; et a nullo hominum edocta, vel inducta, sed in se ipsa consiliata, cum tali constantia et virtute animi regem adierit ac cum tanta verborum confluentia cum allocuta fuerit et tali prudentia, audacia et fortitudine, ac speciebus et differentiis fortitudinis, quæ apponuntur ab Aristotele in quarto *Ethicorum*, videlicet : civili, militari, consuetudinali, et virtuosa, quæ fit gratia boni et electione, ut videtur et fama refert viguerit et tam ardua et bellicosa opera, confisa de Domini virtute, tantum ut dicebat agere præsumpserit, qualia viri illustrissimi, nec fragiles strenuissimi, neque milites victoriosissimi, umquam intentare præsumpsissent, sed neque potuissent, ut pote ea quæ fecit in obsidione Aurelianensi et in recusatione regni ac coronatione regis, quæ plane omnia miranda et stupenda sunt videre talia fieri, per unam talem qualem simplicem puellam, cum sint supra naturam et conditionem cujuscumque mulieris, quod attamen pie censendum fore, nisi eam edoctam et confortatam fuisse ab alio quam ab homine ac sic revelationes et apparitiones habuisse videtur.

Tertia ratio sumitur a debita judicii rectitudine, quia cum dicta Johanna firmiter asseruerit dictas revelationes et apparitiones habuisse et hoc possibile sit, ac in ipsa assertione firmiter permanserit, usque quo diem suum clausit extremum, nullus eam æstimare et multo minus judicare et condemnare debuit suæ fuisse salutis immemorem, juxta C. « Scimus » *De præsumptionibus*. C. « Litteras » cum sua glossa[1]. Quod tamen fuisset si tales revelationes et apparitiones confinxisset et sic usque in fine asseruisset.

Quarta ratio sumitur a sufficientis probationis deffectu. Cum itaque pars adversa sæpe dictam Johannam accusaret diceret esse mendosam, conflictricem, revelationum et apparitionum divinarum, ipsa hoc regnando expresse vel tacite videtur quod ipsa pars adversa tenebatur illam negativam probare per ea quæ notantur in capitulo « Bone », *De electionibus*, cum sua glossa, et in C. « Qui » *De probationibus*. Sed illi pro parte adversa hanc negativam non probaverunt sufficienter, ut patet summarium processus intuenti, nec erat eis pos-

[1] *D. Greg.* II, 23, 14.

sibile probare, quia non erant conscii secretorum Dei, igitur neque condemnare; et hoc maxime refert quod non debuerint in pejorem partem interpretari et multo minus judicare, quia nihil erat ex parte hujus Puellæ quod istis revelationibus et apparitionibus repugnaret, quia non natura cum esset creatura rationalis quæ capax immiscionum supernaturalium existit, ut supra dictum est, non vita quæ virginitate ac devotione et virtutibus rutilabat, saltem humano judicio et ut tenor processus satis videtur innuere et a pluribus fertur, qui eam viderunt. Non causa quia pro liberatione regni et consolatione veniebat, ubi non utebatur incantationibus nec artibus magicis, sed invocatione sanctæ Trinitatis et Jesu Christi Domini nostri saluteferi nominis et beatæ Mariæ semper virginis, ex quibus omnibus elici potest, quod verisimile est, ipsam Johannam præfatam revelationes et apparitiones habuisse, et sic confictricem judicandam minime exstitisse.

Ad rationes in oppositum et primo ad primam dicitur quod illa auctoritas indefinite et universaliter loquitur, et ex eo potius de illis, qui ab illis terrenis actibus et sæcularibus negotiis requiescunt et contemplationi vaccant, quia illi frequentius, intimius et perfectius angelica visitatione perfrui promerentur, sed non negat universaliter de aliis, unde Judith non se substraxit a liberatione populi Israel de manu Holofernis et tamen bene perfruebatur visitatione angelica, quamvis tamen cætera non sint paria, et etiam quia ille erat infidelis vel posset dici, quod intelligitur de terrenis actibus illicitis et sæcularibus negotiis prohibitis, a quibus abstinere videbatur ipsa Johanna, quare non videtur ratio militare.

Ad illud quod objicitur, videlicet quod non fuit ipsius Johannæ assertionibus credendum per Cap. « Cum ex injuncto, » extra *De hæreticis*, et ad illud « Nolite omni spiritui credere, » I, Johan. IV, et alias auctoritates consimiles, licet plures solutiones possent fieri, tamen unica ad præsens sufficiat, quod non fuit credendum suis assertionibus firmiter et simpliciter tamquam articulis fidei vel sacræ Scripturæ aut determinationi Ecclesiæ, seu doctrinæ sanctorum approbatæ. Sed bene potest et potuit credi pie salva tamen determinatione eo modo quo supra dictum est, et in hoc non videtur dictum capitulum, neque auctoritas obviare.

Ad aliud cum dicitur quod ipsa Johanna est confessa in cedula abjurationis se esse confictricem revelationum et apparitionum divinarum etc., respondetur quod illa confictio non valuit, neque ipsi Johannæ præjudicare debuit ad hoc ut sic sententialiter condemnaretur pro quo notandum quod ad hoc ut confessio præjudicet post litis contestationem maxime plura requiruntur : primo ut confitens sit major XXV annis, quia minor posset restitui contra confessionem suam (Lex « Non omnia, » *De minoribus*[1] ; L. « Certum, » *De confessis*[2]).

Item quod sponte et non coacte confiteatur et quod hæc confessio non sit per juramenta et dolum extorta. (Cap. « Cum olim. » Extra *De privilegiis*[3], cum sua glossa.)

Item quod sit ex certa scientia, quia si errat in confitendo, et potest probare se errasse, potest revocare suam confessionem usque ad sententiam, quia non nocet ei. (Lex « Error facti, » C. *De juris et facti ignorantia*[4]).

Item quod fiat coram suo judice quoniam non præjudicaret alias. (Lex un. Code, *De confessis*.)

Quæ omnia defuisse dignoscuntur in confessione ipsius Johannæ, facta in prædicta cedula abjurationis. Unde ipsa erat minor annis, cum non esset nisi XIX annorum vel eo circa tempore processus contra eam intemptati, ut ipsa asseruit, et sic nondum plenum animi vigorem et intellectum poterat obtinere. Maxime quod non nisi de post fetantes venerat, insuper neque sponte, sed coacte confessa est metu, videlicet cruciatus et mortis, unde ipsa cruciabatur durissimo carcere et impellebatur timore ignis ad latus ejus ferventer incensi vel ei prope et hic metus in unum etiam constantem cadere. Quin imo et excusare potest extra de his quæ in metusque causa fiunt : metus iste continet in se vim, quia, qui metu aliquid facit, violenter id facere videtur (Lex secunda *Quod metus causa*) et omnes metus concurrisse probantur in prædicta confessione ipsius Johannæ, si processus ejus perspicue inspiciatur. Quare non potuit dici ejus confessio spontanea, sed coacta, et sic non valuit. Sed neque ipsa Johanna in illa confessione perseveravit et sic iterum non valuit (Cap « Ex litteris » extra *De divortiis*[5]). Unde ipsa dixit, post ab-

---

[1] *Digeste*, IV, 4, 44.
[2] *Digeste*, XLII, 2, 6.
[3] *D. Greg.*, V, 33, 12.
[4] *Code*, I, 18, 7.
[5] *D. Greg.* IV, 19. 5.

jurationem, quod voces fecerunt sibi maximam pietatem de illa grandi proditione abjurationis, per eam factæ, pro salvando vitam suam, et quod ipsa se damnaverat pro salvando vitam suam. Item dicebat quod ille qui prædicabat erat falsus prædicator et plure dixerat se fecisse quæ non fecerat. Item, quod, si diceret quod Deus eam non misisset, ipsa damnaret se, et quod veraciter Deus eam misit, et quod revocationem fecit præ timore ignis.

Sed dicet aliquis : Nonne ipsa Johanna, de qua loquimur, peccavit mortaliter confitendo fecisse illa et se esse talem qualis in præfata cedula abjurationis asserebatur, cum se talem non crederet et sic, contra veritatem et conscientiam faceret et videtur quod sic quia qui facit contra conscientiam ædificat ad gehennam, secundum glosam ad Rom. ix, super illud *Omne quod non est ex fide peccatum est.* Nemo autem ædificat ad gehennam nisi pro peccati mortali pro quo nullus metus excusat, non enim metus qui est quilibet timor excusat, sed majoris mali ut sic timor culpæ præferatur timori pœnæ. Nam certum esse debet cuicumque fideli quia pro nullo metu debet quis operari peccatum mortale sed potius quilibet debet mala tolerare quam malo consentire. Unde neque occisores corporis contra justitiam sunt timendi.

Posset dici quod licet hæc præfatæ Johannæ confessio [non teneret et nulla fuerit ipso jure quantum ad subeundum tale quale sustinuit judicium et ut talis mereretur censeri et condemnari qualis in cedula præscripta asserebatur per jura sæpius allegata, tamen quantum ad peccatum non videtur simpliciter excusari a toto sed a tanto, metus enim non excusat omnino peccatum sed attenuat, nisi esset ibi coactio absoluta et hoc videtur ipsa innuere in hoc quod dicit, quod, post abjurationem, voces fecerunt sibi magnam pietatem de illa grandi proditione abjurationis per eam factæ pro salvando vitam suam, et quod ipsa se damnaverat pro salvando vitam suam, in quibus verbis ostendit se peccasse et de hoc pœnituisse et per voces reprehensas fuisse, ideo confessionem illam retractavit, viresque resumpsit et adeo constanter fortis affecta est ut nec metu cujuscumque generis tormentorum sibi illatorum flecti nec revocari potuerit a sua prima assertione, videlicet quod Deus eam veraciter misit etc., in ipsa perseveravit usque ad supplicium ignis quod subiit.

Aliter tamen potest excusari a peccato simpliciter per hoc quod asseruit quia non intelligebat sic facere vel dicere neque intelligebat quod continebatur in cedula abjurationis, et sic non fuit ejus confessio ex certa scientia quod requireretur ad hoc ut valeret, sicut supra deductum est, sed erat ibi ignorantia facti quæ simpliciter excusat.

Similiter non fuit ejus confessio facta coram suo judice quia non erat de foro domini episcopi Belvacensis, quoniam hoc esset aut ratione originis, aut ratione delicti, neutro istorum midorum sortiebatur ipsa Johanna, ut estimo forum dicti domini episcopi Belvacensis, quare confessio coram eo facta non valuit neque idem dominus episcopus, salva correctione, eam judicare non debuit, imo cum crimina forent valde gravia de quibus illa calumniabatur, remitti debuit punienda ad judicem ubi sicut prætendebatur deliquerat. Nam alias videbatur ponere falcem in messem alienam salva pace et honore judicantis, quod fieri jura tam divina quam humana prohibent, unde et beatus Gregorius dicit, exponens illam divinam legem *Deuteronomii* XXIII : « Si intraveris legetem amici tui franges spicas et manu conteres, falce autem non metes. Spicas frangere et manu conterere et manducare, hoc est per affectum boni operis frumenta Dominica vitiorum paleis expoliare et in Ecclesiæ corpus amonendo convertere et persuadendo quasi manducando conterere, falcem autem judicii mittere non potes in eam rem quæ alteri videtur esse commissa. Alia item ratione, non potuit idem dominus episcopus esse judex in hac causa, nec ut ordinarius ut probatum est, neque ut delegatus, de hoc ultimo satis patet quia non constat de ejus potestate et delegatione quæ requireretur. De utroque, si quidem, quia suspectus eidem Puellæ plurimum habebatur, et causas suspicionis legitimas habere videbatur, quapropter maximam familiaritatem et amicitiam alterius adversos scilicet Anglicorum, similiter propter inimicitias graves quas dicta Johanna præfatum Dominum episcopum asserebat se habere adversus eam. Ex his voluit ipsa Johanna eumdem Dominum episcopum judicem recusare, dicens, interrogata ab eodem an vellet se submittere Ecclesiæ : « Quid est Ecclesia ? Quantum est de vobis, nolo me vobis submit- » tere, quia estis inimicus meus capitalis. » Hæc verba, si intelligantur passive in ipsa Johanna et non active, non male sonant, alias secus, quia tenemur inimicos diligere et quod nihilominus illa verba non prorupit in contumeliam, sed in sui liberationem,

cui exposito per quemdam quod celebraretur Concilium, in quo erant
prælati etiam de parte sua, dixit quod illi se submittebat. Hæc habentur ex processu preparatorio, per depositionem plurium testium.
Ejus autem recusatio audiri et admitti debuit, nam judex debet,
esse benevolus, et beatus Ambrosius dicit super beati immaculati
judices « Ille qui ad pronuntiandum nullo odio, nulla sevitate ducitur, vel saltem et ut credo melius remitti debuit ad sedem apostolicam quod indifferens et minime suspecta cuiquam esse poterat et
ad quam majores causæ debent refferri de quibus agebatur adversus
hanc puellam, et hoc maxime cum ipsa sæpius, et cum instantia ad
eamdem sanctam sedem apostolicam remitti petierit, ut ex tenore
processus melius liquet, et sic patet responsio ad objecta. Ex quibus
omnibus videtur posse concludi quod sæpe dicta Johanna ex suis
assertionibus, confessionibus et alias ex tenore processus contra
eam agitati non potuit condemnari tamquam revelationum et apparitionum mendosa confictrix, imo pie credi potest quod revelationes
et apparitiones quas asseruit habuit. Sed adhuc restare videtur
magnum dubium pro eo, quia ex sententia sacræ Scripturæ et doctorum expositione, apparitiones et revelationes fiunt interdum a
Deo, interdum a dæmone, et tamen veræ sunt quæ in cognitionem
eorum quæ procul sunt ab humana cognitione, secundum viam
naturæ nos ducunt, pro cujus clariori elucidatione sciéndum. Quod
quanto aliquis est subtilioris intellectus, tanto ejus cognitio se extendit ad altiora ad quæ nos potest accingere cognitio intellectus
magis rudis qui non potest capere nisi sensibilia et grossa, et si
hoc est verum in diversis intellectibus ejusdem speciei nullo plus
est verum in intellectibus diversarum specierum cujusmodi sunt
intellectus angelicus et humanus, et ideo cum angelicus sit subli-
mioris et altioris naturæ, ut docet beatus Dionisius de angelica hierarchia et humana. Ejus cognitio ad multa se extendit, ad quæ non
potest humana cognitio attingere. Naturalia autem in dæmonibus
remanserunt integra, licet de gratuitis secus. Nam, dicit beatus
Dyonisius *De divinis nominibus*, cap. II : « Naturam angelicam nequa-
« quam in dæmonibus viciatam esse dicimus, sed est integra hoc
« quantum ad naturalia, et ideo eorum cognitio naturalis ad plura
« se extendit quam humana. » Cui sententiæ alludit beatus Augustinus, lib IX, cap. XXII *De civitate Dei*. Cognitio autem bonorum angelorum adhuc ad plura se extendit in quantum sunt illuminati lu-

mine gratiæ et divinis revelationibus, ut idem docet ibidem. Et sic patet quod dæmones a Deo permissi possunt hominibus aliquas veritates revelare, eis incognitas. Tum quia cognitio eorum naturalis ad plura se extendit quam humana, ut dictum est, tum quia secundum beatum Augustinum supra Genesim, plura de supernaturalibus veritatibus a sanctis angelis aliquando dæmonibus revelantur, quas possunt ulterius hominibus revelare a Deo permissi. Cum igitur revelatio fit hominibus per dæmones tales dicuntur magici et arioli seu prophetæ dæmonum, cum fit a Deo immediate vel mediantibus sanctis angelis dicuntur discipuli, seu prophetæ Dei. Considerandum est etiam quod talis revelatio differta precedenti non solum quantum ad causam revelantem, ut dictum est, sed etiam quantum ad formam revelationis, quia facta revelatio a Deo et angelis suis nullam falsitatem continet, sed illa quæ fit a dæmonibus frequenter habet admixtam falsitatem, quia, secundum quod dicit Johannes VIII : « Ipse diabolus mendax est, et pater mendacii, » et ideo licet aliquando revelet hominibus aliquas veritates, hoc facit ut efficacius decipiat et ut ex pluribus veritatibus ab eo prædictis postea sibi credatur in falsitate, secundum quod dicitur in collationibus Patre, collatione secunda ; abbatis Moysi et de hoc etiam superius facta est mentio. Rursus sciendum quod revelatio veritatis, quæ fit a Deo et angelis bonis, non solum fit hominibus bonis sed etiam aliquando malis, ut patet per verbum Salvatoris Matthæi VII. « Multi dicent mihi in illa die, Domine, Domine, nonne in nomine, « tuo prophetavimus et subditur, et tunc confitebor illis, quia nun- « quam novi vos, discedite a me. » Et hoc etiam habet per illud quod habetur ut *Regum* XII : De propheta idolorum qui seduxit prophetam Domini, et postea, facta est sibi revelatio a Deo de morte illius prophetæ Domini, eo quod non obedierat voci ejus. Patet etiam de Balaam, de quo habetur Numer. XXII, qui fuit propheta dæmonum quoniam exstitit magus et ariolus quærens revelationes a dæmonibus, et tamen aliquæ veritates sibi fuerunt a Deo revelatæ. Licet ab ipso quæreret, sed virtute divina fuit dæmon prohibitus dare sibi responsum a quo quærebat et fuerunt sibi revelatæ veritates a Deo et compulsus est pronuntiare quod nolebat, videlicet sanctitatem et prosperitatem populi Israel, cum tamen contrarium desideraret et hoc factum est ad commendationem populi Israel et terrorem adversariorum et principaliter ad gloriam Dei qui erat ductor illius populi et ad salutem gentium quæ, ex prophetiis Balaam, notæ sunt postea ad quærendum Christum natum, ut habetur Mathæi secundo. Nec est inconveniens quod revelationes fiant a Deo et angelis bonis, hominibus malis aliquando quoniam revelatio respicit actum intelligendi charitas autem quæ fecit hominem actum bonum voluntatis qui præceditur ab actu intelligendi prius autem potest esse sine posteriori, et ideo revelatio potest esse sine charitate, et aliquando fit, ut dictum est, et hoc cedit ad commendationem veritatis revelatæ, ut talis veritas testimonium habeat, etiam ab adversariis veritatis et ad bonum aliorum ex his idcirco consurgit dubium quod licet suprano minata Johanna revelationes et apparitiones habuit cum illæ potuerint esse a Deo et angelis sanctis, vel a dæmone et angelis ejus, per ea quæ supra immediate notata sunt merito potest quæri.

Utrum fuerint a Deo, vel dæmone, et iterum si a Deo verum eidem factæ sunt, tamquam bonæ et veritatis discipulæ, aut magæ tamquam ariolæ, nec a Deo missæ.

Et arguitur primo quod non fuerunt a Deo nec eidem factæ tamquam bonæ veritatis discipulæ et a Deo missæ, quia illæ revelationes non sunt a Deo quæ legi ipsius summi et omnipotentis Dei adversantur et contrariæ sunt, nam voce veritatis dicitur, « Qui mecum non est, adversum me est, » in quibus verbis ostenditur qui sunt Christi et qui Sathanæ, scilicet per opera secundum glosam, quia qui Christi sunt, opera dissimilia operibus Christi Dei non faciunt, sed potius eisdem in omnibus conveniunt. E contrario autem qui sunt Sathanæ disconveniunt; sed opera Christi sunt adimpletio legis isto testante qui ait non veri solvere legem sed adimplere, Matthæi V. Opera autem Sathanæ sunt solutio seu prevaricatio legis quia contraria sunt, igitur adimplentes legem Christi sunt, solventes autem legem Sathanæ, judicantur, quia imitantur illum qui ex parte illius sunt, *Sap.* II. Sed ista Johanna quæ supra in suo exorsu et progressu jugiter solvebat Dei omnipotentis legem, ergo non erat Christi sed Sathanæ igitur revelationes ejus non fuerunt a Deo sed a dæmone, nec eidem factæ tamquam bonæ puellæ veritatis discipulæ, imo videtur quod tamquam magæ et ariolæ. Minor probatur quod habitu virili jugiter induebatur et arma deferendo ad bella profiscicebatur, quod est legem Dei solvere et palam prævaricare, non dicit lex, non induetur mulier veste virili, nec vir ute-

tur veste feminea, abhominabilis enim apud Deum est qui facit hæc,
Deuteronom. XXII, et in hæbreo dicitur in hac littera : « Non erit vas
viri super mulierem, » et accipitur in Scriptura sacra pro armatura.
Unde I *Regum*, cap. 20, dicitur de Jonatha quod tradidit puero arma
sua, in hæbreo habetur vasa sua et sic prohibetur hic mulieri portare arma et indui veste virili et abhominabilis est apud Deum mulier quæ facit hæc, et sic videtur quod ista Johanna faciens hæc non erat a Deo sed potius abhominabilis apud Deum.

Item arguitur sic illa mulier a Deo missa et bona veritatis discipula recte censeri non potest quæ ab Ecclesia præcisa et Sathanæ fore dignoscitur tradita, quia secundum beatum Gregorium ex sola Ecclesia catholica veritas conspicitur et ipsa sola est quæ intra se positos valida charitatis compage custodit, unde et aqua diluis archam quidem ad sublimiora subtulit omnes autem quos extra archam invenit extinxit, *Genesis* VII. Nam, per archam, Ecclesia catholica designatur. Unde extra eam nullus potest salvus fieri neque alicui quicquam prodesse potest sine ipsius societate et unitate, ut testatur beatus Augustinus *De fide ad Petrum*. Sed neque quisquam inter filios Dei computabitur quem mater Ecclesia non genuit et nutrivit ac foret in Christo. Cujus sponsa est beato profitente Bernardo super cantica. Nempe tanta potestate ac divina auctoritate fungitur, ut quoscumque ligaverit aut solverit in terris, ligati aut soluti sunt in Cœlis, Matthæi XVI. Spiritu sancto regitur et tanto fulgore superni luminis illustratur ut nequaquam errare possit a recta, non habet enim maculam neque rugam neque potest defficere, quia Dominus rogavit pro ea Lucæ XXII. Sed illa mulier quæ virili veste utitur ab Ecclesia est præscissa et Sathanæ tradita, probatur per canonem « *Si qua mulier*[1]. » Ergo non est talis mulier a Deo etc. Sed sic est quod præfata Johanna veste virili utebatur, ergo etc.

In contrarium autem arguitur pro parte affirmativa, videlicet quod [Johanna] fuerit a Deo [missa], quia, secundum beatum Augustinum in libro *De fide ad Petrum*, dæmones nec mala voluntate carere possunt, nec pœna. Sed ex mala voluntate numquam procedit nisi actus malus juxta sententiam salvatoris Matthæi VII, quia non potest arbor mala fructus bonos facere. Ergo videtur quod omnis eorum

---

[1] *D. Grat.* D. XXXI, 1, 6.

actus malus sit et quia, ut dictum est sacra Scriptura testante imitantur illum scilicet diabolum qui sunt ex parte illius, *Sapientiæ* III. Sequitur quod non sunt ex parte illius quorum actus boni sunt, sed istius Puellæ plures actus boni fuerunt, ut inferius apparebit, ergo etc. In hujus quæstionis solutione pro vero fundamento necessaria sunt quatuor præambula quæ supra posita sunt in decisione alterius supra positæ quæstionis, cum omnibus aliis annotatis in corpore ejusdem quæstionis repetere, sed quia ibi posita sunt, hic pertranseo, verumtamen eis hic præsuppositis pro fundamento.

Sed quæritur ex notatis, ibi ostensum est pie fore credendum dictam Johannam revelationes et apparitiones habuisse et in hanc partem interpredandas debuisse. Quæ quidem revelationes fieri potuerunt, ut dictum est, a Deo, mediantibus angelis bonis, vel a dæmone et angelis malis ; ideo hic insistandum est quod fuerint a Deo, et quod ipsa Puella bona fuerit et non maga vel ariola ; et licet hoc non possit in lumine naturali intellectus nostri videri, nec via rationis sine gratia elevante probari, vel clare ostendi, videlicet quod eas habuit et quod a Deo fuerunt rationibus quibus, potest tamen ex quam plurimis conjecturis præsumptionibus bonis et causis seu rationibus verisimilibus deduci non simpliciter determinando, sed pie suggerendo. Quia ut verbis utar beati Hieronymi in Epistolis « Melius est pie dubitare, quam aliqua temere deffinire. » Unde et Seneca sic præloquitur « De dubiis non deffinias sed suspensam tene sententiam. » Et Ysidorus *De summo bono*, lib. II, cap. 10, in hujusmodi verborum seriem probabuntur ea autem quæ supra hominis intelligentiam sunt, scrutanda non sunt. Quicquam supra hominis intellectum est scrutandum non est autem divino servandum est ut hoc credatur esse justitia quod divinæ placuit voluntati. Non enim poterit esse injustum quod justo complacet judici et *Sapientiæ* III dicitur : « Altiora te ne quæ si eris, et fortiora te ne scrutatus fueris. Sed quæ præcepit tibi Deus, illa cogita semper et in pluribus operibus ejus ne fueris curiosus, et apostolus dicit non plus sapere quam oportet facere, sed sapere ad sobrietatem » ad Rom. XII. In his, igitur aliquem deffinire temerarium puto, ex superius prænotatis, sed meliorem partem videlicet quod fuerit a Deo fovere posse æstimo et melius, cum valeat, ut dictum est plurimis præsumptionibus bonis et causis seu rationibus verisimilibus adjuvari, quarum aliquæ sumuntur ex parte ipsius Puellæ, aliæ ex parte revelationum et apparitionum, aliæ ex parte revelantis et apparentis et aliæ ex parte regis et regum præcedentium.

Prima ratio ex parte Puellæ, sumitur ex eo quia in ætate tenera tredecim annorum, quæ puritati et simplicitati ac pueritiæ censetur proxima, atque de post fetantes assumpta est, ut supra fuit dictum, et adiens regem dixit se esse missam a Deo ad regni liberationem, ostendens animi vigorem magnum, prudentiam intellectus et sapientiam, constantiam et fortitudinem, cum aliis de quibus supra facta est mentio, quod valde mirabile fuit in oculis omnium. Nam et hoc hominum natura non capit, in tam tenera ætate et fragili sexu, ac infimo statu et quod sine doctore humano sit docta et sine experientia experta, atque inter fortes merito trepidantes tanta discrimina, fuerit fortis, constans, secura, unde non dubium his extantibus oportuit illam edoctam fuisse a Deo, vel illusam et impulsam a dæmone ; sed multo verisimilius ostenditur quod a Deo quam a dæmone, quod ostendi potest ex differentia, quæ est inter sapientiam diabolicam et divinam ; nam juxta sententiam apostoli Jacobi III : « Illa sapientia quæ desursum non est terrena est, animalis et diabolica ; terrena propter avaritiam, animalis propter luxuriam, diabolica propter superbiam. » *Quia ipse rex super omnes filios superbiæ*, Job. XLI. E contrario sapientia divina est cœlestis, judica, humilis, de qua etiam beatus tractat Augustinus, libr. *De qualitate animæ*. Sed non videbatur habere sapientiam terrenam supra dicta Johanna, quia non terrena sed cœlestia sitiebat, quo ad primum de sapientia diaboli patet ex dictis suis in processu sæpius repetitis; unde ipsa asseruit quod numquam requisivit a vocibus auditis et apparentibus aliud præmium quam salvationem animæ suæ, et secundum hoc, patet quod non sapiebat terrena, nec poterat dici sapientia ejus terrena. Item sapientia ejus non fuit animalis quæ, secundum ea quæ dicta sunt, semper in pudicitia et virginitate se mansisse dixit et, ita prudenter inter viros, tam maturos quam lascivos, conversata fuit, quod nedum aliqua infamia verum neque suspicio impudica de ea exoriri potuerit quod auditum meum propulsaverit. Licet ad impudicitiam per plures et quasi vim inferre volentes inducta fuerit, sed non prævaluerunt, ut patet ex processu præparatorio, sed immobilis in suo bono virginitatis proposito semper perstitit, sicut vocibus promiserat, ut asseruit, et quod in pudicitia permanserit, ita ab omnibus credi debet cum non possit probari contrarium.

Secundo ubi est humilitas, ibi est sapientia, scilicet divina seu divinitus inspirata, quæ sine humilitate non acquiritur, secundum beatum Augustinum, lib. III *De natura et origine animarum*, ad Vincentium, et Hieronimum ad Paulinum. Quam quidem humilitatem tria radicata nutriunt, secundum Basilium in Exameron : scilicet assiduitas subjectionis, consideratio propriæ fragilitatis et consideratio meliora. His tribus radicatis videtur fulcita fuisse sapientia præfatæ Johannæ secundum ejus pusillitatem modum et capacitatem, ut innuitur ex tenore processus. Primo in hoc quod se et omnia facta sua semper Deo subjiciebat sicut quilibet fidelis tenetur facere, unde et dicebat quod vexillum et pictura fuerant per eam facta in honorem Dei, et quod victoria vexilli et omnia sua sunt attribuenda Deo, et spes victoriæ erat fundata in Deo et non alibi, et sic ergo quo ad illud erat ibi assiduitas subjectionis. Secundo in hoc quod se humiliter excusaverat, ut dixit vocibus sibi apparentibus dicens quod ipsa erat una pauper filia, et in hoc quod dixit, quod placuit Deo per unam simplicem puellam hoc agere ; et quantum ad hoc considerabat propriam fragilitatem. Tertio in hoc quod ex dictis suis non videtur venisse pro terrenis divitiis acquirendis, neque deliciis fruendis, neque honoribus adipiscendis, quia non quæsivit sibi, nec aliis, istam mercedem, sed meliorem, scilicet suæ animæ salvationem, ut dictum est, ac regi et regno liberationem et consolationem ; in hoc quod dicit quia venerat pro bono patriæ, regis et bonarum gentium et ducis Aurelianensis ; et sic videtur quod sua sapientia et prudentia fuerit non a dæmone, sed potius a Deo. Ita præsumi potest et intelligo semper in omnibus de sapientia large accepta, quia omnis non mala a Domino est.

Præterea videtur quod suam sapientiam, constantiam et fortitudinem quæ sequuntur sapientiam, secundum beatum Ambrosium in epistola ad Simplicianum et Gregorium Nazianzenum, nisi habuerit a Deo in his omnibus supradictis licet sæcularibus et transitoriis in quibus agendis dico si bona fuerint etiam in minimis divinum præsidium debet invocari, ut Platoni placet in Timæo, quia, secundum Aristotelem, V *Ethicorum*, nullus est sapiens a natura, igitur vel acquiritur, vel infunditur si bona fuerit acquiritur aut amore vel labore, de primo patet per Augustinum *De moribus Ecclesiæ* et *Contra Manicheos* lib. I, cap. 29. Sed ista Johanna quo amore et labore sapientiam acquirere potuerat, quæ non nisi inter rurales, simplices et post pecora ambulare consueverat, cum enim istam sapientiam non habuerit a natura nec ab arte. Oportuit, ut videtur, quod habuerit a gratia et sic æstimari potest quod a Deo præsupposito verumtamen ubique quod contra justitiam non certaret neque humana affectione flecteretur, sed solum zelo justitiæ ducta, unicuique reddere quod suum erat recte intenderet et bene merito pensanda sunt verba ipsius Puellæ dicentis quod placuit Deo per unam simplicem puellam sic agere. Quis enim illi tantam intelligentiam supra naturam suam fragilem æque repente donare potuit, ut in tam arduis quæ nunquam viderat bellorum actibus nequaquam exigeret qualiscumque hominis sed solius pro ut innuebat in dictis suis omnipotentis Dei et sanctorum Michaelis, Katherinæ et Margaretæ consilium et adjutorium quibus in se consiliata et roborata Puella parvula et inexpers omnino belli tam magna et fortia bellorum opera agere præsumeret consilio manuum suarum, intelligentiam prudentium hominum bellicorum vinceret, consilia eorumdem, ut videtur, confunderet ac vires retunderet magnatorum nisi ipse qui conterit bella ab initio, cujus virtus non in multitudine est neque in equorum viribus voluntas ejus, *Judith*. cap. xiv. Qui precibus regis David suppliciter exoratus infatuavit consilium Architosel. *Regum* ii, 15. « Quoniam non sapientia ; non est prudentia, « non est consilium contra Dominum, eques paratus ad diem belli, « Dominus autem salutem tribuet. » (*Proverbi* xii). Unde ait Judas Machabeus : « Facile est concludi multos in manus paucorum et « non est differentia in conspectu Dei Cœli liberare in multis et in « paucis, quoniam non in multitudine exercitus victoria belli sed « de Cœlo fortitudo est » Primo *Machabæorum* III. Nolo tamen os meum ponere in Cœlum adducendo istas sacræ Scripturæ auctoritates et exempla, quasi istius Puellæ Johannæ gesta et opera bellica sint, ad instar illorum quæ in sacra Scriptura referuntur, ac si idem esset judicium de istis, sicut de illis, absit, quia non intendo quamquam facere comparationem, sed tamen per hujus sacræ Scripturæ inductiones auctoritatum et exemplorum intelligentia sana omnino salva, innuere volo quod ipsa Johanna potuit, et sic præsumi debuit fuisse potius a bono spiritu quam a malo.

Secunda ratio ex parte ipsius Puellæ sumitur a fama et opinione vitæ laudabilis ejusdem Puellæ, quæ fidelis in gestis, actis et res-

ponsis ejus apparuisse videtur, nam, ut ex tenore processus comprehenditur, ipsa sæpius aiebat : « Certifico vos quod ego nihil
« vellem facere aut dicere contra fidem Christianam, et si ego fe-
« cissem aut dixissem aliquid quod esset supra me quod clerici sci-
« rent dicere esse contra fidem christianam, quam Dominus stabi-
« livit, ego nollem sustinere sed illud expellerem et quod credit
« firmiter quod non defecit neque nollet deficere in fide nostra. »
In quibus verbis innuitur quod de fide bene sentiit et quod nihil
erroris inserere studuit, pro ut filii Satanæ facere nituntur more
sui patris, qui secundum Petrum Ran. super illud Mathæi II *Ductus
est Jhesus* etc. Erroris sit atque mali auctor nequitiæ origo et sæculi
corruptor existit sic et filii ejus non tantum errores diligunt sed et
alios errores diligere cupiunt ut eorum error lateat sicut illorum de
quibus beatus Augustinus in epistola ad Marcellum. E contrario
filii Dei, nam ut ait Sen. in *Proverbiis* « Bonus animus numquam
« erranti obsequium accommodat, » et quia hæc Johanna omnia
facta sua per scientificos examinare nolebat ad hoc ut si quis error
inveniretur ibi expelleret, videtur quod bonum animum habuit et
quod ex consequenti a Deo, potius quam a dæmone fuit. Sed quia
fides sine operibus mortua est, Jacobi II, imo cum fide operibus
fidei etiam uti voluit, nam Deum timere studuit et abstinere a peccato, ut videtur ex verbis ejus posse deprehendi, unde ex processu
colligitur eam sæpe dixisse quod esset magis dolens de mundo si
sciret se non esse in gratia Dei et nescint an fuerit in peccato mortali nec placeat, inquam, Deo quod fuerim aut faciam vel fecerim
opera propter quæ anima mea sit onerata, quæ non faciunt qui ex
patre diabolo sunt, sed desideria patris eorum volunt facere quæ
semper in malum sunt, unde ille dat virtutes odio, vitia addit amori
et incentur vitiorum astruitur ab Ysidoro *De summo bono*, lib. III,
cap. v. Nempe eodem docente, ibidem Dei servum a fautoribus diaboli in hoc dicerni, quod fautoribus suis diabolus blanditur Dei vero
servis mollitur temptamenta contraria eos non tenendo possidet sed
temptando persequitur, nam quia non in eis intrinsecus regnat contra eos extrinsecus pugnat et qui interius amisit divinum exterius
commovet bellum. Sed sancti præsago spiritu eorum insidias præcognoscunt et quamquam in semet ipsis terrenum sentiunt indesinenter operibus sanctis exhauriunt ut de intimis Christi inveniantur. Sed secus de reprobis et diaboli fautoribus, quia multis vitio-

rum præstigiis mentes reproborum diabolus per temptando deludit, nunc enim promissis decipit nunc rebus transitoriis quasi necessariis illicit. Nunc etiam ipsa inferni supplicia quasi levia et transitoria suggerit, quatenus miserorum corda in cupiditatem lasciviamque secum dissolvat et ad Tartara ducat et quia ipsa Johanna vitia devitabat, præcipue cupiditatem, quia nil terrenum sed solum animæ suæ salvationem querebat, ut supra dictum est, atque lasciviam carnis quia virginitatem servabat, licet inventor nequitiæ diabolus per suos ministros sæpius eam propulsaverit ut illam ab illo sancto proposito deviaret, sicut ex processu præparatorio deprehenditur. Sed principale nequivit hinc liquido valet persuaderi quod, non de fautricibus Sathanæ, sed de ancillis Christi, fore ipsa Johanna debuit opinari, quod probat maxime timore Dei et abstinentia peccatorum, sed, quia secundum beatum Gregorium, minus est mala non agere, nisi etiam quisque studeat bonis operibus insidere. Studuit ipsa Johanna cum abstinentia peccatorum insudare bonis operibus, sicut ipse accepi, humiliter orando, missas devote audiendo, sæpe confitendo et Eucharistiam sumendo, quæ sunt opera contraria Sathanæ, unde vere confitens diabolum accusatorem non timebit, secundum beatum Ambrosium, libro *De unica pœnitentia*. Quia in eum nullam potestatem habebit cum ipsa confessio sit salus animarum dissipatrix vitiorum, restauratrix virtutum, oppugnatrix dæmonum, ut beatus docet Augustinus, libro *De pœnitentia*. Ac sic sæpe ipsa Johanna confitendo, diabolum sicut quisquam fidelis oppugnabat et non sequebatur, non imitabatur, sed ei omnino ac operibus et pompis ejus dissimilis efficiebatur, quia ipse confessionem odit ac impedire mollitur, cum illa debeat peccata quæ sunt opera ejus et per quam vere confitens consequitur indulgentiam eorum et reconciliatur omnipotenti Deo, unde et idem Sathan si veniret ad remedium confessionis impetrare posset indulgentiam remissionis, ut ait Hu. de Clan. Sed ad eam numquam veniret, sed potius fugit et ea quasi jaculo feritu, nec secundum Chrisostomum, libro *De pœnitentia*, « Atrociores ei dolores infligi« mus quam cum plagas peccatorum nostrorum pœnitendo et con« litendo sanamus. »

Quod si dicatur quia confessio ipsius Johannæ poterat esse ficta, sive simulata et non vera, quæ est unus gradus superbiæ, secundum beatum Bernardum, libro xii *Gratia humilitatis*, dicendum quod in hoc dubio semper fuit interpretandum in meliorem partem. Patet per dicta sanctorum et jura superius allegata et quod similiter vera esset confessio, facit de hoc efficax testimonium relatio sui confessoris, scilicet fratris Martini Ladvenu ordinis Prædicatorum, qui dixit quod semper et in fine dierum suorum reperit eam fidelem et devotam, ut habetur in processu præparatorio.

Commendat insuper eam valde quia tali præcedenti confessione et aliis armis opprime munita quibus spiribus nequam prosternitur fidelique et devota pariterque frequenti Eucharistiæ perceptione fruebatur prout relatione didici in qua dubium nequaquam esse potest Cœlos aperiri, angelorum choros adesse, summis ima sociari, ut lux Ecclesiæ Gregorius plaudit, quarto libro *Dialogorum*, in qua etiam Domini et Salvatoris nostri Jhesu Christi recolitur memoria beatissimæ passionis ac commemoratio sanctissimæ mortis, ubi purgentur peccata, virtutes augentur et mens omnium spiritualium Karismatum abundantia impinguatur et ideo, secundum Magistrum sententiarum, dicitur excellenter Eucharistia, id est bona gratia quia in hoc sacramento non tantummodo est augmentum virtutis et gratiæ, sed ille totus sumitur qui est fons et origo totius gratiæ. Felix mens quæ talem esurit cibum ad talem æstuat potum tali vescitur alimento cum panem angelorum manducat qui descendit de Cœlo qui et se manducantem in se mutat, beato docente Augustino, et unum afficitur cum Christo et per unitatem incorporat in ipso, quia manducantes se corpus suum misticum facit, juxta sententiam beati Augustini. Cum igitur mens præfatæ Johannæ talem cibum et panem ut innuebat ferventer esuriret et eodem frequenter reficeretur, præsumendum est quod esset de corpore Christi mistico. Duo sunt modi manducandi : unus sacramentalis quo boni et mali edunt, alter spiritualis quo soli boni manducant, in quibus maxima dignoscitur disparitas, quia mali ad judicium, boni vero ad præmium, malis est mors, sed vita bonis, ex quibus verbis colligitur quod non tantum boni, sed etiam mali sumunt Eucharistiæ sacramentum.

Hinc si quis vellet calumniari præfatam Johannam posset adstruere quod ex illa frequenti sumpsione Dominici Corporis non justificaretur, neque redderetur commendabilis ejus vita, cum etiam mali sumere possint, ut dictum est, ad quod dici potest uno modo, sicut supra dictum est, quod in dubiis semper interpretandum est in meliorem partem, modo digna vel indigna sumpsio est, nobis occulta et dubia quare etc., et si objicietur de armis et gestatione habitus virilis, respondebitur inferius. Alio modo potest dici, secundum beatum Thomam in quarta distinctione, quia quod quantumcumque aliquis sit a peccato immunis, non tamen potest per aliquam certitudinem sciri quia nescit homo an amore vel odio dignus sit, nihil mihi conscius sum, sed non in hoc justificatus sum, potest tamen haberi de hoc magna conjectura præcipue per quatuor signa : primo cum quis devote verba Dei audit; secundo cum quis se promptum ad bene operandum innuit, quia probatio dilectionis exhibitio est operis, ut beatus ait Gregorius ; tertio cum quis a peccato, sive peccatis, in futurum abstinendi propositum habet; quarto cum de præteritis dolet, quia in his secundum eumdem discussione suæ conscientiæ si devotio ferveat ad communionem accedere potest et Dominici Corporis particeps fieri.

Sed utrum frequenter accedere et sumere debeat respondendum est, juxta notata per beatum Thomam in quarta distinctione, xii, quod ea quæ in hoc sacramento geruntur, habent similitudinem cum his quæ accidunt in corporali nutrimento quia enim fit quasi continua deperditio naturalis humoris per actionem caloris naturalis et exercitium laboris, ideo oportet frequenter corporalem cibum sumere ad restaurationem deperditi, ne perditio continua mortem inducat. Similiter autem ex concupiscentia innata et occupatione circa exteriora fit deperditio devotionis et fervoris, secundum quæ homo in Deum colligitur, unde oportet quod pluries deperdita restauretur ne homo totaliter alienetur, seu distrahatur a Deo, sed tamen semel saltem in anno sumere scilicet in Paschate est de necessitate. Licet Fabianus Papa statuerit ut saltem ter in anno homines communicarent, hoc est in Pascha, Pentecostes et Natale Domini, etsi non frequentius.

Sed utrum frequentius aut qualibet die sumere sit commendabile, dicendum, secundum beatum Thomam, lib. et dist. quibus supra, quod in sumente seu recipiente hoc sacramentum duo requiruntur : scilicet desiderium conjunctionis ad Christum quod facit amor, et secundo requiritur reverentia sacramenti quæ ad donum timoris pertinet. Primum incitat ad frequentationem ipsius sacramenti quotidianam, sed secundum retrahit. Ideo si quis experimentaliter cognosceret ex quotidiana sumptione fervorem amoris augeri et reverentiam non minui, talis deberet quotidie communicare ; si aut e sentiat reverentiam minui et fervorem non multum augeri, deberet interdum abstinere, ut cum majori reverentia et devotione postmodum accederet, unde quantum ad hoc unusquisque relinquendus est judicio suo et hæc est similiter sententia beati Augusti in libro *De Ecclesi dogma*. Cum igitur ipsa Johanna frequenter Eucharistiam sumeret, si indigne ad hoc sacramentum accedere scienter præsumeret, censendum est quod ex tali indigna sumptione ejus fervor et devotio augeri non potuissent, quia per talem indignam sumpsionem mens ipsius Johannæ ad emundationem culparum non proficeret quoquo modo, juxta Hieremiæ prophetæ Valicinium XI, dicentis : « Quid « est quod dilectus meus in domo mea facit scelera multa, numquam « carnes sanctæ auferent a te malitias tuas, quasi dicat quod non. » Et hæc est sententia Ysidori *De Summo libro* lib. I, cap. XXIII. Imo magis gravaretur quam purificaretur, beato hoc asseverante Augustino in prædicto libro *De Eccl. dogm.*, cap. XXXIII, et quanto indigne sumpsisset, tanto gravius deliquisset, nec ad vitam profecisset sed ad judicium et æternæ mortis supplicium, juxta dictum apostoli *Prima Corinth.* XI. Nam indigne sumentibus, eadem pœna statuitur sicut Christum occidentibus, juxta sententiam beati Ambrosii et glosa ordinaria super verbo : « Quicumque manducaverit panem et « biberit calicem Domini indigne, reus erit etc., » et merito quoniam inter omnia peccata gravia quibus offenditur Deus hoc censetur gravissimum quod peccato Judæ et Judæorum comparatur. Quemadmodum ostendit beatus Remigius in glosa super illud Matthæi : « Væ illi per quem filius hominis tradetur » et quodammodo gravius reputatur, unde dicit beatus Augustinus « Magis peccat qui tradit eum peccatoribus membris quam qui tradidit eum crucifixoribus Judæis. » Concordat glosa super illud « Psalmistæ dederunt in escam meam », quod verum est ad minus quo ad multas circumstancias quas relinquo. Et in tales ex indigna communione gravissime peccantes, diabolus haud dubium accipit potestatem, sicut de Juda legimus, Johannis XV, quod, cum Dominus infraxisset panem, dedit eum Simoni Scarioti, et, post bucellam introivit tunc in eum Sathanas, tunc vero non accepit Corpus Christi, sed tantum corporis panem vero et sanguinem Christi ante cum aliis discipulis perceperat, ut dicit Magister sententiarum lib. X, distinct. XI in fine, et beatus Augustinus super Johannis Omel, introivit autem in eum Sathanas, non quia ante non introisset, sed quia amplius et ad majorem obsessionem introivit, sic in eum, ut impelleret eum ad laqueum et desperationis interitum. Quis ergo erit vel sit de indigne corpus Christi sumentibus, si tantum nocuit Judæ bucella panis de manu Domini indigne suscepta, nam sancta malis obsunt sicut mala bonis prosunt, bonis sunt ad salutem, malis ad judicium ; unde, qui manducat et bibit indigne, judicium sibi manducat, non quia res illa est mala, sed quia malus male accipit quod bonum est, prout declarat Magister sententiarum : « Indigna communio hominem illaqueat, « damnationem præparat, proximum scandalizat, mentem expugnat, « temptationem subingerit, Deum irritat, vitam temporalem breviat, « gratuitis spoliat. » Hæc ibi quam plura, omnem devotionem spiritusque fervorem omnino extinguit et concupiscentiam incendit Christo claudit et diabolo aperit cujus servituti infeliciter subjicit ex quibus omnibus præmissis colligitur quanta sit inter digne et indigne communicantes disparitas quorum sunt effectus tam dispares et contrarii. Ex quibus etiam effectibus conjecturari possumus qui sint digne seu indigne communicantes.

Cum igitur præfata Johanna ex sua frequenti sumptione sacratissimi Corporis Dominici non inciderit in illos malignos effectus, qui proveniunt ex indigna communione, saltim quod constet sufficienter aut quod videatur posse recta illatione ellici ex ipsius processus summario. Sed potius signa et effectus digne communicantium fidelium in ea apparuerunt, saltem ut in pluribus quantum humana fragilitas noscere potest, quod valet ex eo rationabiliter persuaderi, quia licet sint plures effectus, tamen principalis, secundum beatum Thomam in lib. x, dist. xii, est conversio hominis in Christum, ut dicat cum apostolo, « Vivo autem jam non ego, vivit vero in me Christus,» Galath. ii, et secuntur alii duo effectus : scilicet argumentum virtutum et restauratio deperditorum, scilicet per peccata venialia, vel alios præcedentes deffectus, per quos minuitur devotio et hic restauratur et augetur quæ etiam semper est actualiter necessaria cum munditia conscientiæ et munditia corporali et elevatione mentis ad Deum in susceptione hujusmodi sacramenti, ut idem Thomas ponit libro supra citato. Quo modo dicta Johanna, ut superius deductum fuit, omnia facta sua Deo attribuebat et a peccato abstinere studebat gratiamque divinam ferventer sitiebat et salvationem animæ suæ solum querebat cum regis et regni consolatione, nil agere volebat nisi in Christi nomine beatæ Virginis, beati Michaelis et sanctarum Katherinæ et Margaretæ, prout hæc omnia asserebat et habetur ex dictis suis, in processu de quibus superius facta est mentio. Quare videbatur hoc præsupposito conversa in Christum quantum ad primum effectum ; de secundo effectu, de augmento virtutum, patet de virtute confectionis, de qua supra, de virtute etiam orationis et de virtute virginitatis quas præsumitur ingiter habuisse, secundum ejus capacitatem et fragilitatem ; de tertio effectu, scilicet restauratione, patet per hoc, quod ex frequentatione susceptionis hujus sacramenti cœlestis, augebatur ejus devotio, et fervor ad idem sacramentum et devotam auditionem missarum, sicut ex multis dictis suis collectis potest deprehendi in processu, et sicut ex effectibus dignæ communionis in ipsa Johanna verisimili præsumptione compertis possumus arguere eam non indigne communionem sanctam frequentasse quod valde ipsam commendabilem facit.

Tertia ratio ex parte ipsius Puellæ sumitur ex eo quia ipsa fuit detestata sortilegia illarum mulierum quæ dicuntur volitare per aera. De quorum consortio dixit se numquam fuisse cum eas abhorret, sicut patet ex processu, ex quo apparet ipsam cognovisse quid inter revelationes et diabolicas illusiones intersit et nedum sortilegia sed et cætera vitia odisse ibidem comprobatur, cum dilectione virtutum, quod signum est potissimum quia non a maligno sed potius a spiritu bono et benigno hæc habebat, sicut et quisque fidelium, unde dicit apostolus : « Quid autem habes quod non acce« pisti, cur ergo gloriaris quasi non acceperis ? »

Quarta ratio sumitur ex parte ipsius Puellæ ex eo quod, priusquam rex vellet eam ad se venientem et ut asserebat a Deo missam sibi, recipere, aut aliquam fidem dictis suis et revelationibus per eam assertis præbere, quovis modo seu opinionem cur adhæreret, per tres ebdomadas de mandato ipsius regis fuit examinata et interrogata diligenter a clericis et viris litteratis, qui judicarunt, post solertem inquisitionem, suo judicio in ea nil fore nisi bonum, prout ex processu colligitur ; et hoc rex recte egit quia sapiens omnia examinat, ut dicit extaticus Bernardus super cantica ; et ita etiam ammonet Jesu Christi peculiaris secretarius Johannes in ejusdem spiritu doctus in auctoritate superius allegata « Nolite omni spiritui credere, sed probate spiritus si ex Deo sint quoniam multi pseudo prophetæ exierunt in mundum. »

Ex parte vero revelantium et apparentium ipsi Johannæ, prima ratio sumitur ex eo quia dicit illas imagines sibi apparentes circum amictas lumine et claritate in earum apparitione, quod non est proprium angelis tenebrarum, neque etiam legimus angelos lucis in Veteri Testamento, patribus seu matronis sanctis cum lumine apparuisse, nisi solum in Novo, ut tangit in glosa ordinaria super Lucæ II, et super verbo « Et claritas Dei circumfulsit illos, » et multi alii doctores quos pertranseo.

Secunda ratio sumitur ex eo quod in prima apparitione, ut ipsa asseruit, sibi facta et auditione vocum magnum pavorem seu timorem incurrit ac sic primo et secundo pavida et territa ab eisdem apparentibus consolationem promuerit, quod est signum bonorum spirituum, nam sicut angelicæ benignitatis est paventes de aspectu suo mortales mox blandiendo consolari ita diabolica ferocitatis est quo sui præsenti aterritos senserit ampliori semper horrore concutere, ut egregie super Lucam elucidat venerabilis Beda.

Tertia ratio sumitur ex intimis atque salutaribus monitis sibi factis, ut asseruit, ab eisdem apparentibus. Primum ex eo quod dixit beatas Katherinam et Margaretam, eam exhortatas fuisse ad sæpe confitendum, item quod frequentaret ecclesiam et quod bene se regeret, item quod servaret virginitatem, quæ, secundum beatum Augustinum, lib. *De vitiis et concupiscentiis*, est in carne corruptibili perpetua incorruptionis meditatio. Unde per continentiam homo triumphat de domestico inimico per continentiam insuper homo perfecte conformatur Christo, secundum puritatem animæ et corporis eidem verumtamen subsistentibus operibus bonis, juxta sententiam beati Gregorii super Lucam. Ob hoc merito dixit apostolus : « Mulier innupta et virgo cogitat quæ Dei sunt, ut sit sancta « corpore et spiritu, » *Prima Corinth.* vii. Hanc autem virginitatem ipsa Johanna ex monitu dictorum sibi apparentium dixit se promisisse servandam perpetuo. Quæ quidem monita salutaria quia eisdem pervenitur ad regna Cœlorum spiritui nequam et invido nimium sunt exosa et ea nunquam eidem Johannæ dedisset, aut si hoc fecisset non ob aliud facturus credendus esset nisi ut efficacius deciperet, sicut in collationibus Patrum, Collatione secunda. Abbatis Moysi legitur quod dæmon in specie boni angeli cuidam fratri frequenter apparuit et multa bona illi dixit, et quando vidit ipsum fratrem bene inclinatum ad credendum sibi, tunc ei persuasit ut circumcideretur et quod aliter non poterat salvari. Cum igitur voces apparentes, ut ipsa Johanna testabatur post salutaria monita, non persuaserint ei quicquam ut averterent eam a Deo, vel a fide, aut inducerent eam ad aliquod quod esset contra salutem animæ suæ, vel contra bonos mores. Videtur quod non fuerint mali spiritus, sed potius boni et si objiceretur hic quod persuaserunt ei ut defferret vestem virilem et arma, quod est contra legem Dei superius allegatam, posset responderi, ut inferius patebit.

Ex parte vero revelantium et apparentium prima ratio sumitur ex desiderio illi relicto et animi ardore ad sequendum dictas voces si possibilitas illi affuisset, dixit enim ut in processu, si bene teneo, innuitur post recessum dictarum vocum mixtum dolori gaudium habuisse et se asseruit flevisse, quia molle corporis pressa eas voces sequi non poterat, quod videtur probabile signum quod a bono spiritu fuerint, quia sicut morum regula beatus Gregorius ait, sancti viri inter illusiones atque revelationes ipsas visionum voces aut imagines quod intimo sapore discernunt ut sciant vel quid a bono spiritu percipiant vel quid ab illusore patiantur, quarto libro *Dialogorum*. Non tamen est asserendum quod eidem Johannæ fuerit datus tam servius spiritus sicut illis sanctis viris quibus per spiritum sanctum collata fuerat discretio spirituum, de quibus superius dictum est, sed sufficit opinari salva fide et determinatione sacro sanctæ matris Ecclesiæ, quod illud desiderium ipsius Johannæ erat bonarum revelationum signum.

Secunda ratio sumitur ex eo, quia sæpe in illis apparitionibus signabat se signo crucis, licet aliquando etiam non faceret, ut patet ex responsionibus suis, quod si illusiones fuissent non tulissent signum crucis, sed potius evanuissent, unde habetur ex gestis beatæ Justinæ virginis et martyris Christi, quod cum ad invocationem magicam Cypriani tunc magici nunc vero aphetæ Christi dæmones eidem sanctæ virgini illudere præsumpsissent, in diversis formis et speciebus se transfigurantes, et primo in speciem unius virginis, ut sub specie boni a sanctæ virginitatis proposito averteret signo sanctæ crucis per eam emisso illico evanescebant nec illud ferre poterant, nec immerito quia in illo signo sanctæ crucis salutifero ostenditur victoria Christi, perdicio diaboli et infernorum destructio, juxta dictum Cassiodori super Psalmum III, ideo illud signum ferre non potest diabolus, quia per virtutem ipsius fallitur se ipso, qui fallendo hominem ejecit de Paradiso, sicut ait Anselmus in *Meditationi-*

bus. Idcirco nobis datum est hoc signum in fronte quemadmodum Israeli circumcisio, per ipsum enim fideles ab infidelibus cognoscuntur. Hoc galea, scutum et trophæum adversus diabolum, hoc sigillum ut appropinquet nobis universalis vastator, inquit Damasus, secundo libro, cap. III, qua propter sacra Scriptura ejusdem salutiferæ crucis signaculo fideles docuit insigniri, Can. « Ecclesiarum[1] », et ob hoc signatur baptizandus signaculo, sanctæ crucis, ut ab eo apostata diabolus effugiat, ut in Can. « Postea signatur, » *De consecratione*[2].

Ex parte nempe regis et regum præcedentium prima ratio ex superius dictis sumitur quoniam ipsa Johanna ad regis et regni liberationem, ut asserebat, mittebatur ad quam non concurrunt angeli mali, sicut supra notatum est. Hoc verumtamen præsupposito pro vero notorio quod ipsa Johanna in ejus liberatione non intenderet quovismodo alicui tyrranidi vel enormitati neque cupiditati aut injustæ cuiquam oppressioni adversariorum in hoc seu alicujus vindictæ linori, sed tantum justæ liberationi et omni debitæ consolationi cum alio præsupposito superius dicto.

Sed forte dicerent Anglici quod illa ratio non militat quia liberatio per bonos angelos præsupponit tyrranicam oppressionem et injustam occupationem, sed ipsi per ipsam tyrranicam oppressionem non occupabant regnum injuste cum habeant ut dicunt jus in regno. Quare etc.

Quod itaque verum esset si jus, ut asserunt, in regnum Francorum haberent, sed non video salva eorum pace pro jure aut quo justo alio titulo possint asserere regnum Francorum ad se pertinere et multa contra eorum assertionem possent induci, sed non est opus circa ea injuriari.

Secunda ratio sumitur a sanctitate et virtutum magnitudine regum præcedentium quibus mirifice decorati claruerunt et regi regum domino suo devote famulantes placuerunt ex quo nimirum pie credendum est regnum Francorum ex merito ipsorum regum firmatum esse. Unde sacra Scriptura narrante didicimus quam plurimos reges in regno Juda olim exstitisse, omnes tamen peccatum commiserunt, et reliquerunt regem potentes et contempserunt timorem Dei præter David et Ezechiam et Josiam. Cui soli Deo placuisse et ab eo electi

[1] *D. Grat.* D. XII, 2, 69.
[2] *D. Grat.* D. IV, 63.

fuisse inventi sunt et ex merito ipsorum, et præcipue David firmavit altissimus regnum Juda in æternum, licet tot alii ab ipsis mali et reprobati fuerint, unde cum propter peccata ipsorum regum et populi, omnipotens Dominus in ipsum regnum Juda, gravia flagella sæpe immiserit et in captivitatem dederit, numquam tamen delere et perdere omnino voluit, sed in multitudine miserationum suarum parcebat iræ animæ suæ, propter David servum suum, ut habetur *Regum* xix et in pluribus aliis ejusdem sacræ Scripturæ paginis innuitur.

Qnid ergo dicemus legitime et pie ut supra in prima ratione, secundæ quæstionis in fine suggerendo et innuendo de hoc almo Francorum regno, in quo tot incliti et sanctæ memoriæ reges processerunt qui Deo summo placuisse non dubitantur. Quia omni genere virtutum regibus necessariarum et condecentium gloriose floruerunt, nam reges super omnes suos flores condecet et oportet : primo, veritate et clementia ; secundo, humilitate et obedientia ; tertio, magnanimitate et sapientia ; quarto, devotione et sanctimonia ; quinto, zelo fidei pro Ecclesia ; sexto, regni sui bono regimine ; septimo, potentia virtutis et fortitudine. De primo Proverbi xx. Misericordia et veritas custodiunt regem et roboratur clementia tronus ejus. Ad quod bene faciunt exempla Valerii et beati Augustini, lib. xiii *De civitate Dei*, cap. x, et *Confessionum*, lib. v, cap. ii. Et quod beatus Ambrosius injunxit imperatori Theodosio, et Virgilius docet Æneam parcere prostratis et alibi : « Sis piger ad pœnas, o princeps, ad « præmia velox ! » Et Ovidius, libro *De tristibus*, docet principem debere misereri et ad pœnas infligendas non cito nec leviter moveri ; et hoc est quod beatus Ambrosius docet præfatum imperatorem Theodosium ut ante tricesimum diem nullum condemnari morti, quia non ex libito sed ad libitum procedendum est ; nam et de Domino, *Genesis* xv, dictum est qualiter clamor Sodomorum venit coram eo, non tamen statim condemnaret : sed ait : « Descendam et videbo etc. » Scilicet quia cum magna deliberatione judicandum est ira et furore penitus exclusis ; quod etiam docet Isidorus *De summo bono* ; unde Solinus de Cæsare dicit quod clementia potius quam armis vicit et veteres clementes extiterunt, nam et in historia Troianorum a quibus præcelsum regnum Francorum ortum habere dignoscitur ; legitur quod Titus tantæ erat clementiæ, quod omnibus prodesse cupiebat, nullique nocere studebat ; et in historia beati

Silvestri Papæ legitur Constantinum imperatorem hæc verba dixisse : « Dignitas Romani imperii de fonte nascitur pietatis ; quid juvat Barbaros superasse si a crudelitate vincamur. » Nam vicisse extraneas nationes virium est bellicantium populorum, vincere autem vitia et peccata virtus est morum. In illis ergo pugnis fortiores nos extitimus, illis in his enim fortiores nobis ipsis sumus ; qui enim fuerit in hoc certamine superatus victoriam obtinet victus, victor enim post triumphum vincitur si pietas ab impietate superatur, bene enim omnium adversantium possumus esse victores si sola pietate vincamur, omnium etenim se esse dominum comprobat qui servum pietatis se monstraverit, ideo semper clementiam principes habere decet super omnia, ut docet Seneca, lib. I *De clementia*, dicens : « Libet, inquit, ut clemens fiat qui vult Deos sibi esse cle-
« mentes, ut talis sit unus quisque quales vult sibi esse Deos. Judi-
« cium enim sine misericordia erit illi qui non fecerit misericor-
« diam. » Jaco. II.

De humilitate si quidem et obedientia principum scribitur *Ecclesiast.* III, filii sapientiæ Ecclesia justorum et natio illorum obedientia et dilectio et sequitur. Quanto magnus es humilia te in omnibus, et coram Deo invenies gratiam. Quantum itaque reges et principes obedire teneantur Christo regi regum Domino et sacrosanctæ Ecclesiæ, sponsæ ejus, ac humiliari sub potenti manu Dei luculenter ostenditur in Historia tripertita, lib. I et in Historia Ecclesiastica, lib. IX, cap. XIX, ad quod valde facit quod in prædicta Historia tripertita, lib. II, narratur de Theodosio imperatore, qui per omnia humiliter obedivit beato Ambrosio Mediolanensi episcopo, quod similiter facere omnes principes episcopis obedire, videlicet beatus Petrus præcipiebat ut extra de majoritate et obedientia Ca.« Omnes, » et hoc videlicet humiliari et obedite tenentur, quia secundum beatum Gregorium, cum augentur dona rationes etiam crescunt, tanto ergo esse humilior animo atque ad serviendum Deo promptior quisque debet ex munere, quanto se esse obligatiorem conspicit in reddenda ratione et quia his virtutibus a Deo electus David sanctissime claruit et cor ejus coram eo rectum fuit ei et prophetis ejus obediens et in omnibus fidelis et clemens et suis injuriis et inimicis misericorditer parcens, injurias solum Dei ferventer ulciscens et in veritate judicium ejus stetit ideo in Æternum altissimus tronum ejus firmavit, ut ex primo et secundo *Regum* diffusius colligi potest.

Sed numquid in felice Domo Francorum inventus est alter David electus a Domino. Audeo dicere quod sic commemoremus enim illum dignæ ac sanctæ recordationis electum ex mulieribus primum ejusdem inclitæ domus christianum regem Clodovense, de quo celebris mentio habetur in Historia ecclesiastica nova, qui meritis inclitæ ac miræ sanctitatis christianissimæ Clotildis reginæ, consortis suæ, ac illius luminaris mundi beati Remigii, Remensi Archiepiscopi, precibus et doctrina ad fidem Christi conversus ab eodem sancto, miraculose sacrum baptisma suscepit et cum ad fontem baptismatis advenisset nec ibi sanctum Chrisma haberent mira res et inestimabilis dignatio miserentis Dei, ecce columba quamdam cum Chrismate ampullam in rostro detulit, de quo regem pontifex lenivit. Quæ quidem ampulla in Remensi ecclesia pro suis successoribus regibus inungendis conservata fuit ut sit memoriale perenne Domui Francorum quod tam humili quam devota et indelabili memoria sæpius debet resolvere ne peccet in Dominum Deum suum qui tali eam decoravit insigni fœdere et peculiari dono, et ut magis sit semper omnipotenti Deo subjecta, et ad illi serviendum ejusque Ecclesiam et ministros venerandos et fovendos promptior effecta. Qui quidem Clodoveus fuit verat in sermone, in judicio justus, in consilio providus, in charitate conspicuus, Æterno Deo et ministris ejus valde humilis, obediens et devotus et quicquid egit Dei virtute egit, quia regem Gothorum expugnavit et devicit, hoc enim proprium semper habuit postquam baptismum suscepit, ad Domini misericordiam in omnibus se conferre offensas ejus omnino cavere legemque ejus prætermissis omnibus devote servare, propter quod semper in præliis victoriosus est factus et Deum cœli in omnibus propitium habere promeruit. Nam cum iret, zelo succensus fidei, adversus Alaricum regem Wandalorum, hæresi Arriana infectum, et quemdam fluvium transire nesciret, subito apparuit una cerva, quæ præcedens ipsum, direxit et statim disparuit, officio suo peracto; recteque illa visa est facula egredi ab Ecclesia sancti Hilarii ac super tabernaculum regis Clodovei videbatur extendi et in crastinum Alaricus subcubuit. Hic etiam Clodoveus non ingratus ad beati Petri limina hortatu beati Remigii, auream coronam gemmis pretiosissimis insignatam direxit sciens se a Christo solio regni esse donatum. Hæc omnia in Historia ecclesiastica nova.

Nec prætereundum est de piissimo rege Childeberto cui cum

beato Germano Parisiensi episcopo pugna erat de misericordia, videlicet quibus thesaurum spargerent et de talentis suis egeni discere possent. Nam bonis princeps, sine de fraudatione alicujus ex pauperibus divites facit et quod justa potestate a populis extorquere poterat sæpe misericordi clementia donat verba sunt beati Ysidori *De summo bono*, lib. III, cap. XLIX. Sic et iste piissimus Childebertus Francorum rex, quodque et fidelissimus dominus rex Dagobertus qui cunctos Judaicæ stirpis christianos fieri præcepit et qui nollent exilio vel morte damnari. Hic ædificavit Ecclesiam beati Dyonisii, et ipsam dotavit. Hæc in Historia prædicta ecclesiastica.

Consequenter dixi quod principes vigere debent magnanimitate et scientia quam quidem sapientiam nemo potest dare nisi Deus, *Proverb.* II, et Jac. I. Cujus necessitatis ostenditur *Sapientiæ* VI, ubi sic dicitur : « Audite reges et intelligite, quoniam data est vobis a « Domino potestas et virtus ab altissimo qui interrogabit opera ves- « tra et cogitationes scrutabitur et sequitur. Ad vos ergo, o reges, « sunt sermones mei, ut discatis sapientiam et in perpetuum regne- « tis et in fine rex sapiens populi stabilimentum est, » per hanc magnificatus est Salomon, libro Regum III, et Pacificus dictus est. Hæc autem magnanimitas se debet extendere ad virtutes, secundum beatum Bernardum et beatum Augustinum, libro IX *De civitate Dei*, capite XIII ; ad mores, teste Cassiodoro, Epistola IX; etiam et ad liberalitates, unde Titus dicebat « Nemo a facie principis debet recedere tristis ; » ad victorias et ad opera pia, magnifica et laudabilia, secundum mentem Valerii, lib. V, cap. I.

Sed in his omnibus, alterum considero Salomonem in regia Domo Francorum, electum a Domino, et magnificatum super omnes reges terræ : Karolum magnum qui magnus a magnitudine virtutum est appellatus, ut habetur in Ecclesiastica historia nova, lib. XIV. Nempe magnus et a magnitudine morum, quibus omnibus placuit et se cunctis amabilem reddidit et a magnificentia liberalitatum et gratiarum quibus postulata concessit et quam plures egregie ditavit et se invocantibus ubique auxilium præbuit pauperibus et destitutis pius condescendens et benignus subvenit et a magnanimitatæ sapientiæ qua ita illuxit ut non solum regnum, quin imo totum imperium quod Dei miseratione obtinuit feliciter regeret et gubernaret ac usque ad septimam ejus generationem pacifice possideret et ubique terrarum famosus et metuendus fieret qui et a beato Leone Papa coronari meruit et tunc a populo Romano acclamatum extitit : « Karolo augusto, a Deo coronato Magno et Pacifico imperatori, vita et victoria! » Si quidem etiam magnus per opera pia magnifica et laudabilia quibus dilatatus fuit. Nam quot in alphabeto sunt litteræ, tot ad Dei summi cultum monasteria construxit et alias ecclesias, quarum numerus ignoratur, ædificavit egregieque dotavit et cultum Dei quam plurimum ampliavit. Quem omnipotens ut suum verum cultorem et fidelem servum quem super familiam suam insignem constituerat adeo victoriosum effecit, ut nequaquam similis inveniretur in orbe, cujus laus et memoria ubique terrarum permanet, per illum enim altissimus ad nichilum redegit inimicos suos adversantes Ecclesiæ fideique christianæ. Nam, ut de multis aliqua pauca succincte repetantur. Hic tempore beati Adriani Papæ, regni sui anno septimo ad petitionem ejusdem summi Pontificis cum honore legato remisso cum exercitu valido terræ marisque in Italiam abiit contra desiderium regem Longobardorum Ecclesiam Dei vexantem, juraque aufferentem, quo subacto Romam veniens omnia jura Ecclesiæ patrimoniique summo Pontifici restituit, inde rediens gloriosus princeps in Franciam, ab Adriano Papa sumpta benedictione, Saxones qui terram suam invaserant et quamdam ecclesiam cum paganis comburere satagebant cum non possent et ipsorum vires retudit et subjecit cum barbaris nationibus sæpius pugnam habuit et ipsos ultimo ad nichilum redegit et vi gladii, quasi omnes ad fidem convertit. Quid plura beatum Leonem summum Pontificem quem aliqui filii Belial et in se ipsis sceleratiores homicidæ Romani mutilaverant et ab urbe expulerant, sancti sibi personaliter conquerenti condoluit Romamque festinans in sede sua reposuit ac injuriam Dei excelsi ac Ecclesiæ Dei succensus est ultus. Insuper ipso Romæ existente nuncii patriarchæ Hierosolimitani ad eum venerunt pro ejus adjutorio postulando, qui cum exercitu magno ultra mare transfretavit, totamque terram sanctam in Christi nomine recuperavit. Quanta autem devotione afficiebatur ad Deum et ad sanctam sedem apostolicam ad Dominum apostolicum quem maximo honore venerabatur et frequenter in majoribus festis personaliter visitabat eique colla ut verus obedientiæ filius humiliter submittebat, nam et dicebat in memoriam beati Petri apostoli « Honeremus sanctam « Romanam Ecclesiam et apostolicam sedem, ut quæ nobis sacerdo-

« talis est mater dignitatis esse debeat ecclesiasticæ magistra ratio-
« nis, quare servanda est cum mansuetudine humilitas et licet vix
« ferendum ab illa sancta sede imponatur jugum tamen feramus et
« pia devotione toleremus, » quod dictum sacris canonibus est in-
sertum, Can. « In memoriam [1]. » Quantos summos Pontifices ab ipsa
sancta sede expulsos reposuit in eadem, quantus in adjutorium venit, quanta benignitate gubernabat imperium, quanta liberalitate
suscipiebat pauperes et peregrinos ut non solum palatio verum etiam
regno videtur onerosa, qua ipse pius et misericors minime gravabatur. Quante cibi, potus parcimonia temperatus erat, quanta nihilominus eloquentia, doctrina, disciplina et diligentia ad christianum
cultum et sollicitudinem circa ministros Ecclesiæ zelo Dei ignitus
exuberabat et quam meritorium condiderat testimonium, quamque
devoto transitu transierit ab hac luce et quam sint magna et per-
maxima quæ de ipso referuntur sicut de singulari principe mundi
reserare vel scribere onus magnum foret, quæ etiam causa brevitatis omittuntur, qui filiam suum illustrissimum Ludovicum non solum regni et imperii sed et morum virtutumque hæredem habere
promeruit quorum vestigia strenuissime subsequutus est rex et imperator Lotharius, ut in prædicta historia latius continetur.

Nihilominus dixeram quod reges et principes debent fulgere devotione et sanctimonia, atque zelo fidei pro Ecclesia, nam omnem
regem oportet Dei legem scire et illum super omnia calore, unde
scribitur *Deuter.* xvii. Postquam autem sederit rex in solio regni sui,
describet sibi Deuteronomium hujus legis in volumine accipiens
exemplar a sacerdotibus Leviticæ tribus et habebit secum, legetque
illud omnibus diebus vitæ suæ, ut discat timere Dominum Deum suum
et custodire verba et ceremonias ejus, quæ in lege præcepta sunt.
Nec elevetur cor ejus in superbiam super fratres suos, neque declinet in partem dexteram vel sinistram, ut longo tempore regnet ipse
et filii ejus, hæc ibi, ipsi enim debent prius bene regere se ipsos,
quia, ut ait gloriosus Ysidorus *De summo bono*, lib. III, cap. LI, quan-
toquisque in superiori loco constitutus est, tanto in majori versatur
periculo, et quanto splendoris honore celsior est quisquis, tanto si
delinquens peccato major est, unde dicit Socrates quod « qui mul-
« tarum rerum potestatem habet primum purgare conscientiam de-

---

[1] *D. Grat.* D. XIX, 3.

« bet, stultum est enim ut imperare quis velit cum ipse sibi impe-
« rare non posset; » et maxime quia, secundum Boetium, tertio libro *De consolatione*, imperante nequitia virtus non solum præmio
caret, verum etiam sceleratorum pedibus subjecta calcatur ; et Ovidius, *De fastis*, sic agitur censura et sic exempla parantur, ut judex
alios non monet ipse facit, et libro secundo sine titulo, quod decuit
reges cur mihi turpe putem eorum enim exempla in malum innu-
merabilium subditorum sunt casus et ruina ; quorum rei judicaban-
tur ante solium regis cœlorum et tribunal æterni Judicis, quoniam
teste sacro eloquio judicium durissimum in his qui præsunt fiet,
exiguo enim conceditur misericordia potentes autem potenter tormenta patientur non enim subtrahet personam cujuslibet Dominus,
qui est dominator omnium, nec verebitur magnitudinem cujusquam,
quoniam pusillum et magnum ipse fecit, et æqualiter cura est illi
de omnibus fortioribus autem fortior instat cruciato, *Sapientiæ* v. « Si
« autem attendant reges et principes qualis eorum vocatio fuerit
« peccare verebuntur cum sint dati populo non tantum in dominium
« sed etiam in exemplum. » Ideo dicit Seneca in Troade : « Princi-
« pem peccare non decet cum posset cor non solum manus et lin-
« guam sed etiam oculos continere debet, » ut sic recedens a malo
et faciens bonum per boni exempli meritum luceat omnibus qui in
dominiis a Deo commissi sunt et sit verus Dei cultor et defensor
fidei et Ecclesiæ, nam ut sciat se esse defensorem fidei et Ecclesiæ
gladium per manus episcoporum, vice tamen et auctoritate apostol-
lorum accipit et sibi dicitur : « Esto memor de quo prophetizavit
« dicens accingere gladio tuo super femur tuum potentissime, ut
« parendo vim æquitatis exerceas, molem iniquitatis potenter des-
« truas et sanctam Dei Ecclesiam ejusque fideles propugnando pro-
« tegas nec minus sub fide filios quam christiani nominis hostes
« extermines ac destruas, viduas et pupillos clementer adjuves et
« defendas, desolata restaures, restaurata conserves, ulciscaris in-
« justa, confirmes bene disposita etc., » et multæ orationes super
eum dicuntur quæ omnia innuunt eum debere esse cultorem justitiæ, fidei zelatorem et Ecclesiæ sanctæ defensorem, ad quæ benefacit
C. Adrianus, quibus omnibus concordant ea quæ leguntur in historia Theodereti, lib. II de Theodosio. Quia quanto sunt majori dignitate aut præeminentia insigniti tanto majorem ante tribunal æterni
Judicis, sunt rationes reddituri, teste beato Gregorio, in quibus om-

nibus sanctissime claruit rex constitutus electus a Domino, Ezechias lib. IV *Regum*, cap. xviii, et Josias ejusdem 21 ; specialiter de tuitione Ecclesiæ et ejus pace, secundum Ysidorum, loco supra citato.

Consequenter dixi quod debent fulgere reges et principes regni sui bono regimine velut mansuetus Josue, ejusdem primo, ac potentia virtutis et fortitudine ut Macharias, *Machabæorum* II, quamquidem fortitudinem a Domino postulare debent et in bonis et virtuosis operibus laudabiliter exercere quia non in multitudine exercitus victoria belli, sed de cœlo omnis fortitudo. *Machab.* III. Sed non defuerunt in excelso regno Franciæ qui talibus sanctitatis moribus exemplariter illuxerunt orbi, inter quos signanter recensendi sunt sanctæ memoriæ reges Robertus et Ludovicus beatus.

Quiquidem perfectissimus et Deo gratus Robertus, qui fuit xxxv, a primo rege Francorum christiano, primus in isto nomine, devotione fervens et sanctitate rutilans, multa scripsit pulchra et dictavit in dominico celebrando officio, prout historiæ referunt, quia etiam festivis diebus ad monasteria festinabat et accepta cappa officium cum monachis decantabat. Qui etiam quadraginta annis in summa justitia tenens dominium et in amore cleri ac principum et totius populi regnum gubernavit et licet vir militaris, tamen divino cultui mancipatus et sacris litteris eruditus. quem etiam historiagraphus Martinus refert in obsidione cujusdam castri fuisse et solemne festum tunc supervenisse, unde ipse relicto et ordinato ibidem exercitu ad monasterium propinquum declinavit. Ubi vicem cantoris gerens dum in missa *Agnus Dei* cantaretur, ex devotione genua flectens, eadem hora muri castri obsessi virtute suæ genuflexionis et merito orationis corruerunt, unde, celebratis festivitatis officiis, ad castrum rediens ipsum captum invenit.

Recolamus insuper digna et indelebili memoria recensendum illum Dei amicum antedictum beatum Ludovicum virtutum ut ita loquar judicem, rectitudinis tramitem, perfectionis apicem et sanctitatis limitem, electum ex milibus, speculum sine macula et exemplar præfulgidum, a cunctis fidelibus imitandum, qui effulsit in templo Dei dum viveret in medio nebulæ suæ carnis, ut matutina stella ac luna plena solari lumine veluti etiam sol refulgens in sua formosus stola, in virtute multa cujus vitæ singularis excellentiam signis probavit et prodigiis coruscantibus crebis miraculis manifestavit altissimus et normam recte vivendi magnis et periculis præbuit quæ

signantur, cujus pater christianissimus rex nomine Ludovicus, qui
in multis partibus hæreticos bellans hæreses extirpavit et filium
habere promeruit quem non tantum rerum sed magis morum et
virtutum gratularetur hæredem. Qui in hac valle lacrymarum, as-
censiones in corde suo disponeret eundo de virtute in virtutem, nam
idem vir beatus Ludovicus ab infantia Deum omnipotentem diligere
et timere studuit et abstinere ab omni peccato sub cura specialis
magistri et consilio Fratrum Minorum et Prædicatorum moribus et
litterarum studiis traditus, cujus profectui pia et quodammodo
virtutum lucerna domina Blancha regina ejus mater congaudens dicebat pluries eidem : « Plus vellem, charissime fili, te mortem in-
« currere quam quod per peccatum mortale tuum offenderes Crea-
« torem. » Quod verbum devotus filius in anima sic firmavit quod
divina se protegente gratia, nunquam peccati mortalis sensisse con-
tagium perhibetur, ut ex gestis ejus deprehenditur. Prolem suam
religiose nutriens se suis et aliis totius sanctitatis formam præbuit
et exemplar, noverat enim quod, sicut ait Ysidorus, reges vitam
subditorum facile exemplis suis vel ædificant, vel subvertunt. Nam
rex qui fuit in vitiis cito viam ostendit erroris, sicut legitur de Jeroboam qui peccavit et peccare fecit Israel. Non sic rex iste beatus,
nam multo tempore cilicio utens, in multis jejuniis corpus spiritui
servire cogebat ; in quo decor omnium virtutum, humilitas adeo
radiabat ut quanto major erat velut alter David, tanto humilius se
gerebat, quolibet sabbato secreto pauperum pedes lavans, detergens
et osculans, cuilibet pecuniam tribuendo, certis etiam diebus du-
centis pauperibus antequam ipse comederet manu propria percula
ministrabat semper in prandio et cœna tres senes pauperes come-
dentes habebat, quibus de cibis suis sæpe mittebat et interdum cibos manibus pauperum contrectatos ipse sumebat. Nullus enim enarrare sufficeret quam pia super pauperes et afflictos gestabat
viscera. Hospitalia construens, egentibus munera tribuens, leprosis
horribilibus etiam manu proprio serviens, veniens sæpe enim ad
domos in quibus jacebat infirmorum pauperum multitudo, nullius
infirmitatem et immundicitiam abhominans eis interdum flexis genibus ministrabat. Contigit etiam quod in Abbatia Regalis montis,
quam ipse fundaverat, leproso monacho oculis et naso privato flexis
genibus ponendo cibum in ore cibaria ministravit, Christum pauperem in suis pauperibus honorando et semper humili veste contec-

tus, orationi, contemplationi et meditationi crucis Christi inhians et signum crucis ubique devote reverens, opprobria fidei et blasphemias audire non poterat. Unde, quadam die, quidam quem blasphemantem audiverat in labiis ferro calido cantherizari præcepit « Vel-
« lem inquiens in labiis meis talem indecentiam sustinere dum-
« modo hoc vitium blasphemiæ pessimum de regno meo tolleretur. »
Unde charitate in Deum et proximum totus ardebat quanta autem devotione præcipua venerabatur sanctas reliquias signanter, sacrosanctam coronam Domini spineam et magnam partem sanctæ crucis ac ferrum lanceæ quod latus apperuit Salvatoris quibus ipse Salvator dignatus est ineffabili dignatione hoc insignire regnum eisdem reponendis constructa ab eodem sanctissimo rege capella pulcherrima in regali palatio et sanctas Dei Ecclesias ac pontifices et alios Dei ministros, quantas etiam domos et monasteria religiosorum construxit eisdem largas eleemosinas ac proventus impendens longum esset enarrare. In regimine vero regni tam potenter et prudenter se habebat, quod numquam personarum acceptor unicuique jus suum reddere non tardabat. Bis etiam in ebdomada causis pauperum specialiter intendebat, et, ut fidelis et bonus operarius malos nefres de vinea domini sui eradicare tota animi vigilantia curavit, nam usurarum voragines refrenavit et insuper duella prohibuit quæ sine gravi peccato exerceri non valent, nam nulli, sive clerico, sive laico, licitum est duellum facere, sive monomachiam, nam ei est contra illud præceptum : « Non tentabis Dominum Deum tuum. » *Deuteronomii* vi et *Matthæi* x. Quod nullo modo transgredi præsumendum est et nulla consuetudo vel verius corruptela potest aliquem excusare quia diuturnitas temporis peccata non minuit sed auget, extra de Simonia, cap. « Non satis » etc. Cap. « Cum Ecclesiæ[1]. » Nec solum peccant duellum offerentes et suscipientes pro quavis causa, verum etiam secundum eumdem Ran. judex qui deffert vel præstat auctoritatem et forte magis quia potius tales ex officio coercere debent. Item assessores et qui dant consilium ad hoc auxilium vel favorem, nec obstat quod crimen læsæ majestatis, crimen perduellionis appellatur, quia illud non fit ideo quia in illo crimine et non in aliis sit admittendum duellum, sed quia perduelles dicuntur hostes, vult ergo dicere crimen perduellionis, id est cri-

---

[1] *D. Greg.* V, 2, 8 et 9.

men hostile. *De verborum significatione*, « Quos nos hostes[1]... Et sic potest quod nullo modo, nulla causa, nulla necessitate duella sunt permissa, neque etiam torneamenta quæ sine peccato mortali exerceri non possunt quia a sacris canonibus prohibentur ; quia talis ludus noxius est et illicitus ; nam et si quis ibi moriatur, non debet in cimiterio sepeliri. Et ista deberent reges et principes, summo studio, a suis regnis et dominiis penitus evellere, exemplo ejusdem beati Ludovici regis cujus prohibitionem maxime in suo regno infringere nemo deberet præsumere qui recto tramite incedunt, qui ejus regimina, vita sequuntur.

Quid plura, idem sanctissimus rex, ardore fidei totus accensus, cum suis fratribus cruce suscepta, ad dilatationem fidei, ad Terram sanctam mare transivit, et, post multam occupationem terræ gentilium secreto Dei judicio, qui ipsum in adversis probare disponebat, cum suo exercitu manibus incidit impiorum. Eductus autem de manibus eorum, non statim loca sancta deseruit, sed per quinque annos continuos remansit in Syria, captivos redimens et multos Sarracenorum ad fidem sua religione convertens. Sarracenis autem petentibus ut in pactione facta de solvenda pecunia pro sua et suorum liberatione adderet, quod fidem Christi negaret si pactum non servaret, se facere negavit dicens « Verbum deo fide neganda ita hor-
« reo, quod hoc non possem exprimere sono vocis. » Addidit etiam minis eorum quod si corpus occiderent, animam non haberent ; itaque prætermittendum nequaquam arbitror quod filio ejus domino Philippo, rege Francorum christianissimo referente recensetur :
« Dum inquit ad Aquas mortuas naves assensuri dominum genito-
« rem nostrum, ego et fratres mei Johannes et Petrus deduxissemus
« ad suam alias pro nobis paratas intraturi, ipse in navem sursum
« levatus, nos in Barga veneramus aspiciens deorsum : Audite, ait,
« filii, audite patrem vestrum et nos pariter instruens, ad me tamen
« sermonem dirigens, Considera, ait, fili quod ego jam jam gran-
« dævus alias pro Christo transfretavi et quod mater tua in diebus
« suis processerit regnum nostrum favente Domino, posse diutius
« pacifice. Vide igitur quod pro fide Christi et ejus Ecclesia nec meæ
« parco senectuti nec matri tunc desolatæ misereor. Delicias hono-
« res relinquo ac expono pro Christo divitias te quoque qui regna-

---

[1] *Digeste*, L, 16, 234.

« turus es, et fratres tuos ac sororem duco, etiam quartum adduxis-
« sem filium si pubertatis annos plenus attigisset, te idcirco te
« audire. volui et animadvertere in te ipso ut post obitum meum
« cum ad regnum perveneris pro Ecclesia Dei et ejus fide sustinenda
« ac defendenda nullis parcas ; nec tibi, nec tuis, seu regno, vel
« uxori, aut liberis, tibi enim et fratribus tuis do exemplum ut et
« vos similiter faciatis omnia ejus laudabilia gesta ac miræ sancti-
« tatis opera, nec non et finem vitæ atque transitum gloriosum ex
« hoc mundo ad Cœlum digne et sufficienter exprimere quis valeat? »
Quem sacrosancta mater Ecclesia tam gloriose recolit et in catalogo
sanctorum adscribit, eumque adorat, invocat, veneratur et colit. O
quam igitur magna Dei electa in hac Francorum regia Domus quam
nobilis, quam excelsa, quam sancta radix, a qua tam gloriosissimi
et colendissimi principes emanarunt! Quid ergo, putamus ne hanc
Domum unquam a Deo fuisse derelictam, quam tantis decoravit
prærogativis, absit licet enim eam sæpe flagellaverit peccatis exigentibus more pii patris, non tamen dereliquit, nec æstimandum est
eam in radice fidei et meritis ipsorum sanctorum regum sic catholice fundatam, delusam tamdiu fuisse. Per aliquam magam, vel sa-
crilegam, aut dæmonum invocatricem et revelationum et apparitionum divinarum confictricem, maxime cum voluntas regis tempore
adventus sæpius supra nominatæ Johannæ et in tanta tribulatione,
sicuti tunc affligebatur, nollet quovis modo errare aut qualicumque
uti mala arte. Imo omnino abhorreret adjutorium et consilium dæmonum, et ob hoc examinari voluit dictam Puellam, prout dictum
est, nec aliunde sperabat adjutorium nisi de summo cœlorum habitaculo, sicut credo. Ideo pie credendum posse æstimo ut Deus excelsus et omnipotens, qui percutit et sanat, humiliat et sublevat,
neque derelinquit sperantes, in se meritis præcipue beati Ludovici
ac prædictorum sanctorum regum visitare dignatus sit regnum per
unam simplicem puellam, interveniente forsan beato Archangelo
Michaele et sanctis virginibus prænominatis ut adscribitur tota liberatio non humanæ sapientiæ, industriæ, vel potentiæ, sed tantum
divinæ miserationi et clementiæ, et meritis præcipue ipsorum sanctorum regum præcedentium, ut etiam perpendatur quod supra allegatum est, facile est concludi multos in manus paucorum et non est
differentia in conspectu Dei Cœli, liberare in multis et in paucis,
quoniam non in multitudine exercitus victoria belli, sed de Cœlo

fortitudo est. *Primo Machabæ,* cap. III.) Ex his omnibus igitur rationibus sic deductis, videtur posse concludi verisimiliter pie æstimandum fore præfatam Johannam non fuisse a malo spiritu, sed potius a bono ; totum tamen arbitror relinquendum divino Concilio absque alia temeraria deffinitione.

Nunc restat respondendum ad argumenta superius facta in pede quæstionis, ad primum, ubi dicitur quod ipsa Johanna non poterat esse a Deo quia jugiter solvebat legem Dei, scilicet vestem virilem et arma deferendo etc...., in quo semper magna fuit mihi ambiguitas, sed tamen dupliciter potest ipsa Johanna ab hujusmodi habitus virilis et armorum delatione excusari.

Primo si hoc fuerit divina dispensatione quia tunc omnino licitum est sicut legitur Dehbora introisse exercitum cum Barat filio Abmoem et Zabulum et Neptalim accersitis decem milibus pugnatorum adversus Sisaram principem exercitus Iabim regis Canaan : quæ quidem Dehbora victoriam obtinuit adversus eum et cecidit in manu ejus et Jahel uxoris Abercimel disponente Deo, cessaverunt fortes in Israel et quieverunt donec Dehbora surgeret mater in Israel nova bella elegit Dominus et portas hostium subvertit ipse sic divina dispensatione potuit hoc facere licite prædicta Johanna, sed utrum in hoc divina intervenit dispensatio certum non habemus, nisi quod monemur ad hoc ex pluribus conjecturis et rationibus prænotatis et deductis.

Quod etiam, si objiciatur quod non est simile in Dehbora et in ista Johanna, quia illa Dehbora habet pro se sacræ Scripturæ testimonium, ista Johanna minime, item quia ipsa Dehbora adversus infideles, ista vero adversus fideles.

Potest dici quod non omnia quæ fecit Dominus scripta sunt, ut dicitur Jacobi ultimo, licet vera sint, tamen multa sunt apocripha et ideo quia ipsa Johanna non habet de Scripturis sanctis testimonium nec ab Ecclesia auctoritatem quicquam creditur, de ea pie creditur, verum quia semper humanior et benignior pars est fovenda, quod si bene opinantes de ea non habent auctoritatem quod fuerit a spiritu malo, et in hoc dubio interpretandum fuit semper in meliorem partem, videlicet quod fuerit a bono, ut supra deductum fuit, et hoc maxime pensatis rationibus, præsumptionibus, bonis indiciis pluribus et exemplis neque enim omnes sanctæ mulieres habent a sacra Scriptura testimonium quia non fuerint tempore illorum qui eas spiritu sancto inspiratas ediderint, licet quod adscriptæ sint cathalogo sanctorum habeant a Deo et Ecclesia sacrosancta sufficiens. Sed insuper neque omnes sanctæ, vel bonæ mulieres habent a sacra Scriptura testimonium, nec adscriptæ sunt cathalogo sanctorum, nec aliud habent testimonium nisi solum suorum bonorum operum et tamen de ipsis male opinari non tantum in bonis manifestis sed etiam in dubiis esset judicium temerarium et grave peccatum, ex superius allegatis. Quia igitur opera et gesta, superius dictæ Johannæ relata, bona fore ostensa sunt, ut videtur, quod nullus debeat eam reprobare, in bonis maxime sed neque in dubiis et minus eam condemnare, unde jura promptiora sunt ad absolvendum quam ad condemnandum. Cum ergo ipsa Johanna assereret arma et habitum virilem ferre divina dispensatione et hoc possibile erat, exemplo Debbora præallegato, et demum haberet testimonium bonorum operum de quibus supra non debuit de levi improbari in sua affectione, quia nihil asserebat impossibile Deo aut inconveniens vel pure malum; forte hic objiceretur iterum quia mulierem arma ferre et habitum virilem et bellis se immiscere est pure malum, cum sint divina lege prohibitum, ut dictum est modo de pure malis licitum est judicare; dicitur quod loquendo simpliciter utrumque horum verum est, sed si hoc fiat divina dispensatione non est pure malum nec quovis modo illicitum et adhuc si non apparebat in hoc divinæ dispensationis efficax testimonium ex conjecturis et inductis rationibus prænotatis, videtur mihi salva debita correctione quod priusquam aliqua gravi pœna corporali plecteretur debebat auctoritate Ecclesiæ inhiberi per modum qui dicitur inferius in solutione secundi argumenti et in omnibus similibus quæ ad hæc, ut licite fiant, opus habent divina dispensatione, quæ est nobis occulta, et in hujus revelationibus et aliis etc., priusquam sequantur vel recipiantur consulendus esset summus pastor Ecclesiæ, qui Christi vicarius est, ne de facili fideles seducantur et propter alia multa in quibus pericula vertuntur animarum quæ prolixa egerent discussione et ejus foret expectanda sententia.

Nec obstat quod contra fideles, scilicet Anglicos pugnavit, quia non in quantum fideles contra eos pugnavit, sed potest dici quod in quantum essent regnum opprimentes et absque justo titulo constito debellantes sine omni injuria tamen loquendo. Quod fieri, potuit etiam mediantibus angelis bonis, patet ex exemplis et rationibus superius allegatis, quoniam et angeli sancti cooperatores sunt justitiæ, qui communi utilitate servata, suam unicuique tribuit dignitatem, qui etiam, secundum beatum Ambrosium (Libro primo *De officiis*), nil alienum vendicat, cuilibet dat quod suum est, negligit propriam auctoritatem et utilitatem ut servet communem æquitatem et secundum eumdem. Prima justitia est in Deum, secunda in patriam, tertia in parentes, quarta in omnes, nempe justitia non novit patrem, non novit matrem, veritatem novit, personam non accipit, Deum imitatu. Resonante Cassiodoro super illud psalmistæ et operatur justitiam quod Anthonomastice attribuitur ordini tronorum beato eo quod in eis Dominus sedeat et per eos judicia sua decernat, seu disponat, profitente Ysidoro *Ethicorum*, lib. VII, cap. v. Unde divina Providentia solet corruptos hominum mores bello emendare atque conterere; vitam autem mortalium justam atque laudabilem, talibus afflictionibus exercere probatam, beato (*De civitate Dei* lib. I) asserante Augustino. Ubi autem divina Providentia adest, non dubium sanctos angelos sæpius advenire, et dispensante Deo ministeria sua ad ipsius gloriam et universi decorem et perfectionem rectissime agere. Sed non sunt æstimandi sancti angeli bellis cooperari, nisi quatenus justa sunt et justum finem habent, ac charitatem et zelo justitiæ promoventur. In quibus licet multa requirantur antequam bella justa censeantur, tamen tria sunt necessaria, secundum beatum Thomam II, 2, 490 articulo I : primo auctoritas principis, sive ecclesiastici, ut quando pugnatur pro Ecclesia, sive sæcularis, et intelligo quando de illis, contra quos bellum est gerendum, non potest haberi jus in judicio, quia bellum debet esse necessitatis et non voluntatis, requiritur item in bello ut sit justa causa, ut beatus Augustinus docet, et antequam causa sit justa seu bellum sit justum et non justum multa requiruntur. Tertium quod requiritur est intentio recta, qua scilicet intenditur, vel ut bonum promoveatur, vel ut malum evitetur, unde non licet bellum gerere ex odio vel ambitione aut cupiditate, sed propter justitiam et caritatem, utilitatem et conservationem rei publicæ. Unde neutrum istorum nec duo sufficiunt sine tertio nec e converso, nam etsi sit legitima auctoritas indicentis bellum et causa subsit justa et desit intentio recta, nihilominus propter pravam intentionem bellum redditur illicitum ; dicit enim beatus Augustinus, in libro contra Faustum : « Nocendi cupiditas, ulciscendi crudelitas, implacatus et im-

« placabilis animus, voluntas rebellandi, libido dominandi, etsi quæ
« similia, hæc sunt quæ in bellis jure culpantur. » Idem, *Contra
Manichæos* ut in prædicto capitulo, quæ culpantur de hujusmodi
bellis justis, vel injustis, egregie pariterque diffuse tractat doctor
irrefragabilis magister Alexander de Alliaco III sententiarum. Si igitur subter erant bellis, quæ gerebantur per præfatam Johannam, et
ejus vita irreprehensibilis apparebat, gravi reprehensione et præmissis præsuppositis ubique superius prænotatis extantibus veris,
et maxime quod juxta esset causa belli et intentio recta, cum aliis
requisitis et signanter quod nullos haberet odio, imo quod omnes
diligeret et amicos in Deum et inimicos propter Deum et solum ex
charitate certaret pro justitia pietate permota, hinc liquido videtur
posse inferri ipsam Johannam hoc egisse per divinam Providentiam
et dispensationem cooperantibus meritis ipsorum regum sanctorum
et aliis, ut supra habetur.

Secundo potest ipsa Johanna ab hujusmodi delatione habitus virilis exsusari si hoc fecerit ex rationabili causa. Quia tunc fieri potest
sine peccato, pro quo notandum quod, sicut dicit beatus Thomas,
cultus exterior debet competere conditioni personæ, secundum
communem consuetudinem, et imo de se vitiosum est quod mulier
utatur veste virili et e converso. Et præcipue quia hoc specialiter
prohibetur in lege divina præallegata, quia gentiles tali mutatione
habitus utebantur ad idolatriæ superstitionem, potest tamen hoc
quandoque fieri, ut idem beatus Thomas dicit ibidem, sine peccato
propter aliquam necessariam causam, vel causa occultandi ab hostibus vel deffectum alterius vestimenti, vel propter aliquid aliud
hujusmodi quia ergo, ut percepi, istæ causæ concurrebant in ipsa
Johanna, potest inde excusari et hoc præcipue si proponebat resumere habitum muliebrem officio suo peracto absque mora.

Ad secundum argumentum, in quo dicitur ipsam fore præcisam
ab Ecclesia et anathematizatam, auctoritate illius capituli. « Si qua
mulier[1], » et ideo eam non esse a Deo, respondendo ad hoc præsupponendum est quod fuerunt quidam hæretici Manichæi qui tenebant et asserebant neminem salvari posse nisi teneret et crederet
contrarium eorum quæ in canonibus dictæ distinctionis xxx continentur, et ideo sancti Patres in generalibus Conciliis congregati

---

[1] *D. Grat.* D. XXX, 3.

anathematizaverunt errores illorum hæreticorum, prout in dicta distinctione cavetur. Imo, secundum quosdam, mulier non incideret in pœnam illius canonis nisi crederet oppositum ejusdem canonis, sicut illi Manichæi faciebant cui sententiæ videtur Joan. in mercuriali concordare, dicens quod mulier non debet uti veste seu habitu suo statui non congruente nisi fleret ex causis, quia legitur Deuteronomii ubi supra, « Non induetur vir orans aut prophetans velato « capite, deturpat caput suum; » unde dicit idem Joan. quod episcopus ex causa potest inhibere mulieribus suæ diocesis ne vestibus sibi non congruentibus utantur aut coloribus facies suas fuscent. Et hoc sub pœna excommunicationis aut alia pœna de qua sibi videbitur. Ex quo videtur quod si mulier veste virili uteretur, non esset ipso facto excommunicata seu anathematizata quamvis esset excommunicanda, et hoc nisi teneret illum errorem eorumdem Manichæorum; sed credo quod etiam sine illo errore incideret in pœnam illius canonis si hujusmodi vestem virilem defferret proposito malo et meretricio, ut videtur tangere glosa ordinaria dicti canonis, super verbo proposito, et expressius archidiaconus in rosario super eodem verbo proposito , nam dicit sic proposito scilicet malo et meretricio, secus si bonum haberet propositum, scilicet ut peregre proficiscatur, vel ut castitatem servet, cum alias timeat de ea perdenda, quia in his casibus non incidit in pœnam dicti canonis, et quia dicta Johanna in delatione habitus virilis malum propositum non habebat, ut asseruit, sed bonum, quia ab amorem castitatis defferebat, scilicet ut eam melius servaret inter viros inter quos conversari habebat, et aliis causis rationabilibus, ideo non videtur fuisse ex hoc præcisam ob Ecclesia et anathematizatam, quare non videtur argumentum militare. Et hæc sufficiant quantum ad primum articulum.

Quantum ad secundum articulum, in quo criminatur perniciosa seductrix, notandum quod ibi sunt duo vocabula, videlicet perniciosa et seductrix. Secundum Pa. illud dicitur perniciosum quod est calamitosum, funestum, qui operam dat ut aliquem perdat. Seductrix vero dicitur a seducendo quod est decipere aut aliunde aliquem abducere, secundum beatum Augustinum, scilicet a bono ad malum, vel a malo ad bonum, etsic quandoque sonat in bonum, quandoque in malum. Sed, cum dicunt perniciosa seductrix, non potest sonare nisi in malum. Sed quare judicari debuerit perniciosa, neque seductrix, non vidi in toto processus summario, cum ipsa potius salvationem hominum, ut ex dictis suis videtur, sitiret quam perditionem, neque aliquem a via veritatis et fidei tramite avertere temptaret et per sophisticas doctrinas errorum quemquam decipere moliretur. Contra secundum, pro ut ex gestis et dictis ejus satis potest deprehendi forte sic eam criminantes hunc articulum, seu hoc geminum vocabulum, quod sibi imponunt, elicere satagunt, ex primo arbitrantes eam plures decepisse per fictionem revelationum et apparitionum divinarum, sed si succumbunt in primo, restatque etiam in secundo, ideo pertranseo.

Quantum ad tertium articulum calumniatur ut præsumptuosa. Præsumptuosa dicitur a præsumptione ; præsumptio autem accipitur aut est unus gradus superbiæ, de quo tractat beatus Bernardus in libro *De humilitate*, vel ut est vitium communiter juvenibus annexum. Quia, secundum Aristolem II *Rheticorum*, Juvenes sunt præsumptuosi causa triplici : quia sunt magnæ spei, et hoc est secundum tres cognitiones objecti ipsius spei. Objectum si quidem spei est bonum arduum et possibile, de quibus etiam tractat magister Prob. Hol. super lib. *Sapientiæ*, aut prout est una species peccati in Spiritum sanctum, quod est quando quis de misericordia Dei minus præsumit et in peccatis manens judicium Dei evadere æstimat et quasi Deum non esse justum sua præsumptione autumat. De qua tractat Magister *Sententiarum*, lib. II, dist. xliii. Contra quos tali præsumptione noxios scribitur Eccles. v, « De propiciatu peccatum « noli esse sine metu, neque adicias peccatum super peccatum et « dicas miseratio Dei magna est, multitudinis peccatorum meorum « miserabitur, misericordia enim et ira ab illo cito proximant et in « peccatores respicit ira illius non tardes vindictæ disperdet te. » Neutro istorum modorum invenio præfatam Johannam præsumptuosam fuisse, non primo modo quia tales præsumptuosi præsumunt de se et æstimant se aliquid magni esse contra quos Apostolus dicit ad *Galath*. vi. Si quis se æstimat aliquid esse cum nihil sit ipse se seducit etiam non vocati se ingerunt, ut beatus Bernardus ponit ubi supra, et laudes sibi quærunt non Deo et credunt se scire quæ nesciunt, ut Vegesius, *De arte militari* lib. III, ponit. Sed præfata Johanna non æstimabat se aliquid magni esse, cum dicebat, ut habetur ex processu : « Placuit Deo per unam simplicem puellam etc. » In quo verbo recognoscebat se gerere et scientiam infimam etiam totum attribuebat Deo et non sibi in hoc quod dicebat quod « Placuit Deo sic facere etc., » in hoc quod dicebat quod victoria vexilli et sua omnia erant Deo attribuenda, et spes victoriæ erat fundata in Deo et non alibi. Etiam vocata et jussa dispositione divina, ut asseruit, venit ad regem pro liberatione regni et non se ingessit, sed potius se excusavit dicendo voci quod « Ipsa erat una pauper filia, nec « sciret equitare, nec ducere guerram etc. » Nec alias, ut percepi, in verbis vel in gestu apparebat superbia, neque videtur fuisse præsumptuosa, illa præsumptione juvenum et potentum. Quia laborantes illo vitio non de Deo sed de sua virtute gloriantur; contra quos dicitur *Judicum* VI : « Non derelinquis præsumentes de te et de sua « virtute gloriantes humilias. » Sed ista Johanna non in sua virtute sed solius Dei confidebat, cum dicebat quod omnia erant Deo attribuenda, et spes victoriæ erat fundata in Deo et non alibi, sed neque eam æstimo judicandam præsumptuosam fuisse illa præsumptione quæ est peccatum in Spiritum sanctum propter frequentem suam confessionem, de qua dictum est, et quia nolebat manere, ut dicebat, in peccato mortali, et quod esset magis dolens de mundo, si sciret se non esse in gratia Dei, quod non faciunt tales præsumptuosi, non verentes judicium Dei, quod tamen evadere non poterunt.

Quantum ad quartum articulum dicitur leviter credens qui credit cito levis corde est et minorabitur teste sacra Scriptura *Eccl.* xix. Quæ quidem levitas maxime cavenda est in spiritualibus, quia ibi periculosius agitur. Hanc autem Johannam credo æstimarunt talem videlicet quod esset leviter credens quia pretendunt eam leviter credidisse vocibus et revelationibus et apparitionibus sibi, ut asseruit, factis ; et in hoc videntur sibi ipsis contradicere quia in primo articulo dicunt eam hujusmodi revelationum et apparitionum divinarum mendosam, conflictricem fuisse, et sic, per consequens, eas non habuisse. In isto vero præsupponunt eam illas habuisse, sed tamen eis leviter credidisse, ostensum est tamen superius satis verisimiliter ex piis rationibus, ipsam revelationes et apparitiones habuisse et sic potest ostendi non minus leviter credidisse, quia, ut ex processu colligitur primo et secundo, factis sibi hujusmodi apparitionibus territa fuit nec credebat illis donec ut dixit angelus apparetur et consolaretur eamdem, recurrit etiam ad rationis remedium, missas celebrari faciendo et munera sacerdotibus offerendo in honorem sanctarum sibi, ut dixit, apparentium ideo non videtur leviter credidisse, consideratis maxime consolationibus spiritualibus, quibus dicebat se repleri, et salutaribus monitis illustrari ab ipsis vocibus et aliis signis, supra in primo articulo designatis, et videtur excusari ab adoratione esse quod fallaces spiritus forent, secundum ea quæ supra notata sunt in eodem primo articulo, secundum magistrum Alexandrum de Alis, in libro tertio et glossam ordinariam super illud : *Ipse enim Sathanas transfigurat se in Angelum lucis.*

Quo ad quintum articulum dicitur superstitiosa. Superstitio, secundum Ysidorum *Etymologiorum* lib. VI, cap. 3, dicta est eo quod sit superflua aut supernocitiva observatio. Secundum vero Papiam dicitur et potest dici superflua, supernoscitiva et superinstituta, quia non a Deo nec a natura sed super inventa ad malum et ad nullum bonum a fallacibus spiritibus comprobatur. Unde, secundum eumdem Pa. superstitiosus falsus religiosus dicitur quia superstitio est falsa dæmonum religio seu observatio, nam secundum beatum Thomam sicut religio est cultus debitus Dei, illa superstitio est cultus indebitus dæmonum, et secundum beatum Augustinum II *De doctrina Christiana*, cap. xxiv, tales observationes non sunt nisi quædam pacta cum dæmonibus inita. Idem concordat *De civitate Dei*, lib. xxii, cujus etiam sententiæ est beatus Thomas et ita qui superstiosis remediis et observantiis invititur, superstitiosus esse convincitur de quibus beatus Augustinus loquitur in hunc modum. Hæc vanitas magicarum artium traditione malorum angelorum in toto terrarum orbe plurimis sæculis invaluit et per inventiones earum inventa sunt aruspicia et augurationes et alia quæ dicuntur oracula, vel nigro mantica. Item idem Augustinus non observetis dies qui dicuntur Egiptiaci et Kalendas januarii in quibus cantilenæ quædam et comessationes et adinvicem dona donantur quasi in principio anni benefacti augurio, aut alios menses, aut tempora, diesve, aut annos, aut lunæ, aut mensis, solisve cursum, quia et qui has et quascumque divinationes aut facta, aut auguria observat, aut attendit, aut contendit, aut consentit, observantiis aut talibus credit aut ad eorum domum vadit aut in sua domo introducit ut interroget sciat se fidem christianam et baptismum prevaricasse et paganum et apostatam, id est retro euntem et Dei inimicum ira Dei graviter in æternum incurrere nisi ecclesiastica pœnitentia correptus Deo reconcilietur. Dicit enim Apostolus : « Sive manducatis, aut bibitis, aut aliquid « aliud facitis, omnia in nomine Domini nostri facite, in quo vivi- « mus, movemur et sumus. » Quid plura, hujusmodi superstitiosos observatores exprobrat idem Apostolus, *Galath.* IV. « Cum cognoves- « citis Deum, imo cogniti estis a Deo quomodo conversivum iterum « ad infirma et egena elementa quibus denuo servire multis dies « observatis et menses et tempora et annos, timeo autem ne forte « sine causa laboraverim in nobis, hæc similiter omnia condemnat « et abhorret Ecclesia sancta catholica.» Hinc etiam beatus Augusti- nus in *Enchiridio* tales superstiosos observatores dierum lamenta- tur, dicens : « Quid magnum peccatum sit dies observare et menses « et annos et tempora, sicut observant qui certis diebus sive mensi- « bus, sive annis volunt vel nollunt aliquid inchoare? » Eo quod, secundum varias doctrinas hominum, fausta vel infausta existimant tempora nisi hujus mali magnitudine ex timore apostoli pensaremus qui talibus ait : « Timeo ne forte sine causa laboraverim in vobis. » Ad quod genus superstitionis pertinent omnes ligaturæ atque reme- dia execrabilia quæ ars, seu disciplina medicorum condemnat, sive in precantationibus, sive in caracteribus, vel in quibuscumque re- bus, suspendendis atque obligandis, in quibus omnibus ars dæmo- num est, ex quadam pestifera societate hominum et angelorum ma- lorum exorta. Unde cuncta vitanda sunt a Christiano et omni peni- tus execratione repudianda atque damnanda. Damnantur etiam ob- servatio dierum, horarum, vel mensium ad aliquid inchoandum, vel sciendum mortem, vel vitam hominum, prospera vel adversa somnia vel auguria avium, carmina herbarum, pictaciolæ scripturæ, idest brevia pro quavis infirmitate super homines et animalia, quia talia prædicta nihil remedii conferre possunt aut animalibus claudican- tibus, vel moribundis, quicquam mederi, sed laquei sunt diaboli et sidiæ ad homines decipiendos, et tales ab Ecclesia sacrosancta, tamquam membra corrupta et putrida, a corpore Ecclesiæ præscin- dantur et proiciuntur et anathematis vinculo percelluntur. Ut capi- tulo « *Si quis ariolos* » eadem causa IX, et prædicto capitulo[1], admo- neant prævaricatores fidei christianæ et apostatæ maledicti ac Dei

---

[1] *D. Grat.* C. XXVI, 5, 1.

inimici reputantur, infideles et pagano deteriores judicantur, et tamquam idolorum cultores execrantur, et merito, quia subversi sunt et a diabolo captivi tenentur, qui, relicto Salvatore suo, diaboli suffragia quærunt, et ideo a tali peste debet mundari sancta Ecclesia.

Ex præmissis autem constat quis superstitiosus, superstitiosa censeri debeat, sed quare præfatam Johannam superstitiosam dixerunt in processus summario contra eam agitati, non invenio nisi quia dicunt quod sanctæ eidem Johannæ apparentes fuerunt eam allocutæ sub arbore quæ fagus dicitur et prope fontem, de quibus orbore et fonte fert fama quod feminæ fatales conversantur, et in quibus eadem fama refferente multæ superstitiones fiunt. Item ex eo quod confixit sibi vexillum in quo erat depicta imago regis Cœli continens mundum et signum crucis. Item de pluribus quæ dixit regi quæ superstitiosa viderentur, ut pote de signo dato regi Francorum, videlicet de angelo qui detulit coronam eidem regi et ipsi reverentiam exhibuit.

Sed prima ratio non videtur procedere, neque efficax esse quia, ex tenore ipsius processus, non videtur de hoc ipsa Johanna convinci, nec per testes saltim quod inveniam in ipso summario, neque per confessionem suam quod tamen requireretur, ex dispositione juris tam divini quam humani, ad condemnandum. De confessione satis patet, quia ipsa contrarium asseruit, ut habetur ex ipso processu. Unde dicit se primam vocem habuisse in horto patris sui et non apud arborem fatarum, et quod ipsa non credit in fatis, imo credit quod sit sortilegium, quin imo etiam detestata fuit sortilegia illarum mulierum quæ dicuntur volitare per aera, ex quorum numero dixit se numquam fuisse.

Secunda etiam ratio non videtur militare, quia hoc non debet reprehensibile judicari in uno quoque christiano, hoc præcipue pensato, quod non habebat spem in vexillo, nec intendebat aliquam fortunam aut fatum, sed spem omnem ponebat in Deo, ut asserebat, unde dicebat quod illud vexillum et pictura fuerant per eam facta in honorem Dei, et quod victoria vexilli et sua omnia sunt attribuenda Deo, et spes victoriæ erat fundata in Deo et non alibi ; videlicet imagines, vel picturæ, quæ fiunt in rebus ad idolatriam fieri sit prohibitum, per præceptum primæ tabulæ *Exodi* xx, prout in eo capite seriose declarat magister Nicolaus de Lira, vel etiam imagines astronomicæ quæ fiunt ex operatione dæmonum, quia necesse est eis inscribi quosdam caracteres, qui naturaliter ad nihil operantur, prout dicit sanctus Thomas II, II quæstione XLVI, articulo tertio. Similiter, secundum eumdem articulo quarto, in omnibus adjurationibus vel scripturis specialiter duo sunt cavenda : primo ne sit ibi aliquid superstitiosum ad invocationem dæmonum pertinens, nec aliqua ignota nomina, ne sub illis aliquid illicitum lateat, quoniam secundum Chrisostomum, super Matthæum Pharisæorum magnificantium fimbrias suas exemplo nunc multi aliqua nomina hebraica angelorum confingunt et scribunt et alligant quæ non intelligentibus metuenda videntur. Secundo cavendum est ne cum verbis sacris contineantur ibi aliqua vana, puta aliqui caracteres inscripti. non tamen prohibentur Christiani sculpsere imagines representativas Dei, beatæ Virginis et sanctorum, ut eorum memoria melius infligi valeat mentibus fidelium, ad eorum devotionem reverentiam et honorem, prout observat Ecclesia catholica, quæ errare non potest. Ut supra dictum fuit in primo articulo, nec prohibentur inscribi nomina agnita sanctorum neque signum crucis, imo valde commendabile est nisi species adderetur in modo scribendi, aut in quacumque hujusmodi vanitate, quæ ad divinam reverentiam non pertinet, quia hoc judicaretur superstitiosum, alias autem est licitum.

Cum igitur ipsa Johanna, imaginationes astronomicas ad idolatriam in suo vexillo minime sculpserit, sed solum imaginem in honorem Dei ipsa profitente nec aliqua inscripserit nomina ignota sed solum a veris fidelibus agnita, puta Jesus et Maria, neque aliquem caracterem, præter signum crucis, restat quod ex hoc potius videtur fuisse censenda fidelis et catholica quam superstitiosa.

De tertia ratione quia plena mihi non constat, videlicet de illo signo dato regi, hoc est de angelo coronam deferente et reverentiam exhibente, et quibusdam aliis verbis, quæ si crude accipiantur, possent generare malum intellectum, quia in summario processus non plene habentur, nec potest secure aliquid disseri. Sed verumtamen arbitror illa verba ad bonum sensum transsumptive deduci posse, in quo forte ipsa Johanna proferre intendebat, in quo et accipienda sunt quoniam maxima est theologorum quod auctoritates sint accipiendæ non in sensu quem faciunt, sed in sensu in quo fiunt, et hæc maxime si ipsa exposuit cum etiam in meliorem partem sint interpretendæ ; sed neque etiam per illa verba mihi videretur judicanda superstitiosa, etiamsi nude acciperentur, licet alias reprehendenda.

Quantum ad sextum articulum dicitur divinatrix. Secundum Ysidorum *Ethimologicum*, lib. vi, divini dicti sunt quasi Deo pleni, divinitate enim se plenos simulant et astucia quadam fraudulenta hominibus futura conjectant, igitur, secundum beatum Thomam, dicuntur divini quod sibi indebito modo usurpant quod divinum est, scilicet prænuntiationem futurorum eventuum, quia hoc est solius Dei. Unde Isaiæ xi : « Annuntiate quæ futura sunt et sciemus quia Dei estis vos. » Horum igitur vesanorum et sacrilegorum divinorum officium est futuros eventus prævidere. Sed usurpative et ideo, secundum beatum Hieronimum super Micheam, divinatio semper in malam partem accipitur et in hoc differt a prophetia quæ est inspiratio, vel revelatio divina, rerum eventus immobili veritate denuncians, secundum Cassiodorum super psalmos. Unde illa semper in bonum accipitur, ista vero e contrario semper in malum, illa fit gratis, ista pro pecunia et mercede ; si illa est Spiritus sancti donum, ut *Corinth*. xii, ista diaboli figmentum, juxta sententiam beati Augustini in libro *De natura dæmonum*, illa est deica quia fit per Spiritum sanctum, unde dicitur in symbolo qui locutus est per prophetas, ista vero diabolica, illa Ecclesiam Dei ædificat, ista vero quantum in se est, eam disrumpit et impugnat, illa est ad illuminationem, ista ad illusionem, et inde vocatur præstigium eo quod perstringat aciem oculorum ex quibusdam dæmonum præstigiosis apparitionibus aspectui vel auditui hominum factis ad prænunciandum futura. Quia omnis divinatio ex operatione dæmonum provenit, vel quia expresse dæmones invocantur ad futura manifestanda, vel quia dæmones se ingerunt vanis inquisitionibus futurorum, ut mentes hominum implicent, ut dicit beatus Thomas II, ii, quæstione xlv. Hujusmodi autem maledictæ et a tota sacrosancta matre Ecclesia damnatæ ac diabolicæ, licet multæ sint species tamen quatuordecim specialiter numerantur.

Prima fit in igne et vocantur Pyromancia, a πυρ quod est ignis et materia quod est divinatio.

Secunda fit in aere, quæ vocatur aerimancia.

Tertia fit in aqua, quæ vocatur ydromancia, ab υδορ, quod est aqua.

Quarta fit in terra, quæ vocatur geomancia, a γεος, quod est terra, et de his tractat beatus Augustinus in prædicto libro *De natura dæmonum*, et Ysidorum *Ethimologiarum* lib. vi, capite ix.

Quinta fit per Pythones, in quibus malignus spiritus loquitur; dicuntur autem Pythones, secundum Ysidorum eodem libro, a ficione Appolline eo quod his auctor fuerit divinandi.

Sexta fit per mortuos, quæ nigromancia dicitur. Νιγρον græce, mortuus dicitur latine, secundum eumdem Ysidorum et Mathiam, idem est divinatio et inde nigromantici sunt quorum præcantationibus videntur ressuscitari mortui adhibito sanguine divinare et ad interrogata respondere.

Septima augurium quod attenditur in gestu et canta et volatu et garritu avium, et occursu animalium, ut pote leporum et hujusmodi et ad hoc genus spectant etiam sternutationes hominum sive motus, vel voces, seu saltus et hujusmodi vana, de quibus agit beatus Thomas II, ii, quæst. xcv, art. iii.

Octava attenditur circa dispositiones figurarum in aliquibus corporibus visui occurrentes, ut in lineamentis manus et aliis signis corporis, et vocatur chiromancia, secundum eumdem Thomam, ubi supra.

Nona circa somnia, de quibus dicitur *Ecclesi.* xxxiv : « Divinatio « erroris et auguria mendacia et somnia malefacientium vanitas est « et sequitur, » multos enim errare fecerunt somnia et exciderunt sperantes in illis.

Decima circa sortes de quibus in principio quasi per totum.

Undecima circa vanam inspectionem psalterii evangeliorum et aliorum scripturarum et ad hoc genus spectat inspectio astrolobii, quod secundum beatum B. omnino illicita est et superstitiosa, et reducitur, secundum Bartho in *Summa*, ad divinationem per astra, et quæ maxime damnatur ab Ecclesia catholica, ut extra *de sorti*, cap. iii. Signanter autem quia non est scientia quæ ducat ad pietatem, imo facile duceret ad idolatriam.

Duodecima est mathematicorum qui constellationes considerant, qui etiam magi dicuntur.

Tertia decima est eorum qui arioli dicuntur, qui scilicet in aris idolorum responsa dæmonum accipiunt, de qua iii lib. *Regum* xviii.

Quarta decima est eorum qui vocantur aruspices, quasi horarum inspectores, qui dies et horas in agendis negotiis operibusque custodiunt, sicut illi qui observant dies innocentum vel dies ægyptiacos, quos in amaritudine cordis deflet Apostolus, ut supra dictum fuit in quinto articulo cujus verba tremenda sunt, dum dixit « Ti-« meo ne forte sine causa laboraverim in nobis. » Quasi dicat quod vana est fides et vana sunt omnia opera quantumcumque bona ex genere eorum qui hujusmodi dies sic observant ad hoc genus reducuntur divinationis qui intestina vel interiora pecudum immolatorum in aris dæmonum respiciunt et in eis futura prædicant.

Item incantatores malefici multi alii, sicut dicit Raymundus in *Summa*, lib. primo, quos etiam enarrat beatus Augustinus in libro *De natura dæmonum*, ut in capitibus præallegatis, regulariter autem omnis divinatio quocumque prædictorum modorum vel alio modo simili fiat prohibita atque maledicta et damnata est ab omnipotenti Deo ejusque Ecclesia sacrosancta tamquam idolatria et infidelitas, ut egregie deducit idem Raymundus, ubi supra. Hoc patet *Levitici* xix et xx; *Deuteronomii* xviii; Ysaiæ viii et xli; Jeremiæ xxvii; *Ecclesiastici* xxxiv; ad Galath. iv; et talibus exprobrando dicit Ysaias propheta : « Dixistis enim percussimus fœdus cum morte et cum in-« ferno fecimus pactum. » Ysaiæ xxviii.

Ostensum est igitur quam sit periculosa et damnosa et quanta sit execratione repudianda, ab omnibus christianis hæc maledicta divinatio per quam initur pactum et societas pestifera cum dæmonibus, ut in prædicto canone « Nec mirum[1], » et sicut egregie docet Ysidorus *Ethimologiarum*, lib. v, cap. iv. Nec moneat quemquam eo quod frequenter eveniunt, ea quæ divini prædicunt, etiam quod hujusmodi homines per suas superstitiones videntur ægris præbere medelam et sanis immittere ægritudinem, quia, ut præfato canone « Nec mirum, » cavetur his portentis per dæmonum fallaciam illuditur curiositas humana, quando id imprudenter appetit scire quod nulla ei ratione competit inquirere, nec potestas ideo datur immundis spiritibus, ut perversos sibi aptent, hoc est pravos homines seducant, item quia, secundum Raymondum, lib. secundo, diabolus cum animam alicujus per talem credulitatem sibi subjugaverit transferat se in angelum lucis et transformans se in diversarum

---

[1] *D. Grat.* D. XXVI, 5, 14.

personarum species atque similitudines mentem quam captivam tenet multipliciter deludit, item quia, secundum beatum Augustinum, hoc permissu Dei fit ut ipsi, qui hoc audiunt vel vident, probentur in quali fide vel devotione sunt erga Deum, sicut Deuteronomii xiii :
« Si surrexerit in medio tui prophetans aut qui somnium vidisse di-
« cat et prædixerit signum atque portentum et evenerit quod locu-
« tus est et dixerit tibi : Eamus et sequamur deos alienos quos igno-
« ras et serviamus eis, non audies verba prophetiæ illius aut som-
« niatores, quia temptavit vos Dominus Deus vester, ut palam sciat
« utrum diligatis eum in toto corde vestro, an non. » Ubi sane Dominus intelligi voluit etiam ipsa quæ a divinantibus non secundum Deum dicuntur, sed acciderunt non esse accipienda, ut fiant quæ præcipiuntur ab eis, et si quæretur cur ea permittat causam temptationis exposuit ad cognoscendum utique eorum dilectionem, utrum eam habeant erga Deum suum, cognoscendo vera ab ipsis, potius quam ab illos quis scit omnia antequam fiant. Dicit etiam beatus Thomas ii, ii, quæst. xlv, art. iii, quod hoc a principio in istis observationibus aliquid veri homines experti sunt, casu accidit, sed postmodum cum homines incipiunt hujusmodi observantiis suum animum implicare multa, secundum hujusmodi observationes eveniunt per deceptionem dæmonum, ut his observationibus homines implicati curiosiores fiant se seque magis inserant multiplicibus laqueis perniciosi erroris, ut beatus Augustinus dicit in tertio libro *De doctrina christiana ;* concordat etiam lib. vii *De civitate Dei.*

Quod si quæratur quomodo dæmones suis sacrilegis et nephariis divinatoribus valeant futura nuntiare, cum ipsi ea minime noverint, quia non habent hoc a natura. Cum sit hoc solius Dei, ut dictum est, nec a gratia sicut angeli beati qui res cognoscunt in verbo Dei antequam in re fiant, ut dicit Ysidorus *De summo bono* lib. vii, cap. x et beatus Augustinus concordat *De civitate Dei* lib. ix, et supra Genesim ad litteram *De cognitione matutina et vespertina.* Ipsi autem dæmones, seu mali angeli, amiserunt gratiam nec aliquid vident in verbo, et sic futura non norunt. Potest igitur quæri quomodo ea prædicere possunt, ad quod dici potest, secundum beatum Thomam II, ii, quæst. xcv, art. v, quod effectus futurorum eventuum reducuntur in unam causam communem quæ est Providentia divina, sub qua omnia disponuntur, futura autem ab eadem disponuntur in duplici differentia, quia quædam sunt necessaria, quædam vero contingentia. Necessaria autem dæmonibus et etiam ab intellectu humano habeant præcognosci, quia, secundum beatum Dionysium *De divinis nominibus* cap. ii, naturam angelicam nequaquam in dæmonibus vitiatam esse dicimus, sed est integra ; hoc verum est quantum ad naturalia, non autem quantum ad gratuita, quibus propter peccatum spoliati extiterunt. Futura autem contingentia præcognoscere nequaquam possunt, quia hoc solius Dei est et ab illis solum prævidentur sive præsciuntur, quibus ipse per gratiam revelare dignatur, et illa dæmones prævidere neque prædicere possunt, nisi triplici modo quo scientiæ cacumine vigent, secundum eumdem Ysidorum, libro et capitulo quibus supra, scilicet: subtilitate naturæ, experientia temporum, revelatione superiorum potestatum. Quod sæpe fit, quia quando Deus flagello huic mundo irascitur ad ministerium vindictæ. Apostatæ angeli mittuntur qui tamen divina potestate coercentur ne tantum noceant quantum cupiunt. Concordat Augustinus lib. ii super Genesim, et idem libro *De civitate Dei* ix, cap. xxii, dicit : dæmones autem non æternas temporum causas in Dei sapientia contemplantur, sed quorumdam signorum nobis occultorum majori experientia multorum temporum plura quam homines futura prospiciunt, dispositiones quoque suas prædicando prænunciant, denique sæpe isti, scilicet angeli mali, numquam illi, scilicet boni, omnino falluntur. Aliud est enim temporalibus et mutabilibus mutabilia conjectare eisdemque temporalem et mutabilem motum suæ voluntatis et facultatem inserere, quod dæmonibus certa ratione est permissum, aliud autem in æternis atque incommutabilibus Dei legibus quæ in ejus sapientia veniunt imitationes temporum prævidere Deique voluntatem, quæ tam certissima, tam potentissima est omnis spiritus ejus participationem cognoscere quæ certis angelis certa discretione donatum est. Hæc ille et sic patet qualiter Dæmones a suis prophanis satellitibus et divinis consulti, vel per se invocati, futura prædicunt et qualiter sæpe falluntur et notandum quod, sicut dicit beatus Thomas ubi supra articulo x, dæmon qui intendit perditionem hominum ex suis responsis si aliquando vera dicat, intendit homines assuefacere ad hoc quod ei credatur, et sic intendit perducere in aliquod, quod sit saluti humanæ novicium. Unde Athanasius, exponens illud, ut habetur Lucæ x, increpavit illum dicens « Obmutesce dixit quamvis vera fateretur dæmon, » compescebat tamen Christus ejus sermonem ne simul cum veritate etiam suam iniquitatem promulget. Ut nos etiam assuefaciat ne curemus de talibus si veraloqui videatur, nescius enim est, ut cum asserit nobis scriptura divina, a diabolo instruamur, qui enim a diabolo instruitur ejus discipulus efficitur et ex pacto servituti illius subjicitur, quare cum eo properat ad infernum ex præmissis satis innuitur quæ sit divinatio et quis divinus seu quæ divinatrix censeatur. Sed quare præfata Johanna tamquam divinatrix calumniatur, causam, seu occasionem, ex processus summario aliam non comprehendo nisi quia prædixit aliqua futura contingentia, ut pote quod civitas Aurelianensis liberaretur ab obsidione, et quod rex Remis coronaretur, et quod recuperaret regnum Francorum, de quibus asseruit se esse certificatam a vocibus ; hoc autem a se præcognoscere et prædicere non potuit, ergo ab alio sed a quo spiritu utrum videlicet phitonico et divinationis, sive a spiritu prophetiæ indagandum est.

Et quod non a spiritu Phitonico et divinationis sic ostendi potest, quia futura contingentia præscire antequam fiant solius Deo est, per ea quæ supra notata sunt, neque dæmones eorum certam notitiam habere possunt, nisi eo modo quo notavit beatus Ysidorus *De summo bono*, lib. ix, et beatus Augustinus super Genesim lib. ii, et secundum eumdem beatum Augustinum *De civitate Dei*, præfato libro x. Ipsi dæmones in futuris prænunciandis sæpe falluntur, angeli autem boni numquam. Quia igitur hæc dicta, et prænunciata per ipsam Johannam, omnino evenerunt et completa sunt, nec inventum est quod in aliquo prædictorum falluntur, sicut dæmones falluntur, videtur quod non spiritu Phitonico et divinationis ea prædixerit, sive prænunciaverit, neque divinaverit, quia omnis divinatio, ut supra prædictum fuit, ex operatione dæmonum provenit.

Si autem objiciatur, prout obicitur, quia ipsa prædixit liberationem suam a carcere, quæ tamen eam fefellit, in quo posset contra eam impingi quod non a bono spiritu hæc prædixit, quia boni spiritus numquam omnino falluntur. Dicit etiam Ricardus quod si in tota sacra Scriptura unum solum mendacium officiosum inveniretur, nil auctoritatis in ea remaneret ; et sic videretur quod omnia prænunciata per dictam Johannam, licet evenerint in pluribus, ex quo in uno deffecit, sunt omnia frivola et inania.

Ad quod dici potest quod nec a bono, nec a malo spiritu illam liberationem prædixit, sed ex se ipsa, sic æstimavi, quia, ex summario processus comprehendo, ipsa dixit quod nesciebat quando esset a carcere liberata, et quod voces primo dicunt quod liberabitur et postea quod non curet et quod capiat gratanter mortem suam, et de eadem liberatione ambigue loquebatur et non certitudinaliter, secus autem de aliis, si autem prædixerit alia ab istis, quorum eventus deffuerunt, ignoro, quia in ipso processus summario non fit aliqua mentio.

Sed forte adhuc objiceretur, per auctoritatem superius allegatam *Deuteronomii* XIII, in qua præcipitur non audiri verba prophetæ aut somniatorum licet evenerit quod locutus est. Sic nec verba istius Johannæ sunt audienda, licet evenerit quod locutus est. Ad hoc potest dici quod illa auctoritas loquitur in prophetia dœmonum, secundum Nicolaum de Lyra, in eodem capite. Quiquidem propheta deceptus a dæmonibus, nititur homines pertrahere ad ydolatriam, quod patet ex eo quod in ea dicitur « Et dixerit tibi : Eamus et sequamur deos alienos etc. » Ipsa autem Johanna nequaquam nitebatur aliquem pertrahere ad ydolatriam, quare non est simile. Unde autem ipsa auctoritas, secundum Raymundum, extendit se ad omnes divinos, « quia omnes divini utuntur, ut dictum est secundum
« beatum Thomam, aliquo dæmonum auxilio, ut quia ipsi dæmones
« ab eisdem divinis prece implorantur, vel quia præter petitionem
« eorumdem divinorum se occulte dæmones ingerunt ad prænun-
« ciandum etc. » Sed si ipsa Johanna inculpatur divinatrix, seu habere spiritum divinationis, oportet necessario designare antequam possit divinatrix judicari, quo genere divinationis utebatur, unde licet sint plura genera seu plures modi, de quibus supra dictum est, tamen ad tria reducuntur, secundum præfatum sanctum doctorem Thomam : primum est per manifestam dæmonum invocationem quod pertinet ad nigromanticos ; secundum autem per solam considerationem dispositionis vel motus alterius rei, quod pertinet ad augures ; tertium est dum fit aliquid ad hoc ut manifestetur aliquid occultum, quod pertinet ad sortes ; sub quolibet autem horum continentur multa, sicut supra patuit, de ipsa autem Johanna non constat quod mihi videatur ex processus summario quod aliquo genere istorum uteretur, nisi aliud in processu quem non legi contineatur quam in ejusdem summario mihi tradito, quare non videtur potuisse eadem Johanna divinatrix judicari, condemnari et

interfici. Licet enim propheta ille dæmonum de quo supra in auctoritate statim allegata, aut fictor somniorum jubeatur interfici, « dum tamen, ut ait idem Nicholaus de Lyra ibidem, convictus fue- « rit per testes, vel confessus ; » sed non reperio quod dicta Johanna fuerit convicta per testes qui scirent eam uti nigromancia. Quantum ad primum genus divinationis neque augurio quo ad secundum, neque sortibus quantum ad tertium, sed neque aliqua specie istorum, si autem dicatur quod de hoc confessa est, in cedula abjurationis, dictum fuit supra quod illa confessio non valuit, ex præ allegatis, neque in illa confessione perseveravit, quare etc. Si autem amplius instruetur quo igitur spiritu ipsa Johanna prænunciavit ea futura quæ prædixit quia si non fuerit divinatrix videtur eam consequenter prophetissam fuisse, seu spiritum prophetiæ habuisse, et sic Spiritu sancto pronunciasse etc. Quis hoc audeat affirmare ?

Videtur mihi de neutro affirmandum fore, quia de spiritu divinationis non convincitur sufficienter quod mihi appareat ut statim dictum est, de spiritu autem prophetiæ quæ* fit per Spiritum sanctum affirmare simpliciter nimis periculose ageretur per ea quæ supra notata sunt in primo articulo, in discussione primæ quæstionis esset etiam nimium formidanda comminatio tanta, *Apocal.* ultimo canone, nec hoc est inconveniens cum dicitur de neutro fore affirmandum quia etiam multa sunt quæ inter apocripha numerantur, quæ nec a spiritu sancto, nec a spiritu malo, fore, simpliciter affirmantur sed neutraliter se habent, quantum ad affectionem seu affirmationem, et sic in proposito censeri posset in meliorem tamen et benigniorem partem pie semper interpretando. Ex quibus omnibus videtur præfatam Johannam divinatricem minime sic simpliciter inde condemnari potuisse ex contentis in ipso processus summario.

Quantum ad septimum dicitur blasphema in Deum, sanctos et sanctas ipsius Dei, in suis sacramentis. Blasphemia, secundum beatum Ambrosium, est cum aliquid Deo attribuitur quod ei non convenit, vel cum ab eo removetur quod ei convenit, et ex genere suo est peccatum mortale et maximum, quia repugnat caritati divinæ, secundum beatum Thomam II, 2, quæst. XIII, art. 2. Et secundum eumdem, ibidem articulo illo, importare videtur quamdam derogationem alicujus excellentis bonitatis et præcipue divinæ. Deus autem, ut beatus Dyonisius ait, cap. x *De divinis nominibus*, est ipsa essentia bonitatis, unde quicquid Deo convenit, pertinet ad bonitatem ipsius, et quicquid ad ipsum non pertinet longe est a ratione divinæ et perfectæ bonitatis quæ est ejus essentia. Quicumque igitur vel negat aliquid de Deo quod ei convenit, vel asserit de Deo quod ei non convenit, derogat divinæ bonitati, sicut et charitati. Secundum autem beatum Augustinum, blasphemia est cum aliqua mala dicuntur de bonis, præcipue autem de Deo, summo bono. Hujusmodi autem blasphemiæ, licet multæ sint species, tamen insistendo circa illam quæ fit in sacramentis seu juramentis quia de illa videtur tantum accusari sæpe dicta Johanna in isto articulo ex eo quia cum dicitur blasphemia etc., additur in suis sacramentis, sive juramentis quod idem est in proposito pro quo sciendum quod juramenta hujusmodi quæ quis facit ex certa scientia vel sonant in blasphemiam, (ut quando quis filius Belial, filius perditionis in Deo ipso homicida factus, diaboli veneno infectus, jurat ore rapido, ausu sacrilego, impulsu diabolico, per intestina Dei et similia), vel sonant in irreverentiam, (sicut quando jurat per vulnera Christi, vel membra), et est peccatum mortale gravissimum, etiam si ipsum est verum quod jurat, propter irreverentiam quæ blasphemia est ; unde peccatum istud perfidorum hominum prohibetur jure divino canonico et civili. Divino, per secundum præceptum *Decalogi*, *Exodi* xxx et *Levitici* xxxiv, ubi etiam blasphemus jubetur lapidibus obrui et interfici ; et *Eccles.* xxxiii, ubi dicitur « Jurationi non assuescat os tuum, » et sequitur « vir multum jurans replebitur iniquitate et non « discedet a domo illius plaga, » et quam sit grave peccatum innuit glossa super Psalmum lxvi, quæ dicit « Gravius peccat contem- « ptor sedentis in Cœlo quam qui crucifixit ambulantem in terra ; » et glossa Ysaiæ xv : « Nihil horribilius blasphemia quæ ponit in « Cœlo os suum, omne enim peccatum comparatura blasphemiæ le- « vius est ; » et beatus Gregorius, IV *Dialogorum*, refert de puero blasphemo quinque annorum quali animadversione percussus fuerit, quod valde terribile est et tremendum omnibus maxime hujusmodi damnatis blasphematoribus. (Canone ut supra, « Qualis[1] ; » « Si quis per capillum[2]. » Et extra *De maledicis* Can. « Satuimus. »)

[1] *D. Grat.* D. XXV, 4.
[2] *D. Grat.* C. XXII, 1, 10.

Civili, in authenticis ut non luxurientur contra naturam Coll. vi, ubi sic juratus mandatur puniri ultimo supplicio. Hoc vitium execrabile a suis finibus omnino evellere omni cura et omnimodo animi vigilantia tenentur principes ecclesiastici et sæculares, ut in juribus præallegatis, et si non fecerint, eis ad iniquitatem imputabitur; unde dicit Dominus : « Quoniam ablatus est populus meus gratis dominatores ejus inique agunt, » dicit Dominus « et jugiter tota die nomen meum blasphematur. » Patet igitur quid sit blasphemare Deum et ex consequenti sanctos et sanctas in sacramentis, sive juramentis. Sed per lecto toto processus summario non invenio in ipsa Johanna aliquam speciem blasphemiæ in Deum sanctos et sanctas ipsius Dei in suis sacramentis nam in eumdem casum numquam æstimarem a bono provenisse spiritu, sed potius reperio eam veneratam fuisse nomen Domini nostri Jesus Christi et sanctorum et sanctarum ejus. Ideo non videtur mihi fore inculpanda de blasphemia ex ipso summario.

Quantum ad octavum dicitur contemptrix legis divinæ et quantum ad nonum dicitur sacræ doctrinæ ac sanctionum ecclesiasticarum prævaricatrix, sed non sufficit nisi probetur in quo quod si objiciant habitum virilem et delationem armorum super illis excusata fuit superius.

Quantum ad decimum dicitur seditiosa. Seditiosus quis dicitur, sive seditiosa, qui, vel quæ, dissentionem animorum et discordias gignit, secundum beatum Ysidorum *Ethimologiarum* lib. x. Et ait sanctus Thomas II, ii quæst. xlii : « Seditio proprie opponitur uni-« tati multitudinis, id est populi vel regni. » Dicit etiam beatus Augustinus quod populum determinavit sapienter non omnem cœtum multitudinis, sed cœtum juris consensu et utilitatis communis sociatum, unde manifestum est unitatem cui opponitur seditio esse unitatem juris et communis utilitatis manifestum est quæ seditio opponitur justitiæ et communi bono. Ex suo genere est peccatum mortale et tanto gravius quanto bonum commune, quod impugnatur per seditionem, est majus quam bonum privatum, quod impugnatur per rixam, et convenit seditio cum bello et rixa in hoc quod

importat contra dictionem et divisionem. Unde glosa *secunda Corinth.*
xii, dicit quod seditiones sunt tumultus ad pugnam, quæ quidem
seditiones reprobantur ab Apostolo ibidem, et loquendo magis proprie seditio est prout trahit antedictus sanctus Thomas, ubi supra.
Inter partes unius multitudinis inter se differentes puta cum una
pars civitatis excitatur contra aliam et ideo seditio quia habet magnum bonum cui opponitur, scilicet unitatem et pacem multitudinis,
ideo est magnum peccatum et pertinet et primo quidem et principaliter ad eos qui seditionem procurant, secundo ad illos, qui eos
sequuntur perturbantes bonum commune ; illi vero qui bonum
commune defendunt, bono zelo et animo justo eis resistentes, non
sunt dicendi seditiosi. Item non sunt seditiosi perturbantes regimen
tyrranicum quia non est justum, cum non ordinetur ad bonum
commune sed ad bonum privatum regentis, ut patet per Aristotelem in tertio libro *Politicorum* et in sexto *Ethicorum*, nisi inordinate
procederetur. Et sic patet quibus modis quis possit dici seditiosus
et quibus non. Neutro autem istorum modorum videtur censensa
fuisse seditiosa præfata Johanna ex dictis suis et confessione sua in
processus summario. Si enim inculpatur quod esset auctrix divisionis et interemptrix unitatis et pacis et commotrix tumultuum ducendo sæpius exercitus ad bellum et alios pluries exercendo actus
bellicos non videtur hoc eo modo aut ea intentione fecisse ex dictis
suis in processu. Unde ipsa dixit quod venerat pro bono patriæ,
regis et bonarum gentium et ducis Aurelianensis et quod placuit
Deo per unam simplicem puellam hoc agere etc., ipsa videtur venisse ad subventionem regni et populi et non ad impugnationem et divisionem.

Quantum ad undecimum dicitur crudelis. Crudelis, secundum
beatum Ysidorum *Ethimologiarum* lib. x, crudus enim est, asper et
durus ; unde crudelitas opponitur clementiæ, ut ait Seneca *De clementia*, lib. ii, et secundum eumdem ibidem, est atrocitas in pœnis
exigendis ; hinc etiam crudelis dicitur qui causam puniendi habet
modum non habet, ut idem ibidem, unde crudelitas inimica est naturæ, ut vult Tullius, *De officiis*. Hac crudelitate exercentur hostilitates et cædes seu strages hominum injustæ et alia innumera impietatis opera, quam quidem crudelitatem quæ Deo, cum sit piissimus maxime inimica fore dignoscitur refrænare, decet beatus Au-

gustinus ıx *De civitate Dei,* cap. xıı, et pœne tota sacra Scriptura ad pietatem hortatur et clementiam, crudelitatem vero nimium execratur. Quidam autem sunt crudeles in aliis et quidam non tantum in aliis sed etiam in se ipsis et hoc pluribus modis, quos pertranseo causa brevitatis. Sed non videtur ipsa Johanna ex processus summario posse argui sic simpliciter de crudelitate quia ex dictis suis venerat ex pietate, seu pia causa, scilicet ad subveniendum calamitatibus regni et pro succursu seu consolatione bonarum gentium, ut dixit, nec videtur crudelis fuisse in aliis quia cædes hominum, ut percipere possum ex processu, studiose evitabat, unde ipsa asseruit se portasse vexillum, in quo erat scriptum « Jesus Maria » pro evitando ut interficeret aliquem, et quod etiam nunquam interfecit hominem; etiam litteras existens in obsidione Aurelianensi destinavit suadendo pacem et ammonendo ut inde discederent, ne cædes hominum sequerentur, neque etiam videtur sibi imputari ad crudelitatem in se ipsam, saltus turris, de quo in processu habetur mentio, circa octavum articulum, quoniam, ut ipsa asseruit, quando saltavit credebat evadere non mori, et quod commendavit se Deo, et quod ipsa hoc non fecit ex desperatione sed animo salvandi corpus suum et succurrendi plurimis bonis gentibus existentibus in necessitate, et quod post saltum confessa fuit et petiit veniam a Domino.

Quantum ad duodecimum, dicitur apostatrix. De apostasia autem loqui possumus theologice, vel canonice. Theologice autem apostasia est quidam recessus a Deo quod communiter fit per superbiam, cum videlicet homo recusat subjici Deo, qui fecit illum, et ab eo recedit cor ejus, et de hoc scribitur *Ecclesiastici* x : « Initium su- « perbiæ hominis apostatare a Deo quoniam ab illo qui fecit illum « recessit cor ejus.» Et de hoc etiam mentionem facit beatus Gregorius ʟᴠ, lib. *Moralium*, et idem, super Ezechielem ıx, duos modos distinguit quibus homines a Deo apostatæ fiunt : enim aut fide a Deo recedunt, aut opere. Sub his autem multæ comprehenduntur species de quibus modo non est dicendum per singula. Canonice autem, sive secundum doctores canonistas qui etiam in hoc concordant cum theologis, apostata est temerarius a statu fidei obedientiæ vel religionis recessus, et in hac diffinitione conveniunt cæteri doctores, et dicitur apostasia quasi post statio, id est retrograda statio, vel retrogradus status, sive retro abiens. Est autem triplex apostasia : perfidiæ, inobedientiæ et irregularitatis. Perfidiæ, quando quis recedit a fide, ut Julianus apostata; inobedientiæ qua quis transgreditur spontanea voluntate præceptum, ut Adam et Eva, *Genesi* III; et qui sacris canonibus obedire contemptunt; irregularitatis, quaquis a statu religionis assumptæ sponte recedit, ut cum apostat clericus monacus, vel conversus, vel aliquis religiosus ; hoc vero fit multis modis scilicet dimittendo tonsuram, vel coronam, accipiendo uxorem, abjiciendo religionis vel vestem clericalem et redeundo ad sæculum. Unde autem moverentur ad judicandum præfatam Johannam apostatricem ignoro, sed puto quod propter dimissionem vestis fœmineæ et assumptionem habitus virilis, et propter transitum ad actus conditionis fœmineæ, prorsus contrarios, ut pote ad conditionem exercitiorum bellicorum cum armis et cæteris hujusmodi, sed quia de his fuit excusata, in primo articulo in fine. Ideo pertranseo, quia potest hic similiter excusari sicut et ibi.

Quantum ad decimum tertium dicitur schismatica. Schisma, secundum hostiensem Goffridum et Raymundum, est ab unitate fidei, seu ab universitate, illicitus discessus, vel, secundum Innocentium, schismatici sunt qui ab unione Ecclesiæ recedunt; et licet, secundum eumdem Innocentium, pluribus modis aliqui dicantur schismatici. Tamen directe schismatici dicuntur qui divisi ab unitate Romanæ Ecclesiæ conantur ipsos et presbiteros facere et suas constitutiones, et contemnunt constitutiones Ecclesiæ. Schisma a scissura animorum vocatur eodem cultu, eodem ritu credit, ut cæteri solo congregationis delectatur dissidio, schisma, scissura siquidem sive scissio unitati opponitur, secundum beatum Thomam ; unde, secundum eumdem, peccatum schismatis dicitur quod directe et per se opponitur unitati quam charitas facit, et ita etiam opponitur charitati, unde Augustinus super Johannem, sermone VII : « Nullo modo « possunt dicere se habere caritatem qui dividunt unitatem Ecclesiæ. » Unitas autem, ut idem Thomas ait, ubi supra, in duobus attenditur si in connexione membrorum Ecclesiæ ad invicem seu communatione et iterum in ordine omnium membrorum Ecclesiæ ad unum caput, secundum secundam ad Corinth. Nemo nos seducat volens in humilitate et religione angelorum quæ non vidit, ambulas frustra in flatu sensu carnis suæ et non tenens caput ex quo totum corpus per nexus et conjunctiones subministratum et constructum crescit in augmentum Dei. Hoc autem caput est perfecte Christus cujus vicem in Ecclesia gerit summus Pontifex, et schismatici dicuntur qui subesse renuunt summo pontifici, et qui membris Ecclesiæ ei subjectis communicare recusant. Hæc beatus Thomas ibi tamen secundum Raymundum in *Summa* lib. I. Quandocumque pertinaciter quis asserit non esse obedientem ratione Ecclesiæ, est hæreticus, quia peccat in illo articulo fidei unam sanctam Ecclesiam; verum, secundum eumdem ibidem, omnis hæreticus est schismaticus, licet non e converso. Hoc peccatum valde grave est et agravatum nimis et execrabile coram Domino, unde Dominus, volens nobis ostendere quam horrendum sit hoc et detestabile crimen schismatis, Chore, Dathan et Abiron punivit hiatu terræ sepultis; auctoribus viris nam disrupta est terra sub pedibus eorum et aperiens os suum devoravit illos cum tabernaculis suis et universa familia, descenderuntque vivi in inferno operti humo et perierunt de medio multitudinis, sed et ignis egressus a Domino interfecit ducentos et quinquaginta viros qui offerebant incensum. Non tamen est sic intelligendum, secundum Nicolaum de Lyra: quoniam fuerunt prius mortui morte corporali, quia, secundum Apostolum ad Ebræos, cum statutum est hominibus semel mori, item decem tribus quia post mortem Salomonis relicto Roboam filio suo faciente schisma adhæserunt Dominus Jeroboam suo justo judicio demolivit et dedit in dispersionem, scilicet in terram Assiriorum, tertio libro *Regum* xii. Item Abdo propheta missus a Domino ad Jeroboam, ad exprobrandum sibi peccatum schismatis, prohibitus est apud illos schismaticos panem comedere et aquam bibere, quod quia non servavit, rediens, morsu leonis in itinere necatus est. Sed quare inculpatur præfata Johanna de schismate causam non invenio in processus summario nisi quia dicunt eam se recusasse submittere domino nostro Papæ et Ecclesiæ, quod si verum esset, ut proponunt, et non excusaret eam sexus fragilis ætas et ignorantia, non dubium quin inculpari posset, verumtamen quia de hoc dicetur in quinto decimo articulo, usque ad illum pertranseo.

Quantum ad quartum decimum articulum, dicitur in fide nostra multipliciter errans, licet inter errantem et hæreticum possit poni differentia, tamen quia additur in fide nostra pro eodem sumo et hunc articulum, cum vicesimo et ultimo discutiendum remitto.

Quantum ad quintum decimum articulum dicitur in Deum et sanctam Ecclesiam multis modis delinquens. Hunc etiam articulum remitto cum sexto decimo, immediate sequenti.

Quantum ad sextum decimum, dicitur ipsi Ecclesiæ domino Papæ ac generali concilio expresse indurato animo obstinate atque pertinaciter se recusans submittere et quantum octavum decimum dicitur obstinata, et quantum ad septimum decimum dicitur pertinax et sic conveniunt cum illo quinto decimo, in hoc quod dicitur obstinate et pertinaciter etc. Hic aliquid foret disserendum de potestate et auctoritate summi Pontificis et Ecclesiæ ac sacrorum generalium conciliorum, verum quia hoc magna et prolixa egeret discussione ideo supersedeo. Hoc tamen notum est quod Papa est summus inter omnes, ipse plenitudinem potestatis habet, alii partem sollicitudinis, unde cum Dominus apostolis dixisset ut laxarent retia, soli Petro dixit « Duc in altum », item soli Petro dictum est : « Tu es Petrus [et super hanc petram ædificabo Ecclesiam meam,»] ideo ipse specialiter est vicarius Jesus-Christi et quodammodo major homine, minor Deo, et beatus Bernardus hoc egregie docet *De consideratione* lib. x ; unde ejus potestas præeminet universos, nam et secundum Hugonem de Sancto-Victore, *De sacramentis* parte secunda, spiritualis potestas et terranam potestatem instituere habet ut sit, sicut legitur primo *Regum* ix, et judicare habet si bona non fuerit ipsa vero primum a Deo instituta est et cum deniat a solo Deo judicari potest, sicut scriptum est prima *Corinth.* ii, « Spi« ritualis autem judicat omnia, et ipse a nemine judicatur, » sicut etiam valde solerter elucidat et disserit doctor irrefragabilis magister Alexander de Alis, tertio libro *Sententiarum*, quæst. cxxx. Inde est, secundum eumdem, quod summa potestas sacerdotalis talis est in summo Pontifice, quod non potest ab homine judicari, sed potest judicare de omnibus et de personis quæ vice spiritualibus deputatæ sunt ut universales omnes personæ ecclesiasticæ et de personis quæ ad vitam terrenam deputatæ sunt sub terrena potestate ut personæ laicæ et hoc in causis spiritualibus animarum et in quibuscumque ratione peccati si interveniat, quia omnis laicus cujuscumque etiam præeminentiæ vel dignitatis existat efficitur de foro Ecclesiæ ratione peccati. Unde in typo. Hieremiæ spirituali potestati summæ a Domino : « Ecce constitui de super gentes et regna ut evellas et des- « truas et disperdas et dissipes et ædifices et plantes. » Ipse enim utrumque gladium habet spiritualem videlicet et temporalem ex commissione Dei. Beato ad Eugenium hoc extatice disserente Bernardo, quod assumpto evangelio sumptum est Lucæ xxii. Nam jura cœlestis imperii et terreni beato Petro commissa sunt et hanc potestatem suis successoribus transmisit, nam et sacrosanctæ matris Ecclesiæ caput constituit, et cui omnes signa subjectionis solvere tenentur, si in se habere voluerint ac servare catholicam unitatem. Et ob hoc sedet ipse in sede apostolica quam Dominus sibi post Petrum apostolum delegavit cum plenitudine potestatis tam in spiritualibus quam temporalibus, et inde sic ejus accipiendæ sunt sanctiones, vel statuta, quasi ab ore Dei prolata et ab universis plenarie debet omnis obedientia efficaciter exhiberi, etiam si ipsum sit grave quod imperat. Ejusque in cunctis difficilibus et ambiguis servandum est inconcusse judicium, nullique fas est transgredi ejus præceptum, unde *Deuteronomii* xvii : « Statuit altissimus et omnipotens Do- « minus, qui superbierit nolens obedire sacerdotis imperio morietur « homo ille et auferes malum de Israel, cunctusque populus audiens « timebit, ut nullius deinceps intumescat superbia. » Nam et salvator dixit : « Qui vos spernit, me spernit, » Lucæ x. Et apostolus dixit : « Itaque qui hoc spernit non hominem spernit, sed Deum. » Imo talis non se subjiciens Ecclesiæ judicio seu summi Pontifici qui princeps Ecclesiæ contitutus est a Deo, sed superbiens obedit ejus imperio, spirituali animadversione truncatur aut ejectus de Ecclesia rapido ore dæmonum decerpitur et a corpore Christi separatur, eique janua cœlestis regni clauditur. Unde Gregorius Papa : « Nulli fas est vel velle, vel posse trangredi apostolicæ Sedis præcepta nec nostræ dispositionis misterium quod vestram sequi oportet caritatem, sic ergo suæ ruinæ dolore prostratus quisquis apostolicis voluerit contra ire decretis, nam peccatum paganitatis incurrit quisquis dum Christianum se esse asserit Sedi apostolicæ obedire contemnit et infidelis esse convincitur etiam si fidelis esse videatur, nam peccatum ariolandi est repugnare et quasi scelus idolatriæ nolle acquiescere. » Verba sunt beati Gregorii in moralibus. Sciendum ergo quod quia peccatum est maximum maxima pœna subsequi debet.

Ad propositum reducendo, si præfata Johanna, ut prætenditur fuisset inobediens, et ipsi Ecclesiæ, domino Papæ ac generali concilio expresse indurato animo obstinate atque pertinaciter submittere se recusasset et hoc scienter et simpliciter non dubium quin gravissime deliquisset eo modo, quo supra dictum est, et in gravissimas pœnas incidisset. Sed notanda sunt singula ejus verba quæ si æqua lance ponderentur invenire poterimus seu verisimiliter præsumere ipsam simplicitate obductam non intellexisse quid esset Ecclesia, quod mirum non est, cum etiam hoc viris ecclesiasticis litteratis et adultis sit difficile, quanto magis puellæ fragili et in ætate satis tenera constitutæ et illiteratæ et quæ non nisi post fœtantes ambulare consueverat, quæ etiam in illo arcto examine consiliatore et instructore carebat. Unde interrogata an vellet se submittere determinationi Ecclesiæ, respondit quod quantum ad Ecclesiam diligit ipsam et vellet eam sustinere toto suo posse pro fide nostra christiana et ipsa non est quæ debeat impediri pro eundo ad Ecclesiam et audiendo missam et sic videtur quod quadam simplicitate et imperitia, intellexit per illa verba, per Ecclesiam, murorum ambitum et ecclesiam materialem, et sic posset excusari per ignorantiam, quod si non a toto saltem a tanto similiter non videtur quod ita obstinate et pertinaciter ut prætenditur recusaverit se submittere Ecclesiæ et domino nostro Papæ, quia, inter multa verba quæ dixit, quæ videntur recusare hujusmodi submissionem, dixit quod ipsa credit quod debeamus obedire Papæ in Roma existendi ; ulterius dixit quod cum excitaretur de submittendo se Ecclesiæ
« Omnia dicta et facta mea, inquit, sunt in manu Dei et de his ex-
« pecto me ad ipsum et certifico vos quod ego nihil vellem facere
« aut dicere contra fidem christianam, et si ego aliquid fecissem
« aut dixissem, aut quod esset supra corpus meum quod clerici sci-
« rent dicere, esse contra fidem christianam quam Dominus stabi-
« livit, ego non vellem sustinere, sed illud expellerem. » Per quæ verba saltem implicite videtur se submisisse Ecclesiæ. Sed expressius dum interrogaretur an esset subjecta Papæ, cardinalibus, episcopis etc. et Ecclesiæ ; dixit quod sic Deo, primitus servito et quod amat Deum, servit sibi et est bona christiana et vellet adjuvare et sustinere Ecclesiam toto posse, et quod credit quod sancta Scriptura sit revelata a Deo, ac bene credit Ecclesiam, hic existimentem inferius et quod Ecclesia militans non potest errare, neque deficere,

et in hoc quod requisivit se remitti ad ipsum dominum nostrum Papam. Et multum expresse in hoc quod respondit : « Quantum est « de submissione Ecclesiæ, de omnibus operibus quæ ego feci et « dixi, ipsa transmittantur ad Romam, penes dominum nostrum « summum Pontificem, ad quem et ad Deum primo me refero. » Et interrogata iterum an velit revocare omnia dicta et facta sua, dixit : « Ego me refero Deo et domino nostro Papæ, » in quibus verbis videtur se submisisse expresse et explicite domino nostro Papæ et Ecclesiæ. Et hoc etiam aperte probatur ex processu præparatorio.

Quantum ad decimum nonum, dicitur excommunicata. Sed hoc esset sententia hominis, vel juris. De sententia hominis, nullo modo constat in processu summario. De sententia vero juris etiam non constat nisi voluerint eam condemnari de gestatione habitus virilis, de quo supra fuit excusata, in primo articulo in fine, aut quia dicunt eam submittere se noluisse Ecclesiæ et sanctæ Sedi apostolicæ, quia cum quis asserendo dicit Romanam Ecclesiam non esse caput omnium Ecclesiarum nec ei tamquam capiti obediendum excommunicatus est, ut in Can.« Nulli fas[1], » et si hoc pertinaciter assereret in hæresim laberetur, ut videtur in glosa, et in alios malignos effectus, quos supra monui in sexto decimo articulo, sed ibidem ex dictis ipsius Johannæ ex processu collectis sufficienter videtur exonerari.

Quantum ad vicesimum dicitur hæretica. Hæresis græce ab electione vocatur, ut ait Ysidorus *Ethimologiarum* libro sexto, cap. 3, et hoc scilicet quod unusquisque id sibi eligat quod melius illi esse videtur, ut philosophi peripatetici, epicurei, stoici et alii qui perversum dogma cogitantes arbitrio suo de Ecclesia recesserunt, inde hæresis dicta græca voce et interpretatione electionis qua quisque arbitrio suo ad instituendum, sive ad suscipiendum quælibet ipse sibi elegit, nobis enim nihil ex nostro arbitrio inducere licet, sed nec eligere, quod aliquis de arbitrio suo induxerit apostolos Dei habemus auctores qui nec ipsi quicquam ex suo arbitrio quod inducerent elegerunt. Sed acceptam a Christo disciplinam fideliter nationibus assignaverunt, itaque etiamsi angelus de Cœlis aliter evan-

[1] *D. Grat.* D. XIX, 5.

gelizaverit anathemæ vocabitur, *Ad Galatas* primo. Ex hoc patet, unde dicatur hæresis, sed ulterius investigandum est qui sint hæretici et hoc dicuntur multis modis. Nam primo modo dicitur hæreticus errans a fide, unde sic diffinitur a beato Augustino. Hæreticus est qui falsam de fide opinionem gignit vel sequitur : gignit ut hæresiarcha, puta Arrius, Sabellius, ut qui hæresiarcham imitatur, velut Arriani et Sabelliani ; item, ut ait Hieronimus, hæreticus potest appellari, licet ab Ecclesia non recesserit, qui aliter intelligit Scripturam quam sensus spiritus sancti flugitat a quo scripta est. Item dicitur hæreticus, sed non ita proprie a sacramentis Ecclesiæ, vel communione fidelium, divisus ut est excommunicatus ; item dicitur hæreticus perversor sacrorum, ut Symionacus qui vendit vel emit ecclesiastica sacramenta ; quinto modo dicitur hæreticus, dubius in fide, nam firmiter debemus credere, unde brevi argumento a fide devians, hæreticus censetur. Tamen si aliquis errat in fide, seductus forte a parentibus, vel etiam ab aliis, quærit autem cauta sollicitudine veritatem paratus corrigi cum invenerit nequaquam, sicut beatus ait Augustinus, inter hæreticos est deputandus; etiam dubius in fide censendus est hæreticus, ut dicitur ibidem, in apparatu qui æqualiter se habet ad utramque partem conditionis, secus de illo qui per spiritum blasphemiæ temptatur de fide cum dolore cordis et anxietate qui si bene pugnaverit ad perfectum hujusmodi temptatio cum nulla sit ibi libido et improba voluntas delectandi in creatura, sine qua nullum est peccatum actuale utiliter succedit. Sexto modo dicitur hæreticus qui Romanæ Ecclesiæ privilegium ab ipso summo Ecclesiarum capite traditum aufferre conatur. Etiam, secundum Innocentium, hæreticus dicitur qui non recipit quatuor consilia, sed hunc et alii modi qui ponuntur a doctoribus, sed qui ad istos supradictos possunt reduci. Sed verumtamen antequam quis censeatur hæreticus concurrunt principaliter duo, sine quibus hæreticus non erit : primum est error in ratione, quod est hæresis initium, secundum pertinacia in voluntate, quod est hæresis complementum. Et hujus sententiæ esse videtur beatus Augustinus in libro *De vera religione*. Ad hoc videtur pertinere quod Apostolus dicit hæreticum hominem post primam et secundam correctionem de vita sciens quod subversus est qui ejusmodi est et delinquit proprio judicio condemnatus quia tunc manifeste pertinax esse comprobatur, quod non esset si paratus esset corrigi. Præcipit idem beatus

Apostolus post primam et secundam correctionem devitare, secundum Raymundum, quo ad secreta fidei quæ non sunt eis propalanda, quia non debemus margaritas proicere ante porcos (Mathæus vii). Tamen in prima et secunda vice et postea, quotiens fuerit opportunum, posset et deberent moneri ut cessent a peccato. In aliis autem non est eis communicandum cum sint excommunicati et non intendant ad aliud, nisi ut reprehendant et possint rumpere tunicam Domini inconsutilem, in quibus excommunicatus est evitandus, et id intelligitur, secundum statum primitivæ Ecclesiæ, quando non erant hæretici ipso facto excommunicati, sed excommunicandi. Tamen proprie Raymundus intelligit quod vitandi sunt hæretici quo ad secreta fidei, quæ ante primam et secundam correctionem possunt eis propalari ad conversionem eorum ; sed post non debent cum jam desperatur de conversione eorum in aliis autem cum sunt excommunicati semper vitandi sunt.

Nunc, ad propositum revertendo, videndum est qua occasione criminatur præfatur Johanna hæretica, et utrum talis censeri potuerit ; occasionem aliquam in processus summario non invenio sufficientem, secundum omnes modos supra dictos et secundum ea quæ necessario concurrunt ad rationem hæretici seu hæreticæ. Nam cum primo modo dicitur quis hæreticus errans a fide, nullo modo constat in ipso summario processus quod ipsa Johanna erraverit a fide catholica ; imo etiam videtur simpliciter et firmiter confiteri, sicut ex multis dictis suis, ibidem collectis, deprehendi potest. Neque secundo modo, videlicet quod male senserit de sacra Scriptura Sancto Spiritu inspirata ; imo videtur sentiisse de sacra Scriptura, secundum modum capacitatis, sive in hoc quod asseruit se credere quod sancta Scriptura sit revelata a Deo. Nec tertio modo, in hoc quod quis dicitur hæreticus licet non ita proprie a sacramentis Ecclesiæ vel a communione fidelium divisus ut est excommunicatus ; nam de excommunicatione excusata fuit in præcedenti articulo, et quod non esset divisa a sacramentis Ecclesiæ et a communione fidelium, ex dictis suis deprehendi potest ; in hoc quod dixit quod erat bona Christiana et bene baptizata, et sicut bona christiana moreretur ; et in hoc quod sæpe confitebatur et sacramentum eucharistiæ sumebat cum devotione, pro ut apparebat, et asseruit se servare præcepta Ecclesiæ confitendo et communicando singulis annis, secundum mandatum Ecclesiæ ; et in hoc quod, dum esset infirma, requisivit quod haberet confessionem et sacramentum eucharistiæ et sepeliretur in terra sancta. Neque quarto modo, in hoc quod quis dicitur hæreticus, ut est perversor sacrorum sicut Symoniacus, quia de hoc nihil penitus habetur in processu, seu summario. Neque quinto modo, in hoc quod quamvis dicitur hæreticus dubius in fide, nam ipsa dixit pluries quod credit firmiter quod non defecit, neque vellet deficere in fide nostra, neque vellet aliquid facere aut dicere contra fidem christianam, neque etiam probatur ex ipso processu, seu summario, quod dubitaverit in fide et in quo articulo dubitavit quod tamen oporteret. Neque sexto modo, in hoc quod quis dicitur hæreticus qui Romanæ Ecclesiæ privilegium [aufere conatur], neque aliis modis subsequentibus, quia de auctoritate summi Pontificis et Ecclesiæ ac potestate clavium bene sentisse videtur, in hoc quod dixit quod credit ut debeamus obedire domino nostro Papæ Romano, et quod ipsa credit in Papa Romano et nihilominus quod Dominus noster Papa et alii ecclesiastici sunt pro conservando fidem catholicam et puniendo deficientes, et quod ipsam Ecclesiam diligit et vellet eam sustinere ex toto posse suo pro fide nostra christiana, et quod ipsa sit subjecta Papæ, cardinalibus, episcopis etc., et Ecclesiæ, Deo primitus servito. Item in hoc quod dicit « Bene « credo ego Ecclesiam existentem » et quod Ecclesia militans non potest errare neque deficere et quod ipsa amat Deum, servit sibi et est bona christiana et vellet jurare Ecclesiam toto posse. Secundum intellectum horum verborum non videtur eam errasse in fide nostra nec in Deum vel Ecclesiam sanctam deliquisse.

Quod si dicatur quod in hoc erraverit quod sanctæ Sedi apostolicæ et Ecclesiæ submittere se recusavit, in sexto decimo articulo ostensum fuit, ex verbis ipsius Johannæ, quod finaliter domino nostro Papæ et Ecclesiæ, expresse et explicite videbatur se submisisse, quare hoc non videtur obstare et licet in aliquibus locis ipsius processus videatur quandoque se submittere renuisse ; in quibus potest excusari, ut supra in eodem articulo. Tamen adhuc non esset directe et formaliter hæretica nisi diceret Romanam Ecclesiam non esse caput, nec posse condere canonem quia tunc extitisset hæretica ; sed alias solum transgrediendo mandata non efficeretur directe et formaliter hæretica, licet peccaret gravissime et in gravissimas incideret pœnas de quibus, in præfato articulo sexto decimo, facta fuit mentio. Verum etiam quod directe et formaliter fuisset hæretica si pertinaciter asseruisset non esse obediendum Sedi apostolicæ, nec illi submittendum fore, per jura superius allegata, quod verumtamen non asseruit, quod apparet in toto processus summario. Præterea non potuit dici hæretica esto quod errasset per inobedientiam vel idolatriam vel alias, nisi concurrissent illa duo, superius dicta, quæ faciunt hæreticum, puta error in ratione et pertinacia in voluntate, nec unum sine altero facit hæreticum modo. Ipsa Johanna non probatur aliquem errorem in ratione habuisse, neque pertinaciam in voluntate, in hoc quod dixit hæc verba : « Quantum est de submissione Ecclesiæ de omnibus operibus quæ « ego feci et dixi, ipsa transmittantur ad Romam penes dominum « nostrum summum Pontificem, ad quem et ad Deum primo me « refero. » Et interrogata an velit revocare omnia dicta et facta sua, dixit : « Ego me refero Deo et domino nostro Papæ, » et sæpe repetivit : « Certifico vos quod ego nihil vellem facere aut dicere « contra fidem christianam, et si ego aliquid fecissem aut dixissem « aut quod esset supra corpus meum quod clerici scirem dicere « esse contra fidem christianam quam Dominus stabilivit, ego non « vellem sustinere, sed illud expellerem. » Et petiit quod examinarentur et viderentur responsiones ejus per clericos, et sibi diceretur an esset ibi aliquid contra fidem christianam quam Deus præcipit, quia ipsa hoc nollet sustinere et esset irata de veniendo in contrarium. Ex his verbis patet quod non erat pertinax in aliquo errore fidei et maxime dum dicebat « De omnibus operibus quæ ego feci « et dixi ipsa transmittantur ad Romam penes dominum nostrum « summum Pontificem, » de quibus se referebat Deo et ipsi domino nostro Papæ, et sæpe requisivit quod duceretur coram ipso et ipsa responderet totum illud quod deberet coram eo. Post quæ verba reclamantia dominum apostolicum fuit ab hominibus eidem humiliter deferendum ejusque sanctæ Sedi apostolicæ, ad quam potest appellari et salubriter confugi, omissis quibuscumque mediis, et hoc maxime in majoribus causis, ideo cum de fide, vel de fidei articulis agitur, hoc debet per Papam diffiniri, et quæcumque causa defertur ad eum per appellationem vel alias, nemo de ea cognoscere potest, quod si quis hoc præsumat multum delinquit denique et eo ipso quo judex dicit se nolle transferre negotium vel causam non potest ex tunc cognoscere (L. III *Cod. De appellationibus*). Sic videtur fuisse hujus Johannæ causa translata ad examen sanctæ Sedis apostolicæ, ex eo quod ipsa requisivit, prout in processus summario continetur. Quatenus duceretur coram Papa et ipsa responderet totum illud quod deberet coram eo, et fuit monita quod accederet; etiam fuit interrogata an velit se submittere Papæ quæ dixit « Ducatis me ad ipsum et ego respondebo ei, » ex quo videbatur judex velle transferre causam coram domino nostro apostolico, sicut tenebatur ad reclamationem ipsius Johannæ. Cui finaliter de omnibus ipsa se referebat, et sic videtur quod de causa ejusdem Johannæ nullus alius cognoscere aut quicquam deffinire potuit, nisi ipse summus Pontifex aut deputatus specialiter ab eo. Et sic etiam videtur nullus processus contra eam agitatus ex præallegatis. Verum quia processum illum non tenui neque legi, sed dumtaxat parvum summarium et secundum illud præmissa, pro ut potui, disserui per quæ non intendo aliquem temere diffinire neque quovismodo alicui domino judici detrahere aut quemquam improbare, sed tantum veritatem inquirere et humiliter persuadere cum igitur ipsa Johanna non probetur aliqua irretita damnata hæresi aut in rationem aliquem errorem habuisse neque pertinaciam in voluntate. Esto quod etiam errorem habuisset in ratione quia tamen pertinaciam non habuit in voluntate non tamen potuit censeri hæretica salva pace opponentium asserentium, et sic etiam videtur quod ex summario processus ipsa Johanna talis non fuerit censenda simpliciter in omnibus judicio meo, qualis in prædictis articulis sententiæ asseritur.

Et hæc omnia et singula superius dicta quæ non determinando aut simpliciter asserendo sed tantum præsuggerendo et Puellam excusando perstrinxi, submittendo singula judicio et determinationi sanctæ Sedis apostolicæ et sacrosanctæ Ecclesiæ, atque omnium melius sententium correctioni cum omni honore et reverentia ac benigna supportatione antedicti domini nostri regis ad præsens sufficiant.

VIII

CONSILIUM THOMÆ BASIN [1]

IN NOMINE DOMINI NOSTRI JHESU CHRISTI, INCIPIT OPINIO ET CONSILIUM THOMÆ LEXOVIENSIS EPISCOPI, SUPER PROCESSU ET CONDEMNATIONE JOHANNÆ, DICTÆ PUELLÆ.

Consulendo in materia condemnationis Johannæ Puellæ, condemnatæ per dominum Petrum Cauchon, tunc episcopum Belvacensem, et fratrem Johannem Magistri, assertum subinquisitorem hæreticæ pravitatis in civitate Rothomagensi, de hæresi, schismate, assertione falsa divinarum revelationum et apparitionum sanctorum angelorum et sanctarum Katharinæ et Margaretæ, et aliis pluribus criminibus, in sententia contra eam lata latius expressis ; sub omni correctione et reverentia atque emendatione

[1] Thomas Basin, dit Quicherat, docteur en droit civil et canon, était né à Caudebec en 1412 et fut élevé au siège de Lisieux en 1446. Il rendit de grands services lors de la réduction de la Normandie et fut conseiller de

sanctissimi domini nostri summi Pontificis et omnium catholicorum melius sententium et judicantium : videtur quod processus coram dictis assertis judicibus habitus et sententia in ipsam lata, possint multipliciter, rationabiliter, juridice ac veridice impugnari. Ad quod particulariter et ordinate demonstrandum, præsens opusculum dividam in duas partes.

In prima parte ostendam dictos processus et sententiam contra Johannam habitos, multis juris rationibus, tam nullos et irritos, quam adnullandos et irritandos fore ; non quod velim dicere simul dictos processus et sententiam nullos et adnullandos eodem respectu exsistere, referendo utrumque ad jus, quia hoc simul esse non potest. Nam quod nullum est, adnullari non potest, rumpto, irrito facto testamento ; cap. L. « Nam et si sub conditione ; [1] » *De injusto, rumpto, irrito facto testamento ;* cap. « Ad dissolvendum,[2] » cum similibus) ; sed plures rationes inducam quam quæ conclu-

---

Charles VII et de Louis XI. Persécuté durant la guerre du Bien public, il mourut en exil à Utrecht en 1491 avec le titre d'archevêque de Césarée.

Thomas Basin dans son Histoire du règne de Charles VII dit en parlant du procès de la Pucelle : « Poterat processus hujusmodi ex multis capiti-« bus argui vitiosus, quemadmodum ex libello, quem desuper ab eodem « Carolo, expetito a nobis consilio, edidimus, si ei ad cujus venerit ma-« nus, eum legere vacaverit, latius poterit apparere. » Or, comme pendant longtemps l'*Histoire de Charles VII* de Thomas Basin fut attribuée à Amelgard, on avait mis Amelgard au nombre des docteurs consultés sur le fait de la Pucelle, et c'est en vain que plusieurs érudits, M. de L'Averdy notamment, ont fouillé les bibliothèques de l'Europe, le mémoire d'Amelgard est resté introuvable, par la bonne raison qu'il n'existait pas, ou plutôt que l'ouvrage annoncé dans l'*Histoire de Charles VII* n'était autre que le mémoire inséré au procès sous le nom de Thomas évêque de Lisieux.

Dans son *Histoire de Charles VII* Thomas Basin consacre cinq chapitres à Jeanne d'Arc et s'y montre aussi fervent admirateur que dans le mémoire qu'il avait écrit en vue du procès, à l'instigation de Charles VII (Voir l'édition de Quicherat pour la Société de l'Histoire de France, J. Renouard 1855-59, 4 vol.)

Nous donnons le mémoire de Basin d'après le manuscrit de la Bibl nationale 5970, fol. 132 verso à 144. Etant inséré au procès il se trouve dans tous les manuscrits de celui-ci.

[1] *Digeste*, XXVIII, 4, 5.
[2] *D. Greg.* IV, 2, 13.

dunt ad nullitatem processus, quod scilicet processus et sententia sunt ipsojure nulli ; inducam et aliquas ad probandum quod sunt saltem adnullandi.

In secunda parte principali ostendam, Domino dante et favente, quod, etsi processus et sententia omni juris ordine et solemnitate subsisterent, ex confessionibus tamen Johannæ quæ sunt in actis causæ, non posse recte et juste judicari quod Johanna fuerit schismatica, hæretica, idolatra, blasphema, et cæteris criminibus irretita, quæ abjurare compulsa fuit ; et postmodum in eadem relapsa fuisse condemnata de facto.

PRIMA PARS

Prima pars principalis dividetur in duodecim puncta sive articulos. In primo, pugnabuntur dicti processus et sententia, eo quod habiti contra personam non subditam aliqua ratione sortiendi forum. Secundo, impugnabuntur ex metu et impressione qui illati fuisse dicuntur ab Anglicis in subinquisitorem, alterum ex assertis judicibus, et alios in materia habentes consulere. Tertio, ex recusatione judicum propter legitimas suspicionum causas per Johannam proposita. Quarto, propter legitimam appellationem a gravaminibus assertorum judicum per Johannam, ut poterat, interjectam. Quinto, ex arduitate et difficultate causæ, propter quas erat ad examen Sedis apostolicæ referenda. Sexto, ex injusta assignatione carceris custodum. Septimo, ex denegatione consultorum et directorum qui fuerunt ipsi Johannæ requirenti denegati. Octavo, ex minoritate annorum Johannæ, quæ, absque curatore, non habuit legitimam personam standi in judicio. Nono, ex nimia severitate judicantium, quos miseratio ætatis ad remissiorem pœnam flectere debuisset, etiam ubi legitime constitisset eis Johannam ex animo deliquisse. Decimo, ex eo quod episcopus Belvacensis, prætendens se judicem, prohibebat a notariis referri in actis excusationes Johannæ et determinationes suarum confessionum. Undecimo ex eo quod articuli consultoribus transmissi pro consilio habendo, fuerunt mendaciter, imperfecte et calumniose formati. Duodecimo, ex dolo malo quorumdam fictorum et falsorum consiliariorum qui, fingentes se esse de obedientia domini nostri regis, dissuadebant Johannæ ne se submitteret Ecclesiæ.

Prosequendo igitur prædicta duodecim puncta conformiter ad seriem dubiorum elicitorum per dominum Paulum Pontanum et transmissorum pro consilio requirendo ; præsupponendo semper in facto ea quæ de facto, tanquam vera, in hujusmodi dubiis præsupponuntur ; dico primo processum et sententiam contra Johannam Puellam habitos coram præfatis judicibus, nullos esse, quia in non subditam personam aliqua ratione sortiendi forum et jurisdictionem et per consequens a non competendi judice seu judicibus processus habiti et sententia lata ipso jure non valent. Cum enim criminibus et gravissimis contra Johannam ageretur si præfati debuissent esse judices competentes, oportet vel quod ipsa domicilium in eorum territorio et districtu habuerit, vel quod ibi deliquerit et crimina de quibus contra eam actum est ibidem perpetraverit. Et si aliqua jura videantur innuere quod criminosi ibi puniendi et judicandi sunt ubi reperiuntur (L. I Cod. *Ubi de crim. agi oportet*), semper intelligunt glossa et doctores, dummodo criminosus ibidem deliquerit ubi reperitur, alioquin remittendus est ad judicem loci in quo crimen commisit vel domicilii ; ex processu autem habito contra Johannam non apparet quod Johanna deliquerit in territorio episcopi Belvacensi. Constat autem ex eodem quod ipsa habebat certum domicilium in loco originis parentum quamquam se divina legatione fungi assereret ex qua legatione quis dum in legatione est neque novum domicilium eligere neque vetus et proprium domicilium transmutare censetur. Non ergo fuit episcopus Belvacensis judex competens super criminibus de quibus coram eo dicta Johanna accusabatur seu denunciabatur, etsi dicatur quod ipsa Johanna in territorio præfato multis de quibus impetebatur deliquerat ibidem scilicet arma et virilem habitum gerendo. Cædibus hominum et conflictibus se ingerendo etc... Dicendum quod supposito quod ista essent male acta, et in hoc ipsa deliquisset, cujus contrarium, Domino juvante, infra apparebit. Adhuc non sequeretur ipsam propter hoc in territorio præfato in crimen hæresis fuisse prolapsam et schismatis etc., de quibus in sententia condemnatur; revelationes etiam et apparitiones quas habuit, non apparet ex processu ipsam in territorio Belvacensi habuisse, neque ibi signum suæ missionis Christianissimo domino nostro regi Francorum ostendisse, et sic ad minus quo ad ista crimina quæ sibi tamquam graviora impingebantur et super quibus principaliter processus et sententia fundabantur, dicti processus et sententia corruunt ex incompetentia fori et judicum unde saltem remitti debuisset ad judicem loci ubi accusabatur, majora et graviora crimina perpetrasse. Et per cum de hujusmodi gravioribus criminibus cognosceretur et judicaretur non per episcopum Belvacensem. Nec obstat si dicatur quod ipsa tacito consensu judicum jurisdictionem prorogavit quia ipsa expresse sæpius protestata fuit dictum Belvacensem episcopum non esse suum judicem, sed potius capitalem hostem et inimicum, et ita in ipsum ut judicem nunquam consensit quamquam coacta fuit coram eo respondere. Consensus autem liber in prorogatione jurisdictionis exigitur. Ut in lege « Si per errorem, » F. *De jurisdictione omnium judicum*[1]. Non obstat etiam si forte dicatur quod ipsa Johanna erat vagabunda et ita potuit accusari, judicari et puniri ubicumque fuerit deprehensa, juxta illud « Ubi te invenero, te judicabo. » Et quod talis ubicumque reperiatur possit puniri licet neque ibi domicilium habeat neque in loco deliquerit, ut notatur in glossa, Codice *ubi de criminibus agi oporteat*, nisi cautionem reus præstare vellet de sistendo juri ubi crimen est commissum, vel in loco domicilii, et ita notat Accursius in lege « Heres absens, » F. *De judiciis*[2]. Nam ipsa Johanna non erat vagabunda sed in processu apparet et de loco originis et domicilio ipsius et parentum, vagabundus autem proprie dicitur qui nullum domicilium habet licet hoc sic multum difficile, F. *Ad municipalem*. Præterea ipsa Johanna legatione fungi se asserebat dicens se a Deo missam ad liberationem Galliæ ab Anglicis, legatus autem, ut dictum est, etsi diu in legatione moretur, neque mutat, neque amittit suum domicilium, unde etiam Romæ inventus quæ est communis omnium patria. F. *Ad municipalem*, Lex « Roma »[3]. Non tamen ibi convenietur ex contractu ante legationem etiam Romæ inito quamdiu legatione fungitur, F. *De judiciis*, Lex « Omnes autem »[4]. Item ex delictis ante legationem commissis non convenietur Romæ durante legatione argumento legis « non alias » F. *Legatis* : a contrario sensu F. *De judiciis*, « Sed remittetur domum. » Male ergo attentarunt judices cognoscere de prætensis criminibus contra Johannam quæ dicebatur in loco originis et domicilii perpetrasse et antequam legationem cepisset, et certe satis ap-

---

[1] *Digeste*, II, 1, 15.
[2] *Digeste*, V, 1, 19.
[3] *Digeste*, L, 1, 33.
[4] *Digeste*, V, 1, 2 § 4.

paret evidenter quod episcopus tunc Belvacensis affectione inordinata ducebatur cupiens et sitiens condemnationem ipsius Johannæ cum si occulte egisset prout debebat maxime cum ipsa in manibus hostium detineretur et suorum capitalium inimicorum et loco nullo modo sibi tuto pro justitia consequenda, debuisset potius eam remittere ad judicem loci originis et domicilii ipsius in quo etiam illa prætensa gravia et principalia crimina de quibus accusabatur commisisse dicebatur, ut ex processu apparet, concludo igitur ex incompetentia judicum et fori, processum et sententiam contra ipsam Johannam habitos corruere et nullos de jure existere.

Item cum episcopus Belvacensis elegerit procedere cum prætenso subinquisitore hæreticæ pravitatis conjunctim et de asserti inquisitoris subdelegantis delegatus est non ordinarius, ut in Codice per hoc *de hæreticis*, lib. vi, et de potestate vel commissione non appareat ex actis videtur processus, similiter ex defectu fundamenti deficere (argumento, Cap. « Cum in jure, » *De officio delegati*[1].)

Item si de metu et impressione illatis per Anglicos in subinquisitorem et alios habentes consulere legitime constat pro ut in facto proponitur. Dico quod sententia in Johannam lata a judice sic metum passo aut ipso jure nulla est aut adnullanda. Et quod probabiliter possit dici nulla sententia lata per metum dico cadentem inconstantem virum. Sic ostenditur. Nam metus ipse inficit et nulla reddit ea quæ debent regulari et perfici a consensu libero. Hinc est quod matrimonium vel sponsalia per talem metum contracta sunt ipso jure nulla, quia matrimonia libera esse debent (Cod. *De nuptiis);* neque similiter dotis promissio debet fieri consensu libero. Unde si per metum dos promittatur, ipso jure non nascitur obligatio, (F. *Quod metus causa,* « Si mulier » § Si dos[2]. ») Sed sic est quod sententia judicantis et consilium consulere debentis debent procedere ex voto et animo libero, juxta illud Marci Catonis in sua oratione quam recitat Sallustius in Catilinaria. Animus in consulendo liber, igitur metus illatus judici et consultoribus qui quasi sunt vice assessorum ipso jure reddit sententiam nullam. Confirmatur quia, si sententia, lata pretio interveniente, nulla est, a fortiori videtur idem dicendum de sententia lata per metum. Nam timor, qui est passio irascibilis in particulari, multo vehementior est passio, et magis pertur-

[1] *D. Greg.* I, 29, 31.
[2] *Digeste,* IV, 2, 21 § 3.

bativa animi, et plus detrahens de voluntario, quam cupiditas, quæ est passio concupiscibilis, secundum philosophum III *Ethicorum*. Si igitur pretium seu venalitas quæ procedunt ex cupiditate judicantis reddunt sententiam nullam, a fortiori idem erit dicendum de metu et impressione facta judicanti. Hinc est quod canon dicit quod injustum judicium et diffinitio injusta regio metu vel jussu a judicibus ordinata non valeat (XXV. Quæst. 1). Et beatus Gregorius dicit quod quatuor modis humanum judicium pervertitur : scilicet timore, dum metu potestatis alicujus veritatem loqui pertimescimus, item pretio, odio et amore (XI. Quæst. 3). Quatuor modis, ubi tamen glossa innuit, quod sententia, lata per metum, non sit ipso jure nulla, sed elidi potest per exceptionem. Quod tamen prius dixi probabilius credo et verius, ad quod etiam facit quia electio facta per metum aut impressionem est nulla ipso jure. Quia vota eligentium libera esse debent, et plura alia similia adduci possent, quæ causa brevitatis prætermitto. Concluditur igitur secundum ea quæ in facto proponuntur sententiam latam in Johannam a judicibus per maximum metum Anglicorum illatum ipsis atque etiam consultoribus esse ipso jure nullam vel saltim adnullandam propter hoc et retractandam.

Item, si in facto, ut proponitur, ipsa Johanna recusavit episcopum tunc Belvacensem ut incompetentem ac suspectum et capitalem inimicum, dico processum et sententiam postea habitos contra ipsam Johannam nullos esse ipso jure aut saltim iniquos et retractandos, cassandos et adnullandos et, quamquam doctores juris sint varii in hoc dubio, videlicet unum processus et sententia habiti per judicem post recusationem contra eum propositam sint nulli ipso jure, etiam si non appelletur, ita quod sola propositio legitimæ suspicionis et recusationis suspendat, et liget jurisdictionem judicis recusati quemadmodum facit legitima appellatio quibusdam dicentibus, ut innocentio in Codice cum speciali de appellationibus et generaliter quod processus post propositionem suspicionis habitus per judicem recusatum, non ut nullus, nisi appelletur, aliis aliter sentientibus.

Tamen, omissis recitationibus opinionum et argumentationibus, quæ in utramque partem adduci possent, credo cum opinione communi, processum, post solam propositionem recusationis, habitum coram judice recusato esse nullum ipso jure. Hanc opinionem tenent Io. monachi, Ostiensis. Archi. et Io. Andr. in Canone « legitima » *De appellationibus*[1]. Super verbo ex tunc, imo plus dicit Io., in quæst. V, quia quo ad suspendendum jurisdictionem judicis sufficit sola protestatio suspicionis, et quicquid post illam protestationem fiet erit nullum, sicut si post legitimum appellationem esset factum. Et hoc evidenter probatur multis auctoritatibus et exemplis in dicto canone *Quia suspecti*[2]. Et istam opinionem breviter duobus argumentis confirmo : primo, quia appellatio, relatio et recusatio parificantur quo ad suspendendum officium et potestatem judicis (Lex « Apertissimi » *De Appellationibus* et dicto titulo) hæc tria semper junguntur. Sed constat de legitima appellatione quod suspendit judicis potestatem et officium (L. I, *De appellationibus* « Non solum [3] » et pene in toto titulo *De appellationibus*) ; imo dicit lex quod appellatio extinguit pronunciatum (F. *ad Turpillianum* L. I, in fine)[4]. Similiter et relatio suspendit judicis officium, ita quod quicquid postea facit nullum est, Cod. *De relationibus*. Ergo similiter hoc idem operabitur justa et legitima recusatio. Secundo, idem probatur, nam si duo sint delegati cum clausula quod si non omnes etc., recusatione contra unum proposita de causa suspicionis cognoscet alter non recusatus. (*De officio delegati* « Si contra unum. [5] » Igitur purificata est clausula illa quod si non omnes etc. alter vestrum etc. ex sola propositione recusationis et sic verum est de recusato quod cognoscere non potest, sola ergo propositio recusationis facit recusatum impotentem et per consequens processus postea per eum habitus est ipso jure nullus. Ad quod facit etiam C. « Cum super abbatia » et quæ ibi notantur *De officio delegati ;* et si dicatur quod inimicitiæ propter quas recusabat Johanna episcopum non erant capitales et sic non erat causa legitima suspicionis. Dicendum quod imo certe erant capitales, nam Anglici et qui eis favebant, ut præfatus episcopus, numquam habuerunt capitaliorem inimicitiam quam ad ipsam Johannam, ut satis notorie constat.

Præterea dico quod licet ad repellendum testem requirantur capitales inimicitiæ aut saltem graves, tamen ad repellendum judi-

---

[1] *D. Bonifacii*, II, 15, 2.
[2] *D. Grat.* C. III, 5, 15.
[3] *D. Bonifacii*, II, 15, 7.
[4] *Dig.* XLVIII, 16, 1.
[5] *D. Bonif.* I, 14, 4.

cem sufficiunt inimicitiæ etiam non capitales sed qualescumque; facilius enim repellitur judex a judicando quam quis a testificando. Concludo igitur, secundum ea quæ in facto proponuntur, propter recusationem propositam per Johannam, propter capitales inimicitias et odium hostile quod habebant Anglici et eis faventes ad Johannam ut ipse episcopus processum postea habitum contra eam et sententiam latam non valuisse de jure, sed nullos existere aut saltem tamquam iniquos et injustos fore retractandos.

Item dico quod si, ut in facto proponitur, Johanna recusens judicium episcopi Belvacensi et sibi assistentium veluti suorum inimicorum et merito sibi suspectorum, atque judicio domini nostri Papæ et Concilii generalis se submisit et ad eos duci petiit et sic protectioni Papæ et Concilii se submisit, quod processus et sententia habiti postmodum contra eam fuerunt et sunt ipso jure nulli. Probatur ista conclusio quia ex quo aliquis protectioni superioris et Papæ maxime se submittit, licet vel ex simplicitate, vel alia legitima causa verbum appellationis non exprimat, tamen pro legitime appellante censetur et processus contra eum postea habitus est nullus, *De appellatione* « Ad audientiam, » et hoc indubitanter verum est quando tam præcesserat verum gravamen a quo verisimiliter timere quis potuit amplius a judice gravari. Sic autem in proposito fuit, nam cum merito episcopus præfatus esset ipsi Johannæ valde suspectus, et omnes etiam qui sibi in judicio assistebant, postquam continuebat procedere contra eam quæ jam fuerat protestata eum non esse judicem sed inimicum capitalem, et sic eum legitime recusaverat. Certe ipsam gravabat et injuste opprimebat petendo igitur se duci ad tribunal summi Pontifici vel ad Concilium generale quod tunc celebrabatur et eorum judicio vel protectioni se submittendo, quamquam omitteret verbum appellationis ex sua simplicitate, quia erat simplex et juvenis puella juris penitus ignara, per hæc tamen legitime appellasse censenda est, ut dicto Cap. « Ad audientiam [1] ». Pro quo facit quia etiam facto apellatur sine verbis; Cap. « Dilecti filii [2] », sicut et facto sine verbis aliquid ratum habetur. (L. Scævola F. *Ratam rem haberi* [3]). Intentio enim potius atten-

---

[1] *D. Greg.* II, **28**, 34.
[2] *D. Greg.* II, **28**, 52.
[3] *Digeste*, XLVI, 8, 4.

denda est quam verba (L. « Conditio » F. *De adimendis legatis* [1]).
Nam non res sermoni sed sermo rei subjectus est, F. *De verborum significatione*, pro hoc facit quia Paulus appellavit a Festo præside, dicens ad tribunal Cæsaris « Sto »; *Actuum* XXV. Licet etiam postmodum appellationis verbum expresserit, dicendo aperte Cæsarem appello ut in eodem capite habetur sed quamquam per priora verba sufficienter appellasset dicendo ad tribunal Cæsaris : « Sto ibi me judicari oportet », tamen urgente ipsum necessitate tamquam legis peritus iterum expressius appellavit. Hæc autem Puella, ut dixi, simplex erat minor annis et juris ignara non obstat si dicatur quod hodie in appellatione ante diffinitivam oportet in scriptis exprimere causam probabilem gravaminis talem quæ si probata foret deberet legitima reputari, et non valet appellatio a gravamine vel interlocutoria nisi fiat in scriptis. Sed omnia ista jura intelligenda sunt in illis quibus possibile est hanc solemnitatem servari, lex enim vel canon non obligat ad impossibile, (L. « Impossibilium » F. *De re judicata*). Huic autem Puellæ quæ, ut dictum est, erat simplex et ignorans penitus justitiam impossibile erat ita appellare et certe nullus fuisset ausus absque periculo sui capitis propter metum Anglorum appellationem sibi dictare aut conficere, faciebat igitur quicquid poterat et propter violentiam judicum aut saltem Anglorum qui judicibus imperabant imo et eis gravia minabantur, ut dictum est, sibi aliter appellare non licebat, ergo habenda est et censenda pro legitime appellante (L. « Cum quidam » F. *De appellationibus* [2], L. I, Code *De relationibus*) ad hoc etiam facit quia in omnibus causis pro facto id habendum est in quo alium perhorrescit quominus fiat, (L. « In omnibus causis, » F. *De regulis juris* [3], ad quod multa possent induci similia) unde patet quod etiam prædictis non obstantibus, nam, ut dictum est, solemnitatem apellationis a jure introductam observare erat ipsi Johannæ impossibile et patet per canones quod licitum est cuilibet oppresso Sedem apostolicam appellare. Sed posset aliquis dicere postquam Johanna petiit duci ad Sedem apostolicam et ipsius tribunali et judicio se submisit ipsa processit super eisdem et ad plures interrogationes judicibus respondit, unde appellationi si quam forte interposuisse videbatur renunciasse censetur.

[1] *Digeste*, XXXIN, 4, 3 § 9.
[2] *Dig.* XLIX, 1, 7.
[3] *Dig.* C. L, 87, 39.

Sed hoc nihil obstat quia quod ipsa postea sub judicibus responderit aut steterit juri hoc fuit non ex ipsius consensu aut voluntate, sed per violentiam ipsorum judicum qui etiam, si examini Sedis apostolicæ remittere eam voluissent, pro ut ipsa requirebat, certe hoc facere minime ausi fuissent propter metum Anglorum qui nihil aliud quam necem ipsius Johannæ qualitercumque sive jure, sive injuria desiderabant. Responsio autem facta sub judice viribus imperii sui cogente aliquem respondere non approbat jurisdictionem neque prorogat, ut lege II post principium ibi, aut si cum restitisset F. *De judiciis*, quæ superius etiam exstitit allegata ipsa etiam perseveravit semper petens quod ad Papam duceretur et apud ipsum judicaretur, unde bene apparet quod quicquid fecit sub judicibus invita et coacta fecit, non obstat prædictis si objiciatur quod hæreticis interdictum est omne appellationis et proclamationis remedium de hæreticis, Cap. « Ut inquisitionis negotium, » *De hæreticis* [1]. Nam illud intelligitur de iis quos tales scilicet hæreticos jam esse constaret, ut ex verbis illius textus et constitutione tam Frederici imperatoris quam Innocentii apparet, de quibus ibi mentio habetur. Item illud locum habet in appellatione a diffinitiva non autem in appellatione a gravimine ante diffinitivam quod nulli oppresso inique a jure denegatur, nam nulla defensio legitima est reo aufferenda, et sic non obstat quia nec de Johanna constabat adhuc quod esset hæretica, nec diffinitive erat condemnata dum ut poterat provocabat, ut supra dictum est, sed ab oppressione et injusto processu judicum appellabat, quod si jure licebat, proprie enim oppressus dicitur inique a judice gravatus ante diffinitivam, secundum Archidiaconum dicto Cap. « Ut inquisitionis, » allegato.

Dico etiam consequenter quod, attenta gravitate causæ, videlicet de istis revelationibus secretis et occultis, quæ nobis incognitæ sunt et de quibus valde difficile est judicare, cum etiam Apostolus sedens ad Corinthios XII, de raptu suo loquens, dicat se nescire si in corpore vel extra corpus hujusmodi fuerit raptus quia causa hujusmodi revelationum tamquam de causis majoribus debuit ad sedem apostolicam referri et per ipsam judicari, nam canones dicunt quod causa si ardua est debet ad Sedem apostolicam adduci, XVI, Quæst. I « Frater noster de Bap. Maio. » Quotiens enim fidei ratio ventilatur

---

[1] *D. Bonif.* V, 2, 18.

omnes episcopi debent causam ad Sedem beati Petri, id est ad sui nominis et honoris auctorem et successorem referre. Cum igitur causa, quæ contra Johannam agebatur de revelationibus sanctis et nobis valde occultis concerneret rationem fidei et velut causa fidei haberetur et tractaretur tamquam ardua debuit ad Sedem apostolicam referi et præsertim cum ipsa Johanna simplicissima puella quantum sibi possibile erat repetitis vicibus Sedem apostolicam aut Concilium generale apellaret et ad ipsam Sedem cum instantia duci peteret et apud eam judicari, ut supra dictum est, et quamquam de ista fide et causa fidei episcopus et capitulum vacante episcopali sede possint judicare. Ubi quæstio non est ambigua sed per Ecclesiam patenter decisa et determinata, Cap. « Ad abolendam, » *De hæreticis* [1]. Tamen, ubi quæstio ambigua emergit, de qua non invenitur expressa determinatio Ecclesiæ non est determinanda nisi per Sedem apostolicam, qualis videbatur esse quæstio de istis revelationibus Johannæ quæ multum occultæ erant.

Item dico, ex eo quod ipsa Johanna in privato carcere laicorum et sub custodia suorum hostium capitalium detinebatur, qui eam adeo in[hu]maniter tractabant, quod desiderabat potius mori quam diutus vivere in illo squallore carceris attento etiam quod sæpius, ut in facto ponitur, requisivit mitti in carcerem ecclesiasticum et gratiosum, processus et sententia contra eam habiti vel sunt nulli vel saltem injusti et annulandi, et certe cum propter hoc et alia plura gravamina sæpe petierit ad Sedem apostolicam duci et per eam judicari, quod, ut supra ostensum est habebat vim legitimæ appellationis ab illatis jam veris gravaminibus, processus et sententia postea habiti fuerunt ipso jure nulli, ut supra satis exstitit allegatum. Probatur autem manifeste fuisse gravata in assignatione et modo dicti carceris et custodiæ cui commissa fuit; nam primo, secundum humanitatem legum humanarum, quæ in hac parte per sacros canones non inveniuntur inimitatæ, mulieres, neque pro causa civili neque pro criminali, mitti debent in carcerem neque tradi custodiendæ viris, ne castitati injurientur. Sed si gravissimum crimen sit de quo mulier accusatur, debet tradi sub custodia in monasterio vel asceterio aut honestis mulieribus. Multum igitur gravabatur et magna injuria fiebat ipsi Johannæ, puellæ xix annorum,

---

[1] *D. Greg.* V, 7, 9.

quod custodiæ Anglorum hominum armorum et militarium suorum capitalium hostium committebatur, et certe ad minus debuit mitti in publicum carcerem reorum criminum capitalium, et non in carcerem castri Rothomagensis, ubi non est ordinarius carcer reorum capitalium criminum, sed potius carcer privatus captivorum hostium. Sed quid prohibebat judices ecclesiasticos, qui de facto ex causa ipsius Johannæ cognoscebant, precario rogare carceres ecclesiaticos domini Rothomagensis aut forsan alicujus monasteriorum civitatis, ubi potuisset fideli custodiæ honestarum mulierum committi? Certe credi potest quod ipsi judices non fuissent ausi hoc aperire propter metum Anglorum, a quibus si judices ipsam Johannam petiissent, ut eam in ecclesiasticum carcerem deposuissent, verisimile est quod Anglici cum magno furore negavissent veriti ne ad ipsam forte quovis modo liberandum, illud ab eis fuisset requisitum. Carcer igitur fuit injustus et non legitimus potissime cum de crimine maxime ecclesiastico, videlicet de hæresi, ipsa accusaretur. Præterea custodes, qui erant viri militares hostes ipsius capitales, et qui eam durissime et in[hu]manissime tractabant, nec permisissent quicquam ad vitæ subsidium ab aliquo pie erogatum sibi tradi et ministrari, non erant tales quales exigit Concilium Viennensem in Clem. I *de hæreticis* [1]. In hoc ergo injuste a judicibus gravabatur qui eam tali custodiæ commiserunt cum etiam, ut ex processu summario patet, a nonnullis Anglicis fuit ejus pudicitia in dicto carcere attentata qui tamen ejus necem omnino procurabant. Præterea ex alio apparet evidens nullitas aut saltem injustitia processus et sententia contra ipsam Johannam, in tali duro et inhumano carcere, detenta habitorum. Nam lex civilis dicit quod confessiones eorum per quæstiones extortæ non sunt habendæ pro exploratis facinoribus, (L. I, F. *de quæstionibus* [2],) sed oportet crimina approbari etiam aliis argumentis nisi confitens perseveraret diu extra quæstiones in sua confessione. Sed lex dicit alibi, quod, quæstionis verbo, non solum intelligere debemus tormenta adhibita corpori, sed etiam alium dolorem, ut si quis inclusus intolerabili fame aut siti urgeretur, donec crimen objectum confiteretur; item etiam dicit lex quæstionis verbo, illam intelligi quam malam mansionem appellamus puta ve-

---

[1] *Clementis constitutiones* M, 3, 1.
[2] *Dig.* XLVIII, 18, 1.

terrimum et sordidum carcerem, (L. « Item apud Labeonem, § quæstionem » F. *De senatusconsulto silaniano* [1].)

Cum igitur, ut ex processu apparet, ipsa Johanna annorum tenera dumtaxat XIX, carcere et vinculis ferreis ita premetur quod mori potius desideraret et per consequens quævis crimina morte digna confiteri quam diutius talis carceris inedia confici et torqueri apparet confessiones si quas contra se emisit tali dolore et inedia confecta non fuisse sufficientes et validas tamquam in quæstione et per quæstionss extortas et a volente potius ultro mori quam diutius in tali inedia languere ad condemnationis sententiam maxime tam atrocem in eam proferendam, nam ultro mori appetens ut pœnam quæstionis effugiat non est audiendus, ut dicto § « Si quis ultro. » Fuerunt igitur tales confessiones ipsius Johannæ et sententia propterea sequuta nullæ et invalidæ de jure aut saltem injustæ et inefficaces et merito revocandæ ; ad quod etiam confirmandum benefacit sæpius de injusto carcere et ferreis vinculis conquesta est et protestata sibi quod contigit minime contigisse si in carcere ecclesiastico et humano custodita fuisset fideliter et ad prædicta etiam benefacit humanitas legis civilis, quæ dixit quod reus capitalis criminis exhibitus non debet pati manicas ferreas et inhærentes ossibus, sed prolixiores catenas, si etiam qualitas criminis catenarum acerbitatem postulaverit, ut et cruciatio desit, et permaneat reus sub fida custodia (L. I, *De custodia reorum* [2]. Unde patet quod inhumaniter cum ipsa Johanna agebatur, quæ et tali carcere servabatur et talibus vinculis ferreis premebatur, quod mori potius quam ibi diutius languere desiderabat et ita apparet ex his saltem injustitia evidens processus et sententiæ prædictorum.

Dico consequenter quod si ipsa Johanna, ut in facto proponitur, petiit consultorem et directorem sibi dari, qui sibi ad defensionem suæ causæ assisteret et consuleret, et hoc fuit sibi denegatum et prohibitum ne quis ipsam alloqueretur, illatæ etiam minæ et terrores aliquibus qui ipsam volebant dirigere et instruere, tam per episcopum Belvacensem quam per Anglicos, quod ex hoc ipsa fuit gravata contra jus et æquitatem et ex hujusmodi gravamine cum cæteris de quibus supra potuit justificari provocatio et appellatio quam, ut sibi possibile erat, interponebat, ut dictum est, a judici-

[1] *Dig.* XXIX, 5.
[2] *Dig.* XLVIII, 3, 1.

bus petendo se ad summum pontificem duci et apud ipsius Sedem causam suam discuti et judicari et per consequens processus et sententia postea contra eam habiti velut attemptati post et contra appellationem hujusmodi legitimam fuerunt et sunt ipso jure nulli, ut sæpius exstitit supra allegatum ; sed etsi non possent aliqua juris ratione dici propterea processus et sententia nulli, saltem apparent ex hoc injusti et iniqui. Prætor enim ait : « Non habenti, advocatum dabo. » (L. « Ait prætor, » F. *De postulando* [1]). Quod certe, si, in majoribus obtinet qui sunt maturæ ætatis et in annis plenæ discretionis, quibus etiam humanitas legis vult per judices æqualem fieri distributionem advocatorum, si forte altera partium vellet præripere adversario suo copiam consilii et omnes nobiliores advocatos curiæ pro sua parte habere, (L. « Providendum, » C. *De postulando* [2]) multo fortius debuit hæc humanitas non negari huic simplici puellæ manenti in rure, annorum dumtaxat XIX. Talibus enim etiam non petentibus dicit lex a judicibus dari debere advocatos, F. *de officio proconsulis et legati.* L. « Necquicquam § Advocatos [3]. » Quod etiam tunc maxime verum est quando quis, propter potentiam vel metum adversarii, non reperit advocatum qui esset ausus præstare sibi consilium vel patrocinium, sicuti erat in casu præsenti. Nullus certe nisi jussus, fuisset ausus consilium dare ipsi Johannæ propter metum Anglorum qui principaliter procurabant ejus condemnationem, unde maxime ad officium judicum pertinebat ad hanc humanitatem attendere. Ut etiam non petenti darent consiliarium et directorem ut expresse habetur dictis legibus « Nec quicquam § Advocatos, » et lege prima § « Ait prætor, F. *De postulando*. Negando igitur expresse hanc humanitatem sibi petenti imo et si qui ad consulendum sibi se ultro nec offerebant minas eis inferendo et eos deterrendo gravabant notorie et manifeste ipsam. Confirmatur quia, ut ex processu et attestationibus extra processum apparet, interrogantes ipsam Johannam vexabant et involvebant quantum poterant difficilibus quæstionibus et ambiguis, non tantum facti sed etiam juris, quibus secundum eos vix magnus doctor scivisset respondere. Et hoc ut ipsam in sermone caperent merito igitur sibi requirenti ministrari consilium non potuit hæc humanitas denegari ; ad hoc facit quod

---

[1] *Dig.* III, 1, 1, § 4.
[2] *Code*, II, 6, 7.
[3] *Dig.* I, 16, 9 § 5.

lex dicit quod quæstioni de crimine adesse debent reus rea ut et patroni eorum (L. « Si postulaverit § Quæstioni, » F. *ad legem Juliam de adulteriis* [1],) et lex etiam dicit quod militant causarum patroni qui gloriose vocis confisi munimine laborantium vitam spem et posteros deffendunt, per hoc quod dicit vitam bene apparet tunc maxime exigi patrocinium advocatorum ubi accusatus adducitur in discrimen vitæ. Confirmatur quia si in causis pecuniarum judex potenti et in casibus etiam non petenti advocatum dare debet, ut legibus supra allegatis, multo fortius in criminalibus reo accusato hæc humanitas præstari debet, cum in eis in quibus de majore periculo agitur, cautius agendum sit (L. « Addictos » *De episcopali audientia*[2].) Hinc est quod in criminalibus leges permittunt a quolibet appellari pro reo condemnato etiam invicto ; interrogationes autem, quam plures fiebant Johannæ puellæ simplici nedum facti sed etiam juris et de ipsis apicibus religionis catholicæ ut in sermone capi posset, unde manifeste apparet injustitia processus et sententiæ quod sibi etiam requirendi copiam advocati et fidelis consiliarii denegata est. Ad prædicta etiam induco L. II C. *De exhibendis*[3], ubi dicit textus quod accusatus de crimine, postquam ad judicem venerit, adhibita advocatione debebit explorare quæsitum etc., sed contra præmissa posset aliquis instare quia jure cavetur quod in negotio inquisitionis hæretica pravitatis potest procedi simpliciter et de plano et absque advocatorum ac judiciorum strepitu et figura. Nihil igitur in processu Johannæ obesse potest cum ageretur negotium inquisitionis hæreticæ pravitatis si non fuerint sibi dati advocati. Ad hoc facile responderi potest quod ibi non prohibentur adesse advocati seu consultores et directores rei cum reo accusato, non sit deneganda omnis legitima defensio, imo, ut supra probatum est, tunc maxime adesse debent cum agitur de periculo vitæ, sed prohibetur tantummodo ibi strepitus advocatorum et judiciorum qui in tali negotio inquisitionis arcere potest, ita notant dominicus de Sancto-Germiniano et moderni in C. fi. Et ita non obstat.

Præterea dico de jure alia ratione processum et sententiam latam contra Johannam, ætatis XIX annorum dumtaxat habitos ipso jure corruere et non valere, nam jure notissimo cautum est quod

[1] *Dig.* XLVIII, 5, 27 § 7.
[2] *Code*, I, 14, 6.
[3] *Code*, IX, 3, 2.

processus et sententia contra minores XXV annis indefensos non valent ipso jure, nec provocare opus est, (L. « Acta » F. *De re judicata* [1],) sed processus et sententia habiti contra Johannam fuerunt facti et habiti contra minorem XXV annis indefensam, nec curatoris, neque advocati, neque consultoris aut directoris suffragio, sed penitus indefensam nisi a se sola, igitur hujusmodi processus et sententia fuerunt et sunt ipso jure nulli. Nam si quis dicat leges allegatas intelligi de minore curatorem habente, contra quem indefensum a curatore sententia nulla est, sed secus si minor curatorem habeat quia tunc videtur quod ipso jure sententia teneat, licet contra eam restitutio non possit (L. « Si curatorem habens, » *De in integrum restitutione minorum XXV annis* [2],) quia non est verum quod sic dictæ leges intelligantur. Primo licet contractus factus per minorem puberem non habentem curatorem ipso jure non sit nullus, ut dicta lege « Si curatorem habens, » tamen aliud est in judicio et sententia quæ contra minorem indefensum lata ipso jure nulla est, habeat curatorem vel non habeat, ut dictis legibus constat. Et si quis dicere velit prædicta jura locum habere, tantum in causis civilibus non in criminalibus evidenter refellitur per Legem « Clarum, » *De auctoritate præstanda* [3], quæ expresse statuit in criminalibus causis et agentibus et pulsatis minoribus XXV annis omnino eis adesse debere tutores et curatores : melius enim est cum suasione perfectissima et certa facere minores et litem inferre, ut ex sua imperitia et juvenili calore aliquid dicant vel taceant quod si fuisset prolatum vel non expressum prodesse eis poterat et a deteriore eos calculo eripere. Ad hæc faciunt notata XV q. in C. certis de causis unde consulit lex ei qui vult experiri in judicio contra minorem non habentem curatorem quod ipse admoneat minorem contra quem vult agere quod petat sibi curatorem ; quod si petere non velit ipsemet debet a judice requirere quod det ei curatorem in litem qui eum, etiam invito adolescenti, dabit in hoc casu, (L. I, *Qui petant tutores, vel curatores* [4]). Non obstat si quis dicat prædicta regulariter locum habere tam de jure civili quam de jure canonico, cum non inveniantur leges in hoc per canones immutatæ (L. « Cum ex injuncto » *De*

---

[1] *Dig.*, XLII, 1, 45.
[2] *Code*, II, 22, 3.
[3] *Code*, V, 59, 4.
[4] *Code*, V, 31, 1.

novi operis nunciatione). Sed in materia, de qua contra Johannam agebatur seu inquirebatur, aliter est dicendum, nam in beneficialibus et aliis spiritualibus causis, major XXIV annis censetur major annis et legitima persona ad agendum et defendendum in judicio absque alicujus curatoris vel patris auctoritate aut consensu. Cum igitur contra Johannam inquireretur seu ageretur de negotio et causa fidei, quæ spiritualis est et maxime ad forum ecclesiasticum pertinens, non fuit necessaria alicujus curatoris auctoritas vel assistentia ad eam defendendum et consulendum. Hoc enim non obstat, nam certe cum ibi loquatur de beneficialibus et spiritualibus causis per hoc patet textum illum intelligi debere non de criminalibus sed de civilibus tantum ; sive sint ecclesiasticæ et spirituales, sive etiam sæculares, ut aliquæ defendentes ex ipsis causæ enim apellatione proprie non intelliguntur accusationes criminales, et quod ille textus non intelligatur in criminalibus expresse ibi tenet Archid. per dictam legem « Clarum, » *De auctoritate* prædicta ; unde et in casibus in quibus leges permittunt pupillos et minores accusare de crimine quæ habentur, *De accusationibus,* tamen dicit expresse lex, exigi assistentiam tutoris aut curatoris (L. « Propter violatam » C. *Ad Legem Juliam de adulteris* [1].) Cum igitur leges in hac materia criminali non inveniantur per jus canonicum immutatæ eis standum erit, ut dictum est argumento (L. « Præcipimus, » in fine, *De appellationibus* [2].)

Dico ulterius quod licet in delictis quæ ex animo et certa scientia committuntur, minoribus xxv annis non subveniatur beneficio ætatis quo ad tollendum in totum pœnam, ut in lege « Si ex causa § nunc videndum », F. *De minoribus* xxv *annis*[3]. Tamen bene subvenitur in hoc quod miseratio ætatis judicem ad moderationem et remissionem penæ adducat, (L. « Auxilium § In delictis, » F. *De minoribus* xxv *annis*[4]). Etiam si sint delicta atrociora ut ibi. Sic et alias propter senectutem remissior pœna interrogatur, (L. I *De termino moto*[5]). Unde cum Johanna esset minor annis, et materia, in qua accusabatur, esset materia multum occulta et dubia in qua si quid deliquit non ex animo et certo proposito sed potius probabili errore

---

[1] *Code*, IX, 9, 7.
[2] *Code*, VII, 62, 32.
[3] *Dig.*, IV, 4, 9 § 2.
[4] *Dig.*, IV, 4, 37, 2.
[5] *Dig.*, XLVII, 21, 1.

ducta et culpa potius et imperitia quam dolo deliquit aut puniri omnino non debuit sed ei ignosci, ut vult dicta lex prima si adversus delictum quando minor non ex animo sed extra deliquit, ut per solam culpam sive negligentiam aut imperitiam. Aut certe miseratio ætatis judices ad remissionem pœnam adducere debuisset, ut dicta lex « Auxilium § in delictis », et ita apparet judices nimiam severitatem in sua sententia servasse. Esto etiam quod ipsa Johanna ex animo et certa scientia relapsa fuit secundum quod de facto fuit judicata pro relapsa probatur ex hoc quod relapsus dicitur in materia inquisitionis hæreticæ pravitatis qui in hæresim obturatam relabitur, de qua ante abjurationem fuerat confessus, in jure vel legitime convictus aut saltem contra eum magna et vehemens exhorta suspicio. Oportet igitur quod ille qui judicandus est relapsus per ante hæresim abjuraverit, quod quis facere non censetur nisi intelligat illud quod abjurat. Quid enim non intelligit quod agit, nihil agere censendus est neque aliquid coram eo agi censetur. Sed Johanna, ut ex processu apparet, non intellexit, ante suam abjurationem, cedulam, secundum quam judices fecerunt eam abjurare, igitur nihil abjurasse censenda est, et per consequens nec relapsa esse. Quod autem ipsa non intellexisset hujusmodi scedulam abjurationis patet ex eo : quia, ut ex processu apparet, cum judices convocassent consilium, postquam ipsa Johanna virilem habitum reassumpserat, omnes fuerunt in sententia Abbatis Fiscampnensis, videlicet quod scedula abjurationis, quam Johannam asserebat, se non intellexisse, iterum ei legeretur et exponeretur, ac deinde, post ejus plenam expositionem, si in sua pertinacia perduraret dimitteretur tamquam relapsa brachio sæculari. Ex quo apparet quod ipsi satis assentiebant ipsi Johannæ asserenti dictam cedulam per antea non intellexisse. Ipsi tamen, quamvis in dicta opinione abbatis Fiscampnensis fere omnes resedissent, nihil inde fecerunt, cum dicatur ex processu de hoc non apparere ; sed statim propere injuste et nequiter dimiserunt eam judices tamquam relapsam brachio sæculari, absque hoc quod hujusmodi scedulam ei exposuissent et declarassent quod eam unquam intellexisset. Apparet igitur ex hoc evidens et manifesta iniquitas sententiæ, cum constaret eis ipsam non ex animo, non dolo malo, non ex certa scientia quia ignorabat quid in scedula abjurationis continebatur deliquisse. Et tamen, etiam in quemcumque majorem annis, plene defensum, de quo eis ad plenum constitisset quod ex animo et certa scientia in tale crimen relapsus fuisset, non petuissent severiorem sententiam dicere.

Præterea si ut in facto proponitur, episcopus Belvacensis assertus judex prohibebat scribi per notarium excusationes Johannæ et ejus submissiones apostolicæ Sedi, dico quod totus processus est reputandus invalidus, inefficax et de falsitate vehementer suspectus. Jure enim cavetur quod per notarium publicum, aut duos viros idoneos fideliter debeant universa acta judicii conscribi, et judex, qui hoc observare neglexerit, debet puniri. Et pro processu ejus non præsumetur nisi quatenus legitimis constiterit documentis. Sed si ita est, ut in facto proponitur, non solum judex erat negligens observare dictam constitutionem, sed etiam ejus observantiam, quod multo deterius est expresse inhibebat prohibens a tabellione aduci excusationes ipsius Johannæ ad suas confessiones. Ergo merito talis processus tamquam suspectus et imperfectus atque omnino inutilis est habendus. Ad hoc facit C. « Cum dilecti » et quæ ibi notantur. Ubi post confessionem de crimine admittuntur, etiam ex intervallo excusationes rei accusati et confessi et verificationes ipsarum, multo magis non debent refutari nec prohiberi referri in actis causæ excusationes annexæ confessioni, imo ipsa confessio cum excusatione recipienda est quasi pro uno dicto modificato. Sed, sive pro uno, sive pro pluribus dictis recipiatur confessio, juncta et annexa si excusatione nullo modo debent excusationes referri prohibere inactis, imo certe ipse judex prætensus, qui hoc prohibebat, faciebat litem suam et tenebatur pœnam judicis qui litem suam facit dolo malo in causa criminali, et pœna canonica generali quæ habetur in cap. « Cum æterni » *De sententia et re judicata*[1], et etiam pœna spirituali quæ infligitur judici qui ob gratiam, odium vel favorem, contra justitiam opprimit et gravat aliquem sub pretextu negotii inquisitionis hæreticæ pravitatis, de qua in Clement. I § finali *De hæreticis*.

Item dico quod quia elicientes articulos consultoribus transmissos, ut apparet ex processu et exceptis de eodem per dominum Paulum Pontanum et alios, non veridice sed mendaciter, imperfecte et calumniose illos formarunt, quod ex hoc processus et sententia corruunt et invalidi efficiuntur. Probatur quia lex dicit quod in rela-

---

[1] *D. Bonif.*, II, 14, 1.

tione et consultatione debet contineri plena causæ instructio (L. I C. *De relationibus*), et omnem omnino causam debet relationis sive consultationis series continere, quæ leges licet loquantur in relatione et consultatione porrecta principi cujus est et ambigua jurium decidere et leges interpretari. Tamen eadem ratio habet locum in consultatione facta alicui inferiori puta jurisperito qui non potest respondere nisi secundum ea quæ in facto proponuntur, ut Scævola solet respondere, ideo dicit imperator consulenti ipsum ut responsum accipere possit viseri pacti exemplum (L. « Ut responsum » *De transactionibus*[1] ; Lege finali C. *De precibus imperat offerendis*). Cum igitur imperfecte mendaciter et calumniose articuli per dictum Belvacensem episcopum assertum judicem vel sibi assistentes eliciti et extracti de processu et confessionibus Johannæ omittendo si quid aliquoties expresserat ad sui excusationem, limitationem seu determinationem suarum confessionum et si quis eam onerare poterat hoc nude et crude exprimendo fuerunt sic consultoribus transmissi qui aliter consilium dare non volebant nisi secundum ea quæ de facto sibi transmittebant vel proponebantur. Apparet sententiam fundatam super consiliis ejusmodi consultorum iniquam ad minus existere. Imo certe potest etiam dici ipso jure nulla quasi errorem facti continens habita relatione ad acta causæ et processum. Ad hoc facit lex « Si prætor § Marcellus » F. *De judiciis*[2], ubi si quis scienter per falsam allegationem reportet sententiam. Etiam non obstante sententia citra quamcumque appellationem aut in integrum restitutionem, querela rei condemnati est admittenda et causa iterum tractanda. Sic autem fuit in proposito, nam, vel ipse promotor inquisitionis hæreticæ pravitatis, qui promovebat negotium et prosequebatur, vel dictus prætensus judex qui secundum ea quæ prædicta sunt, litem suam faciebat vel uterque seu quivis alius accusationem Johannæ prosequeretur per talem falsitatem, sententiam contra Johannam obtinuit. Nam si veraciter et plenarie fuissent extracti articuli dictis consultoribus transmissi inter quos erant multi solemnes viri et doctissimi, non est veri simile aliquo modo quod judicassent de ipsa Johanna prout secundum prædictos falsos articulos et imperfectos eisdem transmissos fuerunt opinati. Merito igitur comperta veritate rei debet sententia contra Johannam lata,

[1] *Code*, II, 4, 15.
[2] *Dig.*, V, 1, 75.

ex falsa et imperfecta consultatione, revocari et nulla vel saltem iniqua et injusta decerni.

Dico ulterius quod si, ut in facto proponitur, per submissas fictasque personas fingentes se esse de parte et obedientia ipsius Johannæ et se velle fideliter eamdem dirigere et sibi consulere, fuit sibi persuasum quod non submitteret se Ecclesiæ, quodque etiam calumniose fuerunt sibi subtractæ vestes muliebres et porrectæ vel suppositæ in ipsarum locum viriles, ut eas reassumeret, prout dicitur constare ex processu et testibus extra processum examinatis, quod ex hoc dolo et prævaricatione falsi et ficti consilii sententia contra ipsam Johannam lata corruit et est ipso jure nulla vel saltem ope restitutionis adnullanda et retractanda. Jure enim notissimo cautum est quod, si constet patronum causæ prævaricatum et per hoc clientulum contrariam sententiam reportasse, quod de principali causa denuo quæretur *De advocatis diversorum Judiciorum*, L. I[1], criminosi advocatus vel procurator fuerit, interveniente pretio per adversarium dato, corruptus sive in privata, sive in publica causa, sive fiscali adversarius litem et actionem perdit (*De pœna judicis qui male judicavit* L. 1[2]). Cum igitur hujusmodi personæ submissæ et fictæ fingentes se præstare velle consilium et patrocinium Johannæ cum tamen ex diversa parte consisterent et sic, veri prævaricatores existerent, sibi in perniciem suam persuaserunt quod se judicio Ecclesiæ non se submitteret, unde secutum fuisse constat quod in discrimen sententiæ adversæ et vitæ inciderit, quamvis veraciter ipsa Johanna judicio summi pontificis et per ipsum causam suam judicari peteret, sequitur quod sententia lata contra ipsam ex tali dolo et prævaricatione ficti consilii nulla fuit, et quamquam inter juris doctores sit controversia an ipso jure sententia sit lata ex patroni sive advocati vel procuratoris prævaricatione sit nulla vel ope restitutionis in integrum retractanda quod scilicet secundum placuit Petro de Bella pertica, in lege I, *De advocatis divers. judic.* Tamen probabiliorem existimo opinionem Ia. de Ra. videlicet quod, si advocatus vel procurator meus dolo adversarii mei pecunia vel precibus corruptus est, et per hoc contrariam sententiam reportavi, quod constito de tali corruptione et dolo absque aliqua restitutione in integrum, ex integro causam agam et est prior sententia nulla. Si

---

[1] *Code,* II, VII, 1.
[2] *Code,* VII, 49, 1.

autem, absque dolo, adversarii mei advocatus meus vel procurator prævaricatus est, et per hoc contrariam sententiam reportavi, opus esset mihi restitutione in integrum ad retractandam sententiam, et ita intelligunt dictam legem *minor autem* § I. Sed et priore casu quando adversarius meus corrupit patronum aut procuratorem meum, constito de hoc, antequam sententia fuerit lata, possum statim petere pro me ferri sententiam condemnatoriam, si sim actor, vel absolutoriam si sim defensor, perdit enim adversarius hoc casu actionem et causam, ut dicta lege I, Co. *De pœna judic. qui male judicav.* Hujusmodi autem submissæ fictæque personæ, quæ fingebant se præstare velle consilium et patrocinium Johannæ, non est dubium quin ad hoc faciendum essent dolo vel prætensi judicis vel promotoris inquisitionis, vel Anglorum qui erant partes principales contra Johannam procurantes totis viribus condemnationem et ejus mortem, vel omnium aut plurium simul inductæ et verisimiliter pretio aut saltem precibus vel præceptis. Sed certe et si nec judex neque partes adversæ ipsius Johannæ fuissent participes hujusmodi doli, adhuc eo non obstante propter talium falsorum consiliorum prævaricationem et fraudem retractanda esset dicta sententia per restitutionem in integrum, ut dictum est in minoribus xxv annis ex beneficio speciali in majore ex clausula generali « Si qua mihi causa juxta videbitur, » F. *Ex quibus causis majores*[1]. Cum igitur casu venit sententia contra Johannam lata ex tali prævaricatione et dolo retractanda et adnullanda maxime ubi sufficienter constaret de dolo qui in facto supponitur, videlicet da suppositione vestium virilium et substractione calumniosa et fraudulenta vestium muliebrium quas ipsa assumpserat.

SECUNDA PARS

Juxta pollicitationem in exordio præsentis consultationis factam examinatis punctis, ex quibus processus et sententia contra Johannam habiti ob deffectum ordinis judiciarii vel ipso jure corruunt et validitate deficiunt, vel saltim tamquam iniqui et injusti veniunt de jure retractandi et annullandi, restat videndum et discutiendum de dictis et factis ipsius Johannæ per eam confessatis, prout ex ac-

[1] *Dig.*, IV, 6, 1.

tis causæ apparere potest, scilicet utrum talia sint propter quæ rea criminum quæ abjurare compulsa fuit juste condemnari debuisset, si in processu ordo omnis judiciarius rite observatus fuisset. Et dividitur hæc secunda pars principalis in septem puncta seu articulos.

Primo disseretur de revelationibus et apparitionibus quas Johanna asseruit se habere, utrum fuerit hujusmodi apparitionum et revelationum mendosa confictrix, aut eas habuerit a malignis vel bonis spiritibus.

Secundo utrum, ex reverentia quam Johanna spiritibus qui sibi apparebant exhibuit et virginitatis voto quod eis novit, potuerit judicari idolatra.

Tertio disseretur de eo quod dixit se ita certam quod iret in Paradisum, sicut si jam esset in gloria beatorum.

Quarto de eo quod se ita certam esse dicebat quod ille qui sibi apparebat erat sanctus Michael et quod hoc ita firmiter credebat, sicut credebat Dominum nostrum Jesum Christum passum et mortuum pro redemptione nostra, et aliorum certitudine quæ sibi dicebat fuisse revelata.

Quinto agetur de virilis habitus et armorum delatione et prescissione comæ, seu capillorum.

Sexto de dimissione parentum.

Septimo utrum pro eo quod recusaverit se submittere Ecclesiæ super dictis et factis per eam confessatis potuerit juste judicari lapsa in schisma hæresim idolatriam et cætera crimina in scedula abjurationis contenta, super quibus juste et canonice postmodum potuerit fundari judicium de relapsu.

Primo igitur et præcipue de revelationibus ipsi Johannæ ut asseruit factis disserendum est et videndum utrum ex processu et actis habitis de confessionibus ipsius Johannæ. Supposito quod in processu hujusmodi fuisset omnis juris ordo observatus, possit recte judicari quod ipsa Johanna fuerit mendosa confictrix apparitionum sanctorum angelorum et sanctarum Katherinæ et Margaretæ et revelationum futurorum eventuum quas dicit se ab his et per eos habuisse, aut superstitiosa divinatrix. Salvo meliori judicio existimo posse probabiliter deffendi ex confessionibus Johannæ, non probari sufficienter quod fuerit mendosa, confictrix revelationum et apparitionum quas asseruit se habuisse aut quod a spiritu mendacii sive

a dæmone habuit hujusmodi apparitiones aut revelationes. In hoc autem puncto maximum dubium facit, propter illud quod dicit Chrisostomus super illud Matthæi, quod illi qui prophetizant, seu prænunciant futura in spiritu diaboli discernuntur et dignoscuntur ab eis qui prophetant in spiritu Dei, quoniam primi etsi quandoque vera prædicant, tamen interdum etiam falsa enunciant, unde divinatores appellantur; illi autem qui prophetizant in spiritu Dei, semper vera dicunt et numquam falsa. Unde *Deuteronomii* xviii in fine dicitur : « Si tacita cogitatione responderis quomodo possim intellige-
« re verbum quod non est locutus Dominus, hoc habebis signum
« quod propheta ille prædixit, ut non evenit hoc Dominus non est
« locutus. » Sed ita videtur in istis revelationibus, quas Johanna affirmavit se habuisse a Deo per ministerium angelorum et sanctarum Katherinæ et Margaretæ ; nam, in carcere ab Anglicis detenta, dixit se revelationes per voces sanctarum Katherinæ et Margaretæ habuisse quod liberaretur a carceribus, quod ridiculum esset et ludibrium si intelligeretur de liberatione quæ secuta est, illato sibi summo supplicio per cremationem. Dicebat etiam sibi per easdem voces revelatum fuisse quod, post ejus liberationem Gallici fecerent pulchrius factum, in sua societate, quod umquam fuerat factum pro tota Christianitate. Hoc autem non constat evenisse, neque sequuta esse, unde ex hoc videtur magna conjectura debere accipi quod spiritus illi, a quibus per voces revelationes illas asseruit se habuisse, non fuerint a Deo, sed maligni spiritibus et Dæmonis pessimi. Dicitur enim de Diabolo Joannis viii, quod cum loquitur mendacium ex propriis loquitur, quia mendax est et pater ejus, scilicet mendacii. Aut igitur revelationes illæ, quas habuit, fuerunt ab Dæmone aut ab humano ingenio confictæ et licet aliqua futura dixerit sibi fuisse revelata quæ contigerunt, puta de levatione obsidionis positæ per Anglicos ad civitatem Aurelianensem, de expulsione Anglicorum a Francia, restitutione regis in regnum, quæ hodie videmus manifeste evenisse. Tamen hoc non est sufficiens argumentum quod prophetavit in spiritu Dei, aut quod revelationes habuit a Deo. Nam, ut dicit beatus Thomas II, quæst. ii, clxxii : « Prophetæ dæ-
« monum aliquando vera prædicant, » concessum est enim Diabolo, ut Chrisostomus ait super Mathæum, aliquando vera dicere, ut mendacium suum rara veritate commendet, unde ex quo in hujusmodi revelationibus in quibus mittebatur invenitur mendacium ad-

mixtum, et auctoribus hujusmodi revelantibus ut asserebat enunciatum et prophetizatum relinquitur quod non fuerit prophetizans a spiritu Dei, sed potius a spiritu maligno qui sibi illudebat aut quod ipsa fuerit mendosa conflctrix hujusmodi apparitionum et revelationum facit bene ix dis. *Si ad sacras.* Præterea, qui dicit se a Deo invisibiliter missum, debet approbare suam missionem vel evidentia alicujus miraculi, sicut fecit Moyses qui virgam mutavit in colubrum et iterum colubrum in virgam, ut habetur *Exodi* vii; vel testimonio sacræ Scripturæ, sicut fecit Johannes-Baptista. Ego inquit vox clamantis in deserto, parate viam Domino, sicut ait Ysaias propheta, Joann. i et Math. iii. Sed ista Johanna dicens per revelationes quas habuerat se missam a Deo cœli non ab homine, non ostendit aliquod signum validum suæ missionis. Nam signum quod dicit se dedisse domino nostro regi per quod determinatum eum fuisse dicit ad credendum et de suis revelationibus et ad eam recipiendum pro bellis agendis, non videtur fuisse verum, sed aliquid confictum, non habens in se aliquam verisimilitudinem, videlicet quod sanctus Michael ad regem accessit associatus angelorum multitudine quorum quidam habebant coronas et alii habebant alas, cum quibus erant sanctæ Katherina et Margareta, qui angelus et Johanna supra terram per viam gradus et cameram simul longo itinere gradiebantur. Aliis angelis et prædictis sanctis concomitantibus, et quidam angelus coronam pretiosissimam de auro purissimo regi tradidit et se coram eodem inclinavit quod neque verum neque verisimile videtur. Igitur præsumi potest quicquid dixit sibi fuisse revelatum humano ingenio fuisse confictum aut a maligno spiritu ad ipsam et alios decipiendos fuisse suggestum. Hæc sunt quæ in materia fidei istarum revelationum Johannæ magnum dubium afferre videntur. Propter quæ existimo non esse leviter aut temere de hujusmodi revelationibus aliquid veluti certum et indubitatum affirmandum, verumtamen, sicuti non est omnino certum si hujusmodi revelationes a Deo processerunt per bonum angelum aut a Dæmone, vel humano confictæ fuerunt et excogitatæ ingenio, ita arbitror temerarium esse et fuisse hujusmodi revelationes veluti a Dæmone fictas, vel confictas ab homine, judicare et decernere, et ad abjurandum eas tamquam tales ipsam Johannam præcise compulisse saltem sub periculo vitæ suæ. Grave est enim quod in re incerta detur certa scientia, unde quantum ex conjectura verisimili accipi potest, sic enim in materia ista latente et occulta arbitror esse loquendum. Credo potius existimandum esse quod Johanna habuerit apparitiones bonorum spirituum quam malorum et quod revelationes, quas habuit, ex quibus, de quibusdam futuris contingentibus ipsa prophetavit, habuerit etiam a Deo, ministerio hujusmodi bonorum spirituum sibi apparentium, quam a Dæmone aut spiritu mendacii seu quod humana fuerint ingenio excogitatæ.

Primo quod voces fuerint excogitatæ humano ingenio ex quatuor, satis convinci potest :

Primo ex simplicitate ipsius puellæ, quæ in rure fuerat enutrita in domo paupere et inter parentes qui silam, agelli sui culturam, et animalia ad usum vitæ et agriculturæ necessaria pascere noverant. Unde non est verisimile quod ipsi talia confixissent, maxime cum absque eorum scitu ab eis ad bella gerenda dicesserit de quo maxime doluerunt, ut ex processu apparet, sed nec est verisimile quod ab alio calido et sagace homine fuerit in hoc edocta. Nam cum tunc annos maturæ ætatis et plenæ discretionis non attigisset sed esset dumtaxat annorum XIII, quando primo, ut asseruit, habuit hujusmodi apparitiones, quando vero accessit ad dominum nostrum regem esset tantum modo annorum septemdecim aut circiter, non est verisimile quod ipsa in tali ætate quæ de post fœtantes accepta erat, attenta sexus imbecillitate et fragilitate, ita instructa esse potuisset, quod scivisset tam arduum opus conducere et peragere prout ipsa conduxit et peregit.

Secundo ad id conjectura sumi potest ex fortunis et conditione rerum quæ tunc temporis inter Gallicos et Anglicos et utriusque partium militiam in Francia se habebant. Nam tunc ita prosperitas et secundæ res, animos Anglorum extulerant, qui in pluribus præliis et conflictibus exercitus Gallorum terruerant et aliquando etiam sæpe fuderant, e contra vero coarctatæ erant et depressæ res Gallorum ex adversis sinistrisve bellorum eventibus ut plenisque mortalibus, Anglorum partes tunc longe superiores viderentur et pene omnium opinione existimaretur Anglicos totam Galliam, cujus tunc magnam partem acquisierant in suam ditionem redacturos nisi divina Providentia potius sua miseratione quam armorum virtute regioni consuluisset obsistendo ne in hostium potestatem et imperium devolveretur unde tunc in tanta rerum prosperitate qua tunc Anglici agebant ex adverso vero ita disjectis et pene desperatis rebus

Gallorum. Quis humana conjectura tunc prænuntiare potuisset quod opera istius Puellæ, obsidio posita tam potenter ad civitatem Aurelianensem per Anglicos levaretur, quod Anglici, qui jam tam alte radices in Francia miserant, ex tota Francia pellerentur, et dominus noster rex restitueretur in regnum? Certe nullus verisimiliter humana conjectura hoc existimare potuisset quod tam brevi tempore illud effici potuisset sicut et tunc et nunc videmus effectum.

Tertio conjectura ex constantia et perseverentia ipsius Johannæ in rebus per eam gestis accipi potest. Nam si ex humano figmento et adinventione ipsius dicta et facta processissent, non est verisimile quod ipsa tam diu et tam constanter in rebus bellicis et aliis per eam gestis perseverasset. Unde ille venerabilis legis peritus Gamaliel, in actibus apostolorum, cap. v, consultus de eo quod apostoli tanta signa in nomine Domini nostri Jhesu Christi faciebant, respondit : « Sinite illos quoniam si est ex hominibus consilium hoc aut opus dissolvetur ut probat per exempla de Theoda et Juda Galilæo quorum congregationes a statim extinctæ fuerunt. Si autem, inquit, ex Deo est non poteritis dissolvere ne fortem et Deo repugnare videamini. » Unde visum est quod figmentum illius mulierculæ quæ fingebat se esse Johannam Puellam et quod ipsa non fuerat cremata Rothomagi, sed alia quædam mulier loco ejus supposita, quia figmentum et humana adinventio erat, non duravit sed statim detectum fuit.

Quarta conjectura sumi potest ex virginitate ipsius Johannæ quæ licet inter tot Gallorum exercitus continuo versaretur in castris et alibi, tamen fertur vulgo ab omnibus virgo mansisse, quod verisimile non esset si illud quod agebat humano dumtaxat consilio et non divino specialiter adjuta auxilio præsumpsisset. Maxime attentis dissolutione et corruptione morum, quæ tunc in armatis Gallorum erant, unde Sapiens sapientiæ viii, dicit : « Et ut scivi quoniam aliter non possum esse continens nisi Deus det, » et hoc ipsum esset sapientia scire cujus esset hoc donum. Adii Dominum et deprecatus sum illum ex his, itaque verisimile arbitror dicta et facta ipsius Johannæ non fuisse humanas adinventiones et figmenta.

Quod autem apparitiones et revelationes, quas se habuisse asserit, non fuerint a dæmonibus et malignis spiritibus ex quinque signis et argumentis satis evidenter approbari potest :

Primo ex bona et salutari admonitione spirituum sive vocum a quibus revelationes habuit. Nam nihil aliud ipsam Johannam admonebant, nisi quod se bene regeret, ecclesiam frequentaret, esset bona juvenis, sæpe confiteretur peccata sua, virginitatem corporis et spiritus custodiret, quod non est præsumendum a maligno spiritu processisse. Cum, ut satis compertum est apud illos qui examinaverunt processus istorum sortilegorum valdensium quibus maligni spiritus solent apparere primum de quo hujusmodi maligni eos commoneant est de abnegatione fidei christianæ et nominis Christi, quod ecclesias catholicas non intrent sacramenta Ecclesiæ Dei contemnant, aqua benedicta se non aspergant, ipsis divinos honores exhibeant oblationes et execrabilia quædam sacrificia eis offerant, quæ dæmones ex superbia sua maxime appetunt, sibi exhiberi, ut patet per Augustinum II et III *De Civitate Dei*, et cætera talia quæ, ut dictum est, a spiritibus qui sibi apparebant, erat semper commonita et exhortata de his quæ ad sanctitatem, devotionem et cultum religionis catholicæ pertineret, unde habebat semper nomen Jhesus in ore suo etiam usque ad supremum vitæ exitum, ita ut nonnulli extra processum examinati deposuerunt, etiam in flamma ignis vidisse descriptum nomen Jhesus, dum ejus corpus ureretur. Ex quo satis approbari potest quod apparitiones et revelationes quas habuit fuerunt a bonis spiritibus et non a dæmone. Unde sanctus Jo. in sua canonica, cap. IV, volens instruere fideles dignoscere et discernere spiritus si ex Deo sint vel non, sic ait : « In hoc, inquit, spiritus Dei « cognoscitur : omnis spiritus, qui confitetur Jhesum Christum in « carne venisse, ex Deo est ; et omnis spiritus qui solvit Jhesum, ex « Deo non est. » Isti autem spiritus sibi apparentes et revelationes edocentes non solvebant Jhesum, imo potius confitebantur Jhesum Christum in carne venisse, cum ipsam admonerent catholicam ecclesiam frequentere, sacramenta Eucharistiæ corporis et sanguinis Domini nostri Jhesus Christi, et pœnitentiæ venerabiliter et devote suscipere, Ecclesiam diligere et venerare nihil contrarium aut adversum sacræ religioni catholicæ, ipsam admonendo. Igitur ex hoc signo satis conjecturari potest quod non fuerunt hujusmodi apparitiones et revelationes a Dæmone seu malignis spiritibus, quibus est maxima fallendi cupiditas et homines trahendi ad idolatriam, non homines de sua salute commonendi, ut Augustinus inquit.

Secundum signum hujus rei est quod, ut ex actis causæ apparet, ab initio hujusmodi apparitionum ipsa habuit magnum timorem, sed in fine, dum recedebant hujusmodi spiritus sibi apparentes, erat consolata et plorabat ex desiderio quod habebat hujusmodi spirituum præsentiam videndi et cum his recedendi, quod est signum apparitionis bonorum spirituum non malignorum, unde Lucæ primo dicitur quod, in apparitione et salutatione Gabrielis, Virgo Maria, in initio turbata est in sermone ejus, sed in fine ingenti gaudio repleta, et consolatione cecinit canticum Deo : « Magnificat, inquit, anima « mea Dominum et exultavit spiritus meus. » Hinc est quod in vita beati Antonii legitur quam scripsit beatus Hieronimus quod non est difficilis bonorum spirituum malorumque discretio. « Si enim post timorem successerit gaudium, a Domino sciamus venisse auxilium.» Hoc recitat doctor sanctus in tertia parte Summæ suæ. Q. xxx, art. 3, in solutione unius argumenti.

Tertium signum est quod hujusmodi spiritus hortati sunt eam ad virginitatem servandam quam, ut fama promulgatum est, per totam vitam servavit, quod possibile sibi non fuisset, attentis moribus eorum cum quibus diu conversata est nisi speciali Dei adjutorio munita fuisset, ex quo satis certa conjectura accipi potest quod hujusmodi spiritus qui de tam singulari virtute, de tanta mundicia et puritate eam hortabantur, non erant spiritus immundi et maligni; unde Job XL *De mone qui ibi de Behemot appellatur*, dicitur quod in locis dormit humentibus, id est in luxuriosis hominibus, ut ibi exponitur ; et quædam glossa super Leviticum dicit quod cum dæmones de omni peccato gaudeant, præcipue tamen gaudent de fornicatione et idolatria et causa ibi redditur cur ita gaudent fornicatione, quia in ipsa corpus et anima maculantur. Hinc est quod, cum Salvator noster ejecisset ab homine dæmones, rogaverunt eum ut mitteret eos in porcos obvoluti in cœno carnalium voluptatum intelliguntur, in quibus maxime dæmones habitare delectantur, unde non est verisimile quod ad virginitatem, sed potius ad fœditatem carnalium voluptatum eam induxissent. Hanc discernendi doctrinam inter veros et falsos prophetas, inter prophetas Dei et prophetas diaboli, Salvator noster nobis tradidit, Mathæi vii : « Attendite, inquit, a falsis prophetis, a fructibus eorum cognoscetis eos, numquid colligunt de spinis unas aut de tribulis ficus, arbor bona fructus bonos facit, mala autem non potest fructus bonos facere. » Unde Apollonius ecclesiasticus scriptor, in quodam suo libro, Priscam et Maximinam mulieres cujusdam Montani hæretici, quam ipse Montanus asserebat a Deo habere spiritum prophetiæ, fuisse pseudo prophetissas a fructibus earum, id est ex suis luxuriis et meretricalibus ornamentis convincit. Et refert Eusebius, lib. v, *Ecclesiasticæ historiæ*, cujus etiam simile narratur in quadam epistola Firmiliani ad beatum Ciprianum de quadam alia muliere quæ arrepticio coacta spiritu in extasim devidens se mira quædam et nova divino spiritu prophetare dicebat, et de hac re multos etiam catholicos et fideles decepit qui credebant in exordio eam habere divinas revelationes, ex quibus prophetizaret. Sed tamdem ipsius fœditates et luxuriæ certis testimoniis fuerunt detectæ, et per hoc a fructu operum suorum cognitum quod erat pseudo prophetissa, arte ac fallacia dæmonum ad animas fidelium decipiendas. Ex puritate igitur ac integritate virginali ad quam spiritus illi illam Johannam hortabantur, spiritus illi qui sibi apparebant, et quam per totius vitæ suæ cursum servasse vulgo dicitur vehementer, præsumi potest ex fructu tam excellentis virtutis, cui secundum catholicorum doctorum sententiam debetur centesimus fructus. Quod revelationes et apparitiones quas habuit, fuerunt a bonis, non ab immundis ac malignis spiritibus.

Quartum signum quod ea evenerint quæ prædixit eo tempore quo maxime a communi hominum opinione et intelligentia distantia et remota existebant, imo quæ nullus pene existimasset tunc debere humanitus contingere, considerata magna diversitate fortunarum ambarum partium, quæ tunc maxime erat, ut supra dictum est, et erant talia quæ prædixit futura, quæ etiam ex liberi mutabilitate arbitrii sub dispositione divinæ Providentiæ pendebant, de quibus ipsi dæmones potius divinare quam aliquid certum prænuntiare potuissent, et tamen ea ventura constanter et certitudinaliter affirmabat. Et ita contigisse videmus, quod est probatio evidens veræ prophetiæ et a Deo, secundum Augustinum in xviii libro *De civitate Dei,* quia dum ipsa prophetabat, seu prænuntiabat, scilicet quod obsidionem Anglorum positam Aurelianis ipsa levaret, quod Anglici de tota Francia pellerentur, quod dominus noster rex in regnum suum restitueretur, non velut in furorem aut insaniam versa, non ut arrepticia et a maligno spiritu correpta prophetabat, quod est signum pseudo prophetarum, sed tranquilla et quieta mente et corpore, absque aliquo hujuscemodi tertium signorum quæ revelabantur prædicebat, quod est signum quod a bono spiritu processerunt hujusce-

modi revelationes, secundum Eusebium, in dicto libro v suæ
Ecclesiasticæ historiæ. His igitur omnibus signis et argumentis præcipue quod ab ipsis spiritibus Johanna non inducebatur neque ad
idolatriam neque ad fœditates carnalium voluptatum, neque ad aliqua temporalia bona ab eis petendo. Sed dumtaxat ad petendum
quod intercessores sui essent ad beatitudinem æternam sibi a Deo
impetrandam existimo et arbitror potius dicendum fuisse et esse
apparitiones illas et revelationes quas habuit non fuisse ab immundis et malignis spiritibus, sed a Deo ministerio beatorum angelorum
et sanctarum Katherinæ et margaretæ et certe in rebus dubiis semper interpretenda sunt quæ dubia sunt in meliorem et humaniorem partem, maxime cum pro tali parte sunt quasi certæ et indubi-
tatæ conjecturæ, sicut est in materia præsenti, ut dictum est. Nec
miretur quisquam quod divina Providentia tali puellæ humili et in-
firmæ talem gratiam prophetiæ et fortitudinis ad hostes conterendos
et evertendos contulerit, ut ejus opera et consilio Anglici, qui tam
potentes munitiones ex omni parte circumquaque civitatem Aurelianensem ad ipsam expugnandum extruxerant, præter communem
mortalium spem ita conterentur et fugarentur. « Nam, ut Apostolus
« ait primo ad Corinthios, cap. xii, unicuique datur manifestatio
« spei ad utilitatem. » Erat autem tam Anglicis quam Gallicis etiam
in activam utilitatem hujuscemodi consilium divinæ Providentiæ
allaturum, ut videlicet superbiam Anglorum humiliaret, qui in tantum præsumptionis et arrogantiæ ex secundis et prosperis eorum
successibus evecti erant et victorias, quas Dominus eis in Gallicis
contulerat, non ex Deo cujus victoria donum est, sed ex propriis viribus provenisse jactarent, dicentes quia manus nostra excelsa et
non dominus fecit omnia, non intelligentes quia ipsi instrumentum
et virga divinæ Providentiæ fuerunt ad delicta Gallorum punienda
et bonos exercendos, quibus contingit cum malis temporaliter fla-
gellari. Similiter etiam Gallicis hujuscemodi opus Dei multum proficere debuit, qui per arte de suis viribus nimium præsumentes in
potentia armorum et nobilium suorum arbitrabantur posse hostes,
regionis potentes et validos, viribus superare expellere. Unde « Deus
« infirma mundi elegit ut confonderet fortia, ignobilia et contemp-
« tibilia mundi elegit et ea quæ non sunt ut ea quæ sunt destrue-
« ret, ut non glorietur omnis caro in conspectu ejus, » ut idem
apostolus scribit. Quod autem mulieres, accipiant interdum a Deo

spiritum prophetiæ et rebus etiam bellicis, aliquando interfuerint, obsequentes divinæ voluntati, novum non est, nam in veteri et in novo Testamento hujusce rei copiosa sunt exempla. Anna mater Samuelis prophetavit de Christo et de vocatione gentium in ipso, ut patet in Cantico quod cecinit Domino, I *Regum*, cap. 2, cujus prophetiam beatus Augustinus ad longum luculenter exponit lib. xvii, *De civitate Dei*. Fuit etiam Dehbora, prophetissa quæ et judicavit populum Israhel, et, cum Barath filio, Abinoem iniit prætium contra Cisaram ducem militiæ Jabin regis Canaan. Fuit etiam Anna filia Phanuel prophetissa, in lumine veteris et novi Testamenti, legis et gratiæ, ut legitur Lucæ, cap. ii. Interfecit etiam Judith, sancta et honesta vidua, Holophernem principem militiæ Nabuchodonozor regis Assiriorum, ut plene in libro Judith narratur. Legimus etiam quatuor filias Philippi qui fuit unus de septem diaconis quos apostoli elegerunt, ut Marcus refert in *Actibus apostolorum*, cap. vi, spiritum prophetiæ divinitus habuisse, ut in ecclesiasticis historiis Eusebii cæsariensis habetur : de multis etiam aliis mulieribus in eisdem historiis narratur quod spiritum prophetandi acceperunt a Deo. Et ita nemo admirari debet si hæc etiam Puella, pro magna utilitate et pro liberatione regni Franciæ, ab antiquis suis hostibus, a Deo missa fuerit, et ab eo spiritum prophetandi de quibusdam futuris acceperit. Quod etiam de restitutione regis in regnum suum, et per consequens de sublimatione ejus in imperium et monarchiam Galliarum, revelatio a Deo, per verbum istius Puellæ, facta fuerit, neminem movere debet. Nam, ut supra ex verbis Apostoli, allegatum est unicuique datur manifestatio spiritus ad utilitatem. Utile est autem aliquando a Deo hujusmodi revelationes hominibus fieri nedum de sublimatione bonorum et justorum principum in imperium et honorem regiæ dignitatis ; sed etiam de sublimatione tyrannorum ad confundendum errorum infidelium qui opinati sunt regna ista temporalia et actus et fortunas hominum singularium non subesse divinæ Providentiæ. Sed omnia hæc potius in rebus humanis fato evenire vel quadam inconsulta et cœca temeritate fortunæ, quæ sine ordine alicujus providentiæ nunc ad bonos nunc ad malos ista terrena imperia et temporalium rerum fortunas deferat et transmutat. Sed etiam plura hujus rei similia in sacris scripturis invenimus. Samuel propheta de erectione Saulis in regem et iterum de ejusdem dejectione, ac consequenter de sublimatione David, a Domino ac cepta revelatione, prophetavit, ut legitur primo *Regum*, cap., xxv, xvi. Ahyas, propheta Domini, Jeroboam de ejus sublimatione in regem, super decem, tribus Israhel revelavit ut legitur III *Regum*, cap. x:. Daniel Nabucodonozor spiritu prophetico somnium suum interpretatus est de ejus dejectione a regno, et ejus restitutione post septem annos fienda, similiter de translatione regni Assiriorum ad Persas et Medos, ut legitur Danielis, cap. iv et v. Ysaias de Cyro et victoriis ab eo obtinendis prophetat, Ysaiæ xLv. Et multa similia de regnorum et regum vel exaltatione, vel depressione, vel mutatione, in divinæ historiæ libris legimus, ut intelligant universi habitatores terræ quia dominetur Excelsus in regno hominum et cuicumque voluerit dat illud ; nec sit quicquam in rebus humanis quod ullo modo subterfugere possit consilium divinæ Providentiæ, unde ipsa divina sapientia canit, *Proverb.* vii : « Per me reges re-« gnant et legum conditores justa decernunt. » Eadem etiam Dei providentia regnare aliquando facit hominem hypocritam propter peccata populi, ut legitur Job cap. xxxiv. Nihil igitur argumenti affert quo minus Johanna propheticam revelationem a Deo habuerit, quod, vel de bellis gerendis, vel de restitutione domini nostri regis in regnum ei temporalem dignitatem seu mundanum honorem ipsa prædixerit et prophetizaverit, cum multa similia in divinis historiis inveniantur.

Nunc autem respondendum est iis quæ in exordio objiciebantur in contrarium, quæ in materia istarum revelationum Johannæ magnam difficultatem afferre videbantur. Cum itaque objicitur quod prophetia, quæ est a Deo, non potest subesse falsum, prout in revelationibus factis Johannæ invenitur, quæ asseruit sibi fuisse, a vocibus sanctarum Katherinæ et Margaretæ, revelatum quod liberaretur a carceribus et manibus Anglicorum, et quod in sua societate Gallici facerent pulchrius factum quod unquam fuerit factum pro tota Christianitate, quod constat falsum fuisse et non evenisse ; facile est respondere. Nam ut ad propositum pertinet, duplex est species prophetiæ. Prout habetur in glosa in principio psalterii, quædam est prophetia præscientiæ seu prædestinationis, alia est prophetia comminationis. Deus enim dupplici modo futura cognoscit, scilicet et secundum quod in se ipsis sunt determinata, ad unum in quantum omnia in sua æternitate sibi præsentia sunt, et etiam hujusmodi eventus futuros cognoscit secundum quod sunt in suis cau-

sis in quantum ordinem causarum secundarum ad effectus intelligit
et licet contingentia futura, pro ut sunt in se ipsis sunt determinata
ad unum tantum, prout sunt in suis causis, non sunt ita determinata quin possint aliter evenire. Quamvis autem ista dupplex loquitio semper in intellectu divino conjungatur, non tamen semper conjungitur in revelatione prophetica, quia impressio agentis non semper adæquat ejus virtutem, unde quandoque revelatio prophetica est quædam impressa similitudo divinæ præscientiæ, prout intuetur futura contingentia in se ipsis veluti sibi præsentia et talia infallenter eveniunt sicut prophetantur ut illud prophetiæ Ysaiæ VII « Ecce virgo corrupiet » et Ysaiæ LIII. « Tamquam ovis ad occisionem ducetur » et multa similia quæ per prophetarum oracula multis ante sæculis quam contingerent prædicta sunt et appellatur hæc revelatio prophetica, præscientiæ sive prædestinationis. Quandoque vero prophetica revelatio est quædam impressa similitudo divinæ præscientiæ prout cognoscit ordinem causarum ad effectus et tunc quandoque aliter evenit quam prophetetur et appellatur prophetia comminationis, talis fuit prophetica revelatio quam Ysaias insinuat Ezechiæ regi dicens ei : « Dispone domui tuæ quia tu morieris et « non vives, » et tamen postea additi sunt vitæ ejus quindecim anni. Idem apparet in prophetica revelatione Jonæ qui prophetizavit Ninivitis : « Adhuc XL dies et Ninive subvertetur, » et tamen postea misertus est Dominus super maliciam secundum quam dixerat ut faceret eis et non fecit, ut legitur Jonæ III. Unde Ierem. XVIII : « Do« minus dixit repente loquar adversus gentem et adversus regnum ut « eradicem et destruam et disperdam illud. Si pœnitentiam egerit « gens illa a malo suo, quod locutus sum adversus eam agam et ego « pœnitentiam super malo quod cogitavi ut facerem ei. » Et licet in hac prophetia comminationis aliter eveniat quam prophetetur non tamen prophetiæ dicitur subesse falsum, nam talis sensus prophetiæ est, quod inferiorum causarum dispositio, sive naturalium, sive humanorum actuum hæc habet ut talis effective eveniat in proposito. Igitur dicendum quod dum Johanna sibi revelatum dicebat quod liberaretur a carcere, quod in sua societate Gallici facerent pulchrius factum etc., quod erat prophetia comminationis ; ex hoc enim Anglici comminabantur et talis tunc erat inferiorum causarum dispositio quod talis effectus evenire deberet. Sed vel ex demerito Gallorum, vel pœnitentia aliquorum gentium et partis Anglorum, qui

forsan super peccatis suis pœnitere potuerunt et placare iram divinam ; vel aliqua causa latente nos, potuit Deus mutare sententiam et si non consilium sicut patet fuisse in exemplis de Ezechia et Ninivitis allegatis. Hæc sumuntur ex doctrina beati Thomæ II, 2, quæst. 171 articulo ultimo et quæst. 174 artic. primo. Vel posset dici fuisse prophetiam promissionis quæ per dictam revelationem fiebat Gallicis, quæ quidem in divisione prophetiæ comprehenditur sub prophetia comminationis, ut dicit sanctus Thomas, quæstione et articulo novissime allegatis, quæ non semper evenit, ut prænunciatur quia talis revelatio, ut dictum est, non est nisi quædam impressa similitudo præscientiæ divinæ secundum quod cognoscit ordinem causam ad effectus, vel posset etiam aliter responderi, quod licet ipsa Johanna dixisset sibi fuisse revelatum, quod liberaretur a carceribus et quod Gallici facerent in sua societate pulchrius factum. Hoc potuit dicere secundum aliquem instinctum quem interdum humanæ mentes etiam nescientes patiuntur, secundum Augustinum II supra Genesim ad litteram. Non autem hoc dixit secundum expressam revelationem licet forsan hoc ex revelatione se dicere existimaret, unde beatus Gregorius dicit super Ezechielem quod aliquando prophetæ sancti dum consuluntur ex magno usu prophetandi quædam ex suo spiritu proferunt, et se hoc ex prophetiæ spiritu dicere suspicantur, verumtamen ne ex hoc possit error accidere per spiritum sanctum citius correcti ab eo quæ vera sunt audiunt et semel ipsos quia falsa dixerunt reprehendunt. Sic autem Johanna fecisse videtur nam licet Johanna, illa, de quibus objicitur sibi fuisse revelata, dixisset, tamen statim postea dixit sibi fuisse revelatum quod non curaret de liberatione sua et quod gratanter caperet martyrium suum, quia finaliter veniet in regnum Paridisi, per quod prius dicta ipsa expresse revocabat et hæc sibi dixerunt voces absolute et sine deffectu, et sic patet quod statim correcta fuit. Ad id etiam quod objiciebatur de signo suæ missionis, quod neque verum, neque verisimile videtur, dici potest quod ipsa ostendit satis pulchra signa suæ missionis, in eo quod ipsius opera et in ejus comitatu castra Anglorum, tam potenter extructa circum civitatem Aurelianensem, contrita sunt et Anglici partim cæsi, partim fugati et fusi, quod quasi desperatum opus erat ante ipsius Puellæ adventum. Quod autem dixit domino nostro regi per angelum comitatum angelorum multitudine et sanctis, pretiosissimam coronam de auro purissimo oblatam et quæ in secundo articulo habentur, dici potest quod ipsa noluit illis de parte Anglorum palam manifestare signum quod dederat domino nostro regi, quod etiam in processu licet de hoc sæpius commonita et interrogata facere decretavit, sciens quia, ut scribitur Tho. xii, sacramentum regis abscondere bonum est; unde, tandem importunitate interrogantium defatigata, respondit eis quantum potuit signum illud occultando, quasi parabolice seu metaphorice respondendo. Unde ut cum ipsa aliquando dixit quod ipsa erat nuntia ex parte Dei ad dominum nostrum regem ut medio ipsius recuperaret regnum suum, ut patet in processu, et aliquando quod ille angelus dixit regi suo quod poneretur ipsa Johanna in opus et statim alleviaretur patria, et aliquando etiam dixit quod signum fuit quod ille angelus certificavit regem suum quod haberet totum regnum suum, cum auxilio Dei mediante labore ipsius Johannæ, et quod poneret eam in opus. Ex dictis suis satis colligitur quod ipsa intelligebat de se quod ipsa erat ille angelus qui fecit illas promissiones domino nostro regi, quas vidimus impletas. Angelus enim nomen officii est et ministri unde appellatur sacerdos angelus Domini exercituum et de Johanne Baptisto : « Ecce ego mitto angelum meum. » Quod autem attulit et tradidit domino nostro regi coronam pretiosissimam de auro purissimo. Hæc fecit primo spe, dum illa, quæ sibi divinitus revelata erant, apparuit deinde in opere et facto subsequutum et impletum fuit ex consecratione et coronatione parvo tempore post subsequuta. Quod autem erat ille angelus comitatus aliorum angelorum multitudine et sanctis Katherina et Margareta, potuit esse quod ad opus illud a Domino deputati essent sibi etiam alii angeli præter bonum angelum proprium, qui ad custodiam unius cujuscumque hominis deputatur propter arduitatem operis in quo pendebat salus totius regionis, et licet alii eos non viderent visione ; tamen evenisse et accidisse in sacris scripturis legimus et ad hunc intellectum quod ipsa esset ille angelus de quo loquitur dictus secundus articulus bene convenit quod ipsa dixit ipsum angelum se inclinasse coram domino nostro rege et ei reverentiam exhibuisse. Si qua autem occultiora signa dederit domino nostro regi et dominis qui ipsam tunc et materiam suarum revelationum examinarunt se refert de hoc ipsis consulentibus.

Ex his quæ supra dicta sunt et determinata ex verisimilibus conjecturis et argumentis in materia istarum revelationum Johannæ Puellæ facile est cætera omnia dissolvere et refellere ex quibus assertis judices, qui eam condemnarunt et consultores eis faventes ream diversorum criminum eam esse dicebant.

Igitur quo ad reverentiam quam ipsam exhibuit sanctis angelis Michaeli, Gabrieli et sanctis Katherinæ et Margaretæ, constat satis ex processu, quod non venerabatur eos neque eis exhibebat cultum latriæ, qui soli Deo debetur, nam ab ipsis requirebat quod impetrarent sibi auxilium a Domino ; per quod apparet et orationem et cultum quod eis offerebat dirigi primo et principaliter in Deum et sic bonam et catholicam intentionem ipsam habuisse. Item ipsa dixit quod venerabatur ipsas sanctas Katherinam et Margaretam, credens esse illas quæ sunt in Paradiso, et quo hæc faciebat in honorem Dei, beatæ mariæ et dictarum sanctarum quæ sunt in Cœlo. Et si patet quod in hoc ipsa nihil deliquit. Quod autem objicitur quod eis virginitatem vovit et tamen notum est actus latens et soli Deo offerendus, juxta illud Ysaiæ xix. Colent eum in hostiis et muneribus et vota vovebant Domino et solvent illud Ysaiæ lxxv « Vovete et reddite Domino Deo vestro etc. » Unde dicitur in idolatriam cecidisse vovendo eis virginitatem. Facilis est responsio, ut enim dicit Doctor sanctus ii, 2 quæst. 55, articulo 5 : « Licet votum soli Deo fiat, tamen potest licite fieri homini vel Angelo promissio alicujus boni, et ipsa promissio boni, quæ fit homini, potest cadere sub voto in quantum est quoddam opus virtuosum. » Et per hoc intelligendum est quod quis vovet aliquid sanctis, vel prelatis, ut ipsa promissio facta sanctis, vel prelatis cadat sub voto materialiter in quantum scilicet homo vovet Deo se impleturum quod sanctis vel prelatis promittit. Et quod isto modo Johanna intellexerit si aliquando dixerit se sanctis prædictis vovisse virginitatem, apparet ex processu. Nam habetur quod, prima vice qua habuit voces, juravit servare virginitatem, et erat tantum annorum XIII.

Item habetur quod ipsa declaravit illud, quod ante dixerat se esse certam de sua salute, se intelligere conditionaliter, scilicet si ipsa quod promisit Deo servaverit videlicet virginitatem tam corporis quam animæ. Ex quibus bene colligitur qualem intellectum ipsa in hujusmodi virginitatis voto habuerit, apparet enim quod Deo obtulit et vovit se servaturam illud quod ipsis sanctis de sua virginitate promiserat, seu juraverat, et ita istud sibi non obstat.

Ex quo etiam apparet ipsam Johannam nihil præsumptuosum aut denium a fide dixisse, dum ipsa dixit quod de eundo in Paradisum erat ita certa sicut si jam esset in gloria beatorum. Nam ipsa hoc ita absolute non protulit sed sub ista conditione videlicet si servaret virginitatem tam corporis quam animæ, quam ipsa Deo et sanctis promisit se servaturam. Quod idem est ac si dixisset si ab omni peccato mortali caveret : anima enim, quotiens relicto Deo creatore suo per inobedientiam et transgressionem mandatorum in peccatum mortale labitur, totiens a dæmone cui se jungit virginitate amissa, prostituta quodammodo esse censetur, ut patet lege tertia, unde Apostolus ad animam cujuslibet fidelis loquens « Emulor, inquit, vos Dei æmulatione ; despondi enim vos ad virginem castam exhibere Christo. » Id est, non fornicatam spirituali fornicatione per quam omne peccatum mortale intelligitur. Est autem articulus simboli fidei, de quo dubitare non licet, quod qui bona egerint ibunt in vitam æternam, unde Mathæi XIX : « Salvator noster respondit « cuidam se interroganti : Si vis ad vitam ingredi serva mandata. » Nihil igitur Johanna puella deliquit, dicens se certam de salute sua si virginitatem corporis et animæ, quam Deo voverat, conservaret, in quo omnium intelligenda est adimpletio mandatorum.

Utrum autem ipsa Johanna fuerit divinæ et canonicæ legis prævaricatrix propter gestationem virilis habitus et armorum et comæ suæ amputationem, videretur forsitan nonnullis quod sic quia lege divina hoc est prohibitum, dicitur enim *Deuteronomii* xxii : « Non induatur mulier veste virili nec vir veste muliebri. » Similiter et can., « Quæcumque mulier, [1] » ubi hoc sub anathemate prohibetur. Sed certe, si inspiciamus legationem ad quam divinis jussa revelationibus ipsa Johanna destinata fuisse, verisimiliter creditur et ministerium armorum ex quo inter armatos ex divino præcepto, ut dictum est, eam vacare oportebat causa rationabilis suberat cum virili veste inter tot armatos et militares viros uteretur, scilicet ne ipsos ad sui concupiscentiam incitasset, si exterior habitus et cultus ipsius sexum muliebrem indicasset, et etiam ad usum et exercitium armorum quibus eam intendere et vacare oportebat, vestis muliebris impedimento fuisset et indecens. Unde etiam non irratio-

---

[1] *D. Grat.* D. XXX, 2.

nabiliter existimandum arbitror verum esse quod dixit, scilicet se
Dei præcepto, per revelationes vocum, hujusmodi virilem habitum
et arma sumpsisse et portasse, propter quod contra Dei præceptum
de quos sibi constabat in hoc homini parere non debebat ; sed etsi
de hoc habitu virili portando et defferendo specialem revelationem
non habuisset, suberat tamen causa rationabilis suppositi fundamento suæ missionis ad bella gerenda et ipsis intercessendum, prop-
terquam hujusmodi habitum rationabiliter sumere et defferre sibi
licebat. Non enim causa lasciviæ vel idolatriæ superstitionem ob
quam Gentiles talibus mutationibus habituum utebantur. Quæ fuit
ratio propter quam Dominus hoc in lege prohibuit, ut dicit Doctor
sanctus II, 2, quæst. 159, articulo secundo. Hujusmodi virilem habitum gestabat, sed, ut dictum est, ne armatos viros et alios, inter
quos versari eam oportebat die noctuque, ad concupiscentiam sui
provocaret, et ut ad defferendum arma quibus se protegeret expedi-
tior esset. Unde idem doctor in loco allegato dicit quod propter aliquam necessitatem, puta causa occultandi se ab hostibus et pudicitiam suam tuendi, vel propter deffectum alterius vestimenti, vel
aliam similem causam, licite mulier uti potest veste virili, absque
defensione seu prævaricatione præfatæ legis canonicæ, aut divinæ.
Hujusmodi autem mutationis habitum ob rationabilem causam,
etiam multarum sanctarum mulierum exempla habemus, quas, religionis et tuendæ pudicitiæ suæ causa, virili veste usque ad suprc-
mum vitæ exitum usas legimus, ut de sancta Margareta dicta Pel-
lagius, et de sancta Theodora dicta Theodorus in legenda aurea invenitur. Similiter de sancta Marina dicta Marinus et de quadam
Alexandrina virgine nomine Eufrosina dicta Smaragdus, eadem refert frater Vincentius in Speculo historiali, lib. XIII, cap. 74. Quæ
omnes sub virili veste, in monasteriis virorum, ab omnibus reputa-
tæ pro viris, religiosissime ac devotissime vixerunt et, post mortem,
primum sexus discretione examinata corpora ostenderunt, et variis
miraculis claruerunt. Duæ enim sunt leges, publica et privata, ut
habetur [*Decret. Grat.* Causa] XIX, quæst. 2 [can. 2], ; Qui privata lege
ducuntur spiritu Dei aguntur, et non sunt sub lege communi et publica, quia ubi spiritus, ubi libertas, secundum Apostolum *ad Gal.* cap. V;
unde patet responsio ad ea quæ contra ipsam virilis vestis delationem Johannæ facere videbantur. Nam illud *Deuteronomii* XXII, et canones allegati intelliguntur, ubi mulier virili veste uteretur, aut co-

mam sibi amputaret ad lasciviam aut ob superstitionem, secundum ritum veterem Gentilium, ut dictum est, non autem ubi, vel propter aliquam rationabilem causam et honestam, vel lege privata ducta quæ dignior est publica, mulier propter aliquod magnum bonum tali habitu uteretur, ut in facto Johannæ fecisse creditur.

De eo vero quod parentes inscios ipsa illicentiata reliquit unde dicuntur præ dolore facti quasi dementes similiter nonnullis videri potest contra divinas leges ipsam in hoc egisse. Præceptum est enim a Domino honorari a filiis patrem et matrem, *Exode* xx, et eis obediri, *ad Philippenses*, cap. ultimo. Similiter et contra canonica instituta quibus inhibetur filius sub anathemate ne parentes maxime fideles deserant obtentu divini cultus et non potius eis debitum honorem reddant, *Dist.* xxx, Can. primus. Sed certa his suppositis quæ supra de revelationibus quas habuit exposita sunt. Consequens est dicere quod obediendo legi privatæ quæ, ut dictum est, dignior est publica et ei nihil præjudicat, nec peccavit in dimissione parentum unde ille canon intelligendus est, quando filii deserunt parentes obtentu divini cultus per superbiam quasi propter cultum divinum debeant contemnere parentes et non potius eis debitum honorem reddere vel ob senitatem et superstionem quadam occasione verbi Salvatoris nostri quo dicit : « Omnis qui reliquerit patrem et matrum propter me centuplum accipiet. » Quod non ita intelligendum est ut parentibus non obediatur vel eis debitus honor non reddatur. Non itaque intelligendus est canon allegatus, ut dictum est, ubi spiritu Dei et lege privata aliquis ductus, divinæ admonitioni vel præcepto obtemperans, parentes deserit, non per superbiam et contemptum, vel ut eos contristet, sed ne ipsum a sancto proposito suo retrahant aut impediant, vel ab implendo præceptum occultum spiritus sancti, prout Johanna verisimiliter timebat, si suum recessum et causam ipsius suis parentibus denuntiasset ; verisimiliter enim, suarum revelationum excutionem pro posse impedivissent. Unde de multis sanctis legimus quod fervore devotionis et charitatis accensi, alii parentes, alii conjuges, aliæ maritos lege privata acti, reliquerunt, ut de sancto Alexio Romano legitur, de sancto Thoma de Aquino, de illis etiam sanctis mulieribus Margareta dicta Pelagius, Theodora, Marina et Eufrosina legitur in locis superius allegatis et de quam plurimis aliis in legendis sanctorum

invenitur. Sed et supposito quod de deserendo parentes licentia ab
eis minime obtenta præceptum a Deo specialiter non habuisset et
quod in hoc ipsa deliquisset non tamen sequeretur quod vel schismatica vel a recta fide devia judicari debuisset ; non enim omnis qui
deliquit contra mandata divina vel sacros canones est schismaticus
vel hæreticus, nisi pertinaciter quis vellet asserere aliquem non
peccare contra divina. mandata, vel præcepta, aut prohitiones sacrorum canonum scienter veniendo quod hæreticum esset, can.
« Nulli fas » [1] ; can. « Violatores canonum [2]. » Hoc autem ipsa Johanna non asseruit, imo, ut apparet ex processu, ipsa post recessum suum parentibus suis scripsit de causa sui recessus, qui veniam sibi dederunt.

Quia vero ipsa asseruit aliquando quod ita erat certa quod ille,
qui sibi apparebat, erat sanctus Michael et quod ita firmiter hoc
credebat sicut credebat quod Dominus noster Jhesus Christus passus
fuerat et mortuus pro redemptione nostra, ut habetur in tertio articulo formato per illos ; de parte Anglorum dubitatur an per hoc
potuit judicari male sentire de fide nostra et ipsius certitudine et
videtur quod sic nam « Dubius in fide infidelis est, » *De hæreticis*. [3]
Et etiam titubans, ut legitur et notatur in can. « Aperte » [4] ; *De
summa trinitate*, Cap. « Firmiter »,[5] et in simbolo Athanasii. Ipsa
autem Johanna non videtur posse fuisse certa si ille, qui sibi apparebat, erat sanctus Michael, licet de hoc opinionem et æstimationem
habere posset, quæ opinio est assensus in aliquid cum formidine de
opposito, ut dicit Philosophus in primo posteriorum, ut enim Apostolus ait : « Malus angelus aliquando se transfigurat in angelum
lucis », dicens igitur se hæc ita firmiter credere sicut credebat Dominum nostrum Jhesum Christum passum et mortuum pro redemptione nostra, et adæquans certitudinem articulorum fidei ad illam
opinionem quam habebat, videtur fuisse dubia aut formidans seu
titubans in fide, et sic infidelis et hæretica, secundum illam acceptionem hæresis, secundum quam dubius circa articulos fidei, hære-

[1] *D Grat.*, D. XIX, 5.
[2] *D. Grat.*, C. XXV, 1, 5.
[3] *D. Greg.* V, 7, 1.
[4] *D. Grat.*, C. XXIV, 1, 36.
[5] *D. Greg.*, I, 1, 1.

licus appellatur. Sed ista ratione non obstante, ego existimo Johannam convenienter prædicta verba enunciare potuisse, supposito pro vero quod in superioribus de ejus revelationibus conclusum est; dictum est enim supra quod ipsa Johanna divinas revelationes, ministerio beatorum spirituum, accepit. De iis autem, quæ expresse per spiritum prophetiæ, quæ nihil aliud est quam revelatio vel inspiratio divina rerum eventum immobili veritate prænuncians, secundum Cassiodorum propheta prædicit, maximam habet certitudinem et pro certo habet quæ sunt sibi divinitus revelata, unde dicitur Hieremiæ xxv : « In veritate misit me Dominus ad vos, ut loquerer in aures, vestras hæc omnia verba. » Alioquin si de hoc ipse certitudinem non haberet, fides nostra quæ dictis prophetarum innititur certa non esset et signum propheticæ certitudinis accipere possumus, secundum Doctorem sanctum ii, 2 quæst. 1, art. 171. Ex hoc quod Abraham ammonitus in prophetica visione se præparavit ad unigenitum filium immolandum, quod nullatenus fecisset nisi de divina revelatione fuisset certissimus, similiter nec angelo prohibenti ne manum in puerum extenderet ullomodo credidisset ad detrectandum implementum præcepti quod a Deo se habuisse certitudinaliter sciebat nisi etiam certus fuisset quod Angelus ad hoc sibi a Deo missus extitisset cujus imperio perfecte obedire cupiebat. Sic itaque in proposito dicendum est quod per expressum inspirationem et revelationem divinam quam ipsam Johannam habuisse existimandum arbitror certitudinaliter sciebat quod ille angelus bonus erat et Michael qui sibi divinas revelationes annuntiabat, unde ex illa certitudine dicere poterat se de hoc penitus esse certam, sicut dicuntur prophetæ esse certi de futuris contingentibus de quibus per illustrationem divini luminis revelationem propheticam accipiunt. Vident enim in hujusmodi lumine, tamquam in speculo æternitatis, hujusmodi futuros eventus velut præsentes quod Deus in suæ æternitate semper presentialiter intuetur et videt, ut idem Doctor sanctus ait Quæst. prima, 73, art. 1. Quod autem magnam certitudinem haberet ipsa Johanna de his quæ per revelationem acceperat argumentum magnum est quod, ut ex variis locis processus apparet, ipsa nullatenus sæpius hæsitans constanter asseruit se omnino certam esse quod Anglici de regno Franciæ expellerentur et quod dominus noster rex in regnum plenarie restitueretur, quod postmodum videmus contigisse. Sed et facilis responsio et communis ad salvandum ejus dictum dari posset, quod, ut, sicut importat non omnimodam similitudinem neque adæquationem identitatis certitudinis, sed aliquam similitudinem quod sufficit. Est enim adverbium similitudinis, similitudo autem secundum philosophum est verum differentium eadem qualitas. Satis igitur est ad salvandum præfatam similitudinem quod in utrobique fuit similitudo in certitudine æquali, licet non fuerit in utroque similium certitudo æqualis, unde et in simbolo Athanasii dicitur quod sicut anima rationalis et caro unus est homo ita Deus et homo unus est Christus, et tamen constat quod lata est differentia uniusque unionis, nam anima rationalis et caro faciunt unam naturam et formam totius quam humanitatem appellamus. Deus autem et homo non unam naturam et formam totius faciunt, sed unum Christum habentem duas veras naturas scilicet divinam et humanam quæ tamen unum Christum faciunt et unicum suppositum sive hypostasim, nam humana natura in Christo suppositatur in supposito et hypostasi verbi divini et sic in illa similitudine lata satis invenitur et manifesta dissimilitudo et per ea quæ supra dicta sunt, est clara responsio ad nonnulla quæ sibi in processu Anglicorum pro magnis objiciebantur, quod ipsa se quorumdam contingentium futurorum et aliquorum, a communi cognitione hominum distantium et remotorum se habere dicebat.

Restat nunc examinare utrum ex confessionibus et responsionibus Johannæ potuerit juridice et rationabiliter censeri et judicari schismatica et hæretica contra articulum fidei « Unam sanctam Ecclesiam catholicam etc... ; » in quo puncto maxime venata fuisse dicitur, ut in laqueos mortis, qui sibi tendebantur, incideret et videtur quod juste potuerit dici et judicari schismatica, nam omnis catholicus viator debet submittere dicta et facta sua judicio militantis Ecclesiæ, cui in persona principis apostolorum data est a Domino potestas ligandi et solvendi, Mathæi xv. « Qui enim recusat se sub-
« mittere judicio Ecclesiæ, præsertim summi pontificis, videtur se
« a capite Ecclesiæ cujus ipse summus pontifex vices gerit in terris
« præscindere et separare, et ab unitate corporis mistici Ecclesiæ
« sese dividere, quæ habet caput unicum Christum, » ut Apostolus ait ad Ephesios I, et beatus Cyprianus martyr. Sed ipsa Johanna, de revelationibus quas se habuisse asserebat, de virilis habitus et ar-

morum gestatione, recusavit se submittere determinationi militantis Ecclesiæ, seu cujuscumque hominis mundi. Igitur fuisse schismatica videtur et separasse se per hoc ab unitate quæ est omnium membrorum corporis Ecclesiæ invicem et ad caput. Ex quo etiam infertur cum in isto schismate obstinate permanserit quod hæretica fuerit et perverse sentiens de fide circa articulum *Unam sanctam* etc., ut enim ait beatus Hieronimus super epistola ad Galatas, licet in exordio videatur schisma ex aliqua parte diversum ab hæresi, tamen nullum schisma est quin sibi aliquam hæresim confingat, ut recte de Ecclesia recessisse videatur. In hoc autem puncto in quo, ut dictum est, qui Johannæ sitiebant sanguinem et condemnationem maxime eam captam et suis tendiculis irretitam credebant, puto, ut in cæteris punctis superius examinatis, ipsius Johannæ innocentiam facillime posse tutari et deffendi. Et, quamquam in cæteris omnibus, tamen in isto maxime puncto, calumnia et iniquitas judicantium et eis assidentium patefieri potest et ostendi. Cum imperfecte nimis, crude et calumniose articulum suum XII excerpserunt in quo dicunt eam simpliciter recusasse se refferre de suis dictis et factis determinationi militantis Ecclesiæ seu cujuscumque viventis. Constat enim ex processu quod ipsa requisivit quod duceretur coram papa, et ipsa, coram eo, responderet quicquid deberet. Ex quo, ut supra ostensum est per appellationem ut poterat requirens superioris judicis examen, inferiorum qui sibi hostes erant judicium declinabat, expresse etiam ipsa dixit quod debebat obedire domino nostro papæ Romano, cum tunc in Ecclesia schisma esset, vel esse timeretur, et quod in eo ut summo pontifice credebat. Item, quod si dixisset vel fecisset aut supra se esset aliquid quod clerici scirent dicere esse contra fidem christianam quam Dominus noster stabilivit, ipsa non vellet sustinere sed expellere, et, iterum interrogata an deberet plenarie respondere Papæ, requisivit dicens : « Ducatis « me ad eum et ego respondebo quod debeo. » Item cum super ista submissione Ecclesiæ multum et diu defatigata fuisset et de ea adhuc interrogatur, ipsa respondit per hæc verba : « Quantum est, « inquit, de submissione, ego respondi de isto puncto. De omnibus « operibus quæ ego feci et dixi ipsa transmittantur Romam ad do- « minum nostrum summum pontificem ad quem et ad Deum primo « me refero. » Et iterum super hoc interrogata : « Ego, inquit, me reffero Deo et domino nostro papæ. » Ex quibus et aliis fideliter et diligenter excerptis per dominum Paulum Pontanum, ad ostendendum imperfectionem articulorum formatorum contra Johannam, liquido apparet falsum fuisse et esse quod ipsa Johanna simpliciter et universaliter judicium militantis Ecclesiæ subire recusaret, cum expresse judicio domini nostri summi pontificis ad quem talis causa ardua referri debebat, ut superius extitit allegatum, et clericorum non suspectorum se submitteret. Unde et unus ex testibus examinatis extra processum deponit, quod cum ipsi Johannæ querenti ab episcopo Belvacensi ipsam interrogante « Quid esset Ecclesia, » et dicente sibi : « Quantum est de vobis, nolo me submittere « vobis quia estis meus inimicus capitalis. » Et, cum ipse testis exposuisset quod celebrabatur Concilium generale in quo erant prelati etiam de parte sua, ipsa statim dixit quod illi Concilio se submittebat : sed a præfato episcopo fuit ipsi testi statim imperatum silentium in nomine diaboli. Similiter etiam, tam ex processu quam ex depositionibus testium examinatorum extra processum, clare apparet quod ipsa dum admoneretur se submittere Ecclesiæ, non bene intelligebat quid per Ecclesiam quo ad talem submissionem faciendum intelligeretur. Dicebat enim quod ipsa non erat quæ deberet impediri ire ad Ecclesiam et audire missam. Et aliquando dicebat : « Ducatis me ad Ecclesiam. » Sed certe et si postea melius intellexerit quid sibi per Ecclesiam significaretur tum quia videbat interrogantes eam intelligere Ecclesiam ipsos assertos judices, et cœtum et collectionem consiliarorum eis assidentium quos cognoscebat esse suos inimicos, justissime se tali Ecclesiæ, vel Ecclesiæ taliter intellectæ recusabat, ut supra in prima parte hujus consilii ostensum est, ubi de recusatione judicum facta per ipsam Johannam dictum est. Potest etiam non improbabiliter dici quod quamquam quantum ad diffinitionem et determinationem articulorum fidei et dubiorum de ipsis vel circa eos suborientium similiter et de ordinatione eorum quæ ad mores et rectam vitæ institutionem pertinent, quibus fidelis viator debeat in dictis vel factis suis se submittere determinationi summi pontificis et universalis Ecclesiæ vel judicio proprii prælati sui ubi quæstio suborta inveniretur jam per Ecclesiam decisa et determinata tamen in his quæ facti sunt et particulari hominum certa fide cognita et quæ cæteros latent non deberet quis præcise cogi ad denegandum et diffitendum factum cujus ipse certam notitiam et indubitatam haberet alioquin injustum iniquum et impossibile esset judicis præceptum et ipso jure nullas vires haberet. F. *De sent. sive appellatione rescindenda.* « Paulus respondit [1], » et L. « Impossibilium, » *De re judicata*. Nam si ille qui facti quod cæteros latet certam et indubitatam habet notitiam, negaret et deffiteretur factum, mendacium incurreret quod est divina lege prohibitum et agendo contra conscientiam suam ædificaret ad gehennam et hoc, ut arbitror, fuit quod ipsa Johanna aliquando dicebat, scilicet quod impossibile sibi erat facere vel dicere contrarium eorum quæ fecerat aut dixerat ex præcepto Dei, et quod se referebat ad solum Deum præcipue quo ad materiam suarum revelationum et eorum quæ dixit se fecisse per revelationes. Cum autem, ut supra ostensum est, supposito pro vero fundamento suo, scilicet quod habuerit divinas revelationes et a lege privata, scilicet a spiritu Dei certa præcepta et mandata implenda illi autem qui habent propheticas revelationes certam cognitionem habeant de veritate suarum revelationum et quod a Deo sint discernant quæ inter illa, quæ ex prophetica revelatione prænunciant, et illa quæ dicunt per spiritum proprium, ut dicit Doctor sanctus, Quæst. 171, articulo quinto. Cum revelationes ipsi Johannæ factæ cæteros laterent sibi autem certissimæ existerent non videtur rationabile neque discretum præceptum fuisse assertorum judicum etiamsi judices legitimi fuissent quod ipsa præcise abjuraret se tales revelationes habuisse. Imo erat impossibile præceptum de jure, ut dictum est, maxime cum Ecclesia de occultis non judicet. Sed et ubi in tali facto tales revelationes abnegare et abjurare compellenda fuisset, cujus contrarium arbitror tamen sufficere pro compulsoria debuisset ecclesiastica censura. Quam etiam certe potius humiliter ferre et tolerare debuisset quam agendo contra conscientiam suam præcepto sibi facto parere et mentiendo ac deierando abnegare se a Deo revelationes habuisse et eas abjurare. Non autem usque ad pœnam mortis nisi præcepto pareret progredi debuisset sicut factum fuit, potissime cum in omnibus dictis et factis suis et admonitionibus ac præceptis sibi per revelationes factis nihil penitus contrarium aut denium a recta fide et sana doctrina inveniretur, imo omnia optima et saluberrima præcepta quæ nullomodo præsumi posset ab immundis et malignis spiritibus processisse. Si qua au-

---

[1] *Dig.*, XLII, 1, 42.

tem, vel de mutatione habitus, vel de portatione armorum, extra communem regulam in ipsa extranea videantur, non fuerunt talia quin in divinis historiis et sanctorum legendis aliquando inspiratione divina legamus contigisse, ut ostensum est. Nec ipsa dogmatizabat, exemplo suo talia esse a cæteris præsumenda, sed sibi singulariter lege privata, quæ divina inspiratio est, esse præcepta.

Ex his omnibus apparet quod, ex confessionibus et responsionibus, dictis et factis Johannæ, sive singulariter acceptis, sive simul collectis, nihil inveniri potest cur juste et canonice posset judicari schismatica aut hæretica. Cum etiam de revelationibus occultis, quas se habere affirmabat et generaliter de omnibus dictis et factis suis expresse judicio summi pontificis, cujus in talibus arduis et occultis debet esse judicium, se submitteret. Absurdum enim esset dicere, etiam ubi causam tractaretur, quæ secundum regulas canonicas ad judicium inferiorum prelatorum pertineret quem dicere esse schismaticum vel hæreticum pro eo quod se sui ordinarii judicis, judicio submittere recusaret a quo forsan oppressus juste appellavit, vel quem propter legitimas suspicionum causas recusavit, sicut utrumque eo modo quo poterat ex justis et rationabilibus causis fecisse Johannam, satis supra ostensum est. Si igitur inique et injuste, decernabatur propter sua facta et dicta schismatica, hæretica, superstitiosa, divinatrix, blasphema in Deum et sanctos, dæmonum invocatrix, et cætera hujusmodi, quæ in cedula, quam a se minime intellectam eam abjurare metu mortis coegerunt, multo injustius, iniquius et irrationabilius condemnata fuit. Postmodum esse relapsa. Cum relapsus nemo in hæresim dici possit, ut dictum est supra, nisi ille qui rite et canonice abjuravit hæresim in quam constabat eum esse lapsum, vel de ea vehementer suspectum et postmodum in ipsam rediisse invenitur, ipsa autem Johanna neque perante in hæresim lapsa, neque de hæresi vehementer suspecta erat, neque abjurasse juste censeri debebat contenta in scedula sibi lecta quæ, ut asseruit, minime intelligebat, de quorum etiam majore parte, ut supra ostensum est, neque confessa, neque convicta, imo nec in processu habito mentio erat.

CONCLUSIO

Et hæc sunt salva in omnibus correctione et emendatione sanctissimi domini nostri summi pontificis et omnium perspicatius intelligentium quæ de revelationibus Johannæ dictis et factis suis processu et sententia contra ipsam habitis mihi videntur; quatenus de processu et actis causæ mihi constare et apparere potuit per quaternum mihi transmissum per venerabilem et circumspectum virum dominum decanum novioniensem, sacræ theologiæ professorem egregium, in quo quaterno continentur articuli xii eliciti per Anglicos, et consequenter additiones et determinationes excerptæ de processu ad veritatem per peritissimum utriusque juris doctorem dominum Paulum Pontanum, una cum scedula, secundum quam judices fecerunt abjurare Johannam, ac etiam certis dubiis per præfatum dominum Paulum conceptis et elicitis pro consilio peritorum de super inquirendo.

Cætera multa suppleri possent et addi his quæ dicta sunt ex hujusmodi additionibus et excerptis domini Pauli. Sed, quæ dicta sunt mihi pro consilio danda, visa sunt sufficere, neque enim necessarium putavi specialem mentionem facere neque de saltu turris, neque de signis litterarum Johannæ, neque de crudelitatibus quæ sibi falso imponebantur et talibus hujusmodi quæ nullius aut modicæ dubitationis existimavi. Satis etiam per dicta excerpta, sive additiones domini Pauli colligitur, purgatio clara omnium talium objectorum. Si quid autem in isto consilio aliquis, vel superfluum existimaverit, vel diminutum ignoscat, quæso et indulgeat peritiæ scriptoris.

Subscriptum et signatum per me Thomam, immeritum episcopum Lexoviensem, inter juris doctores minimum.

IX

OPINIO MARTINI BERRUIER [1]

OPINIO REVERENDI IN CHRISTO PATRIS ET DOMINI, DOMINI MARTINI
BERRUIER, EPISCOPI CENNOMANENSIS

Ad gloriam Dei.

« Juste quod justum est persequeris », Deuteronome xvi, 20.
Verba hæc ad judices præcipue diriguntur, de quibus, paucis interpositis præmittitur : « Judices constitues ut judicent populum justo judicio. » Ad hoc autem quod sit justum judicium, exigitur quod judicetur quod justum est, quoad materiam judicii, ut videlicet absolvantur innocentes et noxii puniantur, et pro mensura peccati sit et pœnarum modus. Exigitur etiam ut juste judicetur quoad formam et modum judicii, quia, secundum expositores, modus procedendi debet esse justus et rectus. In utroque autem, pro-

---

[1] Martin Berruyer originaire de Touraine fut professeur de rhétorique à l'Université de Paris, puis sociétaire au collège de Navarre, enfin évêque du Mans de 1449 à 1467, époque de sa mort.
Ce mémoire est daté du 7 avril 1456, il avait été donc préalablement fait sur la demande des juges du procès de réhabilitation, et d'après les enquêtes du cardinal d'Estouteville.

cessus factus contra juvenculam quæ vulgariter Johanna Puella vocabatur, vitiosus fuit, quia neque judicatum est quod justum est quoad materiam, neque juste quoad formam. Quoad formam quidem corruit processus, quia dominus Petrus Cauchon, episcopus Belvacensis, non erat competens ipsius Johannæ [judex]; quia ipse et sibi assistentes, ut pote capitales ipsius Johannæ inimici, fuerunt ab ea recusati ; quia se dicta et facta sua domino nostro Papæ submisit ; quia se dicta et facta sua ad Papam et Concilium generale remitti petiit, quod vim appellationis habuit, etsi verbum appellationis ex simplicitate non expressit, et legitime quidem propter præmissa appellavit; etiam propter denegationem directorum et propter multa gravamina sibi illata, et propter arduitatem materiæ de qua agebatur, et propter multa alia quæ peritissimi juristæ qui in hac materia scripserunt, eruditissime expresserunt, probantes efficacissime processum contra dictam Puellam factum subsecutamque sententiam, quoad formam, nullos esse, aut saltem adnullandos et irritandos.

Videtur autem principaliter insistendum circa materiam processus, hoc est, dato quod processus fuisset alias juridicus, si ipsa Johanna debuit talis qualis in sententia contra eam lata exprimitur, judicari atque ignis supplicio tradi. Eo enim fine prætensi illi judices sibique assistentes illam Puellam tanquam gravissimis illis criminibus in sententia eorum expressis, irretitam condemnarunt, ut grandem hanc maculam in gloriam domini nostri regis christianissimi sibique fidelium subditorum ponerent, quod in bellis suis, in sua coronatione, in recuperatione regni sui, mysterio usus sit hujus fœminæ quæ erat superstitiosa, divinatrix, invocatrix dæmonum, idolatra, blasphema, schismata, hæretica et aliis pessimis criminibus in sententia contra eam lata expressis, infecta. Nam et quidam, Rothomagi, in sermone publico, præsentibus judicibus præfatis et sibi assistentibus ita exclamasse fertur : « O regnum « Franciæ olim reputatum christianissimum, regesque tui ac prin-

---

M. de L'Averdy avait lu comme signature Martin de Wesines ou de Beuzines, cependant avant lui Lenglet-Dufresnoy avait bien déchiffré le nom de Martin Berruyer.

Nous donnons ce mémoire d'après le manuscrit 5970 de la Bibl. nationale, fol. 144 recto à 151 recto. Il se trouve reproduit dans les autres manuscrits du procès de réhabilitation.

« cipes christianissimi ! Nunc vero per te, o Johanna ! Rex tuus, qui
« se dicit regem Franciæ, tibi adhærendo et dictis tuis credendo,
« effectus hæreticus et schismaticus. » Ad quem Johanna constanter
ait : « Salva reverentia, non est verum sicut dicitis, quia volo vos
« scire quod non est inter christianos viventes, melior catholicus
« eo. »

Circa materiam igitur processus insistendo, ponentur quinque capitula.

Capitulum I. Quod in his ad quæ Johanna se missam dicebat, agebatur non humanitus, sed a quodam spiritu superiori.

Capitulum II. Quod ipsa Johanna in his ad quæ se missam dicebat, videbatur agi non a maligno spiritu sed a spiritu Dei.

Capitulum III. Quod Johanna non fuit talis qualis in sententia contra eam lata exprimitur.

Capitulum IV. Responsio ad illa quæ objiciuntur vel objici possunt contra Johannam et quæ in dictis et factis ipsius difficultatem videntur ingerere.

Capitulum V. Conclusio sequens ex præmissis : quod ipsa Johanna temerarie et injuste fuit judicata impieque igne concremata.

CAPITULUM I

Quod in his, ad quæ Johanna se missam dicebat, agebatur non humanitus, sed a quodam spiritu superiori.

Deducitur hoc ex septem motivis.

Primo, ex conceptione arduissimæ rei ad quam se missam dicebat. Quis enim diceret ipsam in ætate XVII annorum quæ innupta erat simplicissima ex infimis orta parentibus, greges ovium sequens humanitus concepisse rem tam arduam et supra opinionem, spemque omnium ut adiret regem Franciæ et assereret se missam ut per eam liberaretur, regnum Franciæ a miseria in qua erat et debellaretur Anglici et levaretur obsidio aurelianensis, rex coronaretur Remis et recuperaret regnum suum cum soleant juvenes puellæ esse simplices, verecundæ, pavidæ, maxime quando sunt pauperes et in rure nutritæ. Videtur igitur quod conceptio hujus rei arduissimæ immissa fuerit in cor ejus ab aliquo spiritu supra hominem.

Secundo, ex constanti ac firma persistentia ipsius in eo quod se facturam dicebat, nam cum ab his quibus hanc rem detexit increparetur suadereturque ei ut ab hujusmodi phantastica imaginatione desisteret non acquievit sed perstitit constantissime. Ex quo comicitur conceptionem hujusmodi non ingenio humano confictam, sed ab aliquo superiori spiritu immissam, juxta id quod Gamaliel dijudicavit de dictis et factis Apostolorum, Act. v. « Discedite, inquit, ab hominibus istis et linite illos, quoniam si est ex hominibus consilium hoc aut opus dissolvetur, si vero ex Deo est non poteritis dissolverē eos sed linite illos ne forte ex Deo præpugnare videamini. »

Tertio, ex aggressu ipsius rei ad quam se missam dicebat. Nam pro nihilo ducens viarum discrimina, labores longi itineris, spatia a domo paterna quæ per cxxx leucas distat ab oppido Caynonense in ducatu Turoniæ, ubi tunc rex residebat, per districtus jumentorum cum trium equitandi non haberet equum ascendit et usque ad regem pervenit.

Quarto, ex hoc quod cum Pictavis et in Caynone spatio trium ebdomadorum per prelatos, doctoresque et peritos juris divini et humani examinata fuisset, rex, antedicti prelati et doctores domini de consilio regis, sed et militares et plebs subdita regi fidem dictis ejus adhibuerunt, quod non videtur humano consilio aut prudentia factum, sed potius ad assentiendum illi Puellæ videntur mota omnium illorum corda ab aliquo spiritu superiori ab illo nimirum qui hujus rei conceptum menti illius juvenculæ immiserat cum, ex una parte, illa abjecta et pauperrima esset et in his quæ extra ea ad quæ se missam dicebat, ut fertur pene idiota appareret. Ex alia vero parte ea ad quæ se missam asserebat essent difficillima et præter credulitatem et spem attenda maxima potentia Anglicorum et dejectione regis, qui tunc omni pæne destitutus erat humano auxilio; jungitur ad hoc quod de omni pæne regione regi subdita, homines de omni statu et nobiles et oppidani et rurales in copiosa multitudine secuti sunt eam ultro, non coacti, non vocati, non stipendiati, sed propriis expensis. Quis, quæso, diceret hos omnes unanimiter ad hoc humanitus motos et non potius ab aliquo spiritu superiori illo videlicet a quo et ipsa agebatur ?

Quinto, ex processu ipsius Puellæ. Cum enim sexus muliebris, natura deficiat sensu mollis sit ad perferendas labores timidus quoque et quasi folium quod a vento movetur tremat ab occursu armatorum. E regione Puella hæc, inexperta bellorum, uti per fide dignos refertur, super veteranos etiam expertissimos erat ad bella doctissima in ordinatione aciei, in equitando, vibrando hastam, ferendo vexillum, in inimicorum expugnatione, in delatione armorum ; cum usum non haberet in discursibus, hinc inde per exercitum, in nocturnis excubiis ac vigiliis viros robustissimos superabat, ubi denique viri audacissimi timebant, hæc, imperterrita manens, prima in fronte belli ad Anglicorum debellationem erat, ita ut ipsius exemplo optimisque exhortationibus, sicut de Juda Machabeo legitur.« Ii qui cum ipsa erant audaces fierent ut leones ». E regione vero Anglicis vehemens terror incuteretur, ita ut non esset eis virtus ad resistendum, unde factum est ut maxima eorum multitudo ante Aurelianensem et Gergolium prostrata sit aliis captis aut versis in fugam. Quis dicet per unam simplicem puellam hæc humanitus facta ?

Sexto, et ratione irrefragabili, ex hoc quod ipsa dixit multa quæ humanitus scire non poterat. Judicavit enim de ense abscondito in Ecclesia Beatæ Katherinæ de Fierbois, in Turonia, signato tribus crucibus, cum nunquam ibi fuisset, nec sciatur aliquem hoc sibi dixisse. Predixit quod ipsa levaret obsidionem coram Aurelianis positam et quod ibidem vulneraretur, sed ob hoc non desisteret operari quod rex coronaretur Remis, quod restitueretur in regnum suum et ipsum tamdem lucraretur, vellent nollent Anglici, et quod esset per magnam victoriam quam Dominus mitteret Gallicis, quod Anglici expellerentur a Francia, exceptis illis qui ibidem decederent. Hæc autem omnia, sicut prædixit, infallibiliter impleta sunt. Cum autem hæc omnia essent futura mere contingentia quæ ex libertate humani arbitrii pendebant, constat quod hæc non potuit Johanna humanitus præscire. Oportet igitur quod ab aliquo spiritu superiori sibi fuerint revelata.

Septimo ex suis responsionibus ad interrogationes et quæstiones subtiles, difficillimas, captiosas et perplexas sibi factas quæ, si inspiciantur oculo purgato, clare apparebit ipsam Johannam non ex humano ingenio sic respondisse, sed velut ab aliquo altiori spiritu edoctam. Sed hoc ex infra dicendis manifestius erit. In hac autem sententia nobiscum conveniunt ii qui eam judicaverunt quod videlicet ageretur ab aliquo spiritu supra hominem, sed dixerunt quod a maligno spiritu propter quod judicaverunt eam superstitiosam, invocatricem Dæmonum, divinatricem, idolatram. Contrarium ergo in sequenti capitulo declarandum est.

CAPITULUM II

Quod Johanna, in his ad quæ se missam dicebat, egebatur non a maligno spiritu, sed a spiritu divino, quodque spiritus, quos sibi dicebat apparuisse, fuerunt boni spiritus.

In primis, sciendum est quod dupliciter aliquid potest cognosci uno modo per certitudinem, et hic nullus potest scire de revelationibus quas Johanna asserebat sibi factas, nisi fuerit ei divinitus revelatum. Certitudo enim de aliqua re non potest haberi, nisi dijudicari possit per propriam ipsius causam. Deus autem, qui est causa revelationum propter sui excellentiam, est nobis ignotus, secundum illud Job xxxvi. « Ecce Deus magnus vincens scientiam nostram ». Nullus igitur potest certitudinaliter scire si illæ revelationes a Deo fuerint, nisi ipse Deus, a quo sunt hæc ei revelaverit, unde Apostolus, Prima Corinthiorum, cap. ii, ait : « Quis enim sunt hominum, quæ sunt hominis nisi spiritus hominis qui in ipso est ita et quæ Dei sunt nemo cognovit nisi spiritus Dei alio modo aliquid cognoscitur conjecturaliter per aliqua signa», et hoc modo cognosci possunt revelationes quas asserebat Johanna sibi factas a Deo fuisse, non a maligno spiritu, et hoc quidem ex multis factis in precedenti capitulo deduci potest. Sed appropriatius sumentur probationes ex novem conjecturis, in his enim quæ humanam excedunt intelligentiam judicium sumendum est ex conjecturis.

Prima igitur sumetur ex parte personæ cui revelationes factæ sunt ex ipsius videlicet ætate et conversatione. Ætate quidem quia non solent juvenes puellæ esse sortiaræ, divinatrices parta tacita vel expressa inire cum dæmonibus. Sed communiter retulæ quas ob deffectum fidei aut propter aliqua eorum peccata Deus permittat a Dæmonibus illudi. Hæc autem Johanna cum primo ei revelatio facta est, ut asseruit, erat ætatis XIII annorum, non irretita vitiis de quibus nolitia habeatur; quin imo, ut ad ejus conversationem transeamus, erat humilis, devota, obsecrationibus vacans die noctuque cum suspiriis, gemitibus et rivulis lacrymarum, frequentabat ecclesiam, sæpius confitebatur et reficiebatur super substantiali pane tempore quo jejunabat, sicut ipsa dixit, audiebat ipsas voces. Sic et Danieli post jejunium facta est apparitio Angelorum, Daniel, x. Audiebat etiam voces tempore completorii quando pulsabatur pro Ave maria, cum sibi apparebant signabat se signo crucis, hoc facere videbatur divino instinctu. Signo enim crucis terrentur dæmones et fugiunt. Dixit etiam quod numquam aliquod præmium petivit ab eis nisi salvationem animæ suæ, et, postquam habuit voces, non se immiscuit vocis. Sicut autem ex processu colligitur in patria nativitatis suæ factæ sunt informationes de vita et conversatione sua. Sed quoniam ad sui commendationem totaliter faciebant non fuerunt in publico judicio exhibitæ. Postquam autem a domo patris sui exivit, ubicumque noverat mulieres devotas, honestas, probatas ac bonæ famæ, ad eas divertebat, et cum eis conversabatur; cum viris autem non, nisi cum urgebatur ob earum rerum executionem ad quas se missam dicebat. Et quamquam ii qui castra sequuntur lascivi soleant esse et libidinosi, virginalem pudicitiam inter eos servasse fertur. Usque in finem vitæ ex dono nimirum illius ex cujus jussu cogebatur inter viros conversari. Sicut enim ex informationibus apparet paulo antequam judicaretur per mulieres missas ad explorandum si corrupta esset, inventa est virgo quo comperto jussum est ut hoc sub modio poneretur et non veniret in lucem. Quomodo igitur dicendum est Deum permisisse hanc juvenculam tenere ætatis tot et tantis dotatam virtutibus a malignis spiritibus fuisse illusam, dicendum fuisse ipsam potius a spiritu Dei fuisse illustratam.

Secunda sumitur ex parte spirituum sibi apparentium. Optime enim congruebat ut propter convenientiam in sexu et virginitate, mulieri virgini Virgines Sanctæ apparerent Katherina et Margareta ad quas forsitan præ aliis devotius convertebatur. Congruebatque quod Angelus appareret ipsi virgini quia Angelus semper est cognatus virginitati, unde Mathei XXII : « Scriptum est in resurrectione, neque nubent, neque nubentur, sed sunt sicuti Angeli Dei in Cœlo sunt. » Denique propter quem flebat apparitio optime congruebat ut Angelus qui ei apparebat esset sanctus Michael. Michael enim ponitur de ordine principatuum quorum est præesse regnis et provinciis, eas protegere et a malis liberare. Undé Danielis X dicitur : « Ecce Michael unus de principibus primis, venit ad adjutorium meum. » Et paulo post : « Nemo est adjutor meus in his omnibus, nisi Michael princeps vester. » Sicut autem Michael tunc erat princeps electi populi Israel, sive synagogæ, sic nunc dicitur princeps director ac protector Ecclesiæ christianorum, præ aliis autem christianitatis regnis regnum Francorum propter fidem et religionem, quæ in eo plurimum viguit hoc nomine hæreditavit ut christianissimum diceretur. Huic proinde regno peculiariter videtur Michael præesse congruebat igitur ut qui huic Puellæ appareret, essetque huic regno in auxilio oportuno tunc videlicet cum maxime desolatum erat. Hæc autem congruitas apparitionis attestatur ordinationi divinæ sapientiæ, quæ singula disponit modo et ordine ipsis rebus congruentibus propter quod dicitur omnia suaviter disponere. *Sap.* VI. Unde ex hac congruitate apparitionis et revelationis apparet ipsam ex ordinatione divinæ sapientiæ fuisse, neque novum est Angelos apparuisse mulieribus ac pusillis personis quas minime dedignantur. Legimus namque, *Genesis* XVI et XXI, Agar anullæ erranti in solitudine Angelum apparuisse, et *Lucæ* II, angelum apparuisse pastoribus facientibus vigilias noctis supra gregem suum, novum enim non est animas sanctorum mortalibus apparere. Legimus enim, *Machabeorum* II, ultimo, Onnam et Jeremiam apparuisse Judæ Machabeo pro dejectione adversariorum populi Israel. Sic et Johannæ apparitio facta est pro dejectione adversariorum christianissimi regni Franciæ.

Tertia ex modo, sive qualitate, apparitionum. Primo quia, ut dixit, spiritus sibi apparebant cum claritate et lumine, quod non convenit principibus tenebrarum. Sed quia, ut dixit, spiritus illi clare sequebantur et clare intelligebat, eratque nox pulchra, dulcis et humilis. E contra vero maligni spiritus, Rame terribiliter, obscure et captiose loquuntur. Tertio quod, sicut sanctus Thomas, in parte Q. xxx, art. 3, ait recitatione legitur in vita beati Antonii, non est difficilis bonorum spirituum malorumque discretio si enim post timorem successerit gaudium a Domino sciamus venisse auxilium, quia securitas animæ præsentis majestatis indicium est. Si autem incussa formido permanserit, hostis est qui videtur. Ipsa autem Johanna asseruit quod in principio suarum apparitionum magnum timorem habuit et deinceps a spiritibus sibi apparentibus habuit magnam confortationem quodque cum illi spiritus ab ea recedebant multum, flebat et noluisset abire cum eis. Simile legitur de mulieribus, quæ ad sepulchrum Domini ex apparitione beatorum Angelorum primo territæ sunt, deinde magno gaudio repletæ. Quarto, ex salutaribus monitis quæ sibi dabant spiritus et apparentes Dæmones enim cum saluti hominum invideant eo fine aliquibus apparent ut in aliquem errorem, idolatriam aut aliud peccatum inducant ut sic eos secum ad æterna trahant supplicia ; ad nihil autem horum Johannam induxerunt apparentes sibi spiritus. Quin imo ei dabant monita salutis, videlicet quod esset bona juvenis et Deus adjuvaret eam ; docebant eam bene se regere, Ecclesiam frequentare, sæpius confiteri, virginitatem servare. Hæc non suggereret immundus spiritus, ex salutaribus igitur monitis apparet quod spiritus sibi apparentes erant boni spiritus ; unde ipsa dicebat quod monebatur ad credendum esse bonas voces propter bonum consilium, bonam confortationem et bonam doctrinam quam ei dabant.

Quarta ex causa propter quam se missam dicebat. Asseruit enim quod voces ei denunciaverunt miseriam Franciæ et quod ipsum regnum Deus permiserat affligi propter aliqua peccata sua et quod ipsa veniret ad succurendum ei et pro succursu bonarum gentium de Aurelianis et quod rex suus restitueretur in regnum suum et hujuscemodi causa pia erat et jussa pia quidem eo enim tempore, quo ipsi Puellæ revelatio facta est, regnum Franciæ vehementer desolatum erat, multisque ac gravissimis premebatur calamitatibus ac miseriis et spiritualibus et temporalibus. Justitia quidem ab hoc regno relegata. Quid hoc regnum erat nisi magnum latrocinium, nisi spelunca latronum ? Omnia prædæ patebant incolæ regni. Alii egestate et fame, alii peste, alii gladio, alii duris carceribus et cruciatibus peribant. Alii ad vicinas fugiebant regiones. Hinc civitates de-

sertæ, domus sine habitatore, rura sine cultore, ecclesiæ absque
Dei cultu et sacerdotibus relictæ. Nusquam pax, nusquam securitas,
ubique terror, intus timor, foris gladius, et nedum foris, sed et intra
urbes, fuere strages crudelissimæ hominum et inhumanissima multi
sanguinis christianorum effusio, omnis tunc virtus impiorum pedibus conculcata jacebat. Auditus super auditum veniebat bellorum
et malorum omnium, ora luxata erant ad mendacia, perjuria, blasphemias, manus extentæ ad sacrilegia, homicidia, adulteria stupra,
prædas, latrocinia, et alia hujuscemodi nephanda crimina quæ
bellorum tempore justitia et omni virtute sepulta regnare possent
aut solent. Tunc impletum videbatur illud *Oseæ* IV. « Non est enim
veritas et non est misericordia et non est scientia Dei in terra maledictum et mendacium et homicidium et furtum et adulterium
mundaverunt et sanguis sanguinem tetigit propter hoc lugebit terra
et infirmabitur omnis qui habitat in ea. Hæc autem universa mala
grandia procurante inimico generis humani evenisse quis dubitaverit? » Non ergo fuit ab eo, ab eis malis liberatio, cum itaque ipsa
Johanna, ad liberandum hoc regnum ab his calamitatibus et miseriis se missam dixerit, et ab eo tempore quo missa fuit successu
temporum Turonia supra spem et virtutem hominum liberatum sit
ut in præsentiarum laus Deo cernimus ; apparet eam, non suggestione et auxilio Dæmonum, sed monita directione et ope bonorum
spirituum, hæc egisse, operante principaliter Patre misericordiarum
et Deo totius consolationis qui super afflictione regni christianissimi pia gestans viscera, Puellam hanc pro hac pia causa, id est pro
liberatione hujus regni a sua miseria, destinavit ; sed et justa fuit
causa ob quam missam se asseruit, videlicet ut dominus noster rex
Karolus restitueretur in regnum suum et subditi sui, quos tyrranica
potestate Anglici sibi subegerant a ferrea ipsorum fornace, liberarentur et ad naturalis et legitimi domini sui obedientiam reducerentur. Hoc quippe exigebat justitia quæ unicuique tribuit quod
suum est. Justam itaque Johanna fovebat querelam, justus erat ei
bellandi titulus. Quod autem justum titulum habeat dominus noster
rex Karolus in hoc glorioso regno Franciæ, ex multis luce claris
constat, neque circa hoc nunc immorandum est, quantum tamen
more ad propositum attinet, hujus rei judicium est mirabilis, ac
supra spem hominum, ipsius domini nostri regis coronatio per archiepiscopum Remensem in loco ordinario et ad hoc deputato vi-

delicet Remis, quemadmodum ipsa Puella prædixerat, et ejus ministerio ad hoc perventum est. Denique et insserata et pæne subita recuperatio totius regni sui præter parvulum angulum illum Calesii, sed de hoc insequendi satius dicetur.

Quinta ex modo procedendi ad regni liberationem nedum enim ex parte causæ vel tituli fuit justum bellum quod Johanna gessit, sed etiam ex modo gerendi bellum, ut sic juste quod justum est prosequeretur. Juste enim et pie ad regni liberationem processit tum respectu eorum qui secum erant in exercitu regis, quia blasphemias in Deum prædas ac violentias pauperibus ab eis prohibuit quantum fieri potuit. Scorta denique a regis exercitu depulit, tum respectu inimicorum, quia juxta id quod scriptum est *Deuteronom.* xx : « Si quando accesseris ad expugnandam civitatem, offerres ei primum pacem. » Dicta Puella, priusquam moveret bellum contra Anglicos, per suas litteras monuit eos ex parte Dei Cœli ut ab hoc regno recederent et permitterent illustrem Karolum regem pacifice procedere regnum suum, si non alias missa erat ad eos debellandum. Ex hac commonitione patet quod exercendo bellum non fuit in ea nocendi cupiditas, ulciscendi crudelitas, implacabilis animus et similia quæ, secundum Augustinum, in libro contra Faustum, in bellis jure culpantur. Quin potius intentio ipsius fuit recta, quia juxta id quod Augustinus ait, in libro de verbis Domini, « Non cupiditate aut crudelitate, sed pacis studio gerebat bellum, ut videlicet mali coercerentur et boni sublevarentur in bello. » Itaque quod gessit fuit justa causa, et intentio recta et auctoritas publica, scilicet domini nostri regis et, ut ipsa asserebat, suprema auctoritas Dei eam mittentis. Si igitur, ut ostensum est, causa ob quam Johanna mittebatur, pia et justa erat, si juste et pie processit, patet quia monita directa et adjuta fuit a Deo qui pius et justus est et justitias dilexit, non a Dæmone inimico pietatis et justitiæ.

Sexta, ex parte regis et regni Franciæ. Regis quidem, nam ipsa asseruit quod angelus deduxit regi ad memoriam, magnam patientiam quam habuerat in suis revelationibus. Ex quo accipitur quod propter patientiam domini nostri regis aliasque ipsius virtutes missa fuerat ad succurendum ei ; unde quandoque interrogata, sicut ex processu patet, dixit quod venerat pro magna re, scilicet pro dando succursum bonis gentibus de Aurelianis et etiam pro meritis sui regis et boni ducis Aurelianensis. Pie enim credendum est dictum regem omni spe tunc pæne privatum humani auxilii, spem suam in Deum jactasse, corque suum habuisse fiduciam in Domino et orasse cum via Josaphat. « Cum ignoremus quid agere debeamus, « hoc solum habemus residui et oculos nostros dirigamus ad te. » II Paralip. xx. Convenientissimum proinde fuit, ut tunc auxilium sibi mitteretur a Deo qui est adjutor in oportunitatibus, in tribulatione. Proprium enim divinitatis est succurrere in casibus desperatis. Ex parte etiam regni, cui præfuerunt gloriosissimi reges fideles devoti ac reverentes Deo et sanctæ matri Ecclesiæ, in quo juxta illud Hieronimi sola Gallia caruit monstris, fide Christi hactenus illibata ; perduravit propter quod christianissimum regnum et reges ipsius christianissimi nominantur. Quomodo igitur putandum est gloriosissimam Domum Franciæ, sibique fideles de omni statu ita derelictos a Deo, quod fuerint delusi per unam divinatricem, Dæmonum invocatricem idolatram ?

Septima, ex eo quod ipsa Johanna, aliqua occulta et futuros eventus, mere contingentes et qui ex libero arbitrio hominum pendebant, nunciavit, sicut potuit in præcedenti capitulo. Sicut enim dicit beatus Thomas II, 2 quæst. 1, Liv. V, art. 1. « Futura mere con-
« tingentia præcognoscere proprium est Dei qui solus in sua æter-
« nitate videt ea quæ futura sunt. » Unde Ysaiæ, xli, dicitur :
« Annunciate quæ in futurum ventura sunt, et sciemus qui dii estis
« vos, ab illis igitur solum prævidentur et certitudinaliter prænun-
« ciantur quibus ipse Deus per gratiam suam revelare dignatur. »
Cum igitur ipsa Johanna eventus supra nominatos qui ex libera hominum pendebant voluntate, de quibus dæmones nil certum præcognoscere aut prænuntiare poterant, prædixerit. Et dicebat quod ita bene sciebat illos esse venturos, sicut sciebat, quod presens erat in judicio et, sicut prædixit, ita illos evenisse cernimus, infallibiliter apparet quod non ex opinione dæmonum, sed ex divina revelatione hæc præsciverit et prænunciaverit. Quod si etiam occulta cordium dixerit sicut quidam referunt ipsam domino regi dixisse secretissima, quæ ipse rex non putabat nisi a Deo et ab ipso scire, tunc constaret ea sibi esse revelata a Deo qui solus novit abscondita cordis. Satis est enim credibile regem, qui se difficilem semper red-

didit ad audiendum eos qui se ad eum ex parte Dei missos dicerent, huic Puellæ cum paupercula et simplicissima esset et ad arduissima et insperata se missam diceret nequaquam fidem adhibuisse, nisi propter aliqua secreta, quæ sibi revelavit, unde ipsa asseruit per voces suas sibi fuisse præceptum ne quædam revelaret nisi Karolo regi suo. Et ipsa interrogantibus dixit quod de illis quæ ibant ad dominum regem possent illi multa petere de quibus ipsa non responderet.

Octava, ex his quæ ab eventu hujus Puellæ ad regem prospere successerunt in regno, primo quidem victoria obtenta contra Anglicos, qui civitatem Aurelianensem vallaverant, victoria obtenta contra eos in aliis locis, reductio plurimarum civitatum, oppidorum, castrorum, ad obedientiam regis, brevissimo tempore, absque resistentia habitantium, ipsis, nimirum ob novitatem tanti prodigii metu ac stupre, perculsis. Inter has urbes fuere civitas Trecensis, civitas Remensis et in qua dominus noster rex coronatus est, ex tunc, sicut de David legitur, II Regum 3, proficiens et semper se ipse robustior, gens autem Anglorum, sicut et domus Saul, decrescens quotidie. Quam mira, quam insperata subita illa cessatio prædationum crudelium et erectio præclaræ justitiæ. Ita ut castra regis sequentes, cum essent tamquam leones rugientes, parati ad prædam, milites subito facti sunt velut agni neminem lædentes. Tunc subito in hoc regno lux nova oriri visa est securitatis et pacis. Hæc plane tam subita, tam insolita mutatio dexteræ excelsi e regione vero tanta efferbuit in Anglicis prædationum crudelitas, ut si qua apud eos ante visa fuerit imago justitiæ, deleta sit. Hinc tandem factum est ut supra, quin imo contra credulitatem spemque hominum, brevissimo temporis spatio, Cenomannia, Normannia, Acquitania, quæ multis annis per Anglicos occupata fuerat, absque pæne sanguinis Gallorum effusione absque tot tam munitarumque civitatum oppidorum, fortalitiorum demolitione, absque inhabitantium præda vel occisione ad obedientiam domini regis reductæ sint, omnes quoque Anglici aut prostrati sunt in bello, aut se regi submiserunt, aut coacti sunt in Angliam transfretare. Ita impletum est quod Puella Johanna prædixerat quod rex suus restitueretur in regnum suum et ipsum lucrabitur, velint nolint adversarii, quod anglici expellerentur a Francia, exceptis illis qui ibidem decederent. Quis audebit dicere : hæc est ministerio dæmonum vel prudentia aut potentia hominum facta, et non potius manu omnipotentis Dei. Profecto, juxta id quod Moyses ait *Exod.* xvii, manus Dei solius et bellum Dei fuit, ut idem ipse Deus qui ministerio hujus puellæ regi ac regno christianissimo auxiliari cepit, tandem et opus suum perfecerit in Anglicorum dejectione, in ipsius regni, præter parvulum angulum Calesii, ad manum regis totali reductione, sicut ipse, per dictam Johannam, præpunciaverat. Dei quippe perfecta sunt opera : sic enim congruentissime responderunt ultima primis, sic conjungendo finem principio ipse Deus, qui cepit hoc opus grande et ipsum perfecit, cepit quidem per ministerium abjecte et humilis puellæ, consummavit autem in multa gloria. Consummatio itaque liberationis hujus regni, quam constat esse a Deo, attestatur et principium ipsius liberationis, factum ministerio hujus puellæ, fuisse a Deo.

Nona ex hoc quod ejus missio ordinabatur ad Dei gloriam Francorumque atque Anglicorum salutem : anglicorum quidem ut confunderetur eorum superbia, Gallicorum ut non erigerentur in superbiam, sed utrique salubriter humiliarentur, Anglici quidem dum non humana potentia sed omnipotenti manu Dei ministerio contentibilis, ignobilis et pauperculæ puellæ victos se ac expulsos ab hoc regno viderent, hinc quoque intelligerent regem Angliæ in hoc regnum a Deo missum non ad regnandum, ut ipse arbitrabatur, sed ad conterendum et flagellandum Gallicos, propter peccata eorum, « quasi fuerit, sicut de Assur, scribitur Ysaie x., virga furoris Domini et baculus ejus. » Ex hoc quoque commoniti essent Anglici non deinceps pro acquirendo regno Franciæ contra animarum suarum salutem injusta ducere bella. Gallici vero, ut eorum nemo extolleretur aut glorarietur, quasi eorum virtute aut consilio salus hæc magna de inimicis isti regno data sit, ne juxta id quod *Deuteronomii* viii scriptum est : diceret quis in corde suo fortitudo mea et robur manus meæ hæc omnia mihi præstiterunt, sed recordaretur Domini Dei sui quod ipsæ vires sibi præbuerit, ut agnoscerent omnes quia non in multitudine exercitus est victoria belli, sed de Cœlo fortitudo est, atque ita ab omnibus daretur gloria Deo. Quæ stulta sunt, inquit Apostolus, elegit Deus ut confundat fortia et ignobilia et contentibilia elegit Deus et quæ non sunt, ut ea quæ sunt destrueret, ut non glorietur omnis caro in conspectu ejus. *Prima Corinth.* Ob hanc causam se fuisse missam expressit dicta Puella ; dixit enim : placuit Deo sic facere per unam simplicem puellam, pro repellendo adversarios regis. Dicebat etiam sibi fuisse revelatum quod in vexillo suo faceret depingi Regem Cœli et duos angelos et in litteris suis faciebat scribere hæc nomina « Jhesus, Maria » et dicebat quod vexillum et pictura fuerant per eam facta in honorem Dei et quod victoria vexilli et omnia sua erant Deo attribuenda. Quod si Deus accepit David de post fetantes ut per ipsum salvaret populum Israel de manu Philistinorum, quid incredibile judicatur Deum tulisse puellam hanc de gregibus ovium ut per manum ejus populum christianissimi regni Franciæ liberaret de tyrannica servitute Anglicorum? Neque vero novum est Deum dedisse victoriam de adversariis sui populi in manu feminæ? Dedit in manu Judith, quæ caput Holofernis proscidit, *Judith* XIII ; dedit in manu Deboræ « unde et cecinit nova bella elegit Dominus » *Judicum* v, et ibidem de Cœlo dimicatum est.

Decima, ex pia religiosaque ipsius morte : priusquam enim traderetur igni præmissa confessione uberrimeque profluentibus lacrimis devotissime sacram eucharistiam percepit, sanctos sanctasque exorabat diutius, signum sanctæ crucis devoto corde amplexabatur et osculabatur, suis persecutoribus indulsit, et si quos offendisset petiit sibi indulgeri ; continue nomen Jhesus habens in ore, in medio flammarum emisit spiritum. Sicut autem a fide dignis refertur, excessus ejus adeo devotus et religiosus fuit, ut omnes qui aderant, numero fere xx millia, ad lacrimas commoverit, etiam Anglicos, et episcopum Belvacensem et episcopum Morinensem cancellarium regis Angliæ, qui dixisse fertur nunquam se adeo lacrimatum de morte patris et matris sicut de illius Johannæ morte ; et addidit quod unam bonam animam in Paradisum miserant. Quidam etiam Anglici antea in eam crudeles palam fatebantur tam bonam et innocentem puellam injuste fuisse mortis supplicio damnatam. Retulerunt quidam se, in medio flammarum, nomen Jhesus litteris aureis scriptum vidisse, alii columbam albam in ipsius Puellæ exitu de flammis egredientem : illi autem, quos malignus spiritus deludit, male facit finire, ut eos secum ad æternæ trahat supplicia. Ex hujus igitur Puellæ tam devoto ac religioso fine apparet quod non a maligno spiritu agebatur, sed a Dei spiritu, tamquam Dei filia, sicut et voces, ut asseruerat, eam vocabant Dei filiam ; in hac autem assertione, quod Deus eam miserat, per crudelem mortem migravit ad Dominum, sicut et multi sancti Dei non suscipientes redemptionem, ut meliorem invenirent resurrectionem, *Hebræos* XI.

CAPITULUM III

Quod Johanna non fuit talis qualis in sententia contra eam lata exprimitur.

Hoc deduci potest ex tactis in duobus præcedentibus capitulis, præcipue in secundo, nam qui eam judicaverunt totum eorum processum atque judicium fundaverunt super eo quod non fuerit a Deo missa, quod revelationes a Deo ministerio bonorum spirituum non habuerit, sed a malignis spiritibus, vel quod eas confixerit. Ob hoc enim eam judicaverunt mendosam, confictricem apparitionum et revelationum divinatricem, idolatram.

Cum igitur in primo capitulo ostensum sit, ipsam in his ad quæ missam se dicebat, non humanitus agi, et, in secundo, quod non a maligno spiritu sed a Deo missa sit et ab eo revelationes habuit, in attestationem justi tituli domini nostri regis in regno Franciæ quodque spiritus sibi apparentes fuerunt boni spiritus, elisum est eorum fundamentum, ac per hoc ruit quoad materiam totum ædificium processus ac judicii sui quod super illud fundamentum extruxerant. Proinde censui diutius immorandum ac destruendum præsertim in secundo capitulo illud eorum arenosum fundamentum. Attamen in particulari eliminendæ sunt pessimæ illæ qualificationes, quæ in sententia exprimuntur.

Dicitur revelationum et apparitionum mendosa confictrix; sed contra hoc ostensum est in primo capitulo, eam non humanitus agi in his ad quæ se missam dicebat, sed ab aliquo spiritu supra hominem.

Dicitur perniciosa seductrix : hoc forte dixerunt pro eo quod plures seduxerit asserendo habuisse se illas revelationes et apparitiones. Sed cum ostensum sit illas revelationes fuisse a Deo et apparitiones fuisse bonorum spirituum, patet quod ex hoc non fuit judicanda perniciosa seductrix.

Dicitur præsumptuosa, forte ex hoc quod dicebat se a Deo missam pro re arduissima ut pro liberatione regni a miseria in qua erat. Sed, si a Deo missa erat, ut ostensum est, non erat de præsumptione notanda, sed de obedientia, sicut et Abraham commendanda. Sed neque se ad hoc ingessit, quinimo se humiliter ipsi voci excusavit, dicens quod erat una pauper filia nec sciret equitare nec ducere guerram.

Dicitur leviter credens : hoc videntur dixisse propter hoc quod crediderit leviter revelationibus : in hoc autem sibi contradicunt, quia dicunt eam mendosam confictricem revelationum, et nunc dicunt eas habuisse. Ostensum est autem illas desuper habuisse, neque tamen eis leviter credidit, quid, ut patet ex processu, dum primam vocem audivit, habuit magnum timorem, neque tamen cito credidit quod esset sanctus Michael ; ter enim sibi apparuit antequam crederet, sed postea ipsam in tantum docuit quod bene cognovit eum. Cognovit enim eum ex doctrina, quia dicebat ei quod esset bona et quod Deus illam diligeret et subveniret calamitatibus Franciæ. Non continuo etiam acquievit illis spiritibus, sed excusant se dicens quod erat una pauper filia nec sciret equitare nec ducere guerram.

Dicitur superstitiosa ex eo, ut æstimari potest, quod fatebatur se semel voces audivisse ad fontem qui est juxta arborem fatalium ; sed, sicut ipsa ait, primam vocem audivit in horto patris sui ; ait etiam quod non credit in fatis, imo credit quod sit sortilegium. Ex eo etiam quod in vexillo suo fecit depingi regem Cœli et duos angelos ; sed ex hoc dicenda est, non superstitiosa, sed religiosa ac devota Deo. Dicebat enim quod vexillum et pictura fuerunt per eam facta in honorem Dei, et quod victoria belli et omnia sua erant attribuenda Deo.

Dicitur divinatrix ex eo, videlicet quia prædicebat futura. Secundum sanctum Thomam 2° 2^e q. XLV, art. 1, divini dicuntur qui sibi indebito modo usurpant, quod divinum est, scilicet prænunciationem futurorum, quod solius Dei est et eorum quibus Deus voluerit revelare. Cum autem futura, quæ ipsa Johanna prædixit, viderimus infalliliter evenisse et fuerunt talia quæ ex libero hominum pendebant arbitrio, quæ dæmones certitudinaliter prænoscere ac prænuntiare non possunt, patet quod ex Dei revelatione hoc præscivit ac prædixit, et ita non indebito modo usurpavit quod divinum est scilicet prænunciationem futurorum : quare non fuit divinatrix censenda.

Dicitur blasphema in Deum et sanctos ; sed ex processu non potest elici quod Deo aut sanctis sibi apparentibus aliquid attribuerit quod eorum deroget excellenciæ aut bonitati, aut aliquid negaverit quod eorum dignitati aut bonitati conveniant ; non igitur blasphema fuit.

Dicitur Dei in suis sacramentis contemptrix ; sed cum ipsa devotissime sacramenta pœnitentiæ et eucharistiæ susciperet, nescio cur eam dixerint contemptricem Dei in suis sacramentis, nisi forte ex eo quod in habitu virili Eucharistiæ sacramento communicavit. Sed si sibi licuit ex Dei præcepto et ex causa rationabili habitum viri deferre, sicut inferius declarabitur, non fuit contemptrix venerabilis Eucharistiæ sacramenti sumendo ipsum in habitu viri.

Dicitur divinæ legis sacræ doctrinæ ac sanctionum ecclesiasticarum prævaricatrix. Hoc puto eos dixisse pro eo quod habitum viri assumpsit et arma portant : dicitur enim *Deuteronomii* XXII « Non induetur veste virili mulier, nec vir utetur veste feminea ; » quod, secundum de Lira, potest intelligi de veste communi. Aliqui etiam doctores exponunt de armis. Unde in *Hebræo* habetur « Non erit vas viri super mulierem. » Vas autem alibi in Scriptura ponitur pro armatura. Prohibetur etiam mulieri delatio habitus virilis in Canone, « Si qua mulier[1]. » Sed sciendum quod dictum præceptum « Non induetur veste virili mulier », a sancto Thoma, 1° 2° q. CII, art. VI, ponitur inter præcepta cerimonialia. Præcepta autem cerimonialia non solum sunt mortua, sed etiam mortifera observantibus ; unde, si quis illud observaret, tamquam habens vim obligandi ex veteris legis institutione, peccaret ; ex quo infertur quod puella Johanna, deferendo habitum virilem aut arma, non fuit censenda prævaricatrix legis divinæ, cum alibi non inveniatur lege divina prohibitum ; similiter nec ecclesiasticarum sanctionum, quia can. « Si qua mulier, suo proposito utile judicans », super verbo « proposito », dicit glossa quod magis est habilis ac magis parata inscisa veste quam clausa ad meretricandum. Prohibetur igitur hic mulieri delatio habitus virilis ex proposito meretricio, sed si bono proposito id faceret, puta ut periculum amittendæ castitatis vitaret, id sibi liceret. Ipsa autem Johanna bono proposito sumpsit habitum virilem, ut inferius patebit.

Dicitur seditiosa. Sicut ait sanctus Thomas II 2, q. XLII, art. I, seditio proprie opponitur unitati et paci multitudinis ; ideo seditiosus

---

[1] *D. Grat.* D. XXX, 6.

dicitur qui discordiam facit inter partes alicujus multitudinis. Ipsa autem Johanna se ad hoc missam dicebat, ut rex suus restitueretur in regnum suum, ac per hoc multitudo populi Franciæ, quæ divisa erat, tota uniretur sub obedientia unius regis ac domini, sicut nunc, laus Deo, unitam videmus. Non igitur seditiosa, sed amatrix unitatis et pacis censenda fuit.

Dicitur crudelis. Crudelitas, sicut ait Seneca, II libro *de Clementia*, opponitur clementiæ. Ipsa autem Johanna dixit quod ipsamet portabat vexillum suum ne aliquem interficeret, et quod nunquam aliquem interfecit; quod litteris et verbis adversarios movebat ad pacem tractatum et recessum : quod ipsa erat missa ex parte Dei ad subveniendum calamitatibus regni Franciæ. Ex his, patet quod crudelis non fuit, nec sitiebat sed aborrebat effusionem sanguinis humani, quasi pia, lenis et clemens.

Dicitur apostatrix. Sed unde moti sunt ad judicandum eam apostatricem? An quia a fide et christiana religione recessit? Sed hoc non potest elici ex processu. An quia dimisit habitum muliebrem et virilem assumpsit, aut quia ad arma processit? Sed ob hoc non erat apostatrix judicanda, etiam si hoc ei facere non licuisset : licuit autem, ut inferius ostendetur.

Dicitur schismatica. Sicut ait sanctus Thomas, II 2, q. xxxix, art. 1º, schismatici dicuntur qui subesse summo pontifici et qui membris Ecclesiæ, ei subjectis communicare recusant. Hi igitur prætensi judices videntur Johannam judicare schismaticam, quia dicunt eam recusasse se submittere judicio Papæ et Ecclesiæ. Dicunt enim eam in Deum et sanctam Ecclesiam multis modis deliquisse; item ipsi Ecclesiæ, domino Papæ, generali Concilio, expresse indurato animo, obstinate ac pertinaciter submittere se recusantem : unde dicunt eam obstinatam et pertinacem. Sed contrarium patet ex processu, ubi sciendum est, quod ex modo interrogandi ipsam, videlicet nunc per hos, nunc per illos, confuse repetitis vicibus, de eadem re, cum variatione verborum, apparet quod ii, qui eam interrogabant, intendebant eam capere, in verbis involvere et captiose ducere in errorem, sub equivocatione hujus nominis *Ecclesia*, nec eam, quæ simplex et ignara erat, in aliquo dirigebant, non enim aperiebant ei quid per Ecclesiam intelligerent : unde dixit quod ipsa non est quæ debeat impediri de eundo ad Ecclesiam et de audiendo missam; ex quo patet quod Ecclesiam intelligebat templum materiale. Item dixit quod, si permittatur quod vadit ad missam et ponetur extra compedes ferreos, deturque sibi carcer graciosus, ipsa erit bona et faciet illud quod Ecclesia voluerit; nam, si judices velint, ipsa recipiet habitum muliebrem : ex hoc patet quod per Ecclesiam intelligebat ipsos judices coram quibus astabat. Sic etiam ipsi judices per Ecclesiam non intelligebant Ecclesiam romanam aut universalem, sed se ipsos. Nam cum die, qua abjuravit publice, petiisset quod omnia facta sua transmitterentur ad Romam, penes dominum nostrum Papam, ad quem et ad Deum primo, se referebat, fuit sibi dictum quod non poterat fieri quod iretur ad quærendum dominum nostrum Papam, ita remote, etiam quod ordinarii erant judices in sua diocesi, ideo necesse erat quod se referret sanctæ matri Ecclesiæ : ecce patet quod per sanctam matrem Ecclesiam, intelligebant judices sibi assistentes. Eorum autem judicio merito excusabat se submittere, quippe qui ipsius erant inimici capitales in odium domini regis pro cujus justa querela certaverat contra Anglicos, quorum partem fovebant manifesto zelo vindictæ contra eam procedentes. Unde in judicio quandoque dixit episcopo Belvacensi : « Vos dicitis vos esse meum judicem, advertatis bene quid facitis, quoniam vos accipitis magnum onus. » Ex informationibus etiam patet quod nullomodo voluit se submittere judicio illius episcopi, allegans quod ipse erat inimicus ejus capitalis. Quod autem judicio Ecclesiæ universalis, seu generalis concilii, ad domini nostri Papæ se submiserit liquide constat, ex dictis suis. Dicebat enim quod de dictis et factis suis se referebat ad Deum et beatam Mariam et omnes sanctos atque Ecclesiam victoriosam in Cœlis, et quod idem esset de Deo et Ecclesia, neque de hoc, ut dicebat, debet fieri difficultas, « Quare de hoc facitis difficultatem. » Dixit ulterius quod, quantum ad Ecclesiam, diligit eam et vellet eam sustinere toto posse pro fide nostra christiana. Dixit quod voces non præcipiunt ei quin obediat Ecclesiæ. Dixit etiam quod hæc Ecclesia inferior non potest errare vel deficere. Frequenter interrogata an vellet se judicio Ecclesiæ submittere, dixit. « Ego me refero Deo qui fecit mihi facere illud quod feci. » Asserebat quod credebat in Papam, qui est Romæ, et quod erat sibi obediendum, requirens frequenter quod ad eum mitteretur, et in die qua abjuravit publice, petiit quod omnia dicta et facta transmitterentur ad Romam penes dominum nostrum Papam ad quem et ad Deum primo se referebat. Ex informationibus factis Rothomagi, patet quod, cum ipsa intellexit quod in Concilio generali, quod tunc celebrabatur, erant cardinales et alii prælati de parte regis Franciæ, petiit se illuc duci. Noluit autem dictus Cauchon quod hæc petitio Johannæ redigeretur in scriptis. Ex eisdem informationibus habetur quod, quidam magister Nicolaus Loiseleur, sub habitu laicali alium se simulans, asserens quod se de parte regis ac compatriotam Johannæ, sub dole ei suggessit ne omnino, si vellet pœnam mortis evadere, se Ecclesiæ submitteret.

Dicitur excommunicata : mirum est quod in ultima sententia pronunciata fuerit excommunicata, nec constat per sententiam aut alias, quod a prætensa illa sententia excommunicationis fuerit per illos absoluta ; et tamen, sicut per informationem apparet, parum ante horam judicii, ipsa Puella hoc ea requirens, de expresso consensu illorum judicum, percepit sacramenta pœnitentiæ et eucharistiæ.

Dicitur in fide multipliciter errans et hæretica. Sed ad hoc, quod aliquis dicatur hæreticus, duo requiruntur : primo quod error sit in ipsius intellectu, secundo quod sit pertinacia in voluntate. Ex toto autem processu non potest elici quod ipsa Johanna erraverit in fide, aut aliquid asseruerit contra sacram Scripturam quam dixit a Deo esse revelatam. Nam, sæpius interrogata de fide, dixit quod erat bona christiana et bene baptizata et quod sicut bona christiana moreretur. Neque etiam fuit pertinax, nam petiit quod viderentur et examinarentur dicta et facta sua per clericos et dicebat : « Certifico vos quod, si sit aliquid mali in dictis et factis meis contra fidem christianam, quam Deus stabilivit, hoc ego non vellem sustinere, sed illud a me expellerem et essem bene irata de veniendo contra. » Ex hoc patet ipsam non fuisse pertinacem.

Dicitur invocatrix dæmonum et idolatra : hoc dixisse videntur illi judices quasi constaret eis quod spiritus apparentes ipsi Puellæ, quos se vidisse et eorum voces audisse dicebat, quibus et honorem exhibeat, essent dæmones. Sed unde hoc scire potuerunt cum, ut superius ostensum est, potius æstimandum sit eos fuisse bonos spiritus, quibus exhibere honorem, eosque adorare adoratione non latriæ, quæ soli Deo debetur, sed dulyæ licitum est. Sed etsi fuissent mali spiritus, cum crederet eos esse bonos spiritus, eis deferendo honorem non fuisset idolatra. Dicebat enim quod credebat angelum et sanctas virgines Katherinam et Margaretam illosmet esse qui sunt in Cœlis, in quorum honorem offerebat quandoque munera sacerdotibus et candellas, faciebatque missas celebrari et imaginibus sanctorum in ecclesiis, quandoque cappellos, apponebat. Recedente sancto Michaele et aliis spiritibus quos videbat, osculabatur terram per quam transsierant, rogabat voces ut impetrarent ei auxilium a Domino. Noluisset quod dæmon eam extraxisset de carcere. Illa autem quæ exterius faciebat in honorem spirituum sibi apparentium, protestationes erant fidei, devotionis ac religionis hujus juvenculæ.

CAPITULUM IV

Responsio ad aliqua quæ objiciuntur vel objici possunt, et quæ in dictis et factis ipsius Johannæ difficultatem videntur ingerere.

Circa hoc procedetur juxta ordinem articulorum extractorum de processu qui mihi fuerunt exhibiti.

Circa contenta in primo articulo quatuor dubium seu difficultatem ingerere videntur. Primo id, quod Johanna dixit de frequentia et modo apparitionum sibi factarum, quod videlicet vidit sanctum Michaelem et sanctas Katherinam et Margaretam apparentes corporaliter oculis suis et voces eorum frequenter audivit. Sed hoc mirum non debet videri, si attendatur arduitas rei ad quam se missam dicebat, nam, ut dicit, sanctus Michael denunciavit ei miseriam Franciæ et quod ipsa veniret ad succurrendum ei ; unde revelatio ei facta ordinabatur ad bonum et salutem publicam et spiritualem et temporalem totius populi regni Franciæ. Pro minoribus enim rebus legimus apparitiones angelorum et sanctarum animarum pluribus factas fuisse, sub aliquibus figuris corporalibus oculis visis et vocibus corporaliter auditis, ut angelum Raphaelem legimus apparuisse Thobiæ, qui etiam, quod mirabilius fuit, comes et socius fuit itineris junioris Thobiæ et videbatur secum comedere et bibere. Petrum apostolum Agathæ, et sic de aliis multis. Neque tamen ex dictis ipsius Johannæ haberi potest quod, cum diceret voces illas sibi aliquid dixisse quod semper spiritus illos oculis corporalibus viderit aut voces illas exterius formatas auribus corporis audiverit, sed putandum est hoc frequentius factum fuisse secundum influxum intellectualis luminis aut immissionem intelligibilium specierum, vel impressionem et ordinationem imaginabilium formarum.

Secundo id quod dixit quod credit firmiter esse bonas voces, sicut credit Christum passum pro nobis et sicut credit fidem christianam, quod Deus est et redemit nos a pœnis inferni quod que veniunt a Deo et ex ordinatione sua. Ad hoc dici potest quod, sicut non semper importat omnimodam similitudinem ut ibi, sicut anima rationalis et caro unus est homo, ita Deus et homo unus est Christus ; ibi enim plus est dissimilitudinis quam similitudinis : ipsa autem, quæ simplex erat, non erat capienda in verbis, sicut vir doctus. Secundo dici potest quod ipsius verbum videtur esse interpretandum juxta id quod subdidit quod movebatur ad credendum propter bonum consilium, bonam confrontationem et bonam doctrinam. Tertio dicendum, secundum sanctum Thomam, II, 2, q. CLXXI, art. v, quod habens revelationem a Deo certus est de sibi revelatis quod sunt sibi divinitus revelata, sicut patuit in Abraham qui ad immolandum filium suum nullatenus se preparasset, nisi de divina revelatione fuisset certissimus ; et in Jeremia qui ait, *Jeremiæ* XXVI : « In veritate misit me Dominus ad vos, ut loquerer in auribus vestris omnia verba hæc. » Si igitur ipsa Johanna habuit revelationes a Deo, certa fuit quod sibi revelata fuerunt ei divinitus revelata ; proinde dicere potuit quod credit firmiter esse bonas voces, sicut credit Christum passum pro nobis et sicut credit fidem christianam : fidei enim firmiter assentimus quia divinæ revelationi innititur.

Tertio id quod dixit quod voces ipsæ prohibuerunt ei ne saltaret seu præcipitaret se de turre, et nihilominus saltavit quia si voces veniebant a Deo, ut ipsa dicebat, ipsa fuit inobediens Deo et ita peccavit mortaliter. Præterea præcipitando se tentavit Deum et hoc fecisse videtur ex præsumptione vel ex desperatione. Dicendum ad hoc quod ex hoc quod saltavit de turre non potest inferri quin revelationes a Deo habuerit, qui revelationes fiebant sibi potissime propter liberationem regni a miseria, non propter ipsam aut privata ipsius opera principaliter. Non autem hoc videtur egisse ex desperatione, sed credens posse evadere, Deo forsitan se commendans ; unde et a morte preservata fuit. Quamquam laborandum non sit ad eam excusandum quasi ab omni peccato immunem, sicut nec Petrus immunis fuit et alii multi quibus divine revelationes factæ sunt, sed a peccato hæresis et aliis propter quæ damnata est. Verumtamen, sicut dicebat, post saltum fuit confortata a beata Katherina, et de hoc petiit veniam a Deo.

Quarto id quod dixit quod ab ipsis vocibus requisivit quod eam ducerent in paradisum et hoc promiserunt ei. Sed hoc multis revelatum est et promissum ut securitatis gaudium etiam in hac vita in eis inciperet et confidentius et fortius magnifica opera prosequerentur et mala præsentis vitæ sustinerent : propter hoc Paulo, II *Corinth.* xii, dictum est : « Sufficit tibi gratia mea. » Nunc autem illi Puellæ incumbebant multa ardua opera excercenda et terribilia mala imminebant tolleranda, ut rei probavit eventus.

Circa contenta in secundo articulo, tria videntur ingerere difficultatem. Primo id quod dixit quod Anglici ante septennium dimitterent majus vadium quod habebant in Francia et haberent majorem perditionem quam habuissent coram Aurelianis. Sed hoc nonnulli intelligunt de civitate Parisiensi, quæ ante septennium computando ab eo tempore quo hæc dicebat, extra manus Anglicorum posita est et ad obedientiam regis reducta.

Secundo id quod dixit quod voces dixerunt ei quod liberaretur a carcere et haberet succursum a Deo per magnam victoriam. Hoc autem non evenit quia combusta fuit ; sed hoc salvari videtur per hoc quod subditur quod nesciebat utrum esset per liberationem a carcere vel per turbationem judicii. Tamen postea dicebant voces : « Non cures de martirio tuo, quia tu finaliter venies in regnum paradisi. » Per martirium autem gloriose ac feliciter liberantur fideles de carcere impiorum et magnam reportant victoriam : unde in persona martirum scribitur : « In persona laqueus contrictus est et nos liberati sumus. »

Tertio præsumptuosum videtur quod dixit quod de sua salute certa erat, ac si jam esset in paradiso. Sed id salvari potest per id quod supra dictum est, etiam per id quod ipsamet dixit, quod hoc intelligebat, dummodo ipsa servaret juramentum et promissionem quam fecit Deo, videlicet quod ipsa servaret bene virginitatem tam animæ quam corporis, intelligendo per virginitatem animæ integritatem mentis, oppositam corruptioni peccati mortalis, sicut per virginitatem corporis integritatem oppositam corruptioni carnis, juxta illud *II Corinth.* x, « Despondi enim vos uni viro virginem castam exhibere Christo. » Ubi de Lira ait : « Virginem quantum ad fidei integritatem, castam quantum ad vitæ puritatem. » Vel quod dixit potest intelligi de certitudine spei. Spes enim innititur auxilio gratia Dei in qua, si perseveret aliquis, omnino infallibiliter vitam æternam consequetur. Si autem aliquis speraret se habiturum salutem æternam per propriam virtutem, hoc præsumptionis esset.

In tertio articulo dicitur quod spiritibus sibi apparentibus et eam alloquentibus reverentiam exhibuit. Sed hoc licitum fuit et devotionis et religionis signum, ut in præcedenti capitulo dictum fuit.

De tribus autem tactis in tribus ultimis articulis ipsi judicantes præfatam Johannam inculpare potissime videntur. Primo, de hoc quod tangitur in quarto articulo, quod habitum virilem assumpsit et bellis se immiscuit ; de hoc aliqualiter supra tactum est, sed ulterius. Secundum sanctum Thomam, 1° 2ᵉ, q. CIII, art. I°, in responsione ad VIᵐᵉ *Deuteronomii* XXII, prohibitum fuit ne mulier indueretur veste virili aut e converso ad declinandum luxuriam, quod enim mulier induatur veste virili aut e converso incentivum est concupiscentiæ et occasionem libidini præstat. Hæc autem Johanna dicebat sibi magis licitum et conveniens habitum virilem habere, dum erat inter viros, quam habitum muliebrem, videlicet ut ipsa quæ juvenis erat minus provocaret viros ad libidinem ad quam excitat vestis muliebris. Idem etiam sanctus Thomas, 2ᵉ 2ᵉ quæst. CLXIX, art. II, ait quod mulier utatur veste virili aut e converso potest fieri sine peccato propter aliquam necessitatem, vel causa occultandi ab hostibus, vel propter deffectum alterius vestimenti, vel propter aliquid hujusmodi. Sic igitur licitum est in aliquibus casibus, quinimo expediens ac salutare mulierem uti veste virili aut virum uti feminea, ut si mulier, pro servanda castitate, se occultet sub veste virili, si vir pro tuenda vita sua se occultet sub veste feminea. Si igitur, pro servanda vita privata ac castitate liceat, imo et salubre sit mulierem uti veste virili et virum veste muliebri ; quanto magis huic Puellæ licuit uti veste virili quæ convenientior erat, ratione jam dicta, ad conversandum inter viros magisque apta ad ambulandum, equitandum, deferendum arma et belligerendum pro salute publica totius populi regni Franciæ ; præsertim cum, sicut patet ex processu, ipsa affirmaret se non fecisse hoc humano consilio, nec aliquem, ut dicebat, de hoc onerat, ne ipsam vestem cepit, vel aliud fecit, nisi ex præcepto Dei, credens quod quicquid ex præcepto Dei fit, licite fit. Et, postquam illud faciebat ex præcepto Dei et in suo servitio, non credebat male agere, sed quando placeret Deo et tempus advenerit dimittendi et fecerit illud pro quo missa est ex parte Dei, tunc reciperet habitum muliebrem ; unde patet quod resumere proponebat habitum muliebrem officio suo peracto. Si enim ad debellandum inimicos regni a Deo missa fuit, ut dicebat et supra ostensum est, consequens erat ut ei a Deo inspiraretur quod habitum assumeret viri, comam incideret, arma deferret, tamquam res convenientes operi et fini cujus gratia missa fuerat. Ad hoc enim videbatur lege privata spiritus sancti duci, sicut et sanctæ Tecla, Eugenia, Pelagia, Marina et aliæ quæ habitum viri detulerunt et comam inciderunt et sic inter viros conversatæ sunt, ut recitat Vincentius in Speculo. Sic et Delbora prophetes ivit cum Barach ad præliandum contra Cisaram et exercitum ejus, *Judicum* IV.

Secundo, de hoc quod tangitur in quinto articulo quod judicio militantis Ecclesiæ, de dictis et factis suis, se submittere recusavit. Circa hoc sciendum est quod dicta Johannæ sunt ea præcipue quæ dixit de apparitionibus et revelationibus sibi factis et de futuris eventibus. Facta vero illa quæ gessit ad regni subventionem et Anglicorum expugnationem ; cum autem hæc, materiam fidei non concernunt, mirum est quomodo sic molestabatur ut de his judicio Ecclesiæ se submitteret. De submissione vero ipsius, satis in tertio capitulo dictum est, sed circa dicta ipsius Johannæ in præfato quinto capitulo occurrunt duo dubia. Primum, de hoc quod dixit quod idem est de Deo et Ecclesia. Sed et salvari potest, quod idem est, quantum ad conformitatem judicii, juxta illud Matthei XVIII, « Quæcumque alligaveritis super terram erunt ligata et in Cœlo, et quæcumque solveritis super terram erunt soluta et in Cœlo. » Ac per hoc se submittendo judicio Dei se submittebat judicio Ecclesiæ.

Secundum est de hoc quod dixit quod se referebat Ecclesiæ, dummodo non præciperet aliquid impossibile, et reputabat impossibile hoc, videlicet quod ipsa teneret illa quæ dixit et fecit ex parte Dei et quod illud non revocabit pro quacumque re, vel pro quocumque vivente, neque se referet de hoc ad hominem mundi. Ad hoc dicendum quod, sicut supra tactum est, habens de aliquibus revelationem a Deo certus est quod illa sunt sibi divinitus revelata : hæc autem Puella constanter asserebat se habuisse revelationem a Deo ; de hoc igitur certa erat. Quoad hoc igitur non debuit se submittere judicio hominum, præsertim cum nullus hominum absque divina revelatione potuerit scire certitudinaliter illa sibi non fuisse divinitus revelata. Neque enim Abraham se judicio hominum submisisset de revelatione sibi facta, de immolando filium, neque pro quocumque cessasset ab ipsius immolatione. Cessavit autem ex superveniente Dei præcepto, de quo sibi constitit per novam revelationem. Et tamen id quod præcipiebatur Abrahæ, scilicet immolatio filii, si non intervenisset auctoritas Dei præcipientis, erat crudelissimum crimen. Quod autem Johanna asserebat sibi præceptum, erat justum et pium, scilicet liberatio regni Franciæ a suis calamitatibus, reductio ipsius ad obedientiam regis et domini sui naturalis. De hoc igitur non debuit se submittere judicio hominum. Facit ad hoc quod ait Apostolus Galatas v, « Si spiritu ducimini, non estis sub lege » et ix q. 11, dicitur : « Qui privata lege ducitur, nulla ratio exigit ut publica constringatur ; » et sanctus Thomas, 1° 2ᵉ, q. xlvi, art. v, ait : « Contingit quod aliquis simpliciter subjectus legi, secundum aliqua legi, non astringitur secundum quæ regitur superiori lege. » Lex autem spiritus sancti superior est omni lege humanitus posita, et ideo viri spirituales, secundum hoc, quod lege spiritus sancti ducuntur, non subduntur legi, quantum ad ea quæ repugnant dictioni spiritus sancti. Quia igitur ipso Johanna, in his quæ dixit et fecit pro liberatione regni a suis miseriis, ad quam missam dicebat, ducebatur iege privata spiritus sancti, ut supra se declaratum est ; quantum ad hoc absoluta erat a judicia hominum.

Tertio, de hoc quod tangitur in vi° articulo, quod, post abjurationem seu revocationem, habitum virilem resumpsit et apparitionibus suis, quibus publice renunciaverat, iterum adhæsit, dicendum, circa hoc quod aliquis abjurare compellatur, oportet quod in aliquem errorem contra fidem christianam incidisse deprehendatur. Delatio autem virilis habitus et revelationes, quas Johanna dicebat sibi factas, non pertinent ad fidem ; super his igitur abjurandis cogi non debuit. Mulierem enim habitum virilem deferre quandoque licitum est, et Johannæ ipsum deferre licuit, ut supra visum est, etsi esset illicitum, hoc esset ea ratione, quia hoc incentivum est concupiscentiæ et occasionem libini præstat. Esset igitur peccatum non contra fidem, sed in moribus, ubi abjuratio locum non habet, sed simplex prohibitio; unde et ipsa asserebat quod non intellexit fecisse juramentum se de non recipiendo habitum virilem. Cur autem virilem habitum resumpserit, causa sufficiens videtur assignari ex responsionibus et ex informationibus, ut patet in articulo. Revelationes autem sibi factæ non erant de pertinentibus ad fidem, sed de missione et adventu ipsius ad regem pro relevatione regni a calamitatibus suis. Miror igitur valde quomodo coegerunt ipsam ad eas abjurandum, quomodo etiam, propter resumptionem habitus virilis et adhæsionem ipsius ad apparitiones quibus renunciaverat, judicaverunt eam relapsam. Nullus enim potest dici relapsus qui ante lapsus non fuerit; propter præmissa autem non potuit dici lapsa in aliquem errorem contra fidem, cum ad fidem non pertineant, neque etiam in aliquo alio invenitur a fidei rectitudine deviasse. De revocatione autem, seu abjuratione suarum apparitionum seu revelationum, videtur rationabiliter posse excusari et propter metum ac propter ignorantiam. Propter metum, etiam qui cadit in constantem virum, unde ipsa asseruit quod quæcumque tunc dixit et revocavit, hoc solum dixit et fecit timore ignis. Propter ignorantiam ; nam, sicut dixit, intellexit non sic dicere vel facere, quod scilicet revocaret suas apparitiones : imo credit quod sunt sanctæ Katherina et Margareta et quod sunt a Deo. Illud autem, quod continebatur in scedula abjurationis, ipsa non intelligebat : unde sententia abbatis Fiscampnensis, in qua fere omnes assistentes resederunt, fuit scedula abjurationis quam Johanna asserebat se non intellexisse, [postulans quod] iterum ei legeretur et exponeretur, quod tamen non fuit factum. Tanta autem potuit esse ignorantia quod crearet involuntarium simpliciter, ac per hoc excusaretur a peccato et non solum a tanto, sed etiam a toto. Quanquam ex hoc, quod revelationes revocasset, non posset concludi eas a Deo non fuisse, sicut ex eo quod Petrus Christum negavit, longe minore metu ductus quam Johanna, inferri non potest quod ex divina revelatione non fuerit illa ipsius confessio, Matthei XVI, « Tu es Christus filius Dei vivi. » Maxime cum hæc Johanna de hoc pœnituerit et, post revocationem, timore ignis postposito suis revelationibus constantissime adhæserit usque ad mortem, in quo non relapsa censenda fuit, sed assertrix veritatis. Postea enim asseruit quod Deus mandavit sibi per sanctas Katherinam et Margaretam magnam pietatem illius grandis proditionis, in qua ipsa Johanna consenserat faciendo abjurationem et revocationem pro salvando vitam suam et quod ipsa se damnaverat pro salvando vitam suam. Asseruit etiam quod si ipsa diceret quod Deus non misisset eam, ipsa se damnaret, et quod veraciter Deus ipsam misit. Unde voces sibi dixerunt quod ipsa fecerat magnam injuriam confitendo se non bene fecisse illud quod fecerat. Asseruit etiam constanter quod nihil revocavit quin hoc sit contra veritatem et, in hac veritatis confessione, per pœnam ignis migravit ad Dominum. Objicitur autem contra eam, quod ipsa alias dixit, quod liberaret ducem Aurelianensem detentum captivum in Anglia, quod ipsa non fecit. Sed dicitur quod ipsamet soluit dicens quod, si durasset per tres annos absque impedimento, vel cepisset Anglicos de quibus fuisset redemptus, vel transfretasset in Angliam ad liberandum eum. Objicitur etiam de hoc quod dicebat sibi fuisse per voces revelatum quod, post ejus liberationem Gallici facerent pulchrius factum in sua societate, quod unquam fuerat factum pro tota christianitate, quod non evenit. Sed hoc non est de processu, sed adjectum ex quibusdam litteris per Anglicos falsitatis; vel potest dici ad utrumque, quod istæ prænunciationes pertinebant ad prophetiam promissionis, quæ, sicut prophetia cominationis, non semper impletur, quia fit secundum ordinem causarum ad suos effectus, quæ variari possunt, ut patet Jeremiæ xviii. Hæc autem latius explicantur per sanctum Thomam, 2º 2ᵉ, q. clxxi, art. vi, vel potest dici, secundum Gregorium super Ezechielem, quod aliquando prophetæ sancti quædam ex spiritu suo proferunt, et in hoc possunt deficere, sicut patet de Nathan propheta, cum ait David regi II *Regum* VII : « Omne quod est in corde tuo fac, quia Dominus tecum est. » Credebat enim placere Deo quod David ædificaret domum Domini, cujus tamen contrarium postea ipsi Nathan revelatum est. Sic etiam Johanna dixit postea sibi fuisse revelatum quod non de liberatione sua curaret et quod gratanter caperet martirium suum, quia finaliter veniet in paradisum. Si tamen ipsa Johanna forsan aliqua dixerit quæ non evenerunt, quod tamen non constat, non ex hoc sequitur quin aliqua ex divina revelatione præsciverit et prænunciaverit. Illud etiam quod dixit de liberatione suæ, potest intelligi de liberatione sua per martirium, ut supra dictum est. Post mortem autem ipsius, Gallici, illa etsi non in corpore, tamen in spiritu et virtute, ut pie credi potest, comitante, pulcherrimum factum pro tota christianitate fecerunt in insperata et pene momentanea totius Normaniæ et Aquitaniæ reductione ad obedientiam regis. Quis autem novit si adhuc pulchrius factum pro tota christianitate fuit factum? Sciendum etiam quod divinæ revelationes et prænunciationes sæpe fiunt sub aliqua obscuritate figurarum et parabolarum, ut patet in libris prophetalibus veteris legis, ac in *Apocalipsi* beati Johannis : propter quod multa interpretatione indigent, juxta illud Danielis x. « Intelligentia opus est in visione, » unde et Ysidorus, libro *Ethicorum* ponit sextum genus prophetiæ accepta parabola. Secundum hoc, dicendum est ipsam Johannam aliqua parabolice dixisse, ut illud, quod Angelus, cum rex esset in castro Caynonensi, intravit per ostium cameræ regis et reduxit ei ad patientiam magnam, quam habuerat in suis tribulationibus, tradiditque ei quoddam signum opulentissimum ; se ipsam forsan nominans angelum propter similitudinem officii, id est nuntium a Deo missum erat, etiam ibi angelus qui loquebatur secum : per signum illud forte intelligebat regis coronationem Remis et regni sui recuperationem. Et si qua alia similia dixerit, putandum est eam parabolice, nolens Anglicis revelare secreta quæ regi dixerat.

Imponitur insuper ei quod jactanter dixerat, se numquam fecisse opera peccati mortalis. Sed quomodo illud sibi imponitur? Interrogata enim utrum se sciret esse in gratia Dei respondit : « Si ego non sum, Deus ponat me, si ego sum, Deus teneat me in illa, » asseruitque se nescire si esset in peccato mortali.

CAPITULUM V

Conclusio sequens ex præmissis : Ipsa Johanna temerarie et injuste fuit judicata, impieque igne concremata.

Probatur ex præmissis quia, sicut supra tactum est, nullus absque divina revelatione potuit de apparitionibus et revelationibus, quas ipsa Johanna asserebat sibi factas, certitudinaliter scire si ex Deo fuerint an a dæmone, an humana adinventione confictæ. Temeriarum igitur fuit judicare eas vel fuisse a dæmone, vel ab ipsa Johanna mendose confictas. Præterea, etsi hoc certitudinaliter sciri non potuit, nisi fuisset divinitus revelatum, attamen, ex multis conjecturis, supra expressis signanter, ex magnis et arduis operibus quæ, supra opinionem ac spem hominum, gessit, ex prænuntiatione futurorum eventuum, ex libera hominum voluntate de pendentium, quos solus Deus certitudinaliter præcognoscere potest, et hi quibus voluerit revelare, qui infalibiliter, sicut ipsa prædixit, evenerunt, judicandum est potius apparitiones et revelationes ipsi Johannæ factas a Deo fuisse. Ad hoc facit quod super illud *Romanos* xiv, « Qui non manducat, manducantem non judicet, » dicit glossa : dubia in meliorem partem sunt interpretanda. Si igitur certum non fuit, sed dubium, si illæ apparitiones et revelationes a Deo fuerint, an a dæmone aut humanitus confictæ, declinandum fuit in judicio, in meliorem, mitiorem et humaniorem partem quod videlicet a Deo fuerint, præsertim cum illa constanter assereret se a Deo missam apparitionesque et revelationes a Deo habuisse, assertionemque suam confirmarent et mira ipsius opera et prænunciationes futurorum quæ inviolabiliter evenerunt, de quibus dæmon nihil certum prædicere potuit, neque homo nisi sibi fuerit revelatum divinitus. De hac proinde re dubia ferendum erat judicium declinando in mitiorem partem temerarium vero et iniquum fuit de ipsa re dubia certum ferre judicium, præsertim ad condemnandum. De dubiis enim temerarium est judicare maxime ut condemnemus, sicut dicit Augustinus in libro *De Consensu evangelistarum* super illud Mathei vii^e « Nolite judicare », quia igitur illis judicibus occultum et incertum erat unde ille revelationes processerant, nisi illis fuisset divinitus revelatum : de quo minime constat ; hoc divino judicio relinquendum erat aut saltem tamquam negotium arduissimum ad supremum tribunal, vel generalis Concilii, vel summi Pontificis, ad quod se mitti petierat remittendum. Postremo hi judices ad sententiam diffinitivam processerunt contra Johannam, ipsamque brachio sæculari reliquerunt ob duas causas : videlicet quia, post abjurationem, habitum virilem resumpserat, et suis revelationibus constantissime adhæserat. Ostensum est autem supra, quod, neque virilis habitus, neque revelationes sibi factæ erant de pertinentibus ad fidem : unde super his locum non habebat abjuratio, neque ob hoc censenda erat relapsa aut hæretica ; propter hæc igitur non erat ad judicium fidei trahenda, et multo minus tamquam hæretica judicanda et brachio sæculari relinquenda, præsertim cum nec in aliis, sicut ex processu et informationibus patet, depræhensa sit in aliquo a fidei veritate deviasse. Ostensum est etiam sigillatim ipsam Johannem in nullo fuisse talem qualis in sententia pessime exprimitur ; unde patet ipsam Johannam, nedum temeriare, sed et injuste, fuisse judicatam, insuper et impie et crudeliter brachio sæculari relictam ac igne concrematam, nullo servato juris ordine. Nam absque sententia cujuscumque judicis sæcularis per Anglicos solos ad supplicium ignis violenter tracta fuit, prout asserunt qui præsentes fuerunt. Et mirum est valde quomodo tam impie et crudeliter condemnata est hæc juvencula innocens, præsertim a crimine hæresis. Quamquam enim de difficillimis ac subtilibus quæstionibus fuerit examinata per plures prolixe, tædiose, captiose, nullo eam dirigente, ad quas etiam vir multum doctus vix scivisset in promptu respondere, sic tamen ad omnia sapienter ac fideliter respondit, ut in nullo errore contra fidem aut sacram Scripturam fuerit deprehensa. Et revera puto eos qui suas responsiones inspexerint valde mirari super prudentia et responsis ejus, ita ut attentis ipsius simplicitate, sexu et ætate, dicant quod non erat ipsa loquens, sed quod in ea loquebatur spiritus sanctus, cui cum patre et filio honor, gloria et imperium in sæcula sæculorum. Amen.

Operis subscriptio.

Hæc autem scripta sunt non in cujusquam suggillationem, sed zelo veritatis et justitiæ absque temeraria assercione, submittendo omnia determinationi ac judicio sanctæ matris Ecclesiæ ac domini nostri summi Pontificis, correctioni que et emendationi sapientium.

Scriptum et signatum per me, Martinum, indignum Cenomannensis ecclesiæ ministrum, VII mensis aprilis, anno Domini MCCCCLVI, sic signatum : Berruyer.

X

OPINIO JOHANNIS BOCHARDI[1]

OPINIO DOMINI JOHANNIS ABRINCENSIS EPISCOPI

Cuum citra paucos dies, propter nonnulla meæ Abrincensis ecclesiæ agenda, ad hanc Parisiensem civitatem venissem ; ex parte reverendissimi et reverendi in Christo patrum et dominorum Remensis archiepiscopi et Parisiensis episcopi, simul et honorabilis et religiosi viri magistri Brehal, ordinis Fratrum predicatorum, sacræ theologiæ professoris hæreticæque pravitatis per regnum Franciæ inquisitoris, sanctæ Sedis apostolicæ commissa-

---

[1] Jean Bochard, dit de Vaucelle, natif de Saint-Lô, docteur de l'Université de Paris, évêque d'Avranches en 1453, fut confesseur de Charles VII puis de Louis XI et mourut en 1484.

« Ce mémoire, dit Quicherat (t. V, p. 466), n'est qu'un avis très succinct donné à la requête du tribunal pendant un court séjour que fit ce prélat à Paris en 1456. Il déclare n'avoir lu pour former son opinion que le sommaire du procès qu'il attribue à Paul Pontanus, lorsqu'il est prouvé que ce sommaire est de Théodore de Leliis. »

riorum et, quoad ea de quibus hic habendus est sermo, specialiter deputatorum ; fuit mihi injunctum ut, super quodam processu alias, sunt fere XXV anni, Rothomagi, per reverendum in Christo patrem et dominum tunc Belvacensem episcopum, in materia cujusdam singulis atque admirandæ fœminæ, quæ Johanna Puella communi nuncupatione vocabatur, facto et concluso ; quantum ad ejusdem processus confirmationem seu infirmationem, pariter et de in eodem contentis eidem Puellæ objectis, ego vellem, per modum opinionis, quid in ea re sentirem scribere. In qua certe materia, quæ grandis admodum difficilis et valde ardua mihi prima facie visa est, nullatenus præsumerem, maxime in tam brevi decursu, utcumque opinari, nisi præfatorum dominorum commissariorum mihi pro singulari præcepto interveniret auctoritas. Certa itaque protestatione præmissa de nihil esserendo quod sanæ doctrinæ videatur aut esse possit contrarium, videtur mihi totum hujusce rei pondus in duo principaliter versari. Quorum primum quod tanquam materiale est, concernit ea quæ præfatæ Puellæ per suos adversarios et judices fuerunt objecta ; secundum vero formam sive ordinem processus usque in sententiam diffinitivam et ejusdem Puellæ condemnationem considerat. Et circa hæc duo, non per modum codicilli, sicuti audivi nonnullos solemnes prælatos et doctores solemniter et arduc atque ad rem multum pertinenter scripsisse ; verum quæ breviori decursu summarie solum et levi quadam opinione, quantum ex summario quodam extracto descripto super hac materia, domini Pauli Pontani, in curia Romana advocati consistorialis solemnissimi, valui materiam hanc simul et processum considerare, mea talis qualis, sub protestatione præmissa simul et cujuslibet securius sapientis correctione, versabitur opinio.

Circa primum igitur quam plurima præfatæ Puellæ videntur imposita, inter quæ videntur esse majora quod dicebat multas et frequentes spirituum, videlicet beati Michaelis et beatarum Katherinæ et Margaretæ visiones et revelationes et consolationes habuisse, quibus sæpe reverentiam exhibuit.

Quod aliqua futura contingentia se scire certitudinaliter prædixit. Quod a parentibus absque licentia recessit. Quod bellis habitum virilem et arma gerens etiam tonsa crines se immiscuit. Quod militantis Ecclesiæ judicio super his quæ sibi imponebantur se ipsam submittere noluit. Et quod postquam solemni abjuratione hujusmodi spirituum apparitiones et revelationes simul et virilem habitum dimiserat atque eisdem publice renunciaverat, iterum resumpsit et eisdem adhesit.

Unde quod hujusmodi visiones seu apparitiones habuerit quamvis hominibus occultum sit, cum hæc sint secreta Dei misteria, non tamen est impossibile neque a fide catholica alienum. Apparet enim Dominus iis qui fidem habent. *Sapientiæ* I et Joannis IX de diligenti Deum scribitur « Ad eum veniemus et mansionem apud eum faciemus, » Unde et apparitiones et spiritus prophetiæ tam in Vetere et Novo Testamento et viris et mulieribus nedum bonis, sed etiam malis quam pluries contigisse manifeste declarat totius sacræ Scripturæ decursus.

Supposito ergo quod ipsi Puellæ hujusmodi apparitiones et revelationes fuerunt factæ, sicut satis verissimile est, attentis dictis et factis per eam, an a bonis vel malis spiritibus provenerint sequitur conject[ur]andum.

Quod equidem ex duobus maxime videtur perquirendum videlicet ex fine propter quem et ex vita et moribus et obitu ipsius Puellæ.

Actiones enim humanæ potissimam bonitatem vel malitiam habent ex fine a quo dependent, ita ut secundum maximam thopicam cujus finis bonus est, ipsum quoque bonum est : sic et de malo.

Boni etiam spiritus ad bonam vitam honestosque mores inducunt, atque ad finem usque catholicum perducunt.

Præfata autem Puella, ut nedum ex ejus dictis et assertionibus verum longe certius ex ipsius factis et operibus claruit et manifeste cunctis apparuit ad hunc finem specialiter et intentionem destinata est ; et venit ut ab hoc Francorum christianissimo regno in extrema fere calamitate per Anglicos ipsum injustissime tunc usurpantes constituto ipsos Anglicos juste et rationabiliter expelleret, simul et christianissimum dominum nostrum regem Ka[rolum] modernum, quasi tunc a suo regno dejectum et propulsum, et restitueret, et ad sacram unctionem pariter et regiæ coronæ susceptionem perduceret, quod siquidem qualiter perfecerit rei probavit eventus.

Hæc omnia bona et honesta sunt nedum ex genere, verum etiam ex circumstantiis actuum et operationum ipsius Puellæ, quæ ipsos Anglicos gratis ante cujuscumque insultus seu belli aggressum, misericorditer procedens, dulciter monuit et summavit ut in nomine Domini cum bona pace recederent et quod injuste occupabant et usurpabant juste relinquerent; nomen et auxilium Dei indefesse, pie et devote implorans, sacramenta confessionis et sacrosanctæ eucharistiæ frequenter suscipiens, integritatem pure virginitatis inter tot et talis conditionis viros sola simplex et juvenis Puella illibate custodiens, quoscumque corruptos mores, excessus seu perversos illicitosque actus in aliis ut blasphemias, juramenta, violentias, homicidia, furta et cætera hujusmodi, quantum plus poterat cohibens, in nomine Domini semper refrenabat.

Ex quibus et finis ad quem specialiter venit bonitas et suorum vitæ et morum clara honestas possunt apprehendi.

De ejus autem obitu, nil aliud nisi Deo revelante potest certitudinaliter cognosci, nisi quod in ejus extremis semper de bene in melius continuans Jhesum, beatam Mariam, sanctos et sanctas assidue, multis hominum milibus clare audientibus, acclamans, sancte et catholice visa est inter flammas pressuros spiritum Domino reddidisse.

Ex his videtur sequi et mea opinione posse concludi ipsam Puellam ad jam prætactos fines fuisse a misericorde et justo Deo missam.

Quod etiam ex ejus rei circa quam conditione satis considerari potest. Ipsi enim Anglici in illis diebus temeraria præsumptuositate intollerabilique superbia sublevati non satis pensantes quoniam neque in fortitudine sua roborabitur vir : « In eo, aiebat regius Propheta, sperabo et gladius meus non salvabit me, » quoniam ut in Machabeorum tertio capitulo scribitur : « Non in multitudine exercitus victoria belli, sed de Cœlo fortitudo est, » juste meruerunt ut de eorum summa atque fastigiosa superbia Deus ipse qui infirma mundi eligens ut fortia quæque confundat, quantum superbis resistit, humilibus dat gratiam et qui ipsi rerum naturæ eas leges instituit ut contraria contrariis curentur, eos per victricem humilitatem potentissime deiceret.

Quæ autem major potuit contra tantam superbiam reperiri humilitas, quam in simplicissima tridecim circiter annorum virgine puella, in campum absque multa hominum frequentia, inter oves et pecora multa, atque de post fetantes a Deo vocata : certe nulla sicut neque contra summam Luciferi superbiam quam in sacratissima virgine Maria major valuit humilitas inveniri.

Sequitur ex dictis, ut videtur, clare posse concludi hujusmodi spiritus eidem Puellæ apparentes bonos fuisse et a Deo, qui ad opera pietatis et misericordiæ, sicut est populi et patriæ a malis liberatio, non utitur malis angelis, sed bonorum ministerio fuisse specialiter missos.

Sed quod hujusmodi spiritus fuerint beatus Michael et beatæ Katherina et Margareta satis imo multum verisimiliter apparet. De Michaele quidem archangelo : ipse enim est qui populo Israelito olim ducatum præbebat divinas revelationes simul et directiones exercendo, ut expresse habetur in glossa *Judicum* VI et Danielis X. Modo autem dispersione in illo populo facta et Christi Ecclesia fundata et fide revelata, non dubium quin idem beatissimus archangelus Ecclesiæ Christi et ita toti christianitati præsideat, et maxime inter cæteras christianitatis partes huic Franciæ regno, quod propter singularem divini cultus excellentiam et præclarum fidei lumen in eo, absque macula semper præfulgens christianissimum etiam ab aliis regnis est speciali quadam atque peculiari honoris excellentia appellatum. Quod etiam ex quodam bene singulari satis verisimiliter potest conjecturari. Nam eumdem archangelum quamdam rupem in medio mari in mea Abrincensi diocesi in qua coloretur sibi quondam elegisse veteres nostræ tradunt historiæ, ubi a beatissimo Auberto, Abrincensi tunc episcopo, ex speciali revelatione per eumdem archangelum sibi facta in honore ejusdem archangeli percelebris fundata est ecclesia, quæ hactenus dicta est ecclesia beati Michaelis in Tumba. Hic locus, quamvis ex integro totus Normanniæ ducatus, præter ipsum fuerit violenti Anglorum potestati subjugatus et omnes circumvicinæ regiones sibi guerrarum durante sævitia contrarie, grandes, durissimæque obsidiones, machinæ, mirabiles insidiæ et proditiones tentatæ, machinatæ et applicatæ, nunquam tamen potuit sævi dictorum Anglorum dominio subjugari, ipso beatissimo Archangelo locum suum peculiari quadam protectione defendente. Potest itaque rex christianissimus conformiter sicut et de angelo Danielis dicere : « Ecce Michael unus de principibus primis venit in adjutorium meum. »

De beatis autem Katherina et Margareta satis verisimile videtur ex eo quod semper a sua juventute et quamprimeva cognitione ipsa Puella ad eas singularem habuerat devotionem. Unde et pro sua consolatione, quia etiam mulieres mulieri quam viri sunt familiarores per easdem beatas virgines sua secreta misteria voluit Deus ipsi

Puellæ ad fines, pro quibus eam miserat, pie et misericorditer revelare.

Quod autem habitum virilem et arma gerens, crines etiam tonsa, bellis se immiscuerit, non videtur esse unde juste valeat reprehendi quoniam ex quo a Deo missa fuit, ut ex antedictis nunc præsupponitur, c[ommu]ne videtur ut divina ordinatione habitus, monos et conditiones fini suæ legationis competentes ipsa tenuerit, et maxime cum nil ibidem videatur quod sit malum ex suo genere et quod non possit absque peccato pro alicujus rei exigentia bene fieri. Gerere enim arma et maxime defensiva sibi ad finem pro quo missa erat competebat et ita et come tonsuram et habitum virilem longe magis quam mulie[b]rem. Quod etiam pro sua virginitate et casta integritate servanda maxime competebat ne nota inter viros juvenis puella, quæ jam ad pubertatem devenerat, ipsos ad libidinem quos magis toto posse inducebat ad virtutem, concitaret. Unde et *Deuteronomii* II, 22, prohibeatur in lege ne mulier habitum viri, seu vir habitum mulieris, sibi assumeret propterea ne ad actus venereos simul et ad idolatriam facilius prolaberentur. Si ergo castius mulier sub viri habitu quam sub muliebri tam in se quam in ordine ad alios se habeat, quare eo non magis utetur.

Unde et multas mulieres reperimus hujusmodi virilem habitum gessisse et comas succidisse, sicut fuerunt beata Tecla, Pauli apostoli discipula, beata Eugenia, beata Natalia beati Adriani martiris uxor, sancta Pelagia, sanctæ etiam Marina, Eufrosina, Andoena et quamplures aliæ.

Quod etiam a parentibus illicenciata recessit, non debet sibi divino jussu monite ad malum imputari. Plus enim oportet Deo quam hominibus obedire ; nam obligatio ad obedientiam Dei omnem aliam obligationem, etiam ad proprios parentes, antecedit. Unde et verissimile est quod si a patre et matre licentiam petivisset, voluissent et merito causam talis sui recessus cognoscere et fortassis aliqua secreta quæ non valuisset ipsis detegere, ipsam interrogassent. Imo et quando totam sui recessus causam ipsis aperuisset, ipsam tamquam fatuam et insanam, non credentes eam a Deo fuisse monitam valde duriter increpassent.

Non mirum etiam si quædam futura contingentia prænunciaverit, supposito, ut præmissum est, quod ab eo ministerio beatorum spirituum fuerit docta et directa cujus æterno conspicui omnia sunt præsentia.

Quod vero accusatur non voluisse se ipsam submittere judicio Ecclesiæ militantis, si bene ejus factum et ea quæ ipsa dixit attendantur, non videtur mihi esse propterea sibi aliquid improperandum, nam omnia illa super puibus sollicitatur ut judicio Ecclesiæ militantis se submittat, ipsa, ut asserit, ex Deo habet per revelationem et ita illa certissime cognoscit et tenet quæ aliis sunt occulta et fortassis non credibilia : unde in talibus non debet quis cogi præcise ad denegandum seu diffitendum, alias iniquum et injustum videretur esse tale præceptum. Nam talia quæ ex divina revelatione cum tanta certitudine procedunt libertatem inducunt, secundum illud *Secunda ad Corinthios* III, « Ubi spiritus Domini, ibi libertas » et *ad Galatas* V, « Si spiritu ducimini non estis sub lege. » Hæc enim lex spiritus Domini tamquam superior eximit ab omni alia lege. Neque etiam adhuc omnino recusavit ipsa Puella judicium Ecclesiæ militantis, imo se ipsam cum suis omnibus dictis et factis submisit judicio Concilii generalis et sanctæ Sedis apostolicæ.

Quantum autem ad hoc quod dicitur post abjurationem, etc. virilem habitum resumpsisse et suis spiritibus iterum adhesisse, ipsa satis videtur respondisse, videlicet quod numquam intellexerat se illis suis apparitionibus renuntiasse. Sibi enim lecta est quædam scedula papirea quam longa carceris afflictione et metu ac timore mortis maxime aggravata non intellexit et quam, si intellexisset, nunquam in æternum consensisset. Et ita ad veritatem non potuit propterea, ut videtur, juste judicari relapsa. Habitum etiam virilem resumpsit et quia timebat Deum offendere, qui eum sibi instituerat si absque ejus ordinatione ipsum dimitteret, et etiam necessitate, ut fertur, coacta, quia mulie[b]res vestes sibi abstulerunt viriles juxta eam reponendo. Et ita mea tenui et minus consulta opinione et salvo semper judicio meliori nihil in ejus dictis aut factis reperitur unde potuerit sic judicari relapsa, scismatica et hæretica aut unde ad fidei judicium juste adduci debuerit. Et hæc quoad primum.

Tandem vero quo ad formam processus seu procedendi modum, quantum sub tam brevi decursu valui comprehendere ex qua plurimis videretur qui processui et fine insudarunt in modo procedendi et judicandi defecisse. Quæ, quia magis ad dominos juristas spectant, sub artà brevitate perpauca perstringam.

Primo itaque fori et judicis incompetentia ipsum processum pariter et sententiam exinde secutam corruere et nullos esse demonstrant. Ipse enim judex fertur fuisse parte [inimicorum], domini nostri regis et ipsius Puellæ formalissimus inimicus; a quo etiam ipsa Puella ad dominum nostrum Papam et ad generale Concilium ante sententiam appellavit. Item coassistentes sibi omnes capitales ipsius Puellæ inimicos advocasse et illos quos videbat plane veritatem dicentes sicut fuerunt graves viri et solemnes doctores magistri Jo. Lohier et N. Bessy, gravissime increpans cum maximo eorum terrore et pavore, a castro Rothomagensi dicitur expulisse.

Item propter carcerum indispositionem et custodum incompetentiam, propter etiam timorem et assidue incussum sibi terrorem, propter quæstionum sibi difficilimarum et arduarum sibi factam interrogationem [1] et maxime propter falsam et calomniosam articulorum deliberare seu consulere et rationes dare tam Parisius quam alibi debentium transmissorum formationem. Et ex his siquidem præcipue videtur præfatus processus dici debere merito invalidus et censeri et per consequens sententia ex eo subsecuta pro nulla reputari.

Et hæc sunt quæ sub præmissa correctione et protestatione et submissione de præsenti materia per modum opinionis solum et probabiliter mihi Johanni, episcopo Abrincensi, sunt visa conjectanda.

Sic scriptum : J. Abrincensis episcopus.

---

[1] Jusqu'à la fin, le mémoire est d'une autre écriture.

XI

OPINIO JOHANNIS DE MONTIGNY [2]

OPINIO DOMINI JOHANNIS DE MO..... DECRETORUM DOCTORIS

Præmissa excusatione, qua summe indigeo, tum ratione arduitatis materiæ, obtusitatis mei intellectus et inexperientiæ grandis quibus laboro, tum ratione celsitudinis et reverentiæ patrum et dominorum in quorum conspectu non immerito loqui pertimesco, protestationes præmittam ad materiam accessurus. Primo erit de submittendo determinationi sanctæ matris Ecclesiæ et alterius cujuslibet ad quem spectat deviantes ad viam veritatis reducere, præsentem meam opinionem et ejus singula puncta, prout et submitto; volens haberi pro non dicto, et illud ex nunc

---

[1] Quicherat, ne connaissant le texte de ce mémoire que par le ms^t 5970, en avait été réduit, relativement au nom de son auteur, à de simples conjectures. En effet dans le mst 5970 le nom d'auteur se trouve avoir été rogné lors de la reliure, de sorte qu'il n'en reste que la première syllabe : *Johannis de Mo...* « Parmi les hommes célèbres du temps, dit Quicherat, Jean de Montigny est le seul que j'aie trouvé répondant aux conditions de ce titre mutilé. Il tenait à la fois à l'Université de Paris, à l'Eglise de Paris et au Parlement. Son ouvrage est adressé aux juges de la réhabilitation. » (Quicherat V p. 406).

prout ex tunc, et ex tunc prout ex nunc revocans et retractans quod devium a prædicta determinatione repertum fuerit. Negare enim non valeo, ut verbis utar augeri, nec debeo, quum multa dicere possim quæ justo judicio et nulla temeritate culpari valebunt, Can. « Negare » ix dist. Secunda quod odio aut favore cujusquam, aut alia quacumque inordinata affectione, in medium proferre non intendo quæ dicturus sum ; sed dumtaxat pro elucidatione veritatis, prout mihi Dominus ministrare dignabitur ; adjiciens quod nihil per modum assertionis et absolute dicere intendo : sed dumtaxat probabiliter et primo meo videre loqui, quum præsens materia meam excedat, nimium facultatem. Non enim asserere intendo revelationes, apparitiones et alia inde secuta de parte Puellæ, de cujus processu, an justus vel injustus fuerit, quæritur, prætensas a Deo processisse, aut ab ea confictas, aut a dæmone immissas, quum quod horum factum fuerit, mihi non constet certitudinaliter seu indubitanter ; sed dumtaxat respectu habito ad dictum processum, dicere an legitime contra eam processum fuerit nec ne, prout a me exigitur. Et quia meæ parvitatis non est meis dictis fidem accommodari velle, nisi quatenus auctoritatibus aut rationibus probabilibus fulciuntur, allegabo, ut juxta fundamenti vigorem adhibeatur ipsis credulitas, brevitati quantum fuerit mihi possibile studens, tum propter brevitatem temporis mihi indicti, tum propter gravitatem materiæ ad quam attingere non valeo.

In nomine domini nostri Jesu Christi, ad propositum descendens, materiam ipsam, ut ordinate procedam, in duas dividam partes : in fundamentum videlicet seu materiam processus de quo quæritur, et ipsius formam ; materiam in quatuor subdividens articulos secundum ordinem rei gestæ, prout mihi verisimile fuit : videlicet in revelationes seu apparitiones, mediantibus sancti Michaele archangelo, Katharina et Margareta virginibus a Deo missis, ut dicitur, sibi

---

Ceci montre une fois de plus la grande sagacité de l'érudit, ce mémoire est bien de Montigny. La Bibl. nat. possède en effet un autre m[st] de ce mémoire, c'est le n° 13837, or dans ce dernier fol. 20 recto, on trouve comme suscription, de la même écriture que celle du m[st] : *Oppinio magistri Johannis de Montigny decretorum famosi doctoris.*

Le mémoire se termine fol. 38 sans autre mention.

Nous donnons ce texte d'après le m[st] 5970 du fonds latin, fol. 153 recto à 159 verso.

quod scribit N. de Lira Mathei ultimo capitulo super illo « Ecce vobiscum sum usque ad consummationem sæculi » quod licet Deus non assistat continue doctoribus Ecclesiæ per operationem miraculorum, quia non est necesse cum fides catholica sit sufficienter confirmata per miracula facta in primitiva Ecclesia, tamen alio hoc modo assistit Ecclesiæ faciendo scilicet miracula aliqua ad consolationem fidelium. Assistit etiam Ecclesiæ semper ipsam dirigendo per occultos instinctus Spiritus sancti ut sic non deficiat fides. Et Ber[nardus] ser[mone] LXXX « Vere multiplex spiritus qui jam multipliciter filiis hominum inspiratur ut non sit qui se abscondat a calore ejus siquidem conceditur eis ad usum, ad miraculum, ad salutem, ad auxilium, ad solatium, ad fervorem, ad usum vitæ bonis et malis dignis, pariter et indignis communia bona abundantissime tribuens etc. Ad miraculum in signis et prodigiis, in variis virtutibus quas per quorumlibet manus operatur, et hoc ad propositum ipse est miracula suscitans » etc. Ex parte igitur Dei ac etiam suæ legis quam etiam revelatione suscepimus, nichil videtur repugnare prætensis revelationibus, nichil insuper ex ipsius Puellæ persona simplici, innocenti et humili, tempore præsertim quo primum eas habuisse dicit cum XIII esset annorum (fol. 21 sui processus papirei et in sequentibus): « Superbis enim Deus resistit et humilibus dat gratiam Petri, I, 4 et Matthei II « Confiteor tibi pater, etc. quia hæc abscondisti a prudentibus et revelasti parvulis ; » minori enim revelatur quod majori denegatur. Quod videmus in Christo adimpletum in ordine ad apostolos qui non omnes magnos et potentes aut litteratos elegit sibi, sed ignobiles ac pauperes, humiles, simplices et illiteratos ut amplius sua gloria claresceret et humanæ sapientiæ aut potentiæ non attribueretur fides catholica. Rursus ex pluribus hoc idem præsumendum est. Primo ex signo cum in principio magnum timorem habuerit et postea confortata extiterit et non relicta fremens neque territa dictamque vocet habuerit pro se, ut dicit, juvando ad gubernandum hoc est meo videre ad ipsam in salutem dirigendum, et ideo subdit et ecclesiam frequentandum, fol. allegatis et sequentibus. Quod etiam signum boni angeli est, Luce I, 2, quia cum lumine vox apparuit, juxta illud quod habemus de Petro in Actibus Apostolorum, c. XII : « Et lumen refulsit in habitaculo carceris etc. » Tres etiam, imo multiplices habuit apparitiones semper in idem venientes, juxta illud quod habetur de Luciano in in prædicta decretali « Cum Christus. » Ista credere implicite est necesse, explicite nequaquam nisi prælatis qui legem debent scire non perfunctorie sed scrutabiliter, can. « Omnes, »[1] « Qui episcopus. »[2] Explicite credere est specialiter et actualiter credere ; implicite credere est generaliter credere quod catholica tenet Ecclesia vel credit : quæ fides sufficit in prædictis, dummodo in contrarium specialiter non sentiatur. Largissime accipitur nomen articuli secundum quod comprehendit omnem sententiam veram circa fidem sive sit diffinita sive non, et in hac acceptione sumpto vocabulo de articulo fidei licet dubitare, scilicet de illo de quo nondum est diffinitum sicut licuit de jam diffinitis ante diffinitionem, art. xxiii, quæst. III, « Dixit Ala » et Can. « Hæc archidiaconus » loco allegato, et ad id satis est annotatum *De summa trinitate*, et beatus Thomas i II 2e, quæst. 2, art. V. Quo supposito constat quod assentire vel non assentire revelationibus generaliter non est articulus fidei, et per consequens ad causam hujusmodi revelationum non potuit sumi materia inquirendæ hæresis adversus dictam Puellam quæ ad solos articulos numero xii vel secundum alios xiv credendum qui continentur in symbolo minori quod dicitur Apostolorum et non ad alios, nisi generaliter et implicite, credendo et tenendo quod credit Ecclesia. Si ergo adhæsit vel assensit dictis revelationibus quas a Deo dicit processisse, in quo deliquerit non videtur maxime contra finem, imo, omnibus consideratis quæ ex ejus processu et alias elici possunt, potius increpanda veniret si dictis revelationibus per quas divinam voluntatem sibi significari et detegi intelligit non acquiesceret. Quis enim possit digne spiritui sancto resistere? can. « Duæ sunt », in fine[3]. Cum Deo ex quo de ejus voluntate apparet sit præ omnibus et ante omnia obtemperandum, mandatis etiam prelatorum in adversum factis omnino postpositis, inde est quod quis contra conscientiam ad mandatum Ecclesiæ sub pœna excommunicationis sibi factum facere non debet. Si vero queratur quid in dubio de hujusmodi revelationibus conjecturandum sit, cum dubia in meliorem partem interpretanda sint, attentis prætensarum revelationum circumstantiis et qualitate personæ, videretur potius eas in bonum interpretandas tanquam a Deo procedentes quam in malum. Pro quo supponitur

[1] *D. Grat.* XXVIII, 1, 14.
[2] *D. Grat.* D. XXIII, 2.
[3] *D. Grat.* C. XIX, 2, 2.

quod scribit N. de Lira Mathei ultimo capitulo super illo « Ecce vobiscum sum usque ad consummationem sæculi » quod licet Deus non assistat continue doctoribus Ecclesiæ per operationem miraculorum, quia non est necesse cum fides catholica sit sufficienter confirmata per miracula facta in primitiva Ecclesia, tamen alio hoc modo assistit Ecclesiæ faciendo scilicet miracula aliqua ad consolationem fidelium. Assistit etiam Ecclesiæ semper ipsam dirigendo per occultos instinctus Spiritus sancti ut sic non deficiat fides. Et Ber[nardus] ser[mone] LXXX « Vere multiplex spiritus qui jam multipliciter filiis hominum inspiratur ut non sit qui se abscondat a calore ejus siquidem conceditur eis ad usum, ad miraculum, ad salutem, ad auxilium, ad solatium, ad fervorem, ad usum vitæ bonis et malis dignis, pariter et indignis communia bona abundantissime tribuens etc. Ad miraculum in signis et prodigiis, in variis virtutibus quas per quorumlibet manus operatur, et hoc ad propositum ipse est miracula suscitans » etc. Ex parte igitur Dei ac etiam suæ legis quam etiam revelatione suscepimus, nichil videtur repugnare prætensis revelationibus, nichil insuper ex ipsius Puellæ persona simplici, innocenti et humili, tempore præsertim quo primum eas habuisse dicit cum XIII esset annorum (fol. 21 sui processus papirei et in sequentibus): « Superbis enim Deus resistit et humilibus dat gratiam Petri, I, 4 et Matthei II « Confiteor tibi pater, etc. quia hæc abscondisti a prudentibus et revelasti parvulis ; » minori enim revelatur quod majori denegatur. Quod videmus in Christo adimpletum in ordine ad apostolos qui non omnes magnos et potentes aut litteratos elegit sibi, sed ignobiles ac pauperes, humiles, simplices et illiteratos ut amplius sua gloria claresceret et humanæ sapientiæ aut potentiæ non attribueretur fides catholica. Rursus ex pluribus hoc idem præsumendum est. Primo ex signo cum in principio magnum timorem habuerit et postea confortata extiterit et non relicta fremens neque territa dictamque vocet habuerit pro se, ut dicit, juvando ad gubernandum hoc est meo videre ad ipsam in salutem dirigendum, et ideo subdit et ecclesiam frequentandum, fol. allegatis et sequentibus. Quod etiam signum boni angeli est, Luce I, 2, quia cum lumine vox apparuit, juxta illud quod habemus de Petro in Actibus Apostolorum, c. XII : « Et lumen refulsit in habitaculo carceris etc. » Tres etiam, imo multiplices habuit apparitiones semper in idem venientes, juxta illud quod habetur de Luciano in inventione corporis beati prothomartiris Stephani et de Samuele, cui dixit Hely I *Regum* in capitulo quod si vox iterum hoc est tertia vice sibi fieret, diceret eidem : « Loquere, Domine, quia audit servus tuus. » Insuper perseveraverunt hujusmodi voces seu revelationes eam confortantes singulis diebus et usque ad articulum sui exitus, cum dicat post primam sententiam in eam latam, sibi apparuisse. Est autem actendendum quod sibi fiebant revelationes de futuris eventibus qui evenerunt ac etiam instructiones seu illustrationes pro ipsius spirituali salute. Ex duobus autem conjecturatur dictum alicujus de futuro eventu a Deo procedere, juxta illud quod habetur per N. de Lira *Deuteronomii* xviii, quærentem quomodo discernitur dictum veri prophetæ a falso et respondentem quod etiam secundum sacram scripturam conjecturatur dictum alicujus de futuro eventu a Deo procedere ex duobus : primo ex eo quod ita evenit; secundo quia ad Dei gloriam ordinatur. De primo dicitur loco allegato : « Hoc habebis signum quod in nomine Domini propheta ille prædixerit et non evenerit hoc, Dominus non est loquutus sed per timorem animi, etc. » Item Ysaye xli: « Priora et futura quæ ventura sunt annuntiate, et sciemus quod Dei estis vos. » Futura enim præscire solius Dei est qui in sui contemplatione etiam Angelos illa præscire facit, ut habet Augustinus lib. ii, *Retractationum*, et canonizatur in C. « Quodam loco »[1], et Johannis xiii° « Amodo dico vobis priusquam fiat ut cum factum fuerit credatis quia ego sum. » Super quo idem de Lira: « Scire secreta cordium et prædicere certitudinaliter futura contingentia a libero arbitrio dependentia virtute propria est manifestum indicium veritatis. » Pro secundo facit quod etiam ad primum potest reflecti quod malignus spiritus mandax est et « pater mendacii » Joan. viii°. « Estque tanquam leo rugiens circuiens quem devoret » Petri I 5. Unde Paulus, secunda *ad Corinthios* ii « Ut non circumveniamur a Sathana, non enim ignoramus cogitationes ejus. » Super quo idem de Lira « Ejus scilicet Sathane quod intelligendum est in generali quia semper intendit homines decipere, in speciali autem sciri non possunt nisi a Deo et ab eo cui revelaverit. Habet etiam Jeronimus et recitatur a sæpe dicto de Lira Mathei xii super verbo « Aut facite » licet virtute magica possint aliqua miracula aut mira fieri, tamen illa pertinent ad cu-

---

[1] *D. Grat.* C. XXVI, 3 et 4, 3.

riositatem tantum et vanitatem, sicut Symon magus faciebat statuas ambulare, loqui et ridere et consimilia; saltem talia videbantur, ut habetur in itinerario Clementis, sed illa quæ salubria sunt, ut curatio languidorum, illuminatio cæcorum et hujusmodi, non possunt magicis artibus fieri, et ideo oportet talia attribui divinæ virtuti. Et idem de Lira, Joan. VII « Ibi qui a semetipso » etc. : « Omne enim quod est ad Dei gloriam est ordinatum ab ipso » unde Joan. I 4 : « Carissimi, nolite omni spiritui credere, sed probate spiritus si ex Deo sunt » glossa : « Si secundum Deum sunt spirituales si caritate nituntur » Et sic dictis duobus modis distinguitur ac cognoscitur verus propheta a falso. Hæc autem de cujus processu quæritur et futura prædixit certitudinaliter, restitutionem scilicet regni in manus veri heredis, eum etiam talem pronuntians mira etiam opera *est* (sic) obsidionem levando et levari faciendo, applicando etiam primam scalam etc. quæ erat ante villam Aurelianensem, quæ ab omnibus inexpugnabilis videbatur, quæ omnia tam dicta quam facta ad Dei gloriam videntur ordinata, quia ad pacem regni procurandam christianissimi quidem in quo prout nec in alio non nisi in tempore pacis bene collitur auctor pacis de quo in regni laudem et Dei gloriam dicit Hosti. in sua Summa, titulo *De observando jejunio*, § Quando jejunandum, quod Parisius recte Deus colitur et timetur. Præterea si intentio ejus de qua quæritur attendatur sive de sua persona, sive de regno aut rege, nonnisi gloria Dei et cultus reperitur. Dixit enim pluries, loquens de miseria quam regnum passum fuerat et de patientia multimoda regis, quod ad liberationem regni ab adversariis et restitutionem regis in regnum missa fuerat. Dixit præterea quod per hæc nil aliud quærebat pro sua persona nisi animæ salvationem, ut patet in pluribus passibus processus. Ex quo aliquibus videtur manifestum eam non potuisse ad causam præmissorum in causam fidei trahi et minus tanquam hæreticam judicari. Hæreticus enim est proprie loquendo a cujus significatione propria non est recedendum maxime in pœnalibus cujusmodi est materia præsens ubi de hæresi punienda quæritur ut habet Augustinus « Qui alicujus temporalis comodi et maxime vanæ gloriæ principatusque sui gratia falsas ac novas opiniones vel gignit vel sequitur, » C. « Hæreticus »[1], in qua diffinitione omnes doctores

---

[1] *D. Grat.* C. XXIV, 3, 28.

convenerunt, tam theologi quam canonistæ, quare etc. Ex aliis etiam potest hoc idem præsumi, revelationes, scilicet prædictas a Deo processisse. Primo ex longa calamitate et diuturna, dura quidem et intollerabili quam omnes regnicolæ utriusque sexus et status et conditionis, et præsertim pauperes et egeni passi fuerant, qui cum ecclesiasticis diu pro ea relevanda ad Dominum clamaverant, nullum humanum auxilium in ea re videntes, quorum deprecationem sua liberalissima gratia et miseratione benignissima exaudivit Dominus. Statusque ejus, de qua quæritur humilis, quia parvula ætate et malitia ad hoc existimandum nos inducere debet, juxta quod supra allegatur Matthei XI : « Confitebor tibi, pater cœli et terræ, quia hæc abscondisti et sapientibus et prudentibus et revelasti parvulis quia sic fuit placitum ante te. » Cui alludit dictum ejusdem Puellæ, quæ, cum interrogaretur quare sibi plus quam alteri factæ sunt revelationes, respondit quod sic placuit Deo. Quod autem esset parvula constat quia puella et XIII annorum, ut dicit, cum primum apparitiones sibi factæ fuerunt, ut supradictum est. Quod etiam illustrationis divinæ capax fuerit et pro sua salute ostendit ipsius sæpedictus status, non enim adhuc sæcularibus aut mundanis actibus erat fœdata : anima enim sæcularibus actionibus implicita vix illustrationis capax est divinæ, c. « Omnes »[1]. « Animalis enim homo non percipit ea quæ sunt spiritus Dei. » Prima *ad Corinthios* II. Hujusmodi enim naturæ est ipsa illustratio divina cujus signum est claritas seu lumen in quo apparet, quod, ut habet Gregorius, ab omni corde quod replet torporem frigoris excutit et hoc in desiderio suæ æternitatis accendit : ipse enim spiritus illustrans nulla ad discendum mora agitur in omne quod voluerit, mox ut tetigerit menteno docet, solumque tetigisse docuisse est. Nam humanum animum subito ut illustrat, immutat, abnegat hoc repente quod erat, exhibet repente quod non erat. Hæc idem Gregorius *Homelia de die Penthecostis*. Ex quibus, viso et perpenso sæpedicto processu præsumere opus est in bonum, nisi fallor, de actis et dictis Puellæ; asserit enim post revelationem sibi factam se mutatam ac immutatam. Dicit enim abstinuisse amplius a ludis et spatiamentis, quibus alias vacaverat cum aliis puellis, ardenter etiam concupiscere recedere cum angelo vel sanctis ei apparentibus si foret possibile, desiderans cum

---

[1] *D. Grat.* D. XLVII, 3.

Apostolo dissolvi et etiam cum Christo, se asserens doctam ab eis fuisse ad se recte gubernandum velut bonam puellam, Deoque promisisse virginatem, ab illisque audivisse se esse salvandam si virginitatem animæ et corporis servaret usque in finem, quam non reperitur violasse saltem quoad corpus et si quoad animam, creditur per pœnitentiam reparasse, cum sæpius confiteretur et sacramentum eucharistiæ reciperet, cum in sua esset libertate, missamque etiam in carcere existens frequenter et instantius audire exigeret, quanquam ei impie, ut videtur, fuerit denegatum; in Domino Deo omnium suorum actuum finem et intentionem statuens, non proprio quidem motu ad bella commovenda pergens, sed excitata, instigata et, ut ita dixerim, coacta a dictis vocibus seu revelationibus, ut dicit confitens quod aliter plus durare non posset, et forsitan ab Ecclesia, postquam ad ejus notitiam pervenisset, etiam reprehensibilis fuisset si revelationibus memoratis prædictis circumstantiis concurrentibus non obtemperasset, cum ab Apostolo dicatur *Prima ad Thessalonicenses* v « Spiritum nolite extinguere et prophetias nolite spernere, » unde et ad directiones humanorum actuum se extendit Proverbiorum xxix « Cum prophetia defecerit dissipabitur populus. » Ob hoc dicit beatus Thomas II 2ᵉ q. CLII, art. I in solutione ad art. IV « Quod lumen propheticum se extendit ad directiones humanorum actuum et secundum hoc prophetia necessaria est ad populi gubernationem et præcipue in ordine ad cultum divinum » etc. Nec ad sexum femineum debet haberi respectus, nam « Spiritus ubi vult, spirat » Joannis III et *Prima ad Corinthios* scribitur : « Omnis autem mulier orans aut prophetans » etc. Sexui enim femineo non repugnat habere spiritum prophetiæ, prout et plures mulieres et in veteri et novo Testamento leguntur habuisse, ut notum est. Unde Joel II. « Effundam de spiritu meo super omnem carnem, et prophetabunt filii vestri et filiæ vestræ et juvenes » etc. ; unde et ea ratione aliquibus videretur eam licite habitum, loricam et arma bellica suscepisse, bellis et exercitibus hominum armatorum se immiscendo, quia qui spiritu Dei aguntur non sunt sub lege, et ubi spiritus Dei, ibi libertas. C. « Duæ sunt » ; « Justo enim lex non est posita » *ad Galatas* v et IIᵉ *ad Corinthios* III et C. « Nisi cum pridem » § Verum *De renunciatione*[1], et Clementina « Ad nostrum, » *De hæreticis*[2] intel-

---

[1] *D. Greg.* I, 9, 10 § 7.
[2] *Clementis constitutiones*, V, 3, 3.

ligendo ut ibi « nec mirum. » Nam præsens Ecclesia inspiratione
divina instituitur et regitur, ut supra tactum est, facit C. quæ contra
vim di[vinam], C. « Violatores » [1] : unde et prædictæ puellæ gratia
gratam eam faciens Deo sive caram videtur fuisse concessa, quæ
propter utilitatem singularis personæ datur ac etiam gratia gratis
data quæ aliunde etiam malis hominibus confertur, quæ in ea videtur fuisse multiplex, videlicet gratia prophetiæ, gratia virtutum. De
primis, scilicet gratia prophetiæ et virtutibus dictum est prius quia
et futura prædixit et mira operata est. Discretionem etiam spirituum
videtur habuisse. Asserit enim se bene discernere an a Deo seu bonis spiritibus an a malignis revelationes haberet, quæ sunt gratiæ
gratis datæ quæ propter utilitatem communitatis conceduntur. Prima *ad Corinthios* XII. Et si angelos vel sanctos aut sanctas tanquam
a Deo sibi missas venerata fuerit etiam quantum potuit, hoc sibi
licuit veneratione seu adoratione dulce, et quod in gratia fuerit
etiam gratum faciente videtur, attenta sua laudabili vita, multis laboribus tam in bellis gerendis quam in prædicto processu, quæ usque ad necem patienter, ut videtur, tolleravit ; asserens, interrogata
an sciret se esse in gratia, quod si non esset Deus eam ponere vellet
et si esset eam conservaret, et quod si sciret se in ea non esse esset
magis dolens de toto mundo, et credit quod si non esset in gratia
non sibi apparerent sanctæ supradictæ, confitens se male fecisse in
saltu turris et de hoc se fuisse confessam et pœnitentiam habuisse,
juxta quod vox sibi revelaverat se etiam male fecisse in eo quod
recessit insciis suis parentibus patre et matre, a quibus tamen postea veniam petiit et obtinuit, quibus asserit se in omnibus aliis
obedivisse. Unde non reperietur quod dixerit se scire esse in gratia
sed credere, prout et credere seu putare poterat actentis supradictis,
licet revelatione speciali hoc scire certitudinaliter potuerit, ut notum est ; quemadmodum ergo signis aliquibus conjecturamur an
simus in gratia, etiam de aliis an sint in gratia, ex quibusdam
signis seu indiciis, ut quia libenter verba Dei audiunt, juxta illud
« Qui ex Deo est verba Dei audit » et aliis, etc. quanquam nullus
certitudinaliter nisi per revelationem scire valeat an amore vel odio
dignus sit, sic et in proposito quod revelationes, de quibus quæritur, a Deo processerint est ex signis supradictis et aliis pluribus ex

[1] *D. Grat.* C. XXV, 1, 5.

processu eliciendis verisimiliter præsumendum. Et ad hoc est notabile dictum Ber[nardi] de discretione spirituum loquentis in sermone Magister gentium ubi sic inquit : « Quia spirituum diversa « sunt genera, necessaria est nobis eorum discretio, præsertim cum « ab Apostolo didicerimus non omni spiritui esse credendum, videri « enim potest minus evidens ei qui parum exercitatos habet sensus « omnem cogitationem non alterius quam ipsius humani spiritus « esse sermonem, quod non ita esse et certa fidei virtus probat et « divinarum testimonia scripturarum. » Audiam, inquit propheta, non quid ego loquar, sed quid loquatur in me Dominus meus » ; et alius propheta : « Angelus, inquit, qui loquebatur in me » etc. et in psalmis didicimus fieri immissiones per angelos malos. Esse tamen spiritum carnis non bonum manifeste Paulus apostolus judicat ubi quosdam inflatos spiritu carnis suæ esse testatur et esse etiam spiritum hujus mundi declarat ubi gloriatur in Domino pro se pariter et pro discipulis suis quod non eum acceperant sed spiritum qui a Deo est. Sunt ergo hi duo satellites maligni illius principis tenebrarum ut dominetur spiritus nequitie spiritui carnis et spiritui hujus mundi. Quisquam ergo ex his tribus spiritibus spiritui nostro loquitur ne credamus eis quoniam sanguinem sitiunt, non quidem corporum sed, quod gravius est, animarum, sed spiritui qui spiritualis omni natura est a sermonibus eorum cognoscimus nos, et quis spiritus sit qui loquatur ipsa suggestio declarabit. Semper spiritus carnis mollia, spiritus mundi vana, spiritus malitiæ semper amara loquitur. Quotiens ergo importune, ut assolet, carnalis cogitatio mentem pulsat, verbi gratia cum de cibo, de potu, de somno cæterisque similibus ad carnis curam pertinentibus, cogitantes humano quodam inardescimus desiderio certum sit nobis spiritum carnis esse locutum et tanquam adversarium repellamus. Cum autem nec de illecebris carnis, sed de ambitione, de jactantia, de arrogantia cæterisque similibus cogitatio vana loquatur in cordibus nostris, spiritus mundi est qui loquitur, longe perniciosior hostis et majori sollicitudine repellendus. Interdum vero satellitibus ipsis terga mittentibus, princeps ipse his iram magnam tanquam leo rugiens insurgit adversus nos, cum videlicet non ad voluptatem carnis aut sæculi vanitatem, sed ad nostram impatientiam ad invidiam, ad amaritudinem animi provocamur importune ingerendo, si quid minus amicabiliter minusve discrete factum videtur, aut dictum, si qua denique aut in signo aut in opere quolibet dari videtu indignationis occasio, materia, huic autem cogitationi non aliter quam ipsi diabolo resistendum est, nec aliter ab eo quam ab ipsa proditione cavendum sed hujus specialiter astucias nosse necesse est, hujus cogitationes non expedit ignorare. Interdum enim transfiguratur se malignus ille et nequam spiritus in angelum lucis ut virtutis simulatione plus noceat, sed et tunc quoque, si diligenter advertimus, nunquam nisi amaritudinis et discordiæ seminaria spargit. Suadet enim nonnullis singularia jejunia quædam unde cæteri scandalizarentur, non quia diligat jejunium, sed quia scandalo delectetur ; multa quoque in hunc modum solet afferre. Fit tamen aliquando ut spiritus noster a quolibet horum trium crebro superatus et servus additus illis heu ! in suam ipsius perniciem vicem illius agat ut jam sine omni spiritus alterius suggestione ipsa ex se anima ut voluptuosas aut vanas aut amaras pariat cogitationes, jam vero facile, ut arbitror, posse discerni quando spiritus noster et qui loquitur, quando verum loquentem alterum audiat quemlibet e tribus aliis. Sed quid refert quicumque loquatur, dum unum et idem sit quod loquuntur. Quid refert personam loquentis nosse dum constet perniciosum esse quod loquitur. « Si inimicus est, resiste viriliter in initio, si tuus ipse spiritus est, argue eum et miserabiliter plange quod in tantam miseriam et [tan]tam miserabilem devenerit servitutem. Quotiens vero de affligendo corpore, humiliando corde servanda virtute et caritate exhibenda seu cæteris virtutibus acquirendis, conservandis, amplificandis salubris cogitatio in mentem versatur, divinus sine dubio spiritus est aut per seipsum sane aut per angelum suum. Et quemadmodum de maligno et humano spiritu dictum est, sic de angelico atque divino : « Nec facile est « quis loquatur discernere nec ignorare periculosum, præsertim « cum certum sit angelum bonum numquam loqui a semetipso, sed « Deum esse qui loquitur in ipso. » Hæc Bernardus ubi supra. Et esto quod aliter esset præsumendum ut quod essent adinventiones ab ea confictæ aut dæmonum illusiones quibus etiam assensisset seu credidisset, non ob hoc esset aut fuisset materia hæresis, sed potius sortilegium aut divinatio quod pœna suspensionis et excommunicationis veniret puniendum, si in eis debite monita perseveraret, C. « Episcopi »[1], cum similibus. Præterea non eo ipso quod quis

[1] *D. Grat.* C. XXVI, 5, 12.

errat dicitur hæreticus si veritate intellecta paratus est corrigi ut C. « Hæc est fides »[1] et C. « Dicit Apostolus »[2]. Ad quod est glossa nobilis id C. « Nec licuit »[3], in verbo « recipiendam ». Ad hæresim enim duo requiruntur: videlicet error in ratione de his quæ quis credere tenetur seu quæ ad religionem fidei pertinent, et pertinacia seu obstinatio in voluntate ut in dicto C. « Dicit apostolus », ibi nulla pertinaci animositate defendunt. Et hoc expresse tenet Archidiaconus post Petrum et Thomam in C. « Hæresis. »[4] Ob hoc dicit Innocentius in titulo *De summa trinitate et fide catholica* in fine. In tantum autem valet implicita fides et dicunt quidam quod si aliquis eam habet, scilicet quia credit quidquid Ecclesia credit, sed falso opinatur et ratione naturali motus quod pater major vel prior filio sit vel quod tres personæ sint tres res a se invicem distantes, quod non est hæreticus nec peccet dummodo hunc errorem suum non defendat, et hoc ipsum credit quia credit sic Ecclesiam credere et suam opinionem fidei Ecclesiæ supponit, quia licet sic male opinetur, tamen non est illa fides sua, imo fides sua est fides Ecclesiæ ut in C. « Damnamus »[5], circa finem illo titulo, et canone allegato. Cum ergo hæc de qua quæritur nullum errorem contra fidem confessa fuerit prout nec contra eam extitit probatio, cum nullæ probationes a suis confessionibus aliæ factæ fuerint, imo per expressum dixerit quod si aliquid dixisset contra fidem illud sustinere non vellet et per clericos sibi ostenderetur in quo errasset, sciens, ut dicebat, quid tunc esset actura. Constat manifeste nullam substinuisse materiam hæresis vel erroris in fide nullamque pertinaciam aut obstinationem de sua parte fuisse.

Rursus mutatio habitus longi in brevem seu muliebris in virilem materia seu fundamentum prædicti processus esse non valuit, attento maxime quod ad levandum obsidionem prædictam dirigebatur, et sic omnia sibi videbantur mandata seu concessa sine quibus expedite hoc facere non posset juxta maximam juris aliquo concesso, conceduntur omnia sine quibus sicut et prohibito aliquo, prohibentur et omnia quibus pervenitur ad illud, ut in juribus vulga-

[1] *D. Grat.* C. XXIV, 1, 14.
[2] *D. Grat.* C. XXXII, 7, 3.
[3] *D. Grat.* D. XVII, 4.
[4] *D. Grat.* C, XXIV, 3, 27.
[5] *D. Greg.* 1, 1, 2.

tis. Insuper neque in veteri Testamento neque novo prohibetur quod supra dictum est, præsertim in casu præsenti et qui se offerebat quod ut planum fiat primo videamus auctoritatem novi Testamenti *Deuteronomii* xxii ubi sic dicitur : « Non induetur mulier veste virili : abominabilis est enim qui hoc facit.» Super quo dicit de Lira in verbo « virili » quod exponunt doctores aliqui et bene, ut credit, quod hoc intelligitur de armis quibus viri utuntur : unde in hæbreo habetur « non enim vas viri super mulierem » et accipitur alibi « vas » in Scriptura pro armatura. Unde primo *Regum* xx dicitur de Jonatha : « Tradidit puero arma sua » in hæbreo habetur « vasa ». Prohibetur autem hic quod mulier non portat arma viri, tum quia est indecens mulieri et præsumptuosum, tum quia pro tunc erat superstitiosum, quia gentiles mulieres in sacris Martis portabant arma viri et in sacris Veneris viri portabant ornamenta mulierum et instrumenta earum ut pote colum, fulsum et similia. Ideo subdit : « Abominabilis apud Deum qui hoc facit. » Abominatio enim in sacra Scriptura communiter accipitur pro idolatria seu pro aliquo ad idolatriam pertinente. Si autem littera prædicta intelligatur de veste communi, prohibetur ibi talis usus vel potius abusus quia est occasio libidinis, quia mulier in veste virili posset licentius cum hominibus luxuriam exercere, et similiter vir in veste mulierum quia liberius posset loca secreta mulierum ingredi. Hæc de Lira ubi supra. Ex quo videtur quod accipiendo supradictam prohibitionem veteris Testamenti ad litteram ut jacet eam scilicet intelligendo de veste communi et non de armis, adhuc tamen non obstaret ad intellectum supradictum, quia non usus sed abusus propter idolatriam ad luxuriam vitandas videretur esse prohibitus, prout in simili ditius de cibis a quibus Augustinus in libro *De doctrina christiana* et habetur in C. « Quisquis »[1]. In omnibus enim talibus non usus eorum, sed libido inculpanda est. Quæ igitur locis et temporibus et personis conveniunt diligenter attendendum est ne temere flagitia reprehendamus. Fieri enim potest ut sine aliquo vitio cupiditatis vel voracitatis pretiosissimo cibo sapiens utatur, insipiens autem fœtidissima gulæ flamma in vilissimum cibum ardescat et sanius quisque maluerit more Domini pisce vesci quam lenticula more Esau nepotis Abrahæ aut ordeo more jumentorum, super quo dicit glossa in verbo « libi-

---

[1] *D. Grat.* D. XLI, 1.

do », quod potius consideranda est causa facti quam ipsum factum. Sic *Decr. Gratiani,* Causa XXIII, Q. IV et Can. « Sciendum [1] », simile in dictis, nam intelligentia dictorum ex causis est assumenda dictorum, C. « Intelligentia », *De verborum significatione* [2] ; C. « Cum dilecti », circa medium [3], ibique tales sunt ut a bonum et malum valeant retorqueri, et ideo debent judicari ex causa titulo *De accusationibus* ad quod est glossa notabilis in verba « Ex causa » quæ dicit etiam tempus esse attendendum semper, can. finale *De transactionibus* et C. « Non omnis » [4]. Non enim ex sua natura seu per se vel a suo genere illicitus est habitus brevis vel virilis mulieri, sed ob causam supradictam et decentiam majorem seu honestatem propter sexus mulierum verecundiam servandam, juxta quod dicit Apostolus infirmis membris honorem abundantiorem circundamus. Cum igitur cessarent omnes causæ deferendi habitum muliebrem sive longum, quæ supradictæ sunt imo et tempus in quo et locus ad quem aliud exigerent, ut notum est, cum esset obsidio levanda, etc. non mirum et sine injuria habitum potuit mutare cum non quæreret hoc prætextu se mulierem occultare, sed publicasset et continuo manuteneret se esse puellam a Deo missam etc. Ex quo nulla prava aut corrupta intentio notare valebat, quare etc. Quidquid enim agant homines intentio judicat omnes ; proposito enim et voluntate maleficia distinguntur, C. « Cum voluntate » in principio, *De sententia excommunicationis* [5] : L. « Qui injuriæ », in principio, *De furtis* [6]. Ad cor enim et spontaneas voluntates respicit Deus et non ad actus C. I, XV, Q. VI, etc. Ad novum autem Testamentum veniendo, etsi in eo dicatur mulierem velatam esse debere, Prima *ad Corinthios* XI, de velamento capitis dumtaxat fit ibi mentio, unde ibi dicitur : « Si turpe est mulieri tonderi aut decalvari, velet caput suum » et prima *ad Corinthios* II « Similiter et mulieres in habito ornato cum verecundia et sobrietate ornantes se non in tortis crinibus aut auro, aut margaritis, vel veste pretiosa. » Quæ verba ultima sunt intelligenda secundum N. de Lira, ut videtur curiositas et pretiositas ultra mo-

---

[1] *D. Grat.* D, XXIX, 1.
[2] *D. Greg.* V, 40, 6.
[3] *D. Greg.* V, 1, 18.
[4] *D. Grat.* C. V, 5, 2.
[5] *D. Greg.* V, 39, 54.
[6] *Digeste*, XLVII, 2, 53,

dum status et personæ, quia sunt signa curiositatis et incitant ad peccatum luxuriæ; et sequitur in textu « sed quod decet mulieres » etc., scilicet habere vestes honestas et simplices, ut exponit idem de Lira. Ex quibus apparet quod per novum Testamentum non astringuntur mulieres ad deferendum longas vestes quas muliebres dicimus, sed honestas et simplices. Ad legem autem canonicam descendendo seu constitutiones Ecclesiæ, constat quod per eas non inhibetur susceptio brevis habitus seu virilis, præsertim causis intervenientibus propter quas brevi sit utendum. Et ad hoc est capitulum « Si qua mulier suo proposito » cum sua glossa[1], ubi dicitur per glossam in verbo « proposito » in dicto capitulo « Si qua mulier », quod proprie facit ad propositum quæ magis est habilis et magis parata est in scissa veste quam in clausa ad meretricandum. Et Archidiaconus, super verbo « proposito », dicit malo, scilicet meretricio, secus si bonum habet propositum, scilicet ut peregre proficiscatur vel ut castitatem servet cum alias timeat de ea amittenda, vel si alius necessitatis casus occurreret, non peccat si virili veste utatur tunc ut facilius periculum possit vitare vel bonum opus et honestum propositum perficere secundum Hung. ibi. Quod enim deformatio seu mutatio habitus ex causa concedatur seu etiam permittatur est textus in C. « Deus qui » *De vita et honestate clericorum*[2]. Imo etiam episcopus non posset constitutionem facere super habitu mulierum tali vel tali dissentientibus viris; quin, quoad hoc tenerentur mulieres viris suis plus obedire quam episcopo, ut tenet Joan. Andr. in sua mercuriali super regulis juris ea quæ de regulis juris in libro VI, quod videtur in hac materia notandum. Cum ergo et propter castitatem servandam, quia inter viros erat conservatura et propter honestum propositum. Imo etiam sibi, ut dicit, a Deo injunctum propter deffensionem regni et deperditi reparationem, cujus regni erat incola, hoc faceret, et sic subdita merito debuit excusari. Et de velamine capitis mulieris est textus in § « E contra »[3] et in C. « Mulier », cum sequentibus[4] et C. « Hæc imago »[5].

Præterea delatio armorum cum motione guerræ minus videtur

[1] *D. Grat.* D. XXX, 6.
[2] *D. Greg.* III, 1, 11.
[3] *D. Grat.* C. XV, 3, § 1.
[4] *D. Grat.* C. XXXIII, 5, 17.
[5] *D. Grat.* C. XXXIII, 5, 13.

potuisse accipi pro fundamento seu materia hæresis, propter rationes prædictas, maxime cum nullo jure caveatur mulieres prohiberi seu arceri a susceptione armorum, præsertim ubi de parte principis, cujus sunt subjectæ, justum bellum geritur, de rebus scilicet repetendis aut propulsandorum hominum causa, C. « Justum [1] », quæ sunt verba Isidori Ethimologiæ. Hujusmodi autem erat bellum quod gerebatur de parte regis, quia pro recuperanda magna parte sui regni ab adversariis usurpata et propulsandorum hominum scilicet adversariorum causa, eorum maxime et quam primum qui obsidionem tenebant ante civitatem Aurelianensem, quod bellum potest dici deffensivum et non invasivum, ad quod in necessitate omnes utriusque sexus parari et attingi tenentur, tam pro statu et persona singulari uniuscujusque, quam pro utilitate publica conservanda, cujus quilibet est membrum et maxime ab effusione sanguinis quantum est possibile abstinendo, prout et hæc de qua queritur fecit, quod non videtur absque Dei speciali gratia et providentia factum. Et si longius discurrere liceat, reperiemus mulieres quandoque cum viris simul ad bella progredi, quandoque solas ut Amazones, quarum regina fuit Panthasilea, de quo mulierum bello loquitur Isidorus. Loquitur etiam Orosius et historia Trojana et Petrus Bercorii in suo reductorio morali libro XIIII, c. Amazonia, ubi allegat supradictos. Cæterum ubi sæpedicta Puella in præmissis aut aliquo præmissorum deliquisset, non tamen ex his aut aliquo eorum haberetur materia inquirendæ hæresis contra eam, quia non omnis delinquens est hæreticus, alioquin sequeretur omne delictum esse hæresim. Ob hoc dicit glossa notabilis Joan. Andr. in Clementina I, *De usuris*, quod hæreticus est male sentiens de articulis fidei vel sacramentis, C. « Ad abolendam, » in principio, *De hæreticis* [2], et etiam qui perversum habet dogma, etc. ut qui asserit exercere usuras non esse peccatum. Usurarius enim, licet graviter peccet exercendo usuras, non tamen est hæreticus nisi pertinaciter affirmet exercere usuras non esse peccatum, ut in dicta clementina a contrario sensu. Ex quo clare apparet tam ex delatione habitus virilis aut armorum non valuisse dici hæreticam.

Insuper etiam adorationes cum servitiis et missis quas dicitur procurasse aut ejus nomine factas ratas habuisse materiam memo-

[1] *D. Grat.* C. XXIII, 2, 1.
[2] *D. Greg.* V, 7, 9.

rati processus dicere non valemus cum de his non constet quoquomodo. Neque enim quidquid confessa est dicta Puella de hujusmodi adorationibus et cæteris, neque per testes aut alias quidquid probatum est, cum in processu nil aliud pro probationibus quam confessiones ejus habeantur, quare, etc. Verum ubi quidquid de hujusmodi adorationibus, missis, servitiis aut aliis reperietur esse factum, non tamen hoc ei obesse deberet, præsertim in tam gravi materia cujusmodi est hæresis, maxime cum non reperiatur eas procurasse aut eas etiam eidem factas, si quæ factæ fuerint, complacendi animo approbasse quare non veniunt eidem imputandæ. Vasis enim ire nunquam Deus interitum redderet nisi spontaneum reperirentur habere delictum, C. « Nabuchodonosor, » item « Vasis [1]. » Imo, quod amplius est, si aliquid propter bonum et licitum facimus et malum præter intentionem nostram inde contingat, absit ut nobis imputetur. C. « De occidendis [2]. » Et si pauperes ad eam confugientes et eam honorantes adoratione duliæ gratiam Dei in ea cognoscentes benigne receperit, nullus sane mentis eam ob hoc reprehensibilem judicaret, imo potius commendaret, cum in eos admittendo ad se et caritative tractaverit confortando et consolando desolatos misericordiæ opera exercuerit abundanter, pro quo misericordiam consequi meruit et non miseriam seu detrimentum, nam veritate teste « Beati misericordes quoniam misericordiam consequentur. » Et sic nulla fuit materia processus.

Nec in contrarium faciunt quæ sequuntur super quibus aliqui se fundasse videntur qui in materia opiniones ad eam velut hæreticam judicandam dederunt. Primo enim cum dicitur quod dicenti se missam a Deo non est credendum nisi signo aut scripturæ testimonio hoc indicet, C. « Cum ex injuncto, » in § « Quod si forte » *De hæreticis* [3] et C. « Si quis prepostera [4]. » Ad hæc multipliciter respondetur : primo quod anglicis seu adversariis regis non dirigebatur Puella, sed potius contra eos, id est eorum intentum, ideo non tenebatur eis signum aut scripturæ testimonium defferre, neque enim petivit ab eis ut sibi fides adhiberetur in dicendis per eam, ad eosque coacta venit velut per violentiam capta et ducta, et quam in

[1] *D. Grat.* C. XXIII, 4, 22 et 23.
[2] *D. Grat.* C. XXIII, 5, 8.
[3] *D. Greg.* V, 32, 2.
[4] *D. Grat.* D. L, 27.

processu criminali captivam tenuerunt : unde cum super hoc, scilicet hujusmodi revelationibus, an et quomodo a Deo essent interrogaretur respondens quod sibi videbatur subjungebat quod sibi crederent si vellent. Præterea sive ei esset credendum per adversarios, sive non, ad propositum non facit cum hic de materia hæresis queratur cujusmodi esse non potuerunt revelationes sæpedictæ, ut patet ex prædictis. Quanquam forsan aliquibus videretur ipsam dixisse et testimonium scripturæ seu famæ vulgatæ in eo quod recitat prophetiam dici de puella ventura de Bosco-Canuti, a cujus finibus processit etc. et signum tam prænosticum seu prænosticativum, quod est de futuro quam rememorativum, quod est de præterito dixisse, cum dixerit ad obsidionem ante villam Aurelianensem positam levandum esse missam quæ tempore sui processus erat levata, et sic de præterito quam quod infra septennium adversarii majus vadium in Francia perderent, quod tunc erat de futuro, nunc autem adimpletum videmus. Quare eisdem signo et scripturæ testimonio saltem simul junctis poterant adversarii credere si voluissent, maxime cum de ipsius patientia mirabili abstinentia grandi et illustratione qua ad cunctas et singulas quæstiones etiam difficilimas eidem propositas coram eis constanter respondit in tantum ut confusi viderentur interrogantes fuerunt oculatim informati propter que eam et ejus facta a Deo potius procedere quam alias existimare debuerunt, actentis præsertim eorum decadentia continua, prout prædixerat, regis et suorum convalescentia ac istorum futurorum quæ prædicebat prout et omnia venerunt ; faciendo etiam differentiam inter Burgundos et Anglicos, dicit pacem cum Burgundis esse fiendam, alias subjugarentur a rege, Anglicos vero esse expellendos, quod hodie completum videmus. Dixit præterea, post dictam obsidionem levatam Anglicos, majus vadium in regno relicturos infra septennium et quod non expectaretur septennium sed plus quam annus, quod completum cernimus prout et quod hæc ita fieri poterant verisimiliter conjecturari attenta continua decadentia eorum supradictorum tam gravi et manifesta quam clare percipiebant. Quare quod hæc a Deo haberet erat verisimiliter præsumendum. Dicitur enim Actuum V, qualiter Gamaliel occultus discipulus Christi videns Judeos Apostolis adversari, ex eo quod apostoli Christum crucifixum et legem novam prædicabant, propter quod fuerunt incarcerati et postea divina virtute soluti, dixit Judeis

« Discedite ab hominibus istis et sinite illos, quoniam si est ex hominibus consilium, hoc opus dissolvetur, si vero ex Deo est, non poteritis dissolvere illud, ne forte a Deo repugnare videamini. » Unde et Gregorius tractans de diversis statibus et modis prophetæ in homelia super Ezechiel sic inquit : « Qua in re inter prophetas veros et falsos ista distantia est, quia si aliquando prophetæ veri per suum spiritum dicunt scilicet falsum, hoc ab auditorum mentibus per spiritum sanctum eruditi citius corrigunt. Prophetæ autem falsi et falsa denuntiant et alieni a sancto Spiritu et in sua falsitate perdurant. Quare, etc. » Præterea spiritum prophetiæ habuisse videtur cum quo ad omne genus ipsius prophetæ saltem quoad tempus presens occultum quidem et longe a cognitione et futurum ex arbitrio etiam humano dependens, quæ duo sub prophetia continentur quæ ab aliquibus diffinitur quod est rerum latentium præteritarum vel presentium vel futurarum ex divina inspiratione manifestatio. Agnovit enim Robertum de Baudricuria regem similiter ex revelatione suæ lucis quos alias non viderat, ut dicit. Cognovit præterea, quod longe erat ab ea, ensem absconditum circa altare sub terra in ecclesia sanctæ Katherinæ de Fierboys. Futura etiam præscivit et quæ certitudinaliter, ut dicebat, sciebat, sicut sciebat presentes coram ea suum processum facientes. Quid ultra : habet Augustinus et recitatur in C. « Nec mirum » in § « Præterea, » « Semper ergo dyabolus [1], » quod semper dyabolus sub velamine latens, prodit se, dum ea confringit quæ adhereant personis per quas fallere nictitur. Inde est quod sancti viri et spirituales, qui, teste Apostolo, omnia judicant et a nemine judicantur et teste Gregorio in *Dialogorum* IV, intimo sapore discernunt inter malos et bonos spiritus seu revelationes et illusiones ut sciant quid a bono spiritu percipiant et quid ab illusione patiantur, bene cognoscentes an spiritus eis apparens sit bonus vel malignus, prout de sancto Martino in sua vita legitur, cui malignus apparuit purpuratus, etc. sancto Benedicto et pluribus aliis. Unde cum hæc sit confessa hujusmodi discretionem spirituum habere a Deo nihilque asserat sibi apparuisse in quo fictio aut illusio seu falsitas notari possit, nihilque dixerit quod sit adversum legi Dei, imo potius conformiter ad ipsam tam de sua salute particulari quam ipse Deus, prout et cu-

[1] *D. Grat.* C. XXVI, 5 § 10 in fine.

juslibet desiderat potius quam peccatoris mortem, quam de recuperatione regni per regem tanquam heredem verum, legitimum et naturalem, juxta illud Apostoli : « Si filius ergo heres » nimirum si in bonam partem accipiendæ sint potius quam in malam, cum etiam non statim debeamus dicere ubi de delictis agitur aliquid esse vitiosum. Nam dubia in meliorem partem, ut supra dictum est, interpretranda sunt C. « Estote, » *De regulis juris* [1], ut de hoc est glossa notabilis cum textu in C. « Quisquis » in verbo « flagitia [2], » rursus et quod majus est, esto quod fuissent illusiones seque malignus sub specie boni ostendisset, eumque credens bonum, eidem assensisset seu credidisset nullum malum de se et ex sua natura postea ob hoc perpetrans, non eo magis diceretur hæretica, imo nec in fide suspecta haberetur. Esto quod de hoc constaret, ut de hoc est textus expressus in § Ita videtur, verbo dyabolus nonnunquam in angelum lucis se transformat, nec est periculosus error si tunc credatur esse bonus cum se bonum simulat. Si igitur tunc ab aliquo simplici quereret an suæ beatitudinis vellet esse particeps, et ille responderet se in ejus consortium velle transire, nunquam dicendus est et consensisse in consortium dyabolicæ damnationis an non potius in participationem claritatis æternæ. Item si quis hæreticorum nomine Augustini vel Ambrosii vel Jeronimi alicui catholicorum se offerret atque ad suæ fidei imitationem provocaret, si ille præberet assensum, in cujus fidei sententiam consensisse diceretur non in hæreticorum sectam, sed integritatem fidei catholicæ quam ille hæreticus se mentiebatur habere, in quo expresse conveniunt Bartholomeus et Archidiaconus post alios. Ex quo evidenter, ut videtur, apparet memoratam Puellam nullo modo de hæresi potuisse judicari, nec valet si dicatur angelum ei apparentem et sanctas similiter ei apparentes non potuisse ab ea corporaliter videri cum sint spiritus incorporales, etc. Non enim minor est potestas, imo major bonis spiritibus quam malignis qui, ut dictum est, se transformant in angelum lucis, secunda ad Corinthios XI, sic inquit : « Ipse Sathanas transfigurat se in angelum lucis » et hoc dupliciter. Uno modo visibiliter corpus sibi assumendo, sicut apparuit beato Martino et multis aliis et multos sic decepit ; alio modo invisibiliter sicut beato Francisco volens ipsum retrahere a penitentiæ rigore, aliquando pervertendo

---

[1] *D, Greg.* V, 41, 2.
[2] *D. Grat.* D. XLI, 1.

judicium sensuum, faciendo apparere quod non est et multis aliis modis. Propter quod dicit beatus Johannes prima canonica, cap. IV : « Probate spiritus utrum ex Deo sint ; » propter quod Josue, cap. v, dixit angelo sibi apparenti in campo Jericho « Noster es an adversariorum ? » Præterea Abrahæ, Jacob et pluribus aliis, de quibus in sacra Scriptura Angeli corporaliter et visibiliter apparuerunt. In vitis plurium sanctorum et sanctarum leguntur animæ beatorum visibiliter et corporaliter apparuisse : quare, etc. Insuper nec movere debuit aliquos habitus brevis quem gestabat Puella ad eam judicandum, etiam accipiendo veterem legem ad litteram Deuteronomii, cap. XXII allegato. Nam esto quod prohibitio illa deberet intelligi ad litteram de veste virili absolute seu in quocumque casu, cum non sit de præceptis Decalogi neque hoc modo, scilicet generaliter et indistincte eam accipiendo possit esse conclusio mediate vel immediate dependens ex dicto Decalogo, necesse est ut diceretur eam inter cerimonialia aut judicialia præcepta connumerari et sic eam generaliter et ad litteram sic acceptam mortiferam esse aut saltem mortuam post publicationem novæ legis, cum legalia a prædicta publicatione vigorem perdiderint, et sic standum sit quoad dictum habitum tam legis novi Testamenti quam constitutionum canonicarum ordinationibus et usibus de quibus satis superius dictum est. Rursus delatio armorum et ipsorum armatorum ad bellum innitatio ad recuperationem regni et pacem in eo procurandam, propter quæ fuisse sanguinis sitibunda et seditionaria etc. ab aliquibus judicata est, inducere non debuerunt ad eam condemnandum præsertim sub titulo et nomine hæresis, cum etiam plures sanctæ mulieres salutem regnorum procurasse reperiantur, ut Debhora, *Judicum* IV, et Judith, Esther et plures aliæ absque detrimento pudoris et nota infamiæ, quin imo ex hoc laudantur prout et laudari meruerunt, nullumque occiderit dicta Puella pacemque etiam litteris de ea re adversariis prius missis habere curaverit, ut in eisdem de quibus in processu apparet. Et sic undiquaque evanescunt prætensæ materiæ per judicantes, quæ attento quod in dictis revelationibus continue perseverabat, erat penitus suæ conscienciæ relinquenda et sibi committendum an eisdem fidem haberet vel non præsertim cum eisdem revelationibus continue inniteretur et agendo quæ fecerat seu egerat, ac etiam respondendo in processu quæ dicebat, ad quod bene facere videtur C. « Nisi cum pridem, » in fine *De renunciatione*[1] : ubi episcopus persistens in postulatione cedendi, asserens sibi fuisse revelatum, suæ conscientiæ relinquitur, etc., ut ibi.

Sed ad formam processus descendendo, accipiendo formam sive ordinem processus in genere tam pro forma substantiali sive necessitatis quam minus principali seu congruitatis, dividetur ipsa forma ad instar ejus quod dictum est de materia in quatuor partes seu articulos, videlicet in judicantes ut videamus an judices competentes fuerint, in formam processus an rite fuerit observata usque ad sententiam diffinitivam exclusive et recusationem qua renuit, ut dicunt, se submisisse Ecclesiæ quam representare dicebant judicio ut de ea videatur an juste processerit, et ipsam sententiam quæ duplex est, videlicet primam lapsus prætensi et secundam relapsus, etiam prætensi una cum abjuratione.

Ad primam partem seu articulum veniendo quæ est de judicantibus, an judices scilicet fuerint competentes, esto quod materiam debitam habuissent, hoc est esto quod dicta Puella fuisset hæretica, videtur supposita materia episcopum Belvacensem tanquam ordinarium fuisse judicem competentem, saltem ipso jure, licet non in effectu, obstantibus pluribus una cum recusatione de qua postea dicetur ; et hoc supposito eum habuisse collegam cum debita potestate, cum ordinarius sine inquisitore et inquisitor sine ordinario ad sententiam diffinitivam in materia hæresis procedere non possint etc. Nam certum est quod episcopi sunt ordinarii judices delinquentium in suis diocesibus C. I cum similibus, *De officio judicis ordinarii*. Hæreticus autem delinquere videtur in Cœlo, mari et terra etiam ubicumque fuerit L. Arriani, c. *De hæreticis*, ut tenet Jacobus de Ra., licet Petrus de Bellapertica videatur in contrarium ut recitat cujus in l. I, C. *De summa trinitate et fide catholica*. Et sic territorio accomodato cognoscere potuit quoniam fuit ex sui persona, suppositis supradictis scilicet materia et potestate inquisitoris seu sui vicarii, quæ omnia videntur defuisse. Primo materia defuit, unde satis superius dictum est ; secundo quia inquisitores hæreticæ pravitatis non possunt inquirere nisi de his quæ hæresim sapiunt manifeste, C. « Accusatus, » § « Sane, » *De hæreticis*[2] : unde, ut ibi habetur, de sortilegiis et divinationibus non inquirunt nisi, etc. In quo

[1] *D. Greg.* I, 9, 10.
[2] *Bonifacii decretales* V, 2, 8.

videtur minus discrete egisse vicarius prætensus qui supradicto processui se immiscuit cum nulla esset materia hæresis neque manifesta neque non manifesta, ut ex præcedentibus satis apparuit. Rursus de potestate delegantis dictum vicarium non constat in processu, quare, etc. C. « Cum in jure, » cum glossa notabili in verbo « De mandato sedis apostolice, » *De officio delegati*[1]. Quod maxime procederet ubi neque per famam aut alias de ipsius potestate præsumeretur. Præterea judex procedens cum eo qui non est judex, esto quod alias esset judex, nihil agit voluntate et potestate sibi mutuo adversantibus, C. « Cum super, » in fine, titulo allegato[2]. Quare episcopus cum vicario procedens nihil videtur egisse, licet quibusdam videretur, C. « Illud, » cum similibus[3], in delegatis pluribus procedere et non in ordinario et delegato.

Iterum ad recusationem descendendo, certum est quod sufficit recusationem proponere licet non probetur, et ea proposita, potest libere recedere recusans, nec valet processus postea agitatus, C. « Accedens[4], » ut lite non contestata non procedatur ad testium receptionem, ut ibi notat Joan. Andr. post alios. Unde cum dictus episcopus fuerit recusatus, ut patet, in principio processus, ubi requiritur a Puella episcopus in omnem eventum ut saltem velit viros ecclesiasticos de partibus istis Franciæ æque bene sicut et Angliæ convocare, in quo patet recusatio, cum omni tamen humilitate et temperamento, et id patet in pluribus passibus ipsius processus, et sic cum suspicio esset notoria, debuit abstinere supradictus episcopus, ex alio etiam supersedere debuit præsertim cum hic de gravi, imo gravissima materia ageretur, quia de revelationibus et apparitionibus fidem tangentibus ac etiam unum regnum, occultis quidem et dubitatis, et in quibus petivit sæpius Puella eam duci ad sedem apostolicam pro quo facit quod de majoribus causis referendis ad sedem apostolicam dicitur in C. « Ut debitus » in fine *De appellationibus*[5]. Imo et dictus episcopus arduitatem materiæ attendens ac ipsius difficile judicium debuit proprio motu causam ipsam ad sedem apostolicam remittere, aut saltem eamdem quid esset acturus

[1] *D. Greg.* I, 29, 31.
[2] *D. Greg.* I, 29, 23.
[3] *D. Greg.* I, 33, 5.
[4] *D. Greg.* I, 38, 10.
[5] *D. Greg.* II, 28, 59.

consulere, ad quod facit quod notat Ho. in Summa sua, titulo *De officio legati*, § « Quod species legatorum, » verbo : « ad sedem majores ; » et quod notat Joan. Andr. in dicto C. « Ut debitus, » in fine, post alios doctores. Abstinere etiam debuit præsertim a condemnatione cum de occultis [non] judicet ecclesia. Propter quod dicit Archidiaconus post Hug. quod in tribus casibus quis relinquitur suo judicio, inter quos unus est cum deficit judicium, et hoc dupliciter scilicet vel propter personam quæ non potest judicare. C. « Huic[1] » et « Nunc autem[2]; » vel propter crimen quod occultatum esset, C. « Habuisse[3] ; » C. « Si duo[4]; » C. « Consuluisti[5]. » Quare ex supradictis concluditur prædictum episcopum Belvacensem non potuisse cum effectu seu valide etiam cum prætensi inquisitoris vicario judicare, præsertim sententiam condemnatoriam ad causam hæresis in eam promulgando.

Sed ad secundam partem seu articulum formæ descendo, videlicet ad deductionem ipsius processus et ad formam seu ordinem in ipso obtentum. Videtur processus ipse in pluribus defectivus et vitiosus talibusque defectibus subjectus quod locus fuit appellationi tanquam a gravaminibus Puellæ illatis, esto quod per taciturnitatem aliquibus forsitan videantur tegi, quod de jure et æquitate etiam non scripta videretur procedere et intelligentibus quæ agebantur, et valentibus per appellationem et alia juris remedia se protegere, non autem in ignorantibus simplicibus, non intelligentibus ac etiam non valentibus, imo impossibilitatis ad se deffendendum per appellationem et alia juris remedia, cujusmodi fuit dicta Puella, ut dictum est, processu pendente, quæ in sui libertate nusquam fuit, sed continue detenta et incarcerata nullum consilium aut auxilium penitus habens ad hominem, propter quæ dici non potest dictis defectibus quæ gravamina dici possunt etiam tacite consensisse, tum ob suam juventutem et simplicitatem non potuit plene comprehendere quid ageretur contra eam et minis resistere omni humana potestate destituta, sicque ea tegi aut ab eis recessum esse per dictam Puellam per tacitum consensum absurdum est dicere, ut videtur, cum nil sit

[1] *D. Grat.* D. XVII, 3.
[2] *D. Grat.* D. XX, 1.
[3] *D. Grat.* D. XXXIII, 7.
[4] *D. Grat.* C. XXXV, 6, 4.
[5] *D. Grat.* C. II, 5, 20.

tam contrarium consensui quam error seu ignorantia, nihilque adversus vim seu potentiam valeat impotentia seu imbecillitas. In primis igitur deficit forma processus in eo quod non apparet de inquisitione preparatoria quæ permitti debuit super infamia aut suspicione in materia fidei contra dictam Johannam qua tamen prætermissa licitum fuit dictæ Puellæ conqueri cum ad veritatem onerum impositorum sciendam seu inquirendam procedere vellent, prout et nisi sunt procedere, C. « Cum oporteat, » cum pluribus aliis *De accusationibus*[1] et c. I et II, eodem titulo, libro VI[2]. Quod tamen fuit necesse, maxime cum dicta Puella non reperiatur apud bonos et graves fuisse de hæresi diffamata aut in fide suspecta, sec potius fidelis et catholica. Secundo in exactione juramenti gravata exstitit et ob hoc processus deffectivus. Et hoc dupliciter : primo in eo quod cogebatur ad omnia inquisita etiam quæcunque et quantumcunque occulta per juramentum respondere et de respondendo generaliter et absolute quibuscunque interrogandis compellebatur, cum tamen de eis tantum debuisset per juramentum cogi ad respondendum de quibus erat diffamata seu in fide suspecta aut notata, unde locus fuit appellationi juxta ea quæ habentur in C. « Qualiter et quando debeat, » in § « debet, » cum ibi notatis per doctores, *De accusationibus*[3]. Secundo quoad juramentum in eo quod totiens ab eo fuit repetitum, cum tamen non voluntate, sed necessitate exigendum sit juramentum, C. « Etsi Christus, » *De jurejurando*[4], juramentumque de veritate dicenda cujusmodi est illud quod exigebatur ab ea sit in causa tantum semel prestandum, C. « Præsentium, » cum ibi notatis per Hen. in sua di.IV post alios, *De testibus*[5], et c. II de juramento calumniæ [6]. Tertio defectivus est dictus processus ob superfluitatem interrogantium quia de impertinentibus, duplicibus, obscuris seu captiosis et subtilibus sui intellectus capacitatem naturalem excedentibus interrogata est, quod non fuerat faciendum unde locus erat appellationi cum ad ipsas cogeretur respondere. Superflua enim quæstione seu indebita

[1] *D. Greg.* V, 1, 19.
[2] *Bonifac. decretal.* V, 1, 1 et 2.
[3] *D. Greg.* V, 1, 24.
[4] *D. Greg.* II, 24, 26.
[5] *D. Greg.* II, 20, 31.
[6] *Bonifac. decretal.* II, 4, 2.

onerari non debuit quemadmodum dicimus de respondente positionibus qui supradictis positionibus ac etiam positionibus juris non tenetur respondere, et si cogatur, potest appellare. Ad quæ faciunt ea quæ notantur per doctores in C. « Si post præstitum, » *De confessis*[1]. Quod autem interrogationes eidem factæ quæ merito superflue dici debent fuerint in dicta triplici differentia constat inspicienti processum absque ulteriori deductione gratia brevitatis, et nihilominus interrogatione superflua sibi facta et responsione ad eam data, ubi responsio et ad bonum et ad malum sensum trahi poterat, debebat de causa suæ responsionis interrogari, hoc est quare faceret illud quod confitebatur, quod tamen omissum est et forte ex certa scientia ad exonerationem ejus. Quemadmodum est illud in quo interrogata de certis litteris per eam missis, fatetur eas misisse et addit quod aliquando in suis litteris crucem ponebat et tunc nolebat compleri quæ dicebat in litteris. Debuit enim quoad hæc interrogari quid eam movebat ad hoc faciendum et quare nolebat compleri quod scribebat, cum ibi quædam species falsitatis esse videatur cum prelati in odore bonæ famæ suorum subditorum plus quam in infamia delectari debeant seu crimine, C. « Licet » in fine, *De accusationibus*[2], prelatusque facilis esse non debeat ad credendum frustra de subditis ut in juribus vulgatis. Potuisset enim, si interrogata fuisset, causam aliquam hujus fictionis seu simulationis reddere honestam quidem et rationabilem propter quam merito ab hujusmodi specie seu colore falsitatis fuisset excusata, juxta C. « Utilem simulationem, » cum ibi notatis[3]. Potuisset enim forsan dicere quod omnibus modis licitum est hosti suo nocere, dum sibi fides servetur. Nam ubi justum bellum geritur, an aperte pugnetur? an ab insidiis nihil ad justitiam interest, c. « Dominus »[4]; vel allegare potuisset importunitatem nimiam petentium litteras aut talia similia propter quæ aut ex toto excusaretur aut saltem minueretur delictum. Quarto in recoligendis ejus responsionibus quas ad malum sensum sæpe trahere videntur, ita ut per ea ad eorum sensum perversum quidem ut videtur tracta eam judicent divinatricem, idolatram, superstitiosam, etc. ut patet in sententia, cum tamen sit

[1] *Bonifac. decret.* II, 9, 2.
[2] *D. Greg.* V, 1, 14.
[3] *D. Grat.* C. XXII, 2, 21.
[4] *D. Grat.* C. XXIII, 2, 2.

semper verbis præponendus quia non res sermoni sed sermo rei subjectus est. Præterea ultra prædicta in quibus sic gravata exstitit per processum gravata videtur in pluribus, imo et inhumaniter et impie tractata. Primo in eo quod missa sibi denegatur, quod tamen quantuncunque criminoso fuisse denegatum est penitus inauditum, præsertim per episcopum qui pastor animarum vult appellari. Nec excusatio valet de habitu virili quem deferebat, quia potuit coram ea sola super altari portabili in camera carceris castri celebrari et sic absque scandalo cujuscunque, maxime cum non diceretur comisisse in sacrum missæ. Secundo ex eo quod denegata est eidem vocatio aliquorum de partibus Franciæ ad audiendum interrogationes et responsiones fiendas, et assistendum processui, et de interrogationibus et responsionibus judicandum, prout exigebat humiliter et multum rationabiliter, ut videtur. Tertio in eo quod inhibitum est ne eidem aliqui loquerentur nisi de licentia episcopi, quod tamen ad prohibitionem in se non videretur forsitan defectivum esse, sed in eo quod dicitur de licentia episcopi, cum episcopus non semper sui præsentiam faciat ad eumque de facili non pateat accessus : unde quoad hoc, ut videtur, debuit alteri vices suas committere. Quarto in eo quod de delicto unius sæpius inquiri non debet, cum tamen hic contra eam duplex processus factus fuerit, eam videlicet bis interrogando etiam usque in finem, et super eisdem primo per episcopum et suos et secundo per episcopum cum vicario adveniente promotore qui suas petitiones et conclusiones fecit et cepit in eo præterea quod plures requisivit suas responsiones videri et per clericos examinari et sibi postea dici in quo defecisset addens quod tunc sciebat quid esset actura. Item quia sæpe petivit interrogationes ad quas tunc non respondebat in scriptis sibi dari ut deliberaret et posset habere consilium quid esset responsura ad diem quam petebat sibi dari. Item in eo quod petivit se ad papam duci cui asseruit se obedire debere. Et tamen hæc omnia sibi denegata sunt, quin imo in carcere duro et laicali, scilicet in castro et per mares, videlicet anglicos; nulla muliere sibi concessa in compedibus ferreis custodita est, quorum custodum clamores et molestias et generaliter omnia in eam dicta et facta patienter et æquanimiter tolleravit saltem, de quibus apparet per processum.

Descendendo præterea ad recusationem qua renuit, ut dicunt, se submittere judicio Ecclesiæ quam, ut videtur, representabant, saltem se representare prætendebant. Hoc enim merito in tangentibus formam processus ponitur cum materiam non tangat ob quam posita fuit in processu, cum nondum requisita fuisset ut se submitteret, ut notum est. Ex pluribus enim apparet ex hoc erga eam injuste fuisse processum ac inique materiam eam molestandi assumpsisse, imo perperam et dolose hoc actum fuisse videtur et hoc ex pluribus causis maxime cum plurima instantia et coactione quadam requisita fuerit vicibus repetitis ut se submitteret judicio Ecclesiæ, per quam Ecclesiam intelligebant, ut notum est, ipsos judicantes qui erant viri ecclesiastici se prætendentes judices competentes. Primo hoc faciendo quod requirebant, eos in judices acceptabat, cum tamen sæpius dixerit in effectu eos non esse suos judices et in principio processus, antequam interrogaretur, requisierit humiliter tot de parte regis Franciæ quot de partibus Angliæ, etc. Recessisset etiam manifeste per hoc a recusatione quam tunc et sæpius proposuit et quæ etiam ex verbis judicantium clericorum ex processu, cum in quodam interrogatorio eam interrogando utantur istis verbis de parte adversa, loquendo de sua parte, adversa quidem ipsi Puellæ etiam per eorum propositum « Et excusatus habear, supplico, si in hoc et pluribus aliis ubi bene opus esset quotatione processus, ipsum non quotevi, quia vix quatuor aut quinque diebus eum habere potui et extracta mihi transmissa non omnia continere possunt, et cum minor metus excuset mulierem quam virum, minor etiam suspicio seu suspicionis causa eam movere potest ut diffidat de judice ut sic eum recuset, » unde verba illa a parte adversa a judicante prolata cum ita esset, ut dicebatur, sufficientia videntur esse quoad recusationem pro dicta Puella. Esto quod alias eum non recusasset, ex quo sequitur quod non erat æqua requesta de se submittendo suis adversariis. Nam hæc quidem de jure timentur, hæc de more vitantur, hæc refugit ratio, hæc abhorret natura ; c. « Pastoralis,§ verum,» verbo « esto igitur » *De sententia et re judicata* [1]. Propterea per submissionem sibi auferebantur omnes defensiones quæ tamen sunt de jure naturali,ut in dicta Clementina in § « cæterum. » Et sic nulli eas tollere licuit cum juris naturalis existant et minus decuit pro eis auferendis submissionem requirere et maxime cum per submissiones remedium appellationis quod est

[1] *Clement. constit.* II, 11, 2.

potissimum in gravatis tollatur. Hinc est quod ab arbitris compromissariis regulariter non appellatur : præterea se asserit esse subjectam Ecclesiæ ac obedire velle debere romano pontifici. Nec præsumptio quæcunque habetur in contrarium. Ad quid igitur molestatur in requirendo totiens eam ut se submittat Ecclesiæ cum se subjectam esse fatetur : in quo apparet, ut videtur, astucia seu dolus judicantium, salva tamen semper reverentia cujuslibet, maxime cum a jure non requiratur ut tracti in causam fidei se submittant expresso judicio Ecclesiæ, cum ipsi sint subditi velint nolint. Rursus liberum et voluntarium est ut quis se submittat seu supponat judicio alterius, c. « Nos si incompetenter »[1] in principio, et c. « Concilia, § Hinc »[2], et L. « Receptum, » Digeste *De judiciis*. Cum ergo hoc opus ex ipsius arbitrio penitus dependeret nec eorum potestati voluntarie subjaceret non debuerunt ad dictam recusationem maxime tot vicibus attentatam, auditis præsertim ejus responsionibus, prosilire, alioquin non videntur justitiæ ministratio, sed sub colore justitiæ iniquitatis commissio. Ex quibus luce clarius apparet quod si recusavit hoc facere intelligens maxime per ipsam Ecclesiam eos qui judicabant, qui etiam et non alii eam judicare nitebantur juste distulit, ac etiam si recusasset eorum judicio se submittere, hoc potuisset facere, nam ad hoc minime tenebatur, ut satis deductum est superius. Insuper etiam alia ratione videtur fuisse mota dicta Puella et non irrationabiliter. Dixit enim sæpius quod revocare ea quæ dixerat et fecerat, quæ et agenda et dicenda sibi revelata fuerant de præcepto Dei per voces sibi apparentes erat sibi impossibile et quod de his ad dominum Deum, qui ea fieri fecerat, ex toto se referebat, in quo quam prudenter ac jurisdice responderit facile est attendere. Cum enim revelationes hujusmodi fuerint occultæ et de occultis non valeat Ecclesia judicare, in occultis etiam sit unusquisque suæ consciencæ reliquendus, quorum quidem occultorum ac etiam conscientiæ solus Deus scrutator est et cognitor, quam injuriam aut injustitiam commisit quæ quoad ipsorum judicium ipsis judicantibus se submittere noluit, hæc ad Deum referens cum de his, cum non sint manifesta, sed potius occulta et latentia, cognoscere non possent et sic non pronuntiare, cum de ea re de qua judex cognovit de ea pronuntiare debeat et de manifestis solum

[1] *D. Grat.* C. II, 7, 41.
[2] *D. Grat.* D. XVII, 6.

sit datum judicare, præsertim cum parata esset obedire papæ, petens ad eum mitti. Et ex præmissis sequitur manifeste eam non pecasse in articulum illum qui dicitur « Unam sanctam catholicam Ecclesiam, » prout quidam nisi sunt opinari, dicendo eam schismatis crimen incurrisse ad causam prædictæ recusationis. Secundum enim traditionem doctorum, esto quod quilibet fidelis viator teneatur obedire Ecclesiæ militanti, etiam quantumcumque in gratiis et virtutibus profecerit, juxta Clementinam « Ad nostrum » *De hæreticis* [1] jam allegatam, non tamen quis se submittere tenetur judicio alicujus diocesani, maxime cum per tales submissiones quis tacite videatur renuntiare suis defensionibus et maxime remedio appellationis quæ est validissima defensio. Pro quo facit quod supradictum est et quod notat Johannes Andree in dicto C. « Cum ex injuncto, » circa finem, *De hæreticis* [2], super verbo « supponit », ubi in effectu dicit quod si quis se supponat judicio alterius et judicetur per illum, nulla sibi fit injuria, ex quo sequitur quod de hoc conqueri non potest, nam, ut dicit, « Scienti et consentienti non fit injuria neque dolus » *Regulis juris* [3], nec eum (sic) sub colore fidei, in cujus favorem aliqua specialia introducta sunt, debent innocentes gravari. Hoc enim gravissimum scelus est, ita ut excommunicati sint inquisitores et eorum vicarii et episcopi et eorum superiores suspensi, qui maliciose hæc faciunt, juxta Clementinam « Multorum, » in fine *De hæreticis* [4]. Imo in crimine hæresis tam mature est procendendum quod omnes exceptiones ac etiam appellationes vocato in causam hæresis permittuntur a jure seu conceduntur, dempto articulo hæresis ad quam defendendam non auditur, et non mirum cum ille articulus habeatur determinatus ad universalem Ecclesiam, et quoad illum articulum verum est dicere quod hæreticis audientia denegatur. Et etiam super bonis, postquam sunt confessi vel convicti de hæresi, alias autem si gravantur contra jura possunt appellare, D. Grat. Causa II, q. VI, c. 2 et 3 et c. « Non ita » [5], quia nulli neganda est legitima defensio, c. « Cum inter » *De exceptionibus*. [6] Ita notant

---

[1] *Clementis constitut.* V, 3, 3.
[2] *D. Greg.* V, 7, 12.
[3] *Bonifac. decret.* V, 12, 27.
[4] *Clem. constit.* V, 3, 1,
[5] *D. Grat.* C. II, 6, 18.
[6] *D. Greg.* II, 25, 5.

doctores in c. « Si adversus, » *De hæreticis*;[1] imo, quod majus est, ubi in aliis causis sufficiunt duo testes, hic plures videntur requiri, ut in c. « Excommunicamus § Adiicimus[2], » ibi tres vel plures, eodem titulo. Nec mirum, quia durum est hominem bonæ famæ per inquisitores vel ordinarium ad dictum duorum in tam gravi crimine condemnari, maxime cum ordo legitimæ defensionis non usquequaque servetur quia notitia testium removetur,c. « Statuta, » *De hæreticis*[3]. Unde ob gravitatem criminis propter suspicionem vehementem de hæresi nemo condemnatur, c. « Litteras, § Quo circa, » *De præsumptionibus*[4]. Talis ergo favor fidei exhibendus est ne contra justitiam in gravamen alterius quidquam fiat ne quod ad complendum fidei inventum est in ejus fidei et catholicorum dispendium retorqueatur. Et si bene attendatur articulus fidei qui est unam sanctam catholicam Ecclesiam, non reperietur Puellam in illum articulum errasse, sed potius illum firmiter credidisse, cum dixerit se esse subjectam Ecclesiæ quam honorare et substinere vult pro posse, prout et fecit, quodque debemus obedire papæ romano, et sic de similibus verbis petens expresse ad papam romanum mitti, etc. Secundum enim quod habet beatus Thomas, Secunda Secundæ, q. I, art. VIII in corpore [quæstionis], illa per se pertinent ad fidem quorum visione in vita æterna perfruemur et per quæ ducemur in vitam æternam. Duo autem nobis ibi proponenda videntur, scilicet occultum divinitatis cujus visio nos beatos facit et misterium humanitatis Christi, per quam etiam ad gloriam Dei accessum habemus, ut dicitur Ro[manorum] VI. Unde dicitur Johannes XVII. « Hæc est vita æterna ut cognoscant te solum verum Deum et quem misisti Jhesum Christum. » Et ideo prima distinctio credibilium est quod quædam pertinent ad majestatem divinitatis, quædam vero pertinent ad misterium humanitatis Christi. Circa autem majestatem divinitatis, tria nobis credenda proponuntur : primo quædam unitas Deitatis, et ad hoc pertinet primus articulus ; secundo trinitas personarum et de hoc sunt tres articuli secundum tres personas ; tertio vero nobis proponuntur opera divinitatis propria, quorum primum pertinet ac esse naturæ et sic proponitur unus articulus

[1] *D. Greg.* V, 7, 11.
[2] *D. Greg.* V, 7, 13 § 7.
[3] *Clem. constit.* V, 2, 20.
[4] *D. Greg.* II, 23, 14.

creationis. Secundum vero pertinet ad esse gratiæ, et sic proponuntur nobis sub uno articulo omnia pertinentia ad sanctificationem humanam, per quod intelligo articulum supradictum « Unam sanctam catholicam Ecclesiam, » ob hoc idem in articulis sequentibus solvendo argumentum in quo sic arguit. Præterea, sicut Augustinus dicit, exponens illud Johannis XIV « Credite in Deum et in me credite » Petro aut Paulo credimus, sed non dicimur credere nisi in Deum. Cum igitur Ecclesia catholica sit pure aliquid creatum, videtur quod inconvenienter dicatur in unam sanctam catholicam Ecclesiam, solvendo sic inquit : ad quintum dicendum : « Quod si dicatur in sanctam catholicam Ecclesiam », est hoc intelligendum secundum quod fides nostra refertur ad Spiritum sanctum qui sanctificat Ecclesiam, ut sit sensus « credo in spiritum sanctum sanctificantem Ecclesiam, » et sequitur. Sed melius est et secundum communiorem usum ut non ponatur ibi « in » sed simpliciter dicatur «sanctam Ecclesiam catholicam, » sicut etiam Leo papa dicit. Ex quo sequitur quod credere unam sanctam catholicam Ecclesiam est credere omnia pertinentia ad sanctificationem accipienda esse et ipsius unitate credita ; juxta hoc quod habetur in c. « Firmiter in § una[1]; est enim una fidelium universalis ecclesia extra quam omnino nullus salvatur, *De summa trinitate et fide catholica*, in qua idem sacerdos, etc. in quo sacramenta eucharistiæ, baptismi et pœnitentiæ, quæ sunt necessitatis exprimuntur quæ et ministranda sunt ab existente in communione Ecclesiæ et post baptismum suscipienda a fideli etiam in unitate Ecclesiæ existenti et ipsam tenenti et credenti. Unde Hosti. in *Summa* sua, eodem titulo, § « quot et qui articuli verbis secundum alios vero sunt, » XIV, loquens de hujusmodi articulo sic inquit : « Primus articulus indicat effectum creationis, ibi creatorem, etc. » et probatur eodem titulo, resp. I. Secundus effectum recreationis, ibi sanctam catholicam Ecclesiam etc. et est sensus « Credo quod Deus reconsiliet te peccatorem in sancta Ecclesia quæ est sanctorum et non alibi probatur, » eodem capitulo, § una, et per hanc potestas clavium Ecclesiæ probatur *De exces. præla.*, ex quo luculenter apparet quod supradictum est, quod autem prædicta Puella sacramentum baptismi susceperit et reliqua sacramenta postquam fuit baptisata in communione et unitate Ec-

---

[1] *D. Greg.* I, 1, 1 § 3.

clesiæ consistens velut bona catholica, et secundum ordinationes et
traditiones Ecclesiæ facit principium sui processus ubi de baptismo,
de sua credulitate seu fide et cæteris sacramentis per eam susceptis seriose interrogatur et per eam catholice valde respondetur ; in
quo videre non valeo quomodo deliquerit in dictum articulum
« Unam sanctam ». Imo, quod amplius est, durante sua incarcera-
tione se obtulit confiteri et sæpius et instanter missam requisivit
quam obtinere non valuit. Plura etiam notabilia dixit ultra supradicta per quæ luce clarius apparet de ejus recta et integra fide ac
sana et inviolata credulitate. Nam etiam, cum sibi inhiberetur ne
exiret a carceribus sub poena convicti criminis, respondit quod non
acceptabat, ne postea videretur fidem frangere si recederet. Asseruit etiam quod nihil posset facere sine gratia Dei et quod a tempore revelationum nihil boni fecit nisi ex consilio vocum, quas revelationes appellat, quas a Deo semper missas dicit quotiens necessitatem habuit saltem magnam, asserens quod, cum erat in
necessitate, ad eam veniebant, et si non venirent, ad Deum auxilium
requirebat et sic sibi mittebantur, quodque mortua fuisset nisi eam
confortassent et quod plus timebat eas offendere quam ipsos judicantes, quia habebat Deum bonum garantisatorem, ut dicebat, et
quod non esset membrum diaboli cujusmodi sunt schismatici et
hæretici, idolatræ et consimiles, sed potius Christi. Dixit interrogata quod non vellet liberari a carcere per medium diaboli, quamquam confessa fuerit se dixisse, antequam caperetur, mali mori hoc
intelligendo in bono statu quam capi ab Anglicis. Ex pluribus autem aliis conjecturari facile est quantæ firmitatis, patientiæ ac
constantiæ fuerit. Non ergo schismatica fuit peccans in dictum articulum prout ei fuit impositum. Est enim schisma illicita divisio per
inobedientiam ab unitate Ecclesiæ facta, ut in C. « Inter hæresim et
schisma [1], » ut habet Hosti. in *Summa* sua, titulo *De schisma* § I.
Schismaticus enim a principio non habet perversum dogma, sed si
persistat in suo schismate seu divisione ab Ecclesia aut perversum
dogma vetus confingit, aut novum adinvenit, hoc est errorem in
fide. Ex quo patet quod ab initio temporis seu originis vitiorum
multum differunt schismaticus et hæreticus, quia hæreticus a principio habet perversum dogma, schismaticus non, sed divisionem ab

---

[1] *D. Grat.* C. XXIV, 3, 26.

Ecclesiæ unitate per inobedientiam. Ideo dicitur schisma a scisura in qua si velit perdurare, dogma erroneum confingit sub cujus colore divisus permanet ; et sic in fine conveniunt schisma et hæresis ut in dicto c. « Inter schisma, » cum ibi notatis, quæ nullo modo mihi videntur in Puella, de qua queritur inventa et per prædicta patet responsio ad illos qui suas opiniones fundasse videntur in illo articulo « Unam sanctam » etc.

Ad ultimum autem articulum formæ veniendo, qui est de sententiis in eam latis et abjuratione per eam facta. Et primo ad primam luce clarius habeo ex præcedentibus primam sententiam non mereri habere nomen sententiæ, quidquid etiam de supradictis revelationibus existimetur, cum defectiva sit tam ex parte materiæ quam formæ, ut superius satis deductum habeo. Properandum est ergo ad cedulam abjurationis quæ pluribus de causis obesse non debuit dictæ Puellæ.

Primo, quia renunciatio præsupponit existentiam rei sive juris cui renunciatur, inde est quod ei quod non est renunciari non potest, L. « Tres fratres » *De pactis*[1]. Imo et juri futuro renunciari non potest. Cum ergo dicta Puella nullum horum criminum de quibus in cedula contraxerit, ut patet per prædicta et ipsius processum, abjurationem seu renunciationem de eisdem criminibus faciendo nihil egit, et sic eidem impedimentum afferre aut onus præstare non debuit, maxime ut per hoc lapsa diceretur in dicta crimina quæ nunquam commiserat.

Secundo, confessio a minori xxv annis facta sibi non nocet facta in effectu, imo contra eam restituitur. Non nocet etiam confessio cui factum repugnat, esto quod alias valeret, ut in C. finale, cum ibi notatis, *De confessis*[2]. Hæc autem et minor xxv annis, quia xix annorum cum interrogabatur, et confessiones in dicta cedula abjuratoria contente quibus confitetur se pluribus criminibus irretitam repugnans factis et dictis suis contentis in processu et de quibus etiam satis constat, quare nocere sibi non debuit dicta abjuratio.

Tertio, confessio in tormentis aut metu tormentorum emissa nisi in ea perseveretur extra tormenta, non obest confitenti ; minus ergo nocebit abjuratio facta metu ignis qui sibi comminabatur prout et

---

[1] *Digeste* II, 14, 35.
[2] *D. Greg.* II, 18, 3.

postea illatus est, et maxime cum appareat per processum eam dixisse, cum ageretur de ponendo eam in tormentis seu quæstionibus, quod non diceret alia quæ dixerat, hoc est contraria his quæ dixerat; et quod si hoc faceret, hoc esset ad causam tormentorum. Quod autem ita sit quod dicta Puella cedulam abjuratoriam metu ignis protulerit, saltem quod ita sit conjecturandum, apparet per hoc quod postea confessa est eam se protulisse metu ignis, dolens plurimum et pœnitens quod ita fecerat, asserens revelationem sibi factam esse per quam sibi dictum est quod proditionem magnam fecisset in eo quod credendo salvare vitam suam se damnaverat.

Quarto, scientiam non ignorantiam ligari volumus. L. « Generali » *De tabulariis*[1]; L. ultima *De decretis ab ordine faciendis*[2] et C. « ut animarum », *De constitutionibus*[3]. Clarum est autem eam non intellexisse supradictam cedulam abjuratoriam, saltem verisimile est ex pluribus quia non linguæ suæ maternæ verbis confecta, item exquisitis verbis et non usitatis, item suspensivis, implicitis, involutis et dependentibus ab aliis, item quia prædicta quæ dicebantur in cedula per eam commissa non commiserat, attentis maxime ægritudine qua laborabat, saltem laboraverat in proximo, duritia carcerum, molestia custodum et inquietatione judicantium et aliorum qui eam continue vexabant, ut patet intuenti processum, etc.

Nunc ad sententiam ultimam veniendo, per quam tanquam relapsa condemnata est de hæresi, patet sententiam ipsam, quæ nomen sententiæ habere non meretur, irritam esse ex præcedentibus, saltem velut manifestam iniquitatem continentem retractandam et revocandam, quod ex præcedentibus satis existimo patefactum. Et ultra supradicta non est conformis petitioni seu libello promotoris cum non concludat præcise eam esse hæreticam, sed sub alternatione vel in fide suspectam. Juxta enim formam petitionis semper in humaniorem partem declinando est sententia proferenda, C. « Licet Heli », cum similibus *De simonia*[4], quare etc. attento præsertim quod non suberat materia hæresis, ut sæpius dictum est. Secundo in sententia ista, quæ dicitur sententia relapsus, additur quod est invocatrix dæmonum, quod tamen in priori sententia nequaquam

[1] *Code*, X, 49, 3.
[2] *Digeste*, L. 9, 6.
[3] *Bonifac. decret.* I, 2, 2.
[4] *D. Greg.* V, 3, 31.

erat. Tertio contra deliberata data est quæ deliberata erant pro majori parte sequendo opinionem abbatis Fiscampnensis, quod omnia contenta in cedula abjurationis darentur sibi intelligi, quia dicebat quod non intelligebat contenta in cedula. Et si perseveraret in contentis in cedula, quæ sibi darentur intelligi, procederetur ad hanc sententiam, quod nequaquam factum est, quare, etc. Præsertim, cum consensus in peccatum faciat peccatum ipsum, ignorans autem non intelligens dici consenciens non possit. Consensus enim ex vi nominis sensum seu intellectum rei in quam fertur præsupponit, ideo in regula juris scienti jam allegata dicitur : « Scienti et consencienti præmittendo scientiam seu consensum consentienti », iniquum est etiam aliter dicere, ut patet consideranti. Et ex hoc colligitur argumentum evidens pro eo quod dicebat Puella non intellexisse cedulam, etc. verum esse quod dicebat circa hoc, cum omnes hoc videantur opinari, saltem in contrarium non opinentur, qui hujusmodi deliberationem dederunt, ut sibi darentur intelligi contenta in cedula, etc. et tamen plures ex eis præsentes fuerunt in abjuratione cedulæ facta per Puellam in quo percipere poterant an intelligeret quod dicebat, quod est notandum, quare, etc. Præterea ubi lapsus non fuit in hæresim, relapsus notari non potest, nec enim censetur iteratum quod nescitur esse factum, C. « Veniens § Quia vero », *De presbitero non baptisato in initio*[1], et C. « Solemnitates », *De consecratione*[2]. Quod autem lapsa non fuerit constat manifeste intuentibus suum processum ; nam si ejus confessiones videantur et debitæ a non suspecto ponderentur, non nisi verba melliflua laudis et fidei catholicæ ac gratiæ domini nostri Jhesu Christi comperiret ex ejus ore processisse, veluti fide, spe et caritate Deum constanter et fideliter colentis et ipsum in suis dictis et factis magnificantis, nihil sibi aut suæ virtuti tribuendo. Si præterea recusationes etiam qualescumque de quibus in processu perspicaciter rimentur, non nisi rationabiles ac consonæ fidei et juri censebuntur; unde quod revelationibus post primam sententiam fidem adhibuerit, hoc sibi licuit per prædicta cum conscientiam suam sic informasset quod firmiter eas a Deo procedere quam sequi debuit, imo aliter faciendo ædificare visa fuisset ad gehennam, juxta illud « Qui agit contra suam conscientiam etc. » Rursus cum arguitur de relap-

[1] *D. Greg.* III, 43, 3.
[2] *D. Grat.* D. I, 16.

su seu relapsus pro eo quod habitum virilem resumpsit, attendatur si placet, ejus responsio. Dixit enim quod ille habitus decentior erat inter viros. Item quia ei non sunt observata promissa de relaxando compedes ferreos et quia malet mori quam in eis diutius permanere, petens quod ei daretur carcer gratiosus et quod volebat omnino facere quod Ecclesia imperabat, et postea etiam dixit, quod supra aliqualiter tactum est, se fuisse objurgatam a sanctis virginibus de proditione veritatis pro salvando vitam suam, et quod abjuraverat timore ignis non intelligens etc. et quod malebat semel agere pœnitentiam quam cruciari carcere perpetuo, in quibus apparet excusationes ejus esse probabiles omnibus circumstantiis negotii et personæ attentis et per consequens merito recipiendas eamque relapsam dici non potuisse saltem ut tanquam relapsa puniretur. Nec ad dictam sententiam tollerandam movere debent opiniones in eodem judicio datæ tam per universitatem Parisiensem quam alios prælatos, doctores scientificos et practicos, de quibus fit mentio in fine dicti processus, nam secundum articulos truncatos, sincopatos et imperfectos et ad alium sensum tendentes ac generantes alium intellectum quam habuit dicta Puella, ut patet ex processu, deliberaverunt quod aliter facere non valebant exemplo Scævolæ et aliorum jurisconsultorum qui, juxta proposita respondent, in quo dolus evidens et aperta calumnia eorum qui dictos articulos fabricaverunt aliquibus forsitan videntur, quare etc.

Et per supradicta sit responsum ad quæstiones plures numero XVIII.

Ad primam enim respondetur quod non suppositis supponendis, salvo semper in omnibus meliori judicio, nam supposita materia hæresis et quod[1] de ea infamata fuisset Puella aut saltem suspecta, apud bonos et graves cæterisque concurrentibus non repugnavit quin episcopus potuerit esse judex saltem ipso jure, sed non in effectu, ut satis supra declaratum est in capitulo seu parte de forma processus, in articulo qui est de judicantibus.

Ad secundam respondetur affirmative, videlicet quod nullus est processus saltem annullandus nisi inquisitor prætensus per famam aut alias arbitrio superioris haberetur pro delegato a sede apostolica.

[1] Il y a une transposition dans le texte ; nous l'avons corrigée avec le mss. 13837.

Ad tertiam mihi videtur ex hoc processum non esse vitiandum cum a tempore petitionis et conclusionum captarum per promotorem videantur episcopus et vicarius inquisitoris sufficienter convenisse usque in finem processus etiam inclusive, et idem respondeo ad immediate sequentem.

Ad quintam quod licet sententia lata per metum non sit nulla ipso jure per regulam qua generaliter seu regulariter dicitur quod facta per metum tenent ipso jure, C. « Abbas », cum glossa notabili *De his, quæ vi metusve causa fiunt*[1], aliquibus tamen videretur forsan hic aliud esse dicendum cum hic de absolutione vel excommunicatione tractetur et absolutio per vim aut metum obtenta sit nulla, C. « Absolutionis »[2], cum paritate rationis idem in excommunicatione videatur.

Ad sextam affirmative respondetur per supradicta.

Ad septimam similiter respondetur affirmative juncto octavo dubio seu quæstione.

Ad nonam respondetur negative quoad processum, sed bene est incarceratio nulla, saltem manifeste iniqua pro qualitate quidem seu modo faciendi potius quam pro facto; si tamen carcer ipse potius esset ad pœnam quam ad custodiam.

Ad x, xii, xiii et xiv prætermissa xi ad quam postea respondetur, licet de omnibus et singulis contentis in hujusmodi dubiis seu quæstionibus mihi non constet per processum, quia tamen mihi ad sufficientiam constat, processus est nullus et, quidquid sit, annullandus.

Ad unam decimam non reperio ætatem postquam ad pubertatum et maxime plenam deventum est, ac etiam sexum excusare a crimine hæresis, cum fides ipsa sit omnibus communis et Ecclesiæ sacramenta, sitque unusquisque relictus in manus sui consilii ut ad dexteram aut sinistram tendere possit, juxta illud « Anima mea in manibus meis semper » ita ut dicatur « ignorans ignorabitur » etc. Bene tamen fateor quod in pertinacia colligenda seu elicienda quæ necessaria est in materia hæresis, ut supra tactum est, majus tempus majoraque indicia exiguntur in juvenibus et maxime in mulieribus quam in provectis vel in viris cum potius ex ignorantia aut infirmitate seu imbecillitate intellectus quam ex certa malitia vel obs-

[1] *D. Greg.* I, 39, 2.
[2] *Bonif. decr.* I, 20.

tinatione videantur errare aliter C. « Deus qui, » *De pœnitentia et remissione*[1], C. « Sicut dignum », cum sibi similibus, *De homicidio*[2], habita circa hoc nihilominus distinctione articulorum credendorum explicite et eorum quos sufficit explicite scire, juxta ea quæ sunt dicta in materia processus, articulo primo.

Ad quintam decimam videretur quod non aliter a simili ejus quod dictum est de sententia lata per metum, maxime cum processum esse irritum seu corruere sit pœnale et in pœnalibus mitior pars accipiatur, secundum quod dicimus quod in canonibus ubi dicimus, quod[3] anathema sit, sententia excommunicationis ferenda est et non lata nisi ex circumstantiis litteræ aut alias appareat de contrario, ut tenet Johannes Andree in *Regula juris* lib. vi : in antiqua, et maxime cum negotium de quo tractatur sit judiciale et pro judicialibus sit præsumendum propter auctoritatem, et etiam quia in dubiis res potius interpretanda est ut valeat quam quod pereat, pro quo etiam bene facere videtur C. « Hoc etiam », cum glossa[4], C. « Cum æterni », cum ibi notatis, *De sententia et re judicata*[5], licet quibusdam videntur forsan contrarium, propter evidentem dolum seu calumniam, aliter L. « In summa », circa principium *De condictione indebiti*[6].

Ad sextam decimam dici potest conformiter ad beatum Thomam secunda secundæ, q. ii, art. vi, in solutione ad secundum art. ubi sic dicit : « Dicendum quod simplices non sint examinandi de subtilitatibus fidei, nisi quando habetur suspicio quod sunt ab hæreticis depravati qui in his quæ ad subtilitatem fidei pertinent solent fidem simplicium depravare. » Si tamen inveniuntur non pertinaciter perversæ doctrinæ adherere, si in talibus ex simplicitate deficiant, non eis imputatur. Ex quo patet quod non debuit interrogari de subtilitatibus, et minus debuit de captiosis et implicitis ac difficilimis quæstionibus interrogari ; patet etiam quod si interrogata fuerit et in respondendo defecerit, non est ei imputandum. Et si bene attendatur, Puella, quantum sibi fuit possibile, voluit interrogantes contentare tam in interrogationibus quam in requisitionibus,

[1] *D. Greg.* V, 38, 3.
[2] *D. Greg.* V, 12, 6.
[3] La transposition cesse ici.
[4] *D. Grat.* II, 6, 37.
[5] *Bonif. decret.* II, 14, 1.
[6] *Digeste* XII, 6, 65.

quia cum ad interrogationes nesciret respondere, diem ad respondendum petebat, et interim voces ei apparentes ad suas requestas, orationes seu preces quas ad Deum porrigebat, ipsam dirigebant in responsione, ei etiam audaciam et spem præbentes, ut sæpius dixit, et consequenter juxta consilium suarum vocum respondebat. In requisitione etiam ut se submitteret Ecclesiæ qua tam diu vexata est quia ignorabat differentiam quæ sibi dabatur inter Ecclesiam militantem et triumphantem etc. ad contentandum eos quatenus se potuit extendere et illustrari de acceptione hujus nominis *ecclesia*, quatuor videtur intellexisse per *ecclesiam*. Primo ecclesiam materialem, dicendo quod non erat talis quod deberet prohiberi ab ingressu ecclesiæ. Item postea intellexit Deum, dicendo quod sibi non videbatur differentia inter Deum et ecclesiam. Intellexit etiam ecclesiam Romanam dicendo quod papæ romano debemus omnes obedire. Intellexit etiam dictos judicantes quibus noluit se submittere, et per hoc cum præcedentibus in materia processus in primo puncto satisfactum esse puto quæstioni.

Ad septimam decimam, quia non vidi processum, ignoro quid dicam. Ubi tamen de hoc constaret, videretur idem dicendum quod dictum est de articulis truncatis et imperfectis, imo si constaret hæc procurata fuisse per judices aut saltem ea scivisse, videretur forsitan sententiam esse nullam, cum nullus penitus esset relapsus neque facto neque signo nullumque colorem sententiam habuisse, sed ex omni parte auctoritate, imo et præsumptione quæ prima fronte esset pro ea habenda denudatam ipsumque judicium iniquitatem manifestam continuisse.

Ad octavam decimam et ultimam, satis responsum est per ea quæ dicta sunt in capitulo de forma processus, in secundo articulo, quia cum juris sit quod hoc fiat et hoc factum non fuerit, ipsa quidem nesciente et minus consenciente, utpote et juris et facti ignara non videtur hoc sibi præjudicium aliquod afferre, præsertim cum peritiores consulere non potuerit velut incarcerata et cui nemo poterat loqui, ut satis superius est tactum, maxime cum juris ignorantia excuset mulieres, præsertim ubi de damno vitando certatur, ut hic, quia de periculo suæ personæ vitando, L. « Regula », *De juris et facti ignorantia*[1] ; regula « Ignorantia », *De regulis juris*[2].

[1] *Digeste*, XXII, 6, 6.
[2] *Bonifac. decret.* V, 12, 13.

Si ulterius queratur qualiter sit ad retractationem seu revocationem dicti processus procedendum, cum in materia hæresis possint catholici damnati in eorum vita ut hæretici declarari catholici post eorum mortem, sicut e converso declarati catholici reputantur hæretici,C. « Sane profertur »[1], et idem tenet Hug. in C. « Anastasius »[2]. Quoad locum in quo tractabitur, in curia Romana merito tractari debet quia illi in vita videtur se submisisse, ad papam etiam pluries petiit duci, et est quæstio fidei ac etiam gravis est materia propter difficile judicium de hujusmodi revelationibus. Hæc enim omnia ad causam ipsam ibi tractandam concurrunt, et cum hoc cessabit suspicio loci nec recusari valebit a quoquam. Quæ autem sit materia retractandi supradictum processum constat ex prædictis.

Quo vero ad partes tam agentes quam defendentes aut evocantes seu evocandas ad judicium, licet plures possint esse partes, cum ii omnes, quorum interest, sint audiendi pluriumque intersit et in communi ac in particulari, ac tamen pro præsenti proximiores ejusdem Puellæ sic deffunctæ viderentur præ cæteris præponendi et ad hujusmodi processum admittendi tanquam suorum injuriam prosequentes in extinctione supradictæ Puellæ seu suffocatione miserabili.

Quo autem ad vocandos viderentur debere vocari judicantes, si superstites sint aut eorum successores in dignitatibus et officiis ac heredes si quos habent, præsertim episcopus qui anulum habuit qui ad restitutionem eorum quæ habuit his, a quo causam habent teneri videntur, successores tamen in dignitatibus et officiis vocari viderentur cum clausula si sua crederent interesse.

Esset autem, narratione facta de iniquitate processus et ipsius vitiositate, tendendum ad declarationem processus nullitatis aut annullationis seu revocationis et ex consequenti ad ipsam e contrario declarandum catholicam et catholice ac fideliter vixisse usque ad diem sui obitus inclusive pro talique habendam, tenendam, etc. supradictosque vocatos[3] [si qui comparerent aut eorum loco si nulli comparerent procuratorem regis Angliæ non immerito etiam a principio processus vocandum aut eumdem procuratorem una cum ip-

---

[1] *D. Grat.* XXIV, 2, 6.
[2] *D. Grat.* D. XIX, 9.
[3] Les mots entre crochets ne se trouvent que dans le mss. 13837, fol. 36 v.

sis] ad reparationem tantæ iniquitatis condemnandos. Etiam quoad corpus ejusdem Puellæ per signum cum alias fieri non possit, juxta consilium sublimium advocatorum consistorialium pallatii apostolici quorum emendationi et correctioni committo ea quæ dicta sunt.

Verum quia in processu sæpe dictæ Puellæ aliqua videntur per ipsam dicta seu confessata quæ fidei derogant supradictorum, maxime cum videatur aliqua et dixisse et fecisse quæ minus bene et dicta et facta sunt, idcirco, prout ad præsens supradicta in memoria teneo, cum non habeam processum pro præsenti, respondebo juxta mentem ejusdem Puellæ quantum memoriæ occurrit. Primo ad id quod posset dici de falsitate litterarum, cum fateatur aliqua scripsisse quæ tamen nolebat impleri in signum cujus faciebat crucem in hujusmodi litteris, ad hoc enim superius responsum est ubi dictum est quod multiplex est simulatio. Quædam enim permittitur etiam viris perfectis, ut patet de David et pluribus aliis. In talibus enim nihil est dolositatis seu duplicitatis quemadmodum dicimus de Christo qui finxit se longius ire, ut in homelia Gregorii super illud evangelii Luce ultimo de discipulis euntibus in Emaus. Præterea licitum est hosti nocere quacunque arte dum tamen fides sibi servetur, minus etiam sufficienter quoad hoc interrogatum est cum non fuerit quæsitum de causa quare hoc faceret : talia enim ex causis faciendi justificantur vel reprobantur, quare, etc.

Insuper ad id quod dicitur de turri a qua deorsum se misit et propter quod videtur se præcipitem dedisse etiam ex desperatione, respondet ipsa quod non desperando neque desiderando suam mortem hoc fecerat neque etiam hoc faciendo credebat mori, sed quia impressum ei erat et incussum in memoria quod Anglici veniebant ad eam capiendum in quorum manus nolebat incidere, pro quocumque ideo credens evadere salivit, et quia dolebat illos de Compendio tam miserabiliter affligi quibus succurrere nitebatur, confessa est tamen se male fecisse in hoc quod deorsum se misit, quodque hoc non fecit de consilio suarum vocum seque confessam fuisse de hoc et pœnitentiam habuisse secundum quod consuluerunt ei suæ voces aut earum altera.

Insuper ad cursus factos ante villam Parisiensem ante Caritatem et plura alia loca ubi non prævaluit Puella, in quibus videretur eam prævaluisse si a Deo missa fuisset, respondetur quod proprio motu ad dictas villas seu loca aut ante ea non ivit de consilio suarum vocum sed ad instigationem armatorum qui transeuntes per ante loca supradicta induxerunt eam ad eundum ante ea, ut dicit. Nec ob hoc dicendum est eam minus habuisse spiritum prophetiæ neque etiam gratiam gratum facientem minus habuisse. Non enim asseruit veniendo erga loca illa quod in illo incursu seu insultu obtinerent hujusmodi loca neque in hoc videtur deliquisse cum de ejus parte et suorum armatorum esset justum bellum.

Insuper non obstat si dicatur quod in aliquibus locis sui processus videtur dicere quod nihil fecit nisi de consilio suarum vocum a Deo, ut dixit, sibi missarum, et tamen reperitur aliqua egisse ut se misisse a turri deorsum et aliqua alia quæ non videntur a Deo processisse. Nam ad hoc est responsio in promptu quam etiam facit dicta Puella. Nam cum repeteretur seu reiteraretur suus processus per petitionem promotoris, adveniente potestate vicarii quæ diu fuerat expectata et resumerentur quæ confessata fuerant per eam in processu priori qui deductus fuit per solum episcopum, respondit quod ubi nihil diceret vera essent quæ dicerentur, ubi autem aliquid diceret, staretur huic dicto ultimo. Unde ad propositum respondendo supradictis dixit quod verum est quod quidquid boni fecit, fecit de consilio dictarum vocum a tempore quo sibi apparuerunt.

Præterea non valet si dicatur quod aliqua prædixit futura quæ non evenerunt, utpote quod liberaretur a manibus Anglicorum cujus tamen contrarium evenit cum fuerit igne consumpta, ad quod tripliciter respondetur. Primo quod si bene inspiciuntur ea quæ dixit de sua liberatione quo ad hanc partem, non reperietur eam intellexisse per ea quæ dixit quod ab eis recederet seu manus eorum evaderet, sed sibi dictum est quod liberaretur et quod non timeret ac si sibi diceretur quod omnia patienter tolleraret ; imo inter alia verba de sui deliberatione mensionem faciencia, dixit quod bene sciebat quod liberaretur, sed de modo liberationis nesciebat. Dixit præterea quod bene sperabat quod Deus eam non delinqueret et quod credebat quod Deus per miraculum aut alias ab eis liberaret, et nesciebat an martirio aut alio modo. Tria tamen deprecata est in finalibus ubi contingeret eam apud eos decedere : primum est quod sibi ministrarentur sacramenta, secundum quod eidem ministraretur longa vestis ad modum camisiæ, tertium quod ecclesiasticæ sepulturæ traderetur, adjiciens quod si corpus haberent, animam ad Deum referebat. Plura etiam verba protulit concernentia hujusmodi liberationem per quæ apparet quod non intellexit neque dixit se evasuram corporaliter eorum manum, neque etiam dixit hoc sibi fuisse revelatum.

Secundo respondetur quod, prout per suas responsiones patet, de liberatione suæ animæ intelligebat et principaliter respectu cujus animæ dici potest evenisse quod dixit, juxta quod dicit Augustinus in psalmo « Exaudi orationem meam dum tribulor, » etc. Quis enim invocavit Deum et derelictus est ab eo? Exaudiebantur et occidebantur loquendo de martiribus, et ideo subjungit, et tamen ab inimicis eruebantur.

Tertio spiritus prophetiæ non semper corda prophetarum tangit, ut habet Gregorius in prædicta homelia super Ezechielem ubi sic inquit : « Spiritus quidem prophetiæ neque semper neque eodem modo animum prophetæ tangit » etc., et sequitur : « Aliquando autem spiritus prophetiæ prophetis deest nec semper eorum mentibus presto est quatinus, cum hunc non habent, se hunc cognoscant ex Deo habere, cum habent, » etc. Et sequitur quibusdam interpositis : « Sciendum etiam quod prophetæ sancti aliquando, dum consuluntur, ex magno usu prophetandi quædam ex suo spiritu proferunt et esse hæc ex prophetiæ spiritu suspicantur, sed quia facti sunt per spiritum sanctum citius correpti ab eo quæ vera sunt audiunt et semetipsos quia falsa dixerint reprehendunt. Nathan etenim prophetam etc. » Ex quo patet quod spiritus prophetiæ non semper tangit corda prophetarum, unde beatus Thomas, secunda secundæ q. CLXXI, art. II, in corpore quæstionis dicit per expressum quod lumen propheticum seu spiritus prophetiæ non inest intellectui prophetæ per modum formæ permanentis, sicut lumen formale est in igne et sole, sed per modum cujusdam passionis sive impressionis transeuntis sicut lumen est in aere. » Dicit ultra idem Thomas, eadem quæstione, art. v, in corpore quæstionis, quod mens prophetæ dupliciter a Deo instruitur : uno modo per expressam revelationem, alio modo per quemdam instinctum quem etiam interdum nescientes humanæ mentes patiuntur, ut Augustinus dicit II super Genesim ad litteram ; et ad hoc est Gregorius super Ezechielem ut superius tactum est. Esto ergo quod dicta Puella aliqua prædixisset, ut de sua liberatione aut aliis futuris quæ non evenissent, non ob hoc sequitu eam non habuisse spiritum prophetiæ; nam etiam in sanctis hominibus, etsi semper maneat spiritus sanctus, hoc est gratia spiritus sancti gratum faciens, non tamen gratia gratis data, ut gratia curandi infirmos, mortuos suscitandi, dæmones ejiciendi vel etiam prophetandi, ut dicit Beda super Jo. cujus verba habentur *De pœn.* dist. II, in § Querendum.

Præterea esto quod dicta Puella in aliquibus peccasset seu aliqua commisisset, non ob hoc sequitur eam semper fuisse in peccato et nunquam in gratia. Non enim dictum est ei quod fuerit confirmata in gratia, nec tamen dico quod mortaliter peccaverit neque etiam nego potuisse eam peccare etiam mortaliter; sed esto quod peccasset aliquando mortaliter, non tamen sequitur quin ante peccatum fuerit in gratia et post peccatum potuerit ad gratiam reparari per pœnitentiam. Nam et Johannes in sua canonica dicit : « Si dixerimus quia peccatum non habemus, nosmetipsos seducimus et veritas in nobis non est. » (Johannes I, 3 ; et C. « Si enim omnis inquit *De pœnitentia*[1]). Nec propter peccatum reliquit eam spiritus prophetiæ cum et malis hominibus spiritus prophetiæ quandoque confertur, juxta illud Evangelii Mathei VII ; « Multi dicent mihi in illa die Domine, Domine, nonne in nomine tuo prophetavimus et in nomine tuo dæmonia ejecimus et in nomine tuo virtutes multas fecimus ? Et tunc confitebor illis quia nunquam novi vos, discedite a me qui operamini iniquitatem. »

Et quidquid sit ex prædictis et aliis similibus concludi potest eam non fuisse hæreticam et de hæresi per consequens minime condemnandam.

[1] *D. Grat.* C. XXXIII, 3, 40.

XII

OPINIO MAGISTRI GUILLELMI BOUILLÉ, DECANI NOVIOMENSIS [1]

TENOR AUTEM CERTI CODICIS INTER IPSA JUDICII PRÆPARATORIA PER DICTOS
SUPPLICANTES TUNC EXHIBITI ET TRADITI SEQUITUR IN HÆC VERBA :

D honorem et gloriam Regis regum qui causas defendit innocentum, hunc codicillum summarie, licet rudi et indigesto sermone, ego Guillelmus Bouillé, decanus Novio-

---

[1] Guillaume Bouillé, docteur en théologie, fut procureur de la nation de France, puis recteur de l'Université, doyen de la cathédrale de Noyon.
Désireux de la réhabilitation de la Pucelle, dès le 15 février 1450 il obtint de Charles VII, du Grand-conseil duquel il était membre, une commission à cet effet. « Charles par la grâce de Dieu roy de France, à notre
« ami et féal conseiller maître Guillaume Bouillé, docteur en théologie.
« Comme Jeanne la Pucelle eût été prise par nos anciens ennemis et
« adversaires et amenée en cette ville, ils lui firent faire tel quel procès,
« la firent mourir iniquement, contre raison et très cruellement... vou-
« lons avoir la vérité sur ce procès et la manière dont il a été déduit...
« pour ce vous mandons et commandons que vous vous enquererrez sur

mensis [1], theologorum omnium minimus [2], exhibere dignum duxi, continentem brevia quædam et generalia advisamenta ex originali processu olim facto Rothomagi contra Johannam, vulgariter Puellam nuncupatam, recollecta, ut ex eis aliqualis præbeatur occasio utriusque juris divini pariter et humani peritissimis doctoribus, latius ac peramplius inquirendi veritatem super iniquo judicio per defunctum D. Petrum Cauchon, tunc Belvacensem episcopum, taliter qualiter facto contra præfatam Johannam Puellam, pro tunc ad defensionem regni adversus violenter usurpantes militantem. Cum autem sicuti beatus testatus Hieronymus, Gallia monstris, scilicet hæreticæ pravitatis, sola caruerit, videtur ad honorem regis christianis-

» ce bien diligentement... et l'information faite, l'apporterez close et ca-
» chetée, par devers nous et les gens de notre Grand Conseil, pour pour-
« voir sur ce, ainsi que nous verrons à faire... » (Quicherat t. II, p. 1).

Un commencement d'information eût lieu, quelques témoins furent entendus, Bouillé rédigea même ce mémoire, le premier qui fut jamais écrit contre la validité du jugement de Pierre Cauchon, puis tout resta en suspens. Lors de la reprise de l'enquête par l'autorité ecclésiastique, ce mémoire se trouvera être la base de cette série de consultations.

Ce mémoire, en effet, selon la remarque de Quicherat, fut remis aux juges dès la première journée du procès, comme on le voit par le mst de d'Urfé (fol. 113 v°) où il est consigné après le procès verbal du 17 novembre 1455.

Cette consultation avait pour but d'attirer l'attention des canonistes sur les irrégularités du procès de condamnation ; elle fut faite postérieurement à l'enquête de 1449, car en maints endroits elle fait allusion aux témoins déjà entendus.

Ce mémoire avait échappé à M. de l'Averdy quoiqu'il fût dans le mst de d'Urfé et dans le n° 5970 à la Bibl. nationale. Nous le donnons d'après ce dernier texte, fol. 160 recto à 164 recto.

Nous voyons Bouillé paraître bien des fois comme témoin au procès de réhabilitation, qu'il suivit avec autant d'intérêt que d'assiduité.

[1] Le mst de d'Urfé, qui est comme l'on sait, une rédaction d'essai du procès, ajoute : « *Nec non ad exaltationem regis Francorum seu domus Franciæ, quæ nunquam legitur hæreticis favorem præbuisse aut quovismodo adhæsisse.* » Dans ce protocole, Bouillé disait donc avoir écrit son mémoire en l'honneur de Dieu et du roi de France. L'hommage au roi en a été effacé dans la rédaction définitive. On voit la préoccupation constante qu'avait Bouillé de démontrer à tout propos que le roi était résolu à provoquer la révision du procès de 1430. « Il semble en résulter, dit Quicherat, que le mémoire de Bouillé précéda tous les autres, même ceux des jurisconsultes romains. »

[2] Le mst de d'Urfé ajoute : *regiæ celsitudini*.

simi Francorum non sub silentio præterire sententiam iniquam, scandalosam decorique regiæ coronæ derogantem, fulminatam per ipsum episcopum Belvacensem adversantem regi, et, ut prima fronte apparet, sitientem ejusdem domini nostri regis confusionem. Quod autem silentium hujus iniquæ condemnationis regium deprimat honorem, manifestum satis est ex hoc quia, sub rege militans dicta Puella, tanquam hæretica ac Dæmonum invocatrix, condemnata fuit. Qualis namque macula regali solio videretur inferri, si, futuris temporibus, per adversarios in memoria reduceretur hominum, quod rex Francorum in exercitu suo fovit hæreticam mulierem et Dæmonum invocatricem? Ad hujus infamiæ cautionem invitat sapiens cum dicit : « Curam habe de bono nomine, » et communis Augustini auctoritas sæpius hominum in ore versata : « crudelis est qui « famam negligit, præcipue quum talis famæ denigratio in regni « seu totius gentis infamiam cedat. »

Credo equidem pie et salubriter ex serie processus, innocentiam dictæ Puellæ posse sustineri omnibus luculenter, attentis seu bene pensatis ejus modo vivendi ac vitæ progressu et fine. Laborabat enim ad restitutionem hujus regni Franciæ, quam frequenter prædixit. Nonne expulit et terruit hostes procacissimos regni, et per ejus sancta monita excitavit inertes seu pigros ad bella pro expellendo feroces regni hostes taliter quod a tempore illo adversariorum virtus seu potestas seniens, debilitari non cessavit? Nec præterea per totum processum reperietur quod in observationibus suis dicta Puella sortilegiis usa fuerit ab Ecclesia prohibitis, nec superstitionibus reprobatis, neque cautelis hominum fraudulentis, neque ad quæstum proprium, sed tantum ad ereptionem regni ab inimicis et ad restitutionem dignissimi regii solii. Quare merito serenissima regia majestas magnificare tenetur innocentiam ejusdem Puellæ, facereque examinari processum adversus illam minus juste confectum, per doctissimos viros theologos atque juristas, quatenus, si dictus processus ab eis inveniatur vitiosus seu defectuosus in forma seu in materia, quod omnia procurentur reparari, et tandem retractetur sententia contra dictam Puellam lata, tanquam iniqua, ut obloquentium claudantur ora in posterum et regiæ domui fides perseveret inviolata; quam Dominus solidare semper dignetur in persona victoriosissimi regis nostri moderni, ad salutem et defensionem plebis suæ.

Quoniam vero in paucioribus via magis [ardua et difficilis], ideo dictum processum contra præfatam Johannam olim factum studendo et perfunctorie legendo, cogitavi expediens tria solum principalia puncta suarum omnium assertionum, de quibus potissime prænominatus Cauchon et sui complices nitebantur eam convincere criminosam, sub brevi declaratione colligere, sibique falso imposita crimina luce clarius, salvo peritiorum judicio, monstrare; nihil tangendo de forma processus, sed ad dominos juristas remittendo si ordo omnis judiciarius in dicto processu rite fuerit observatus aut non. Deinde particularius subjungere curavi duodecim articulorum qui pro fundando judicium per ipsum Cauchon dominis prælatis et doctoribus fuerunt transmissi manifestam falsitatem, ex eo quod minus recte minusque sincere, imo corrupte, fuerunt recollecti de responsionibus prænominatæ Puellæ, tacendo circumstantias plurimas justificantes, alias vero multas aggravantes addendo, prout clare patebit seriosius dictum processum legendo. Ex quo liquide constabit ipsos dominos qualificantes exemplum facti sequendo, fuisse deceptos, et per consequens totum judicium sententiamque adversus ipsam Puellam per prætensos judices latam, ac omnia inde secuta, prorsus esse nullius roboris aut vigoris, totumque processum merito debere corruere.

Primo et præcipue nitebantur adversarii ipsam Johannam ex processu et actis habitis de confessionibus ejus, convincere mendosam confictricem apparitionum sanctorum angelorum, et sanctarum Katherinæ et Margaretæ et revelationum futurorum eventuum quas dicit se ab eis et per eos habuisse superstitiosam divinatricem, ac potius hujusmodi revelationes esse a malignis spiritibus quam a bonis, retorquendo omnia facta et dicta prælibatæ Puellæ in dedecus Regis sub quo militabat sed salvo seritiorum judicio si diligenter visitetur processus per dictum episcopum factus, probabitur ex confessatis præfatæ Johannæ et modo vivendi quod verisimilius credendæ sunt hujusmodi revelationes a bonis spiritibus quam a malis.

Ubi primum advertandum videtur pro intellectu dicendorum quod non est humanitus regula generalis vel ars dubitis ad discernandum semper et infaillibiliter quod veræ sunt et quod falsæ aut illusoriæ revelationes, tunc enim non habetur solum fides de nostris Prophetiis et consequenter de nostra religione, sed esset evidentiæ certitudo. Nam qui sciret evidenter aliquid esse a Deo vel ejus angelo revelatum, sciret profecto aliter quam per solam fidem, illud esse verum. Quemadmodum, si quis haberet scientiam claram de dissolutione fallaciarum et argumentationum contra veritatem fidei peccantium, eidemque repugnantium, haberet utique notitiam non tantum certam ex fide sed ex demonstratione de fidei articulis evidentem. Constat igitur non esse quærendum a catholico, ut sibi fiat elucidatio perspicua ut evidens de prænunciatione aut revelatione facta alicui qualiter probabitur aut scietur revelatio esse angelica. De hoc enim fides est non scientia et sicut non omnium est fides secundum Apostolum, sed est donum Dei, sic non omnes veram a falsa revelatione fecerant, sed aut veram spernunt et falsam amplectuntur, vel sacrilega impietate et incredulitate talia negant reprobant et contemnunt. Nunc autem est quæstio qualiter præsuppositis eis quæ fidei sunt cognoscere, nos fideles poterimus et, secundum doctrinam beati Johannis Baptistæ probare poterimus, spiritus si ex Deo sint et in hanc quæstionem incidimus propter revelationes et apparitiones quas nostro sæculo contigisse cognovimus in Johanna, vulgariter dicta Puella, quid vero dicemus? Quo pacto exhibebimus in tali judicio, quia si credamus de facili poterimus seduci, quia angelus Sathanæ, secundum Apostolum, transfigurat se nonnunquam in angelum lucis. Si statim negemus hujusmodi apparitiones esse bonorum spirituum, vel irrideamus, vel inculpemus, videbimur infirmare auctoritatem divinæ revelationis quæ nunc, ut olim, potens est, neque enim manus Dei abbreviata est, ut revelare non possit, scandalizabimus præterea simplices dicentque quod ita de nostris revelationibus et prophetiis poterunt esse calumniæ et censendæ erunt fantaziæ vel illusiones : tenendum est ergo medium, quia, sicut scriptum est apud Nasonem, medio tutissimus ibis, et, secundum beati Apostoli Johannis documentum, non est credendum omni spiritui, sed probandum spiritus si ex Deo sint et obediendo Apostolo quod bonum est tenendum. Est autem revelatio seu apparitio facta ipsi Johanni principaliter examinanda, in quinque virtutibus quas legimus Beatissimam Mariam habuisse in angelica revelatione sibi facta. Similiter in Zacharia et Elisabeth concluduntur exstitisse ex serie evangelii Lucæ primo dum beati

Johannis nomen fuit revelatum. Sunt autem hæc virtutes per quas examinanda venit apparitio seu revelatio spirituum. Quas satis tangere videtur Hugo de Sancto Victore in quodam tractatu suo *De instructibus*. Scilicet humilitas, discretio, patienta, veritas, charitas sunt autem hæ virtutes ex quibus sumitur argumentum apparitionis bonæ spiritualis. Quantum ad primam conditionem clare patebit legenti processum. Ipsam Johannam seu Puellam esse valde humilem ex assertionibus suis in textu scriptis, excusabat enim se ex eo quod erat simplex puella, non apta ad hujusmodi opus, ad quod mittebatur, sicut legitur de Hieremia clamante : « A. A. A. Domine esse nescio loqui quia puer ego sum. » Patet insuper sua humilitas quia non quæsivit honorem mundanum, sed dumtaxat petivit a vocibus suis salutem animæ suæ. Præterea interrogationibus iteratis et difficilibus vexata, nunquam superbi respondisse videtur, merito itaque potuit a bono spiritu revelationes habere, juxta illud super quem requiesces spiritus meus nisi super humilem et trementem verba mea. Sed ad calumniandum et refellendum prædictam humilitatem, adscribant adversarii in summam superbiam dictæ Puellæ, ex eo quod dicebat et divulgabat se a Deo missam, quod videbatur fecisse ad jactantiam, ad hoc vero salvandum, respondent sancti doctores, inter quos Chrisostomus sub hac sententia inquit: « Aliud est ex quadam necessitate vel ad utilitatem audientium, secretas suas gratias aut virtutes prodere seu manifestare, aliud sine quavis sua aut aliorum utilitate talia per inanem gloriam ventilare, unde Maria Virgo quæ concernabat omnia verba, hæc conferens in corde suo. » Postmodum apostolis, præsertim Luca, sacra misteria sibi soli credita ex cognita asseruit non ad jactantiam. Similiter hæc Puella revelatione habuit in ætate XIII annorum, ut confessa est in processu suo, et reservavit seu manifestavit eas tempore suo ad utilitatem regni, unde dicit idem beatus Chrisostomus quod non parum ad rem attinet, si res de qua fertur esse revelatio sit utilis ad mores, ad rempublicam, divini cultus honorem aut augmentum. Aut si sit super variis rebus seu narrationibus immixta. Addendum est etiam quod vult beatus Gregorius, in primo *Dialogorum*, humilitatem veram esse non pertinacem, sed obtemperantem cum timore, quemadmodum de quodam libertino refert qui rogabatur et adivrabatur venitens suscitare puerum, virtutis inquit pectus non esset, si hoc charitas non vicisset. Prædicta vero muliercula scilicet Johanna se missam dicebat ad regni ereptionem, ab inimicis liberationem civitatis Aurelianensis et coronationem regis, qui tam longo tempore fuerat dejectus et expulsus a suo regno, quæ omnia concernebant utilitatem publicam.

Secundum signum in revelationes spirituali est discretio per quam persona cui fit revelatio, prompta reperitur ad credendum bono consilio. Confessa est autem dicta Johanna quod credebat esse bonos spiritus ex bona et salutari exhortatione ipsarum vocum, nam nihil aliud ipsam Johannam admonebant, nisi quod se bene regeret, ecclesiam frequentaret, esset bona juvenis, sæpe confiteretur peccata sua, virginitatem corporis sui et animæ custodiret, itaque ab ipsis tantum erat commonita et exhortata de his, quæ ad sanctitatem devotionem et cultum religionis Catholicæ pertineret, hortati sunt enim tam hujusmodi spiritus ad virginitatem, quam ut fama promulgatur per totam vitam servavit. Non erant ergo spiritus immundi quia Job, XL, de Dæmone qui ibi Bohemot appelatur, dicitur quod dormit in locis hiementibus, id est luxuriosis, unde cum Dominus dæmones ejecisset, petiverunt ut mitteret in porcos, id est luxuriosos, in quibus habitare delectantur. Constat autem per processum et informationes, super vita et conversatione dictæ Puellæ factas, quod obedivit, prompte sanctis et devotis illorum spirituum consiliis, cujus modi non essent malorum spirituum hortamenta quæ sunt a religione catholica ut plurimum extranea.

Tertium signum revelationis bonæ est patientia quæ confert durabilitatem et perseverantiam in bonis operibus. Patienter cum se habuit ipsa Johanna resistendo tentationibus specialiter carnis, quia licet inter armatos conversaret tamen suam integritatem usque in finem servavit, unde Ambrosius : « Ubicumque Dei virgo est, templum Dei est. » (C. « Tolerabilius » XXXII, quæstio V). Virginitas autem humilitati conjuncta cum admiratione laudatur ; hæc scripsimus XXX distinctione. Hæc namque Johanna expellebat viriliter quantum poterat meretrices ab exercitu militari. Item reddebat pro malis bona, quod est signum perfectæ patientiæ, ut dicit Augustinus super Psalmo CVII : Deus laudem meam XXXIII quæst. III. Quia prohibebat procacissimos hostes occidi seu vulnerari, dum aliis commilitonibus captivabantur, summe abhorrens humani sanguinis effusionem injuriasque sibi ab hostibus frequenter illatas patientissime ferebat, patiendo devictis et monendo protervos adversantes quatenus ab hostili persecutione regni hujus cessare curarent et ad propria remearent, ista patent ex depositione plurium testium fide dignorum et per processum in multis passibus.

Quartum signum bonæ revelationis est veritas. Hoc signum ponitur in lege Deuteronomii xiii et ix. Si tacita cogitatione responderis quomodo possum intelligere verbum quod locutus est dominus, sequitur responsio. Hoc habebis signum quod in nomine Domini propheta ille prædixerit et non evenerit, hoc dominus non locutus est. Prima nullus Angelorum vel Prophetarum quicquam futurum esse pronuntiat, quod non veraciter futurum sit in sensu quem ipse vel spiritus sanctus intendebant. Sic non est responsum dæmonum quia fallunt et falluntur. Secunda si id ipsum quod Propheta prædixit non eo modo quo vocaliter prætendebatur eveniat, prius super hoc revelationem a spiritu sancto accipiet de prophetice aut revelatione, sic vel sic intelligenda, conditionaliter aut mistice vel litteraliter sic factum est in Jona de Ninivitis et Isaia de morte Ezechiæ, Illa autem futura quod præfata Johanna prædixit eo tempore quo alummum hominum opinione distantia et remota existebant, imo quæ nullus existimasset debere humanitus contingere, considerata magna diversitate fortunarum. Quod etiam futura erant talia quod ex liberi arbitrii mutabilitate pendebant, de quibus ipsi dæmones potius divinare quam aliquid pronuntiare certum potuissent. Ea ventura ita constanter evenire affirmabat prout et contigisse videmus quod est probatio evidens veræ prophetiæ et a Deo, prout vult beatus Augustinus (xvii et xxxiv, *De civitate Dei.*) Prædixit namque levationem obsidionis Aurelianensis, coronationem regis, reductionem villæ Parisiensis ab obedientiam regis ante septennium, expulsionem Anglicorum a regno et pacem futuram cum domino Duce Burgundiæ, quæ omnia sicut prædixit evenerunt. Quare unde Guillelmus Parisiensis in secunda parte libri de universo de parte nobiliori, dicit quod Angeli boni singulariter intendunt et vacant ad defensionem gentis seu communitatis regionis aut regni eripiendo ab hostibus, et hujus est causa propter abundantiam seu perfectionem charitatis quæ est in ipsis Angelis et animis sanctis unde etsi frequenter non sequatur bonum pacis quod procuravit hominibus non ex defectu virtutis ipsorum provenit verum contingit ex malitia hominum sicut de angelis ante destructionem Hierusalem quorum voces auditæ sunt dicentes « Transeamus ab his sedibus » sic ergo verisimile est bonos spiritus esse qui apparuerunt ipsi Johannæ pronuntiando bonum gentis Franciæ et ereptionem regni ab hostibus.

Quintum signum bonum in eo cui fit revelatio est charitas seu divinus amor. Beatus Jacobus in sua canonica, quarto capitulo, volens instruere fideles ad dignoscendum et discernendum spiritus si ex Deo sint, vel non, sic ait : « In hoc, inquit, cognoscitur spiritus Dei : Omnis spiritus qui confitetur Jhesum Christum in carne venisse ex Deo est. » Illi vero spiritus qui Johannæ apparebant non solum agnoscebant Jhesum Christum, imo potius confitebantur ipsum Jhesum Christum in carne venisse, cum ipsam Johannam specialiter admonerent, ecclesiam catholicam frequentare, sacramenta Eucharistiæ corporis et sanguinis Domini nostri Jhesus Christi venerabiliter et devote suscipere. Hoc autem non fecissent dæmones quibus est maxima fallendi cupiditas et homines trahendi ad idolatriam non de sua salute commonendi, ut Augustinus ait. In ipsa præterea erat charitas ad proximum quia nolebat mortem cujusque, sed impediebat totis viribus effusionem sanguinis et exhortabatur ad pacem. Fuit denique finis ejus devotissimus et catholicus ac in mediis flammis benedictum nomen Jhesus acclamando religiosissime dies finivit, cum tamen illos quos Diabolus sua inspiratione deceperit faciat male finire et tandem in æternam damnationem adducat, ut dicit Augustinus, ponens exemplum de Saüle, qui diabolum in forma Samuelis a Phitonissa excitatum adoravit, canone « Nec mirum. » (xxv, quæst. 51, ubi allegatur Augustinus libro *De civitate Dei*.)

Denique præter signa supradicta aliud signum bonæ apparitionis convincitur ex responso dictæ Johannæ in processu ad quoddam interrogatorium. Dicit enim quod suæ voces seu spiritus ei primo timorem incusserunt et in recessu seu fine lætam ipsam dimiserunt, quod et consueverunt facere boni spiritus, ut testatur sanctus Doctor tertia parte, articulo xxx, § 3. « In vita, inquit, Sancti Anthonii legitur, non difficilis est bonorum spirituum malorumque discretio, si enim post timorem successerit gaudium a Domino venisse sciamus auxilium, quia securitas animæ præsentis majestatis est indicium si autem incussa formido permanserit, hostis est qui videtur. » Ex quibus patet quod pie et juste ei crediderunt hi cum quibus tam catholice conversabatur, in iis saltem quæ spiritu prophetico prædicebat. Conversantes enim cum ea instruebantur tam in operibus virtuosis quam in cognitione fidei, et ad regimen agendorum singulariter eorum quæ spectabant ad opus suæ missionis. Homines etiam multi vitiis dediti ad virtuosam et religiosam vitam convertebantur, de guerra et odio ad pacem, de superbia ad humilitatem atque obedientiam adducuntur, ut constare poterit inspiciendi depositiones testium notabilium super ipsius vita et conversatione examinatorum. Hæc de primo breviter dicta sufficiunt.

Præterea culpabilem arguunt dictam Johannam fuisse, divinæque legis et canonicæ prævaricatricem propter gestationem virilis habitus et armorum ac suæ amputationem comæ, et hoc ideo quia lege divina hoc est prohibitum, *Deuteronomii* 22. « Non induebatur mulier veste virili, nec vir veste muliebri. » Similiter et lege canonica xx Dist. Causa « Si qua mulier suo proposito. » Et de amputatione comæ, eadem distinctione « Ex quæcumque mulier, » ubi hoc sub Anathemate prohibetur, sed pro certo si consideremus legationem ad quam divinis jussa revelationibus ipsa Johanna verisimiliter creditur et ministerium armorum, in quo inter armatos ex divino præcepto eam vacare oportebat, causa rationabilis suberat cur veste virili inter tot armatos et viros militares uteretur unde etiam non irrationabiliter existimandum est verum esse quod dixit se Dei præcepto per revelationes vocum hujusmodi virilem habitum et arma portasse, propter quod contra Dei præceptum de quo sibi constabat in hoc homini parere non debebat, quia qui privata lege ducuntur spiritu Dei aguntur et non sint sub lege communi et publica, quia « Ubi spiritus ibi libertas. » (*ad Galatas* LI). Suberat tamen de abundanti causa rationabili, supposito fundamento suæ missionis ad bella gerenda. Non enim causa lasciviæ vel ad idolatria superstitione propter quam gentiles talibus habituum mutationibus utebantur. Quæ fuit ratio propter quam Dominus hoc in lege prohibuit, ut dicit Doctor sanctus (xx, quæstio CLIX art. 2). Hujusmodi vero habitum gestabat ne armatos viros et alios inter quos eam versari oportebat ad concupiscentiam sui provocaret. Unde idem doctor dicit in loco allegato, quod propter necessitatem aliquam, puta causa occultandi se ab hostibus et pudicitiam suam tuendi, vel propter deffectum alterius vestimenti vel aliam similem causam licite mulier uti veste virili potest, absque prævaricatione prefatæ legis, talis autem mutationis habitum ob rationabilem causam, etiam multarum sanctarum mulierum exempla habemus quas religionis et tuendæ pudicitiæ suæ causa virili veste usque ad supremum vitæ exitum usas legimus, ut de sancta Nathalia, uxore beati Adriani, quæ in habitu virili visitabat christianos in carceribus municipalis, prout recitat Vincentius in *Speculo*, libro XIII, cap. 81. Item de sancta Marina, quæ mansit in habitu monachali virorum omnibus vitæ suæ diebus, habetur in *Speculo*, libr. XV cap. 78. Idem de Sancta Eugenia, Philippi imperatoris primi filia christiani, cujus eunuchi fuerunt iacintus et procinctus, ipsa enim fuit accusata de adulterio cum quadam muliere vocata Viclentiana; eadem Viclentiana cum vehementi assertione hoc testante, et tamdem reperta mulier dum spoliata est ad tormentum jussu patris. (In *Speculo*, lib. II, cap. 115). Similiter de Sancta Eufrasina, Paphnutii filia, quæ non dimisit habitum viri sed mansit in cella XXX annis et in fine consolata est patrem qui tamdiu doluerat de sua perditione et reperit eam in cella prædicta, (videatur ubi de Sancta Marina). Ex quibus patet responsio ad legem quæ allegabatur. Quia sex hujusmodi, nec ut judicialis est, nec ut moralis, damnat usum vestis virilis et militaris in Johanna dicta Puella, quam ex certis causis et signis elegit Deus, tamquam vexilliferam ad conterendos hostes hujus regni et sublevandos pauperes regnicolas tam depressos, ut in manu fœminæ puellaris et virginis confundat fortia iniquitatis arma auxiliantibus angelis, quibus virginitas amica est et cognata, secundum Hieronimum et ex sacris historiis frequenter apparuit; sicut in Cecilia verisimiliter cum coronis ex rosis et liliis, per hoc etiam salvatur accusatio criminum quam Apostolus prohibere videtur in fœmina, quia ubi divina virtus operatur, media secundum finis exigentiam disponuntur. Illa autem quæ per adversantes allegabantur intelliguntur ubi mulier virili veste uteretur aut comam amputaret ad lasciviam aut superstitionem secundum ritum Gentilium non autem ubi propter rationabilem causam et honestam vel lege privata ducta propter aliquod magnum bonum tali habitu uteretur, ut in facto ipsius Johannæ creditur quæ hujusmodi habitum sumpsit ne virginitatem suam perderet, non ex luxu. Absit enim ut ea quæ propter bonum facimus, nobis ad culpam imputentur, cessent itaque dictus Cauchon et complices sui, cessent detrahere vel inculpare ausu temerario ea quæ in hujusmodi puella a Deo sunt ordinata ; unde glossa super illo passu LI *Judicum*. Cessaverunt fories in Israel et quieverunt donec surgeret Debora, dicitque ideo Nonabella elegit Dominus, per infirmia fortia destruens per fæminam superbos hostes prosternens ut ostendatur miraculum Dei quod factum est duce fæmina. Hæc de secundo.

Denique culpabilem dictam Johannam reddere nituntur quia de revelationibus, quas se habuisse referebat, de virilis habitus et armorum gestationes, recusavit se submittere determinationi militantis Ecclesiæ seu cujuscumque hominis mundi. Sed licet hoc simile sibi sit impositum non expresse requisiverit facta sua et dicta transmitti, ad Papam ad quem se referebat et ad Deum. Primo tamen excusabilis erat propter multa, nam primo illa paupercula juvenis in prima ætate fuit nutrita inter bubulcos et postea inter armigeros, cum quibus nihil peritus addiscere potuit et sic nullo modo potuit esse docta ad respondendum tam difficilibus interrogatoriis, sicut erat de submissione sua Ecclesiæ, cujus ignorabat rationem, nec habebat intellectum ad intelligendum attentis sexu et simplicitate muliebri. Tum secundo quia, ut dicit sanctus Doctor (*De veritate* XIV articulo II), illa quæ sunt subtillissima non sunt rudibus tradenda, sed nulla sunt subtiliora et altiora his quæ rationem excedunt, qualia sunt articuli fidei, quare non debebat interrogari dicta Puella de auctoritate sive de submissione vel judicio Ecclesiæ, quæ sunt subtilitates contentæ sub illo articulo : « Unam sanctam ». Sed debuit sufficere generalis interrogatio de credulitate illius articuli : « Unam sanctam Ecclesiam ». Ad hoc concordat idem sanctus doctor (XXII, quæst. II, artic. 6) in solutione secundi argumenti, dicens quod simplices non sunt examinandi de subtilitatibus fidei ; propterea judices debebant cessare in responsione dictæ Johannæ quando dicit : « Ducatis me ad Papam. » Cum ad ipsum spectet determinare et interpretari illa quæ sunt fidei principaliter. Imo ad solum summum pontificem et præcipue de judicio illarum visionum si essent a bono spiritu vel malo (xxiv quæst. 1). Nulla perturbatio a tramite apostolicæ Sedis retrahat quæ omnes hæreses semper destruxit. Unde Innocentius ibidem. Quotiens fidei ratio ventilatur arbitror omnes fratres et episcopos vestros nonnisi ad Petrum, id est sui nominis honorem et auctoritatem referre debere. Ad ipsum etiam spectat implicita et occulta in fide pro temporum et ætatum congruentia explicare et determinare, ut quod inferiores Ecclesia filii, implicite et occulte credebant postea publice et explicite confiteantur et hoc aliquando propter ipsorummet fidem in fidei augmentationem. Non debebant ergo interrogari talis simplex Puella de Ecclesia triumphante aut militante, sed debuit sufficere fides quam habebat ad Deum. Unde ex modo respondendi et loquendi videtur quod ipsa Johanna semper intelligebat Ecclesiam et capiebat pro loco in quo percipiuntur sacramenta ecclesiastica et ubi divina audiuntur, sicut simplices accipere solent, nec amplius veniebat examinanda super hoc imo debuit sufficere quod profiteretur se bonam Christianam et credere in sanctam Ecclesiam. Item nec valet si dicatur quod de istis dubiis, videlicet utrum hujusmodi apparitiones sibi factæ sint a bonis spiritibus vel malis, debet se submittere determinationi Ecclesiæ universalis, cujus judicium est infaillibile. Quia ad salutem illius cui fiunt hujusmodi apparitiones non requiritur certitudo per Ecclesiam universalem. Alias simpliciter posset dici requiri pro aliis, ad quæ credenda explicite simplices non tenentur. Item non potest suffragari quod adducere nituntur adversarii. Dicunt enim quod dictæ Johannæ facta est Ecclesia distinctio et declaratum quid significetur per Ecclesiam militantem ut intelligeret quomodo tenetur se et dicta sua militanti Ecclesiæ submittere quia numquam fuit ei sufficiens declaratio facta, attenta simplicitate et fragilitate sexus. In simplicibus autem maxime loquendum est, et attendendum ad intentionem non ad verba præcipue in materia fidei. Illa vero mulier semper se referebat ad Deum, recusans aliud subire judicium, credens evitare judicia hominum, quæ sunt dubia, ideo debebat sic ei declarari deffinitio militantis Ecclesiæ ut posset concipere infaillibilitatem seu certitudinem judicii ipsius verisimiliter ; quod tamen non est factum quia solum dictum est de Ecclesia militante, quod est congregatio, quæ est Papa, cardinales, Episcopi et fideles Christiani, quia debuisset ei declarari ratio indeffectibilitatis, seu infaillibilitatis judicii. Declarando quomodo in Ecclesia militante sunt duo capita subordinata : spiritualis unum quidem principale semper sanum et indeffectibilem, Christus Deus noster veræ fidei rector, quam sibi unam desponsatam et intactam servat virginem. (*Secunda ad Corinth.* xi). Eo compromisit se nobiscum fore omnibus diebus usque ad consummationem sæculi. Aliud est caput Ecclesiæ secundarium, scilicet Papa, qui est vicarius primi capitis, scilicet Christi, ex quo patet quod iste terminus caput sicut et hoc nomen Ecclesia equivoce vel analogice de Christo dicitur. (Tit. *De Papa.*) Respectu Ecclesiæ catholicæ, nam Christus dicitur caput Ecclesiæ, in quantum gratia personæ singularis exuberans, in eo secundum fontalem plenitudinem omnis gratiæ, in eo habitantis influit sensum et motum spiritus et gratiæ in ipsam Ecclesiam. Id est in omnes qui adhærent ei per fidem vel fidei sacramentum et in quantum Deus influit talem gratiam capitis auctoritative, sed in quantum homo per modum meriti, et hæc quidem meritum quo non solum ex congruo sed etiam ex condigno meruit membris gratiam habuit ex unione verbi ratione, cujus indefectibilis influxus hujus capitis habet Ecclesia privilegium indeniabilitatis, et quod non extra sed intra eam est salus, teste Augustino in Epistola sua, episcoporum suorum de Concilio Creten ad Donatistas. Cum autem ipsa Johanna, multis interrogatoriis vexata, vellet referre dicta sua et facta, ad Deum, non autem ad Ecclesiam militantem hoc erat, propter certitudinem apud Deum, quare non debebat obmitti in declarando quid est Ecclesia militans, etiam quare judicium est indefectibile, et de influentia capitis super fideles habentes caritatem, quasi adducta fuissent in medium, non est dubium, fuisset contenta se submittere Ecclesiæ propterea, quia Deus fuisset præsens in ea, solum equidem offerebatur ei pro Ecclesia multitudo quam reputabat adversari sibi, unde licet dictæ Johannæ proponeretur distinctio triumphantis et militantis Ecclesiæ. Non tamen tenebatur explicite scire cum Ecclesia sit nomen equivocum indigens subtili declaratione quam simplicium capacitas utrumque sapere non potest, sed requiritur studium et ingenii subtilitas, propterea dicit beatus Thomas (vi, 14 art. 21 ad primum articulum). Post oppositum quod non est eadem ratio de omnibus quæ ad fidem pertinent quædam enim sunt aliis obscuriora et quædam aliis necesseriora, ad hoc quod homo dirigatur in fine et ideo quosdam articulos præ aliis oportet explicite credere, unde simplices non obligantur nisi ad illa de quibus Ecclesia festivitatem facit. Ideo dicit idem doctor, loco ut supra in solutione argumentum hoc rationis post oppositum, quod aliquis simplex qui accusatur de hæresi non examinatur de omnibus articulis, quia teneatur omnes explicite credere; sed quia non tenetur assentire pertinaciter contrario alicujus articulorum. Sic autem quod dicta Johanna non reperietur assensisse pertinaciter contrario illius articuli unam sanctam. Nullas insuper affirmavit assertiones vel conclusiones quarum teneretur credere oppositum quia non tenebatur credere suarum vocum apparitiones esse a malis spiritibus. Poterant enim esse seu emanare a bonis Angelis quod verisimilius judicatur ex prius allegatis signis, sed quod fortius est ad hæc : si fuissent a malis spiritibus, et credidisset esse a bonis, non erat dicenda propterea hæretica, quoniam secundum quod dicit præfatus doctor sanctus in quarto scripto : « Si quis errat in his ad quæ explicite credenda non tenetur, non est hæreticus, ut si quis Jacob esse patrem Abrahæ dicat, et hujusmodi, et tamen cognoscit hoc esse contra veritatem fidei et scripturæ. » Similiter circa ea de quibus inter doctores sunt opiniones, donec per Ecclesiam determinatum fuerit, ut ait idem doctor, Parte III, quæst. 32 : « Imo quod plus est, si Diabolus se transfiguret in Angelum lucis et credatur vel veneretur ut sanctus, dum tamen nihil mali proponat cui videns adhæreat, sic venerans, vel credens, magis patitur quam agat, nec hæreticus est censendus. » XXIX quæst. 50, aliter etiam hoc probatur. Cum itaque doctores consiliarii et conjudices, qui suam dederunt opinionem, relinquant sub dubio utrum hujusmodi apparitiones, sint bonorum spirituum vel malorum aut sint confictæ. Non debet ergo pro hæretica judicari si asserit vel opinetur esse bonorum spirituum nec etiam duci aut trahi ad hoc quod alio modo credat submittendo se judicio Ecclesiæ, ubi tamen sciendum pro aliquali resolutione in materia quod licet quantum ad deffinitionem et determinationem articulorum fidei et dubiorum de ipsis et circa ipsos suborientium, similiter de ordinatione eorum quæ ad mores et rectam vitæ institutionem pertinent; quibus viator fidelis debeat in dictis et factis suis se submittere determinationi summi Pontificis et Ecclesiæ universalis vel judicio proximi prælati, ubi quæstio suborta inveniretur jam per Ecclesiam decisa et determinata, tamen in his quæ factæ sunt et particulari homini certa fide cognita et quæ cæteros latent non deberet quis præcise cogi ad denegandum et diffitendum factum cujus ipse certam notitiam et indubitatam haberet. Alioquin iniquum, injustum et impossibile esset judicis præceptum et ipso jure nullas vires haberet, nam si ille qui facti quod cæteros latet certam et indubitatam habet notitiam, negaret et diffiteretur factum, mendacium incurreret, quod est divina lege prohibitum, et agendo contra conscientiam suæ (sic) ædificaret ad gehennam, et ita supposito pro vero fundamento quod ipsa Johanna habuerit divinas revelationes et a lege privata scilicet a spiritu Dei certa præcepta et mandata implenda non videtur fuisse rationabile neque discretum præceptum judicum, tunc quod ipsa abjuraret, cum Ecclesia maxime de occultis non judicet, quare excusabilis merito veniebat. Quia quæ faciebat ex revelatione a bono spiritu agebat et sic sequebatur legem privatam inspirationis divinæ per quam eximebatur ab omni lege communi, et ita concedit Ecclesiam fieri. (Can. Ex parte de conver. qui C. Gaudeamus, et aliis multis juribus) et sic in hoc dicta Johanna sequebatur judicium Ecclesiæ. Quin imo, si contrarium fecisset, contra suam conscientiam bene informatam per hujusmodi bonam inspirationem peccasset. Item stante etiam dubio an ista inspiratio sit ex bono vel malo [spiritu]. Cum hoc sit omnino occultum et soli Deo notum, et consequenter de his Ecclesia non judicet, quoniam in his posset falli, imo hæc judicio Dei reservat, et propriæ conscientiæ relinquit. Merito ergo non erravit dicta Puella si Dei judicio se tantum submisit; nihilominus tamen se, dicta sua et facta submisit Ecclesiæ implicite, explicite et explicitissime requirendo expresse quod dicta sua et facta mitterentur ad Papam, ad quem et ad Deum primo se referebat, quem modum loquendo servat Hieronimus in epistola ad Damasum Papam, dicendo Papæ : « Ego primum Christum sequens beatitudini suæ consortior », ex quo satis constat quod per appellationem, legitime ut poterat requirens superioris judicis examen inferiorum judicum, qui sibi hostes erant, judicium declinabit. Igitur inique et injuste dicta Johanna schismatica vel hæretica pro eo quod se judicio præfati domini Petri Cauchon, judicis inferioris licet ordinarii, et aliorum qui secum erant ecclesiasticorum, submittere recusavit, quas propter legitimas suspicionum causas recusare debuit, sicut et fecit.

Luce namque clarius apparet inordinatio animi dicti Cauchon

Belvacensis episcopi per litteras requisitorias sive summatorias, domino duci Burgundiæ transmissas, in quibus requirit quod primo præfata Johanna tradatur regi Angliæ, sicut etiam fuit primo tradita, Ecclesiam in hoc imponens et iterum eam sibi dari et expediri, et hoc primo promittendo detinentibus eam seu capientibus solvere sex milia francorum, deinde decem milia, non curans quantum daret, dum tamen illam haberet, attento etiam quod ipsa fuit in sæcularibus et prophanis carceribus posita, ut patet in toto processu, et quod fuit tradita scutiferis et armigeris custodienda ; attento etiam quod fuit ferreis compedibus mancipata, diuturno carcere mancipata, multisque perplexis quæstionibus irretita, de quibus constat in processu.

Ex quibus omnibus apparere potest manifeste calumnia et injustitia judicantium ; patet insuper quod ipsa Johanna non debuit compelli abnegare et abjurare suas revelationes, dicta et facta sua etc... Potissime cum in omnibus dictis et factis suis et admonitionibus et præceptis, quæ nullo modo præsumi potest ab invidis et malignis spiritibus processisse. Si vero aliqua, ut pote de mutatione habitus vel de portatione armorum, extra communem regulam extranea videantur, non tamen fuerunt talia quin in divinis historiis et sanctorum legendis aliquando inspiratione divina legamus sæpius contigisse, ut ostensum est ex his quæ supra dicta sunt et determinata ex verisimilibus conjecturis et argumentis in materia istarum revelationum ipsius Johannæ. Similiter de excusatione sua legitima in materia gestationis habitus virilis et armorum ac submissionis dictorum suorum et factorum singulariter ipsarum revelationum judicio militantis Ecclesiæ, facile est cætera omnia et singula crimina dissolvere et refellere de quibus dictus Cauchon, suique complices et faventes, ipsam condemnarunt injuste. Hæc de tertio.

Quarto et ultimo considerandus venit dolus perspicuus ex hoc quod duodecim articuli, consultoribus transmissi, non veridice sed mendaciter imperfecte et calumniose formati fuerunt, ut patebit discurrendo per singulos.

Et primo circa primum articulum dicitur : « Quædam fœmina dicit et affirmat etc. » ubi tacetur proprium nomen et ætas in qua mulier ipsa erat, tempore intentati contra eam judicii, quia ætatis xix annorum vel eo circa, ut ipsa asseruit in prima sessione ; (folio processus per gamenei xiii). Nec fit mentio de qualitate ipsius personæ quia simplex et pauper filia, pro ut ipsa fatetur, fol. 2. Quando admonita per voces venire in Franciam, respondit : « Ego sum una pauper filia, nec scio equitare, nec ducere quercum. » Item nihil dicitur quod esset virgo sive non corrupta, et tamen visitata fuit et talis reperta, prout apparebit ex testimonio multorum. Item, in eodem articulo, cavetur quod fama est divulgata quod fatales Dominæ ibidem, scilicet circa fontem situm juxta magnam arborem, frequentant. Et tamen non constat in processu aliquid de illa fama, authenticis documentis. Obmittitur autem circa hunc articulum quod prima vice habuit voces in meridie, in horto patris sui, et habuit magnum timorem. (fol. 50). Quodque etiam non credit in fatis, imo credit quod sit sortilegium quoddam. (fol. 43 et 48). Et tamen habetur sic in articulo. Quodque prædictæ sanctæ Katherina et Margareta aliquando fuerint eam allocutæ ad fontem quemdam juxta arborem magnam communiter appellatam « l'arbre des fées. » Quod ideo videbatur poni, ut ingereretur suspicio quod visiones et apparitiones factæ sibi erant a malignis spiritibus. Verum est autem quod semel tantum, loco quodam multis importunis interrogationibus fatigata, videtur dicere sanctarum voces ibidem audivisse. Sed tunc non intellexisse quid dicerent, quod in articulo subdicetur. Præterea falsum est quod subditur in articulo quas ibi et alibi pluries venerata fuit. Quia nusquam in toto processu reperitur quod dictas sanctas venerata fuerit ibidem. Et ita falso fuit adjectum in articulo. Item addunt in eodem articulo quod voces illæ dixerunt eidem fœminæ de mandato Dei quod oportebat accedere ad quemdam principem sæcularem, promittendo quod ejusdem fœminæ auxilio et laboribus mediantibus dictus princeps vi armorum magnum dominium temporale et honorem mundanum recuperaret, ac victoriam de inimicis suis obtineret. Ex quo notatur dolus condentium articulum, quia tacens quod ipsa Johanna sæpe dixerit sibi expositas fuisse mandato Dei miserias et calamitates regni Franciæ, asserens quod aliquando permiserat Gallicos affligi pro peccatis ipsorum (ut dicit folio 42 processus papirei). Dicit præterea quod missa fuit ad recuperandum regnum oppressum non ad dominium temporale acquirendum nec ad honorem mundanum quod finat ad fastum, et tamen hoc additur in dicto articulo.

Ultra dicta ipsius Johannæ mendaciter et dolose, unde expresse habetur folio xxxv processus pergamenei, quod venerat pro bono patriæ regis et bonarum gentium et ducis Aurelianensis et quod placuit Deo per unam simplicem puellam hoc agere subjicitur præterea in dicto articulo, insuper dictæ sanctæ Katherina et Margareta, preceperunt eidem fœminæ de mandato Dei quod assumeret et portaret habitum viri. Quantum ad id quod dicitur sibi a sanctis illis fuisse præceptum, nullibi in processu constat nec umquam fassa est voces sibi expresse precepisse. Quin imo, in examinatione facta in carcere die 17 martii, ubi, interrogata de habitu, asserit se sponte suscepisse et non ad requestam cujuscumque, et in admonitione facta per archidiaconum, fecisse asseruit non aliqua superstione aut causa illiciti ornatus sed ratione cujusdam convenientiæ et expedientiæ temporis, et causa conservandæ melius pudicitiæ inter viros. Item quicquid dicatur in ipso articulo quod præ elegerit non audire missam et non suscipere Eucharistiam tempore statuto per Ecclesiam, quam abjicere habitum virilem semper videtur fuisse intentio sua, quod contenta erat recipere habitum muliebrem. Pro audiendo missam, imo post omnes confessiones dum admoneretur ab ipso archidiacono (folio xcvi), declaravit ipsi intentionem dicendo quod de habitu ipsa benevoluerat assumere unam tunicam longam et capulium muliebre pro eundo ad ecclesiam et recipiendo sacramento Eucharistiæ, sicut alias responderat in multis passibus processus, proviso quod statim post illum habitum deponeret et reassumeret alium, item in eodem articulo.

Ponitur quod dum esset ætatis XVII annorum vel eo circa, domum paternam egressa fuit ac multitudini hominum arma sequentium sociata, die nocteque cum eis conversando, nunquam aut raro aliam mulierem secum habens, in qua parte articuli, aliqua dolo reticerentur, alia partim malitiose exprimuntur, tacentur enim quæ ad excusationes hujus egressus a domo paterna ipsa Johanna dixit, quia dixit se idcirco non indicasse parentibus ne eos mærore conficeret, de quo recessu postea scripsit eis et dederunt ei veniam (fol. xxxi et xxxii).

Asserebat etiam quod postquam Deus præcipiebat oportebat hoc fieri etiam si patrem regem habuisset. Reliqua vero particula est manifeste falsa quoniam ipsa quando erat in gestis annorum de nocte, jacebat associata cum una muliere, et quando ejus societate habere non poterat, dormiebat vestita vel armata (fol. LXIX). Item sequitur in articulo quod noluit se de contentis in eodem submittere determinationi cujusquam nisi solius Dei et Ecclesiæ triumphantis, militanti vero Ecclesiæ se sua facta et dicta submittere distulit et recusavit pluries requisita super hoc et monita. Et falsum est quod recusaverit (fol. CXXXXI et CXXXXII). Ut declarabitur in ultimo articulo, in quo multa ostendentur falsa, multa dolo supressa ex dictis ipsius Johannæ. Addum namque quod tantummodo dicta sua et facta vult submittere Ecclesiæ triumphanti, et tamen non negat formaliter de militante quicquid dicat de triumphante, in eo vero quod dicebat de certitudine suæ salutis salvabitur circa nonum articulum quia non ita dure nec absone protulit sicut scribitur sed recte videtur interpretata ut infra patebit.

Circa secundum articulum quoniam mentionem facit de signo dati regi, de angelo qui detulit coronam ipsi et eidem exhibuit reverentiam etc. videtur minus sincere compositus quia obmittitur protestatio expressa facta per eam in secunda sessione (fol. XXI processus papirei); similiter in tertia sessione, 24 februarii (fol. XXI) et aliis multis passibus processus. Ex quibus constat ipsam Johannam sæpe fuisse protestatam quod de his quæ tangunt regem non diceret quicquam, aut non diceret veritatem et repulit multas interrogationes tanquam non facientes ad processum suum, sicut de natura angelica, de facto regis, nec unquam simpliciter voluit jurare dicere nisi de tangentibus processum, addens etiam quod de tangentibus regem non diceret; quæ protestationes si fuissent additæ in articulo cum importunitate judicum, qui fatigabant eam excusassent forsan, aut saltem supportassent a mendacio pernicioso et perjuria, quæ omnia sibi infligunt occasione prædicta.

Circa tertium, articulum, in quo asseritur Johannam se esse certam de apparitionibus bonis ex bona confortatione et bona doctrina etc. Advertatur quod articulus iste falsus est et subrepticius quia non solum ex illo quod exprimitur in articulo sed ex multis aliis conjecturis in processu contentis, possunt hujusmodi apparitiones verisimiliter cognosci esse a bonis spiritibus. Tacetur enim in illo articulo quod ipsa Johanna dicebat, beatas Katherinam et Margaretam eam exhortasse ad sæpe confitendum (fol. 39 processus papirei). Quod frequentaret ecclesiam (fol. c). Item quod servaret virginitatem suam (fol. xiii). Item notetur quod quotiescumque sanctæ Katherina et Margareta veniebant ad eam, signabat se signo crucis (fol lxxxxvi). Quod si dæmones fuissent non tulissent signum crucis. Articulus etiam in hoc quod posuit ipsam esse certam quod sunt sanctus Michael, sanctæ Katherina et Margareta et quæ sibi apparent videtur innuere illam temere credidisse. Sed tacetur una bona præsumptio, scilicet ex eo quod dicit se non illico credidisse, imo sibi apparuisse ter antequam crederet. Item alia præsumptio bona, quia dixit interrogata quod sæpe numero in illis apparitionibus signabat se prædicto signo crucis, per quod signum expulsos dæmones in suis illusionibus a Patribus sanctis pluries legimus. Item ex eo quod testatur multoties in processu habitam super illis apparitionibus inquisitionem diligentem. Pictavis per clericos et litteratos viros qui hujusmodi assertiones et facta ipsius minime reprobaverunt, non autem præsumendum est illos tota aberasse via. Ex quibus excusabilis videtur et .tolleranda sua assertio et in hoc quod comparat credulitatem illorum credulitati fidei non arguit ipsam de errore fidei aut temeritate (Quæst. li). Sicut etiam pie et bene intellectum posset ad bonum sensum retorqueri sicut et de re modica dicere consuevimus quod ita credimus sicut et credimus quod Deus est.

Circa quartum articulum in quo fit mentio quod ipsa Johanna dixit secreta de multis contingentibus futuris etc. Iste articulus quo ad primam sui partem, præstat ut videtur nunc efficax signum missionis suæ a Deo non a maligno spiritu qui solet divinare futura tantum ex quibusdam conjecturis subtilitate naturæ suæ et experientia, non ante tanta curricula temporum sicut ipsa Johanna nec ita certitudinaliter asseruit enim ipsa Johanna sibi a vocibus revelatum quod liberaret civitatem Aurelianensem, quod et prædixit regi pro signo. Item quod coronareturr ex ipse Remis quæ civitas detinebatur ab Anglicis ; patet secunda examinatione (folio xxiii processus papirei). Item prædixit ipsis Anglicis pluries, maxime in quinta sessione et denuntiavit quod ante elapsum septem annorum tempus perderent majus vadium quam Aurelianis ; quod fuit completum in reductione Parisiensis civitatis. Sed quod amplius et certius est, nostris diebus divina voluntate impletum est quod ipsa palam prædixit quod rex suum regnum recuseraret. Præterea in eodem articulo impigitur sibi ad jactanciam ex eo quod dicit se habere notitiam multorum per revelationes et voces etc. Sed si sua inspiciatur responsio ad xxxiii articulum, ubi dixit quod in Domino et ex Domino est revelare futura cui placet, et quod de ense et aliis rebus venturis quas dixit de liberatione regni accepit per revelationem constabit satis quod totum refert ad divinam virtutem et non ad inanem jactantiam, quod autem allegatur ulterius in articulo de sua liberatione a carceribus non propterea debent alia vaticinia haberi suspecta, quia id ipsum reperimus sanctis Prophetis contigisse, sicut de Nathan si David construeret templum, prius consensit et postea prohibuit, non enim spiritus prophetarum mentes semper irradiat. Subdicetur in hoc articulo illud quod deberet addi, illud scilicet quod ipsa dixit. Dicit enim quod ipsa nescit quando erit a carcere liberata (fol. xxiii); quod neque voces primo dicunt ei quod liberabitur et postea quod non curet ut quod capiat gratanter suum martyrium, quod finaliter veniet ad regnum Paradisi (fol. xxx). Nec silenda videtur illa fidelis assertio juramento per eam firmata, scilicet quod nollet quod diabolus traxisset eam ex suo carcere ad liberationem (fol. lxx).

Circa quintum articulum in quo asseritur ipsam Johannam dixisse se præcepto Dei assumpsisse habitum virilem, et in illo habitu sacramentum Eucharistiæ etc., obmissum est illud quod facit ad ejus excusationem et justificationem. Dixit namque, folio xxxii, quod non credebat male facere de habitu virili quem portabat pro bono patriæ suæ et ita non ex luxu id faciebat. Dixit præterea quod « Quando fecero illud ad quod ego sum missa ex parte Dei, ego accipiam habitum muliebrem » (fol. lxxxxvi). Item dixit quod erat sibi magis licitum habere habitum virilem dum erat inter viros quam habere muliebrem (fol. cxiii). Si autem hujusmodi habitum assumpsit inter armatorum consortia ad reprimandum concupiscentiam illorum, ad liberius exercendum officium ad quod missa erat et non aliqua superstitione et indecente ornatu, seu causa luxus, non debet eidem ad vitium imputari, seu judicari. Nec reperitur ex suis responsionibus quod dixerit oportere gipponem cum braghis et aguilletis accipere. Item non debet hæreticum seu vitiosum judicari si in eo habitu sacramenta sumpsit quo necessitate officii et ministerii suscepti et pro communi utilitate inducebatur. Item additur in articulo pro aggravatione quod ipsa pluries recepit Eucharistiam in habitu virili, et reticetur quod licet reciperet, tempore quo sequebatur armorum castra, in illo habitu, corpus Dominicum, non tamen in armis, ut fatetur ipsa sexta sessione, ex quo apparet ipsius ad sacramentum religio seu reverentia quod videtur dolo suppressum.

Quo ad sextum articulum, in quo fit mentio de nominibus Jhesus et Maria in suis litteris appositis etc. Tacetur sua responsio cum interrogaretur de illis signis Jhesus et Maria. Dixit enim quod hoc faciebat quia clerici, scribentes litteras suas, hoc ibi ponebant, et quod quidem dicebant esse bene decens et congruum (fol. xlii et xxii). De eo vero quod subditur in dicto articulo quod scribi fecit ut faceret interfici non obedientes, et quod ad ictus scietur quis habebit potius jus etc. per quod ingerere conantur crudelitatem fuisse et sævitiam in ipsa Johanna. Sed reticetur quod ipsa Johanna prædixit in quarta sessione xxvii februarii, videlicet quod neminem unquam interfecit. Quin imo, quando ingrediebatur adversarios, ipsa propriis manibus gestabat vexillum suum, ut aiebat, ne aliquem interficeret, et quicquid dicatur in articulo aliter, et emendate loquuntur litteræ quas direxit exercitui obsidente Aurelianense, per quas suadet pacem et admonet hostes ut discedant ne sequatur clades. Similiter hoc idem patet per litteras et ambassiatores missos domino duci Burgundiæ, quarum litterarum copia ambarum scribitur in processu originali (fol. lxxxxviii), per quæ omnia sic debite comparata, eluditur penitus crudelitatis suspicio in ipsa Johanna.

Circa septimum articulum, tacetur primo quod ipsa Johanna asserit in processu, in examinatione facta xxii februarii (fol. 22), videlicet quod sæpe admonita per voces veniret in Franciam, primum accessit ad avunculum suum et sibi exposuit propositum suum et quod eam oportebat ire ad oppidum de Valecoloris, et quod avunculus suus eam deduxit illuc, ubi reperit quemdam militem, scilicet dominum Robertum de Baudricourt ; ista autem silebant condentes articulum ut innuerent eam esse oblitam fœminei pudoris, qui referunt ipsam in ætate XVII annorum adisse solam ad unum scutiferum quem nunquam agnoverat. Præterea dicitur in articulo quod recessit insciis et inconsultis parentibus et non recitant neque notaverunt quemadmodum ipsa Johanna sede hoc eleganter excusat (fol. lxiii et lxiv processus papirei). Item subditur in eodem articulo quod ab ipso armigero accepit habitum virilem, et tamen falsum est. Quin imo ipsa plurimis in locis interrogata an id ad illius Roberti instantiam vel ex ejus consilio fecisset, respondit quod de hoc non inculpabat hominem viventem. (Secunda sessione, fol. III). Deinde quod additur in fine ejusdem articuli dolose quod dixit principi quod nolebat ducere guerram et ponere eam in magno dominio temporali ; quod tamen falsum, quia ipsa Johanna, in plurimis locis processus, testata est de venisse præcepto Dei ad deuunciandum regi quod Dei opere recuperaret regnum suum et eriperetur de manu eorum qui injuste possidebant.

In octavo articulo, ponuntur circumstantiæ de dejectione sive de saltu turris, ut ostendat in ea crimen desperationis, a quo crimine prorsus immunis judicabitur, si attendatur illud quod dixit (fol. XXXVII), videlicet quod, quando saltavit, credebat evadere nec mori et quod commendavit se Deo. Item quod ipsa saltando non fecit ex desperatione sed animo salvandi corpus suum et succurrendi pluribus bonis gentibus existentibus in necessitate, et quod post saltum confessa fuit et petiit veniam a Domino, (fol. XXXVIII), et ita ad hoc si peccasset in saltando non esset desperatio, postquam agnovit errorem et petiit veniam. Et circa istum articulum bone notetur quod de illa precipitatione solum aggravantia malitiose ponuntur et rationabiliter excusantia omnino prætermittuntur, ut patet intuenti responsa ejusdem Johannæ, scilicet foliis LXVI processus papirei.

Circa nonum articulum facientem mentionem de promissione et certitudine salutis ipsius Johannæ notetur quod si ejus dicta congrue referantur, nihil absonam dixit ipsa, namque sponte sua religiose interpretata est illud quod dixerat de certitudine suæ salutis. Dixit enim (fol. XXXVIII), quod credit firmiter se salvari si ipsa servaverit quod promisit Deo, scilicet virginitatem tam animæ quam corporis. Illud autem quod subditur de peccato in eodem articulo, si omnia illius dicta conferantur in unum satis convenienter videtur esse loquuta, quamquam in puella juris ignara difficile sit discretionem ponere inter peccatum mortale et veniale. Obmittuntur autem multa circa ipsum articulum quæ manifeste faciunt ad suam excusationem super hoc, neque unquam gloriata fuit se non esse in peccato, imo dixit expresse (fol. LXII) quod nescit an sit in peccato mortali, et an fuerit, et quod non placeat Deo quod fecerit aut faciat unquam aliquid propter quod anima sua sit onerata. Ipsa etiam, quodam alio loco, ait, eodem folio, ut supra dixit, quod ipsa esset valde dolens si sciret se non esse in gratia Dei. Et subdit : « Si sum, Deus me conservet, si non sum, Deus me ponat. » Præterea alibi interrogata ex quo habet revelationes utrum putaret expedire sibi conteri, respondit quod nescit si peccaverit mortaliter, sed, si ipsa esset in peccato mortali, existimat quod sanctæ Katherina et Margareta illico dimitterent eam. Subjecit tamen sapienter quod nemo potest nimis mundare conscientiam suam, ut patet secunda examinatione, facta XIV martii, fol. xv, processus papirei. Quæ omnes circonstantiæ sunt obmissæ in articulo, per quas circonstantias patet satis clare quod non temere asserit se non peccasse aut non peccare posse.

Circa decimum articulum, in quo cavetur quod ipsa Johanna temere asserit Deum quosdam diligere viatores etc., tacetur illud quod ipsa respondit interrogata an scit quod sanctæ Katharina et Margareta odiant Anglicos, dixit quod de odio et amore quem Deus habet ad Anglicos, vel quid faciat animabus ipsorum ipsa nescit, sed bene scit quod expellentur Francia. (Patet examinatione facta XVII martii, fol. LXXI). Præterea videtur ostendisse charitatis indicium in Burgundos quando testatur requisivisse per litteras et ambassiatores dominum ducem Burgundiæ ad pacem inter regem et ipsum, ut patet ex responsione ipsius Johannæ ad XVIII articulum, (fol. XCIV processus papirei). Ex quibus satis constat quod non peccabat contra charitatem proximi sicut pretendunt compositores articuli.

Circa undecimum articulum, in quo notatur ipsa Johanna de idolatria, propterea quia exhibebat reverentiam imaginibus sive apparitionibus etc., malitiose tacuit formans articulum, illud quod ipsa Johanna dixit fol. XL, videlicet quod ipsa veneratur ipsas sanctas Katharinam et Margaretam, credens esse illas quæ sunt in Paradiso, et quod hoc facit in honorem Dei, beatæ Mariæ et sanctarum Katharinæ et Margaretæ quæ sunt in cœlo. Item subticetur dolose consilium quod petit a suis vocibus quia nunquam voci suæ requisivit aliam mercedem quam salvationem animæ suæ (fol. LXIII). Item de invocatione sanctarum, propter quam, arguunt eam tamquam invocatricem dæmonum, tacent responsionem suam, ad articulum L, fol. cxv, quæ elidit omnem suspicionem hujus criminis, videlicet interrogata per quem modum quibus verbis voces requireret, respondit quod reclamabat Deum et beatam Dei genitricem quod mitterent sibi consilium et confortacionem, ex quo patet quod magis est invocatrix Dei per sanctos quam per dæmones. Item falsum dicitur in articulo quod illis imaginibus devoverit virginitatem quia non novit illis nisi tanquam missis a Deo, sic referens votum principaliter ad Deum. De eo autem quod dicitur in articulo quod celavit voces suas curato et parentibus, ipsa se excusat sessione habita xii Martii, nec voces eam compulerunt ad celandum, sed hoc fecit ne impediretur a suo viagio quam tamen excusationem tacent articuli conditores.

De ultimo articulo scilicet de submissione Ecclesiæ. Quod sit nimis dure et dolose iste articulus compositus et multa falsa continens planum et manifestum fiet intuenti processum, quia frequenter protestata est velle se obedire pontifici romano et quod duceretur ad ipsum cum suo processu. Tacent namque primo conditores articuli præfati submissionem Ecclesiæ factam implicite per ipsam Johannam, prout habetur folio xxix in examinatione diei mercurii xiv Martii, dum dixit cum nihil vellet facere contra fidem christianam quam Dominus stabilivit, et si aliquid dixisset, vel fecisset, vel esset supra corpus suum quod clerici scirent dicere esse contra fidem Christianam, ipsa nollet sustinere sed expelleret : ex quo constat quod se submisit judicio Ecclesiæ in his in quibus fideo Christiana et catholica vult eam submitti. Præterea subticetur alia explicitissima submissio, quando cum prima sententia ferretur, coram toto populo respondit per hunc modum : « Quantum est de submissione Eccle-« siæ, ego respondi eis, de isto puncto, de omnibus quæ ego feci et « dixi ; ipsa transmittantur ad Romam penes dominum nostrum « summum pontificem, ad quem et ad Deum primo me refero. » Et, interrogata an velit revocare omnia dicta et facta sua, dixit : « Me « refero Deo et Domino nostro Papæ. » (fol. C. acta die xxiv maii). Ex quibus verbis patet quod ipsius finalis intentio fuit non subterfugere veri et summi judicis romani Pontificis judicium sed tantum illorum clericorum quos videbat in unum convenisse ad damnationem ejus, quos non immerito expanescebat. Aliunde etiam dictorum articulorum falsitas et totius judicii inde sequentis iniquitas apparet ex eo quod per consiliarios et assessores ordinatum exstitit quod præfati articuli in multis passibus corrigerentur quod minime factum est, ut luculenter constat inspicienti primam minutam seu notulam processus adversariorum.

Ex his omnibus apparet manifestus error in sententia qua damnatur ipsa Johanna sub viginti duabus qualitatibus mendose sibi applicatis et quarum aliquæ nullo modo possunt assumi ex quibuscumque verbis confessionis ipsius, aliæ vero etsi ex verbis sinistre interpretatis viderentur posse colligi debita tamen et moderata interpretatione nullomodo possent juste eidem imputari seu applicari, sicut facile potest deduci de singulis prædicatis applicatis præfatæ Johannæ comparando ad suas confessiones supra allegatas et ex processu veridice extractus.

Ex quibus finaliter potest concludi quod, etsi dicta Johanna post scedula abjurationis cujus contenta abjuravit ad eadem vel aliqua ex ipsis redierit, non debet censeri relapsa, propter multa. Tum primo, quia se excusavit quod nunquam intellexit dictam scedulam abjurationis. Tum secundo, quod non fuit servatum illud quod major pars contulentium noluit observari, videlicet quod iterato scedula legeretur et admoneretur, quod tamen factum non reperitur. Imo illico fuit properatum ad supplicium. Præterea dixit ipsa Johanna quod reassumpsit habitum virilem quia convenientior erat inter viros et quia non fuerat sibi observatum promissum scilicet quod iret ad missam et relaxeretur a compedibus ferreis. Offerebatque se uti habitu muliebri si daretur ei carcer gratiosus. Ista satis patent in processu. Item quod digne relapsa judicari non debuit, satis constat quia non fuit per ante in hæresim lapsa neque de hæresi suspecta, neque juste abjurasse censeri debuit contenta in scedula sibi lecta, quam, ut dictum est, minime intelligebat, de quorum etiam majori parte neque confessa neque convicta nec habita est mentio per totum processum ; nemo enim in hæresim relapsus dici potest nisi ille qui rite et canonice abjuravit hæresim in quam constabat eum lapsum vel de ea vehementer suspectum, et postmodum in ipsam rediisse invenitur.

XIII

CONSIDERATIO ROBERTI CIBOULE[1]

SEQUITUR CONSIDERATIO SEU OPINIO VENERABILIS VIRI MAGISTRI ROBERTI CIBOULE, SACRÆ THEOLOGIÆ PROFESSORIS ET CANCELLARII PARISIENSIS, QUI, TAM ANTE HUNC INCHOATUM PROCESSUM, QUAM ETIAM POST EJUS INCOHATIONEM, REQUIRENTIBUS EJUS CONSILIUM DOMINIS DELEGATIS, SCRIPSIT SUPER FACTO PRÆDICTI PROCESSUS CONTRA DICTAM JOHANNAM, ROTHOMAGI AGITATI ; PROSEQUENS QUATUORDECIM QUALITATES SEU QUALIFICATIONES CONTRA DICTAM JOHANNAM IN DICTO PROCESSU ET SENTENTIIS IN EO CONTENTIS, ATTRIBUTAS, NON POTUISSE EIDEM JOHANNÆ ATTRIBUI VEL COLLIGI EX GESTIS DICTÆ JOHANNÆ, DICTIS VEL CONFESSIONE PROSEQUENDO PARTICULARITER ET SIGNANDO UNAMQUAMQUE PRÆDICTARUM QUATUORDECIM QUALIFICATIONUM, SICUT IMMEDIATE IN EADEM OPINIONE EST DESCRIPTUM

E Puella quadam Johanna nuncupata, quæ temporibus nostris, præter solitum fœminis et puellis usum, multa dixisse et miranda fecisse perhibetur, non est meum quidquam,

[1] Natif de Breteuil près d'Evreux, Ciboule après avoir fait ses études au

nisi cum formidine et utcumque opinando, scribere aut dicere. Ideo nihil in hac re intendo seu propono scribere vel asserere, nisi sub protestatione insequendi judicium et determinationem majorum, præsertim illorum qui jure tam divino quam humano peritiores habentur, et qui ex ipsius Johannæ dictis pariter et factis plenius fuerunt informati. Sed quum irrefragabilis auctoritas, cujus jussa mihi capessere fas est et nefas eidem non obedire, jubeat me aliquid dicere super quodam processu facto dudum Rothomagi contra dictam Johannam de anno Domini MCCCCXXXI, per dominum Petrum Cauchon, tunc Belvacensem episcopum, assertum judicem in materia fidei ; ex quo processu secuta sit sententia condemnationis dictæ Johannæ tanquam schismaticæ, infidelis et hæreticæ : quædam dicta in proposito non asseram nisi quæ asserenda sunt et sub protestationibus prædictis et aliis quæ in similibus fieri debent.

Pro materia igitur dicendorum, quæritur si processus contra eam habitus et factus in materia fidei, et sententia contra eam lata per dictum dominum episcopum, sint juridici, aut nullitati subjiciantur tam processus quam ipsa sententia, ea parte maxime qua illa condemnata exstitit tanquam infidelis, schismatica et hæretica. Pro cujus quæstionis deductione, primo ponenda est dicta sententia in propriis terminis ; deinde collatio facienda an videlicet dicta sententia conformis sit confessioni et convictioni dictæ Johannæ in omnibus suis articulis et punctis ; tertio an ex dictis aut factis ipsius Johannæ, illa possit aut debeat de infidelitate et hæresi condemnari ; quarto an processus alias fuerit juridicus, ita quod non fuerit error aut defectus in judicio neque ex parte judicum, neque ex modo judicandi.

Est itaque forma sententiæ ista :

Collège d'Harcourt, fut recteur de l'Université de Paris en 1437, chancelier de Notre-Dame, doyen du chapitre d'Evreux, camérier du pape Nicolas V. Il mourut en 1458. Il est l'auteur du *Livre de saincte méditation en cognoissance de soy*, qui fut imprimé en 1510 et en 1556.

Ce mémoire est de janvier 1452 (vieux style). Nous le donnons d'après le m^st 5970 fol. 164 recto à 174 recto.

Estienne Pasquier dans ses *Recherches sur la France* (liv. VI, ch. 5) dit avoir vu portant la date de 1456 un manuscrit séparé du même ouvrage « ès mains du Féron, ce grand chercheur d'armoieries » et d'où il put extraire une analyse des arguments soulevés par Robert Ciboule contre les juges de Jeanne.

« In nomine Domini amen. Universos Ecclesiæ pastores et cætera
« usque ibi nos christum et honorem fidei orthodoxe præ oculis ha-
« bentes, ut de vultu Domini judicium prodeat, dicimus et decerni-
« mus te apparitionum et revelationum divinarum mendosam con-
« fictricem, perniciosam seductricem, præsumptuosam, leviter cre-
« dentem temerariam, præsumptuosam divinatricem, blasphemam
« in Deum, sanctos et sanctas et ipsius Dei in suis sacramentis con-
« temptricem, legis divinæ, sacræ doctrinæ ac sanctionum ecclesias-
« ticarum prævaricatricem, seditiosam, crudelem, apostatricem,
« schismaticam, in fide nostra multipliciter errantem, et per præ-
« missa te in Deum et sanctam Ecclesiam modis prædictis temere
« deliquisse ac insuper quia debitæ, licet et sufficienter tam per
« nos quam parte nostra per scientificos viros nonnullos et expertos
« doctores ac magistros animæ tuæ salutem zelantes sæpe et sæpius
« admonita fueris ut de prædictis te emendare et corrigere necnon
« dispositioni, determinationi et emendationi sanctæ matris Ecclesiæ
« submittere velles, quod tamen noluisti nec curasti, quin imo ex-
« presse, indurato animo, obstinate atque pertinaciter denegasti, ac
« etiam expresse et vicibus iteratis domino nostro Papæ, sacro ge-
« nerali Concilio submittere recusasti. Hinc est quod te tanquam
« pertinacem et obstinatam in prædictis delictis, excessibus et erro-
« ribus ipso jure excommunicatam et hæreticam declaramus. »

Circa quamquidem sententiam notandum primo quod per hanc
sententiam prædicta Johanna multorum et diversorum criminum
rea adjudicata est et qualificata ; quorum quidem criminum major
pars plus contra bonos mores quam directe contra fidem esse videtur. Nam peccata, quæ sunt contra bonos mores directe, sunt illa
quæ procedunt elicitive et immediate ab appetitu seu voluntate ;
peccatum vero infidelitatis est dicere oppositum fidei catholicæ et
est subjective in intellectu sicut fides.

Notandum præterea quod ex peccatis contra bonos mores non
arguitur aliquis esse infidelis, nisi sit error in intellectu circa ea
quæ sunt fidei, sicut quantumcumqne sit aliquis fornicator aut su-
perbus, præsumptuosus aut fictus non potest ex his et similibus
peccatis convinci esse infidelis, nisi male senciat de his quæ sunt
fidei, ut puta si quis fornicator volens favere suo vitio sentiret aut
crederet vel diceret quod fornicatio non est peccatum mortale vel
quod non est prohibita. Hoc enim esset sentire contra sacram doc-

trinam vel scripturam quam fides prædicat esse veram. Talis esset notandus de errore in fide non quia fornicator, sed quia veritati fidei et scripturæ sacræ detractor et corruptor, et ita dicendum de aliis.

Notandum præterea quod peccatum infidelitatis nunquam constat in aliqua persona in qua est fides. Fides autem non tollitur neque recedit ab anima propter quodcumque peccatum non sibi oppositum, sed solummodo propter peccatum sibi oppositum, quod est infidelitas, sicut patet quod ex vi nominis negat fidem. Ex quo notum est quod ille vel illa qui semel in baptismo fidei habitum suscepit, nunquam perdit illum nisi per introductionem habitus contrarii, scilicet infidelitatis, sicut enim dicit Aristoteles in prædicamentis : « Contraria mutuo se expellunt. » Talis tamen fides quæ stat cum aliis peccatis mortalibus informis est, nec est efficax ad merendum vitam æternam, quia sine caritate est sine qua non est meritum vitæ perpetuæ.

Jam ergo videndum est de qualificatione criminum quibus per dictam sententiam tamquam rea condemnatur. Judicatur et qualificatur primo fore et esse divinarum revelationum mendosa confictrix. Hoc siquidem directe ad genus mendacii, hypocrisis vel simulationis pertinet ; quæ vitia opponuntur veritati quæ est virtus moralis, ut Philosophus dicit in quarto *Ethicorum.* « Si quis enim dicat per simulationem aut fictionem aliquod donum seu gratiam habere aut habuisse a Deo non propter hoc errat in fide, sed in moribus. »

Ex quo sequi videtur quod si etiam ita fuisset quod dicta Puella mendose aut ficticie dixisset habuisse apparitiones aut revelationes a Deo aut sanctis, non debuisset propter hoc argui tamquam errans in fide sed potius in eo casu debuisset docui (sic) et corrigi de simulatione et mendacio. Verum est tamen quod tales fictiones et mendacia graviora sunt peccata circa divina quam circa aliam materiam, non tamen exeunt genus moris in quantum hujusmodi.

Secunda qualitas criminum est quo decernunt eam « perniciosam seductricem.» Clarum est quod seductio de ratione nominis importat malum contra caritatem proximi. Si tamen seductio esset per falsam doctrinam quæ esset corruptiva veritatis, fidei seductio ista saperet hæresim. Hæreticus enim est qui falsas vel novas opiniones vel gignit in alios aut sequitur, sicut Christo Judei imponebant dicentes quod « malus est et seducit turbas » Johannis VII. De tali etiam seductione loquens, Christus dicebat : « Videte ne quis vos seducat, » Mathei xxiiii. Nec esset ista seductio tantum peccatum in moribus, sed etiam in fide, quia ex intentione procederet ad corruptionem fidei in aliis. Si itaque dicta Puella quoad primum modum seductionis, scilicet quoad mores fuerit sic qualificata, nihil quoad hoc de infidelitate sibi debet imputari. Si vero fuerit perniciosa seductrix secundo modo, videlicet in his quæ sunt fidei, cum aliis articulis tangentibus fidem ex suis responsis in processu.

Tertia qualificatio « præsumptuosam. » Circa istam qualitatem erat forsan major apparentia eam sic judicandi, eo quod prædicta Johanna quosdam actus exercere videbatur ultra mensuram propriam et supra vires femineas. In omni enim re naturali hæc invenitur quod quælibet actio commensuratur virtuti naturali argentis. Et ideo vitiosum est et peccatum quasi contra naturalem ordinem existens quod aliquis ex se assumat ad agendum ea quæ præferuntur suæ virtuti, quod pertinet ad rationem præsumptionis. Et ideo præsumptio est peccatum, sed non contra fidem sed contra magnanimitatem, ut expresse determinat Philosophus in secundo et quarto Ethicorum, ubi dicit quod magnanimo per excessum opponitur cappuus, id est furiosus, quem nos dicimus præsumptuosum.

Ex quo sequi videtur quod esto quod ipsa Johanna fuisset soli naturali virtuti suæ innixa aut etiam supra communem inclinationem naturæ muliebris in exercendo bellica opera supra vires fœmineas, adhuc propter hoc non fuisset de infidelitate notanda, sed de præsumptione.

Quarta qualificatio « leviter credentem. » Circa hæc allegari posset illud Ecclesiastici xix « qui cito credit levis est corde. » Sed hoc a doctoribus exponitur quod qui cito credit mala de proximo levis est corde, id est instabilis in bono et labilis ad malum. Nam de quolibet tenendum est quod sit bonus nisi appareat contrarium, et juxta istum intellectum leviter credens non est peccatum in fide. Cito autem credere ea quæ sunt fidei non est levis animi, sed obedientis, ut patet de Magdalena quæ, secundum beatum Gregorium, cito credidit et de apostolis qui ad unam domini jussionem secuti sunt eum. Secus autem esset de cito credendo contraria fidei : quod non videtur apparere ex processu dictam Johannam fecisse, ut patebit, quia si de levitate credendi notanda fuerit hæc, maxime fuit respectu revelationum et vocum quas habuisse et audivisse confitetur, de quibus erit in sequentibus latius dicendum.

Quinta qualificatio « temeraria. » Ex isto non potuit dicta Johanna de infidelitate notari quia temeritas est vitium prudentiæ oppositum, ut dicit beatus Augustinus contra Julianum, libro quarto, et sic non contra fidem.

Sexta qualificatio « præsumptuosam divinatricem. » Gravis equidem objectio cavetur in decretis, xxvi, q. li. Quod qui divinatores expetunt et morem gentilium subsecuntur sub regula quinquennii subjaceant, secundum gradus pœnitentiæ diffinitos. Lex etiam divina dicit *Deuteronomii* XVIII « non sit qui phitones consulat neque divinos. » Divinus vel divinator seu divinatrix dicitur qui prænuntiat futura, secundum indebitum modum. Notanter dico secundum indebitum modum quia divinatio non dicitur si quis prænuntiet aliqua quæ ex necessitate eveniunt, sicut astrologi prænuntiant eclipses futuras vel venturas, aut etiam si quis prænuntiet aliqua quæ ex suis causis ut in pluribus eveniunt et raro deficiunt, sicut etiam astrologi de pluviis et siccitatibus et medio de sanitate vel de morbo aut morte prænuntiare possunt, quia omnia ista humana ratione possunt præcognosci. Si quis etiam aliqua futura contingentia Deo revelante cognoscat, talis non divinat, id est quod divinum est non facit sed suscipit. Et ago aliquis vel aliqua tunc solum dicitur divinare quando sibi indebito modo usurpat prænunciationem futurorum eventuum. Et iste indebitus est multiplex, secundum quod Isidorus, libro VIII *Ethimologiarum*, enumerat diversas divinationis species, videlicet cum quis invocat auxilium dæmonum ad futura manifestanda. Omnis enim præsumptuosa divinatio vertitur ad præcognitionem futuri eventus aliquo dæmonum consilio vel auxilio, quod quidem aliquando fit vel per expressam invocationem vel interdum dæmon se occulte præsentat ad prænuntiandum quædam futura quæ hominibus sunt ignota. Solent autem dæmones expresse invocati futura prænuntiare multis modis decipiendo homines : quandoque prestigiosis quibusdam apparitionibus se aspectui hominum et auditui ingerentes ad prænuntiandum futura, et hic modus vocatur prestigium eo quod oculi hominum prestigiantur opinando eas certas formas vel figuras operatione dæmonum confictas et formatas. Et de hoc modo divinationis potuit haberi suspicio in apparitionibus et revelationibus factis dictæ Puellæ dum confitebatur beatum Michaelem et sanctas Katherinam et Margaretam sibi apparuisse, vocem seu voces audivisse sibi quædam futura prænuntiantes. In hujusmodi namque apparitionibus extat periculum eo quod, ut habetur secunda ad Corinthios xi, « Ipse Sathanas transfigurat se in angelum lucis. » Johannes autem in prima canonica capitulo iv dicit : « Probate spiritus si ex Deo sunt. » Ideo poterat hujusmodi suspicio prestigialis divinationis ex probatione istorum spirituum per considerationem potissime finis ad quem tendebant prædictæ apparitiones et voces : et de hoc dicetur. De aliis autem modis et speciebus divinationum, utpote per somnia, per nigromanciam, giromanciam, chiromanciam et artes magicas prohibitas non videtur ex inspectione processus fuisse suspecta dicta Johanna, nec interrogata. Ideo cum ad dictas apparitiones venerimus ratione quarum judicata est divinatrix, de ista sola specie divinationis dicemus, ostendentes opinando in his apparitionibus tale genus divinationis non intervenisse.

Septima qualificatio est : « blasphemam in Deum, sanctos et sanctas. » Blasphemia opponitur confessioni fidei : unde quicumque negat de Deo quod ei convenit vel asserit de eo quod ei non convenit derogat divinæ bonitati et blasphemat ; hoc autem est aliquando secundum solam opinionem intellectus, aliquando etiam est cum quadam affectus convicta detestatione. Et si sit tantum in corde, est cordis blasphemia de qua solus Deus judicat nec de ista est ad propositum. Si vero exterius prodeat per oris locutionem, est oris blasphemia quæ subest hominum judicio. Videndum ergo erit si prædicta Johanna per decursum processus convicta fuerit aliquid enuntiasse aut asseruisse contra Dei bonitatem et honorem. Credo enim quod in toto processu ex confessatis nihil inveniatur dixisse quod deroget bonitati Dei, sed sæpius interrogata respondit sub hac forma : « Omnia opera mea et facta mea sunt in manu Dei et de his me refero ad ipsum. Et certifico vos quod ego non vellem aliquid dicere vel facere contra fidem christianam. » Non puto quod hoc sit blasphemare in Deum et in sanctos, sed potius dare gloriam Deo et sanctis ejus.

Ex quo sequi videtur quod non est correspondentia istius qualificationis ad suam confessionem : et sic vitium apparet quo ad istum articulum quia sententia non est conformis suis dictis.

Octava qualificatio « ipsius Dei in suis sacramentis contemptricem. » Quo ad istam qualificationem in quantum hujusmodi non potest notari de infidelitate ut videtur, quia omne peccatum mortale habet concomitantiam contemptus Dei in suis sacramentis. Constat enim quod omnis peccans mortaliter contempnit gratiam baptismi. Quod etiam qui indigne suscipit aliquod sacramentum argui potest de contemptu sacramenti, et tamen non de infidelitate. Ex quo sequitur quod, etsi convicta foret de tali contemptu, non propter hoc convicta fuisset de infidelitate. Et nihilominus ex inspectione processus perspicue videtur quod reverentiam magnam et devotam gerebat ad Ecclesiæ sacramenta, præcipue ad sacramentum altaris cum ipsa communicaret omni anno juxta Ecclesiæ statutum, libenter ac frequenter audiret missam quam sæpius in carcere ut audiret humiliter requisivit, quamvis tamen impingi sibi videatur quod respuerit suscipere sacramentum, ad quod in sequentibus respondetur.

Nona qualificatio « legis divinæ, sacræ doctrinæ et sanctionum ecclesiasticarum prævaricatricem. » Ista qualificatio communis est omni peccato mortali. Constat enim quod omne peccatum mortale est contra legem divinam, quia contra præcepta Decalogi. Est etiam contra sacram doctrinam quæ docet ipsam legem divinam. Contra etiam sanctiones ecclesiasticas quæ a Patribus, dirigente spiritu sancto, editæ et traditæ sunt ad expulsionem vitiorum et ad introductionem et incrementa virtutum.

Ex quo sequitur quod, etsi dicta Johanna fuerit prævaricatrix legis divinæ facto aut verbo absque dogmate contrario legi Dei et fidei, quod non propter hæc debuit de infidelitate aut hæresi condemnari.

Decima qualificatio « seditiosam. » De hac qualificatione similiter et dicendum quod seditio de genere non est peccatum infidelitatis, sed contra bonos mores, quia contra unitatem et communicationem civilem, ut habet Philosophus *Politicarum* III. Non autem reperitur in processu quod turbaverit pacem concivium aut commilitonum suorum aut hominum suæ policiæ aut regni nisi forsan seditiosa dicatur quia ad expulsionem hostium laboravit, quod esset contra rationem seditionis, ut patet per Philosophum.

Undecima qualificatio « crudelem. » Crudelitas nihil aliud est quam punitionis excessus nulla pietate vel temperantia moderatus. Et ut me de isto expediam, nihil ad causam fidei de ista qualificatione. Quippe non dici poterat crudelis ex eo quod arma tulisset aut indumenta virilia. Nam a principio excusavit se quod erat simplex et paupercula puella et quod equitare nesciret nec ducere guerram, et ita se non ingessit ut arma deferret. Præterea sæpe atque sæpius ipsa confessa est quod de mandato Dei admonente sancto Michaele venerat ad succursum regis Franciæ pro bono patriæ, regis et bonarum gentium. Modo notum est et habet Augustinus tertio libro *De civitate*, cap. x per totum et libro IV cap. xv, per totum, quod bellum justum est quod pro defensione patriæ non pro cupiditate dominandi geritur. Ubi autem est justitia in bello, ibi non est crudelitas quamvis non sine sanguinis humani fiat effusione. Et quamvis fuisset sibi licitum in bello justo sanguinem fundere hostium pro defensione patriæ, tamen ad evitandam omnem crudelitatis notam, ipsa, ut in processu confessa est, portabat vexillum pro evitando ne ipsamet interficeret adversarios quibus etiam ante omnia pacem offerebat, requirens ut recederent ab obsidione civitatis Aurelianensis et nunquam hominem interfecit. Quod si fecisset, præsupposito motivo sui adventus, adhuc nulla potuisset crudelitatis culpa notari quia, ut habet Augustinus libro primo *De civitate Dei* cap. xxii, « bella gerentes Deo auctore non rei homicidiorum sunt, » sicut patet in decursu sacræ Scripturæ, maxime in libris *Josue, Judicum* et *Regum*, ubi multi laudantur etiam sexus muliebris eo quod, auctore Deo, arma et gladios ad expugnationem hostium assumpserunt.

Duodecima qualificatio « apostatricem. » Apostasia tripliciter potest in Scripturis accipi, secundum quod apostasia importat recessum a Deo, quod fit tribus modis. Conjungitur enim homo Deo tribus modis et sic etiam tribus modis receditur ab eo. Primo namque conjungitur homo Deo per fidem, secundo per debitam et subjectam voluntatem ad obediendum præceptis ejus, tertio per aliqua specialia ad supererogationem pertinentia, sicut per religionem et clericatum vel sacrum ordinem. Contingit ergo aliquem apostatare a Deo retrocedendo a religione quam professus est vel ab ordine quem suscepit, et de hoc modo apostasiæ non potuit notari dicta Johanna, cum ipsa non fuerit religione alligata. Contingit etiam aliquem apostatare a Deo per mentem repugnantem divinis mandatis, et hoc modo apostasiæ largo modo sumptæ omnis peccator per peccatum mortale apostata dicitur, de qua apostasia non intelligitur in sententia, ut notum est. Sed si quis a fide discedat, tunc omnino recedit a Deo et est proprie talis dicendus apostata quia apostasia simpliciter et absolute est per quam aliquis discedit a fide. Si autem præfata Johanna discesserit a fide catholica, videndum erit ex responsis et confessionibus suis et in quo vel quibus articulis fidei erravit, quia hoc est principale quod querimus. Nam prius opportuit eam errare et apostatare quam hæreticam formatam esse vel adjudicari.

Decima tertia qualificatio « schismaticam. » Schisma est grave peccatum et est quasi dispositio ad hæresim aut non sine hæresi. Hæresis tamen addit ad schisma perversum dogma. Dicit namque Ieronimus, super epistolam ad Galathas : « Inter schisma et hæresim hoc interesse arbitror quod hæresim perversum dogma habet, schisma ab Ecclesia separat. » Opponitur enim unitati Ecclesiæ : unde schismatici dicuntur illi qui propria sponte et intentione se ab unitate Ecclesiæ separant. Quæquidem unitas consistit in unione membrorum inter se et in ordine ad unum caput, secundum illud ad Colocenses II « inflatus sensus carnis suæ et non tenens caput, ex quo totum corpus per nexus et connexiones subministratum et constructum crescit in augmentum Dei. » Hoc autem caput est Christus, cujus vicem gerit in Ecclesia summus pontifex. Et ideo schismatici dicuntur qui subesse renuunt summo pontifici et qui membris Ecclesiæ ei subjectis communicare recusant. Item ergo videndum erit si præfata Johanna renuerit subesse summo pontifici. Patet evidenter quod non per processum in quo pluries et expresse se summisit sententiæ summi pontificis, postulans instanter ut duceretur ad eum. Quod etiam renuerit communicare cæteris fidelibus in sacramentis Ecclesiæ non habetur ex processu quando potius oppositum ex multis suis revelationibus clarius apparet. Et hæc manifestius apparebunt cum agetur de materia submissionis suæ.

Decima quarta qualificatio « in fide nostra multipliciter errantem, et per præmissa te in Deum et sanctam Ecclesiam modis prædictis temerario deliquisse. » Ista ultima clausula clare sequitur ex præmissis si vera sunt et specialiter ex ista ultima qualificatione qua dicitur in fide nostra multipliciter errantem quæ quidem qualificatio generalis est nec specialiter tangit quo aut quibus modis illa in fide erraverit aut in quo aut contra quæ vel quos articulos, nec declarat ista qualificatio multiplicitatem suorum errorum. Sed dicetur quod ista qualificatio relativa est ad prædicta crimina et qualificationes supradictas ; et id videtur esse de intentione judicantium ut patet per sequentem clausulam qua dicitur : et per præmissa te in Deum, etc.

Ideo recapitulanda sunt præmissa crimina et qualificationes eorum ut videatur si in omnibus aut aliquibus eorum ipsa Johanna in fide nostra multipliciter erraverit. Est autem advertendum quod dicta Johanna non poterat judicari errasse in fide nostra nisi ex dictis aut factis suis quæ sunt signa eorum quæ latent in corde. Dicta enim et facta protestationes quædam sunt fidei. Ideo si quis vel dicat ore contraria fidei aut exerceat actus contra pietatem Dei, ut puta neget sacram Scripturam, adoret ydola, spernat et conculcet sacramenta vel hujusmodi, talis judicari aut saltem notari potest de infidelitate vel de hæresi, si sit firma adhæsio contra ea quæ sunt fidei christianæ, maxime circa ea quæ quisque quantumcunque simplex scire tenetur. Si quis autem erret aut habeat falsam opinionem in his quæ non sunt fidei et quæ scire non tenetur, puta in geometralibus vel aliis hujusmodi quæ omnino ad fidem pertinere non possunt, non propter hæc talis debet dici errans in fide aut corruptor fidei, sed solum quando aliquis habent falsam opinionem circa ea quæ ad fidem pertinent. Ad quamquidem fidem pertinet aliquid dupliciter ; uno modo directe et principaliter sicut articuli fidei, alio modo indirecte et secundario sicut ea ex quibus sequitur corruptio alicujus articuli. Si ergo clare inspiciantur imposita dictæ Johannæ crimina, prout in prædicta sententia qualificata habentur, non videtur posse notari multipliciter errasse in fide nostra nisi aut ex confictione mendosa revelationum et apparitionum divinarum, aut ex præsumptuosa divinatione, aut forsan ex blasphemia in Deum et sanctos et sanctas aut Dei in sacramentis ex infidelitate procedente, quia solus talis contemptus est ad propositum eo quod, ut dictum est, in omni peccato mortali est contemptus Dei, aut etiam ex apostasia et schismate. De aliis autem impositis sibi criminibus quæ sunt peccata morum et quæ ad fidem non pertinent directe et principaliter, neque ex eis sequitur corruptio alicujus articuli fidei, non potest, ut videtur, tamquam infidelis vel hæretica condemnari, etiam si in illis monita sæpius et relapsa fuerit; et hoc satis apparet ex notabilibus prædictis. Veniam ergo ad revelationes et apparitiones sibi factas quia vel sunt veræ aut fictæ et mendosæ. Si fictæ et mendosæ, rea est mendacii et simulationis, ut dictum est, eo quidem gravius quo Deum et sanctos falso sibi testimonium dedisse. Quod ad illud posset dici de falsis prophetis quæ multa ex spiritu suo dicentes mentiebantur nec, ut sic est, in fide errare, nisi ea quæ dicerentur essent erronea. Sed quis ei dicere potuisset : « Tu illas apparitiones non habuisti, aut tu voces non audivisti ? » In talibus enim negativa probari non potest quia res facti est occulta et soli dicenti cognita. Dico ergo : primo, salvo meliori judicio, quod si quis dicat mendose habuisse de aliquo futuro revelationem a Deo vel a sanctis, non est errare in fide neque in his quæ sunt fidei, quamvis talis peccet mortaliter. Probatur quia, sicut patet ex dictis, contingit errare in fide dupliciter aut ex hoc quod quis habet falsam opinionem, vel extimationem de his quæ sunt principalia in fide sicut articuli fidei aut circa ea quæ secuntur ad illos ex quibus, si circa illos erretur sequetur corruptio articulorum ; ut puta, si quis falsam opinionem haberet de resurrectione mortuorum, directe erraret in articulo fidei, aut si quis diceret animam humanam non esse immortalem, quia talis opinio esset corruptiva prædicti articuli. Sed ille qui dicit mentiendo et false habuisse revelationes vel apparitiones, nihil asserit contra articulos fidei neque contra aliquid unde corrumpi possit fides, ergo non errat in fide. Ex quo sequitur quod dicta Johanna etiam si false et mentiendo dixisset habuisse revelationes prædictas, non propter hoc erat adjudicanda errans in fide. — Dico secundo : Si quis dicat vere et absque mandato habuisse de futuris a Deo revelationes et apparitiones sanctorum vel sanctarum aut voces aliquas audivisse, propter hoc non offendit in fide, quin potius militat pro fide. Primum probatur quia, ut Philosophus [dicit], verum omni vero consonat et veritas fidei nulli repugnat veritati, sed per hypothesim quæ dicit revelationes Dei et apparitiones sanctorum habuisse et avoces audivisse dicit verum : ergo non offendit infide. Secunda pars probatur videlicet quod talis potius militat pro fide. Quia ex fide tenemus quod Deus sua providentia et gubernatione dirigit homines in vitam æternam quam ex naturalibus adipisci non valemus neque ex sensu proprio aut notitia acquisita sufficimus ad illam cognoscendam vel promerendam, ergo fidei est credere quod Deus revelet hominibus viam per quam et media per quæ possit haberi ; sed ad hoc sunt omnes revelationes divinæ, ergo qui vere asserit illas habere vel habuisse militat pro fide. Et si objiciatur quod revelationes aut apparitiones factæ dictæ Johannæ non erant de vita æterna neque de supernaturalibus aut spiritualibus, sed de bellis, de terrenis et futuris contingentibus, ergo ratio proposita nihil facit ad propositum. Respondeo quod ratio seu probatio quæstionis prædictæ est ad hæc quod hujusmodi veræ revelationes militant pro fide, et sicut Deus revelat hominibus ea quæ per se et directe faciunt ad vitam æternam sicut sacram Scripturam et misteria fidei, ita etiam multa revelat de temporalibus et futuris contingentibus ad promotionem hominum in suum finem quæ est vita æterna, cujusmodi sunt bellum justum, pax, peregrinationes et exhortationes, monitiones, pacta inter homines et hujusmodi ex quibus futura secuntur quæ Deus præcognoscit salutaria hominibus. Quod enim plerumque ista et hujusmodi Deus revelaverit ex Scriptura sacra et fide indubia tenemus. Nihil ergo obviat si dictæ Johannæ temporalia Deus revelaverit aut si de bellis aut eventu bellorum ex revelationibus et apparitionibus aut vocibus prædictis aliquid ipsa cognoverit cum Deus ipse talia ordinet et disponat fieri ad correctionem et salutem hominum. Scriptura sacra plena est hujusmodi revelationibus divinis, quibus Deus ipse quid agendum vel non agendum per angelos et alios sanctos revelat ; et quia hoc notissimum puto apud eos qui sacram scripturam inspiciunt, ideo ad majorem probationem amplius non esset opus insistere. Nemo enim sapiens negat Deum revelasse per angelos et animas sanctas populo Judeorum, antequam etiam animæ forent glorificatæ, multa de futuris et etiam bellorum eventibus. Dedit enim multis præter spem hominum audaciam et fortitudinem tam viris quam mulieribus ad expugnandas gentes inimicas et maxime quando populus ille erat in necessitate constitutus : legantur libri *Moysi, Josue, Judicum, Regum, Paralipomenum, Esdre, Neemie, Judich* et *Machabeorum*. Exemplis ad propositum nostrum plena sunt omnia, et ut de deinsissima (sic) silva proferamus aliquid, rememorandum censui *Machabeorum* ii, 15 et ultimum capitulum, quo de apparitionibus hujusmodi duplex recitatur exemplum. Erat Judas Machabeus contra Nicanorem superbum in necessitate cum suo populo constitutus, confidens semper cum omni spe auxilium sibi a Domino affuturum et hortabatur suos ne formidarent adventum nationum, sed sperarent ab omnipotente sibi affuturam victoriam, et exposuit eis dignum fide somnium per quod universos lætificat. Erat autem hujusmodi visio : viderat namque Oniam qui fuerat summus sacerdos, virum bonum et benignum, verecundum visu, modestum moribus et eloquio decorum, et qui a puero in virtutibus exercitatus sit, manus protendere et orare pro omni populo Judeorum. Post hoc et apparuisse alium virum et gloria mirabilem et magni decoris habitudine circa illum respondentem Oniam dixisse : « Hic est fratrum amator et populi Israel, hic est qui multum orat pro populo et universa sancta civitate Jeremias propheta Dei. » Et nota quod sequitur : ex-

tendisse autem Jeremiam dextram et dedisse Jude gladium aureum
dicentem : « Accipe sanctum gladium munus a Deo in quo deicies
adversarios populi mei Israel. » Hic habemus duorum sanctorum
virorum apparitionem notissimam ad defensionem populi Dei. Quid,
rogo, mirum si angeli sancti, si beatæ animæ et jam cum Deo glo-
rificate nutu divino ad defensionem et protectionem populi regni
christianissimi Francorum apparuisse dicantur. Ex quo perspicuum
est quod si dicta Johanna dixerit aut affirmaverit sanctum Michaelem
archangelum et sanctas virgines Katherinam et Margaretam sibi apparuisse et voces audivisse, nihil per hoc contra sacram Scripturam
aut contra fidem asserit, nec per hoc erat de errore infidelitatis aut
superstitionis notanda. Alioquin ea facilitate calumniarentur quam-
plurimo apparitiones angelorum et sanctarum animarum et revelationes factæ Patribus veteris ac novi Testamenti. Nam præter illas
quæ habentur in canone, leguntur multæ apparitiones factæ et bonis et malis hominibus ad correctionem malorum et instructionem
bonorum. Legantur libri *Dyalogorum* beatissimi Gregorii : talibus
exemplis apparitionum, visionum et revelationum pleni sunt, et ut
de tam multis paucissima referamus, Redemptus Ferentino civitatis
erat episcopus cui beatus martir Victicus astitit dicens : « Redempte,
vigilas? » Cui respondit : « Vigillo. » Qui ait : Finis venit universæ carni, finis venit universæ carni, finis venit universæ carni. »
Post quamquidem trinam vocem visio martiris qui ejus mentis oculis apparebat evanuit. Tunc vir Dei surrexit seque in orationis la-
mentum dedit. Hæc Gregorius in fine tertii *Dyalogorum*. Aliud quidem inter multa exemplum idem Gregorius recitat in quarto libro
Dyalogorum : « In monasterio, inquit, meo quidam frater ante de-
cennium Gerontius dicebatur qui, cum gravi molestia corporis fuisset depressus, in visione nocturna albatos viros et clari omnimodi
habitus in hoc ipsum monasterium descendere de superioribus
aspexit, qui dum coram lecto jacentis assisterent, unus eorum
dixit :« Ad hoc venimus ut de monasterio Gregorii quosdam fratres in militiam mittamus.» Quod plura et memorabilia evenire nullus negabit catholicus. Sed forsan dicet mihi aliquis quod prædicta
exempla et prædictæ visiones seu apparitiones veræ quidem erant
et a sanctis spiritibus, ille vero quæ Johannæ sæpedictæ factæ sunt
non fuerunt veræ, sed fantasticæ et a malignis spiritibus confictæ.
Respondeo quod facile dictu est et maxime apud illos quibus non

placet prædictarum apparitionum seu revelationum effectus. Ne tamen subterfugere videamur ampliorem dictarum apparitionum discussionem, inquirendum erit nobis si prædictæ apparitiones factæ ipsi Johannæ subsistant in veritate et quid esset dicendum, omnibus consideratis secluso omni favore et omni affectione deposita. Nullum enim dubium est quin ab illusore spiritu falsitatis aliquæ visiones vel apparitiones fiant et non est facile discernere spiritus maxime illis qui non habent exercitatos sensus in Scripturis sanctis, nec debet absque magno examine præcedenti et circumspectione circumstanciarum de talibus dubiis leviter homo judicare : unde tales apparitiones quæ dubiæ sunt in origine probari et examinari habent a fine. Nam exitus multociens manifestat quod origo ipsa occultabat. In discretione spirituum etiam multa sunt consideranda et diligenter attendenda, sicut sunt conditiones personarum quibus vel ad quas fiunt hujusmodi apparitiones, consideranda etiam est qualitas negotiorum et operum quæ mandatur fieri, modus apparendi, tempus et locus, et finis intentus, similiter conditiones rerum, quibus comparantur spiritus mali et spiritus boni, verbi gratia dyabolus propter similitudinem effectuum comparatur serpenti, scorpioni, porco, corvo et cæteris : ideo illi in quibus abundant effectus talium animalium non aguntur a spiritu sancto, sed illi in quibus abundant conditiones et effectus columbæ agni, ovis et similium qualitatum bonarum quibus comparatur spiritus sanctus ducuntur a spiritu bono. Et maxime hoc attendendum est in discretione et discussione spirituum respectu interiorum motionum et revelationum secretarum. et internarum. Et ideo si fiat examen super hujusmodi secretis motionibus aut revelationibus, recurrendum est ad attributa spiritus sancti quæ sunt bonitas, suavitas, dulcedo, mansuetudo, concordia, modestia, caritas, pax, benignitas et hujusmodi. Sunt enim duodecim spiritus fructus quos enumerat Apostolus ad Galatas quinto. Et ad ista debet comparari vita, conversatu et etiam operatio illius personæ ad quam fiunt hujusmodi apparitiones, quia si hujusmodi apparitiones conveniant et in modo et in fine et in conditionibus personæ cum prædictis qualitatibus quæ non sunt nisi a spiritu bono, signum est quod revelationes hujusmodi sunt a bono spiritu, sive sint revelationes per internam inspirationem sive per exteriorem, sensibilem aut imaginariam apparitionem : unde beatus Bernardus de discretione spirituum loquens sic ait : « Quotiens super castigando corpore, humiliando corde, servanda unitate et caritate fratribus exhibenda seu cæteris virtutibus acquirendis, conservandis, amplificandis cogitatio salubris in mente versatur, divinus sine dubio spiritus est qui loquitur. » Hujusmodi autem locutio divini ac boni spiritus sicut est per internam motionem in devotis hominibus et per secretam inspirationem qua ipse spiritus sanctus et per semetipsum qui sanctis animabus illabitur, novet, et interdum per ministerium bonorum angelorum suadentium et moventium ad prædicta et similia pia opera. Ita plerumque, prout placet divinæ pietati, tales revelationes fiunt per motionem exteriorem et per apparitiones rerum corporalium, sicut angeli [1] leguntur apparliusse in corporibus assumptis aut per ipsas animas defunctorum qui miro modo in Scripturis tamen probato ex Dei ordinatione se vivis hominibus manifestant aut in visione nocturna somniorum aut etiam vigilando per visionem corporum. De quibus omnibus modis apparitionum seu revelationum exempla multa in Scriptura sacra habentur, in collationibus et vitis Patrum et aliis libris sanctorum. Unde præter illa signa quæ dicta sunt, solent sancti doctores ad discretionem spirituum in talibus visionibus, quædam alia signa distinguere satis tamen conformia ad prædicta.

Primum signum est quando persona cui fiunt hujusmodi apparitiones est humilis et simplex, vivens sub obedientia parentum aut spiritualium aut etiam carnalium : unde patet ex Scripturis et exemplis sanctorum quod revelatio secretorum divinæ voluntatis magis consuevit fieri simplicibus quam sapientibus, magis humilibus quam sublimibus, magis pauperibus quam divitibus, sicut ad litteram videmus de prophetis et apostolis qui fuerunt de valde modico statu et de humili plebe. Amos enim fuit pastor armentorum et pecorum. Petrus piscator, sic alii de humili plebe apostoli assumpti, dicit enim salvator Mathei XI. « Confiteor tibi, pater Deus cœli et terræ, qui abscondisti hæc a sapientibus et prudentibus et revelasti ea parvulis. » Et apostolus ad Corinthios primo : « Non multi potentes non multi sapientes, sed infirma mundi elegit Deus ut fortia quæque confundat. »

Secundum signum apparitionis bonæ seu divinæ revelationis est cum exterius angelus vel anima se manifestans vel aliquid annuncians ita se habet ad personam cui fit apparitio quod in principio

---

[1] Le mst porte dans tout ce mémoire *articuli* pour angeli.

persona tenetur et in fine consolatur. Et hoc signum sic elicitur ex sacra Scriptura in multis passibus et ex multis sanctorum patrum experientiis. Quod Scripturis quidem ut ex multis pauca dicam scribitur Josue cap. v : quod cum esset Josue in agro urbis Jericho, levavit oculos et vidit virum stantem contra se et evaginatum tenentem gladium perrexitque ad eum et ait : « Noster es an adversariorum? » Ecce quod primo apparuit cum terrore. Qui respondit : « Nequaquam, sed cum princeps exercitus Domini. » Et cecidit Josue pronus in terram et adorans ait : « Quid Dominus meus loquitur ad servum suum. » Et ex verbis angeli multum lætificatus et multum consolatus est, ut patet ibidem. Ezechiel quoque postquam habuit mirificam illam rotarum et animalium visionem, cecidit in faciem suam præ timore et audivit vocem loquentis secum ad consolationem et dicentis : « Fili hominis, sta super pedes tuos et loquar tecum. » Ezechielis II. Daniel vero cum et Gabrielis et Michaelis archangelorum apparitiones habuisset, evanuit nec habuit quidquam virium, et cum in terram consternatus jaceret « Ecce manus, inquit, tetigit me et erexit me super genua mea » etc., ut habetur Danielis, capitulo x. Sed et virgo Maria mater Domini ad salutationem Gabrielis archangeli turbata est et cogitabat qualis esset ista salutatio. Cui dicit Angelus : « Ne timeas, Maria » etc. Lucæ primo. Signum igitur in bonum est cum ad apparitiones tales persona in principio et ad primum adventum rei apparentis turbatur et terretur et postmodum consolatur. Unde per hoc, secundum doctores, discernitur visio divina ab illusione dyabolica quando persona existens in visione sive corporali sive imaginaria et spirituali sentit influxum supernaturalis luminis et in affectu sentit aliquid dulcedinis et suavitatis aut consolationis sive exterioris sive interioris.

Tertium signum apparitionis bonorum spirituum est quod bonus spiritus sive angelicus sive humanus semper movet hominem ad ea quæ sunt bona et utilia in se ipsis, licet hominibus prima facie non appareant semper : propter quod quicumque vult inquirere an instinctus interior aut etiam apparitio exterior sit a bono spiritu, debet illud, ad quod instigatur, revolvere ac metiri ad regula honestatis quæ sunt mandata Dei, ut puta si id ad quod inducitur persona per hujusmodi instinctus vel revelationes sit ad honorem Dei et utile atque consolatorium proximo. Exempla patent in scripturis. Quotquot enim apparitiones factæ sunt patribus novi aut veteris Testamenti constat fuisse ad honorem Dei et salutem populi fidelis. Resolvuntur ergo ad ista tria signa omnia alia quæ a doctoribus solent assignari : primum est ex parte personæ cui fit revelatio ; secundum ex parte personæ apparentis ; tertium ex parte finis. E contrario ad prædicta sumenda sunt signa apparitionis vel instinctus malignorum spirituum. Respondendum ergo est ad objectionem qua dicebatur quod apparitiones prædictæ Johannæ erant vel fuerant ab angelo refuga et maligno spiritu.

Dico itaque sub protestationibus præmissis quod de veritate hujusmodi apparitionum solus Deus et angeli ejus ac sancti habent certitudinem. Nobis autem datum est judicare a signo vel signis faciendo examen juxta et secundum ea quæ supra diximus, recolligendo dicta et facta ejus et confessata per ipsam Johannam in serie processus in quo multum diligenter et acute fuit interrogata super hujusmodi apparitionibus et revelationibus quia dicebat sanctum Michaelem et sanctas Katherinam et Margaretam sibi apparuisse et voces primo in horto patris sui audivisse quæ vocabant eam Johannam filiam Dei. Et dixit ei sanctus Michael inter cætera quod esset bona filia et quod veniret ad auxilium regis Francæ et quod levarent obsidionem Anglicorum quam tenebant ante urbem Aurelianensem, etc. Videamus ergo et examinemus primo harum apparitionum initium ex interrogationibus et responsionibus quæ sunt in processu. Videamus etiam quoad primum signum habitudinem et statum personæ ipsius Johannæ : erat enim filia quidem xiii aut xiv annorum in domo parentum suorum pauperum paupercula ipsa, simplex virgo et devota in fide simpliciter instructa, nullæ infamiæ aut malæ suspicionis in suo vicinio notata, non de se præsumens, sed se pauperem filiam fore confitens, excusans se ab operibus arduis ad quæ invitabatur, sentiens de se humiliter, ut patet in processu. Ex quo argui potest a primo signo quod a parte personæ cui factæ sunt hujusmodi apparitiones, conditiones primi signi erant in ea, et quod ex illo signo magis præsumendum est et interpretandum in bonum quam in malum, quodque hujusmodi revelationibus et apparitionibus sanctorum nisi repugnabant imo conformes erant conditiones et status dictæ Johannæ.

Deinde dico juxta secundum signum quo dicitur esse signum in bono quando persona apparens, sive sit angelus, sive anima humana, timorem incutit a principio, sed tamdem instruit et docet et consojatur personam cui apparet. Quod etiam hoc signum fuit in apparitionibus prædictis. Primo namque a parte personarum apparentium bona conditio præsumi debet quia sub certis sanctorum nominibus apparuerunt, videlicet sub nomine sancti archangeli Michaelis et sanctarum Katherinæ et Margaretæ quas dicta Johanna dicit et confitetur non esse alias quam quæ sunt in Cœlo, in habitudine etiam et forma non horribili aut detestabili sed magis simplici quemadmodum ad unam interrogationem ipsa respondet quod sanctus Michael apparuit sibi in forma unius verissimi probi hominis. Facit etiam ad boni præsumptionem quod personæ apparentes congruunt et convenientiam habent cum persona cui fit apparitio, quia angelus et virgines apparent virgini. Nec mirum de angelo quia, ut dicit beatus Jerominus ad Eustochium « Angelis fuit semper cognata virginitas. » Et etiam non est mirandum si virgines jam gloriose virginem simplicem et pauperem ex Dei ordinatione secretissima in hac peregrinatione alloquantur et visitent, nec id esse novum credendum est. Nonne beata virgo cum aliis virginibus apparuisse legitur multis utriusque sexus hominibus, sicut patet ex quarto *Dialogorum* Gregorii de quadam parva puella nomine Musa cui apparuit beatissima Dei genitrix quæ coevas in albis vestibus puellas ostendit. Multa similia leguntur in legendis sanctorum, sicut legitur quod beatissimo Martino apparuerunt Petrus et Paulus cum beata virgine Tecla, et sic de multis aliis. A signo igitur prædicto argumentum sumere possumus quod a bonis spiritibus erant apparitiones prædictæ : primo quia dicta Johanna confitetur quod habuit prima vice voces et apparitiones prædictas in meridie in horto patris sui et habuit magnum timorem dum venit sanctus Michael et quod ipsa non credit leviter nec prima vice, sed postmodum ipsam docuit in tantum quod ipsum cognovit. Interrogata per quod cognovit respondit quia dabat ei bonas ammonitiones, videlicet quod ipsa esset bona juvenis et Deus adjuvaret eam. Et ideo dicit Johanna quod credit firmiter fuisse bonas voces, et movebatur ad credendum quod essent boni propter bonum consilium, bonam confortationem et bonam doctrinam quam fecerunt et dederunt sibi. Dicit etiam quod vox illa custodivit eam et docuit se bene regere et frequentare ecclesiam. Interrogata vero si fecerit aliquod sortilegium aut si credat in fatis, dicit quod non, dicit etiam sæpe quod sanctus Michael dabat ei doctrinam quod esset bona et quod Deus adjuvaret eam, quod sanctæ Katherina et

Margareta libenter faciunt eam confitere, item quod credit quod sit sanctus Michael propter bonam doctrinam quam sibi dabat. Quæ namque melior aut salubrior potest dari doctrina quod se bene regat et frequentet ecclesiam et sæpe confitetur. Notum enim est quod ad ista non suadet nec inducit malignus spiritus sed bonus, prout patet ex dictis beati Bernardi superius allegatis. Ad signum etiam boni spiritus facere videtur quod angelus recedens dimittebat eam ex suo recessu anxiam et quod post recessum ipsius vocis plorabat et bene voluisset quod eam deportaret. Item et quod voces illæ loquebantur clare et quod ipsa clare intelligebat. Dicit etiam ad unam interrogationem quod vox erat pulchra, dulcis et humilis. Multum etiam arguit cum aliis circumstanciis quod apparebant ei cum luce. Dicit iterum quod frequenter, dum veniebant ad eam sanctæ Katherina et Margareta, signabat se signo sanctæ crucis. Sed magnum esse mihi videtur quod prima vice qua audivit vocem juravit et vovit servare virginitatem corporis et animæ, cum esset adhuc annorum tridecim. Hoc namque videtur fuisse argumentum magnum quod non solum exterius movebatur per apparitiones, sed etiam a spirituali instinctu sancti Spiritus mota et inspirata emisit votum virginitatis prædictum quo nihil est Deo acceptabilius secundum illud *Ecclesiastici*, cap. xxvi, « Gratia super gratiam mulier sancta et pudorata ; » et sequitur « Omnis enim ponderatio non digna est continentis animæ. » Dico ergo quod per ista et alia quæ respondet in processu argumentum debet sumi a signo ex parte personarum apparentium quod a Deo et sanctis erant prædictæ voces vel apparitiones et non a maligno spiritu propter ea quæ dicta sunt.

Videndum denique quale argumentum fieri potest a parte tertii signi, videlicet a parte finis et ex ratione intentionis illarum apparitionum, secundum quod colligi possunt ex verbis aut ex vocibus quas audivit, ac etiam, quantum judicari potest, qua intentione et ad quam finem tendebat dicta Johanna. Hoc namque signum quod sumitur a fine seu ab intentione est potissimum ad audiendum de bonitate actuum mortalium sive bonorum sive malorum. Inter omnes enim circumstantias potior est circumstantia finis et a fine sumitur bonitas vel malitia humanorum actuum quia, sicut dicit Philosophus in secundo *Ethicorum*. « Qualis unusquisque est, talis finis videtur ei ; » et Boetius in *Topicis :* « Cujus finis bonus est, ipsum quoque bonum est. » Unde finis est causa causarum et se habet in agilibus sicut principium in speculabilibus, ut habet Philosophus secundo *Phisicorum*. Conjectare ergo debemus istarum revelationum et apparitionum finem dupliciter. Aut est ex parte illarum vocum seu illorum sanctorum qui apparuerunt, aut ex parte ipsius Johannæ. Certum est autem, si constaret quod essent a sanctis prædictis factæ vere illæ apparitiones, nulli esset dubium quin finis esset bonus, quia sancti non intendunt nec intendere possunt nisi bonum, sed quod fuerint sancti vel sanctæ non possumus habere certitudinem nisi a signo, ut dictum est. Ideo comperto quod dictæ apparitiones non tenderent nisi ad bonum aut quod dictæ voces non mandarent, suaderent aut præciperent nisi bonum, argumentum erit quod a bonis erant spiritibus, quia sicut finis intentus a bonis spiritibus non est nisi bonum et salus hominum, ita finis intentus a malignis spiritibus non est nisi malum et perditio hominum sub quocumque colore aut palliatione boni loquantur vel appareant. Tamdem tamen percipiuntur tales esse quia Deus non permittit aliquem tentari ultra id quod potest, sed dat cum tentatione proventum, ut dicit Apostolus. Quantum autem colligi potest ex processu vox illa vel sanctus Michael quem dicit apparuisse hortabatur dictam Johannam ad bonam vitam, ad hæc quod se bene regeret et quod Deus adjuvaret eam, quod frequentaret ecclesiam. Ad idem sanctæ Katherina et Margareta sæpe eam hortabantur ad confitendum. Notum est quod ex istis non potest elici nisi bonus finis nec ista intendi possunt a maligno spiritu eo quod sunt salubria et salutaria et faciencia per se et directe ad hominum salutem cujus oppositum intendit spiritus erroris et tenebrarum. Cæterum prædicti sancti seu voces intendebant eam inducere ad succursum regis Franciæ et proponebant ipsi Johannæ calamitates quæ erant in regno Franciæ, sicut patet ex processu, specialiter miseriam et afflictionem bonarum gentium de Aurelianis pro quarum succursu et levatione obsidionis quam tenebant Anglici oportebat eam ire ad regem, et quod placebat Deo id fieri per unam simplicem puellam pro repellendo adversario regis. Ecce finem ad quam inducere nitebantur dictam Johannam : videlicet succursus regni Franciæ, relevatio calamitatum regnis et regni et omnium patriæ et bonarum gentium. Postposito omni favore inordinato, si istæ causæ, si finis iste sit salutaris, sit obtabilis, sit amplectandus, judicet non indigena aut Gallicus, sed quicumque utens ratione barbarus. Sed dicetur mihi :

Quomodo tu dicis ista, cum ipsa quereret perdere aut debellare Anglicos et sanguinem christianorum fundere contra caritatem et dilectionem proximi et per consequens contra mandatum Dei? Respondeo quod in bello justo finis intentus est pax civium sive communitatis aut regni, dicente beato Augustino ad Bonifacium « Bellum geritur ut pax acquiratur. Noli existimare, inquit, neminem posse placere Deo qui in armis bellicis militat, » etc. et in libro *De civitate Dei* « Belligeramus ut pacem habeamus. » Et si non fiat absque effusione sanguinis adversariorum non propter hoc intenditur eorum perditio, sed per accidens est. Unde bene notanda sunt verba quæ recitat ipsa audivisse a vocibus. Non enim dixerunt ei quod interficeret aut occideret Anglicos regis Franciæ adversarios, sed quod repelleret eos, quod expellerentur a regno, quod levaretur obsidio quæ erat ante Aurelianensem ; et si advertatur ad verba ista, nihil sonant crudele, nihil impium imperant. Ex quo mihi videtur quod prædictæ voces ad duos fines inducebant dictam Johannam, ad unum in se et quo ad se, ut scilicet bene regeret et quod esset bona, secundum extra se, videlicet ad opera prædicta quæ quantum essent salutaria non solum populo Franciæ sed etiam toti christianitati et divino cultui accommoda satis notum est, cum per turbationem regni Franciæ Deus ipse et tota christianitas non mediocriter offenderentur, et cum hodie regnum Franciæ sit pars christianitatis tanta tantique nominis ut christianissimum regnum dicatur propter fidei doctrinam et divinum cultum qui illic gratia Dei vigent, propter defensionem etiam sanctæ sedis apostolicæ ad cujus defensionem et protectionem reges inclitissimi Francorum fuerunt semper accinti. Dici non potest quod expellere turbatores tantæ communitatis et relevare tantum regnum a suis calamitatibus et miseriis, succurrere civitati obsessæ et bonis gentibus ejusdem sint mali fines aut malus finis, imo bonus et salutaris ac desirabilis. Et sic a tertio signo argumentum concludere videtur quod dictæ apparitiones et voces fuerunt a bonis spiritibus, Deo disponente, et hoc a parte dictarum vocum seu personarum apparentium. Sed a parte ipsius Johannæ inspiciendum est si quid impium intenderet et quo fine exequebatur mandata seu monita prædictarum vocum seu personarum sibi apparentium. Ex tenore siquidem processus apparet quod se coram judicibus protestata est et confessa non velle deficere in fide nostra et credit firmiter quod non defecit in fide. Interrogata etiam si quid requisivisset aut postulasset a prædictis vocibus, respondit quod ipsa numquam requisivit aliud quam premium finale, quam salutem animæ suæ : in signum hujus quando veniebant ad eam, signabat se signo sanctæ crucis ut esset munita contra adversantes suæ saluti. Dicit rursum quod totum quod fecit non est sortilegium neque aliqua mala res, et quod nihil fecit de consilio malignorum spirituum. Interrogata etiam quadam vice an ex meritis suis has habuerit revelationes, respondit quod habuit eas pro magna re, videlicet pro rege et succursu bonarum gentium de Aurelianis ; nec sibi attribuebat ista sed Deo actori cui « Placuit, inquit, sic facere per unam simplicem puellam pro repellendo, ait, adversarios regis. » Ex quibus liquide apparet quod ipsa non intendebat quidquam sinistrum aut iniquum, sed pacem, quietem atque tranquillitatem regis et regni Franciæ per expulsionem Anglicorum, qui dictam pacem tunc exturbabant et civitatem Aurelianensem obsidentes ac totam patriam devastabant. Ecce ad quem finem dicta Puella tendebat in exequendo sibi commissa per dictas personas ei apparentes. Sed dicetur mihi quod prædicta Johanna venerabatur hujusmodi spiritus, osculando terram per quam dicebat eos transitum fuisse, eosdem spiritus genitus flexis amplexando et osculando et alias reverentias eis faciendo quæ non debent nisi Deo fieri, et sic notari potuit sicut et notata fuit in processu de idolatria et per consequens de infidelitate. Respondet quod quia credit illos spiritus beatos fuisse, ideo faciebat eis illa in reverentiam quæ debetur sanctis, quodque venerabatur ipsas sanctas Katherinam et Margaretam credens esse illas quæ sunt in paradiso, et quod hæc faciebat in honorem Dei, beatæ Mariæ et sanctarum prædictarum quæ sunt in Cœlo. Non autem videtur mihi ex sua responsione aut ex his factis quod fecerit aut dederit eis honorem vel cultum latriæ quæ debetur Deo soli, sed exhibuit eis honorem duliæ vel hyperduliæ qui honor debetur sanctis : etiam adhuc hic viventibus personis exhibetur honor duliæ, nec est idolatrare si quis osculetur terram per quam aliquis justus vel sanctus aut etiam quis in dignitate constitutus transit sicut papa vel episcopus quorum et pedes et manus osculamur : unde formaliter circa quadragesimum nonum articulum ita respondet quod nescit eis facere ita magnam reverentiam sicut illas decet quia credit firmiter quod sunt sanctæ Katherina et Margareta, et similiter dicit de sancto Michaele. Non facit etiam, ut ait, eis venientibus aliquas oblationes sed in missa in manu sacerdotis ad honorem Dei et sanctarum prædictarum. Per hoc et alia quæ circa hanc materiam imponebantur eidem non videtur mihi aliquid sentire infidelitatis aut idolatriæ præsuppositis his quæ dicta sunt. Sed mihi videtur quod modus requirendi auxilium ab illis sanctis in necessitate sua dat quasi certitudinem de fine intento per eam et exsuflat omnem arguciem quæ posset sibi fieri de idolatria vel infidelitate. Interrogata namque circa quinquagesimum articulum, per quem modum ipsa requirebat, respondit : « Ego reclamo et postea mihi mittunt. » Interrogata per quæ verba ipsa requirat, respondit verbis gallicis in forma : « Tres doulz Dieu en l'onneur de vostre saincte passion je vous requier, se vous me aymez, que vous me revelez comme je doy respondre à ses gens d'eglise. Je sçay bien quant à l'abit le commandement comme je l'ay pris, mais je ne sçay point par quelle maniere je le doy laisser : pour ce plaise vous à moy le enseigner. » Quis, quæso, dicat hanc orationem non esse piam, devotam atque fidelem et ab omni suspicione invocationis dæmonorum prorsus alienam? Ac etiam bene notari debent illa tria quæ a sanctis requirebat imo a Deo per sanctos, videlicet suam expeditionem quod Deus adjuvaret Gallicos et bene custodiat villas obedientiæ et tertium erat salus animæ suæ. Oratio quippe ista et postulationes istæ fideles ac devotæ et per consequens argumentum fuisse videtur bonum a tertio signo prædicto scilicet a fine intento. Objiciet autem in promptu aliquis contra prædicta ex evidenti, ut videtur, signo in contrarium prædictorum, ex hoc videlicet quod dicta Johanna virilibus utebatur indumentis, arma invasiva et militaria portabat, conversabatur cum viris armatis, homicidis, latronibus et sacrilegis quæ sunt mala maxime fœminis seu mulieribus interdicta jure divino pariter et humano. De indumentis namque virilibus scribitur *Deuteronomii* XXII. « Non induetur mulier veste virili, nec vir utetur veste fœminea : abhominabilis enim qui facit hæc apud Deum, » et habetur in decretis « Si qua mulier [1]. » Rabanus vero ait : « Contra naturam est virum muliebria facere, crines crispare, capillos torquere et similia. » Igitur contra naturam est econtra mulierem virilia agere, igitur videtur quod prædicta Johanna contra naturam fœminæ ageret maxime deferendo arma et vestes viriles, et sic non

---

[1] *D. Grat.* D. XXX, 6.

poterant bene ista fieri neque bono fine ; tenet sequela ex dicto Apostoli dicentis quod non sunt facienda mala ut eveniant bona. Ad hoc, salvo semper meliori judicio, respondeo quod mulierem indui veste virili aut econtra, similiter mulierem portare arma et invasiva et defensiva ista non sunt dicenda esse per se mala, sed sunt mala aut quia prohibita aut ab eventu qui ex consuetudine et corruptela utendi potest accidere ; ratio est quia si essent per se mala, numquam esset aut fuisset licitum uti eis, et tamen certum est quod multæ leguntur mulieres in sacra Scriptura et aliis historiis tulisse arma et bella duxisse, sicut legitur *Judicum* iv, de Debora quæ expugnavit Sisaram hostem populi Dei. Scribitur enim ibidem quod surrexit Debora et perrexit cum Barach in cedes contra Sisaram et quod in manu mulieris tradetur Sisara, et sequitur quod Sisara fugiens e bello interfectus est a Jahel uxore Aber, sicque victoria facta est per istas duas mulieres Deboram et Jahel. Et præsumitur, ut expresse dicit magister Alexander de Halis, in secundo libro, quod Debora utebatur veste virili et armis militaribus ad expugnandos inimicos populi Israel. Unde utraque mulier laudatur in Scriptura : dicitur enim in cantico Deboræ in quinto capitulo *Judicum* : « Cessaverunt fortes in Israel et quieverunt donec surgeret Debora, surgeret mater in Israel. Nova bella elegit Dominus et portas hostium ipse subvertit. » Videamus in proposito nostro et revocemus ad memoriam statum regni et militiam quæ tunc erat cum surrexit dicta Johanna, si dicere poteramus, cessaverunt fortes in Gallia et quieverunt donec surgeret Puella. Nonne etiam sancta illa mulier Judith de morte laudatur Holofernis ? Itaque omnes istæ mulieres laudantur et pro certo laudabiles erant ex bono affectu quem habebant ad liberationem populi afflicti, et erat eis licitum arma sumere ad deffensionem seu liberationem communitatis cujus erant membra. Scribitur etiam secundo libro *Regum* xx, quod mulier quædam sapiens liberavit Abellam civitatem obsessam. Quæ dicit ad Joab qui obsidebat eam : « Ecce caput ejus quem quæris mittetur ad te per murum, » quod et factum est, ut habetur ibidem. Ad id vero quod in lege xxii *Deuteronomii* scribitur : « Non induetur mulier veste virili etc., » dico quod tunc ex certa causa erat in lege prohibitum et mortale peccatum nisi ex dispensatione Dei sicut in Debora factum est ; modo vero non habetur tale præceptum ad præsens quia in casu licite fieri potest, sicut si mulier existat in periculo suæ castitatis et evadere possit sub veste et habitu virili, aut si vir sit in periculo personæ possit evadere sub veste fœminea. Potest etiam vir uti veste fæminea et econtra ad significandum vel operandum laudabilem actum utrinque. Hoc enim Ecclesia permittit sicut in recitatione vitæ alicujus sancti vel sanctæ aut etiam ad jocum quamvis cum omni moderatione sit hoc faciendum. Dicit enim beatus Thomas de Aquino II, 2, quæst. CXLIX, quod hoc potest quandoque fieri sine peccato propter aliquam necessitatem vel causa occultandi ab hostibus, vel propter defectum alterius vestimenti, vel propter aliud hujusmodi. Verum est enim quod non pertinet ad honestatem viri communiter et assidue aut frequenter veste muliebri indui nec econtra ; utrique enim sexui diversa congruunt vestimenta : unde si homo uteretur ex consuetudine veste muliebri vel econtra, nisi in casu necessitatis aut de mandato Dei aut pro defensione necessaria patriæ et hujusmodi, peccaret non tamen in quantum sic contra fidem sed contra bonos mores. Quod autem prohibebatur in veteri Testamento hoc erat quia gentiles solebant in quibusdam solemnitatibus idolorum, viri quidem uti vestibus fœminarum et fœminæ veste virili sicut faciebant sacerdotes Vestæ et Cybellæ, quæ mater Deorum dicebatur. In quantum autem ad idolatriam ordinabantur prohibebatur Judeis qui erant proni ad idolatriam sicut etiam hac de causa multa alia erant in lege prohibita quæ non erant de se mala. Unde in libro de fide et legibus Guillelmus Parisiensis ponit multas causas prohibitionis ne viri uterentur veste fœminea vel e converso : prima fuit congruentia ipsius naturæ, videlicet ut quos natura sexus decreverat discerneret et vestitus ; secunda fuit ad evitandum flagitia quæ opportune possent committi. Posset enim vir intrare ad mulierem sub habitu muliebri et e converso. Et hæc duæ causæ non tantum cerimoniales sed etiam mortales sunt et adhuc subsunt causæ istæ ne consuetudinaliter et usualiter viri utantur muliebribus indumentis nec e converso. Et propter has causas habetur prohibitio in decretis et videtur decretum loqui specialiter de religiosa fœmina : dicit enim : « Si qua mulier suo proposito utile judicans ut virili veste utatur et propter hoc sumat habitum virilem, anathema sit. »

Tertia causa est quæ tacta est exterminatio idolatriæ sacrorum Martis et Veneris. In sacris enim Martis non solum virili veste utebantur mulieres, sed etiam armabantur. Eodem modo in sacris Veneris viri effeminabantur, videlicet in vestibus muliebribus sacra Veneris exercentes. Itaque concedendum est quod de usu communi et consuetudine non est licitum mulieri uti veste virili, sed bene in casu necessitatis pro succursu populi et salute, et præcipue de mandato Dei, sicut dicta Johanna dicebat se fecisse, cum se facere non ex luxu diceret sed ut esset habilior ad fines suos prædictos parata, ut dicebat, quando placeret Deo, deponere.

Ad id vero quod dicit Rabanus quod contra naturam est virum muliebria facere et econtra, dico quod magis est contra naturam quod vir muliebria faciat quam econtra. Nam de muliere forte dicitur *Proverbiorum*, ultimo capitulo, quod manum suam misit ad fortia. Est tamen advertendum quod contra naturam esse dicitur multipliciter : aut enim dicitur contra naturam quod est contra veritatem naturæ sicut peccatum ignominiosum dicitur esse contra naturam *Ad Romanos* primo ; aut dicitur contra decentiam naturæ, et sic accipitur dictum Rabani. Ideo dicitur in prima *Ad Corinthios* XI : « Vir si comam nuctriat, ignominia est illi. » Sed quod dicit quod ipsa Johanna conversabatur cum homicidis, latronibus et sacrilegis, non arguit in materia subjecta ad malum signum quia, sicut dicit beatus Augustinus : « Quamdiu hic vivimus, sumus permixti boni cum malis veluti granum in area paleis permixtum est. » Est etiam licitum uti interdum malis hominibus in bello ad defensionem rei publicæ dummodo communicent in fide et sacramentis. Sic ergo judicio meo prædicta Johanna non potest notari ex malo fine in exercendo et ferendo arma et hac ratione utendo vestimentis virilibus ad hoc magis aptis quia ex processu non habetur quod intenderet alium finem vel alios fines a prædictis.

Ex quibus omnibus mihi videtur quo ad hoc quod argumenta quæ facta sunt prius a tribus signis militant ad probandum quod prædictæ apparitiones et revelationes sibi factæ potius fuerunt a bonis spiritibus quam a malis.

Postea videndum est si potuit notari dicta Puella de errore in fide ex qualificatione qua in sententia contra eam lata nominatur præsumptuosa, divinatrix, propter hoc quod quædam futura dignoscitur prædixisse. Circa hoc aliqua diximus superius de multis speciebus divinationum de quibus omnibus non arguitur, sed propter hoc solum, ut videtur ex processu, quia dicebatur confictrix mendosa revelationum divinarum et audivisse voces quæ sibi dixisse quædam futura fatebatur, ideo ipsa adjudicata est præsumptuosa divinatrix. Dico ergo quod si fuit error in prima qualificatione qua dicta est revelationum et apparitionum divinarum mendosa confictrix, subsecuturum est ut etiam error sit in hac parte sententiæ qua dicitur præsumptuosa divinatrix : ex uno namque arguitur reliquum evidenter, sed quia probatum est quantum probari potest, ut videtur a signo, ipsam Johannam veras et non fictas revelationes et apparitiones habuisse a bonis spiritibus, ideo dico probabiliter et opinative quod in illis apparitionibus et revelationibus absque periculo fidei potuit de aliquibus futuris edoceri, sicut ipsa dicit quod voces sibi dixerant quod rex suus restitueretur in regnum suum, quod coronaretur velint nolint adversarii sui, et quod ipsa levaret obsidionem Aurelianensem, et quod ipsa bene scit quod rex lucrabitur regnum ; quæ omnia vidimus et videmus evenisse. Sed impingitur ei quod dixit quod ipsa ita bene scit sicut ipsa sciebat quod interrogantes eam erant coram ea. Hoc quippe mihi non videtur extraneum præsuppositis præmissis quia quæ per revelationem sciuntur certitudinaliter noscuntur, sicut prophetæ certitudinaliter cognoscunt futura contingentia in virtute luminis revelantis. Nec tamen propter hæc necessarium est dicere quod dicta Johanna habuerit spiritum propheticum aut quod fuit propheta quia potuit esse quod dicta et facta et voces illæ et apparitiones sibi factæ non pertinebant ad revelationem prophetiæ, sed ad denuntiationem tantumque, ut dicit Doctor sanctus, secunda secundæ, fit secundum dispositionem eorum quibus denuntiatur. Si ergo ipsa Johanna aliqua futura dixerit, ipsa se habere potuit per modum denuntiantis ea quæ sancti prædicti revelaverunt, quamvis etiam non sit absonum a fide aut moribus quod habuerit spiritum prophetiæ et lumen supernaturale ad cognoscendum et intelligendum veritatem eorum quæ sibi revelabantur a sanctis prædictis. Quantum enim ad directionem humanorum actuum non defuit nec deerit prophetia in singulis temporibus usque ad diem judicii in Ecclesia Dei. Quæ quidem prophetia diversificata est secundum conditionem negotiorum, quia, ut dicitur diem judicii in Ecclesia Dei. Quæ quidem prophetia diversificata est secundum conditionem negotiorum, quia, ut dicitur *Proverbiorum* xxx, « Cum defecerit prophetia, dissipabitur populus », et ideo quolibet tempore instructi sunt homines utriusque sexus divinitus de agendis secundum quod erat expediens ad salutem electorum. Legimus enim

Apostolorum [actuum xi] et Agabum prophetasse et quatuor virgines filias Philippi non ad novam fidei doctrinam tradendam sed ad humanorum actuum directionem, sicut et beatus Augustinus quinto *De Civitate Dei* refert, quod Theodosius Augustus misit ad quemdam Johannem in heremo Egypti constitutum quem prophetandi spiritu prædictum fama crebrescente didiscerat et ab eo nuntium victoriæ certissimum accepit. Cur tam variæ ergo impugnabatur prædicta virgo Johanna si de victoria regis Francorum ex qua multa bona pendebant in populo Dei spiritu prophetico aliqua prædixerit, cum scribatur primæ *Ad Thessalonicenses* ultimo capitulo : « Spiritum nolite extinguere, prophetias nolite spernere. » Concludendum igitur mihi videtur quod ex processus serie non potuit neque debuit judicari divinatrix præsumptuosa, quin potius denuntiatrix futurorum ex revelatione divina et sancti Michaelis ac sanctarum Katherinæ aut Margaretæ virginum, et sic in hac re nihil erroris in fide conspicio, sed multa consona Scripturæ et dictis sanctorum.

Deinde judicata est blasphema in Deum et sanctos ac sanctas. Ex tenore processus non video illam de hoc posse notari nisi quatenus ascribebat sanctis Michaeli et Katherinæ ac Margaretæ prædictas apparitiones vel revelationes aut denuntiationes futurorum, et quia per prædicta in hoc nihil ascribit sanctis prædictis sed nec ipsi Deo quod detrahat bonitati et honori Dei et sanctarum, ideo quod de blasphemia notari non debuit, in Deum, sanctos vel sanctas.

Postremo de contemptu Dei in sacramentis arguitur et per hoc notari videtur de aliqua infidelitate. Ante dictum est quod si contemptus esset ex infidelitate, merito notanda esset in causa fidei. Si tamen aliquis alius fuerit in ea contemptus Dei in sacramentis qui omnibus peccatoribus inest, non propter hæc esset notanda de infidelitate. Sed mihi videtur quod ex suis responsionibus neque de isto contemptu neque de illo judicari aut condemnari potest, quinimo ex processu oppositum inspicitur. Primo ipsa frequentabat ecclesiam, libenter audiebat missam, communicabat juxta mandatum Ecclesiæ, imo non solum in Pascha ; detenta in carceribus petebat instanter audire missam et ex prima sessione quando cepit interrogari, et sæpe ac instantissime petebat in honorem Dei et beatæ Mariæ quod permitterent eam audire missam et quod darent ei vestem muliebrem sine cauda et assumeret.

Sed statim objicietur mihi quia, cum requireretur de mutando habitum et ipsa viaticum reciperet, dixit quod non perciperet viaticum mutando habitum neque poterat habitum mutare pro audiendo missam, et sic videtur sibimet contradicere prædicta, et sic etiam videtur quod ipsa spreverit et contempserit sanctum sacramentum præeligendo tenere virilem habitum quam suscipere Eucharistiam, etc., ut aiunt, tempore quo tenebatur. Respondeo quod circa hoc fortiter fuit impugnata et mihi videtur non esse mirum si inter tot interrogatoria et perplexas quæstiones aliquando sic aliquando vero aliter responderit, et potuit esse quod vel ex displicentia pœnarum tam ex compedibus ferreis quam ex duro carcere, quam ex tam crebra repetitione causarum quæstionum fuit turbata vel forsan impatiens, nec volo eam excusare ab omni delicto. Et esto quod in hac responsione minus bene elegerit, quia certum est quod suscipere eucharistiam est optabilius quam tenere habitum virilem aut portare, incomparabilia enim sunt ista, sed hoc non obstante et posito quod etiam tunc peccaverit et quod possit argui ex aliquo contemptu sacramenti, non tamen mihi videtur iste contemptus nasci ex infidelitate neque argui potest ex hoc quod ipsa non habuerit fidem in Deo et sacramentis aut quod sit propterea judicanda infidelis. Et tamen circa istud punctum videntur judices in processu satis insistere. Ipsa autem non respuit simpliciter sacramentum recipere ut videtur, sed respondit quod sine præcepto Dei habitum virilem accepit et quod pro obediendo Deo fecit. Itaque ex verbis suis non videtur posse notari de perfidia aut infidelitate ad sacramentum, et sic idem quod prius.

Ex quibus omnibus utrumque declaratum est quod per qualificationes prædictas in sententia contentas non potuit notari de errore infidelitatis, quicquid sit de errore pravæ electionis circa mores et sic nec de apostasia proprie dicta quæ dicit recessum a fide debuit condemnari.

Sed mihi rursum dicetur quod ipsa potuit adjudicari schismatica et pertinax et per consequens de hæresi, quia, teste Ieronimo, nullum schisma est nisi sibi aliquam hæresim confingat ut recte ab ecclesia recessisse videatur. Quod autem ipsa notanda sit de schismate patet quia recusavit se submittere judicio Ecclesiæ de suis dictis et factis, cui quidem judicio omnes subjiciuntur catholici. Dixit enim quod de suis dictis et factis non se submitteret nisi solum Deo et Ecclesiæ cœlesti, videlicet Deo et sanctis paradisi, ita quod ex multis responsionibus suis subterfugerit et recusaverit judicium Ecclesiæ militantis, concilii generalis et papæ, et per consequens male sentiens de articulo fidei quo dicitur « Credo unam sanctam Ecclesiam catholicam. » Ista videtur esse una de potioribus rationibus contra eam adductis, ut patet intuenti processum ad longum.

Respondeo quod circa istam materiam de submittendo dicta et facta sua Ecclesiæ multum fuit agitata et sæpissime interrogata ac multiformiter examinata, et esset longum munus sigillatim omnia repetere, maxime quia, ut mihi videtur, et salva semper reverentia omnium interrogationes sibi factæ erant multum captiose et proposita sunt ei multa nomina equivoca et sententiæ ac orationes multiplices ad quas forsan vir doctus et litteratus in promptu vix satisfacere potuisset. Quis enim dubitat quin hoc nomen *ecclesia* sit nomen multiplex et equivocum seu alias analogum ? Quis dicet quod submittere dicta vel facta mea vel tua ecclesiæ non possit esse mulpliciter aut quantum ad ea quæ sunt facti aut quantum ad ea quæ sunt juris ? Nec est mihi adhuc certum si quisque teneatur omnia dicta et facta sua quantumcumque secreta sint submittere judicio exteriori hominum quale est judicium Ecclesiæ etiam in concilio generali aut etiam romani pontificis. Sed videtur quod simplex persona, ætatis de qua erat dicta Johanna et sexus non teneatur scire quid sit aut quot modis accipiatur Ecclesia, quid sit generale concilium aut quam potestatem habet Ecclesia aut generale concilium in judicando de factis aut dictis hominum. Nam de hujusmodi potestate et de definitione Ecclesiæ aut concilii generalis diversi etiam doctissimi viri diversa senserunt. Nemo etiam diceret quin concilium generale, imo ipsa Ecclesia et papa, possunt circumveniri et falli in his quæ sunt facti. Quid mirum ergo si dicta Johanna, simplex filia quæ tunc asseritur fuisse ætatis xix annorum, litteris non imbuta, sed de postfetantes, ut ita dicam, accepta de summissione, ista tam multipliciter interrogata aliquando sic et aliquando sic respondeat, et tamen si videantur et pro affectu inspiciantur responsiones suæ, forsan in admirationem erunt etiam viris litteratis, et erit potius argumentum ad confirmandum quam ad infirmandum ea quæ prædiximus, quia, ut mihi videtur, facile percipi poterit ex responsionibus suis quod dicta sua procedebant ex altiori spiritu quam ex naturali intelligentia, attenta simplicitate sexu et ætate suis. Habetur siquidem in processu quod quadam die jovis, quæ erat xv Martii, ipsa Johanna fuit caritative monita et requisita quod, si contigisset ipsam aliquid egisse contra fidem, vellet se referre determinationi sanctæ matris Ecclesiæ ad quam se referre debet. Ad quæ ipsa respondit quod ejus responsiones videantur et examinentur per clericos et postea sibi dicatur an ibi sit aliquid quod sit contra fidem christianam, ipsa bene sciet dicere quid inde erit et postea dicet illud quod de hoc invenerit per suum consilium ; tamen si sit aliquid malum contra fidem christianam quam Deus præcepit, ipsa non vellet sustinere et esset bene irata venire in contrarium. Dico quod ista responsio est catholica, circumspecta et amplectanda. Interrogata iterum super eadem summissione respondit : « Omnia dicta et facta mea sunt in manu Dei et de his expecto me ad ipsum, et certifico vobis quod nihil vellem facere aut dicere contra fidem christianam, et si ego aliquid dixissem aut fecissem aut quod esset supra corpus meum aut quod clerici scirent dicere esse contra fidem christianam quam Dominus stabilivit, ego non vellem sustinere sed illud expellerem. » Hæc illa. Quid, quæso, hac responsione fidelius ? Nil quippe impium, nil dolosum, sed totum quod in hac responsione loquitur dico esse fidele et catholicum. Iterum interrogata super eadem submissione respondit : « Non respondebo vobis aliud, sed mittatis mihi clericum die sabbati si non vultis venire, et de hoc ego respondebo sibi cum auxilio Dei et ponetur in scriptis. » Hæc illa. Per hæc apparet judicio meo quod non respuebat sed petebat edoceri et quod responsiones suas non sibi aut suo capiti ascribebat, sed Deo cum dicit « Ego sibi respondebo cum auxilio Dei. » Notandum est etiam in processu quod sæpe dicit : « Ego me refero ad Deum », et cum sibi diceretur quod hæc responsio erat magni ponderis, dicit : « Ego habeo eam pro magno thesauro. »

Sabbati vero decima octava Martii, interrogata iterum de submissione ad ecclesiam de suis factis et dictis sive sint bonum sive malum, respondit quod quantum ad Ecclesiam ipsa diligit eam et vellet eam sustinere, et toto posse suo laborare pro fide nostra christiana, et ipsa non est quæ debeat impediri de eundo ad Ecclesiam. Nota quod hic capit ecclesiam pro materiali dicitque quod non deberet impediri de audiendo missam. Profecto hæc responsio est catholica, pia, et devota. Item de eadem interrogata respondit : « Ego refero me ad Deum qui me misit, ad beatam Mariam et omnes sanctos et sanctas paradisi, » et subjungit illa : « Videtur mihi quod unum et idem est de Deo et Ecclesia et de hoc non debet fieri difficultas. »

Nota modum loquendi. Non dicit quod sit unum Deus et ecclesia, sed « mihi videtur. » Inquit quod est unum et idem de Deo et ecclesia ita quod submittendo se Deo et sanctis suis satis se credit submittere Ecclesiæ, et per hæc ipsa videtur innuere quod ecclesia habet conforme judicium ad Deum et sanctos. Et hoc nihil continet dissonum fidei, sed videtur mihi esse catholicum, et notetur quomodo intelligit ecclesiam. Tunc sibi fuit facta distinctio de Ecclesia triumphante, quæ est in Cœlis, et de militante, quæ est in terris, in qua est papa vicarius Dei, cardinales et prælati, clerus et omnes boni christiani. Quæ quidem Ecclesia non potest errare et quod de hac sibi facta fuerat interrogatio. Dico quod ista declaratio tam summaria non sufficiebat ad instruendam tam simplicem puellam de re ardua et difficili et quam scire non tenebatur, ut dictum est, maxime si esset necessaria suæ saluti ista submissio. Imo mihi videtur quod circa hoc non est magna evidentia si unusquisque ita generaliter teneatur submittere dicta et facta sua omnia papæ aut generali concilio, cum multa sint occulta et quæ soli Deo sunt referenda, ut sunt internæ motiones et secreta cordium quæ soli Deo noscenda relinquuntur. Unde dicit Apostolus primæ *Ad Corinthios* II : « Nemo novit quæ sunt hominis, nisi spiritus hominis qui est in illo. » Et « Deus est qui scrutatur corda et renes » dicit Jeremias propheta, cap. XVII. Ex quo probabiliter et salvo semper meliori judicio, dico quod non tenebatur referre judicio papæ et cardinalium aut etiam concilii generalis si dictæ apparitiones fuerant sibi factæ an non quia facti erat, et in his quæ sunt facti alieni tam papa quam cæteri de Ecclesia et ipsum generale concilium in Spiritu sancto congregatum falli possunt, ut dictum est. Secus autem esset de examine aut probatione dictarum apparitionum, quod quidem examen seu probationem dicta Johanna non recusabat fieri per papam : requisivit enim expresse ut duceretur ad papam. « Ducatis, inquit, me ad ipsum, et ego respondebo ei. » Et iterum ipsa dixit, ut patet in processu : « Quantum est de submissione Ecclesiæ, ego respondi eis de isto puncto, de omnibus operibus quæ ego feci et dixi ipsa transmittantur ad Romam penes dominum nostrum summum pontificem ad quem et ad Deum primo ego me refero. » Interrogata rursum an velit revocare omnia dicta et facta sua dixit : « Ego me refero Deo et domino nostro papæ. » Ex quibus responsionibus suis apparet quod non potest dici pertinax atque schismatica neque hæretica, quoniam referebat et submittebat se papæ et requirebat judicium et examen ejus ad quem præcipue spectat judicare de causa fidei prout habetur in decretis, C. « Quotiens fidei ratio ventilatur » etc [1].

Sabbati ultima Martii, interrogata an vellet submittere se et se referre ad judicium Ecclesiæ quæ est in terris de omni illo quod tangit processum suum, respondit quod de illo quod petitur ei ipsa se refert Ecclesiæ militanti, proviso quod eadem Ecclesia non præcipiat sibi aliquod impossibile fieri. Hoc autem reputat impossibile revocare illas prædictas revelationes seu apparitiones quæ erant ex parte Dei et non revocabit eas pro quacumque re. Et de hoc quod Dominus noster fecit, sibi facere præcepit et præcipiet, ipsa non dimittet hoc facere pro homine vivente, et in casu quo ipsa ecclesia vellet ipsam facere aliquid contra præceptum sibi factum a Deo, non faceret pro quacumque re nec pro homine mundi ; faceret contrarium nisi referret ad hominem mundi nisi ad solum Deum quin semper faceret suum bonum præceptum. Ista responsio, ut videtur ex processu, recepta est quod ipsa recusaret judicium Ecclesiæ militantis, sed mihi videtur quod hæc responsio sana est et catholica et conformis dicto beati Petri et apostolorum dicentium Actuum, cap. V, « Obedire oportet Deo magis quam hominibus. » Et si dicatur : male sentire videtur de Ecclesia cum dicit in casu quo Ecclesia non præcipiat sibi aliquod impossibile, dico quod attenta simplicitate personæ quæ, ut dictum est, non tenebatur scire an judicium Ecclesiæ militantis, cum sit judicium hominum, sit inobliquabile, dicta propositio non debuit recipi in malum sensum, nec tamen puto si aliquis sive doctus sive indoctus diceret hanc propositionem conditionalem : « Si concilium generale præciperet mihi aliquid contra mandatum Dei non facerem », quod propter hoc talis esset notandus aut judicandus male sentire in fide de Ecclesia vel concilio generali. Stat enim secundum logicos conditionalem esse veram cujus antecedens est impossibile. Nonne Paulus similem dicit propositionem *Ad Galatas* primo : « Si quis vobis evangelizaverit

[1] *D. Grat.* C. XXIV, 1, 12.

præter id quod accepistis, etiam si angelus Dei anathema sit. » Notum est quod impossibile erat angelum de Cœlo evangelizare aliquid contrarium veritati evangelii quod ipse Paulus prædicabat, et tamen de possibilitate vel impossibilitate antecedentis illius propositionis dictæ per Puellam, videlicet si Ecclesia militans vellet aut præciperet me facere aliquid contra præceptum Dei posset esse quo non modica inter viros doctissimos. Ego vero circa hoc opinor quod, quamvis omnes teneantur explicite credere illum articulum, « Sanctam Ecclesiam catholicam, » quod non est aliud, ut mihi videtur quam credere esse unam congregationem universalem fidelium in Christo renatam et adunatam, non tamen omnes tenentur scire qualitates aut prærogativas aut proprietates ipsius Ecclesiæ, et per consequens non tenentur omnes scire auctoritatem aut potestatem Ecclesiæ judiciariam explicite ita ut non possint ignorantiam aut dubitationem habere si Ecclesia habeat de isto vel de illo judicare aut si quilibet christianus debeat referre sic generaliter omnia dicta et facta congregationi fidelium an concilio generali ; nam inter doctissimos de hujusmodi potestate variæ sunt opiniones. Et posito quod non essent diversæ opiniones, tamen dico probabiliter quod non omnes tenentur scire quod Christus dederit talem vel talem potestatem de judicando in Ecclesia vel concilio generali de omnibus factis aut dictis hominum de quo etiam, ut dictum est, potest esse dubium maxime quantum ad ea quæ facta sunt. Sed in proposito audiamus quid illa de hac re sentiret. Interrogata namque utrum, si sacrum generale concilium et dominus noster papa, cardinales et cæteri de Ecclesia essent, hic ipsa vellet ne referre et submittere se eidem sacro concilio et utrum ne credit quod ipsa sit subjecta Ecclesiæ quæ est in terris, scilicet domino nostro papæ, cardinalibus, archiepiscopis, episcopis et aliis prælatis Ecclesiæ. Nota quod interrogantes exponunt hic quid per ecclesiam intelligunt, illa respondit quod « Sic Domino Nostro prius servito » ; gallice : « Nostre Seigneur premierement servi. » Dicit etiam quod hoc non accipiebat in capite suo, sed illud quod respondit est de præcepto illarum vocum et non præcipiunt quin obediat Ecclesiæ, Deo primitus servito.

Profecto sancta et salubris est ista responsio, et ideo mea opinione concludo circa hoc quod, cum istis responsionibus stat illibata fides, de illo articulo « Sanctam ecclesiam catholicam » in dicta Johanna nec per istas aut alias responsiones suas quæ veraciter habentur in processu potest notari de infidelitate, schismate aut hæresi. Dico ulterius quod, quantum ex processu et responsionibus suis mihi videtur, quod elici non potest quod expresse aut animo indurato vel obstinato ipsa denegaverit submittere sic dispositioni, determinationi et emendationi sanctæ matris Ecclesiæ, domino nostro papæ aut sacro generali concilio. Imo potius oppositum apparet ex ultima et immediate præmissa responsione sua. Hoc enim quod adjecit « Deo primitus servito » non distrahit neque derogat suæ submissioni, ut satis notum est, quamvis in articulis confectis super confessatis suis et transmissis ad multa loca dicatur quod ipsa recusavit sæpius id facere, quamvis etiam sententia contra eam lata portet. Ideo meo judicio dicta sententia in hoc non potest esse vera neque juridica.

Jam venio ad unum argumentum quod fieri potest contra prædicta. Et dicatur mihi : « Temere agis quia alma Parisiensis universitas, specialiter facultates theologiæ et decretorum dederunt qualificationes prædictas in sententia contentas, juxta quosdam articulos eis de Rothomago transmissos a judicibus in causa ista. » Respondeo quod magnum utique et multum ponderandum est in materia fidei prædictarum duarum venerabilium facultatum judicium, et nihilominus bene notanda sunt ipsa et totius hujus negotii circumstantiæ sunt diligenter attendendæ. Dico rursum quod non constat per processum quod talis processus aut quod seriatim omnes interrogationes aut omnes responsiones dictæ Johannæ fuerint transmissæ ad prædictam universitatem, sed tantum quidam articuli in quibus cum reverentia omni notoria erat discrepantia ad suas confessiones seu responsiones, prout liquido patere potest per inspectionem articulorum et totius processus. Et ut de aliis causa brevitatis supersedeam, de articulo submissionis suæ clarum est quod dicit recusasse submittere se Ecclesiæ cujus oppositum est verum ex responsione sua sæpius iterata, sicut patet ex nuper dictis et recitatis ex vero processus tenore.

Sed iterum dicetur mihi quod prædicta Johanna fecit abjurationem omnium prædictorum XXIV Maii in cimiterio Sancti Andoeni Rothomagensis, secundum formam unius scedulæ in gallico confectæ. Dico quod si processus notetur, assistentibus multis prælatis et sedentibus pro tribunali judicibus, coram omni populo prædicavit venerabilis doctor magister Guillelmus Erardi, et finita prædicatione, ad propositum criminum impositorum dictæ Johannæ ipsamque ibidem præsentem allocutus est, dicens quod domini judices somnaverant eam et requisierant pluries quod vellit submittere omnia dicta et facta sua sanctæ matri Ecclesiæ et remonstraverant ei quod in dictis et factis suis erant multa quæ videbantur clericis esse male dicta et erronea. Pro Deo videamus quid ipsa respondit ei in publico : « Ego, inquit respondebo vobis. Quantum est de submissione Ecclesiæ ego eis* respondi de isto puncto. De omnibus operibus quæ ego dixi et feci, ipsa transmittantur ad Romam penes dominum nostrum summum pontificem, ad quem et ad Deum primo ego me refero, et quantum ad dicta et facta quæ ego feci, ego illa feci ex parte Dei. »

Interrogata ibidem coram omni populo utrum ipsa revocare vellet omnia dicta et facta sua quæ sunt reprobata per clericos, respondit : « Ego me refero Deo et domino nostro papæ. » Hic mihi videtur quod in hæc verba reclamat et æquivalenter appellat ad papam vel ad sanctam sedem apostolicam. Et tunc sibi fuit dictum quod hoc non sufficiebat et quod non poterat fieri quod iretur quæsitum dominum nostrum papam ita remote. Ista sunt verba formalia processus, etiam quod ordinarii erant judices in sua diocesi, et ideo erat necesse quod ipsa se referret sanctæ matri Ecclesiæ. Jam igitur quæso ab istis quid ipsi intelligunt hic per *sanctam matrem Ecclesiam*. Et prima facie videretur quod intelligant judices et clericos assistentes, quia non est dubium quod si generale concilium aut universalem Ecclesiam, ita longe erat a dicta Johanna sancta mater Ecclesia aut generale concilium sicut papa. Cui igitur ita faciliter non acceptant ipsi submissionem dictæ Puellæ qua se submittit papæ sicut volunt quod se submittat sanctæ matri Ecclesiæ expresse : puto enim quod ita brevem justitiam habuissent a papa sicut a sancta matre Ecclesia quam tam sæpe nominant.

Videatur etiam separare judicium papæ a judicio sanctæ matris Ecclesiæ, cujus papa est primus et principalis ierarcha, quasi aliud esset judicium sanctæ matris Ecclesiæ et aliud judicium papæ, quod non videtur esse bene sanum, nam Ecclesia est una, secundum illud *Canticorum*, cap. vi, « Una est columba mea, perfecta mea, et per consequens habet unum judicium secundum ordinem institutum a Christo. » In hoc autem, ut mihi videtur, satis extraneæ locuntur interrogantes eam in hoc passu et forsan reprehensibilius quam ipsa responderet, nam responsiones suæ magis congruunt unitati Ecclesiæ cum ipsa recognosceret unum sanctæ matri Ecclesiæ judicium quam interrogationes sibi factæ, quæ quasi duo tribunalia ponebant in Ecclesia, unum in papa aliud in sancta matre Ecclesia absque majori declaratione. Quod si appellant in hac interrogatione suam sanctam matrem Ecclesiam ipsos judices cum clero præsenti. Prout satis ostendunt cum dicunt ei quod ordinarii sunt judices, ideo erat necesse quod se referret sanctæ matri Ecclesiæ, pro certo multum equivoce locuntur et interrogant hic et alibi in processu et conantur paralogizare istam filiam simplicem per fallaciam equivocationis, et quod hoc sit verum statim absque mora post istam submissionem qua expresse submittebat se Deo et domino nostro papæ, quia formaliter se non submittebat Ecclesiæ sanctæ ad judicium eorum prædictum, ceperunt ferre et pronuntiare sententiam diffinitivam qua cum pro magna parte legissent, verisimiliter ducta, ut satis apparet, timore pœnæ dicta Johanna incepit loqui et dixit quod volebat tenere totum illud quod Ecclesia ordinaret et quod ipsi judices vellent dicere et sententiare in quo videtur venire ad eorum intellectum sic quod pro eodem haberet Ecclesiam et ipsos judices. Et tamen, omnibus consideratis, habebat ipsos suspectos de inimicia, ideo non tenebatur se submittere ipsis et maxime quia superius tribunal papæ reclamaverat cui se clare et expresse submiserat dicta et facta sua, scilicet domino nostro papæ, cardinalibus, archiepiscopis, episcopis et aliis prælatis, « Domino nostro prius servito. » Sic ergo ex quo petebat remitti ad judicium papæ debuit, secundum jura illico sibi transmitti, ut habetur C. « Quicunque litem »[1]. Et bene videatur in ista abjuratione ponuntur multa de quibus per processum non videtur mihi fuisse convicta. Ideo mihi videtur quoad hoc quod hujusmodi abjuratio præmature fuit ab ea extorta tum ratione scedulæ confectæ, quam non præviderat, tum ratione modi agendi quia statim dum sententia pronuntiaretur, tum etiam ratione metus, ut dictum est. Et tamen hujusmodi abjurationes debent præcogitari et mature ac animo deliberato et corde contricto fieri, quæ non sunt in abjuratione prædicta quam, ut postea dixit, non intellexit in omnibus suis punctis, quia postmodum dicit nunquam jurasse de habitu viri non resumendo.

[1] *D. Grat.* C. XI, 1, 35.

Modo vero ad relapsum ejus prætensum veniamus. Ipsa judicatur relapsa tam ex resumptione habitus virilis quam ex hoc quod dicit voces suas eam increpasse de abjuratione prædicta. Dico igitur, secundum meam hanc opinionem, quod ubi non prius fuerat lapsa in infidelitatis peccatum aut hæresim, ipsa non potest dici relapsa tamquam hæretica. Per prædicta vero et quantum mihi videtur, ipsa non incurrit infidelitatis peccatum, ut patet ex deductione qualicumque præcedentium rationum. Igitur non debuit tamquam in hæresim relapsa judicari quoniam relapsus præsupponit lapsum. Sed advertamus ad id quod illa respondet. Interrogata quare habitum viri resumpsit, primo negat quod juraverit de non recipiendo habitum viri et quod numquam intellexit jurasse de illo ; secundo dicit habitum resumpsisse quia hoc erat sibi magis licitum aut magis conveniens habere habitum virilem, dum erat inter viros, quia viri conversabantur et custodiebant eam in carcere, et fuisset majus periculum si inter eos existens fuisset induta veste muliebri. Ex qua responsione colligi potest quod amore castitatis id fecerit et ad evadendum periculum in quo casu potest esse licitum mulieri veste virili uti et econtra, sicut ante tactum est. Excusat etiam se quia non sibi fuerat observatum promissum, videlicet quod iret ad missam, reciperet corpus Christi et quod poneretur extra compedes ferreos in quibus erat. Interrogata illo die, videlicet xxviii Maii mensis, utrum fecerat prius dictam abjurationem et specialiter de non recipiendo habitum virilem, non respondet ad formam, sed dicit quod prædiligit mori quam esse in compedibus ferreis, sed si permittatur quod vadat ad missam et ponatur extra compedes ferreos deturque sibi carcer gratiosis, ipsa erit bona et faciet illud quod Ecclesia voluerit. Ex quo manifeste videtur quod per *ecclesiam* hic intelligebat illos viros ecclesiasticos qui eam interrogabant et qui eam judicabant. Et ergo si pluries recusaverit se submittere isti Ecclesiæ, id est illis judicibus quos recusasse videtur pluries in processu reclamans majorum et specialiter summi pontificis judicium debet ipsa propter hoc censeri erronea vel hæretica mihi videtur utique quod non. Quod si arguatur contra hoc quod illi non intelligebant, cum peterent eam de submissione, nisi de Ecclesia universali sive de concilio aut romana de Ecclesia, jam responsum est prius quod ipsa semper se voluit submittere romanæ Ecclesiæ, scilicet domino nostro papæ et dominis cardinalibus.

Ex quibus omnibus pro mea opinione, salva semper meliori, concludo quod non mihi videtur dicta Johanna fuisse infidelis, non schismatica, non hæretica, tum quia ipsa bene sentiebat, quantum potest ex processu videri, de Ecclesia, de auctoritate romani pontificis cujus judicium pluries interpellabat, tum quia bene et reverenter sentiebat et loquebatur de sacramentis Ecclesiæ, de premio vitæ æternæ, de spe salutis animæ suæ quam devote requirebat a Deo et sanctis, tum quia nihil expresse videtur dixisse aut dogmatizasse in contrarium articulorum fidei aut sacræ Scripturæ quam expresse confessa est fuisse a Deo revelatam, super hoc quamvis satis impertinenter, ut videtur, interrogata. Et ut clarissime videatur quod non debuit tamquam hæretica judicari, sic ostendo quia in hæresi duo sunt : unum est error in intellectu, secundum est pertinacia seu defensio erroris in affectu. Ex his autem quæ dicta sunt apparet quod dicta Johanna non sentiebat de Deo et sacramentis impie sed fideliter et catholice. De summissione vero ad Ecclesiam, de qua videtur specialiter argui, responsum est quod non denegavit, quicquid dicatur in articulis universitati Parisiensi transmissis, et tamen multum equivoce de Ecclesia fuit interrogata modo pro concilio, modo pro papa et cardinalibus et cæteris prælatis, modo pro ipsis judicibus et clericis qui erant Rothomagi, et nihilominus, cum esset simplex nec teneretur de necessitate salutis, ut dictum est, scire acceptiones multiplices hujusmodi [verbi] *ecclesia*, nec etiam teneretur scire si ipsa aut aliquis catholicus deberet submittere omnia facta et dicta Ecclesia in genere exteriori judicio hominum, tamen mihi videtur quod inter tot et tantos scopulos absque offensione fidei navigavit et spem salutis quasi anchoras tenens fidem servavit. Nec per verba sua, ut mihi videtur, in aliqua dispositione a fide capi potuit. De pertinacia vero, in affectu, ut mihi videtur, non potuit judicari, quia quantumcumque mansionem in suis dictis aut factis haberet, ipsa sæpius obtulit corrigi tam per papam quam per clericos aut etiam per Ecclesiam cui se submisit, « Deo, inquit, prius servito. » Errans enim aliquis, quantumcumque erret etiam contra fidem, non est censendus pertinax neque hæreticus si paratus sit corrigi per eum vel eos ad quos spectat. Illa autem sola est legitima correctio et sufficiens qua aperte et manifeste ostenditur erranti quod assertio sua catholicæ obviat veritati, ita quod si sit de manifestis in fide ad quæ omnes quantumcumque simplices tenentur, talis sic correctus post correctionem et instructionem sufficientem esset inexcusabilis, sed si esset de aliquibus subtilibus non omnium sed virorum solum doctorum judicio et extimatione eruditorum in lege et scripturis contradicerent alicui veritati catholicæ. Dummodo simplex persona sicut ista Puella se referret judicio sanctæ Romanæ Ecclesiæ et diceret in generale nihil asserere velle contra fidem christianam quemadmodum dicebat dicta Johanna, talis non deberet dici pertinax et per consequens nec hæreticus : hoc habetur expresse C. « Qui sententiam suam quamvis falsam atque perversam nulli pertinaci animositate defendunt nequaquam sunt inter hæreticos deputandi »[1]. Et sunt verba beati Augustini qui declarat ibidem quod hæreticus est qui alicujus temporalis commodi et maxime vanæ gloriæ principatusque sui gratia falsas ac novas opiniones vel gignit vel sequitur. Patet autem per processum et satis, ut videtur, ostensum est cum diceremus supra de fine et intentione ejus quod non commodum temporale neque vanam gloriam, sed bonum regis et regni Franciæ. Quocirca meo judicio et secundum meam opinionem non debuit hæretica judicari et per consequens de relapsu aut tamquam in hæresim relapsa minime condemnari.

Quamvis autem a crimine infidelitatis aut hæresis, quantum videre possum ex dictis et responsis suis, merito sit excusanda, imo non culpanda, non tamen propter hoc volo eam ab omni alio peccato vel delicto quasi sancta fuerit aut innocens excusare, quin ipsa in tam arduis negotiis implicata potuerit offendere aut peccare, sive omittendo sive committendo sive verbo sive opere sive etiam cogitatione de qua solus Deus judex est. Nam et sanctæ quidem et mulieres in Scriptura laudantur pro bono affectu quem habebant ad liberandum populum Dei, sicut Debora, Jahel, Judith, non tamen excusantur quin aliqua vituperabilia et mala perpetraverint : unde *Judicum* cap. IV, de Jahel quæ interfecit Sisaram quædam habentur laudabilia et quædam vituperabilia, super quo dicit magister Nicolaus de Lira quod mulier Jahel in hoc fecit rem licitam et meritoriam quod interfecit Sisaram qui opprimebat populum, licet illa immiscuerit aliqua illicita, scilicet quasdam falsitates in signis et in verbis quibus ostendebat se velle protegere Sisaram cum tamen intenderet eum occidere : unde sicut membrum illius populi et communitatis

---

[1] *D. Grat.* G. XXIV, 3.

habuit titulum justum interficiendi eum. Similiter Judith commendatur de magno affectu quem habuit ad liberationem populi Israel de manu Holofernis, non autem de mandatiis quæ dicit in conspectu ejus, ut habetur in libro Judith. Sic forsan dicere possum de ista Johanna Puella quæ pars erat et membrum regni Franciæ, quod justum titulum ipsa habuit et omnes utriusque sexus regnicolæ defendere regnum et depellere hostes opprimentes regni communitatem et laudanda ut fortis mulier quæ misit manum suam ad fortia specialiter et maxime ubi nullum finem habuisse videtur quam succurrere regi et bonis gentibus oppressis. Nullum enim bellum potest dici justius cum ad hunc finem auctoritate publicæ potestatis exercetur. Quid ergo si de præscripto Dei mandato et per multas et frequentes ammonitiones et non se ingerendo fecerit. De hoc quidem laudanda videtur quamvis in modis agendi aut aliis suis dictis vel factis aut signis potuerit forsan deficere, nec ob hoc ad fidei judicium trahi debuit, et per consequens neque tamquam hæretica condemnari.

Finaliter autem si in modo judicandi vel procedendi contra dictam Johannam error aut defectus aliquis intervenerit, remitto ad dominos juristas : hoc tamen circa hoc dixerim quod suspecti et inimici judices esse non debeant, et ipsa ratio dictat et plurimis probatur exemplis. Ipsa autem Johanna per seriem processus recusavit præfatum dominum episcopum Belvacensem ut incompetentem et suspectum. Et quia etiam ipsa detinebatur in castro Rothomagensi, carcere privato, manibus laicorum et capitalium hostium suorum qui eam in compedibus ferreis et dure illam tractasse videntur per processum, custodientes eam et vinculis eam alligantes quasi captam et prisonnariam in bello. Et sic mihi videtur ex circumstantiis tactis in processu quod ipsa tractabatur quasi hostiliter, minus vero caritative et judicialiter. Unde dicit Calixtus papa et habetur 3 quæst. 5 [*Decr. Grat.*] accusatores suspecti vel testes non recipiantur in judicio, scilicet nec familiares nec de domo adversarii prodeuntes. Quanto minus accusata persona debet tradi custodiæ aut carceribus suorum adversariorum mancipari maxime laicorum in causa fidei quæ est gravissima et maxime spiritualis et ecclesiastica.

Quod circa mihi videtur ex inspectione processus et sententiæ, consideratis omnibus, et, quantum parvitas intelligentiæ meæ potuit circa prædicta et eorum circumstantias attendere, quod, propter allegatas rationes, peccat dictus processus tam in materia quam in forma. Præsertim opinio mea est quod non debuit tanquam infidelis, schismatica aut hæretica condemnari. Hæc autem omnia quæ superius probabiliter et pro mea opinione, instantissime requisitus, dixi aut scripsi, ego Robertus Cybole, humilis sacræ theologiæ professor, cancellarius et canonicus Parisiensis ac Ebroicensis, submitto correctioni et emendationi ac determinationi sacro sanctæ sedis apostolicæ, adhærendo protestationi per me factæ a principio hujus tractatus seu schædulæ, manu propria scriptæ, et signo meo signatæ in testimonium qualiscumque opinionis meæ.

Actum Parisiis, in claustro beatæ Mariæ et in domo habitationis meæ, anno Domini MCCCCLII (1453) die secunda mensis januarii :

Sic signatum : Robertus Cybole.

XIV

RECOLLECTIO JOHANNIS BREHALLI[1]

SEQUITUR RECOLLECTIO F. JOHANNIS BREHAL, CONTINENS NOVEM CAPITULA CIRCA MATERIAM PROCESSUS ET DUODECIM CIRCA FORMAM EJUSDEM

SECUNDUM philosophum, lib. secundo *Metaphysicæ*, unum quodque sicut se habet ad esse, ita et ad veritatem ; ob quod, sicut unaquæque res naturali instinctu appetit esse et conservari inesse, sic et naturali impetu inclinat ad veritatem ; et permaxime creatura rationalis, quia perfectio seu intellectus est verum ; falsum vero est quoddam malum ejus. Unde et quæcumque opinio falsa intellectum hominis occupet, ei tamen proprie non assentit, nisi in ratione veri. Quod sic in decimo libro *Confessionum* [cap. 23], deducit beatus Augustinus : « Sic amabilis est veritas ut

---

[1] Quicherat (t. III, p. 333) a donné *in extenso* l'ordonnance par laquelle Jehan Bréhal fut chargé par le cardinal d'Estouteville légat du Pape, de composer ce résumé des avis doctrinaux des docteurs du procès de réhabilitation.

Quant à la compilation elle-même, il s'est contenté d'en donner quelques passages. Nous la reproduisons dans son intégralité d'après le mst 5970 de la Biblioth. nationale, folios 175 à 202.

« quicumque aliud amant, hoc quod amant velint esse veritatem;
« nam et falsi nolunt convinci quod falsi sint ; itaque propter eam
« rem, oderunt veritatem quam pro veritate amant. Amant eam lu-
« centem, oderunt eam redarguentem. Quia enim falli nolunt et
« fallere volunt, amant eam quum se ipsam indicat, et oderunt eam,
« quum eos ipsos. Inde retribuet eis, ut qui se ab ea manifestari
« nolunt, et eos nolentes manifestet et eis propterea non sit mani-
« festa. » Quibus sane enunciata plerumque odium parit, et eam
prædicans ipsis fit inimicus. Eadem itaque ratione qui amat veritatem et expugnat seu reprobat oppositam falsitatem, quia ejusdem
et unum contrariorum prosequi et aliud repellere, sicut medicina
quæ sanitatem inducit, ægritudinem excludit. Quod tamen de amore veritatis dictum est, hoc quidem secundum naturalem ordinem
humanæ mentis accipiendum est ; quoniam, ex perversa voluntatis
de ordinatione contingere potest ut quis in opinione sua aut judicio
rectus et verax cupiat videri, qui tamen quod iniquum est aut falsum ultro amplectitur, et per sophisticas ratiocinationes falsitatem
et injustitiam prosequitur. Quod equidem plurimum vituperabile
est, ut *Supra Marcum* Beda ait, sic inquiens : « Qui veritatis et cari-
« tatis jura spernunt, Deum utique, qui caritas et veritas est, pro-
« dunt maxime quum non infirmitate vel ignorantia peccant, sed
« infidelitate ; inde quærunt opportunitatem qualiter, arbitris ab-
« sentibus, mendacio veritatem et virtutem crimine mutent. » Et
allegatur in canone « Abiit », Caus. xi, quæst. 3. Unde quia in judice et doctore potissimum debet veritas irrefragabiliter inveniri,
idcirco summum ex eo infertur detrimentum si judicio iniquitas

Elle se trouve encore plus ou moins complète dans le n° 9790 f. lat.,
(fol. 84), dans le m[st] de D'Urfé, dans le 17012 nouv. f. latin etc.
Voici ce que dit de ce mémoire, M. Marius Sepet : « La recollection de
« Jean Bréhal est un examen consciencieux et minutieux, d'après les prin-
« cipes de la théologie et du droit canon, des accusations portées contre
« Jeanne, et de la procédure suivie contre elle. Beaucoup trop déprecié
« par M. Quicherat, qui n'estimait pas à sa juste valeur l'importance des
« sciences sacrées dans leurs rapports avec la science historique — quoi-
« que cette importance ressorte, surtout dans un sujet tel que l'histoire
« de Jeanne d'Arc, — ce traité fait un très grand honneur au savant do-
« minicain qui l'a composé, et mériterait d'être étudié d'une façon plus
« approfondie qu'il ne semble l'avoir été jusqu'à présent, et que nous ne
« pouvons aujourd'hui le faire nous-même. » (M. Sepet, *Jeanne d'Arc*,
Tours 1885, p. 475).

aut doctrinæ falsitas admisceatur. Quod ubi constiterit, nulla profecto dissimulatione transigi seu prætermitti debet, ut in canone « Quisquis » causa XI, quæst. 3, et can. « Nemo », ac in eadem quæstione, fere per totum. Unde et philosophus in libro Elenchorum distinguit duo esse opera sapientis, scilicet : veritatem dicere de quibus novit, et mentientem seu veritati repugnantem manifestare.

Propterea, cum eodem Aristotele sanctum existimans in omnibus perhonorare veritatem, suppositis tamen ac præmissis debitæ humilitatis protestationibus atque submissionibus, præsertim sacrosanctæ Sedis apostolicæ, cui universa dicta aut qualitercumque descripta obedientissime subjicio emendanda, et salvo præterea cujuslibet melius sentientis judicio : videtur mihi in causa olim contra Johannam dictam *la Pucelle* mota, deducta et conclusa, veritatem in duobus supra dictis satis evidenter et enormiter fuisse læsam ; videlicet in justitia, quoad prætensos judices ; et in doctrina quoad deliberantes, consulentes et alios coassistentes. In toto itaque decursu rei veniunt duo in genere consideranda, videlicet supra quid illi judicantes se, ut procederent, fundaverunt ; et deinde quatenus in procedendo atque concludendo seu diffiniendo se habuerunt : ita quod primum horum materiam processus concernit ; reliquum vero formam seu ordinem ejusdem. Circa autem hæc duo puncta præsens qualecumque consilium sigillatim ac distincte versabitur.

Primum vero punctum novem capitula habebit, ea ponendo secundum verba adversariorum.

Primum, quod Johanna frequenter spirituum corporales visiones seu apparitiones habuit, ut dixit.

Secundum, quod multas revelationes et consolationes ab eisdem spiritibus se accepisse asseruit.

Tertium, quod aliqua futura contingentia prænuntiare seu prædicere visa fuit.

Quartum, quod illis spiritibus apparentibus et ipsam alloquentibus sæpe reverentiam exhibuit.

Quintum, quod a patre et matre non licentiata clanculo recessit.

Sextum, quod habitum virilem diu portavit, comam amputavit et arma gestans bellis se immiscuit.

Septimum, quod multa verba temeritatis et jactantiæ, ut videtur, protulit.

Octavum, quod judicio militantis Ecclesiæ se dictis suis se submittere recusavit.

Nonum, quod post abjurationem seu revocationem, virilem habitum, ab ea dimissum, resumpsit, et apparitionibus ac revelationibus suis, quibus publice renuntiaverat, iterum adhæsit.

PRIMUM CAPITULUM

De visionibus et apparitionibus quas Johanna prætendit se habuisse.

De istis namque visionibus et apparitionibus, an bonæ vel malæ sint, non est facile dijudicandum. Sunt enim secreta mysteria Dei, ut tangitur in glossa super illo verbo « Veniam an visiones et revelationes Domini » (Ad Corinthios II, 12, 1). Nam et ipse Paulus apostolus, spiritu sancto plenus, non potuit, ut homo, secreta divini consilii agnoscere, ut patet in can. « Beatus » caus. XXII, quæst. 2. Et Danielis II legitur : « Est Deus in Cœlo revelans mysteria. » Verumtamen quia in hac causa de qua hic agimus, constat super ipsarum visionum reprobatione publicum et diffinitivum datum fuisse judicium, ideo non pudebit ex opposito aliquid de eis probabiliter pertractare ; sciendum itaque quod actionis humanæ bonitatem moralem habent potissime ex fine a quo dependent. Omne autem quod ordinatur ad finem oportet esse proportionatum fini. Actus autem proportionatur fini, secundum commensurationem quamdam quæ fit per debitas actionis circumstantias. Ideo de his apparitionibus pro meo captu loquendo quatuor potissime quæ illas circumstant videntur attendenda, videlicet tempus, locus, modus et exitus seu finis. Tempus autem, quo ipsa Johanna visionem primo habuit, juxta suas assertiones fuit dum adhuc tenellæ ætatis esset, videlicet tredecim annorum. Quæ siquidem ætas in proposito isto ex proprietate ipsius numeri tamquam commendabilis ponderanda videtur. Nam tridecim est tribus et decem resultat ut per tria beatissimæ trinitatis fides, per decem vero Decalogi perfectio intelligatur. Equidem ista duo ad divinas visitationes maxime disponunt. De primo enim habetur sapientiæ primo : « Apparet Dominus his qui fidem

habent. » De secundo autem, Johannis xiv « Si quis diligit me, ser-
« monem meum servabit » sequitur. Ad eum veniemus et mansionem apud eum faciemus. Præterea ista est ætas in qua communi
lege seu etiam ordine naturæ puella liberum rationis arbitrium et
usum assequitur, ita quod deinceps secundum jura tamquem pubes
effecta in electione propositi constituitur ut de se melius atque
salubrius disponat neque in eo parentum imperium ulterius sequi
cogitur ut in C. « Puellæ », xx, quæst. 1. Unde et in hac circiter ætate
secundum Ieronimum beata virgo pontifici et parentibus affirmavit
se virginitatem devovisse eoque tempore vel prope ab angelo Ga-
briele visitari atque mirifice salutari necnon et Dei præsentia inef-
fabiliter sublimari promeruit. In hoc etiam recte annorum ævo plures sacras virgines reperimus nuptias contempsisse, angelorum miras et gratas visitationes ac consolationes habuisse deoque soli et
regi Christo adhesisse ut Agnes, Prisca, Christiana et aliæ quam-
plurimæ Deo dedicatæ virgines. Hoc denique pubertatis tempore
propheta Daniel videtur fuisse illustratus et Johannes evangelista
nubere volens a Christo vocatus et ad apostolatum assumptus : qui
ambo miras, ut in eorum scriptis patet, cœlestes habuerunt visiones.
Idcirco etsi aliquatenus mirum eo quod rarum, minime tamen absurdum reputari debet quod hæcu Puella electa illo adolescentiæ suæ
ævo visiones desuper habuerit, præsertim cum a parentibus suis
utique honestis et probis multa de ejus pueritiæ moribus laudabilia
sane ac devota fuerint attestata. De horis autem quibus asserit se
has visiones accepisse non facio ad præsens magnam vim eo quod
Dei providentia semper mirifice operans et sub cujus ordine hujuscemodi apparitiones cadunt nullis momentorum aut horarum desi-
gnationibus coortatur quamvis forte non careat misterio, quod eas
communiter habuit mane, hoc est hora missæ, in meridie et in
vesperi hora complectorii potissimum, ut dixit, dum cantabatur
« Salve regina ». Hæc enim horæ divinis laudibus ex ecclesiastica
institutione præ cæteris coaptantur, juxta illud Psalmi vespere mane et meridie narrabo et annunciabo, etc. Prima etiam vice, prout
asseruit, visionem habuit hora meridiana in fervore diei, cujus simile legitur de Abraham, Genesis xviii, in quo secundum doctores
fervor et affectus boni desiderii ostenditur. Sed præcipue in hac re
attendendum puto quod ille summus omnium rerum sapientissimus
et clementissimus provisor Deus, qui in sua potestate temporum

momenta quibus ad nutum universa dispensat, posuit, tunc ipsi
Puellæ earum visionum consolationem voluit dare, quando hostilis
et semper inimica Francis gens Anglorum suæ ferocitatis extremæ
supercilium erigebat. Et rex christianissimus Karolus ac percelebre
regnum Franciæ turbini guerrarum, ut credebatur, prope irreme-
diabiliter succumbebat, anno videlicet M CCCC XXIX, cum, universo
regno fere desolato et Gallorum quasi omnium animo prostrato Aurelianis inclita civitas vipereo exercitu districtissime circumtenere-
tur obsessa. De quo quidem tempore, asserunt nonnulli venerabilem
Bedam longe ab ante sic pronuntiasse:

> Vivæ vi chalybis ter septem se sociabunt
> Gallorum pulli tauro nova bella parabunt.
> Ecce beant bella, tunc fert vexilla puella[1].

Nam consueto more intelligendo per *i* unum, per *v* quinque, per
l quinquaginta, per *c* centum, per *m* mille, et in supputatione bis
repetendo illam dictionem Chalybis inveniuntur recti anni præscripti quibus ipsa Johanna his admonitionibus seu apparitionibus
inducta, ad regem venit et regno succurrere efficacissime laboravit.
Subduntur vero *ter septem*, hoc est XXI anni : Quod quidem tempus
est in quo, largiente Deo et ipsa electa Puella cooperante regi glorioso Carolo septimo, adversus Anglicos hostes in reductione Normanniæ et oppugnatione Aquitaniæ, semper cessit victoria : unde
ipse pius adjutor Deus in tribulatione tunc clementer et in opportunitate succurrit quando maxime et ad extremum sibi necesse fuit;
sicuti populo Israelitico de salute desperanti in Bethulia crudeliter

---

[1] D'après Quicherat ces vers ne seraient point de Bède et ne se trouve-
raient point dans ses œuvres.

Dom Calmet dans son *Histoire de Lorraine*, preuves t. II, col. 202, les
rapporte pourtant, mais il donne au premier vers cette forme inintelli-
gible : *Bis sex cuculli bis septem se sociabunt.*

Notre m[st] 5970 porte : *Vi cum vi culi bis ter septem etc.*

Comme le vers est un chronogramme, ainsi que le dit fort justement
Quicherat, *vi cum vi* amènerait deux chiffres trop fort pour le millésime
voulu, c'est pourquoi nous adoptons la correction du savant collecteur
VIVæ VI ChaLybIs ter septeM se soCIabunt, c'est-à-dire MCCCCXXIX, en
additionnant les lettres numérales et en doublant la somme fournie par
Chalybis, ainsi que Bréhal le recommande trois lignes plus bas.

obsesso, concessa est probissima Judith in summo necessitatis articulo ut eum ab oppressione cui succumbebat liberaret; Judith VIII et XIII ac cæteris intermediis capitulis. Quibus clare patet quoniam fortiora mundi per infirma Deus confundit et quod « Infirmum est Dei fortius est hominibus » primæ *ad Corinthios* primo quodque « de Cœlo est fortitudo » primi *Machabeorum* III, quod « Non salvatur rex per multam virtutem » in psalmo, et denique quod « Regnorum et principatuum in Deo est universa dispositio » Danielis IV.

Porro attendendus est harum visionum locus. Quæ quidem circumstantia etsi parum facere videatur ad veritatem hujusmodi apparitionum comprobandam, tamen quia in processu ab adversariis ponderatur sumentibus forte occasionem quia ab Aristotele in tertio *Ethicorum* et a Tullio in *Rhetorica* locus inter circumstantias annumeratur ; et etiam beatus Thomas prima secundæ, quæst. VII, art. 4, dicit quod locus et tempus circumstant actum per modum mensuræ extrinsecæ. Ideo advertendum quod quamvis, ut Chrisostomus ait super illo verbo Johannis III, « Spiritus ubi vult spirat » si ventum nullus detinet sed quo vult fertur multomagis actionem spiritus naturæ leges detinere non poterunt, tamen ex quo consulentes in causa hoc ponderant, potest utique et a nobis ex opposito ponderari. Nam reperitur quod prima vice Johanna visionem habuit in horto patris sui, aliis autem vicibus nunc in campo, nunc in domo, nunc in via, nunc in carcere, ut patet in processu. Quæ omnia convenientia sunt. Nam et Christo apparuit Angelus in horto, *Luce* XXII; similiter et mulieribus, *Johannis* XIX, *Mathei* XXVIII et *Marci* ultimo ; Abrahæ vero et Loth in tabernaculo et hospitio, *Genesis* XVIII et XIX ; Agar ancillæ apparuit in solitudine, *Genesis* XXXII ; David regi juxta aream seu ornam Jebusei, secundo *Regum* XXIIII et primi *Paralipomenon* XXI : Thobiæ juniori in via, *Thobiæ* V ; pueris in fornace, *Danielis* III ; Abachuch prophetæ eunti in campum, ibidem XIV; Joseph in lectulo, *Mathei* primo ; Zachariæ in templo, *Luce* primo ; Mariæ in thalamo, ibidem ; Petro in carcere et aliis apostolis *Actuum* V et XII, capitulis. Similiter in gestis sanctorum leguntur angeli boni nunc hic alibi indifferenter apparuisse, ideoque istud nullam inducit dificultatem. Sed multo magis attendendum esse puto locum unde ipsa originem sumpsit, ubi et primo etiam apparitiones habuit. Oriunda namque fuit ex confinibus regni Franciæ et ducatus Lothoringiæ, de vico aut villagio quodam dicto *Dompremy*, a parte ipsius regni constituto ; in quo, non longe a paterna domo ipsius Johannæ cernitur nemus quoddam quod vetusto nomine Canutum dicitur. De quo vulgaris et antiqua percrebuit fama ; Puellam unam ex eo loco debere nasci, quæ magnalia faceret, prout etiam in processu refertur. Ad quod videtur non parum suffragari id quod in historia Brut legitur, Merlinum vatem anglicum sic prædixisse[1] : « Ex nemore « Canuto puella eliminabitur quæ medelæ curam adhibeat, » et cætera quæ alibi subjicientur. Exstat et alia prophetia Eugelidæ Hungariæ regis filiæ, incipiens sic : « O insigne lilium roratum princi- « pibus, » etc. Sequitur « Sed a puella oriunda unde primum bru- « tale venenum effusum est [2]. » Quod quidem venenum quidam intelligunt rebellionem antiquam sive substractionem factam ab obedientia regis Franciæ ab incolis illius partis Galliæ quæ dudum Belgica dicebatur ; sed si hoc ita vel aliter intelligi debeat, relinquo perspicatiori ingenio et Francorum præclarissima gesta solertius perscrutanti. Illud vero Merlini dictum, per expressam illius nemoris designationem, clarum apparet et manifestum.

Modus præterea ipsarum apparitionum juxta dicta et asserta Johannæ diligenter considerandus est. Asserit enim visiones corporales spirituum frequenter accepisse et cum multo lumine, primaque vice a dextro latere versus Ecclesiam, non autem cito vel facili-

---

[1] C'est en vain, dit Quicherat, qu'on chercherait cette prédiction dans le roman de Brut, ou Wace s'est précisément abstenu d'introduire les prophéties de Merlin, ainsi qu'il en avertit ses lecteurs (Le Roux de Lincy t. I, p. 361).

> Dont dist Merlins les profesies
> Que vous avez souvent oïes
> Des rois qui à venir estoient.
> Qui la terre tenir devoient.
> Ne voil son livre tranlater,
> Quant jo nel sai entepetrer.

Quoique deux ou trois manuscrits du Brut que M. Francisque Michel a trouvés en Angleterre donnent en interpolation les prophéties traduites par un trouvère nommé Guillaume, on verra *infra* que c'est non pas de cette version, mais de l'opuscule de Geoffroi de Monmouth, intitulé *De prophetiis Merlini* qu'a été tiré le passage auquel il est fait ici allusion.

[2] La prophétie tout entière se trouve donnée *infra*, nous n'avons pu recueillir aucun renseignement sur son auteur : Eugelida fille du roi de Hongrie. Quicherat est aussi muet sur ce point.

ter illos spiritus discrevisse seu distincte cognovisse neque etiam statim autem leviter eis credidisse voces denique dulces et humiles et claras sæpe et intelligibiliter audivisse, nihilominus stuporem ac timorem magnum habuisse. Hæc quidem summa videtur esse assertionum Johannæ quo ad qualitatem et modum suarum apparitionum, ut ex processu constat. Sed certe omnia ista diligenter inspecta ad bonum potius quam ad malum retorqueri possunt. Pro quo notandum quod beatus Augustinus distinguit triplicem spiritualium substantiarum visionem. Una est intellectualis ac spiritualis omnibus aliis excellentior qua scilicet nec corpora nec corporum imagines videntur sed in rebus incorporeis et intelligibilibus mira Dei potentia intuitus mentis figitur. Ad hanc enim raptus est Paulus, secundum eumdem Augustinum, ut Deum in se non in alia figura aut speculo videret. Secunda est sensibilis et imaginaria quando scilicet aliquis Dei revelationem videt in extasi vel in somno rerum imagines aliquid significantes, ut Petrus vidit discum, *Actuum* x, et Johannes mirabilia, in *Apocalipsi*, et sic de aliis. Tertia est corporalis qua videlicet Deus ostendit corporaliter aliqua secreta aliquibus quæ tamen plerumque alii videre non possunt, ut quando Helyas raptus est vidit Helyseus currus ignitos, quarto *Regum* II, et Balthazar manum scribentem in pariete, *Danielis* v, et has apparitiones faciunt spiritus in corporibus assumptis et ab eisdem formatis. Quod quidem facile eis est quia cum spiritualis creatura sit superior omni natura corporali, oportet quod omne corpus sibi obediat ad motum non tamen quo ad informationem, sed præsertim quoad nutum localem. Unde omnes hujuscemodi apparitiones de quibus fit mentio in sacra Scriptura aut etiam in quacumque historia, sive sit apparitio mediantibus Angelis facta, sive angelorum ipsorum, semper factæ sunt in formis seu figuris corporalibus, ut in tertio libro *de Trinitate* beatus Augustinus dicit, qui præterea in quodam sermone introducit beatam virginem de apparitione Angeli ita loquentem : « Venit ad me Gabriel archangelus facie rutillans, veste coruscans, incessu mirabilis. » Ista autem nonnisi ad visionem corporalem referri possunt. Objicitur tamen contra ipsam Johannam quod nonnulla de suis apparitionibus asserit quæ proprietati spirituum præsertim bonorum non videntur convenire, ut est quod sancti Michaelis et sanctarum sibi apparentium vidit capita coronata pulchris coronis et multum opulenter. De brachiis vero aut aliis membris figuratis, de capillis et vestibus etiam et de statura dicti sancti Michaelis expresse interrogata nihil respondere voluit, imo potius se nescire astruxit. Quod quidem absurdum videtur ut videlicet illos sic frequenter viderit, quinimo familiariter eos amplexando, ut affirmat tetigerit et tamen figurales ipsorum partes distinctæ non perspexerit. Ad hoc dicitur quod licet ex vitio compositorum articulorum reperiatur sibi fuisse objectum et impositum quod asserit spirituum ei apparentium capita vidisse, tamen numquam in assertis per eam istud reperitur, videlicet quod capita, sed potius quod faciem viderit. Et hoc consonat qualitati apparitionum quas sacra Scriptura commemorat in quibus de sola visione faciei communiter refertur, ut patet de Jacob qui, postquam cum Angelo diu luctam habuisset, ait : « Vidi Dominum facie ad faciem » *Gene sis* xxxii. Et Gedeon post multa cum Angelo sibi apparente gesta dixit : « Vidi Angelum Dei facie ad faciem « *Judicum* vi, cum multis similibus. Est autem facies pars superior corporis et elegantior quæ sapientiam designat, ut habetur *Proverbiorum* cap. xvii. In apparitionibus vero istis sapientiæ divinæ misteria dispensantur. De aliis autem membris et partibus necnon de aliis particularibus circumstantiis investigare plus vanum et curiosum quam utile aut fructuosum videtur, cum Scripturæ sacræ vel quæcumque historiæ superflua hujusmodi non commemorent. Nam, ut ait sanctus Doctor in secundo libro *Sententiarum* scripto, dist. VIII, art. 2, cum in corpore assumpto angelus se visibilem offert, sufficit ut appareant aliquæ proprietates visibiles invisibilibus ejus proprietatibus congruentes ut quando apparet in forma hominis vel leonis et hujusmodi per quorum proprietates intelliguntur aliquæ virtutes spirituales angelorum.

Quantum vero ad finem apparitionis angelorum sufficit ut proprietates corporis assumpti sint in eo secundum similitudinem tantum. Quo autem ad coronas et alium pulchritudinis, ornatum nihil absurdum Johanna inducit. Videantur enim sanctorum gesta et multa similia imo et mirabiliora plane invenientur, ut de beata Agnete cum choro virginum miro ornatu fulgentium parentibus ad tumulum ejus vigilantibus apparente, de beata Cecilia duas coronas ex rosis et liliis implexas per manus Angeli suscipiente et sic de aliis similibus quasi infinitis. De familiaritate præterea et amplexibus nihil a veritate aut a recta ratione alienum in dictis ejus apparet, ut brevitatis causa quædam pauca, sed tamen authentica et multo mirabiliora propter hoc exempla adducamus. Quis enim non magis miretur gratissimam Angelorum cum Abraham et Loth familiaritatem, apud eos ut puta more peregrinorum domestice hospitando et ut commensales peculiariter comedendo, *Genesis* xviii et xix, cum Jacob magno temporis spatio certatim luctando et tandem femur ejus ita ut aridum seu marcidum fieret contrectando, ejusdem *Genesis* xxxii, cum Gedeone humanissime fabulando et mirandum sacrificium injungendo, *Judicum* vi, cum Tobia juniore sodaliter peregrinando, Tobiæ a capitulo vi usque ad xiii, et sic de multis similibus in sacra Scriptura et gestis sanctorum diffuse enarratis. Nec quempiam moveat quotidiana spirituum apparitio quam Johanna refert, quin omnino simile habetur de Tiburtio in legenda beatæ Ceciliæ. Addit proinde quod semper cum multo lumine eas visiones habuit, quod nimirum ad illarum approbationem benefacit. Lumen enim acceptum secundum communem usum loquendi ad omnem manifestationem extenditur, ut ait Apostolus *ad Ephesios* vi, ideo proprie in spiritualibus dicitur, secundum beatum Thomam prima parte, quæst. lxxvii, art. primo. Et beatus Augustinus III *super Genesim* ad litteram, dicit quod in spiritualibus melior et certior lux est propterea « Angeli lucis » dicuntur boni spiritus, secunda *ad Corinthios* xi, econtra vero maligni ac reprobi tenebrarum principes potestates atque rectores vocantur, *ad Ephesios* vi. Idcirco claritas circumstans boni angeli apparentis indicium est præsertim hoc tempore gratiæ revelatæ. Dicit enim Beda super illo verbo Lucæ primo « Claritas Dei circumfulsit illos. » Hoc privilegium recte huic tempori servatum est quando exortum est in tenebris lumen rectis corde. Sic enim apparuit Paulo in sua conversione et Petro in carcere, *Actuum*, cap. ix et xii. Cæterum id quod dicit se prima vice potissimum vidisse Angelum a dextro latere versus ecclesiam utique nonnisi ad bonum retorqueri potest, nam *Ezechielis*, cap. x, legitur : « Cherubin stabant a dextris domus « ubi glossa » ut sanctæ supernæque virtutes dextram partem domus Dei tenere videantur, illæ autem quæ mittuntur ad supplicia, de quibus dicitur [immissiones per angelos malos sinistras partes, boni namque a dextris collocantur, » ut patet *Mathei* xxv. Habetur etiam Marci ultimo quod mulieres viderunt juvenem angelum sedentem a dextris et plurimum expresse Luce primo dicitur « Apparuit Angelus Domini stans a dextris altaris incensi, » super quo verbo dicunt Ambrosius et Beda : « Ideo apparuit a dextris quia signum divinæ misericordiæ præferebat scilicet prospera nuntiando et cœlestis doni gaudium quod per dexteram designatur. » Quod denique illos spiritus non cito cognoverit aut discreverit, profecto et humanæ conditionis seu infirmitatis ac religiosæ gravitatis indicium fuit : humanæ quidem conditionis quia, ut dicit sanctus Doctor 2° scripti, dist. x, art. primo, apparitiones visibiles angelorum eo quod sunt supra cursum naturæ stuporem quemdam incutiunt et quodam modo ad consensum violenter inducunt in quo perit aliquod bonum hominis quantum ad conditionem naturæ quod est inquisitio rationis. Unde idem ait, eodem scripto, dist. viii, art. iii. « Non est, inquit, inconveniens quod Abraham in principio latuerit eos esse angelos quibus cibos apposuit quamvis illos postea et in fine cognoverit, » nam et Gedeon post solum multa gesta et indicia Angelum cognovit « Ibi videns Gedeon quod esset angelus Domini, etc. » *Judicum* vi. Similiter et multum expresse de eo qui apparuit parentibus Samsonis ubi post quædam habetur statim intellexit Manue Angelum Dei esse, glossa « Quem prius credebat hominem » *Judicum* xiii. De Petro etiam in carcere visitato per Angelum legitur *Actuum* xii, nesciebat quia verum esset quod fiebat per angelum et post pauca ad se reversus ait : « Nunc scio vero quia misit Dominus angelum suum, etc. Unde et Johanna dixit quoniam ter audivit et vidit priusquam cognosceret, cui plene consonat illud quod habetur de propheta Samuele, primi *Regum* ii. Et simile contigit presbytero Luciano in inventione reliquiarum sancti prothomartiris Stephani. De tarditate vero credendi et difficultate discernendi nil aliud existimari debet nisi quod istud sinceræ religionis gravitatem continet. Nam prima *Johannis* x, dicitur « Nolite omni spiritui credere, sed probate an spiritus ex Deo sint. »

In processu autem Johannæ ipsa tres vias assignat quibus illos spiritus potuit deinceps discernere : primo quia illam salutabant ; secundo quia eam gubernandam acceperant ; tertio quia ei expresse se nominabant.

Primum namque istorum, quidquid ab aliquibus sentiatur, bono angelo vel spiritui non derogat, nam Angelus salutavit Gedeonem dicens : « Dominus tecum, virorum fortissime » *Judicum* vi, Raphael Tobiam et parentes ejus, *Tobiæ* xii, Danielem angelus suus, *Danie-*

lis x, Mariam archangelus, Luce primo. Quinimo legimus Deum aliquos salutasse, ut Gedeonem, ubi prius *Judicum* vi, mulieres eum querentes, *Mathei* ultimo et discipulos suos, *Johannis* xx.

Denique potuit ex secundo cognoscere, scilicet ex gubernatione seu directione. Sic enim Petrus Angelum cognovit qui eum a carcere liberavit et extra custodias militum et quæquæ pericula eduxit, *Actuum* xii. Nam scriptum est « Spiritus tuus bonus deducet me in terram rectam, » glossa « Non malus spiritus qui ducit in terram perversam. »

Ex tertio etiam agnoscere angelum potuit vel spiritus ei apparentes quia se ei nominabant, quoniam sic angelum Jacob cognovit, *Genesis* xxxii, similiter Manue pater Samsonis *Judicum* xiii, ad idem Tobias junior et parentes sui, *Tobiæ* xii, ac etiam Zacharias sacerdos, Luce primo. Quatenus autem ipsa Johanna illos spiritus discernendo agnoverit signa efficatiora, ut patebit, aliunde tradit. Asseruit præterea voces dulces, claras ac intelligibiles audivisse, quod quidem malignis spiritibus nullatenus convenit. Nam de diabolo scriptum est, *Job* xl. « Numquid loquetur tibi mollia » quasi dicat non. Intelligibiliter enim aut clare dæmones loqui non solent, ut in practica inquisitionis reperitur ex confessionibus eorum qui dæmones consulunt et ab eis responsa accipiunt. Quinimo rauce, dissone ac secundum Augustinum involute, captiose et obscure ut si verum non dicant possint etiam sub mala interpretatione obscuri verbi auctoritatem suam apud cultores suos retinere, et habetur in Canone « Sciendum [1]. » Ad quod pro parte Johannæ bene facit illud quod asserit, videlicet quod nunquam illas voces in duplicitate reperit quod certe boni spiritus evidentissimum signum est. Malus enim angelus spiritus mendacii vocatur tertio libro *Regum*, ultimo, et *Johannis* viii, dicitur « Cum loquitur mendacium, ex propriis loquitur quia mendax est. » Neque præmissis obstat illud quod addit quod voces illæ loquebantur gallicum et non anglicum, quia hoc referendum est non ad proprietatem spiritus loquentis, sed potius ad descensum pro capacitate audientis, secundum quam proportionari oportet actum spiritus apparentis, ut vult beatus Dionisius primo capitulo *Cœlestis ierarchiæ*. Sciendum tamen, secundum beatum Thomam, secundo scripto, dist. viii, art. iv, in fine, quod loqui

---

[1] *D. Grat.* C. XXVI, 4, 2.

proprie est per formationem vocum ex percussione aeris respirati et determinatis organis ad exprimendum conceptionem intellectus. Et ideo locutio corporalis Angelis proprie in corporibus assumptis convenire non potest, secundum completam significationem cum non habeant vera organa corporalia, sed est ibi aliqua similitudo in qua tamen angeli intelligunt et intellectum exprimunt, quibus sonis qui proprie non sunt voces sed similitudines vocum, sicut etiam quædam animalia non respirantia dicuntur vocare, ut habetur in 2º *De anima*. Intentiones autem intellectæ ab angelo efficiuntur nullis sonis, non quidem eædem numero sed secundum similitudinem significationis per motus determinatos ab intelligentia, sicut similitudo artis in mente existens efficitur in materia ut domus et hujusmodi.

Subinfert denique Johanna quod in primitivis suarum visionum magnum stuporem ac timorem habuit quod siquidem boni spiritus est evidens signum. Nam primo aspectu terrorem quemdam incutit, unde Chrysostomus « Non potest homo, quantumcumque sit justus, absque timore cernere Angelum, » unde et Zacharias aspectum non tollerans præsentiæ angeli nec fulgorem illum valens sufferre turbabatur; et Beda dicit « Nova quippe facies humanis se obtutibus præbens turbat mentem animumque consternat. » Hujus vero duæ causæ assignantur : una in glossa super Lucam in qua dicitur quod hæc est infirmitas humana ex prima corruptione exorta quod non sustinemus angelicam visionem ; unde Gregorius « In quantam miseriam cecidimus qui ad bonorum angelorum præsentiam formidamus. » Secunda ratio assignatur a beato Thoma in tertia parte, quæst. xxx, art. III, dicente quod ex hoc ipso quod homo supra seipsum elevatur quod ad ejus pertinet dignitatem, pars ejus inferior debilitatur, ex quo venit turbatio prædicta, sicut calore naturali ad interiora reducto, exteriora tremunt ; unde Ambrosius, super Lucam « Perturbamur et a nostro alienamur affectu quando perstringimur alicujus potestatis superioris occursu. » Nam et visione angelica Ezechiel cecidit. *Ezechielis* II, « Vidi et cecidi in faciem meam. » Daniel debilitatem incurrit, *Danielis* x. « Vidi et non remansit in me fortitudo. » Zacharias turbatur, Lucæ primo « Zacharias turbatus est videns et timor irruit super eum. » Beata virgo verecundatur ibidem « Cum audisset, turbata est, » id est verecundata, secundum Bernardum. Et hoc contingit non solum in corporali, sed etiam in imaginaria visione, nam *Genesis* xv, dicitur : « Sopor irruit super Abraham et horror magnus et tenebrosus invasit eum. » Sed proinde bonus angelus postquam terruit in principio, confortat in medio : unde Origenes super Lucam : « Angelus apparens sciens hanc esse humanam naturam primum perturbationi humanæ medetur, » unde tam Zachariæ quam Mariæ dixit : « Ne timeas. » Hoc autem ipsi Johannæ contigisse manifestum est ex processu, ubi frequenter testatur se semper a spiritibus ei apparentibus magnas confortationes in suis necessitatibus habuisse, quod quidem bonum angelum fuisse indicat, secundum illud Athanasii in vita beati Antonii magni heremite : « Non est difficilis bonorum spirituum malorumque discretio. Si enim post timorem successerit gaudium, a Domino sciamus venisse auxilium, quia securitas animæ præsentis majestatis indicium est. Si autem incussa formido permanserit, hostis est qui videtur. » Demum vero ipse spiritus bonus timore illo quem veniens incusserat per submissam confortationem penitus excusso, in maxima jocunditatis atque securitatis consolatione personam cum recesserit, dimittit. Et iste est exitus seu finis in his apparitionibus, ut præmittebatur, attendendus. Nam ex processu constat quod, spiritibus ab ipsa Johanna recedentibus, in tantæ exultationis jubilum reperiebatur ut ipsa quæ totis præcordiis cum eis abire suspirabat quando illam dimittebant in affluentissimum atque dulcissimum umbrem lacrimarum mox resolveretur. Quod similiter boni spiritus evidentissimum signum est. Nam Guillelmus Parisiensis, in libro *De universo*, ait quod supremi spiritus amicabiles sunt naturæ animarum nostrarum cujus signum est quod spiritus nostri ad præsentiam hujusmodi supercœlestium substantiarum quandoque pro parte corpora deserunt et hoc vel ex toto ut in raptu ac in extasi apparet, et etiam in eo statu qui in spiritu vocatur. Unde quemadmodum ferrum ad præsentiam magnetis ex amore naturali rapida velocitate currit ad illum, sic et spiritus nostri quadam prona inclinatione angelicis applicationibus gratulantur. Cujus per exemplum simile legitur in quarto libro *Dialogorum* de puella quadam cui beata Virgo, cum splendidissimo aliarum plurium virginum choro, in albis apparuit, cumque juvencula tantæ dulcedinis felicitate illecta earum consortio se omnino adjungere vellet, respondens beata Virgo imposuit ei ut nil deinceps leve aut puellare ageret, sed ab effuso atque dissoluto risu et jocis prorsus abstineret, quòd et fecit et post dies paucos vitam feliciter finivit. Ait namque Johanna quod, postquam visiones habuit, numquam deinceps ludis aut jocis se immiscuit. Et iterum dixit quod cum illi spiritus ab ea recedebant, multum flebat et voluisset abire cum eis. Hic ergo tantæ consolationis influxus præsentiam bonorum spirituum indicat. Nam Athanasius ubi supra ait : « Sanctorum angelorum amabilis et tranquillus est aspectus. Tacite enim et leniter properantes gaudium et exultationem ac fiduciam infundunt mentibus, si quidem cum illis est Dominus quis fons est origo lætitiæ. Tunc enim mens nostra non turbida sed lenis et placida angelorum luce radiatur, tunc enim anima cœlestium præmiorum aviditate flagrans, effracto, si poterit, humani corporis domicilio et membris exonerata mortalibus cum his quos videt festinat abire in Cœlum. Horum tanta benignitas est ut si quis pro conditione fragilitatis humanæ miro fuerit eorum fulgore perterritus omnem ex corde continuo auferat metum. Pessimorum vero spirituum truces vultus sonitusque horrendi cognoscuntur ac sordidi cogitatus. Non enim refovere sciunt, ut Gabriel virginem, nec ut timeantur jubet, sicut nuntii nativitatis Christi sunt pastores consolati. Quinimo pavorem duplicant et usque ad profundam impietatis foveam, scilicet ut ibi prosternantur impellunt; » hæc ibi. Et rursus Guillermus Parisiensis ubi supra : « A principio maligni spiritus suam occultantes malitiam sine ullo terrore accedunt et transfigurant se in angelum lucis, tamen non permittuntur diutius illam abscondere hoc faciente et illam ostendente atque eos quandoque prohibente ab hominum deceptione divina clementia. Sentitur enim tandem eorum noxietas atque malitia et propter hoc sentitur horror et terror et relinquunt pavidum ac trementem illum cui se applicuerunt, imo etiam coguntur quandoque suam immunditiam revelare cum fetore intollerabili recedentes. Beatissimi vero spiritus e contrario faciunt applicationibus suis ad animas nostras. Ab initio enim timorem ingerunt reverentiæ suæ simul et novitatis magnitudine ; in recessu autem suo relinquunt animas confortatas, consolatas atque jocundas et vestigia contraria vestigiis antedictis ; » hæc ille. De aliis vero quæ magis intrinsecæ finem missionis ipsius Johannæ concernunt plenius loco suo et statim apparebit.

Unum tamen super isto suarum apparitionum articulo estimo non usquequaque prætereundum, scilicet quia dixit se in primis et post modum frequenter beati arcahngeli Michaelis confortationem habuisse, quod revera fini missionis ejus bene congruit quoniam, ut videbitur, ad sublevationem regni Franciæ tunc hostiliter atque crudeliter oppressi mittebatur. Ideo advertendum quod officia et prælationes quæ ad communitates hominum et quæ ad provincias et regna se extendunt convenit custodiri ac dirigi non per Angelos inferioris ordinis, quorum est minima nuntiare, ut ait Gregorius, sed per superiores, hoc est per archangelos et principatus qui sunt superiores gradu naturæ, et per consequens universaliores virtute ac operatione. Unde illi duo principes Persarum videlicet et Græcorum, qui Angelo Daniel in restiterunt, ut legitur *Danielis* x. Boni angeli fuerunt, secundum eumdem Gregorium, de ordine principatuum qui illis regnis dirigendis præfecti a Deo fuerunt, quamvis alio modo sentiat Jeronimus. Beatus vero Michael in ordine Principum seu Principatuum ponitur, secundum seriem Scripturæ, ut ait sanctus Doctor secundo scripto, distinctione decima post ultimum articulum in expositione litteræ, et iste qui populo Israelitico olim præfuit, ut habetur in glossa *Judicum* vi et *Danielis* x. Nunc vero sepulta Judeorum synagoga et fide Christi revelata, quinimo et populo illo sua exigente malitia per mundum disperso, pie credendum est beatissimum Michaelem christianorum communitati præfici et permaxime regno Franciæ, in quo Dei gratia fidei lumen splendidissimum et pia Christi religio potissime viget. Unde et ipse Archangelus quasi in titulum conservandæ Franciæ ab Anglorum impetu in rupe forti et excelsa quæ antiquo vocabulo « Tumba » dicitur inter mediam sedem sibi proprie elegit ac constituit, quæ siquidem hostium incursibus neunquam succubuit, sed, quod multo magis est, licet multiplex fuerit conspirantium inimicorum extructa artificiosa fabrica, vi tamen aut dolo nunquam dedi potuit vel subjici, ut juste congratulando cum angelo Danielis, id est cum nuntio sibi misso dicat felix rex « Ecce Michael unus de principibus primis venit in adjutorium meum. » Et ista de hujusmodi visionibus ad præsens sufficiant, quamvis tamen quædam ipsi Johannæ in hac parte or͵iciantur. Sed quia vel indigna relatione videntur perimpendo, aut s quæ digna sint pondere, ad alterum tempus et locum dimitto.

SECUNDUM CAPITULUM

Quod multas revelationes et consolationes a spiritibus sibi apparentibus Johanna se habuisse asseruit.

Circa materiam de revelationibus quas Johanna dixit se a Deo per ministerium spirituum habuisse, notandum est quod non semper ad visionem seu apparitionem cœlestem sequitur divina revelatio. Nam rex Pharao vidit septem boves et septem spicas, *Genesis* XLI, sed quid significarent nescivit : unde quod fuit sibi somnium fuit patriarchæ Joseph prophetica revelatio qui quidem somnium illud spiritualiter et ex divina inspiratione intellexit ac perfecte exposuit. Similiter Nabuchodonozor vidit lapidem de monte cadentem sine manibus præcisum, et Balthazar manum scribentem in pariete : quæ quidem fuerunt istis imaginariæ visiones, ut habetur in prologo Psalmorum, sed fuerunt prophetiæ Danieli. Et sic de aliis multis qui, prout legimus, visiones habuerunt, sed tamen visionum intelligentiam per revelationem non acceperunt. Alii vero utrumque habuerunt, sicut Jeremias ollam succensam vidit, Ezechiel sartaginem ferream, Johannes miranda, prout in *Apocalipsi* refert, et sic de similibus. Isti namque non solum visiones, sed et visorum ac sibi ostensorum sensum et revelationem perceperunt : et istud tanquam dignum atque gloriosum apostolus Paulus enuntiat dicens secunda *ad Corinthios* XII. « Veniam, inquit, ad visiones et revelationes Domini, » et paulo post subdit : « Pro hujusmodi enim gloriabor. » Præterea sciendum quod, ut ait beatus Thomas, secundo *Sententiarum* scripto, dist. VII, art. 2, « Revelationes sunt ex triplici habitudine specialiter considerandæ : scilicet ex auctore, ex intentione et ex certitudine. » Auctor enim bonarum Bevelationum est Deus, quas quidem secundum providentiæ suæ mirum ordinem ac sui beneplaciti propositum angelorum ministerio hominibus dispensat, ut Dionisius probat, cap. IV, *Cœlestis ierarchiæ*. Quod quomodo fieri habeat sic juxta sanctum Doctorem accipi debet. Angelus enim ea quæ cognoscit potest homini revelare per applicationem sui luminis ad fantasmata, sicut et ad illa applicatur lumen intellectus agentis, ut videlicet ex eis intentiones quædam per intellectum eliciantur, et quanto lumen fuerit fortius et perfectius, tanto plures et certiores cognitiones elicientur, et ita ex fantasmatibus illustratis lumine angelico resultat quorumdam cognitio in intellectu possibili hominis ad quam eliciendam illustratio intellectus agentis non sufficeret, cum lumen ejus sit debilius lumine angelico. Sed quoniam hoc modo illustrandi seu revelandi non differt plene bonus angelus a malo, ideo advertendum quod illi qui a malo spiritu quamcumque revelationem accipiunt, vel mendaciorum confictione tandem seducuntur, vel ad aliquid vitium committendum ab eodem impelluntur, quoniam dæmonum perversitas ad hoc maxime tendit, ut scilicet mentes hominum ab ordine divino valeant abducere. Econtra vero boni spiritus homines quibus applicantur de constanti veritate informant et ad actus virtutum suaviter inclinant. Quod plurimum dilucide beatus Bernardus, in quodam sermone, exponendo illud psalmi « Audiam quid loquatur in me Dominus Deus, » sic tractat : « Quotiens enim de affligendo corpore, humiliando corde, servanda virtute et caritate exhibenda, seu cæteris virtutibus acquirendis, conservandis, amplificandis, salubris cogitatio in mentem versatur, divinus sine dubio spiritus est aut per se ipsum sane aut per angelum suum. Nec facile est quis loquatur discernere nec ignorare periculosum, præsertim cum certum sit angelum bonum nunquam loqui a semetipso, sed Deum esse qui loquitur in seipso : » hæc ille. Neque tamen ex istis putandum est quod ad revelationes etiam propheticas simpliciter et de necessitate requiratur bonitas morum, maxime illa quæ attenditur secundum interiorem radicem bonitatis quæ consistit in caritate seu gratia gratum faciente, per quam scilicet mens hominis Deo conjungitur. Equidem sine illa potest revelatio etiam prophetica esse, quia caritas pertinet ad effectum, revelatio vero ad intellectum, et iterum quia revelationes dantur ad utilitatem aliorum sicut et cæteræ gratiæ gratis datæ, ut patet primæ *ad Corinthios* in cap. xii : non autem ordinantur per se ad hoc quod mens illius qui eas accipit conjungatur Deo ad quod de se caritas ordinatur, unde et Mathei vii, legitur, de his qui dixerunt « Domine, nonne in nomine tuo prophetavimus ? » Quibus respondetur « Nunquam novi vos. » Novit autem Dominus eos qui sunt ejus, ut dicetur secunda *Ad Timotheum* ii. Nam constat ex litteris sacris quod aliqui mali spiritum prophetiæ habuerunt, ut Balaam, numeri xxii et Cayphas Johannis xi. Talium enim, ut dicit Chrysostomus, ore solum divina gratia utitur, cor vero illorum contaminatum non tangit. Si autem bonitas morum attendatur quantum ad passiones animæ et exteriores actiones, secundum hoc quis potest impediri ab hujusmodi revelationibus per morum malitiam quoniam ad talium spiritualium contemplationem requiritur pura et vehemens elevatio mentis, quæ quidem impeditur per passionum perturbationem ac per inordinatam rerum exteriorum occupationem. Nam et de filiis prophetorum legitur quarti *Regum* iv, quod filii habitabant cum Helyseo quasi solitariam vitam ducentes ne mundanis occupationibus impedirentur a dono prophetiæ. Et ad ista maxime confert pudicitia seu castitas quia, secundum commentatorem in cap. vii, *Phisicorum*, per eam inter cæteras morales virtutes corpus animæ seu rationi maxime obediens redditur. Ex præmissis itaque patet quod divina revelatio potissime datur homini ad aliorum utilitatem cum sit donum a Deo gratis datum et ille cui datur est quasi instrumentum divinæ operationis : unde Jeronimus super Matheum : « Prophetare, virtutes facere et dæmonia ejicere interdum non est meriti ejus qui operatur, sed vel invocatio nominis Christi hoc agit, vel ob condemnationem eorum qui invocant ad utilitatem eorum qui vident et audiunt conceditur. »Certum est quod et quandoque datur revelatio aliquibus ad propriæ mentis suæ illustrationem et isti sunt in quorum animas divina sapientia se transfert et quos Dei amicos ac prophetas constituit, ut habetur *Sapientiæ* vii. Ubi namque de morali bonitate personæ constat, verum est quod authentica magis et solida revelatorum denunciatio apud alios habetur, unde et ob hanc causam satis visibile est sanctos prophetas non solum videntes, sed et viros Dei hactenus fuisse appellatos, ut de Helya et Helyseo patet quarti *Regum*, cap. i et iv, aliisque pluribus locis ejusdem libri. Et hæc dignæ consonant præmisso verbo beati Bernardi, quinimo et præsenti nostro proposito proprie videntur accommodari.

Quatenus autem Johanna pro utilitate aliorum revelationes susceperit inferius dicetur, sed quod etiam ad meritorum suorum amplificationem et mentis illustrationem eas habuerit ex multis patet quæ in diversis examinationibus constanter illa asseruit. Dixit enim quod revelationes habuit ad se juvandum et gubernandum : quæ quidem monebant quod esset bona juvenis et Deus adjuvaret eam, quod se bene regeret et frequentaret ecclesiam, quodque virginitatem animæ et corporis custodiret, faciebantque eam libenter et sæpe confiteri, unde, ut dixit, movebatur ad credendum eis propter bonum consilium, bonam confortationem et bonam doctrinam quam dabant ei et multa similia. Quæ omnia tamquam virtuosa ac bonis revelationibus et divinis inspirationibus dignissima censeri debent et utique ad illas promerendum et habendum animam bene dispositam præbent. Nam bona indoles juventutis in Johanna modestam simplicitatem indicat, de qua scriptum est *Proverbiorum* III : « Cum simplicibus sermocinatio ejus ; » et Mathei XI : « Absconditi hæc a sapientibus et prudentibus et revelasti ea parvulis. » Quod quidem fit ad Dei providentiam manifestandam et hominis superbiam reprobandam. Et licet illud plerumque apud imperitiam hominum mirandum sit, tamen propter id absurdum aut indignum reputari non debet, quoniam per simplices et idiotas viros altitudinem sæculi Christus subjugavit efficacissime, quod inter cætera virtutis opera quæ Dominus fecit in terris præcipuum miraculum beatus Bernardus reputat ut per Host. et Johannem Andree refertur in capitulo « Venerabilis, » *De præbendis* [1]. Et ad hoc bene facit quia Johanna semel interrogata quare potius hanc gratiam habuerit quam una alia, respondit quod hoc placuit Deo ita facere per unam simplicem puellam pro repellendo adversarios, hoc patet in processu fol. 3, linea C. Quod autem se bene regeret et virginitatem servaret ; hoc pertinet ad sui corporis integritatem, quam quidem sicut Deo promiserat, ita et semper absque reprehensione servavit. Hæc autem virtus est quæ hominem Dei templum efficit, ut vult Ambrosius, ut habetur in C. « Tollerabilius [2]. » Spiritibus etiam angelicis cognata est et propinqua, ut ait Ciprianus. Quod vero subdit de virginitate animæ designare videtur perfecte humilitatis virtutem : et illa est, secundum Gregorium, quæ de præsentia Spiritus sancti efficax et dignum reddit testimonium. Unde Isaiæ LXVI, secundum aliam litteram « Requiescet spiritus meus super humilem : » humilitas quippe virginati conjuncta cum admiratione laudatur, ut patet in capitulo « Hæc scripsimus [3]. » Nam et Johanna cum de missione sua in Franciam per voces instrueretur, humiliter excusavit, se dicens quod erat simplex puella quæ neque equitare, neque arma portare sciret aut

---

[1] *D. Greg.* III, 5, 37.
[2] *D. Grat.* C. XXXII, 5, 1.
[3] *D. Grat.* D. XXX, 16.

posset. Quippe et in suis operibus nunquam visa est propriam gloriam querere sed potius divinæ bonitati omnia tribuere.

Alia vero quæ sequuntur aperte videntur religiosam bonorum operum justitiam ac laudabilis vitæ sinceritatem ostendere, ut est quod se bene regeret, ecclesiam frequentaret, libenter et sæpe confiteretur, missam quotidie ac devote audiret, frequenter communionem dominicam perciperet, jejunia observaret, a juramentis caveret, jurantes compesceret, blasphemantes acriter increparet et argueret, in pauperes pia et misericors esset et multa similia, quæ universa tenuisse et observasse tam ex processu quam ex suorum confessorum et aliorum quamplurimorum fide dignorum testium atque omni exceptione majorum qui ejus mores ac vitam curiose ac studiose explorarunt attestatione comprobantur. Ex quibus colligitur hujusmodi revelationes a reprobis et malignis spiritibus non potuisse procedere.

Secundo vero, ut præmittebatur, revelatio, secundum beatum Thomam loco præallegato, considerari potest et attendi ex intentione quæ sane nihil aliud est quam actus voluntatis in ordine ad finem ; unde in eis qui revelationes habent aut qui futura prænuntiant et hujusmodi sicut et in cæteris actionibus humanis oportet considerare operantis intentionem. Ordo enim finem accipitur (sic) ut quædam ratio bonitatis in objecto volito ; cum itaque bonitas voluntatis dependeat ex bonitate voliti, nec esse est quod dependeat ex intentione finis sicut et mala voluntas dependet ex inordinata intentione finis. Et hoc maxime accipiendum est quando intentio causaliter præcedit voluntatem, ut cum aliquid volumus propter intentionem alicujus finis, verbi gratia jejunare propter Deum causat bonam voluntatem, jejunare vero propter inanem gloriam causat voluntatem malam.

Sic utique in proposito potest contingere quod videlicet revelationem accipiens et futura prænuntians intendit vanam gloriam aut turpem quæstum vel aliquid hujusmodi : unde falsorum prophetarum finis est lucrum temporale, ut dicitur Ezechielis XIII : « Violabant me ad populum meum propter pugillum ordei et fragmen panis. » De quibus ait Jeronimus et allegatur C. « Numquam [1] ». Videbantur quidam sibi prophetæ esse, sed quia pecuniam accipiebant,

---

[1] *D. Grat.* C. I, 1, 24.

prophetia eorum facta est divinatio, id est, secundum glossam « Divinatio eorum quæ credebatur esse prophetia declarata est non esse prophetia. » Quod etsi intentio falsi prophetæ mala forte non esset, tamen dæmonis revelantis utique perversa est qui deceptionem semper intendit. Bonorum autem prophetarum ac cœlestes revelationes accipientium tota intentio in finem rectum ordinatur. Unde notandum quod revelationes et spirituales manifestationes præcipue fiunt ad confirmationem fide et utilitatem Ecclesiæ, secundum illud ad Romanos XII : « Habentes donationes secundum gratiam sive prophetiam secundum rationem fidei. » Tamen prout in secunda, secundæ, quæst. CLXXIII, art. ultimo, sanctus Doctor ait : « Non solum in fide instruimur ex contemplatione veritatis revelationem acceptæ, sed etiam in nostris operibus gubernamur, secundum illud psalmi : Emitte lucem tuam et veritatem tuam, ipsa me deduxerunt. » Clarum est enim quod politica hominum conversatio sub ordine divinæ providentiæ cadit, juxta illud prima Petri V : « Ipsi cura est de vobis, » et maxime quo ad illa quæ principatuum et salutem reipublicæ administrantium prospiciunt : propterea omni tempore instructi fuerunt homines divinitus de agendis secundum quod erat expediens ad salutem electorum. Verum tamen quo ad directionem humanorum actuum inveniuntur revelationes olim diversificatæ non quidem secundum processum temporis, ita videlicet quod usque ad finem mundi aliquando cessare habeant, juxta illud *Proverbiorum* XXIX : « Cum defecerit prophetia dissipabitur populus. » Singulis namque temporibus præteritis non defuerunt prophetæ aliqui spiritum Dei habentes, non utique ad novam fidei doctrinam promovendam, sed potius ad humanorum actuum directionem providendam, sicut Augustinus refert lib. v, *De civitate Dei* quod Theodosius Augustus ad Johannem in heremo Egypti constitutum, quem prophetandi spiritu præditum fama crebrescente didicerat, misit, et ab eo nuntium victoriæ certissimum accepit. Non enim manus Domini abbreviata est ut hodie, sicut olim revelare non possit. Nam et beatus Ieronimus exponens illud Mathei XI : « Lex et prophetæ usque ad Johannem » vult quod hoc non dicitur ut post Johannem Christus excludat prophetas. Legimus enim in Actibus apostolorum Agabum prophetasse et quatuor virgines filias Philippi. Johannes etiam librum propheticum scripsit de fine Ecclesiæ. Denique et per pauca ante tempora in historiis reperiuntur alique mulieres spiritum propheticum habuisse, ut Alpays, virgo corpore deformis omninoque impotens, adeo ut resupina continue jaceret et solum caput et dextrum brachium elevaret toto insuper sic corpore saniem emittebat ut cunctis aspicientibus esset in horrorem, sed tamen divino spiritu ita agebatur ut frequentissime ad superna raperetur et mira in contemplatione videns absentia plerumque et futora cum stupore omnium prænuntiaret, et multa alia de virgine ista referuntur per fratrem Vincentium, quarta parte *Speculi historialis*, libro xxx, cap. xxxiii. Amplius ibidem ac eisdem parte et capitulo vero tertio narratur de quadam Elizabeth, sanctimoniali ex partibus Saxoniæ, quæ mirabiles visiones atque revelationes habuit, inter quas etiam angelus familiaris ei librum qui, dicitur, viarum Dei annunciavit, imo et diem translationis corporis beatissimæ Virginis Mariæ in Cœlum demonstravit. Rursus et de quadam virgine in Alemania provectæ ætatis laica et illitterata quæ tamen sæpius ad summa mirabiliter rapta non solum didicit quod verbis effunderet, sed etiam quod scribendo latine dictaret, quinimo et dictando catholicæ doctrinæ libros conficeret. Hæc autem dicitur fuisse Hildegardis, ad quam beatus Bernardus scripsisse fertur, et de futuris etiam multa prædixisse asseritur, præsertim ad cives Colonienses de futura clericorum tribulatione : hæc ubi prius libro xxviii, cap. lxxxiii. Denique et ibidem signanter libro xxxi in diversis capitulis, secundum attestationem magistri Jacobi de Vitriaco, de domina Maria de OEgnies et aliis quibusdam devotis ac sanctis mulieribus diocesis Leodiensis multa miranda narrantur quo ad revelationes sibi factas et raptum earum et hujusmodi.

Quo autem ad negotiorum humanorum dispositionem certum est divinam Providentiam in hujusmodi revelationibus non tam mirabilem quam rectum et decentem ordinem præstituisse maxime quo ad principatuum et regnorum directionem ostendens, quod in ejus manu sunt universæ potestates et omnium jura regnorum, quodque hominum civilis et politica societas non mediarum seu fatalium causarum connexione aut inopinate emergentium casuum dispositione agitur juxta superstitiosam quorumdam insipientium vesaniam qui fato vel fortunæ quæque hic inferius geruntur attribuunt, sed potius per providentissimam Dei sapientiam quicquam ad honestum et civile regimen hominum pertinet certa definitione præstituitur. Nam, ut beatus Augustinus tradit in quinto libro *De Civitate Dei*, cap. xxi :

« Unus et verus Deus nec adjutorio nec judicio deserit genus humanum qui quando voluit et quantum voluit Romanis olim regnum dedit sicut Assyriis dederat et Persis. Hæc omnia plane unus et verus Deus regit et gubernat, prout ei placet ». Et idem libro xviii ejusdem *De Civitate Dei,* multum diffuse tractans quomodo regna multis et variis prophetarum oraculis Deus olim direxit, tandem ait quod tempore Regum semper misit Deus prophetas ad eos instruendum de agendis. Nam tempore regni Assyriorum, ut idem Augustinus prosequitur, exstitit Abraham cui promissiones apertissime factæ sunt, eodemque tempore fuit Moyses prophetarum eximius ad Pharaonem regem Egypti et pro ducatu populi Israelitici missus. Cui quidem populo numquam fere defuerunt prophetæ ex quo ibi reges esse ceperunt et hoc in usum tantum eorum non autem gentium. Nam, ut idem subdit, maxime tempore regum oportuit prophetas in illo populo abundare, quia tunc populus opprimebatur ab alienigenis et proprium regem habebat. Ideo oportebat eum per prophetas instrui de agendis : unde cum ab hostibus præmebantur, solebant tunc reges et principes populi prophetas consulere, ut ex *libris Regum* patet et aliis multis veteris Testamenti locis. Absurdum itaque reputari non debet si ex occulto Dei nutu ad sublevationem regni Franciæ tunc desolatissimi et ad ejus consolationem seu etiam qualemcumque respirationem aliqua persona quantumcumque etiam sexu aut conditione infirma fuerit quæ pro salute regni revelationes celitus acceperit. Qualitas namque personæ, præsertim quod ad sexum nihil hujusmodi spiritualibus instinctibus derogat, ut magis inferius videbitur et jam patet ex processu, unde dijudicandum non est quare potius huic quam illi contingant maxime cum ex mera et sola Dei voluntate et dependeant. « Spiritus enim ubi vult spirat, » ut dicitur Joannis tertio libro, id est, secundum glossam, « In ejus potestate est cujus cor illustret. » Sed finis in istis sicut et in aliis omnibus quæ per homines vel circa homines aguntur permaxime attendendus est : unde cum bonum gentis divinum testetur, idcirco tam illius gloriosi regni instaurandi ministerium atque præsidium non mediocriter celebre atque divinum censeri debet. Sed de hoc postea aliquantulum magis.

Demum et tertio, ut præmisi, oportet attendere ad certitudinem revelatorum, ut in loco superius allegato innuit sanctus Doctor, et obmisso pro nunc quia latius infra discutietur qualem alii de istis et hujuscemodi revelationibus possunt accipere certitudinem. Notandum est ad præsens quod bonorum prophetia et revelatio eis facta innititur divinæ præscientiæ quæ omnium futurorum et quorumcumque contingentium eventus intuetur, secundum quod definit Cassiodorus quod prophetia est inspiratio seu revelatio divina rerum eventus immobili veritate denuntians : unde ille cui talis inspiratio fit pro certo novit quod hæc sibi sunt divinitus revelata, sicut etiam Jeremiæ in libro xxvi dicitur : « In veritate misit me Dominus ad vos ut loquerer in aures vestras omnia verba hæc ». Alioquin si ipse de hoc certitudinem non haberet, ut beatus Thomas ait, fides nostra, quæ dictis prophetarum innititur certa non esset, quod sentire impium est et erroneum. Signum namque propheticæ certitudinis accipere possumus ex hoc, quod Abraham ammonitus in prophetica visione se præparavit ad filium unigenitum immolandum, quod nullatenus fecisset nisi de divina revelatione certissimus fuisset : unde et propheta veniens de Juda in Bethel in sermone Domini, id est missus a Domino, eo quod cuidam pseudo prophetæ falsa ei persuadenti potius quam Deo mittenti adhæsit, divino ulciscente judicio, a leone in via oppressus fuit, tertii *Regum* xiii. Nam ut concorditer dicunt Durandus de Sancto Porciano et Petrus de Palude secundo *Sententiarum* scripto, dist. xxv, « Deo revelanti non acquiescere peccatum infidelitatis est. » Et Chrysostomus super illo verbo Lucæ primo « Unde hoc sciam », ait : « Quandocumque enim Deus aliquid indicat oportet in fide suscipere, nam super hujusmodi disceptare contumacis est animæ. » Ad idem et Beda : « Si homo esset qui mira promitteret impugne signum flagitare liceret, at cum angelus promittit, jam dubitare non decet ». Simile omnino tradit Augustinus exponens illud *Genesis* xxxii. « Timuit Jacob valde etc. : Quomodo, inquit, fidem habuit qui timuit cui facta erat promissio per angelum cui et credere tenebatur. Repondet quod, licet Jacob timuerit, tamen de promissione non est diffisus. Potuit enim promissio illa anglica stare et Esau interim multa mala sibi inferre. » Iste namque cœlestes ac divinæ illustrationes præscientiæ Dei, ut habitum est, innituntur quæ omnino infallibilis est : Ideo ipsæ certissimæ sunt. Revelationes vero malorum prophetarum innituntur præscientiæ dæmonum quæ solum conjecturalis est, et ideo falsæ sunt et illusoriæ, ut in sequenti capitulo magis apparebit.

TERTIUM CAPITULUM

Quod aliqua futura et contingentia prænuntiare seu prædicere visa fuit.

Post illa quæ de apparitionibus ac revelationibus dicta sunt, nunc videndum est de ipsa prædictione seu prænuntiatione futurorum. Istud enim ex illis dependet. Pro cujus declaratione sciendum quod, secundum beatum Thomam, in quæstionibus de veritate illorum quæ divino lumine manifestantur principium, est prima et infallibilis veritas : unde quia, ut ait Ieronimus, inspirationes occultæ et quælibet divina oracula sunt signa quædam divinæ præscientiæ, ideoque immobili veritati innituntur a qua dependent quemadmodum exemplatum ab exemplari et effectus a causa. Idcirco sicut divina præscientia immobilis est, ita et divina revelatio : et exinde habetur quod quemadmodum revelatio ideo continet infallibilem veritatem quia innititur immobilitati divinæ præscientiæ, ita oportet quod enuntiatio revelatorum quæ est signum intellectus per inspirationem edocti et informati habeat necessariam veritatem. Eadem est omnino veritas divinæ revelationis seu prophetiæ et divinæ præscientiæ.

Ulterius sciendum quod cum prænuntiatio sit præcipue de futuris, tria esse genera futurorum. Quædam enim sunt quæ habent causam omnino determinatam et infallibilem, ut accidentia corporum superiorum, et ista tam boni quam mali angeli sciunt notitia certitudinali : unde cum illa revelaverint alicui qui ea prænuntiet, non tamen ideo dicetur propheta vel divinator, sicut nec astrologus propter scientiam talium dicitur propheta. Ista enim jam quodam modo præsentia sunt in suæ causæ necessitate.

Alia sunt quæ causam habent ut in pluribus determinatam sed tamen fallibilem, ut effectus causarum naturalium inferiorum. Causæ enim naturales, quamvis sint determinatæ, ad unum tamen recipiunt impedimentum, et ista per certitudinem angeli non cognoscunt, sed solum per conjecturam. Unde si quis per revelationem ista prædixerit, non ideo dicetur propheta aut divinus, sicut nec medicus propheta dicitur qui per signa probabilia mortem infirmi prædicit.

Alia vero sunt quæ non habent causam ullo modo determinatam et raro seu in paucioribus eveniunt, ut sunt casualia et fortuita et etiam quæ dependent ex voluntate humana vel angelica aut ex providentia quæ ad hujusmodi actus spectant et quæ maxime de genere casualium atque divinorum sunt divina : unde angeli ista non cognoscunt nisi per distantem et valde incertam conjecturam, sed potius per revelationem. Angeli namque boni divino nutu ordinantur ad hominum instructionem, directionem, defensionem atque custodiam ; ideo illa quæ ad hujusmodi actus spectant et quæ maxime de genere casualium sunt atque divinorum percipiunt quandoque per revelationem adeo ut homines informent quæ tamen solus in æternitate sua videt. Nam cum æternitas ejus sit simplicissima, omnia complectitur totique tempori adest et ipsum concludit. Et ideo unus Dei intuitus fertur in omnia quæ aguntur vel excogitantur per omne tempus et illa videt in se ipsis tamquam præsentia. De hujusmodi namque contingentibus effectibus intelligitur illud Isaiæ lib. XLI « Quæ ventura sunt annuntiate nobis et dicemus quia dii estis vos. » Ista enim non habent causam determinatam nisi in mente divina : unde ab ipso solo vel per ipsum præsciri possunt. Idcirco divina dispensatione et per ministerium angelorum notitia istorum, ut dictum est, ad homines quandoque deducitur : quod quidem, etsi angelis mediantibus fiat, revelatio tamen aut prophetia divina dicitur, quia angelus dumtaxat minister est et instrumentum. Instrumenti autem operatio principali agenti semper attribuitur, ideoque divina potius quam angelica dicitur, et qui aliqua hoc modo percipiunt et illa enuntiando prædicunt veri prophetæ Dei dicuntur, mali vero angeli si forte ista cognoscunt, hoc est per revelationem bonorum spirituum, ut tradit beatus Augustinus secundo libro super Genesim ad litteram : « Unde qui a dæmonibus cognitionem hujusmodi contingentium accipiunt et ea prædicunt, nihilominus prophetæ proprie non dicuntur quia non sunt divinitus illuminati, sed quasi quodam modo edocti sicut nos per Scripturas edocti prædicere possumus diem judicii futuram neque tamen ideo prophetæ dicemur. » Quandoque autem contigit dæmones vel ab eis ostensa seu oracula suscipientes veritatem aliquam prædicere et hoc vel virtute propriæ naturæ cujus actor est Spiritus sanctus, sicut ait Ambrosius, omne verum a quocumque dicatur a Spiritu sancto est, aut etiam ex inspiratione divina, sicut legitur de Balaam quod ei locutus sit Dominus, numeri xxi ; sed tamen, ut dicit Chrysostomus super Matheum, concessum est diabolo interdum vera dicere ut mendacium suum rara veritate commendet, ideoque doctrina dæmonis qua suos prophetas instruit nonnunquam aliqua vera continet per quæ apud alios susceptibilis redditur. Nam intellectus eo modo ad falsum deducitur per apparentiam veritatis quo voluntas ad malum per apparentiam bonitatis. Secus vero est de prophetis veris qui semper inspirantur et instruuntur a spiritu veritatis in quo videlicet nihil falsitatis cadere potest, ideoque hi soli prophetæ simpliciter dicuntur ; alii vero cum aliqua additione, puta prophetæ falsi, prophetæ idolorum, pseudo pròphetæ et hujusmodi : unde Augustinus xii super Genesim ad litteram : « Cum malis spiritus accipit hominem aut dæmoniacum facit, aut arrepticium, aut falsum prophetam. Idcirco cum falsus propheta quandoque vera prænuntiet, ut dictum est, restat, ut videtur, non modica dubietas in discernendo verum prophetam a falso, super quo ad præsens notanda sunt quatuor documenta.

Primum est quod nullus sanctorum angelorum sive bonorum prophetarum aliquid prænuntiat futurum esse quod non veraciter futurum sit in sensu in quo ipse angelus vel propheta et maxime ipsarum revelationum actor spiritus sanctus intendunt. Quod quidem patet ex dictis sancti Thomæ secunda secundæ, quæst. v, art. ultimo et etiam ex præmissis. Prophetia enim est quædam cognitio impressa ex revelatione divina intellectui prophetæ per modum doctrinæ. Est autem eadem veritas cognitionis in discipulo et in docente quia cognitio addiscentis est similitudo quædam cognitionis ipsius docentis, sicut et in naturalibus apparet quod forma generati est similitudo quædam formæ generantis. Et per hunc modum beatus Ieronimus dicit quod prophetia est quoddam signum divinæ præscientiæ. Oportet ergo eamdem esse veritatem propheticæ cognitionis ac enuntiationis ejus quæ est cognitionis divinæ cui impossibile est subesse falsum, sicut autem non sunt præstigia dæmonum vel ejus ostensa quia et fallunt et falluntur quemadmodum contingit de quodam Anania falso et mendace propheta ac deceptore populi et nonnullis aliis similibus, de quibus plene scribitur Jeremiæ lib. xxvii et xxviii, ubi tandem sic habetur quod ille est propheta quem Dominus misit, cujus verbum evenit et multum expresse *Deuteronomii* xviii : Si tacita cogitatione responderis : « Quomodo possum intelligere verbum quod non locutus est Dominus? » Sequitur responsio : « Hoc habebis signum quod in nomine Domini propheta ille praedixerit, et non evenerit. Hoc Dominus non locutus est, sed per tumorem animi sui propheta hoc confinxit. » Sed videtur instantia de Ezechiae regis morte praenuntiata per Isaiam et de subversione Ninivae praedicata expresse per Jonam. A ista respondetur quod Deus cujus praescientiae, ut dictum est, istae revelationes subjacent, secundum modum nostrum intelligendi dupliciter futura intuetur. Quamvis simpliciter et unite intelligat : uno modo quasi praesentialiter ut sunt in seipsis, alio modo ut sunt in suis causis in quantum scilicet videt ordinem causarum ad effectus. Futura autem contingentia, prout in seipsis considerantur, sunt determinata ad unum, non autem ut in causis suis quia possunt aliter evenire. Unde iste intuitus Dei unitus et simplex quandoque distinguitur in prophetica revelatione, quia impressio agentis non semper adaequatur virtuti ejus : ideo prophetico revelatio quandoque est impressa similitudo quaedam divinae praescientiae prout inspicit ipsa futura contingentia in seipsis, et talia sic eveniunt sicut prophetantur, ut est illud Isaiae vii « Ecce virgo concipiet etc. » ; quandoque vero prophetica revelatio est quaedam impressa similitudo divinae praescientiae prout cognoscit ordinem causarum ad effectus et tunc quandoque aliter evenit quam prophetetur, nec tamen prophetiae subest falsum. Nam sensus prophetiae est quod dispositio inferiorum causarum sive naturalium sive ex arbitrio humano dependentium hoc habet ut talis effectus contingat, et secundum hoc intelligitur verbum Isaiae dicentis ad Ezechiam « Morieris et non vives », id est: dispositio corporis tui ad mortem ordinatur. Et similiter quod dicitur Jonae lib. iii : « Adhuc xl dies et Ninive subvertetur », id est: hoc merita ejus exigunt ut subvertatur. Haec sanctus Doctor secunda secundae, quaest. c, art. ultimo. Vel dicendum, prout habetur in prologo psalterii, quod duplex est species prophetiae : una praedestinationis quam necesse est omnibus modis impleri etiam secundum tenorem verborum, alia est comminationis, ut sunt illae duae superius commemoratae et similes. Et ista, quamvis non ad superficiem verborum, tamen implicite quo scilicet ad intelligentiae significationem impletur. **Et idem dicimus de prophetia promissionis quae sub ipsa continetur** seu comprehenditur, quia eadem est ratio veritatis in utraque.

Sed denique ut non appareat quod in tali prænuntiante sit error aut falsitas, ideo ponitur secundum documentum, quod si illud quod angelus vel propheta prædixit eo modo quo vocaliter prætendebatur non evenerit, super hoc tandem a Spiritu sancto instructionem accipiet si hujusmodi revelatio vel prophetia conditionaliter aut mistice seu litteraliter intelligenda. Istud enim apparet ex dictis beati Gregorii super Ezechielem, ubi ait : « Ne ex verbo prophetarum possit error accidere, per Spiritum sanctum citius edocti atque correcti ab eo quæ vera sunt statim audiunt et semetipsos quia falsa dixerunt reprehendunt. » Falsi autem prophetæ et falsa denuntiant et alieni a Spiritu sancto in sua falsitate perdurant. Credendum itaque est sanctos illos prophetas Spiritus sancti magisterio de intelligentia prophetiæ suæ tandem instructos fuisse, alias debuissent lapidari, secundum legem positam *Deuteronomii* xviii, in qua habetur : « Propheta autem qui ex arrogantia depravatus voluerit loqui in nomine meo quæ ego non præcepi illi ut diceret interficietur.

Tertium documentum est quod nil repugnans bonis moribus aut etiam vanum vel maxime sinceritati fidei contrarium angeli sancti aut prophetæ veri prædicere seu præcipere inveniuntur, quod patet, quia cognitio prophetica est per lumen divinum, ut dictum est, per quod omnia possunt cognosci tam divina quam humana, tam spiritualia quam corporalia, et ideo revelatio prophetica ad omnia hæc se extendit. Sic tamen quod ea quæ revelata dicuntur de divinis aut humanis conveniant divinæ providentiæ quæ hujusmodi dispensat et angelorum officio per quos ista administrat, quinimo et publicæ utilitati Ecclesiæ atque conversationi humanæ deserviant. Alias censendæ non essent veræ revelationes, sed potius dæmonum illusiones. Nam ea quæ quis affirmat se ex revelatione accepisse, si dignitate, necessitate vel utilitate carent, sic profecto et veritate. Sicut etiam et de miraculis ait glossa Chrysostomi super illo verbo Mathei v « Si filius Dei es, mitte te deorsum » : « Miraculum, inquit, si utilitate aut necessitate careat, eo facto suspectum est aut rejiciendum, sicut fuisset Christum volare per aera. » Talia namque sunt omnia magorum præstigia quorum artificium est non solum vana et utilitate vacua prætendere, sed etiam mendacibus verbis et signis a veritate pervertere ad vitia et ad infidelitatis seu erroris interitum pertrahere, de quo expresse ita legitur *Deuteronomii* xiii : « Si surrexerit in medio tui prophetes et prædixerit signum atque portentum et evenerit quod locutus est et dixerit tibi : Eamus et sequamur deos alienos quos ignoras et serviamus eis, non audies verba prophetæ illius ». Sed aliquis instantiam movebit de præcepto dato Abrahæ per revelationem super immolatione Isaac filii sui, *Genesis* xxii. Item de spoliatione Egyptiorum per filios Israel similiter facta de mandato Dei *Exodi* xii. Etiam de Osee propheta qui jussu Domini uxorem fornicariam accepit, Ose primo : quæ siquidem omnia legis traditioni necnon bonis ac honestis moribus plane videntur repugnare. Ad ista autem respondetur quod interveniente præcepto Dei, ista et consimilia rationem peccati non habent, cujus ratio est quia omne quod prohibetur in lege, ideo prohibetur quia rationem indebiti habet, nihil vero indebitum esse potest quod divino imperio fit. Unde quando filii Israel tulerunt spolia Egyptiorum, non fuit furtum quia hoc eis demebatur ex sententia Dei. Similiter Osee accedens ad mulierem fornicariam vel adulteram non est mecatus aut fornicatus quia accessit ad eam quæ sua erat ex mandato Dei qui est actor institutionis matrimonii. Quando etiam Abraham consensit occidere filium, non consensit in homicidium quia debitum erat eum occidi per mandatum Dei qui est Dominus vitæ et mortis. Ipse est enim qui pœnam mortis infligit omnibus hominibus justis et injustis pro peccato primi parentis, cujus quidem sententiæ si homo sit executor auctoritate divina non erit homicida sicut nec Deus. Sed aliquis adhuc instabit dicens quod quilibet pertinax idolatra immolans filios suos dæmonis aut quilibet scelerosus homo vitiis suis inherens posset, ut videtur, se excusando passim dicere ita.

Ideo pro quarto argumento advertendum quod revelatio angelica sive prophetica prænuntiatio, dato super aliquo quod alias bonis moribus obviaret, nisi divina missio sive dispensatio interveniret, est aut debet esse ita circumstantionata quod revelationem accipienti seu etiam illis pro quibus fit revelatio non liceat de ea dubitare. Oportet enim ut tam clare cognoscatur revelatio esse a Deo quam clare scitur illud quod revelatur, pensatis debite omnibus circumstantiis, conformæ esse sacræ Scripturæ documentisque sanctorum ac rectæ rationi. Nam, ut superius jam præmissum est, ex sententia beati Thomæ ille qui revelationem accipit pro certo novit quod hæc sunt sibi divinitus revelata ; alias si de hoc certitudinem non haberet, fides quæ dictis prophetarum innititur certa non esset.

Beatus namque Gregorius IV *Dialogorum* ait : « Sancti viri inter illusiones atque revelationes ipsas visionum voces aut imagines quodam intimo sapore discernunt ut sciant vel quid a bono spiritu percipiant vel quid ab illusore patiantur, » quemadmodum et sancta Monica beati Augustini mater de qua idem Augustinus libro VI *Confessionum* refert quod ipsa asserebat se discernere nescio quo sapore quem verbis explicare non posset quid interesset inter Deum revelantem et animam suam somniantem. Sic denique beatus Bernardus fatebatur se in operatione miraculorum sentire et quasi quodam interno afflatu seu odore percipere quando ad faciendum miracula virtus sibi aderat. Sicut etiam de Salvatore nostro evangelista Lucas refert, capitulo VIII, quod dum mulier quædam ad contactum fimbriæ ejus sanata esset, ait : « Nam et ego novi virtutem de me exisse. » Alioquin nisi hujusmodi instinctus occultus seu interior esset, quomodo beatus Bernardus et alii sancti excusabiles a temeritate redderentur atque vitio tentationis divinæ dum ad faciendum miracula semetipsos frequenter et confidenter ingesserunt. Idem autem omnino in istis divinis revelationibus accidere credendum est quod ipsis quidem qui eas accipiunt ex speciali dono Dei, quod discretio spirituum vocatur, secundum apostolicam sententiam procedere dicitur.

Ut ergo ad causam Johannæ quantum ad præsentem articulum spectat, descendamus, diligenter attendenda sunt quæ tandem ventura prænuntiavit. In primis enim cum ad dominum regem venit quasi suæ missionis efficax signum de futuro tradens prædixit constanter quod Dei interveniente auxilio ipsa feliciter levaret obsidionem coram Aurelianis positam, quodque ibidem ipsa læderetur, sed neque propter hoc desisteret operari ; denique quod ipse dominus rex feliciter coronaretur Remis. Ecce signa de futuro quæ in exordio sui adventus tradidit more Samuelis prophetæ, qui, cum mitteretur ad ungendum regem Saül, dedit ei varia signa sibi ventura quæ omnia, ut propheta dixerat, contegerunt, ut legitur primi *Regum* X. Similiter et hic Deo summo operante contigit, ut universis notum est. Præterea scivit per voces se fore captivandam, sed diem vel horam ignorabat, quia, ut dixit, si scivisset, non exposuisset se periculo. Verumtamen asseruit quod ad extremum fecisset illud quod voces ei præcepissent. Et de post quod hæc scivit, retulit se capitaneis de facto guerræ. Quippe et ista in judicio existens publice ista prænuntiavit, videlicet quod rex Franciæ restitueretur in regnum suum et ipsum tandem lucraretur, vellent nollent adversarii, et quod hoc esset per magnam victoriam quam Dominus mitteret Gallicis et quod Anglici expellerentur a Francia, exceptis illis qui ibidem decederent, et quod ante septennium dimitterent majus vadium quod habebant in Francia, quod nonnulli et recte, ut credo, accipiunt de civitate Parisiensi quæ in eo temporis spatio fuit ad obedientiam domini regis deducta, ita quod Anglici haberent majorem perditionem seu majus damnum quam alias habuissent coram Aurelianis. Indicavit proinde quemdam ensem absconditum in ecclesia beatæ Katherinæ de Fierboys, signatum tribus crucibus. Quod voces suas interrogavit si cremaretur an non, quæ sibi responderunt quod se referret Deo et ipse eam adjuvaret. Ista autem sunt potiora quæ Johanna prædixisse comperitur, quæ quidem omnia evenisse notorium est ac manifestum. Equidem quod multo dignius est, nihil in eis vanum, temerarium aut stollidum seu etiam bonis moribus ac fidei catholicæ repugnans deprehendi potest. Et hoc sane mirum est quoniam a Deo constanter se certo scire affirmabat sicut sciebat se in judicio præsentem esse. Sed occurrit difficultas de hoc ipso quod alias dixit, videlicet quod liberaret dominum ducem Aurelianensem de captivitate in qua tunc detinebatur. Dicitur quod ipsamet hoc absolvit dicens quod si ipsa durasset per tres annos absque impedimento, utique liberasset eum, et hoc quia vel Anglicos sufficienter pro redimendo eum cepisset, aut alias cum exercitu transivisset mare ad eripiendum eum. Subdit vero quod pro hoc faciendo habuit nimis brevem terminum : (ista patent in processu fol. XXXII° et fol. quinquagesimo nono).

Alia autem difficultas est de eo quod in judicio dixit, quod scilicet voces dixerint sibi quod liberetur a carcere, quod tamen non evenit, sed, ut notum est, combusta fuit. Ad hoc dicendum, ut prius, quod ex suis verbis potest sumi hujus solutio. Nam a vocibus suis postmodum audivit quod non curaret de martirio suo et quod finaliter veniret in paradisum. Ut namque dictum est, revelationes non semper accipiendæ sunt ad litteram seu prout in superficie sonant, sed frequenter sunt ad sensum misticum trahendæ. Idcirco illa liberatio accipienda potius videtur seu intelligenda de adeptione salutis quam de ereptione carceris, juxta illud Apostoli *ad Romanos* vii. « Quis me liberabit de corpore mortis hujus ? » Et David in persona martirum dicit « Laqueus contritus est et nos liberati sumus ; » unde ad hoc proprie fecit quod semel interrogata utrum consilium suum dixerit ei quod liberaretur a carcere, ipsa quasi prophetice respondit : « Infra tres menses loquemini mecum et ego vobis idem respondebo. » Hæc autem interrogatio facta fuit prima die Martii. Ipsa vero in tertia [die] mense sequenti, fuit tradita mortis supplicio, die videlicet penultima mensis Maii, ideoque patet præmissa verba intelligi debere de liberatione a præsenti miseria quæ fit per mortem. Sed neque istud videtur sufficere quia dixit quod voces suæ ei asserebant quod haberet succursum a Deo per magnam victoriam quod tamen minime apparuit. Ad hoc dicitur quod ipsa hoc legitime dissoluit inquiens quod nesciebat an hoc esset per liberationem a carcere aut per conturbationem judicii aut alias. Unde pro solutione ampliori et ad majorem elucidationem istorum et consilium quæ ipsi Johannæ fortassis objici possent, notandum quod habens revelationes tripliciter se habere potest ad veritatem prædicendam : Uno modo quando a spiritu divino seu prophetico movetur, et sic enuntiat infallibilem veritatem, juxta illud Johannis XVI « Spiritus veritatis docebit vos omnem veritatem, » et de isto jam satis habitum est. Alio modo quando cognoscit per quemdam secretum instinctum quem humanæ mentes etiam interdum nescientes patiuntur, ut ait Augustinus II, super Genesim ad litteram : unde illa quæ sic propheta cognoscit discernere plene non potest utrum ea cogitaverit aliquo divino instinctu aut per proprium spiritum. Non enim omnia quæ divino instinctu cognoscimus sub certitudine prophetica nobis manifestantur : unde talis instinctus est aliquid imperfectum in genere prophetiæ, ut dicit sanctus Doctor II, 2, quæst. CLXXVII, art. 5. Tertio modo quando habens revelationem ex humano spiritu loquitur et sic potest in prædicendo deficere, quod etiam et prophetis Dei aliquando contingit. Ait enim beatus Gregorius, super Ezechielem, quod aliquando prophetæ sancti, dum consuluntur ex magno usu prophetandi quædam ex suo spiritu proferunt, et hæc esse ex spiritu prophetiæ suspicantur. Sicut namque aer semper indiget nova illuminatione, ita mens prophetæ semper indiget nova inspiratione quoniam lumen propheticum non inest menti prophetæ per modum formæ permanentis, sed solum per modum passionis transeuntis. Unde non semper ei adest facultas prophetandi. Ideo dicit Gregorius ubi prius : « Aliquando prophetiæ spiritus deest prophetis nec semper mentibus eorum præsto est quatinus cum non habent agnoscant ex dono Dei habere cum habent. » Et rursus idem « Quod prophetis non semper spiritus prophetiæ assit, vir Dei judicat qui contra Samariam missus mala quæ ventura erant ei denuntiat. Verumtamen prohibitus a Deo in via comodere prophetæ falsi persuasione deceptus et quem fallax sermo non deciperet si prophetiæ spiritum præsentem haberet. Samuel etiam cum ad ungendum David a Domino mitteretur respondit « Quomodo vadam ? Audiet enim Saül et interficiet me. » Qui tamen et David unxit, sed neque a Saüle occisus fuit. » Helyseus etiam de muliere Sunamite dixit, quarti *Regum* IV : « Anima ejus in amaritudine est et Dominus celavit a me et non indicavit mihi. » Quinimo et prophetæ Domini falsa quandoque enuntiant, ut quando Nathan propheta regi David ait secundi *Regum* VII « Omne quod est in corde tuo fac quia Dominus tecum est. » Super quo verbo Nicholaus de Lyra dicit quod ipse Nathan credebat Deo placere ut domus Domini a David ædificaretur. Ex quo, ut subdit, patet quod spiritus prophetiæ non semper tangit corda prophetarum quia aliquando loquuntur instinctu aut spiritu proprio vel humano et non divino. Ex quibus clare patet quod si forte Johanna aliquid prædixerit quod vel non sit de facto aut non evenerit sicut dixit, quod tamen non video, nihilominus ei aut suis prænuntiationibus non derogat, cum istud quoque sanctis et veris prophetis quandoque contingat. Patet insuper ex his quod falso et indebite illi imponitur quod fuerit revelationum et apparitionum mendosa confictrix, perniciosa seductrix, præsumptuosa, leviter credens, superstitiosa divinatrix, blasphema in Deum et sanctos et sanctas. Sed de his plene magis ac sigillatim, cum de qualificationibus et deliberationibus doctorum inferius agemus, videbitur.

QUARTUM CAPITULUM

Quod illis spiritibus ei apparentibus et ipsam alloquentibus sæpe reverentiam exhibuit.

Quo autem ad illud in quo Johanna asserit se illis spiritibus ei apparentibus reverentiam exhibuisse, ista sunt quæ ex processu tamquam præcipua possunt colligi, videlicet quod, dum juvenis erat, ivit quandoque cum aliis filiabus spatiatum apud quamdam arborem in parrochia suæ nativitatis sitam, quæ arbor Fatalium damnarum vulgariter appellabatur, apud quam tunc temporis, ut dixit, fecit quandoque serta seu capellos pro imagine beatæ Virginis illius parochiæ. Asseruit præterea quod recedente ab ea sancto Michaele et aliis spiritibus sibi apparentibus, osculabatur terram per quam transierant, cumque etiam ad eam venirent, aliquando caput discooperiebat, genua flectebat, illosque amplexando et osculando sensibiliter et corporaliter tangebat. Addidit tamen quod credebat certissime angelum et sanctas virgines Katherinam et Margaretam ei apparentes illosmet esse qui sunt in Cœlis in quorum honorem, ut dixit, offerebat quandoque munera sacerdotibus et candelas in ecclesia, facebatque missas celebrare et imaginibus sanctorum aliquando in ecclesiis capellos de floribus apponebat. Equidem ista sunt propter quæ apud judicantes et alios notata fuit de superstitione et idolatria ac etiam dæmonum invocatione.

Sed procul dubio si hæc sane intelligantur nullam ipsi Johannæ suspicionem saltim de errore periculoso inducunt. Nam in primis sinceræ religionis est proprium, ut ait sanctus Thomas, reverentiam Deo exhibere propter ejus excellentiam, quæ quidem reverentia etiam aliquibus creaturis communicatur, non quidem secundum æqualitatem, sed secundum quamdam participationem ; et ideo alia veneratione colimus Deum quod pertinet ad latriam, et alia quasdam excellentes creaturas quod pertinet ad duliam. Et quia illa quæ exterius aguntur signa sunt interioris reverentiæ, ideo quædam exteriora ad reverentiam pertinentia exhibentur excellentibus creaturis inter quæ maximum est adoratio, sed tamen aliquid est quod soli Deo exhibetur scilicet sacrificium, ut dicit beatus Augustinus in lib. X *De Civitate Dei*. Secundum enim reverentiam quæ excellenti creaturæ debetur, Nathan adoravit David, ut legitur tertii *Regum* primo ; secundum autem reverentiam quæ soli Deo debetur Mardocheus noluit adorare Aman, timens ne honorem Dei transferret ad hominem, ut dicitur Esther xiii. Et similiter, secundum reverentiam debitam creaturæ excellenti Abraham adoravit angelos in terra, *Genesis* xviii ; et etiam Josue, ut legitur *Josue* v, quamvis possit intelligi quod adoraverint adoratione latriæ Deum qui in persona angelorum apparebat et loquebatur. Secundum autem reverentiam quæ debetur Deo, prohibitus est Johannes angelum adorare, *Apocalypsis* ultimo, ad excludendum potissime occasionem idolatriæ. Unde notanter ibidem subditur « Deum adora. » Ex quibus manifeste apparet quod in veneratione quam Johanna spiritibus illis exhibuit nihil culpabile aut superstitiosum reperitur. Illud siquidem quod ipsa refert se fecisse in infantia sua, juxta arborem superius memoratam, puerile utique reputari debet. Quod autem ramos ab illa arbore seu frondes excerpsit et imagini beatæ Virginis capellos fecit quis, hoc quæso, putet superstitiosum? An magis pium atque religiosum cum istud apud catholicos commune sit et usitatum. Nam et beatus Ieronimus ad Heliodorum episcopum, his verbis scribens, Nepotianum commendat quod basilicas Ecclesiæ et martirum conciliabula diversis floribus et arborum comis vitiumque pampinis adumbrarit. Sed dicet quis objiciendo quod ipsa fatetur se saltim una vice audivisse voces ad fontem juxta illam arborem constitutum. Ad hoc dicitur quod nihil præjudicat, sive ibi, sive alibi audiverit, ut superius dictum est, cum de loco apparitionum tractaretur, maxime cum sæpius constanter affirmaverit quod non credebat aliquo modo in fatis neque in sorte illius arboris vel fontis. De illis vero qui vadunt per aera, in die Jovis interrogata etiam, respondit quod bene audivit alias loqui de eis, sed numquam in hoc fidem adhibuit, sed potius, ut dixit, credidit quod esset sortilegium. Et ad plenius elidendum omnem superstitionis aut prestigii suspicionem multum facit quod ipsa sortilegorum et superstitiosarum personarum consortia dictaque illorum et facta semper abhorruit, sicut patet ex processu de quadam Katherina de Rupella cujus maleficia ac figmenta caute explorans cuncta mox detexit et omnino cavendam atque propellendam adjudicavit. Quæ autem postmodum adduntur circum ipsam venerationem, ut de detectione capitis, de genuflectione, de osculatione terræ, et ipsorum spirituum sensibili contrectatione et sic de aliis in nullo ista præjudicant. Nam hi exteriores corporis actus et gestus et omnis alia ipsius corporis in exhibitione reverentiæ humiliatio refertur ad interiorem devotionem mentis sicut signum ad signatum. In istis nempe signis exterioribus devotæ humilitatis quæ per hominem corporaliter exhibentur fit protestatio pia et religiosa debitæ subjectionis ad Deum ac devotæ reverentiæ ad sanctos et præsertim in ordine ad Deum, quia, ut ait Ieronimus ad vigilantium, « Honoramus servos ut honor servorum redundet ad Dominum. » Sunt enim sancti a nobis honorandi tamquam spiritualia membra

Christi, tamquam filii Dei et amici et denique tamquam patroni et intercessores nostri ; imo et pulveres et ossa corporum Ecclesia catholica rite veneratur, et non solum hæc, sed et catenas et vincla, indumenta, calceos, sepulchrorum moles et saxa ac etiam ipsa quæ calcaverunt pavimenta, quoniam ipsa eorum corpora fuerunt spirituale templum seu organum Spiritus sancti in eis habitantis atque operantis. Quæ quidem fictilia vasa etiam Deus honorat in ipsorum sepelitione, translatione, gestatione, contrectatione, visitatione aut alias, signa magna seu miracula ostendendo. Quanto magis ergo a nobis venerari illi beatissimi spiritus debent qui nunc feliciter Deo conjunguntur et ipso gloriosissime fruuntur propter quos sic a fidelibus mortua eorum corpora honorantur juxta maximam Philosophi in primo *Posteriorum ;* propter quod unum quodque tale et illud magis. Et ad hoc plurimum facit illud quod ipsa Johanna dixit, videlicet quod credebat angelum et sanctos spiritus ei apparentes illosmet esse qui sunt in paradiso, multa inducens de hoc et de sua recta credulitate efficacissima argumenta quæ in parte sunt superius adducta. Quamobrem non potuit non solum, ut dixerim, digna aut sufficienti probabilitate, sed neque legitima præsumptione tamquam superstitiosa vel idolatra denotari, quanto minus adjudicari. Quia etiam posito quod mali spiritus essent quibus reverentiam exhibuit, conditionibus tamen suprapositis extantibus, adhuc ei non præjudicaret, vel saltim hoc ipsum errorem periculosum non induceret. Nam super illo verbo secundæ *Ad Corinthios* XI « Satanas se transfigurat in angelum lucis, etc. » ait glossa quando sensus corporis fallit, mentem vero non movet a vera rectaque sententia qua quisque vitam fidelem gerit, nullum est in religione periculum, vel cum se bonum fingens ea vel facit vel dicit quæ bonis angelis congruunt, et si tunc credatur bonus, non est error periculosus aut morbidus. Dicunt etiam aliqui, prout in postilla sua super eodem passu refert magister Petrus de Tarentesia quod si Sathanas fingens ea quæ Christo congruunt faceret se ab aliquo adorari, in ipso casu talis ab errore excusaretur, quamvis aliqui dicant quod non deberet adorare nisi cum conditione tacita vel expressa, videlicet si tu es Christus. Præterea idem tenet per expressum sanctus Doctor cum dicta glossa in secunda secundæ, quæst. X, art. II, dicens quod aliquis credens malum angelum esse bonum non dissentit ab eo quod est fidei, et hoc propter rectitudinem voluntatis ejus qui illi adhæret intendens bono angelo inhærere. Denique et hoc patet clarissime ex textu decreti in § « His ita », verbo « Aliter » [1], ubi sic legitur : « Diabolus nonnumquam in angelum lucis se transformat : nec est periculosus error, si tunc creditur esse bonus, cum se bonum simulat. Si ergo tunc ab aliquo simplici quæreret, an suæ beatitudinis vellet esse particeps ; et ille responderet se in ejus consortium velle transire, numquid dicendus esset consensisse in consortium diabolicæ damnationis an non potius in participationem claritatis æternæ ? » Constat enim in vitis patrum ex diversis historiis seu legendis sanctorum, dæmones non solum in angelum sed et quandoque in Christum se transformasse, ut apud beatum Martinum et alios quamplurimos, sed nihilominus ex dono Dei figmenta diaboli cognoverunt et a nefario cultu ipsius gratia preservati sunt. Quippe et possibile fuit, imo et quo ita fuerit satis verisimile est Johannam speciali munere Dei virtutem seu gratiam discernendi spiritus habuisse, quod recte consonat quibusdam dictis ejus super hoc in processu descriptis : quam tamen gratiam et si forte non habuerit, nihil siquidem ei derogat, quoniam spiritus illi malum non suggerebant, sed ad bonum ex toto inducebant, ut superius habitum est. Ideo non potuit in his perniciose seu periculose errare.

Et notandum quod a vocibus suis, prout reperitur in registro, tria potissimum in sua oratione petebat. Videlicet quod Deus eam adjuvaret et liberaret, quod conservaret extantes in obedientia regis et quod finaliter salvaret animam ejus. Ista autem petitio seu oratio vere sancta est ac bene ordinata ac more rethorico ascendens. Nam primum respicit bonum proprium seu personæ ; secundum respicit sinceram ad proximos caritatem : tertium vero animæ suæ salutem. Quis unquam, quæso, prestigiosus, sortilegus, idolatra, aut quicumque alius dæmonum invocator vel consors a Domino Deo hæc aut consimilia petit ? Enimvero stupendum est quatinus super his potuit de idolatria aut dæmonum consortio criminari. Nam et quodam loco processus per suum juramentum affirmavit quod non vellet per auxilium dæmonis a carcere illo in quo tamen crudelissime vexabatur extrahi aut liberari. Verumtamen duo sibi objiciuntur quæ præsumptionem de idolatria videntur inducere, saltim secun-

---

[1] *D. Grat.* C. XXIX, 1, § 4.

dum intentionem judicantium. Primum est quia spiritus illos invocabat; secundum quod virginitatem suam eis devoverat. Ad ista dicendum quod utrumque istorum falso ipsi Johannæ objicitur et imponitur, quamvis etsi fecisset, nihil tamen derogaret. Primum namque falsum est, quoniam interrogata quomodo angelum et sanctas præfatas requirebat respondit sic : « Ego reclamo Deum et nostram dominam quod ipsi mittant mihi consilium et confortationem, et postea ipsi mittunt, » (hoc patet in processu, fol. LXV°, F.). Ponunturque ibidem verba formalia quibus Dominum precabatur dicens ut in nomine sanctissimæ passionis ejus mitterent sibi consilium et auxilium. Planum vero est quoniam istud pietatem catholicam continet. Sed etiam dato quod invocaverit angelos et sanctos et sanctas, quis hoc, quæso, damnare audebit ? Nonne sancta mater Ecclesia quotidianis obsecrationibus eorum præsidia implorat et invocat? Unde ipsa Johanna constanter et bene illis prætensis judicibus respondit : « Ego interpellabo eos quamdiu vivam. » Aliud vero quod ei objicitur, videlicet quod spiritibus ei apparentibus virginitatem vovit, similiter falsum est quia nusquam in dictis ejus sic reperitur, sed bene quod prima vice qua audivit voces illas, ipsa vovit servare virginitatem tamdiu quamdiu placeret Deo et erat tunc ætatis XIII annorum, (et hoc patet fol. XXXI, E). Et alibi dixit quod firmiter credebat salvari, dummodo teneret juramentum et promissum quod fecerat Deo, videlicet quod bene servaret virginitatem suam corporis et animæ. Quippe et si inveniretur dixisse sicut isti prætendunt, quid illi, quæso, præjudicaret ? Nam, ut beatus Thomas ait, secunda secundæ, quæst. LXXXVIII, art. V in fine, « Votum proprie, etsi soli Deo fiat, tamen promissio alicujus boni potest fieri homini, quæ quidem sic facta potest cadere sub voto inquantum est quoddam opus virtuosum. Et per hunc modum debet intelligi votum quod fit sanctis vel prælatis. Nam ipsa promissio eis facta cadit sub voto materialiter, inquantum scilicet homo vovet Deo se impleturum id quod sanctis aut prælatis promittit. Et Petrus de Tarantasia IV, dist. XXXVIII, art. primo, dicit quod omne votum vel fit Deo immediate, scilicet in seipso, vel mediate, id est in sanctis suis. Sanctis enimvero fit votum nisi propter Deum, et hoc est quod Johanna quodam passu de hoc caute loquens dixit quod videlicet bene sufficiebat promittere illis qui erant missi ex parte Dei ; ideoque apparet quod de istis impie criminatur, imo potius ut liquet de bono opere lapidatur. Inducuntur præterea quædam alia ab adversariis ut majorem superstitiosi erroris ingerant suspicionem : ut de vexillo suo quod in præliis gessit, de figura in eo depicta, de panoncellis militibus distributis, de ense suo, de annulo, de nominibus istis « Jhesus et Maria » quæ in litteris apponi faciebat seu permittebat, et si quæ sunt similia. Sed ad omnia hæc et hujusmodi adeo sagaciter prudenterque respondit ut non solum ejus responsa omnem erroris aut prestigii suspicionem elidant, sed et plane religiosissimam pietatem super istis universa ejus verba redoleant. Ob quod ista quæ intulimus ad calumniam horum penitus refellendam credimus sufficere.

QUINTUM CAPITULUM

Quod a patre et a matre non licentiata clam cubiculo recessit.

Super eo vero quod a parentibus, patre scilicet et matre clam et illicentiata recessit, quinimo, ut habetur in processu, sic illos ex hoc contristavit quod pene dementes effecti sunt, aliquid sub brevitate dicendum est. Notandum itaque quod obedientia procedit ex reverentia quæ exhibet cultum et honorem superiori et excellentiori : unde inquantum obedientia procedit ex reverentia Dei, continetur sub illa præstanti virtute quam Tullius secundo *Rethoricæ* religionem vocat. Inquantum vero procedit ex reverentia parentum proprie loquendo continetur sub illa virtute quam idem Tullius pietatem appellat : quarum utraque ad virtutem justitiæ pertinet. Secundum ergo eminentiæ differentiam harum duarum virtutum ad invicem, inquantum videlicet una plus debitum justitiæ includit quam altera, oportet attendere debitum reverentiæ ac obedientiæ ad Deum et parentes. Homo autem diversimodæ efficitur aliis debitor secundum eorum excellentiam et beneficiorum ab eis susceptorum variam participationem. Constat vero quod in utroque istorum summum locum obtinet Deus qui quidem in se opulentissimus est ac excellentissimus, quin imo nobis primum atque præcipuum non solum essendi, sed et conservandi ac gubernandi universale principium est. Parentes vero nostri dumtaxat quoddam particulare principium existunt : unde cum religio et pietas sint duæ virtutes, ut dictum est, non possunt sibi invicem repugnare aut impedimentum afferre sicut neque bonum potest bono contrariari secundum philosophum in prædicamentis, ideoque ex debitis circumstantiis oportet actus istarum sicut et quarumlibet aliarum. virtutum limitare quarum circumstantiarum termini si præterirentur, jam non esset actus virtutis sed vitii. Ad pietatem itaque pertinet cultum et subsidii officium impendere secundum debitum modum. Non esset autem debitus modus si homo plus intenderet ad colendum parentes quam ad colendum Deum, quia, ut dicit Ambrosius super Lucam, necessitudini generis religionis divinæ pietas antefertur. Et Augustinus dicit : « Amandus est generator, sed præponendus est creator. » Ubi ergo cultus parentum a Dei cultu et obedientia retraheret, vacuaretur exactissimus atque saluberrimus religionis actus : unde sic parentum cultum et contra Deum existere nil aliud esset quam excellentem pietatis virtutem ac debitæ obedientiæ ordinem pervertere : ob quod dicit Ieronimus in epistola ad Heliodorum « Percalcatum perge patrem, percalcatam perge matrem. » Et subdit : « Summum genus pietatis est in hac re te esse crudelem. » Ubi ergo divinum imperium ad hominem pervenit, jam cedit obligationis vinculum ad parentes. Ait enim Christus ad matrem et Joseph, Lucæ II : « Quid est quod me quærebatis ? Nesciebatis quia in his quæ patris mei sunt oportet me esse ? » Et hoc maxime in his quæ ad interiorem motum voluntatis pertinent nemo patri aut matri aut alicui homini subjicitur sed soli Deo, « in cujus dumtaxat potestate est hominis arbitrium movere et convertere ad quodcumque voluerit, » ut dicitur *Proverbiorum* XXI, cum eciat tota mens hominis nulli alteri quam Deo sit subdita. Ait enim Seneca tertio libro *De beneficiis :* « Errat si quis existimat servitutem in totum hominem descendere. Pars enim ejus melior excepta est. Mens quidem est sui juris, corpora vero obnoxia sunt et majoribus ascripta. » In quibus adhuc secundum jura quantum ad ea quæ ad naturam corporis pertinent homo homini obedire non tenetur, sed solum Deo, quia omnes homines natura sunt pares, ut ait Gregorius, ut puta in his quæ ad corporum sustentationem aut prolis generationem spectant. Unde non tenentur servi dominis nec filii parentibus obedire de matrimonio contrahendo aut de virginitate servanda et cæteris hujusmodi. Cum itaque mens hominis ultra prædictam ejus naturalem libertatem interiore divini spiritus motione agitur, jam quo ad illud ad quod prosequendum seu agendum impellitur a vinculo communis legis penitus absolvitur. Lex namque spiritus lex privata est quæ maximam libertatem inducit, secundum illud primæ *Ad Corinthios* III, « Ubi spiritus Domini, ibi libertas ; » quam quidem sequi tamquam omni alia majorem Ecclesia concedit, ut cap. « Ex parte, » *De conversione conjugatorum* [1] ; C. « Gaudemus, » *De divortiis* [2] ; C. « Licet, » *De regularibus* [3] ; can. « Duæ, » [4] cum similibus. Unde et hac lege ducti ipsi sancti et sanctæ Dei non solum parentes et patriam, sed viri uxores et fœminæ viros reperiuntur passim dimisisse, de quibus in gestis eorum multiplex inducitur narratio. Quamobrem quia Johanna per divinam revelationem, ut dictum est, mandatum receperat ut ad regem Franciæ pro alleviatione regni veniret ubi verisimiliter præsumere poterat quod si missionem suam parentibus notificaret, forsan a præcepti sibi divinus facti executione retardaretur seu impediretur, non censetur deliquisse si eis nescientibus, discessit. Et idem plane judicandum est si hoc ipsum curato suo vel alicui alteri non declaraverit sed illis dumtaxat quibus patefacere ei injunctum fuit et qui tantæ rei prodesse poterant non obesse. Dato nempe quod proba Judith tunc virum habuisset dum ex Dei occulto impulsu ad castra inimicorum pervenit ut per interferctionem Holophernis ei divinitus suggestam filios Israel crudeliter oppressos liberaret, quis, inquam, diceret quod si viri sui ne factum hujusmodi attentaret prohibitio forsan intervenisset, debuerit propterea rem adeo piam et necessariam inausam infectamque relinquere ? An non potius divinis monitionibus obedienter parere ac publicæ saluti humaniter consulere. Exigit enim justitiæ æquitas et hoc ipsum divinæ Scripturæ proclamat auctoritas quoniam « obedire oportet magis Deo quam hominibus », *Actuum* V, et bonum gentis quod quidem in pace et salute reipublicæ constituitur divinum esse philosophus tradit. Unde et ad hoc bene facit id quod Johanna de hoc examinata respondit quod postquam Deus præcipiebat, oportebat ita fieri : et si habuisset centum patres et centum matres fuisset quæ filia regis, nihilominus ipsa recessisset ; addiditque quod in cunctis aliis bene obedivit patri et matri præterquam de illo re-

[1] *D. Greg.* III, 32, 9.
[2] *D. Greg.* IV, 19, 8.
[3] *D. Greg.* III, 31, 18.
[4] *D. Grat.* C. XIX, 2, 2.

cessu, sed postea de hoc illis scripsit et ipsi dederunt ei veniam. (Hæc patent in processu, fol. xxxi). Ex quibus plane constat quod nulla hic fuit protervia seu irreverentia in parentes et multominus contumacia de qua est legis speciale dictum positum *Deuteronomii* xxi. Sed neque etiam impietas aut prævaricatio mandati de honoratione parentum quemadmodum per æmulos sibi objicitur et imponitur, ut ex eorum sententiis apparet in registro plenius descriptis.

SEXTUM CAPITULUM

Quod habitum virilem diu portavit, comam amputavit et arma gestans bellis se immiscuit.

Denique ob id quod Johanna virilem habitum assumpsit et longo tempore portavit crines ad morem virorum in rotundum sibi prescindi fecit actibusque bellicis se immiscuit et accommodavit, mirum in modum ab his, qui hunc processum intentarunt calumniatur, ideoque diligenter videndum est si in istis merito reprehensibilis fuerit. Notandum itaque, secundum Philosophum in tertio *Ethicorum* et Tullium in *Rhetorica* quod actio humana potest judicari bona aut mala ex attentione et concursu circumstantiarum et maxime finis, quia ex fine sumitur ratio omnium eorum quæ sunt ad finem. Nam, secundum Gregorium Nicenum, id cujus gratia aliquid geritur est principalissima humanorum actuum circumstantia. Et sanctus Doctor in pluribus locis ait quod forma specifica humanorum actuum in genere moris sumitur secundum rationem finis ; unde bonum et malum quæ illorum sunt differenciæ essentiales et specificæ inveniuntur in eis potissime secundum rationem finis, seu in ordine ad finem. Cum ergo finis missionis Johannæ atque ordo suæ intentionis fuerit, ut patuit, salus reipublicæ per sublevationem regni Franciæ hostiliter oppressi, quod quidem dominium divinum bonum esse philosophus tradit, ut dictum est, nullatenus præsumi videtur debere malum esse id quod Puella ipsa ad ejus commodiorem assecutionem faciebat vel assumebat. C. « Suspicionis, § Ab ipso[1] » et C. « Præterea, super hoc. » *De officio delegati*[2]*;* l.. II. *De jurisdis-*

[1] *D. Greg.* I, 29, 39.
[2] *D. Greg.* I, 29, 5.

tione omnium judicum [1]. Concordat maxima topica : « Cujus finis bonus est ipsum quoque bonum est, » et expediens dicitur quod est secundum utilitatem, C. « Magnæ, » *De voto et voti redemptione* [2]. Præterea valde attendenda est atque ponderanda tunc existens adeo miseranda memorati regni calamitas et tantopere urgens sibi succurrendi necessitas ; unde, ut ait Quintilianus, libro VIII *De oratoria institutione*, afflante fortuna pene omnia decent, et regula est quoniam necessitas legi non subjacet, C. II, *De furtis* [3]; C. « Sicut [4], » cum similibus. Amplius nihil prohibet aliquam actionem humanam esse moraliter bonam ex fine et circumstantia et illam nihilominus non esse bonam simpliciter in genere moris, quia forte non omnes circumstantiæ seu rationes bonitatis moralis concurrant, puta si ratione objecti disconvenientis actus deficiat, ut exempli gratia, si filiis de bonis patris sui tenacis et avari, ut det elemosinam furetur, hæc nempe actio, etsi bona non sit simpliciter, quia contingit ibi singularis defectus, videlicet furtum quod est objectum dans actioni quamdam rationem mali : « Nam bonum simpliciter ex integra causa consistit, » ut ait Dyonisius, cap. IV *De divinis nominibus,* tamen in genere moris non est censenda mala seu non bona propter circumstantiam adjunctam et finem intentum a quo maxime, ut dictum est, bonitas humanæ actionis dependet. Unde sicut contingit aliquam bonam operationem ad malum fidem ordinari et mala circumstantia vestiri et inde ex hoc eam malam seu vitiosam moraliter dici, ita ex opposito contingit aliquam malam operationem ad bonum finem ordinari ac debitis circumstantiis vestiri et ob hoc virtuosam atque bonam moraliter reputari. Hoc autem accidit quia actiones humanæ in genere moris absolutam bonitatem non habent sed ab alio dependentem, et maxime ex fine seu ex ordine ad finem. Item licet istud, vid licet mulierem assumere et induere habitum viri et econtra non sit de se seu ex suo genere virtuosum seu laudabile, tamen non potest dici simpliciter et de se vitiosum seu vituperabile eo quod aliquando hoc bene ac bona intentione fieri ; sequitur quod magis sit indifferens quam de se bonum vel malum ; nam, ut ait beatus Thomas, quæst. XCII, art. II : « Tres sunt differenciæ huma-

[1] *Code*, III, 11, 2.
[2] *D. Greg.* III, 34, 7.
[3] *D. Greg.* V, 18, 2.
[4] *D. Grat.* De consecratione D. I, 11.

norum actuum : quidam sunt boni ex genere, et hi sunt actus virtutum ; unde quo ad illos lex præcipit affirmative. Quidam sunt mali ex genere, sicut sunt actus vitiosi, et respectu horum lex prohibet negative. Alii vero sunt indifferentes, et respectu horum lex habet permittere. » Unde, secundum eumdem doctorem, possunt etiam dici indifferentes omnes illi actus qui sunt vel parum boni vel parum mali, ideoque quia mulierem gestare habitum viri et e converso quasi medio modo se habet inter bonum et malum, eo quod potest bono vel malo animo fieri, ideo sub legis permissione cadit. Nam, secundum Quintilianum, lib. II, *De oratoria institutione*, non est æquum id haberi malum quo bene uti licet, ideoque temerarium est de hujusmodi actibus velle sinistre aut etiam facile judicare, ut dicit Augustinus in libro *De sermone domini in monte*. Adhuc præcepta legis dantur de actibus virtutum ad quæ quidem implenda tenetur solum homo secundum quod actus sumitur in habitudine ipsius virtutis ad illud quod proprie et per se objecto competit, quoniam hoc est necessarium in omni actu virtutis, ut verbi gratia ad objectum fortitudinis propriæ et per se pertinet sustinere pericula mortis et hostes aggredi cum periculo propter bonum, sed non prout sumitur secundum id quod per accidens sive consequenter se habet ad propriam rationem objecti, ut quod homo armetur vel ense percutiat in bello justo aut aliquid hujusmodi faciat, reducitur quidem ad objectum fortitudinis sed per accidens.

Primum namque istorum de necessitate præcepti est sicut et ipse actus virtutis, non autem secundum, sed solum pro loco et tempore. Qualitas ergo habitus exterioris quæ ad modestiam pertinet quæ secundum Tullium pars temperantia est, cum non per se et necessario cadat sub propria ratione objecti temperantiæ, sed solum consequenter et secundario secundum quod in hoc potest per rationem quadam regula honestatis præstitui, ideo non cadit per se sub necessitate præcepti. Denique Johanna ex vigore suæ missionis actibus bellicis occupata inter viros diu conversari habuit : unde quia juvenis erat, ex ipso habitu muliebri facilius potuisset viros ad libidinem provocare, quoniam ex qualitate habitus muliebris ad libidinem alii provocantur, L. « Item apud Labeonem » § Si quis virgines, *De injuriis*[1]. Unde et hanc causam ipsa communiter videtur

---

[1] *Digeste*, XLVII, 10, 15 § 15.

allegasse, ut patet in processu : quæ siquidem causa, videlicet ut suam et aliorum tueretur pudicitiam per se ad hoc sufficiens est ut habitum virilem gestaret. Metus enim virginitatis perdendæ major quam mortis esse debet, L. « Isti quidem » *Quod metus causa*[1], et L. II, § initium, *De origine juris*[2]. Etiam et rationabilis causa est, ne videlicet alios ad concupiscentiam incitaret, quia qui occasionem damni dat, damnum dedisse videtur, C. « Cum homo, » xxiii, quæst. v ; L. « Qui occidit » *Ad legem Aquiliam*[3], cum similibus ; ideoque illud quod prohibetur in canone illo « Si qua mulier, » xxx dist., ne scilicet mulier portet viri vestes, sane intelligendum est quoniam ibi signanter additur « Suo proposito, » glossa, id est malo seu meretricio sicut faciunt quædam mulieres dum utuntur scissis ac virilibus vestibus ut licentius peccent. Habiliores enim sunt tunc ad prostituendum et licentius possunt intrare ad aliquos viros et conversari cum eis : sed, secundum Archidiaconum post Huguen. et alios, si aliqua mulier habeat bonum propositum, scilicet ut peregre proficiscatur vel ut castitatem servet cum alias timeatur de ea amittenda, vel si alius casus necessitatis occurrat, non peccat si tunc virili veste utatur ut periculum facilius possit vitare vel bonum opus et honestum perficere. Nam et mutatio habitus clericis permittitur et assumptio vestis laycalis conceditur ubi justa causa timoris exigit habitum transformari, Cap. « Clerici » *De vita et honestate clericorum*[4]. In isto nempe sicut et in multis similibus non usus, sed libido culpanda est, can. « Quisquis[5], » super quo verbo « Libido » ait glossa quod potius consideranda est causa facti quam factum ipsum, C. « Occidit[6] » et C. « Sciendum[7]. » Proposito enim et voluntate maleficia distinguntur ; C. « Cum voluntate » *De sententia excommunicationis*[8] et L. « Qui injuriæ[9]. » Absit ergo ut quæ propter bonum facimus nobis ad culpam imputentur, C. « De occidendis[10]. »

---

[1] *Digeste*, IV, 2, 8.
[2] *Dig.*, I, 2, 2.
[3] *Dig.*, IX, 2, 30 § 3.
[4] *D. Greg.* III, 1, 15.
[5] *D. Grat.* D. XLI, 1.
[6] *D. Grat.* C. XXIII, 8, 14.
[7] *D. Grat.* D. XXIX, 1.
[8] *D. Greg.* V, 39, 54, in princip.
[9] *Digeste*, XLVII, 2, 53, in princip.
[10] *D. Grat.* C. XXIII, 5, 8.

Similiter etiam ratio illius præcepti : « Non induetur mulier veste virili nec vir utetur veste fœminea, » *Deuteronomii* xxii, est diligenter attendenda. Dicitur enim sanctus Doctor prima, secundæ quæst. C. II, art. vi, quod hoc ideo prohibitum est in lege quia gentiles antiquitus tali mutatione habitus utebantur ad lasciviam et idolatriæ superstitionem. Ad lasciviam quidem, quia ipsi gentiles brutaliter viventes plurimum libidini vacabant et quia, ut dicit Alexander de Hallis in tertia parte Summæ, magna provocatio libidinis viris est vestitus muliebris et e converso, eo quod vestis illa viro circumdata refricat mulieret et commovet vehementer imaginationem ejus. Ideo ut talis occasio a populo Dei auferetur, factum est illud præceptum. Idcirco transformare habitum ea intentione qua prohibitum est, licet vitiosum sit, tamen secundum Thomam secunda secundæ, quæst. clxix, art. ii, hoc potest quandoque fieri sine peccato propter aliquam necessitatem ut causa occultandi se ab hostibus vel propter defectum alterius vestimenti aut propter aliquid aliud hujusmodi.

Ad idolatriæ autem superstitionem hoc etiam gentiles potissime faciebant : nam, ut dicit Alexander ubi supra, et beatus Thomas in prima, secundæ ut prius, in sacris Martis et Veneris pagani tali mutatione habitus utebantur. Nam in sacris Martis non solum virili veste induebantur mulieres, sed etiam armabantur ut ipsum tamquam belli et victoriæ datorem colerent. Simili modo in sacris Veneris viri induebantur vestibus muliebribus sacra Veneris excercentes, per hujusmodi sacrilegum ritum mariti se illi Veneri credentes placere. Ideo ad hujus idolatriæ superstitionem exterminandam factum est. Addit præterea idem Alexander aliam rationem hujus præcepti : videlicet ut credulitas erronea tolleretur qua credebant idolatræ per applicationes [vestium muliebrium in sacris V[eneris] conjungi sibi amore fort[iori] corda mulierum][1] propter quas illud facerent vel quæ postea hujusmodi vestibus uterentur. Similiter mulieres id ipsum credebant de viris et virilibus vestimentis. Voluit ergo Deus hunc errorem tollere ne per ipsum filii Israel ad nepharium cultum traherentur ; unde ex his, causis videtur addi in ipso præcepto « Abominabilis enim est apud Deum qui facit hoc. » Quodquidem exponens Nicholaus de Lyra dicit

---

[1] Ces trois passages entre crochets sont dans le mst écrits en marge et d'une autre main.

quod in Scriptura sacra abominatio communiter idolatria dicitur.

Proinde advertendum quod sanctus Doctor quamdam rationem figuralem hujus præcepti videtur assignare, dicens quod per hoc prohibetur ne mulier usurpet officia virorum, puta doctrinam et hujusmodi aut etiam vir declinet ad mollities mulierum. Ex quo potest colligi quod non est simpliciter morale sed cerimoniale potius [seu legale sicut et illud induendo vestem ex lana contextam], *Levitici* xix. Nam præceptum illud de non mutando habitum neque annumeratur Decalogo neque videtur esse concluso mediate vel immediate dependens ex illo. Denique si simpliciter morale esset cum sit negativum obligaret [ad semper et pro semper et tamen ex præmissis constat] esse verum et iterum ea quæ olim ad cultum Dei et pro illo tempore ordinabantur aut etiam quæ sibi tamquam repugnantia prohibebantur cerimonialia erant seu legalia et hoc sive fuerint ad interiorem cultum sive ad exteriorem corporis amictum, tunc pertinentia illa vigorem obligationis a tempore legis gratiæ publicatæ perdiderunt nisi forte in ipsa non ratificata fuerint : quod quidem de hoc præcepto minime reperitur. Postremo vero quia, ut præsumitur, Johanna habitum illum ex divina inspiratione accepit, et ad hoc veniunt plene ejus responsa. Unde etiam quamvis de hoc esset morale præceptum, nihilominus interveniente per revelationem divino oraculo seu mandato de assumendo habitum illum, utique illum gestando non peccavit. Nam et præcepta Decalogi, licet quo ad rationem justitiæ immutabilia sint, verumtamen, ut ait sanctus Doctor, prima secundæ, quæst. centesima, art. viii, quantum ad aliquam determinationem vel applicationem ad singulares actus, ut scilicet hoc vel illud sit homicidium, furtum vel adulterium aut non, hoc quidem est mutabile præsertim pro ad Deum qui horum mandatorum institutor est. Cujus superius posita sunt exempla de Abraham et de filiis Israel et de Osce propheta. Nec obstat si quis dicat quod nihil Deus præcipit aut interius suggerit quod virtuti contrarium sit quare videtur esse illud quod videlicet mulier portet habitum viri. Ad hoc respondetur quod sicut Deus nihil operatur contra naturam quia illud est natura uniuscujusque rei quod in ea Deus operatur, ut habetur in glossa *Ad Romanos* xi, operatur tamen aliquid contra solitum cursum naturæ, ita etiam nihil potest præcipere contra virtutem quia in hoc principaliter consistit virtus et rectitudo voluntatis humanæ quod voluntati Dei conformetur et ejus imperium sequatur, quamvis sit contra virtutis modum consuetum. Ideo in talibus quæ sic Deus præcipit non contingit ex hoc ipso peccare. Porro extante ipsa lege privata divinæ inspirationis, ab omni lege communi eximebatur et ab omni culpa penitus expers reddebatur, ut in C. « Licet, » *De regularibus* [1] ; C. « Duæ sunt [2], » cum similibus. Eadem namque lege Jacob fratris vestibus ad patris deceptionem et fratris supplantationem usus est, alias sibi non licuisset, ipsumque excusavit a mendacio, « § Item opponitur [3] ; » Israelitas a furto, C. « Dixit dominus [4] ; » Sampsonem ab homicidio, C. « Si non licet [5] » et C. « Occidit [6]. » Similiter et Moysen de interfectione Egyptii, secundum beatum Thomam, II, 2, quæst. LX, art. ultimo, et hoc innuitur *Actuum* II ; ac etiam Phineem de occisione Zambri, ut legitur Numeri XXV. Abraham ab adulterio, *Genesis* XXI, et sic de aliis multis, de quibus in capitulo « Gaudemus » *De divortiis* [7].

Et omnino idem sentiendum est de incisione comæ et aliis quibuslibet ad habitum seu amictum pertinentibus, necnon et de armis et cæteris ad fines suæ legationis opportunis ac necessariis. Nam quod in doctrina apostolica legitur de velatione capitis in mulieribus, quippe et quod illis non permittitur tonderi aut decalvari, hoc quidem pertinet ad consuetam decentiam atque publicam sexus honestatem, sicut et ornatus excessivus aut pomposus capillorum, vestium et hujusmodi ipsis mulieribus interdicitur ob pudicitiam et sanctitatem. Verumtamen istud in casu et cum quadam sobrietate nuptis permittitur, ut patet prima *Ad Thymotheum* II, et hoc videlicet ut placeant viris suis et nedent eis aliunde peccandi occasionem. Cur itaque illud primum non poterit mulier, præsertim ut Deo inspiranti pareat et publicæ utilitati exacta necessitate deserviat. Legimus enim viduam Judith ut divinum oraculum de interfectione Holofernis facilius compleret mira figmenta, si fas sit dicere, ad sui ornatum composuisse prioremque habitum dimisisse ac commutasse, *Judith* X. In istis enim exterioribus rebus quibus utimur non

---

[1] *D, Greg.* III, 31, 18.
[2] *D. Grat.* C. XIX, 2, 2.
[3] *D. Grat.* C. XXII, 2, 22.
[4] *D. Grat.* C. XIV, 5, 12.
[5] *D. Grat.* C. XXIII, 5, 9.
[6] *D. Grat.* C. XXIII, 8, 14.
[7] *D. Greg.* IV, 19, 8.

inest vitium nisi ex immoderantia et abusu, ut dictum est. Quod quidem, secundum Andromeum, ex tribus consurgit : videlicet ex vanitate, ex voluptate et quærendi· anxietate. Sed ubi ex opposito concurrunt humilitas, castitas et necessitas, nihil est penitus quod in hoc exteriore cultu præjudicet. Quis enim nesciat similiter Apostolum, prima *Ad Corinthios* xi, quasi legis cujusdam forma dicere : « Omnis mulier orans aut prophetans non velato capite deturpat caput suum? » Et tamen notum est in quibusdam partibus Franciæ, ut in Picardia, gradiusculas fœminas crinibus in modum coronæ attonsis capite prorsus detecto in ecclesiis palam orare, quod tamen non prohibet Ecclesia, sed permittit.

Sed ne ulterius distrahamur, constat plures sanctissimas mulieres ejusdem privatæ legis ac spiritus Dei auctoritate, non solum viri habitum sumpsisse comamque succidisse, sed et in eodem statu per totam vitam occulte permansisse ac inter viros conversando perstetisse. Nam in primis habetur de beata Thecla, Pauli apostoli discipula, quæ volens Paulum sequi comam instituit deponere et habitum viri sumere, sed prima facie Apostolus non permisit, ne forte aliqua tentatio incideret ; sed hoc tandem ipsa fecit et longo itinere cum quibusdam viris juvenibus in ipso habitu ad ipsum perrexit, neque tamen legitur quod de hoc eam reprehenderit. Hoc autem refertur secunda parte *Speculi Historialis*, libro x, capitulo xlviii. Hujus præterea exemplo, beata Eugenia virgo cum duobus eunuchis Protho et Jacincto tonsa et virili habitu inducta ad beatum episcopum Helenum perrexit, cui illa votum aperiens, jussit ut in eo habitu persistens in monasterio inter religiosos resideret, quod quidem longo tempore fecit et tandem in abbatem perfecta fuit : hoc patet abunde eadem parte Speculi, libro xi, cap. cxvi. Item beata Nathalia sancti Adriani martiris uxor, similiter se tonxorans habitum virilem sumpsit ut sanctis martiribus captivis secretius ministraret et ad idem faciendum multas alias animavit, ibidem libro xiii, cap. lxxxiii. Denique sancta Pelagia cum religiosis reclusa in Monte Oliveti in habitu viri usque post mortem incognita permansit, ubi prius libro xii, cap. xcvii. Similiter de sanctis virginibus Marina et Eufrosina quæ usque in finem vitæ in ipso habitu virili cum monachis residentes incognitæ seu ignotæ perstiterunt, ut diffuse patet eadem parte *Speculi*, libro xvi, capitulis vero lxxiii et lxxviii. Quædam etiam sancta virgo origine Corinthia clamidem viri juvenis indnit et discrimen corruptionis evasit, tertia parte *Speculi*, libro xviii, capitulo xciii ; Et sic de multis similibus.

Non videtur itaque causa legitima subesse cur hæc Puella electa tantopere ex hoc criminari debuerit ut ob id reputaretur divinæ ac sacræ doctrinæ prevaricatrix, apostatrix aut etiam de idolatria et execratione sui suspecta haberetur, cum in eo potius subsint omnino contrariæ evidentiæ, ut dictum est. Objiciunt tamen quod ipsa peregit non recipere sacram communionem tempore statuto ab Ecclesia quam dimittere habitum virilem. Sed hoc manifeste apparet falsum esse. Constat enim ex processu quam sæpe numero petierit tunicam longam ad modum unius filiæ burgensis, ut iret ad ecclesiam, audiret missam et hujusmodi. Certum est tamen quod simpliciter et ex toto illud dimittere noluit, dicens quod melius faciebat obediendo Deo, a quo præceptum habebat ut illum portaret, subjungens quod bene sciebat quomodo acceperat, sed ignorabat quomodo vel quando ipsum relinquere debebat; et ita extante conscientia sua de hujuscemodi oraculo et de re tali quæ ad maximum bonum ordinabatur, non debuit aliqua suggestione dimittere aut omittere, ut in capitulo « Inquisitioni, » *De sententia excommunicationis*[1]; C. « Ad aures, » *De temporibus ordinandorum*[2], cum similibus. Sperabat siquidem aut innuebat, cum de dimittendo habitum sollicitaretur, legationem suam forte nondum impletam esse.

Quo autem ad vexillum et arma quæ gestabat et etiam ad prælia quibus se immiscebat, satis verisimile est quod in odium hujus potissimum et hac præcise occasione processus iste adversus eam motus est. Constabat enim quoniam suorum aggressuum industria ac virtute tunc Anglorum fortuna tam mirabiliter corruerat. Sed si quis attendat, istud causam fidei minime concernit et denique ob hoc Johanna neque proditrix aut dolosa, crudelis, seditiosa, effundendi sanguinis sitibunda et hujusmodi de quibus criminatur censeri aut reputari debuit minime.

Attendendum namque quod dum ad hoc mittebatur humiliter se excusavit, dicens quod erat simplex puella quæ nesciret equitare neque arma portare. Tunc autem voces rememorabant ei calamitatem patriæ et regis magnam patientiam, quod denique oportebat ut veniret in Franciam et patria alleviaretur atque Deus eam adjuva-

[1] *D. Greg.* V. 39, 44.
[2] *D. Greg.* I, 11, 5.

ret. Ecce ergo quod non stollide ad ista se ingessit, sed divino præcepto et propter regis ac regni crudelissime oppressi summopere necessariam relevationem inducta fuit. Quoque et non parum ponderandum videtur id quod sæpius dixit, videlicet quod ipsamet in prælio vexillum portabat ne aliquem interficeret : sed neque quempiam reperitur occidisse aut etiam percussisse, quinimo Anglicos hostes litteris semper aut verbis ad pacis tractatum noscitur commonuisse in ipsosque adversarios quos captivari aut dure contrectari videbat plurimum misericors ac compatiens fuisse, quippe e eorum numero multos absque redemptionis, pretio nonnunquamt gratis eripuisse. Quid itaque hic inspicitur quod juste aut digne calumniari debeat ? Nam, ut ait Augustinus in libro *De verbis Domini*, et allegatur in capitulo « Apud veros », xxiii, quæst. i, apud veros Dei cultores ipsa bella justa sunt quæ non cupiditate aut crudelitate, sed pacis studio geruntur ut mali coherceantur et boni subleventur. Et iterum idem Augustinus contra Faustum ait : « Nocendi cupiditas, ulciscendi crudelitas, impaccatus atque implacabilis animus, feritas rebellandi, libido dominandi et si qua similia, hæ sunt quæ in bellis jure culpantur, quæ plerumque ut etiam inde puniantur publicæ justitiæ repugnantes sive Deo sive aliquo legitimo imperio jubente gerenda ipsa bella suscipiuntur a bonis cum in eo rerum humanarum ordine inveniuntur ubi eos vel jubere tale aliquid vel in talibus obedire juste ordo constringit. Sed dices : hæc fœmina fuit, ideo sibi non licuit. In promptu est responsio. Nam id licitum dicitur quod est secundum æquitatem, C. « Magnæ, » *De voto et voti redemptione*[1] ; æquum vero quod a juris regula non discrepat seu legi non repugnat. Itaque non memini me de hoc præceptum in lege vidisse, ne videlicet mulieres quandoque arma sumere possint nisi forte quis accipiat in antedicto præcepto « Non induetur mulier veste virili, » id est « armis, » eo quod quædam translatio ponit « vas » ubi habetur « vestis » quod secundum aliquos doctores intelligitur de armis. Ad quod facit veritas hebrayca quæ habet in isto passu « Non enim vas viri super mulierem. » Nunc vero ubi de Jonatha legitur, primi *Regum* xx, quod tradidit puero arma sua, in hæbreo ponitur « vasa. » Sed istud non cogit quia, etiam ad illum intellectum accipiendo, tamen ratio illius præcepti fuit ad vitandam idolatriæ su-

[1] *D. Greg.* III, 34, 7.

perstitionem quam mulieres exercebant in sacris Martis arma sumentes, ut dictum est, ideoque ad propositum nihil facit. Nam cessante causa, cessat effectus, C. « Cum cessante » *De appellationibus* [1], et omnis res per quascumque causas nascitur per easdem dissolvitur, C. primo *De regulis juris* [2]. Et iterum non vanum simpliciter videtur ut necessitatis urgente articulo mulier ad prælia vadat aut militarem actum pro salute reipublicæ exerceat. Fuit namque Debora prophetes seu prophetissa quæ cum Barach principe ivit contra Sysaram et ejus exercitum, ut patet *Judicum* IV, in cujus commendationem sequenti capitulo legitur : « Cessaverunt fortes Israel et quieverunt donec Debora surgeret. Nova bella elegit Dominus et portas hostium ipse subvertit. » Super quo Petrus Comestor in historiis ait : « Nova quidem bella elegit Dominus ut mulier de viris triumpharet. » Fuit et Jahel uxor Amner Cynei quæ ipsum Sysaram principem exercitus regis Jabyn clavum tabernaculi in tempora ejus defigens dum dormiret interfecit, ubi prius *Judicum* IV ; quod quidem, ut creditur, divino instinctu ambæ istæ mulieres fecerunt. Denique et Judith Holofernem principem exercitus Nabuchodonosor regis Assiriorum dormientem, divino similiter ducta oraculo, interfecit et in lectulo corpus truncum relinquens caput in pera sua ad victoriæ gloriam et adeptæ salutis testimonium in civitatem reportavit, *Judith* XIII. Ipsamquoque sub his verbis in prologo ita commendat Ieronimus : « Hanc enim non solum fœminis sed et viris Deus immitabilem dedit qui castitatis ejus remunerator virtutem talem ei ut invictum ab omnibus hominibus vinceret et insuperabilem superaret. » Narrant præterea historiæ miranda quo ad rem bellicam de quibusdam mulieribus quæ Amazones dicuntur. Refertur etiam a Tito Livio, libro II ab urbe condita, et a Valerio libro III, cap. III, atque Orosio libro II unum quasi prodigium de virgine romana nomine Clelia quæ Tyberis flumen transnatans e manibus hostium virgines coetaneas obsides vi et astucia eripuit et parentibus salvas restituit : unde et in ejus laudem sic declamat Valerius : « Clelia non solum patriam ab obsidione, sed etiam a timore liberavit. » Quis ergo non approbet et commendet quod per istam electam Puellam præclare gestum videmus? Præsertim cum in primis per prælatos et doctores se Pictavis et alibi super qualitate suæ missio-

[1] *D. Greg.* II, 28, 60.
[2] *D. Greg.* V, 41, 1.

nis districtius examinandam præbuerit et merito admitti eam debere voce omnium dijudicatum fuerit, more castissime Judith quæ ad certamen se preparans sacerdotibus dixit : « Sicut quod loqui potui, Dei esse cognoscitis : ita quod facere proposui probate si ex Deo est et orate ut firmum faciat consilium meum Deus. » Cui responderunt : « Vade in pace et Dominus tecum sit in ultionem inimicorum nostrorum, » *Judith* VIII. Enimvero divinæ dispensationis mira est ut puella de pascuis et post fœtantes traducta confestim grandes emissarios, veloces atque etiam feroces leviter seu alacriter conscenderit, quinimo et supra virorum communem industriam calcaribus adactos direxerit et compescuerit, vexillum et arma secundum exigentiam militaris actus aptissime portaverit, sed, et quod multo mirabilius est, acies exercituum ordinatissime instruxerit, congrediendi et aggrediendi normam et modum non tam præstituerit quam semper præsens et prima audaciam cæteris et animum præbuerit ac tandem in cunctis per eam maxime susceptis triumphos felices reportaverit, per hostes intermedios per enses per gladios regem Remis coronandum duxerit et feliciter ac gloriose coronatum utique per omnia salvum tandem reduxerit, urbes et oppida absque hominum cæde subjecerit, exterritos hostes solo sui nominis flatu procul fugaverit. Quid plura morer ? Haud dubie cernimus [1] quod ad hostium confusionem et ad omnium superborum repressionem in manu feminæ salutem regni Deus constituerit, ad quorum denique qualemcumque probationem, faciunt aliqua super istorum mirabili eventu longe ab ante prænuntiata, ut imprimis illud Bedæ quod superius adduximus.

Quidam etiam peritus astrologus Senensis, nomine Johannas de Monte Alcino[2], fertur per antea sic domino regi inter cætera scripsisse : « In consilio virgineo erit victoria tua ; prosequere victoriam « tuam sine intermissione usque ad civitatem Parisiensem », etc.

[1] Le mst porte *criminis*.
[2] Dans le recueil de Simon de Phares, dit Quicherat, le prénom de cet astrologue est *Pierre* et non pas Jean. « Petrus de Monte Alcino, lisant « les ars à Paris, souffisamment instruit en la science des jugemens de « astrologie, pronostica sur l'apparition d'une comecte qui aparut l'an « 1402, le 25 février *sub marte*, 28e degré de *aries*, bien et véritablement, « comme apert par son indice. Et entre autres choses, prédist la destruc- « cion de la greigneur part des Italles et mort du duc de Millan. » (Bibl. nat. mst 7487 f°. 143 v°.)

Merlinus autem vates Anglicus ita cecinit : « Ex memore Canuto eli-
« minabitur puella ut medelæ curam adhibeat : quæ, ut omnes arces
« inierit, solo anhelitu suo fontes nocuos siccabit. Lacrimis mise-
« randis manabit ipsa et clamore horrido replebit insulam. Interfi-
« ciet eam cervus decem ramorum quorum quatuor aurea diade-
« mata gestabunt ; sex vero residui in cornua bubalorum vententur ;
« quæ nefando sonitu insulas Britanniæ commovebunt. Excitabitur
« Daneium nemus et in humanam vocem erumpens clamabit : *Accede, Kambria et junge lateri tuo Cornubiam*[1]. » Hoc enim vaticinium
non omnino respuendum aut despiciendum est, quoniam quæ iste
Merlinus prædixit, satis commendata reperiuntur.

Ait enim Sigibertus : « Multa obscura revelavit Merlinus, multa
« prædixit ventura, quorum aliqua vix intelligi possunt donec ap-
« parere incipiant. Solet enim spiritus Dei per quos voluerit, mys-
« teria sua loqui, sicut per Sibyllam, per Barlaam et cæteros hu-
« jusmodi. » Istud enim legitur tertia parte *Speculi Historialis*, libro
XXI, capitulo 30.

In primis autem ibidem exprimitur locus originis Puellæ ex designatione illius nemoris Canuti, de quo superius tactum est, et dicit
Eliminabitur, id est e liminibus dicti nemoris nasci probabitur. Nam
ab ostio paternæ domus Johannæ, facile videtur, ut dicitur in pro-

---

[1] « Ce n'est qu'à force de bonne volonté, dit Quicherat, qu'on avait ap-
pliqué ces paroles à la Pucelle ; car, outre qu'elles sont tirées d'une prophétie relative à Winton (elle est intitulée *De Guyntonia vaticinium*),
elles ont été tronquées dans plus d'un endroit, pour être réduites à l'état
ou Jean Bréhal les rapporte. En effet, après avoir énuméré longuement
les calamités dont sera frappée la ville galloise, Merlin ajoute : « Ad hæc,
« ex urbe Canuti Nemoris eliminabitur puella ut medelæ curam adhibæat ;
« quæ, ut omnes arces inierit, solo anhelitu suo fontes nocuos siccabit, et
« exinde ut sese salubri liquore refecerit, gestabit in dextera sua nemus
« Calidonis, in sinistra vero murorum Londoniæ propugnacula. Quacunque
« incedet, passus sulphureos faciet qui duplici flamma fumabunt. Fumus
« ille excitabit Rutenos et cibum sub marinis conficiet. Lacrimis miseran-
« dis manabit ipsa, et clamore horrido replebit insulam. Interficiet eam
« cervus etc. Excitabitur Daneium nemus et in humanam vocem erum-
« pens clamabit : « Accede Cambria, et junge lateri tuo cornubiam ; et
« dic Guyntoniæ : absorbebit te tellus. » Suivent six pages sur le même
ton. Voyez Galfridi de Monumeta vita Merlini, édit. Francisque Michel
1837 p. 67 et suiv. Il semble donc que la prédiction de la venue de la
Pucelle attribuée à Merlin, doive rester dans la légende, et soit œuvre
pure d'imagination populaire.

cessu. *Medelæ* autem *Cura* est regni tunc languentis per Johannam inchoata atque procurata valitudo. *Ad arces iniit* cum regem et primores regni exordio suæ legationis accersivit; vel cum inter prælatos et doctores sapientia præditos, longum ac districtum examen Pictavis subivit; aut etiam Aurelianis, Parisius et multas regni spectabiles civitates et munitiones oppidaque fortia, viriliter ac intrepide aggressa fuit; vel forte quando dominum regem cum proceribus regni ac exercitu multo, Remis coronandum, per hostium enses salubriter conduxit. *Anhelitu suo*, id est duræ reprehensionis verbo, *nocivos fontes siccabit*, hoc est doli conspiratores et perfidos increpabit, suaque gratia et amicitia privabit. *Lacrimis miserandis ipsa manabit*, quia regni calamitatem et Francorum miserata labores, jugiter deflebit, in pauperesque valde misericors, quin imo et in hostes humiliatos plurimum compatiens erit. *Clamore valido replebit insulam*, quoniam strepitus victoriosæ ejus famæ universam Anglorum gentem exercebit, et in conspectu ejus prælia committere pavebit. *Interficiet* vero *eam cervus decem ramorum*, id est adolescens Henricus in regnum Franciæ præcipiti usurpatione insiliens, eam interire faciet, tunc quidem exsistens ætatis decem annorum. *Quatuor ipsorum ramorum diademata aurea gestabunt,* quia annis fere quatuor ab ortu ejusdem Henrici, in subjectos suos Anglici potestatis suæ imperium cum justitia competenti dispensabunt. Sed tandem, omni justitia et populi libertate spreta, per residuum temporis præscripti *in cornua bubalorum vertentur*, quia subditos suos effrenata crudelitate seu tyrannide persequentur. Ex cujus afflictionis extremæ causa *nefando sonitu*, id est facinorum suorum relatu et nuntiorum vice populi remurmurantis conclamantium strepitu, *insulas Britanniæ commovebunt*, hoc est justitiæ omnino suppressæ cum tumultu remedia implorabunt. Quibus rebus in ea clade perdurantibus, idcirco *excitabitur Daneium*, id est Normannum, quia a Danis processit sic proprie dictum; *Daneium*, dico, *nemus*, hoc est promiscuum Normanniæ vulgus; *excitabitur,* quia in eadem terra hinc inde suscitata rebellione, ad ultionem injuriæ armabitur. *In humanamque vocem erumpens clamabit,* quia indita sibi humanitate et totis animi præcordiis ad naturalem suum principem adspirabit, dicens: *Accede, Kambria*, id est Franciæ corona, a Sicambria, civitate antiqua Pannoniæ, unde Franci provenere, sic dicta. Nam et Clodoveo protochristiano regi baptismum suscipienti, ait Remigius: « Depone mitis colla Sicamber. » *Accede*, inquam, quæ longe a nobis et diutius quasi proscripta secessisti *et junge lateri tuo Cornubiam*, id est Angliam, ut a parte una totum denominetur. *Junge* quidem *lateri tuo*, quoniam omnium nostrum votiva est fiducia, te felicium victoriarum successu, tuo imperio Angliam inde conjungere posse.

In multis equidem per ingenia clariora posset et alius forsan convenientior de dicta prophetia elici intellectus ; sed in talibus satis permittitur, ut unusquisque in suo sensu abundet. Verumtamen omnia quæ exponendo præmisimus, infallibili successu nostris diebus contigisse videmus.

Reperitur et alia quædam prophetia de qua superius, in primo articulo, meminimus, in qua sic habitur. « O insigne lilium, rora« tum principibus, agris pluribus a satore in virgulto delectabili in« situm, immortale floribus et rosis mire redolentibusque vallatum !
« Stupescat lilium, contremescat virgultum *:* Nam diversa brutalia,
« advenæ alitaque in prædicto virgulto, cornua cornibus adhærendo,
« quasi penitus suffocabunt, et quasi marcescens rore privato, an« guste et paulisper radices pene evellendo, aspidis anhelitibus vas« tare putabunt. Sed a Puella oriunda, unde primum brutale vene« num effusum est, antecedenteque aurem retro dextram modico
« signo coccineo, remisse fabulante, collo modico, a virgulto triste
« exulabunt ; fontes irriguos dicto lilio administrando, serpentem
« extra pellendo venenumque cuilibet notificando, lilicolam Karolum,
« filium Karoli nuncupatum, laurea Remis non manu mortali facta,
« fauste laureabit. Subdent se circiter fines turbidi, fontes treme« bunt, clamescet populus : *Vivat lilium, fugiat brutum pullulet vir*« *gultum!* Ascendet ad campum insulæ classe classibus applicando,
« et ibidem plurima bruta jam clade peribunt. Multorum tunc pax
« efficietur, multorum claves ultro suum opificem recognoscent.
« Cives civitatis inclitæ clade perjurii perimentur, singultus pluri« mos in se memorando, et muri plurimi ruent intrando. Tunc erit
« lilii virgultum sicut brutis aliquo modo et sic florebit tempore
« longo. »

Continet siquidem hoc vaticinium laudem multam quoad arma et coronam Franciæ, intellectum per *lilium* a satore cœlesti divinitus transmissum. Commendatur præterea regnum ipsum, quod per *virgultum* innuitur et hoc maxime quantum ad *principes*, prælatos et sapientes, quibus regnum noscitur insignitum. Subdit denique præteritam regni concussionem ac ipsius pene totalem destructionem, partim per advenas brutos, id est Anglicos, partim etiam per nonnullos domesticos et ibidem nutritos, ad invicem tamen in exercitio crudelitatis conjunctos, actam et procuratam ; adeo ut universum regnum longa afflictione detentum, principibus pene omnibus nunc captis, nunc cæsis, successive desolaretur seu etiam serpentinis infectum conjurationibus, quasi *rore privato*, id est innata sibi fidelitate, *marcescens*, vastatum omnino putaretur. Proinde ortum Puellæ introducit, miro schemate verborum illum describens : *unde*, ait, *primum brutale venenum effusum est*. Hoc autem pro modulo superius exposuimus, ubi de loco originis Johannæ agebatur ; sed tamen ut ibi, cum hoc designatio ambigua videatur, clariori intelligentiæ relinquimus. Traduntur insuper quædam signacula ipsius Johannæ et quorumdam characterum suorum expresse discretiva, videlicet : tabes rubea retro aurem dextram ; secunda est mollis seu remissa loquela ; tertium vero colli brevitas. Innuitur postea Anglicorum fuga et excidium quorumdamque principum initæ cum rege validæ confœderationes innovataque pacta : ex quibus subdolæ conspirationes multorum perfidorum patefieri visæ sunt. Exprimit tamdem multum clare domini regis coronationem, ac nonnullorum ab ante Anglicis subjectorum liberam spontaneamque deditionem. Necnon et subsecutam ex his describit communem populi lætitiam, pacem ac serenitatem. Parisiensium denique, ob perjurii crimen, prodit interemptionem, et offensæ attritionem. Ad extremum autem concludit futuram regni ab hostibus puritatem atque diuturnam pacis subsequentem tranquillitatem.

In hac enim prophetia sunt multa satis obscura, quædam vero multum aperta et expressa ; aliqua vero mihi videntur transposita et non simpliciter, secundum ordinem harum rerum et prout successerunt, collocata. Quod etiam apud prophetas Dei frequenter contigit ; et salvatur per figuram quam ὕστερον πρότερον grammatici dicunt. Et quia forte apud multos parum authentica videretur, ideo ejus declarationi minus insistendum placuit : libenter tamen hic apposita est, quoniam, secundum poetam, etsi non prosint singula, multa tamen juvant. Et est enim hæc presens quæstio de facto, ideo ab omni circumstantia, secundum rei exigentiam, potest sumi argumentum, et etiam non facile dentur ista contemptui, maxime ubi fidei catholicæ aut bonis honestisque moribus nihil repugnans invenitur. Nam, ut dicitur Johannis cap. III, vers. 8 « Spiritus ubi vult spirat », ut super illo verbo Pauli ad Thessalonicenses I, 15, 20 « Prophetias nolite spernere », ait quædam glossa : « Deus qui os asinæ aperuit sæpe revelat minoribus quod melius est. »

Ista ergo sufficiant de præsenti articulo.

SEPTIMUM CAPITULUM

Quod Johanna multa verba temeritatis et jactantiæ videtur protulisse et quædam periculosa in fide asseruisse.

Quia enim in processu videtur Johanna in quibusdam dictis suis, tamquam ex eis etiam in fide reprehensibilis esset, calumniari, ideo adducenda sunt ea verba præcipue in quibus culpabilis ex processu æstimatur. In primis est illud quod dixit, videlicet quod certa erat voces sibi apparentes venire a Deo et ex Dei ordinatione, et, ut asseruit, ita firmiter credebat sicut credebat fidem christianam et quod Dominus noster Jhesus Christus passus sit in cruce pro redemptione nostra, et istud verbum habetur in processu fol. XVII, G. Sed ad istud jam in parte responsum est. Constat enim quod eidem lumini divinæ videlicet inspirationis innititur fides catholica et revelatio prophetica ; super enim veritatem immobili (sic) utrumque fundatur. Si enim revelationem habens, ut tradit sanctus Doctor, certitudinem non haberet quod illa sunt sibi divinitus revelata, jam fides catholica quæ ex revelatione procedit omnino incerta esset.

Hæc autem certitudo revelationis in duobus maxime tamquam signis manifestis ostenditur, videlicet in prompta executione facti et in trepida pronuntiatione verbi. Quorum primum patuit in Abraham qui in visione prophetica ammonitus prompte disposuit se ad immolandum filium, ut legitur *Genesis* XXII. Aliud vero patet in Jeremia quem cum apprehendissent sacerdotes et pseudo prophetæ atque omnis populus dicentes : « Morte moriatur », ipse paulo post propheta ait : « In veritate misit me Dominus ad vos ut loquerer in auribus vestris omnia verba hæc. » Jeremiæ XXVI, ubi glossa « Si quando pro necessitate nobis humilitate opus est, sic tamen illam assumamus ne veritatem et constantiam deseramus. » Non obstante autem mira simplicitate Johannæ egit tamen efficaciter et prompte quod divino imperio jussum et commissum illi fuerat, ut patuit manifeste in levatione obsidionis coram Aurelianis et domini nostri regis felici et prospera coronatione Remis, in quibus potissimum duobus credo suæ legationis fines et maxime constitutas fuisse quoniam circa hæc duo præsertim ubi de suo mirabili adventu hinc inde et diversimode interrogatur universa tendunt responsa, quæ tamen ambo per ipsam miro modo operante feliciter et perfecte completa sunt. Quæ autem proinde gessit quasi superogata mihi viderentur nisi ex suis dictis constaret quia et post modum jugiter suarum vocum consolationes habuit. Et ad hoc veniunt ea quæ captiva in judicio existens non tam mirabiliter quam perseveranter et constanter plurima etiam ventura cuncta temporis designatione prædixit de quibus superius late satis discussum est. Sed quod procul dubio, ut de Jeremia nunc dictum est, expressum signum sit de veritate revelationis divinæ, dum scilicet constanter et intrepide annunciatur, plane innuit Quintilianus libro VIII *De oratoria institutione* sic inquiens : « Prodit se quantumlibet custodita simulatio nec unquam tanta est loquendi facultas quæ non titubet et hereat quotiens ab animo verba dissentiunt. » Posset etiam et faciliter responderi de illo adverbio, sicut quod est nota similitudinis non identitatis seu adæquationis. Unde sufficit in prædicto verbo Johannæ quod sit utrobique qualiscumque similitudo cum certitudine quamvis non fuerit aut sit in utroque similium æqualis credulitas vel adhæsio. Nam multa talia legimus, ut est illud in symbolo Athanasii « Sicut anima rationalis et caro unus est homo, ita Deus et homo unus est Christus ». Tamen manifestum est quod utrobique magna interjacet distantia, cum Christo sit in duabus naturis sola unitas suppositi vel personæ, in homine vero (sic). Ad idem, prout Leo papa testatur, Apostolus Petrus de Symone mago ait : « Sicut in Christo duæ sunt substantiæ, scilicet Dei et hominis, ita in Symone isto sunt duæ substantiæ, scilicet hominis et dyaboli ». Similiter et Aymo, super epistolam ad Thessalonicenses, ait : « Sicut in Christo omnis plenitudo divinitatis habitavit, ita in antichristo plenitudo omnis malitiæ et iniquitatis habitabit, quia in ipso erit caput omnium malorum dyabolus ». Certum est autem quod in his magna distantia est multaque talia in Scripturis etiam divinis reperiuntur quæ quidem ad sanum intellectum trahere oportet. Et ad idem quædam exempla habentur et ad prædictum sensum exponuntur in capitulo

« Damnamus », circa finem, *De summa trinitate*[1]; et quidem plurimum refert inter similitudinem et identitatem, ut bene innuit Anselmus in libro *De similitudinibus*, nam et communiter dici solet quod similitudines semper uno pede claudicant. Rursus potest accipi ex dictis ejusmet alia hujusmodi responsio. Nam frequenter allegavit se ideo esse certam de bonitate illarum vocum propter bonam doctrinam et bonam confortationem quam sibi dabant, quod quidem sufficiens est ad præbendum hujus certitudinem. Nam super illo verbo secundæ ad Corinthios xi, « Sathanas se transfiguravit » etc. ait glossa quod dyabolus semper ad mala sua intendit ducere. De istis nempe satis superius dictum est.

Aliud autem verbum in quo Johanna calumniatur et quia dicebat se adeo firmiter credere quod salvaretur in paradiso ac si jam esset ibi. Ad istud dicitur quod fundatur in promissione facta ei per spiritus ei apparentes qui sibi dicebant « Accipias totum gratanter, non cures de martirio tuo, tu venies finaliter in regnum paradisi », et hoc dicebant ei simpliciter et absolute, hoc est sine defectu. (Ista patent in processu fol. xxxviii, A). Certitudo enim, secundum Doctorem sanctum, nihil aliud est quam determinatio intellectus ad unum. Et tanto major est certitudo quanto fortius est illud quod certitudinem causat. Spiritibus ergo illis omnino credere debuit, ut vult Augustinus super illo verbo « Timuit Jacob valde » etc., *Genesis* xxxii, et Chrysostomus. Quandocumque enim Deus aliquid indicat, oportet in fide suscipere, nam super hujusmodi disceptare contumacis est animæ. Item Beda: « Cum angelus promittit, jam dubitare non licet. » Idcirco hæc firmitas credendi in Johanna nihil aliud erat quam certitudo spei, quæ siquidem virtus, ut in tertio scripto ait sanctus Doctor, quantum in se est, inclinat infallibiliter et ducit in vitam æternam. Sicut namque fides innititur veritati primæ quæ non potest decipere, ita spes ex gratia et meritis proveniens innititur largitati summæ quæ non potest deficere: unde etiam quantum ad inclinationem habitus magna est spei et certitudo in habente spem caritate formatam. Est enim, ut idem doctor ait, quasi certitudo naturæ quæ nunquam deficit nisi per accidens: unde super illo verbo Psalmi « Singulariter in spe constituisti me » dicit glossa, id est in una spe qua singulariter unum et verum bonum spera-

---

[1] *D. Greg.* I, 1, 2.

tur non multiplicitate hujus sæculi, et profecto erit quod speratur. Nam et Paulus ad Romanos VIII, dicit : « Spe enim, glossa id est certa, salvi facti sumus ». Et ad hoc facit quod ipsa Johanna sæpe dixit, videlicet quod non requisivit aliud præmium a vocibus suis nisi salutationem animæ suæ.

Est et alia responsio valde efficax ad hoc ex ejus verbis collecta, quia dixit quod certitudinem illam intelligebat dummodo bene custodiret illud quod promiserat Deo, videlicet quod servaret virginitatem tam animæ quam corporis ; per quam intelligitur plena et perfecta non solum illiciti actus, sed et cujuslibet inordinati consensus resecatio, juxta illud secundæ ad Corinthios XI « Despondi enim vos viro virginem castam » ; ubi glossa « non solum integritate corporis quæ paucorum est, sed incorrupta fide mentis quæ est omnium fidelium. » Virginem, inquam, quia sine corruptione mali operis et sine pravitate erroris ; castam vero, quia sine estu malæ voluntatis. Unde et Augustinus, libro de sancta virginitate : « Servatur in fide immolata quædam castitas virginalis qua Ecclesia uni viro virgo coaptatur ». Et ita præmissum verbum in nullo præjudicat.

Item semel dixit quod noverat unum Burgundum qui voluisset caput esse truncatum, quod quidem verbum videtur crudelitatem sonare et contra caritatem esse. Ad quod dicitur quod ipsa omnem in isto culpe notam abstulit dum subdens ait : « Si tamen placuisset Deo ». Nam et Judith de Holoferne dixit : « Fac, Domine, ut gladio suo proprio superbiam amputetur » ; ubi glossa non hoc dicit delectatione pœnæ, sed amore justitiæ, sicut prophetæ qui quod in spiritu justo judicio vident futurum, in eodem spiritu prædicunt faciendum, imo per eos ipse prædicit qui per eos revelat atque facit quale est illud « fiat mensa eorum coram ipsis in laqueum, » etc. et illud Pauli ad principem sacerdotum « Percutiet te Deus paries de abbate », *Actuum* XXIII.

Est et illud in quo mirabiliter vexatur, videlicet de eo quod refert unum angelum de alto venisse qui dum pro tunc cum rex esset in castro de Thygnon intravit per ostium cameræ domini regis et Johanna erat cum eo gradiebaturque idem Angelus super terram et ambulabat eundo ab ostio cameræ et cum pervenisset ad regem, fecit ei dictus angelus reverentiam inclinando se coram eo et reduxit ei ad memoriam patientiam magnam quam habuerat in suis tribulationibus tradiditque ei quoddam signum opulentissimum, præsentibus et hoc ipsum videntibus multis principibus ac prælatis ipsius regni qui etiam angelum præstitum signum tradentem viderunt. et ille angelus erat bene associatus aliis angelis quorum aliqui habebant alas, aliqui erant coronati et alii non, et etiam in illa societate erant sanctæ Katherina et Margareta. Hæc est summa ipsius assertionis quæ apud quosdam multum absurda et anglicæ proprietati atque dignitati absona reputata fuit. Sed si diligenter consideretur et alia quædam, ut dignum est, adjungantur, quæ ad illius explanationem faciunt, nihil profecto reperietur absurditatem aut etiam falsitatem continens. Notum est enim quod istud concernebat misterium grande ad dominum regem Franciæ et totius regni salutem directe pertinens, unde inter adversarios Johanna hostiliter captivata ex industria et prudentia quædam super hac interrogatione respondit quæ ad terrorem inimicorum facerent, ut est quod illud signum fuit quod angelus certificavit regem apportando ei coronam et dicendo quod ipse haberet totum regnum Franciæ integræ cum auxilio Dei, mediante labore ipsius Johannæ. Hoc habetur fol. LXVIII, et multa similia eis dixit.

Alia vero caute subticuit vel quæ de hoc quoquomodo enuntiavit sub occulto verborum scemate et quasi parabolice fuit. Unde et jurando semper protestata est quod de illis quæ ibant ad dominum regem possent illi multa petere, de quibus ipsa non respondit eis veritatem. Quod quidem ei licitum fuit triplici ratione.

Primo quia res de se erat propter sui magnitudinem non plene seu aperte revelabilis. Etenim sacramentum regis bonum est abscondere, ut habetur Tobiæ XII. Secundo ne perjurium incurreret: promiserat enim, ut sæpius asseruit, se nunquam dicturam secreta quæ ad dominum regem ibant. Tertio, quia sicut non licet mentiri seu pejerare, ita licet caute respondendo, veritatem tacendo fingere, sicut fecit Abraham coram Pharaone, *Genesis* XII, et allegatur in capitulo « Queritur, § Ecce »[1]. Sic enim quandoque prophetæ et sancti Dei viri frequenter sunt locuti neque tamen in hoc propterea fuerunt mentiti. Ait enim beatus Augustinus, in libro *De quæstionibus* Evangelii : « Non enim omne quod fingimus mendacium est, sed quando id fingimus quod nihil significat mendacium est; cum

---

[1] *D. Grat.* C. XXII, 2, 22 in fine.

autem fictio nostra refertur ad aliquam significationem non est mendacium, sed aliqua figura veritatis. Alioquin omnia quæ a sapientibus et viris sanctis vel etiam ab ipso Domino nostro figurate dicta sunt mendacia deputabuntur quia secundum usitatum intellectum non subsistit veritas talibus dictis, sicut est parabola de filio prodigo quæ sic facta refertur ad rem quamdam significandam. Fictia ergo quæ ad aliquam veritatem refertur figura est, quæ autem non refertur mendacium est ». Et beatus Thomas, secundo libro *Sententiarum*, dist. VIII, art. 3, dicit quod in metaphisicis locutionibus non est falsitas eo quod non proferuntur ad significandas res quibus nomina sunt imposita, sed magis illas in quibus dictarum rerum similitudines inveniuntur. Nam et jure aliqua finguntur, ut capitulo « Accusatus », *De hæreticis*[1], et Can. « Ferrum »[2], cum ibi notatis. Christus etiam finxit se longius ire, Lucæ ultimo et Judith universa verba quæ ad Holofernem dixit. Judith XI sunt penitus ficta, ut patet intuenti. Imo etiam et ironice quandoque sancti prophetæ loquuntur, ut Micheas quando ad regem Israel dixit : « Ascendite, cuncta enim prospere evenient », (Tertio libro *Regum* ultimo, et secundo *Paralipomenorum* XVIII). Fictio ergo quæ in malum sonat proprie est cum quis unum dicit et aliud in mente sentit ac exterius agit, ut innuitur in glossa Sapientiæ primo « Spiritus disciplinæ effugiet fictum », et in hoc sensu loquuntur jura ut canone « Zizania »[3], cap. « Salvatur »[4], ac cap. « Ostenditur »[5].

In præmissis itaque cum de re gravissima ageretur et per inimicos regis capitales Johanna de revelando secreto in futurum regni detrimendum acerrime molestaretur, utique sagaciter egit parabolicis scematibus apud illos utendo ut gentem etiam reprobe superstitioni intentam ejusque prestigiosam artem prudenti arte et in eo casu licita ac expedienti caute deluderet. Dicamus ergo quod ipsamet angelus fuit sicut etiam et quodam joco se declarat. Nam angelus nomen est officii, secundum Gregorium, et nuntius angelus dicitur, ut patet Malachiæ II et Mathei XI. Et istud recte consonat dictis ejus de ascensu per gradus, de ambulatione per cameram, de

---

[1] *D. Bonifacii*, V, 2, 8.
[2] *D. Grat.* D. L, 18.
[3] *D. Grat.* C. I, 1.
[4] *D. Grat.* C. I, 3, 8.
[5] *D. Grat. De consecratione*, D. IV, 32.

inclinatione et reverentia domino regi facta, et si qua sunt similia.

Quod autem de alto angelus venit, ipsa exponit se hoc intelligere quod de præcepto Dei angelus ille venit. Neque enim absurdum aut superbum reputari debet si se angelum de sua missione loquens nominavit.

Equidem primo non absurdum quia ipsius rei seu operis verus effectus secundum nominis proprietatem successit, ut patuit ; sed neque superbum putari debet quia idem expresse legimus de Debora quæ in cantico suo angelum se nominavit, ut in historia scolastica magister refert etiam in glossa *Judicum* v, ubi sic habetur : « Debora se dixit angelum, id est nuntium Domini. » Nam et Johanna interrogata si per meritum suum ille angelus mittebatur, humiliter ac prudenter respondit dicens quod veniebat pro magna re, scilicet pro dando succursum bonis gentibus de Aurelianis et etiam pro meritis sui regis et boni ducis Aurelianensis. De signo vero illo seu corona, de qua sic moleste ipsa impeditur, ex ejusdem dictis aperte satis colligitur quod nihil aliud per hoc intelligebat nisi futuram domini regis coronationem quam fiducialiter illi prædicebat atque promittebat. Dixit enim, de corona loquens, quod erat adeo pretiosa et dives quod non est aurifaber in mundo qui sciret eam facere aut etiam homo vivens qui eam posset describere. Et consonat huic præmissum dictum Eugelidæ « Laurea Remis non manu mortali facta fauste laureabit. » Præterea, ut dixit, significabat quod dominus rex teneret regnum suum. Fuit autem tradita ipsa corona archiepiscopo Remensi qui eum recipiens tradidit domino regi, ipsa Johanna præsente, fuitque reposita in thesauro ejusdem domini nostri regis. Et adjecit quod signum illud durabit usque ad mille annos et ultra. Ex quibus omnibus manifeste colligitur quod parabolice loquebatur, intelligens ista de coronatione domini regis quæ brevi tempore post largiente Deo feliciter est subsecuta, includens multa quæ ad circumstantias ipsius coronationis, ut inde contigit, attinebant. Per assistentiam autem angelorum et sanctarum virginum Katherinæ et Margaritæ nil aliud intelligendum puto nisi speciale ad rem tam miraculosam procurandam atque perficiendam illorum suffragium, quamvis etiam non omnino diffitendum sit plures angelos et sanctos illi sacratissimo misterio vidente Johanna forsan astitisse, cum utique ipsa sacrosancta unctio regum Franciæ a Deo celitus emissa comprobetur. Vel forte intellexit per illos angelos habentes alas et non habentes, coronatos et non coronatos personas notabiles diversorum statuum, conditionum et locorum ibi in multitudine copiosa existentes, ut per alatos proprie et heraldos et precones, per non alatos vero quoslibet alios intelligamus ; et similiter per coronatos prelatos et quoscumque ecclesiasticos accipiamus ; exponendo etiam de dictis virginibus sicut prout modo dicebatur. Et ita hujus assertionis aliqua videntur esse reserenda quam Johanna exhibuit in spe, reliqua vero quando impleta sunt, in re et veritate. Credibile tamen est quod nonnulla fuerunt in ipso Puellæ primario adventu his secretiora et quæ cæteros omnes penitus latent quorumque dumtaxat conscii fuerunt dominus noster rex et ipsa Johanna. De his, namque divinare non possumus, sed neque profecto nostra interest de ipsis misteriis et occultis nimium sollicitos investigatores esse.

Denique imponitur Johannæ se jactasse quod nunquam fecit opera peccati mortalis. Sed istud plane falsum est. Nam interrogata captiose utrum sciret se esse in gratia Dei, multum quidem catholice ac humiliter respondit dicens : « Si ego non sim, Deus ponat me, et si ego sim, Deus teneat me in illa. » Asseruit tamen se nescire si esset in peccato mortali ; verumtamen addidit quod esset plus dolens de mundo si sciret se non esse in gratia Dei. Non denique putat se fecisse opera peccati mortalis et « Non placeat, inquit, Deo quod unquam fecerim aut faciam opera per quæ anima mea sit onerata. » Credebat etiam quod nemo potest nimis mundare conscientiam suam et quod si esset in aliquo magno peccato vox non veniret ad eam, videturque sibi quod quando audit eam aut videt, non est in peccato mortali. Ista sunt quæ ad hoc respondit : quæ profecto quam sana sint et pia nemo qui sane intelligit ignorat.

Demum est quoddam aliud ejus verbum ubi post revocationem dixisse fertur quod se damnaverat pro salvando vitam suam, consentiendo videlicet in eam grandem proditionem, ut dixit, dum abjurationem fecit. Istud enim sic acriter a quibusdam denotatur ut ab eis mortiferum responsum dicatur. Sed sane accipiendo, nihil præjudicat quoniam in primis forte damnationem appellavit pœnam mortis quam inde ex illa revocatione incurrit. Unde hic modus loquendi satis proprius est et usitatus, juxta illud Lucæ XXII : I« In eadem damnatione es » glossa « Id est pœna, » et ejusdem XXIV legitur de Christo « Tradiderunt eum principes populi in damnationem mortis. » Etiam beatus Jeronimus de se ad Eustochium scribens ait : « Ibi ergo qui me ita damnaveram, » etc. Quæ siquidem damnatio, secundum Apostolum secundæ ad Corinthios III, gloriam potius quam culpam vel ignominiam importat. Unde etiam Johanna caute videtur dicere quod se damnaverat, non autem dixit quod animam suam damnaverat. Præterea forte damnationem vocat peccatum quod incurrere potuit quia ex timore humano abjurationi et revocationi se submisit. Et ad hoc plane facit illud quod postea subdit, videlicet quod sese damnaret si diceret quod non bene fecisset id quod fecit vel quod Deus eam non miserit. Hoc profecto nulla ex causa aut negare aut minus revocare debuit quoniam, ut ait sanctus Doctor in quæstionibus de veritate, ad denuntiationem veritatis revelatæ requiritur audacia quædam ut non terreatur quis loqui veritatem propter adversarios veritatis, secundum quod Dominus Ezechiæ dicit tertio capitulo : « Dedi faciem tuam valentiorem faciebus eorum et frontem tuam duriorem frontibus eorum » sequitur : « Ne timeas eos neque metuas a facie eorum » et *Ecclesiastici* IV « Pro anima tua non confundaris dicere verum ». Et ex isto potuit peccare quia quamvis quod naturale sit quod homo refugiat proprii corporis detrimentum, tamen quod propter illud recedat a justitia est contra rationem et veritatem, ut patet per Philosophum in tertio *Ethicorum* et ut habetur in canone « Ita ne »[1], melius est omnem pœnam pati quam malo consentire; unde etiam laudabile non est homines revereri aut timere in quantum Deo contrariantur, secundum illud *Ecclesiastici* XLVIII ubi de Helya aut Helyseo dicitur : « In diebus suis non pertinuit principem », glossa « humano vel mundano timore ». Forte ergo non ex toto in hac parte potest excusari Johanna, sicut neque laboramus eam simpliciter ab omni culpa, sed potissimum crimine de quo magis impeditur reddere innocentem. Si vero non in toto, tribus tamen modis potest a tanto legitime excusari. Primo quia longa carcerum afflictione detenta, importuna et continua examinationum protractione vexata, captiosa interrogationum circumvolutione tentata, imo et gravi instante qua tunc laborabat ægritudine macerata, nemini quidem debet mirum esse si forsan in verbo quandoque *demanerit* cum scrip-

---

[1] *D. Grat.* C. XXXII, 5, 3.

tum sit Jacobi III « In multis offendimus omnes. Si quis in verbo non offendit, hic perfectus est vir », quod secundum glossam « etsi non sit impossibile, tamen est vix inevitabile.» Unde *Ecclesiastici* xix « Quis est enim qui non deliquerit in lingua sua ? » Ideo consideranda est in Johanna sexus fragilitas, linguæ prona lubricitas ac quæstionum et interrogationum sibi factarum varietas atque tediosa continuitas.

Secundo excusari digne potest ex fraude et deceptione sibi facta. Nam, ut patet ex informationibus factis Rothomagi, per fictas suasiones variaque promissa fuit circumvoluta ad abjurandum, de qua seductione inferius magis ; unde ad hoc proprie facit quod hoc ipsum appellat, ut præmissum est, grandem proditionem. Ait namque sapiens *Ecclesiastici* XXXVII « A zelantibus te, id est invidentibus, absconde consilium », sequitur : « Omnis consiliarius, supple talis, prodit », et in eodem passu quædam glossa bene ad propositum dicit : « Consiliarius malus est qui contra animæ salutem consulit. Ideo ille diligendus est qui sibi et aliis consulit id quod Deo placet, alias inimicum est consilium ei quod est a Spiritu sancto infusum. » Propter quod cum Johanna in isto fuerit fraudulenter contra inspirationes delusa, ut patet, quia in processu fatetur et asserit se nunquam intellexisse aut intendisse quod sibi inspirata revocaret, ideo licite se excusat plangendo et conquerendo : unde et de hoc minime tenetur quia is qui decipitur pro non volente accipitur. Nam dolosa persuasio plus est quam violenta coactio ; L. IX, § « Si quis », *De liberis instituendis vel exheredandis*[1]. Nec mirum si decepta talibus suasionibus fuerit, nam viro Dei et sancto prophetæ venienti de Juda in Bethel, ut legitur tertii *Regum* XIII, multo mirabilius accidit, quia necdum completa imo neque quasi incepta sua legatione verbis pseudo prophetæ delusus fuit.

Tertio valde rationaliter excusari potest ex mètu mortis sibi incusso qui utique in constantissimum virum cadere potuisset. Terror namque, ut ait Julius Celsus libro V, hominibus consilium mentemque eripit, ideoque verba in hujusmodi trepidatione prolata non imputantur, ut Can. « Justum, »[2]; can. ·« Notificasti, »[3]; can.

---

[1] *Digeste*, XXVIII, 2, 9.
[2] *D. Grat.* C. XXIII, 3, 9.
[3] *D. Grat.* C XXXIII, 5, 2.

« Presbyteros, »[1] cum multis similibus. Sed de isto magis plene inferius videbitur.

Notandum tamen pro hujus dicti et consimilium, si qua sint, ampliori excusatione, quod secundum Thomam, II, 2, quæst. CLXXII, art. ultimo, in revelatione prophetica mens movetur a Spiritu sancto. Est autem mens humana instrumentum sed valde deficiens respectu Spiritus sancti qui est principale agens, et ideo cum aliquis per revelationem movetur vel ad aliquid apprehendendum aut loquendum aut faciendum, frequenter contingit cum aliquo cognitionis defectu. Si ergo contingat aliquem cognoscere se moveri a Spiritu sancto ad aliquid æstimandum vel significandum verbo aut facto, hoc proprie pertinet ad prophetiam : verbo quidem, ut patuit in David qui dixit secundi *Regum* XXIII « Spiritus Domini locutus est per me. » Intellexit enim quid per verba sibi revelata Spiritus sanctus intenderet ; facto vero, ut patuit in Jeremia qui intellexit quid significaret dum abscondit lumbare in Euphratem, Jeremiæ XIII. Cum autem mens movetur et non cognoscit quid per verba aut facta sibi significetur, non est perfecte prophetia sed quidam instinctus propheticus quem interdum, ut ait Augustinus, secundo super Genesim ad litteram, « Nescientes humanæ mentes patiuntur. » Et iterum magis est proprium prophetiæ cognitio quam operatio. Ideo infimus gradus prophetiæ est cum aliquis ex interiori instinctu movetur ad aliqua exterius facienda, sicut Samson, de quo dicitur *Judicum* XV, quod « Irruit spiritus Domini in eum et sicut solent in ardorem ignis ligna consumi, ita et vincula quibus ligatus erat dispersata sunt et soluta .» Cum ergo Johanna solum perhibuerit se missam fuisse ad operandum pro instauratione ac sublevatione regni, non est mirandum si aliquod tale verbum, ut præmittitur, instante præsertim passione timoris vel alias, protulerit. Non enim ad prædicandum aut docendum secrete aut publice se immiscuit ad aliquid tale se transmissam fuisse jactavit, ideoque periculosi erroris nihil inesse plane credendum est aut juste æstimari debuit vel pouit.

[1] *D. Grat*. D. L, 32.

OCTAVUM CAPITULUM

Quod judicio militantis Ecclesiæ de dictis et factis suis se submittere, ut videtur, recusavit.

Circa hanc submissionem majora et difficiliora interrogatoria Johannæ facta potissimum versari apparent, et hac maxima tendicula ducentes processum eam illaqueare astuta et longua venatione student, prætendentes in eo si illa recusaret aut differet se submittere, statim convinceretur in fide errare et de auctoritate Ecclesiæ catholicæ male sentire. Unde, ut apparet, non obstante quæstionis hujus seu interrogatorii non solum difficultate sed et captiositate, quod in isto passu Johanna pie et catholice respondendo se habuerit, ostendendum est in quibus fideles, præsertim inferiores et simplices tenentur de necessitaie. Sciendum ergo quod in his quæ fidei sunt maxime tenentur fideles se submittere Ecclesiæ, ordine tamen quodam sic videlicet quod inferiores per majores et superiores debent circa ea instrui et regulari, cujus ratio est. Nam explicatio credendorum fit per revelationem divinam, quoniam credibilia ipsam naturalem rationem excedunt.

Revelatio autem divina ordine quodam ad inferiores pervenit per superiores, ut patet per Dyonisium cap. VII Cœlestis Jerarchiæ, et ideo pari ratione explicatio fidei oportet quod veniat ad inferiores per majores. Unde sicut superiores angeli qui inferiores illuminant habent pleniorem notitiam de rebus divinis, ut idem Dyonisius dicit cap. XII Cœlestis Jerarchiæ, ita etiam superiores homines ad quos pertinet alios erudire tenentur pleniorem notitiam de credendis habere et magis explicite credere ita quod, secundum Innocentium, cap. I, *De summa Trinitate*[1], est quædam mensura fidei ad quam quilibet tenetur, et quæ sufficit simplicibus ad salutem et forte omnibus laicis, ut scilicet quia oportet quemlibet discernentem et maxime adultum accedentem ad fidem credere quod Deus est, quod est punitor omnium malorum et remunerator omnium bonorum, quod est redemptor noster, et illa maxime de quibus Ecclesia præ-

---

[1] *D. Greg.* I, 1, 1.

cipuum festum facit. Alios autem articulos sufficit quod credant simpliciter et implicite, id est quod credant verum esse quicquid credit Ecclesia catholica ; et hæc fides implicita sufficit ad salutem ; imo, ut idem Innocentius [dicit], si aliquis talis naturali ratione motus dicat quod pater est major filio vel prior, aut quod tres personæ sunt tres res distinctæ ad se invicem, vel aliud simile, dummodo sic credat quia credit Ecclesiam sic credere et suam opinionem fidei Ecclesiæ supponat nec suum defendat errorem, sed paratus est sic credere sicut credit Ecclesia catholica, nunquam hæreticus judicatur quia, licet sic male opinetur, non est illa fides sua, imo fides sua est fides Ecclesiæ, ut cap. II, *De summa Trinitate*[1] ; C. « Hæc est fides [2]. » Et Petrus de Tarantasia ait quod explicatio fidei fit per sacram doctrinam : unde *Ad Romanos* primo dicitur : « Fides ex auditu. » Ideo ei cui pauca vel nulla de fide sunt explicita, sufficit propriative et si non completive fides implicita. Et Magister sententiarum, lib. III, dist. xxv, dicit quod in Ecclesia sunt aliqui minus capaces qui articulos symboli distinguere et assignare non valent, omnia tamen credunt quæ in symbolo continentur. Credunt enim quæ ignorant habentes fidem velatam mysterio, in cujus exemplum Moyses cerimonias legis ac divina mysteria sub quodam figurarum velamine seu magis sub typo rerum sensibilium repræsentatione rudi populo tradidit ut sic saltim implicite cognosceret quid sub illis figuris definiret ad honorem Dei. Similiter et beatus Augustinus, lib. xv, contra Faustum, ait : « Turbam Ecclesiæ non intelligendi vivacitas sed credendi simplicitas tutissimam facit » et hujus efficacissime rationem assignat sanctus [Doctor] tertio præscripti, dist. xxv, art. 1, dicens quod actus fidei hoc modo necessarius est ad salutem, quia intentionem dirigit in omnibus actibus aliarum virtutum, et ideo tantum oportet unicuique de fide explicita habere quantum sufficit ad dirigendum ipsum in finem ultimum. Unde non est de necessitate salutis ut homo omnes articulos fidei explicite cognoscat, quia sine aliquorum explicatione potest homo habere rectam intentionem in finem. Unde et communiter ponitur casus a doctoribus de aliquo qui in silvis inter animalia mitteretur et non inter fideles quam fidem posset ille habere. Respondet idem sanctus

---

[1] *D. Greg.* I, 2, 2, in fine.
[2] *D. Grat.* C. XXIV, 1, 14.

doctor quod si talis sequatur ductum rationis naturalis cum appetitu boni et fuga mali nihilominus et si instructorem fidei non habuerit, salvabitur. Ad providentiam namque Dei pertinet ut cuilibet provideat de necessariis ad salutem dummodo ex parte sua non præstet impedimentum. Ideo certissime tenendum est quod cum Deus facienti quod in se est et ductum rationis naturalis sequenti non deficiat in his, quæ sunt necessaria ad salutem, quod Deus tali revelaret per internam revelationem ea quæ sunt necessaria ad credendum aut ad eum aliquem fidei prædicatorem dirigeret, sicut Petrum misit ad Cornelium, *Actuum* x.

His itaque præmissis, super articulo isto plenius discutiendo attendenda est in primis ipsius quæsiti Iohannæ facti non solum arduitas, sed et involuta ambiguitas; secundo ejusdem Iohannæ manifesta simplicitas; et tertio professa per eam et ostensa in hac parte sana credulitas.

Ista namque quæstio an scilicet vellet se de dictis et factis suis submittere judicio Ecclesiæ plurimum difficilis et ardua in proposito videtur, attenta præsertim materia de qua se submittere tam crebro infestatur. Dicta namque ejus de quibus potissime hic quærunt ut se submittat ad suas maxime apparitiones et revelationes ac futurorum quorumdam prænuntiationes de quibus late superius habetur spectant; facta vero ejus policiam civilem, hoc est regni Franciæ sublevationem et adversariorum ejus depulsionem præcise concernunt. Unde mirum est cur de istis si bene attendantur sic molestatur ut scilicet Ecclesiæ judicio de his se submittat. Ista enim, ut manifestum est, non per se aut directe cadunt sub formali objecto fidei, qualia sunt prima credibilia, id est articuli fidei quos de necessitate credere oportet secundum majorem aut minorem explicationem, ut dictum est, sed neque hujus Puellæ dicta aut facta sunt de genere eorum quæ per accidens et secundario se habent ad objectum fidei, ut, secundum beatum Thomam, sunt omnia quæ in Scripturis sacris continentur divinitus nobis tradita aut etiam per Ecclesiam determinata quæ in preparatione animi saltem pro loco et tempore credere oportet. Aliqua vero sunt quæ sub objecto fidei per se non cadunt neque ad illud proprie ordinantur aut reducuntur nisi forte ex quadam pietate seu devotione fidelium, de quibus solet proverbialiter dici quod qui ea non credit damnationem ob illa non incurrit, ut sunt multæ historiæ non authenticæ.

Multa etiam de quibus inter doctores habentur problemata, ut quod individuum quodlibet in natura angelica constituit speciem, an tot sint homines salvandi quot angeli ceciderunt vel quot remanserunt. Ejusdem etiam ordinis sunt illæ quæstiones quæ oriuntur de veneratione aliquorum sanctorum in uno vel alio loco, de indulgentiis quo ad multas circumstantias et sic de consimilibus.

Quo autem ad prima dicimus quod homo tenetur eam sequi de necessitate salutis et vigore legis ecclesiasticæ hoc præcipientis quia, ut dicit beatus Thomas, II 2, quæst. 2, articulo 5, præcepta legis quæ homo tenetur implere dantur de actibus earum virtutum quæ sunt via perveniendi ad salutem. Actus autem virtutis sumitur, secundum habitudinem ipsius virtutis ad objectum. Sicut ergo actus virtutis per se cadit sub præcepto, ita et determinatio virtuosi actus ad proprium et per se objectum est sub necessitate præcepti. Objectum vero fidei per se quod est prima veritas est id per quod homo efficitur beatus et sub illo primo et per se cadunt articuli fidei qui sunt prima credibilia. Ideo de necessitate tenetur homo illa credere sicut tenetur fidem habere ; alias incurretur hæresis, ut cap. I. *De summa Trinitate*[1].

Alia autem quæ consequenter et aut secundario se habent ad per se objectum fidei, ut sunt ea quæ traduntur in Scripturis vel quæ pro majori fidei explicatione per Ecclesiam sunt determinata : sufficit ea credere in preparatione animi. Unde si quis crederet quod Abraham fuit filius Isaac aut aliquid hujusmodi, non incurreret hæresim dum tamen paratus esset credere quando ei declaretur in divina Scriptura oppositum contineri. Sufficit enim in istis sequi quod docet et tenet Ecclesia ut in can. « Nolite, » cum ibi notatis [2], can. « Novit [3], » cum similibus. In aliis vero de quibus novissime tactum est, liberum est unicuique tenere quod voluerit, quando præsertim ad utramque partem occurrunt rationes et apparentiæ quæ probabilitatem inducunt. Unde in istis quæ ad fidem non pertinent vel fidei corruptionem proprie afferre non possunt, si quis habeat falsam opinionem, non debet talis haberi suspectus de errore in fide, præsertim quia, secundum philosophum, nihil refert quædam falsa probabiliora esse quibusdam veris. Cum ergo illa

---

[1] *D. Bonifac.* I. 1.
[2] *D. Grat.* D. XI, 3.
[3] *D. Grat.* D. XII, 10.

quæ Johanna gessit et dixit non sunt de pertinentibus ad fidem, non potuit in eo periculose errare si se non submiserit : et ita notat Johannes Andree in cap. I, *De summa Trinitate*[1], et Innocentius in cap. « Ne innitaris, » *De constitutionibus*. Nunquam enim reperitur quod fides obliget aut Ecclesia vel Scriptura divina præcise inducat ad credendum tales revelationes quas Johanna asseruit se habuisse quod a malignis spiritibus procedant. Præterea omnia de quibus sollicitatur de se submittendo judicio Ecclesiæ, illa asserit et tenet, ex divina inspiratione processerunt, sed talia inducunt libertatem juxta illud secundæ *ad Corinthios*[2] III : « Ubi spiritus Domini, ibi libertas, » ubi glossa : « Spiritus Domini est lex spiritus quam Dominus dat non litteris scriptam, sed per fidem animis intimatam, » et ista lex tanquam superior eximit ab omni alia quia per divinam dispositionem omnia vincula humana franguntur, ut notatur in can. « Beatus[3]; » et hoc clare patet in can. « Duæ sunt[4], » et in cap. « Licet, » *De regularibus*[5], cum similibus. Unde et sanctus Doctor I, 2, quæst. XCIII, art. ultimo, exponens illud Apostoli ad Galatas V, « Si spiritu ducimini, non estis sub lege, » dicit quod hoc potest intelligi in quantum opera hominis qui Spiritu sancto agitur magis dicuntur esse opera Spiritus sancti quam ipsius hominis. Unde cum spiritus Dei non sit sub lege, sequitur quod opera filiorum qui ab eo aguntur, ut dicitur ad Romanos VIII, in quantum illa sunt a Spiritu sancto non sunt sub lege. Rursus, ut idem sanctus doctor ait tertio scripto, dist. XXV, art. 1, in potestatibus subordinatis non debet homo obedire inferiori potestati nisi in quantum commensuratur primæ regulæ superioris potestatis quoniam in his in quibus discordat inferior potestas a superiore, jam non est regula, sed recti ordinis deformitas : Unde prelato contra fidem prædicanti non est assentiendum quia in hoc discordat a prima regula. Unde in hoc per ignorantiam non excusaretur subditus in toto eo quod habitus fidei inclinat ad contrarium et etiam unctio doceat de omnibus quæ pertinent ad salutem, ut habetur prima Johannis III.

[1] *D. Greg.* 1, 1.
[2] *D. Greg.* I, 2, 5.
[3] *D. Grat.* C. XXII, 2, 5.
[4] *D. Grat.* C. XIX, 2, 2.
[5] *D. Greg.* III, 31, 18.

Ad idem prelato præcipienti contra Deum in his, quæ vel ejus lege mandantur aut quæ per eum secrete inspirantur non est acquiescendum. Primum patet per illud quod apostoli Petrus et Johannes dixerunt pontificibus et universæ synagogæ Judeorum *Actuum* IV : « Si justum est in conspectu Dei vos potius audire quam Deum judicate, neque enim possumus quæ vidimus et audivimus non loqui, » et sequenti capitulo dixerunt : « Obedire oportet magis Deo quam hominibus, » et glossa super illo verbo apostoli ad Romanos XIII : « Qui resistunt illi damnationem acquirunt » dicit sic : « Si quid jusserit curator, numquid tibi faciendum est si contra proconsulem jubeat. Rursum si quod ipse proconsul jubeat et aliud imperator, numquid dubitatur, illo contempto, proconsuli esse serviendum. » Ergo si aliud imperator, aliud Deus jubeat, contempto illo, obtemperandum est Deo ; et ad hoc recte tendit illud verbum Johannæ ubi dixit quod erat subdita Ecclesiæ ac domino papæ et aliis prælatis, Deo primitus servito, et quod voces non præcipiebant ei quin ipsa obediret Ecclesiæ, Deo primitus servito. Ad quod bene facit illud quod legitur in can. « Quæ contra mores[1], » Deo regnatori universæ creaturæ ad ea quæ jussit absque dubitatione serviendum est. Sicut enim in humana potestate minori ad obediendum major præponitur, ita Deus omnibus, quo autem ad ea quæ Deus secrete inspirat, non est etiam acquiescendum cuicumque homini contrarium præcipienti. Dicunt enim catholici doctores quod Deo revelanti non acquiescere peccatum infidelitatis est, quanto magis a revelatis per inficiationem seu abnegationem recedere. Cum enim aliquid Deus contra pactum societatis humanæ aut morem quorumlibet jubet, etsi nunquam factum est, tamen faciendum est, distinctione canone præallegato « Quæ contra mores, » et C. « Frustra [2] » habetur sic. Sequendum est quod melius a Spiritu sancto revelatum est. Nam et Philosophus ait in capitulo *De bona fortuna*, prout etiam refert beatus Thomas I, 2, quæst. 68, art. 1, quod illis qui moventur per instinctum divinum non expedit consiliari secundum rationem humanam, sed quod sequantur interiorem instinctum quia moventur a meliori principio quam sit ratio humana. Unde Isaias propheta ait, Isaiæ quinquagesimo « Dominus aperuit mihi aurem, ego autem non contradico, retrorsum non abii. » Et

---

[1] *D. Grat.* D. VIII, 2.
[2] *D. Grat.* D. VIII, 7.

Numeri vicesimo secundo ait Balaam : « Pro argento et auro non potero immutare verbum Domini Dei mei ut plus vel minus loquar. » Vir etiam Domini propheta quidam veniens de Juda in Bethel et missus a Deo, ut legitur tertii *Regum* XIII, et secundi *Paralipomenon* II, noluit ad instantiam regis Jeroboam bibere aut commedere ne mandatum Domini per revelationem susceptum præteriret. Sed tamen quia inde per pseudo prophetam eum decipientem mandatum præterivit a leone in via propter inobedientiam oppressus fuit. Similiter Micheas nuntiis regis Israel persuadentibus ut cum falsis prophetis ad beneplacitum regis prophetaret respondit : « Vivit Dominus quia quodcumque dixerit mihi Dominus loquar ; » tertii *Regum* ultimo. Denique et probissima Judith, cap. XII, ait : « Quæ ego sum ut contradicam Domino, » glossa id est Deo ; quod erit bonum et optimum ante oculos ejus faciam. Et ad proprie venit illud responsum Johannæ quando dixit quod de dictis et factis suis se referebat Ecclesiæ, dum tamen non præciperet sibi aliquid impossibile, et exponens se ipsam dixit quod erat sibi impossibile revocare ea quæ fecit ex parte Dei : unde quicquid, ut dixit, præciperet ei Deus, illa non dimitteret facere pro homine vivente seu pro quacumque re. Unde ex his patet quod in isto minime defecit, sed rectissime dixit. Nam illa possumus quæ commode possumus, ut innuitur in capitulo ultimo *De transactionibus*, quæ etiam jure facere prohibemur pro impossibilibus sunt habenda, ut L. « Filius qui, » *De conditionibus institutionum* [1]. Et illa in moribus possibilia solum dici merentur quæ justa et recta sunt : unde præceptum iniquum impossibile reputatur, ut in L. « Paulus, » *Quæ sententiæ sine appellat. rescindantur* [2], et *De regulis juris.* L. « Impossibilium [3]. » Quinimo et de lege idem tenendum est, ut in Can. « Erit autem lex [4]. » Proinde ad hoc multum facit certitudo quam habet revelationem accipiens de sibi revelatis, de qua firma et indubitata certitudine superius actum est cum de revelationibus tractaretur. Ideoque cum ipsi Johannæ de his constaret et indubitatam notitiam de ipsis, ut semper et constanter asseruit, haberet, non debuit in hoc alicui ho-

---

[1] *Digeste*, XXVIII, 7, 15.
[2] *Digeste*, XLIX, 8, 2.
[3] *Digeste*, L, 17, 65.
[4] *D. Grat.* D. IV, 2.

mini parere ut Can. « Julianus » et « Si Dominus [1]. » Unde talia abnegando parjurium et mendacium incurrisset quod divina lege fieri prohibitum est et contra conscientiam agens ædificasset ad gehennam, ut in cap. finali, *De præscriptionibus* [2] et cap. « Litteras, » *De restitutione spoliatorum* [3]. Quæ siquidem conscientia discreta et probabili credulitate informata ad consilium prælati deponi non potest, sed est sequenda, cap. « Inquisitioni, » *De sententia excommunicationis* [4], cap. « Ad aures, » *De temporibus ordinationum* [5]. Et habetur in cap. « Per tuas » per Hostiensem et Joannem Andree, et per Archidiaconum [6].

Item de mandato domini regis inter multos numero ac merito prælatos et doctores in civitate Pictaviensi grande et districtum per tres septimanas examen alias subierat nilque in ea superstitiosum aut malum per eos inventum aut compertum fuerat, ut habetur in processu. Et etiam aliquorum superviventium relatione qui in illo examine fuerunt ob quod admissa fuit et tollerata, unde ex hoc secuntur duo. Primum est quod in his, quæ non fuerant per dictos prælatos et doctores reprobata, potuit Johanna se magis adhæsive et licite firmare neque illa deinceps ad aliorum instantiam debuit abnegare. Secundum est quod cum ecclesia Belvacensis cujus auctorite processus deduci fingebatur ad ecclesiam Pictavensem superioritatem non habeat, ipsa ad illius suggestionem minime tenebatur revocare quod præsertim istius circumspecta providentia reprobatum fuerat non. Par namque in parem non habet imperium, ut in cap. « Innotuit, » *De electione* [7] ; *De arbitris*, L. « Nam magistratus [8], » et *Ad senatusconsultum Trebell*. L. « Ille a quo [9], » item tempestivum.

Sed et præfatum interrogatorium de submissione Ecclesiæ nimis ambiguum erat et involutum. Nam hoc nomen Ecclesia equivocum est et varias habet significationes, ut notatur in glossa cap. « Quum

[1] *D. Grat.* C. XI, 3, 93 et 94
[2] *D. Greg.* II, 26.
[3] *D. Greg.* II, 13, 13.
[4] *D. Greg.* V, 39, 44.
[5] *D. Greg.* I, 11, 5.
[6] *D. Grat.* C. XXVIII, 1 § 1.
[7] *D. Greg.* I, 6, 20.
[8] *Digeste*, IV, 8, 2.
[9] *Digeste*, XXXVI, 1, 13.

clerici », *De verborum significatione* [1]. Quandoque enim significat tantummodo episcopum, ut in can. « Scire [2]; » quandoque viros ecclesiasticos matricis Ecclesiæ (*D. Grat.* Dist. LXIII, c. I); quandoque ponitur pro majori parte capituli, Can. « Apostolica [3]; » quandoque designat quamlibet ecclesiam provinciæ, ut cap. « Cum super » *De auctoritate et usu pallii* [4]; quandoque vero significat universalem congregationem fidelium, can. « Ecclesia [5], » et sic sumitur in can. « Engeltrudam [6], » et « Legimus [7] » et in aliis multis locis. Unde captiosum clare videtur personam simplicem et indoctam sub termino latentis et involutæ significationis interrogare. Ideo si Johanna distulerit aut quoquomodo subterfugerit ad hoc respondere, timens ne laqueo dubiæ interrogationis dolose circumveniretur nemini profecto mirum esse debet. Nam sub talium nominum sensu multiplices latent deceptiones sicut et secundum philosophum sub genere equivocationes.

Sed instabit aliquis dicens quod ei sufficienter fuit per quosdam doctores declaratum quid sit Ecclesia, eidem designando quod una est militans hic inferius, alia vero superius quæ dicitur triumphans. Sed istud nihil est quoniam ex his terminis potuit ejus intellectus confundi potius quam erudiri. Nam simplicitati ejus magis difficile fuit capere quid sit dictu militans aut triumphans quam quid sit Ecclesia, et ita hæc expositio fuit per ignotiora cum tamen, ut dicit Quintilianus, lib. v, *De institutione oratoria*, quod rei alterius illustrandæ gratia assumitur clarius esse debet eo quod illuminat. Et beatus Augustinus, *De doctrina christiana* IV, ait : « Qui dicit eum docere vult quamdiu non intelligitur nondum existimet se dixisse quod vult et quem vult docere, quia etsi dixit quod ipse intelligit, nondum tamen illi dixisse putandus est a quo intellectus non est. » Porro et cum prædictis attendendum est quod ista quæstio de submissione in eis terminis quibus Johannæ proponitur multum dura videtur et aspera, scilicet an de casibus, criminibus et delictis sibi

[1] *D. Greg.* V, 40, 19.
[2] *D. Grat.* C. VII, 1, 7.
[3] *D. Grat.* D. LVI, 12.
[4] *D. Greg.* I, 8, 1.
[5] *D. Grat. De consecratione* D. I, 8.
[6] *D. Grat.* C. III, 4, 12, fine.
[7] *D. Grat.* D. XCIII, 24.

impositis et de omni eo quod tangit processum suum velit se referre ad judicium Ecclesiæ quæ est in terris. Hoc enim interrogatorium habetur circa medium processus, fol. LXVI. Nam hæc verba, ut de se patet, personæ simplici et innocenti in publico foro seu consistorio proposita rudissima sunt et dura, et ut pro nunc omittamus terminos illos, casus, crimina et hujusmodi, valde quippe acebbum videtur et revera est potissimum in causa fidei quæ simpliciter et de plano procedere exigit, ut in cap. ultimo *De hæreticis*[1] inducere verba illa an velit judicio se submittere. Nam judicium et proprie et secundum æstimationem communem importat actum et executionem justitiæ : unde istud proponere detento sufficientem metum incutit et maxime mulieri. Nam in isto statim subintelligitur periculum personæ aut rerum qui est metus sufficiens, ut L. prima *Quod metus causa* in fine. Neque enim hic austerus agendi et interrogandi modus est de modestia ac benignitate stilli sanctæ Inquisitionis ab apostolica Sede traditi quem utique sequi tenentur ordinarii episcopi *quandoque potestate* procedant, ut in c. « Per hoc, » *De hæreticis*[2]. Taceo hic de inimicitia et odio quia de hoc posterius agetur. Satis autem est pro nunc ostendere quod ex arduitate, ambiguitate et asperitate quæsiti Johanna digne excusabatur si forsan respondere distulerit vel etiam sic aut sic responderit et præmissis iterum ac merito addendum puto quod hæc quæstio ad causam ipsam omnino impertinens fuit et superflua. Impertinens quidem quia cum non possent aliunde eam suis quæstionibus circumvenire eo quod ad universa sagaciter et catholice responderet, hunc occultum et indirectum laqueum ex arte caliditatis tetenderunt, quod tamen ad inquisitionis stillum, ut prius, nullo modo pertinet neque sic inquirere consuetum est. Nam hæc indirecta non nisi fraudem continent. Etiam et quæstio hæc fuit superflua quoniam si ille de quo quæritur hæreticus est constat quod in eo quod erroris habet et si auctoritatem Ecclesiæ forte contemnit ei nihilominus subjectus plene est et per eam secundum qualitatem facinoris puniri potest; si vero hæreticus non sit sed forte suspectus denotatus vel alias, quantomagis per submissionem voluntatis et alias subditus Ecclesiæ censeri debet; unde superfluum merito reputatur inquirere a sub-

[1] *D. Bonifacii* V, 2, 20.
[2] *D. Bonifacii*, V, 2, 17.

dito an velit domino suo se submittere potissimum in illis in quibus debite subditus est. Quo ad alia vero in quibus non est subjectus non solum iniquum videtur submissionem quærere, sed et plane temerarium : unde cum Johanna palam fateretur se subditam Ecclesiæ, ut constat ex processu, ideo sic crebro et infeste hoc quæsitum iterare non tam absonum quam certe impium et inhumanum fuit.

Est autem et in hoc passu maxime consideranda hujus Puellæ simplicitas, quoniam ex satis exiguis parentibus noscitur traducta et more campestrium et ruricolarum puellarum ad pascua dumtaxat post gregem ire aut aliud qualecumque pauperculum nendi vel suendi artificium exercere docta fuit, ideoque si ad quæstionem ita arduam et ambiguam non plene respondisset quemadmodum utique fecit, revera merito digne excusanda venisset. Patet autem ejus simplicitas in hac parte quia de hac submissione quandoque interrogata respondit quod amore Dei daretur sibi licentia de eundo ad ecclesiam et quod non erat talis quæ impediri deberet ne iret ad ecclesiam et ad missam. Ecce plane quod ex simplicitate communi more popularium maxime intelligebat illud quæsitum de ecclesia materiali et lapidea : unde et altera vice dum ei distingueretur ecclesia in militantem et triumphantem ait : « Videtur mihi quod unum et idem est de Deo et Ecclesia et quod de hoc non debet fieri difficultas. » Et subdebat : « Quare facitis vos de hoc difficultatem? » Ex istis manifestum est ipsam Johannam bona et simplici credulitate ductam fuisse et illa sufficit ad salutem, ut patet in cap. « Firmiter » *De summa trinitate*[1]. Verumtamen fideliter et pie sensisse apparet ex præmissis verbis de unitate Ecclesiæ. Nam catholica veritas nullam difficultatem inducit quin regnantium seu fruentium in cœlis ac militantium in terris una sit societas et unica Ecclesia. Ut autem dicit sanctus Doctor, tertia parte, quæstione VIII, art. 4, multitudo ordinata in unum secundum distinctos actus et officia unum corpus similitudinarie dicitur. Corpus vero mysticum Ecclesiæ non solum consistit ex hominibus, sed etiam ex angelis quoniam ad unum finem qui est gloria divinæ fruitionis ordinantur et homines et angeli : unde secundum statum dumtaxat accipitur hujusmodi distinctio. Secundum enim statum viæ congregatio fidelium est in

[1] *D. Greg.* I, 1. 1.

qua comprehenduntur omnes homines a principio mundi usque ad finem ejus cujuscumque conditiones sint justi vel injusti, fideles et infideles, qui quamdiu viatores existunt ad congregationem Ecclesiæ sive actu sive potentia pertinent. Secundum autem statum patriæ est congregatio comprehendentium et fruentium quæ dignior pars est eo quod illi Deo actu uniuntur, unde non est mirum si Jonanna de his quæ ex inspiratione et revelatione dixit et gessit Deo in primis et huic summæ congregationi se potissimum retulit quoniam ex ea parte procedebant, et non illud summum iudicatorium maxime exigebant, ut latius postea videbitur. Neque interea omittendum est quomodo ejus simplicitati dolose et sæpius, ut patet ex informationibus, insidiatum fuit per quosdam fallaces clericos qui in fraude ei suggerebant ne omnino si mortis pœnam evadere vellet Ecclesiæ se submitteret, cum tamen non sit indoctorum simplicitas deludenda, *Job*. XII, et can. « Sedulo [1] », Unde et si propterea a rectitudine fidei deviasset, ei tamen non præjudicat, ita ut de errore periculoso ideo sit criminanda aut damnanda. Nam, ut dicitur can. « His ita, » verbo « Aliter [2] », si quis hæreticorum nomine Augustini, Ambrosii, vel Ieronimii alicui catholicorum se ipsum offerret atque eum ad suæ fidei imitationem provocaret si ille præberet assensum in cujus fidei sententiam consensisse diceretur, profecto non in hæreticorum sectam, sed magis in integritatem fidei catholicæ quam ille catholicus se mentiebatur habere : unde constans est quod talis deceptio etiam si error intervenisset, tamen Johannam plene excusasset.

Tandem et magis perfecte consideranda est hujus Puellæ pura et sana in hac parte et sæpius protestata credulitas. Nam in primis expresse dixit quod credebat ecclesiam regi a Spiritu sancto et quod illa non possit deficere vel errare ; quod sacra Scriptur est revelata a Deo ; quod amabat Deum et serviebat sibi eratque bona christiana et bene baptizata ac ut bona christiana, moreretur et vellet adjuvare ac sustinere Ecclesiam toto posse suo pro fide nostra christiana, sed cum de submittendo se plurimum fatigaretur, expressius respondit quod suæ assertiones seu responsiones examinarentur per clericos. Et postea dicetur sibi si esset aliquid contra fidem christianam, ipsa bene sciret per consilium suum quid super hoc dice-

[1] *D. Grat.* D. XXXVIII, 12.
[2] *D. Grat.* C. XXIX, 1, 1.

ret, et addebat si tamen sit aliquid mali contra fidem christianam
quam Deus præcepit, ipsa non vellet sustinere et esset bene irata de
veniendo seu eundo contra. Et iterum aiebat : « Omnia opera mea
sunt in manu Dei et de his me refero ad ipsum, et certifico vos quod
ego non vellem aliquid facere vel dicere contra fidem christianam,
et si ego fecissem vel dixissem vel quod esset supra me quod clerici
scirent dicere, quod esset contra fidem christianam, et si ego fecissem vel dixissem vel quod esset supra me quod clerici scirent
dicere, quod esset contra fidem christianam quam [Dominus] noster
stabilivit, ego non vellem sustinere, sed illud expellerem. » Patet
quam sincera et etiam expressa sit ista submissio.

Sed objiciet aliquis quod per multos clericos Parisius et alibi
fuerunt dicta ejus et facta diligenter examinata et utique multipliciter reprobata, et tamen ab eis recedere noluit. Ad hoc dicitur
quod illa quæ sapientibus et doctoribus fuerunt ad deliberandum
tradita erant diminuta et corrupta, ut postea patebit. Denique quod
hic dicit de clericis, intelligere videtur de non suspectis et partiali-
bus seu partem Anglicorum foventibus. Unde et priusquam intraret
primum examen, instanter requisivit quod adhiberentur viri ecclesiastici de partibus Franciæ sicut et Angliæ. Et iterum alibi petiit
quod vocarentur tres aut quatuor clerici de sua parte et coram eis
responderet veritatem. Sed proinde expressima apparuit et omnino
legitima submissio quando videlicet domino papæ et concilio generali omnia dicta et facta sua transmitti ac referri petiit, multa super
isto catholice protestans. Cum enim tempore schismatis quod tunc
vigere suspicabatur et de tribus summis pontificibus interrogaretur
cui esset obediendum, respondit quod erat obediendum papæ in
Roma existenti et quantum ad ipsam credebat in illo ; et hic erat
tunc temporis Ecclesiam administrans beatæ recordationis dominus
Martinus. Dixit ulterius se credere quod dominus papa et alii prælati Ecclesiæ quilibet in loco suo instituti sunt ad corripiendum
deviantes : unde et præsentiens illa episcopi Belvacensi conceptam
malitiam contra eam ad dominum papam perseveranter requisivit
deduci, vel etiam, ut informationes factæ Rothomagi docent, cum
ipsa intellexit quod in concilio quod tunc celebrabatur erant cardinales et prælati multi de parte regis Franciæ confestim petiit duci
illuc ; sed et potissimum circa finem processus cum de ista submissione ad extremum molestaretur, aperte respondit : « Ego satis de

hoc puncto respondi vobis de omnibus operibus quæ ego feci et dixi : ipsa transmittantur ad Romam penes dominum nostrum summum pontificem, ad quem et ad Deum primum ego me refero. » Et cum sibi diceretur quod dicta et facta sua erant reprobata per clericos ait : « Ego refero me Deo et domino nostro papæ. » Tunc vero sibi fuit dictum quod non sufficiebat et quod non poterat fieri ad quærendum ita remote dominum nostrum papam et quod ordinarii erant judices quilibet in sua diocesi, et ideo necesse erat, ut dicebant, quod ipsa se referret sanctæ matri Ecclesiæ quodque teneret illud quod clerici et viri talia cognoscentes dixerant et determinaverant de dictis et factis suis : ad istud nihil ulterius respondit.

Ex quibus possunt quatuor colligi : Primum est quod sufficienter et debite Johanna se submisit in his in quibus præcipue fides christiana vult eam submitti, ut in can. « Hæc est fides [1]. » Qui enim vult antecedens, vult quæ ex eo necessario consecuntur, ut in L. II, *De jurisdictione omnium judicum* [2] cum similibus. Secundum est quod ab omni nota erroris legitime se purgavit, ut can. « Dixit apostolus. »[3] Tertium quod clarum est ex istis quid per Ecclesiam illi intenderent, non quidem Ecclesium romanam aut universalem, sed potius semetipsos. Se certe Johanna istis seu Ecclesiæ sic per eos intellectæ sumittere non debuit, ut adhuc magis patebit. Quartum est quod per istos judicium domini papæ contemptui manifesto habitum est : unde sanctæ sedi apostolicæ et ejus auctoritati gravis injuria irrogata fuit, præsertim in tam ardua et ambigua fidei causa quæ ad illam sanctam sedem directe pertinebat. ut cap. « Majores. » *De baptismo*[4], et can. « Quotiens, [5] » ubi dicitur : « Quotiens fidei ratio ventilatur, arbitror omnes fratres nostros et coepiscopos non nisi ad Petrum, id [est] sui nominis auctoritatem referri debere », contra cujus auctoritatem nec Ieronimus, nec Augustinus, nec aliquis sacrorum doctorum suam sententiam defendit. Et cum processus iste ageretur, quidam celebris utriusque juris doctor, magister Johannes Bohier, ita fieri debere omnino decrevit, sed ab episcopo Belvacensi

[1] *D. Grat.* C. XXIV, 1, 14.
[2] *Digeste*, II, 1, 2.
[3] *D. Grat.* C. XXVI9, 2 3.,
[4] *D. Greg.* III, 42, 3.
[5] *D. Grat.* C. XXIV, 1, 12.

sua sententia delusa atque vilipensa fuit, ut patet ex informationibus factis Rothomagi. Unde quatinus ille episcopus et alii in hoc ei faventes se a malicia manifesta contra Ecclesiam Romanam aut etiam ab hæresi se debite excusare possent, non video juxta tenorem capituli preallegati « Hæc est fides. »

Posset autem hic adduci de catholico et devoto exitu ipsius Johannæ ad evidentem comprobationem integerrimæ fidei suæ ac piissimæ devotionis ad sanctam Ecclesiam, sed in sequenti capitulo satis commodum locum habebit.

NONUM CAPITULUM

Quod post abjurationem seu revocationem virilem habitum ab ea dimissum resumpsit et apparitionibus ac revelationibus suis quibus publice renuntiaverat iterum adhæsit.

Illa vero quæ ipsam revocationem concernunt suo loco reservantes, videndum est si Johanna possit debite excusari quod habitum virilem, quem de mandato judicum alias dimiserat, resumpsit et etiam suis apparitionibus ac revelationibus quibus renuntiaverat, imo et quas publice abjuraverat, tandem adhæsit. Nam in primis de ipso habitu quem resumpsit tres causæ sufficientes assignari possunt.

Prima est divinum oraculum cujus solum præceptione, ut dixit semper ac tenuit, illum habitum in primis acceperat; unde et quando dicebat interrogantibus eam se bene scire quomodo illum assumpserat, sed affirmabat se nescire quatenus vel quando ipsum dimittere deberet, ideoque cum ipsum non libere aut sponte, sed neque mandato divino interveniente tunc dimisisset, merito timuit Deum in hoc graviter offendisse. Nam sequendum est quod a Spiritu sancto revelatum est quoniam vigor et ratio divini instinctus æquitati legis humanæ ac consuetudini antefertur, ut in can. « Frustra,[1] » et « Duæ sunt,[2] » cum similibus.

Secunda causa fuit suæ pudicitiæ atque virginitatis tuitio. Nam in

[1] *D. Grat.* D. VIII, 7.
[2] *D. Grat.* C. XIX, 2, 2.

carcere existens per tres Anglicos ad minus viros armorum et, ut præsumi potest, lascivos et impudicos semper custodita fuit a quibus multas, ut ipsa testata est, fatigationes et molestias sustinuit, quinimo, ut ex informationibus colligitur, per quemdam comitem anglicum, cum ipsa in habitu muliebri esset, de eam opprimendo seu corrumpendo gravis violentia irrogata fuit : unde quia, ut superius dictum est, ex qualitate muliebris habitus ad libidinem provocantur alii, ut in L. « Item apud Labeonem. § Si quis virgines, » *De injuriis* [1], ideo sibi licitum fuit. Nam et interrogata quare virilem vestem resumpserat, causam memoratam assignans dixit quod hoc fecerat quia erat sibi magis licitum vel conveniens habere habitum virilem dum erat inter viros quam muliebrem, vel ideo forte quia in veste virili habilior erat ad resistendum violentiam inferre tentantibus. Nam si quæcumque honesta causa vel necessitas sufficienter excusat mulierem ut suscipiat habitum viri sicut præmissimus, quantomagis ubi timetur de virginitate perdenda cujus siquidem amittendæ major metus esse debet quam metus sustinendæ, L. « Isti quidem, » *Quod metus causa* [2] et L. « Initium, » *De origine juris* [3]. Unde et hac occasione sancta quædam virgo Corinthia juvenis viri clamidem et vestes induit, ut refert Vincentius, Tertia parte *Speculi,* lib. XVIII, cap. 94.

Tertia vero causa potuit esse urgens et inevitabilis purgandi ventus necessitas. Nam et quidam testes in informationibus prædictis asserunt hanc viam causam fuisse dicentes quod per illos Anglicos custodes fuit de lectulo suo vestis muliebris clam et furtive sublata et virilis superposita quam cum nullatenus induere vellet et de illa surreptione gravissime conquereretur, exinde cum alias non posset necessitatem effugere, virilem superposuit, quod attente explorantes illi Anglici alta conclamatione protinus alios complices mortis Johannæ anelos concitarunt dicentes : « Ecce rea est mortis, vos videritis. » Ad episcopum raptim curritur, assidentium magistratus perquiritur et adducitur, vulgus in diversos et pœne contrarios affectus scinditur, gens Anglica quasi extatico raptu inebriata circumfertur vel potius, ut dixerim, effreni vesania corripitur et agitur. At et insons Johanna venire coram quasi ad scenicum illusionis spectacu-

---

[1] *Digeste*, XLVII, 10, 15, § 15.
[2] *Digeste*, IV, 4, 8.
[3] *Digeste*, I, 2, 23 § Initium.

lum compellitur, detruditur, impeditur et multiplici ludibrio afficienda exponitur. Sed tamen a constantia solita minime dimovetur, nam fraudem sibi illatam necessitatisque articulum ac violentiæ attentate impetum virginali pudore reticens de violatione promissorum æmulos dumtaxat causatur et quod voluntarie receperit humiliter contestatur. Sed haud dubie patientis virtus nocentis vitium non excludit ac innocentiæ lesæ humilitas non accusans a culpa malitiæ et crudelitatis flagitiosos non excusat. Si autem hunc vel illum non incusaverit, in hoc sane non tam patienter quam prudenter egit quoniam impietatem ipsorum diutius experta prævidebat quidquid in medium conquerendo produceret in sui contumeliam solum retorquendum. Verumtamen ut conscientiam quodammodo aperiendo levaret se innumerans tales molestias passam suo confessori et cuidam alteri presbytero, ut ex informationibus constat, secrete revelavit, unde quasi judicium illorum corruptum ostendens et cognoscens ad solam Dei justitiam tacendo recte provocavit. Neque enim possibile est in hac resumptione habitus viri fraudem non intervenisse, alioquin quomodo ipsa districtissime compedita sublata ei alias dictam vestem extra carcerem quæsisset ac invenisset. Assentiendum itaque videtur testibus dolum ac necessitatis articulum pro hac parte inducentibus, quod certe Johannam plene excusat, nam necessitas legi non subjicitur, ut c. [« Fures, »] *De furtis* [1], cum similibus. Quippe et alicujus malitia alterius simplicitati damnum vel nocumentum afferre non debet, ut L. [« Hoc edicto »] *De dolo*, in principio [2]. Quod autem ista resumptio habitus viri ad relapsum quem hi prætendunt nihil agat inferius dicetur.

Sed quo ad apparitiones et revelationes quibus, ut dicunt, publice renuntiaverat eisque rursus adhæsit, notandum quod, ut ex processu apparet, nunquam intentionem ab eis recedere per abjurationem revocationem aut alias habuit. Nam cum de hoc interrogaretur, allegavit tria : videlicet ignorantiam, violentiam et metum. De ignorantia vero potissimum duo dixit, scilicet quod nunquam intellexit seu intendit revocare suas apparitiones, secundo quod ea non intelligebat ea quæ continebantur in cedula abjurationis. De violentia dixit quod jussum ei fuerat revocare. De metu vero ait quod illud totum quod fecit hoc fecit præ timore ignis, et nihil revocavit

[1] *D. Greg.* V, 12, 2.
[2] *Digeste,* IV, 3, 1.

quoniam hoc sit contra veritatem : et de istis sigillatim videbitur cum de qualitate hujus revocationis agetur.

Sed sufficit pro nunc videre quod illis revelationibus semper adhæsit et nunquam ab eis proprie recessit sicut neque debebat, ut late superius deductum est. Sed contra istud potest objici quod ipsa finaliter, hoc est in die mortis suæ, suis vocibus renuntiavit, dicens quod per eas fuerat decepta in eo videlicet quod sibi promiserant eam liberare a carcere et quod ulterius non credebat eis : ista patent in quibusdam informationibus habitis in fine processus. Ad hoc dicendum videtur quod istæ informationes, quantum elici potest ex potioribus testibus earum et non suspectis clare non habent quod ita dixerit, sed potius usque in finem constanter asseruit quod revelationes et apparitiones habuit. Si autem a bonis vel malis spiritibus processerint se, ut prius referebat Ecclesiæ ideoque ex eo erat omnino absolvenda et nullatenus condemnanda. Secundo dictæ informationes nullius roboris aut momenti sunt. Nam post latam sententiam et ejus executionem in quo prætensi judices officio suo plene functi fuerant receptæ sunt, ut ex data illorum constat : unde et extra registrum processus omnino positæ sunt nulliusque cyrographo aut signo quoquomodo roboratæ, ideoque non præjudicant. Tertio quia, ut ex eisdem informationibus patet, fuit tunc abhorrendæ mortis, id est cremationis vicinitas notificata quam semper præ aliis generibus moriendi asseruit se formidare : unde nemini debet mirum esse si simplex et tenera puella longo et crudeli hostilium carcerum atque vinculorum supplicio fatigata, necnon et voracis flammæ mox sustinendæ ex incussa ei imaginatione perterterrita in aliquo forsan ex humana infirmitate aut muliebri fragilitate variaverit. Nam et si de sua liberatione ei promissa a vocibus se deceptam dixerit, utique et Christus sævam mortem præsentiens se derelictum a Deo quæstus fuit, de quo ait Hilarius : « Querela derelicti morientis infirmitas est : non ergo mireris verborum humilitatem et querimonias derelicti cum formam servi sciens scandalum crucis videas. » Postremo vero ut ab istis illa omnino resiliret per tot et tantos et adeo continue non solum hortata, sed et vexata fuit ut etiam si doctissimus vir fuisset in ea profecto sententia vix ita diu perstitisset, verumtamen ad Deum et Ecclesiam se retulit. Ideo non probatur quod ex hoc ab eis recesserit, sed solum quod humiliter matri Ecclesiæ se submiserit, quod ab ea dudum quæri præcise videbatur. Sed hoc solum captiose ut manifeste perpenditur unde merito eis spiritibus semper adhærere debuit, quoniam, sicut promiserat, vere Johanna per martirium et magnam patientiæ victoriam a corporis ergastulo liberata fuit.

Nam susceptis devotissimæ pœnitentiæ et eucharistiæ sacramentis nomen Jhesus continue acclamando, sanctos Dei et sanctas longo tractu invocando, signaculum crucis summa cum pietate amplexando et osculando, universis qui sibi mala intulerant gratis veniam condonando et ab universis de sua parte si quibus intulerat humilime implorando, tandem ad extremum Salvatoris nomen cum clamore inter flammarum estum vociferans, emisit spiritum. Asseritur vero celebri ac gloriosa fama exitum ejus adeo pium, catholicum devotumque fuisse ut astantes numero fere viginti millium omnes ad lacrimas et planctum compassionis etiam Anglicos hostes provocaverit. Retulerunt etiam quidam se in flammarum medio nomen Jhesus litteris aureis scriptum conspexisse ; alii autem columbam candidam in ejus decessu de flammis egredientem vidisse testati sunt. Visi sunt præterea quidam Anglici perprius sui acres et crudeles æmuli qui a veritate coacti palam confitebantur injustum ac indignum tam bonam et innocentem personam supplicio mortis damnasse. Multa his consimilia vulgariter feruntur quæ usquaque parvipendenda esse non credimus, sed tamen quia aliunde reperiri facile poterunt, illa pro nunc silentio transigimus. Patet itaque quoniam juxta sapientem Catonem, correspondent ultima primis ; id est si malignis spiritibus agitata delusaque fuisset, vix nunquamve hujuscemodi catholicus finis intercessisset : Nam qualis est unusquisque, talis et finis debetur ei, secundum Philosophum, et præsertim quia quos diabolus phitonica seu prestigiosa arte deluserit vel deceperit male facit finire et in æternam damnationem procurat adducere, ut vult Augustinus et legitur in can. « Nec mirum [1]. »

Et ista sufficiunt pro materia processus quæ juxta exiguam facultatem pro nunc inducere decrevimus, omnia et singula reverentes submittentes correctioni domini nostri papæ ac universalis ecclesiæ, imo etiam et caritative emendationi cujuslibet melius sentientis.

[1] *D. Grat.* C. XXVI, 5, 14.

Et sic clauditur primum punctum seu prima pars hujus exilis consilii.

SECUNDUM PUNCTUM

Sive secunda pars concernit directe formam processus. Et continebit duodecim capitula :

Primum, de incompetentia judicis, præsertim episcopi Belvacensis.
Secundum, de severitate ejus et inordinato affectu.
Tertium, de incommoditate carcerum ac custodum.
Quartum, de recusatione judicis et sufficienti provocatione seu appellatione ad papam.
Quintum, de subinquisitore, ac ejus diffugio, et metu sibi illato.
Sextum, de corrupta articulorum compositione.
Septimum, de qualitate revocationis seu abjurationis.
Octavum, de prætenso relapsu.
Nonum, de interrogantibus ac difficilibus interrogatoriis Johannæ factis.
Decimum, de assistentibus, defensoribus, exhortatoribus ac etiam prædicantibus processui intervenientibus.
Undecimum, de deliberantibus in causa seu determinationibus eorum quoad capitula causæ.
Duodecimum, de qualitate sententiæ et diffinitione processus.

PRIMUM CAPITULUM

Est de incompetentia judicis, maxime episcopi qui processum deduxit.

In hoc enim suscepto opere, non videtur plene sufficere, nisi aliquatenus et pro exiguitate ostenderimus non infuisse sufficientem materiam ut de errore in fide aut hæresis crimine contra Johannam impingeretur aut sic rigide procederetur, nisi etiam aliquid de defectibus ac vitiis processus et judicii contra eam habiti, pro modulo tetigerimus. At quia magis proprie alterius Facultatis est et de his etiam nonnulli peritissimi juristæ reperiuntur doctissime pertractasse, ideo, sub brevitatis compendio, hæc a nobis transeunda videntur.

De incompetentia ergo judicis, præsertim illius episcopi Belvacensis, domini videlicet Petri Cauchon, coram quo et per quem ille qualiscumque processus noscitur præcipue deductus, aliquid in primis dicendum est. Notandum itaque quod, ut dicit sanctus Doctor, II, 2, quæst. LX, art. II, actus judicis in quantum est judex, dicitur proprie judicium. Judex enim dicitur quasi jus dicens, ut L. « Negotium § Causa », *De verborum obligationibus*[1]. Unde judicium secundum primam nominis impositionem justi sive juris determinationem sive diffinitionem importat, et propter hoc, ut dicit Philosophus in Ethicorum V, homines ad judicem confugiunt sicut ad quamdam justitiam animatam, ideoque in tantum judicium est licitum, in quantum est actus justitiæ. Ut autem judicium sit actus justitiæ tria potissimum requiruntur in eo scilicet qui assumit exercere judicium. Primum est quod procedat ex auctoritate jurisdictionis seu præsidentiæ. Secundum est quod agat et moveatur ex certitudine et secundum rectam rationem prudentiæ. Tertium est quod inducatur ex inclinatione justitiæ : unde si quodcumque horum defuerit, judicium utique vitiosum erit et illicitum.

Nam in primis quando quis judicat in his in quibus non habet auctoritatem, dicitur judicium usurpatum. Dicitur enim in glossa super L. I. *De jurisdictione*[2], quod jurisdictio est potestas de publico introducta cum necessitate juris dicendi et æquitatis statuendæ. Itaque, secundum beatum Thomam, qui facit judicium legis edictum quodammodo interpretatur, ipsum videlicet applicando ad hoc vel illud particulare negotium. Cum ejusdem auctoritatis sit legem condere et legem interpretari, ideo sicut lex condi non potest nisi publica auctoritate, ita judicium fieri non potest nisi per eum qui publica fungitur auctoritate quæ quidem solum se extendit ad subditos. Et ideo sicut injustum esset quod aliquis constringeret alium ad legem servandam quæ non esset publica auctoritate sanctita, ita

[1] *Digeste*, XLV, 1, 83.
[2] *Digeste*, II, 1, 1.

etiam injustum est si quis aliquem compellat subire judicium quod publica et legitima auctoritate non fertur : Unde ad Romanos xiv « Tu quis es qui judicas alienum servum ? » Alia ratio hujus est etiam secundum beatum Thomam et omnino similis prædictæ. Sententia namque judicis est quasi quædam particularis lex in aliquo particulari facto, et ideo sicut lex generalis debet habere vim coactivam, ut ait Philosophus quarto Ethicorum, ita et sententia judicis debet habere vim coactivam ut astringat ad servandum ejus sententiam, alioquin judicium non esset efficax. Sed in rebus humanis non habet licite potestatem coactivam nisi ille qui fungitur publica potestate qua qui funguntur superiores reputantur respectu eorum in quos potestatem accipiunt sive illam habeant ordinarie sive per commissionem ; ideoque manifestum est quod nullus potest judicare aliquem nisi sit aliquomodo subditus sibi vel per commissionem vel per potestatem ordinariam. Et hoc est quod dicit beatus Gregorius, super illo verbo *Deuteronomii* xxiii « Si intraveris segetem » etc. falcem judicii mittere quis non potest in eam rem quæ alteri videtur esse commissa, articulum efficax ad hoc caput « Etsi clerici », *De judiciis*[1], et in C. « Quod autem », *De pœnitentia et remissione*[2], « In primis »[3], cum similibus. Permittunt tamen jura ut aliquis sortiatur alterius forum ratione delicti, ut videlicet per eum judicem quis puniatur in cujus districtu deliquit, ut in C. « Placuit »[4], et *De raptoribus* C. primo cum notatis ibidem, C. « Postulasti, » *De foro competenti*[5] ; Digest. L. I et II, *Ubi de crimine agi oportet*[6]. Unde tunc episcopus vel alius judex in cujus diocesi vel territorio aliquis deliquit efficitur ejus superior ratione delicti ibidem perpetrati, ut dicit sanctus Doctor ii, 2, quæst. lxvii, art. i. In hoc itaque proposito nostro cum diocesanorum episcoporum sint certi ac determinati limites positi suæ jurisdictionis exequendæ quos transgredi non decet, ut [C. « Ecclesias »][7], et [C. « Nos instituta «] *De sepulturis*[8] ; alias confunderetur maxime ordo ecclesiasticus si non unicuique

---

[1] *D. Greg.* II, 1.
[2] *D. Greg.* V, 38, 4.
[3] *D. Grat.* C. II, 1, 7.
[4] *D. Grat*, D. VI, 3. *De pœnitentia.*
[5] *D. Greg.* V, 17, 1.
[6] *D. Greg.* II, 2, 14.
[7] *D. Grat.* C. XIII, 1, 1.
[8] *D. Greg.* III, 28, 1.

sua jurisdictio servaretur ut in C. « Pervenit »[1]. Itaque non apparet justum fuisse aliquo modo quod iste episcopus Belvacensis obtentu suæ jurisdictionis ordinariæ in Johannam ipsam judicium subripuerit. Constat autem quod in prædicta ejus diocesi neque alias moram aliquo modo traxerat neque illic domicilium habebat, sed potius in loco propriæ originis, quia unde quis oriundus fuit, ibi domicilium habere dicitur. L. « De jure omnium incolarum »[2], et etiam, ut aliqui magni bene notant, tunc in exercitio impositæ sibi legationis erat. Ideo vetus ac proprium domicilium suum minime censetur mutasse, ut L. « Cives », *De Incolis*[3]. Præterea, ut dictum est, per multos prælatos regni olim fuerat examinata et admissa aut saltim permissa seu tollerata : unde injustum videtur quod iste episcopus, cum in alios superioritatem non haberet, judicare in ea re præsumpserit. Nam reputare debuit tot et tantorum prælatorum atque doctorum rectum et integrum fuisse judicium juxta, illud « Integrum est judicium quod plurimorum sententiis comprobatur », C. Prudentiam, *De officio judicis delegati*[4]. Ideo in causa hac judicandi auctoritatem nullam habuit : par enim in parem non habet imperium, C. « Innotuit », *De electione*[5], et L. « Adversus », *Si adversus rem judicatam*[6]. Denique ratione delicti ibi commissi non est sortita ejus forum quoniam si de criminibus, de quibus accusabatur, in nullo alio loco reperiatur deliquisse, quantominus ibi cum nunquam illic fuisset nisi duntaxat in eo exitu quando fuit capta. Nec sufficit allegare quod in armis et in virili habitu fuit deprehensa, quoniam ista non sunt graviora de quibus per illos damnatur ut errans in fide, schismatica, hæretica et hujusmodi. Nunc vero episcopus solum cognoscit de criminibus commissis in sua diocesi, in C. « Cum contingat », *De foro competenti*[7]. Neque etiam valet si quis dixerit quod hæreticus ubique potest puniri quoniam secundum leges in Cœlo et in terra delinquit, imo et ipsa elementa offendit. Dicendum quod hic præsupponitur quod probari debet, videlicet quod ipsa

[1] *D. Grat.* C. XI, 1, 39.
[2] *Digeste*, L, 1, 37.
[3] *Code*, X, 39, 7.
[4] *D. Greg.* I, 29, 21.
[5] *D. Greg.* I, 6, 20.
[6] *Code*, II, 27, 3.
[7] *D. Greg.* II, 2, 13.

fuerit hæretica, et hoc non apparet, ut jam probatum est et adhuc magis plene inferius apparebit. Item propter hoc quod hæreticus totum universum quodammodo offendit, non confunduntur ex eo ecclesiasticæ jurisdictiones ut videlicet per quemlibet ordinarium episcopum possit hæreticus indifferenter puniri, sed dumtaxat regulariter per suum, ut notat Johannes Andree super verbo « Ubique », C. « Ut officium », *De hæreticis*[1], et allegato C. « Si episcopus », *De officio judicis ordinarii*[2], ubi cavetur quod episcopus potest sedere pro tribunali et causas audiri in omni loco suæ diocesis. Et ad hoc bene facit[3] C. « Ut commissi », circa medium eo titulo et libro : « Ibi cum prælatis quorum subsunt jurisdictioni, » etc. Ideo concesso quod in præmissis Johanna etiam alibi deliquisset, tamen non debuit iste episcopus de illis cognoscere, quoniam ubi grave crimen est, remittitur ubi quis deliquit, L. « Desertorem », *De re militari*[4], et L. « Is qui » in fine *De accusationibus*[5]. Amplius quare hic episcopus, quæso, cum procedere instituisset, non processit in proprio loco suæ civitatis aut diocesis? Respondebit quod non ausus fuisset propter alteritatem obedientia sub qua tunc civitas Belvacensis a Francis detinebatur. Ideo, ut videtur, sibi licuit aliunde procedere per Clementinam « Quamvis » *De foro competenti*[6]. Sed procul dubio istud plus accusat eum quam excusat ; nam clementina illa loquitur de episcopo violenter et injuste a sua sede expulso. Iste autem, cum esset lingua et natione, quinimo et ob causam Ecclesiæ suæ Gallicus regique Franciæ subditus, quis prohibuit in ecclesia sua principi suo legitimo et naturali debitam fidelitatem præstando et servando pacifice residere, sicut et alii quamplures prælati circumvicini fecerant ut Remensis, Senonensis, Trecensis et hujusmodi qui alias sub Anglorum servitute exstiterant. Restat ergo quod non debuerit censeri expulsus ut dicta constitutio in hoc ei suffragetur, sed potius ex concepta infidelitate ad suum verum principem infidus voluntariusque transfuga reputetur.

Ulterius dato quod vere esset expulsus secundum mentem dictæ

[1] *D. Bonifacii*, V, 2, 11.
[2] *D. Bonifac.*, I, 16, 6.
[3] *D. Bonifac.*, V, 2, 12.
[4] *Digeste*, XLIX, 16, 3.
[5] *Digeste*, XLVIII, 2, 4.
[6] *Clementis, constitut.* II, 2, 1,

Clementinæ, tamen non debuit secundum intentionem ipsius constitutionis ad alienam civitatem judicium transferre quamdiu locum insignem et opportunum in propria diocesi reperire potuit. Satis autem præsumendum est quod tunc erant loca multa in sua diocesi obedientiæ Anglicorum subjecta. Adhuc posito quod non esset alius locus, tamen potuit commode per alium subrogatum in propria civitate procedere, ideo non potuit aliunde, ut notat Johannes Andree in dicta clementina, in verbo « Per alium ».

Demum exigitur quod locus sit citato securus, ut etiam notat Bonifacius de Amanatis post alios, in dicta constitutione. Nunc vero constat quod civitas Belvacensis quæ sub obedientia regis tunc erat magis secura Johannæ fuisset quam Rothomagensis quæ tyrannidi Anglicorum suberat; neque etiam reperitur quod aliam causam præter istam solam titulo suæ ordinariæ jurisdictionis ibidem deduxerit. Ex quibus evidenter apparet hoc judicium non solum corruptum, sed etiam ob defectum legitimæ seu competentis potestatis temere et injuste per dictum episcopum usurpatum fuisse.

Secundo debet judex procedere ex certitudine rei de qua agitur et secundum rectam rationem prudentiæ. Cum enim deest certitudo rationis, puta cum aliquis judicat de his quæ sunt dubia vel occulta per aliquas leves conjecturas aut præsumptiones, tale judicium dicitur suspitiosum seu temerarium; hoc ponit Doctor sanctus ubi supra. Sciendum ergo quod sicut jurisdictiones sunt limitatæ, secundum loca et personas ita ut quis possit judicium exercere hic et non alibi et in hanc personam et non in aliam, ita etiam limitatæ sunt quo ad negotia et causas ita quod quilibet judex non potest indifferenter in causam quamcumque occurrentem. Et iterum cum judex sit interpres justitiæ, ut dictum est, interpretatio autem fit per nota et certa, sequitur quod de his quæ excedunt facultatem jurisdictionis aut non possunt attingi certitudine probationis, non debet aliquis talium sibi assumere judicium. Sunt autem aliqua quæ sui magnitudine ac incertitudine fugiunt et excedunt lege communi humanum ingenium, de quorum genere sunt inspirationes ac divina oracula: unde talia, quia alta sunt et occulta, non sub humano, sed solum sub divino cadunt judicio, primi *Regum* XVI « Homines vident ea quæ patent, Deus autem intuetur cor »; et bene expresse in C. « Si omnia »[1], « Erubescant »[2] et C. « Christiana »[3], cum si-

---

[1] *D. Grat.* C. VI, 1, 7. — [2] *D. Grat.* D. XXXII, 11. — [3] *D. Grat.* XXXII, 5, 23.

milibus. Nam cum de istis non possit Ecclesia divinare, C. « Ut nostrum », *Ut ecclesiastica beneficia*[1], imo judicium Ecclesiæ sæpe in his falli et fallere potest, C. « A nobis », *De sententia excommunicationis*[2], ideo de ipsis non judicat, C. « Sicut tuis » et « Tua nos »[3]. Et notanda est glossa in dicto C. « Erubescant ». Nam etiam de mediocribus incertis seu indifferentibus homini prohibetur judicium. Ait enim Augustinus in libro de Sermone Domini in monte : « Ea facta quæ dubium est quo animo fiant in meliorem partem interpretemur. De his autem quæ non possunt bono animo fieri, sicut sunt stupra, blasphemiæ et hujusmodi, nobis judicare permittitur ; de factis autem mediis quæ possunt bono et malo animo fieri, temerarium est judicare maxime ut condamnemus » ; hæc ille. Sed et valde ad propositum ait beatus Hilarius super Matheum : « Sicut vetat Dominus judicia ex incertis rebus inter homines sumantur ita ne judicium de divinis rebus ex ambiguitate suscipiatur, hoc penitus a nobis repellit, sed ut constans fides potius tetineatur quoniam sicut ex incertis rebus peccatum est perperam judicare, sic in his rebus de Deo judicium inire fit criminis ». Unde et hac ratione beatus Augustinus, primo libro *de Civitate Dei*, cap. xxv, non audet improbare quin ab Ecclesia debite venerari possint quædam virgines quæ ne violarentur se in flumen precipitaverunt, quia nescit an id ex inspiratione Domini fecerunt. Ad idem magister Jacobus de Vitriaco, episcopus Tusculanus, scribens ad Fulconem Tholosanum, commendat quasdam mulieres quæ, ne in vastatione civitatis Leodiensis suæ castitatis damnum incurrerent, se ipsas in flumen præcipitaverunt aut in sentinas stercorarias ultro prosilierunt. Estimat enim illas hoc instinctu divino fecisse, ut narrat frater Vincentius, quarta parte *Speculi Historialis*, lib. xxxi, cap. 13. Supra tales ergo Ecclesia judicium non assumit, sed divino potius judicio ac proprie eorum conscientiæ relinquit, ut C. « Inquisitioni ». *De sententia excommunicationis*[4], et « Nisi cum pridem », *De renuntiatione*[5]. Cum itaque in præsenti causa ageretur de divinis revelationibus quæ omnem legem superant, ut C. « Ex parte », *De conversione conjugato*-

[1] D. *Greg.* III, 12, 1.
[2] D. *Greg.* V, 39, 28.
[3] D. *Greg. De simonia*, V, 3, 33 et 34.
[4] D. *Greg.* V, 39, 44.
[5] D. *Greg.* I, 9, 10.

rum[1], temerarium plane fuit huic episcopo ac etiam collaterali suo de hac re altissima et secretissima velle judicare summoque Dei judicio cui specialiter ac expresse hujusmodi causæ reservantur præsumere derogare, cum lex superioris per inferiorem tolli non possit, C. « Ne Romani, » *De electione*[2]. Ideoque judex fuit incompetens et judicium per consequens nullum, quia ad ipsum non spectabat cognitio aut diffinitio talis ac tantæ causæ, C. « Inferior »[3], et « Cum inferior »[4], *De majoritate et obedientia.*

Postremo requiritur quod judex procedat ex inclinatione justitiæ. Justitia enim est ex qua procedit dispositio et idoneitas ad recte judicandum ; quæ quidem si defuerit, ex eo redditur judicium perversum, corruptum et injustum. Sed quia istud videtur potissimum affectionem seu dispositionem animi ipsius judicantis concernere, ideo in proximo capitulo locum oportunum habebit.

SECUNDUM CAPITULUM

De judicantis episcopi inordinato et corrupto affectu ac ejusdem severitate.

Ad plenius declarandam incompetentiam prætensi judicis, videlicet episcopi Belvacensis, satis congruit aliquid adducere de sui animi manifesta et vehementi passione seu corruptione ac ejusdem severitate in procedendo ostensa. Nam, ut supra immediate dicebatur, ad verum judicium et competentem ac saltem bonum et legitimum judicem requiritur quod procedat ex inclinatione justitiæ, alias non est judex, L. « Negotium, » § Causa, *De verborum obligationibus*[5] et C. « Justum »[6]. Et ad hoc facit ubique non solum Scriptura, sed etiam leges et canonica jura quorum tædiosa foret et onerosa allegatio. Sed hoc præcipue deducitur [canonibus Gratiani causæ] xi, quæst.

[1] *D. Greg.* III, 32, 9.
[2] *D. Bonifac.* I, 6, 4.
[3] *D. Grat.* D. XXI, 4.
[4] *D. Greg.* I, 33, 16.
[5] *Digeste*, XLV, 1, 83.
[6] *D. Grat.* C. XXIII, 2, 1.

III, per totum, et bene expresse in C. « Cum æterni, » *De sententia et re judicata*[1]. Circa vero judicium in Johannam factum, quantum maxime ad partem episcopi judicantis spectat, ex multiplici evidentia patet favor corruptus.

In primis enim quia sui naturali et vero principe derelicto, imo et sede sua episcopali spreta, cujus gratia inter pares Franciæ annumerari debuerat, maluit tamen, ut dictum est, quasi vagus cum Anglicis residere quam suo legitimo regi debitam fidelitatem præstare et servare quamvis nulla subesset causa digna ut regis Franciæ obedientiam subterfugeret. Secundo, quia regis Angliæ hostis manifesti ac invasoris coronæ Franciæ hic episcopus quasi primus et potissimus usque ad mortem semper consiliarius fuit et sub ejus stipendiis continue vixit. Tertio et magis specialiter, quia in hac causa se nimis partialem ostendit, nam ipse in propria ad dominum ducem Burgundiæ et dominum Johannum de Luxemburgo militem, qui exercitum et castra ante Compendium tenebant, litteras misit ut sibi dictam Johannam quam captivam tenebant expedirent, multa et magna dona offerens longa stipulatione cum eis disceptavit, votaque regis Angliæ quo ad hoc et sua per cedulam artificiose confectam explicans tandem pretio decem mille francorum imo et multo majore tradi sibi ac expediri obtinuit. Quarto quoniam non sibi directe seu primo et immediate sed potius regi Angliæ ipsius Johannæ hosti capitali eam expediri requisivit sicut et de facto expedita fuit ; ista patent in processu fol. I et IV. Quinto quia undecumque dictam summam habuerit, id est vel de se aut de suo acceperit seu a rege prædicto eam exegerit, hoc tamen corruptum favorem ostendit, quia neque ex jure neque ex more est quod qualicumque etiam minimo pretio prælati aut principes suspectos in fide habeant redimere. Sexto quia cum ad Rothomagum per eumdem episcopum adducta esset et coram Anglicis suam legationem exponeret, visus est palam voce, vultu manuumque applausu ac cæteris motibus corporis magnam exultationem prætendere, cum tamen dicat L. « Observandum » *De officio præsidis*[2], id non est constantis ac recti judicis cujus animi motum vultus detegit, sed et poeta eleganter ait : « Heu quam difficile est crimen non prodere vultu. » Septimo, quia cum omni admiratione et stupore divinam legationem Johanna, prout tunc vul-

[1] *D. Bonifac.* II, 14, 1.
[2] *Digeste,* I, 18, 19.

gatissima fama erat, exercens militares actus strenuissime peregisset mirasque victorias ubique reportasset, absque dubio iste processum propter famæ repugnantiam intentare formidasset, nisi inordinatus favor mentis suæ notitiam superasset ac rationis integritatem plene violasset. Octavo, ad majorem commoditatem propinquiorem et secundum juris rectionem, æquitatem dignioremque et ampliorem sapientum assistentiam, necnon et tranquilliorem ac securiorem causæ deductionem poterat Parisius procedere quam Rothomagi ubi tunc Anglorum universa cohors ac impetuosus fragor strepitusque versabatur. Nono, quia hic episcopus protestatur se ideo velle Rothomagi procedere quoniam ibi copia doctorum ac sapientum aderat, quare ergo de Parisius et aliundo tot numero venire fecit et fere per medium annum tot doctores ad suas vel Anglicorum expensas tenuit, sicut patet ex informationibus et etiam ex processu. Decimo, quia Anglicis expresse affectos doctores convocavit specialiter, alios vero non affectos respuit ac expulit et processui adesse minime permisit. Undecimo, quia maximis Anglicorum expensis processus omnino deductus fuit, quod quidem absque favore esse non potest, cum in causis fidei sic fieri alias minime compertum sit. Duodecimo, quoniam cum in exercitu regis Franciæ capta fuisset et nullas contra eam informationes saltim legitimas haberet quod illa in fide aliquando deliquisset, quoniam verisimile est quod de eis in processu constaret, mirum est, imo certe perversum et iniquum ut contra eam in causa fidei procedere tentaverit; unde ex eo restat accipere quod hoc ipsum ut eam prorsus exterminaret ac regem Franciæ pro posse infamaret fecit. Tertiodecimo, quia totum processum deduxit infra castrum Rothomagense tunc ab Anglicis usurpatum et occupatum et per consequens ad talem causam non solum incommodum, sed etiam evidenter suspectum, et hoc maxime quia locum ecclesiasticum inibi accommodari sibi petierat ob hanc causam et obtinuerat bonum utique et opportunum. Quartuodecimo quia quemdam celebrem doctorem magistrum videlicet Johannem Lohier, tunc auditorem rotæ in Romana Curia, fideliter super hoc atque veridice deliberantem quod processus ille iniquus esset ac nullus sic minis exterruit ut confestim et occulte fugam peteret; hoc patet in informationibus. Quintodecimo, quia non simpliciter et de plano, ut res expostulat et juris dispositio tradit, processit, sed cum quanta figura et solemnitate potuit, non quidem, ut de se patuit, ut ex assistentium plurium informatione seu directione judicium consultius seu rectius faceret, sed potius ut ex subdola fictione tantæ celebritatis magnitudinem causæ prætenderet et partem regis Franciæ velamine apparentis justitiæ infamaret, sicut et pontifex Caiphas scidit vestimenta sua sedens pro tribunali adversus Christum, de quo ait Chrisostomus : « Hoc fecit ut accusationem redderet graviorem, et quod verbis dicebat factis extolleret. » Sextodecimo, quia dum ad extremum Johanna comperta fuit habitum viri resumpsisse, idem episcopus immodeste applaudens Anglicis cum multa exultatione fertur palam dixisse : « Ecce capta nunc est. » Hoc similiter patet ex informationibus. Septimodecimo, quoniam veri simile est quod ad ejus suggestionem maxime ac procurationem et ut ex illo judicio gloriam sibi undeque vindicaret, quinimo ut nota quasi generalis ac extremæ infamiæ partem regis Franciæ vulneraret scripsit rex Angliæ diffinitionis ipsius causæ gratulatorias litteras ad papam et cardinales, ad imperatorem ac etiam ad universos Franciæ prælatos quarum tenores de verbo ad verbum in fine registri ipsius processus habentur ; unde ex his manifeste apparet quod ille ex favore corrupto et inordinato et ut præcise Anglicis complaceret causam hanc assumpsit atque eo perverso ordine processit.

Denique et ex eadem radice, videlicet ex fomite odii ad personam Johannæ clare advertere possumus ipsius episcopi feritatem in procedendo multipliciter ostensam. Et eo enim quod ipse totis præcordiis partem Anglicorum fovebat, Puellam ipsam pro jure regni et veri regis Francorum felicem victricem tamquam illis hostibus admodum contrariam et obnoxiam, ut præsumi potest, imo et ex affectu clare patet, odiebat. Et ad hoc veniunt fere omnes testium Rothomagi examinatorum depositiones et utique ex serie processus hoc idem elici potest.

In primis itaque memorati episcopi impia severitas ex eo patuit quia cum isti episcopo per supradictos dominos Johanna expedita fuisset, eam protinus Anglicis ipsius Johannæ capitalibus inimicis exhibuit et tradidit. Secundo, quia, licet contra eam intenderet procedere in causa fidei, nihilominus permisit eam contra omnem juris formam et causæ exigentiam detrudi in carceribus castri Rothomagensis quamvis, ut præmissum est, ecclesiasticos carceres ibidem implorasset et impetrasset. Tertio, quia statim fecit eam inhuma-

nissime compeditari et catena ferrea cuidam posti affixa districtis
sime vinciri, imo, ut ex informationibus colligitur, gabiam ferream
ut in illa continue stans erecta captivaretur et amplius cruciaretur
fieri fecit. Quarto, quia priusquam citatione eam convenisset atque
causam ipsam seu processum incepisset, sic, ut præmittitur, in arto
carcere et pœnali ac duro poni præcepit aut saltim permisit, quinimo in eo statu vincta et captivata jussu ejusdem citata fuit. Quinto,
quoniam per Anglicos viros armorum non solum ipsi Johannæ, ut
ille bene noverat, inimicos et odiosos, sed certe, ut veri simile est,
lascivos et discolos illam præcise custodiri voluit, instituit et decrevit. Sexto, quia hujusmodi custodes instituens de alimonia per eos
sufficienter ac debite ministranda, de violentia non inferenda et hujusmodi non admonuit, sed solum quod illam bene et diligenter
custodirent, quodque nemo loqueretur cum ea nisi de ejus expressa
licentia juramento solemni astrinxit, de quo sane opus non erat,
cum ad hoc nimium voluntarii essent : unde ex hoc præsumitur
quod non solum multis necessitatibus illa subcubuit, sed et plurimas vehementes molestias pertulit. Septimo, quia, dum citata fuit,
trespias et rationabiles supplicationes per ipsam factas idem episcopus crudeliter repulit ac denegavit : prima, quod missam audire
posset et divino quandoque interesse officio ; secunda, quod vellet
una secum viros ecclesiasticos de partibus Franciæ sicut et Angliæ
in ea materia convocare ; tertia fuit conquerendo et humiliter petendo quod non ulterius sic dure in compedibus ferreis ac vinculis
detineretur. Sed in nullo istorum fuit exaudita, sed potius per ipsum
episcopum asperrime repulsa ; ista patent clarissime circa initium
registri seu processus. Octavo, quia per illos Anglicos ad custodiam
ejus deputatos ad locum examinis semper duci et ad carcerem reduci
et non per alias idem episcopus voluit et instituit. Nono, quia tres illorum Anglicorum custodum in eodem carcere continue stare, quinimo et singulis noctibus ibidem jacere voluit et permisit. Decimo, quoniam ex ipsius episcopi ordinatione nullus cum ea poterat loqui nisi de
illorum Anglicorum licentia ac in eorum præsentia ; imo ad eam du-
ritiam atque sevitiam inde res ipsa pervenit ut neque ipsemet episcopus aut etiam subinquisitor conjudex cum ea libere et absque illorum
assensu vel præsentia loqui : ista patent ex dictis informationibus. Undecimo, quia in singulis examinationibus compulit eam de dicendo
veritatem quantum ad omnia quæ ab illa peterentur super evangelia

jurare, super quo nimium gravari valde conquesta est patet ex processu. Duodecimo, quoniam difficilia, subtilia, obscura, captiosa et truncata interrogatoria non obstante sexus ipsius Puellæ atque sensus fragilitate injecit fierique fecit ac permisit, unde etiam multi assistentium sæpius murmurabant, verumtamen illos ex eo dure increpabat : patet ex processu et informationibus. Tertio decimo, quia ut dolosus insidiator et perfidus calumniator multa impertinentia sibi interrogatoria fieri fecit, quæ quidem ad fidei causam quam ille inaniter gloriabatur prosequi minime attinebant, sed potius. regni ac coronæ Franciæ misteria potius et archana concernebant. Unde ipsa velut circumspecta vel magis divino spiritu ducta respondebat dicens : « Hoc non est de processu vestro », aut dicebat « Transeatis ultra », vel aliquid hujusmodi, subjungens frequenter quod mallet abscir 'i sibi caput quam ea revelare quæ ad dominum regem ibant ; hoc totum constat ex processu. Quarto decimo, quia non obstante sexus fragilitate, carceris et vinculorum longa et gravi perpessa acerbitate, victus et alimoniæ parcitate ac etiam vehementi qua plerumque laborabat infirmitate, continuis tamen et fere cotidianis examinationibus ab initio Januarii usque ad finem Maii eam non cessavit vexare, et denique ad tumulum suæ impiæ feritatis non parum facit quod de mane singulum examen per tres horas protrahebatur et sæpe eadem die tantumdem post prandium : patet ex informationibus. Quinto decimo, quia per promotorem causæ non pauciora quam LXX capitula uno contextu adversus eam proposita fuerunt ad quæ sigillatim et per se ipsam absque directore responderet, in quo quidem conflictu per quatuor dies integros et continuos incredibiliter molestata fuit, ut patet ex processu. Sexto decimo, quia contra simplicem, indoctam et minorem annis puellam tot numero prælatos ac in omni facultate doctores seu sapientes pro sibi assistendo convocavit ita ut quandoque ultra quinquaginta affuerunt, aliquando vero et communiter quadraginta coram quibus nunc per istum nunc per illum et plerumque per diversos inordinate et confuse simul fuit præfato tempore examinata, in quorum haud dubie conspectu etiam vir doctissimus examinandus merito erubuisset atque expavisset ; hoc partim ex processu, partim ex informationibus apparet. Septimo decimo, quia idem episcopus elegit ac ex industria, ut verisimile est, designavit officiarios in causa non solum astutos, sed et parti Anglicorum evidenter affectos, præsertim promotorem et interrogatorem, etiam et quosdam notarios subdolos instituit qui in absconso et occulto scribentes omnia dicta Johanna falsitatis crimine corrumpere studebant, nisi eorum fraudem et malitiam præcipuus causæ notarius, dominus videlicet Guillermus Manchon viriliter obsistendo detexisset seu interrupisset : et hoc similiter patet ex registro et informationibus. Octavo decimo, quia cum Johanna mirum in modum vexaretur de se submittendo judicio Ecclesiæ et quidam religiosus in publico examine suggessisset eidem quod se submitteret concilio generali quod tunc actu celebrabatur, quodque ibidem erant prælati etiam de obedientia regis Franciæ et ipsa cito ac hilariter annuisset, mox ipse episcopus præfatum religiosum durissime increpavit dicens quod taceret in nomine diaboli, nolens præterea idem episcopus quod illa submissio in Scriptis poneretur : hoc patet in informationibus. Undevicesimo, legitimos ac benivolos directores seu defensores sicut causæ arduitas et personæ qualitas quoad sexum, ætatem et sensum requirebat non ministravit, cum tamen non solum juris canonici sed et civilis legis benignitas hoc velit et jubeat. Vicesimo, quia cum de assensu subinquisitoris aliqui ivissent ad consolandum eam ac exhortandum, ab eodem episcopo gravissimos minas de submersione perpessi sunt et ob hanc causam quidam magister Johannes de Fonte quem suum in hac parte vicarium alias instituerat, fugam latenter petiit, duoque fratres prædicatores ob id, nisi obstitisset memoratus subinquisitor, in maximo discrimine vitæ suæ fuerunt, quippe et multi alii similes terrores de exilio, submersione et hujusmodi sustulerunt, ut patet in informationibus. Vicesimo primo, quia quidam falsi et ficti suasores ad ipsam illo episcopo, et verisimiliter præsumitur, sciente, imo forsan ad hoc mittente, hortante et suggerente, **introducebantur**, simulantes se de parte regis Franciæ et eam in dolo adhortantes ne ullo modo, si evadere mortem vellet, Ecclesiæ **se submitteret**, quorum unus ex informationibus magister Nicholaus **Loiseleur nuncupatur**. Vicesimo secundo, quia absque legitima et **sufficienti comprobatione rei**, cum utique totius processus materia **saltim potior incerta** esset et occulta ac in omni recto judicio ad **partem humaniorem trahenda**, imo potius absque definitione penitus relinquenda, nihilominus adjudicavit eam et compulit coram **multis milibus personarum** utriusque sexus publice exponi atque **in scafaldo sublevatam** cum extrema ignominia prædicari, et tandem nisi qnædam enormia atque execrabilia sibi per cedulam quam minime prævidit aut intellexit exhibita nedum revera per eam nunquam perpetrata, sed et neque excogitata revocaret et abjuraret, de illam statim comburendo fecit per prædicantem aspere comminari et denique cum illa merito resisteret, jussit sententiam definitivam de relinquendo eam brachio sæculari pro majori parte legi. Ista similiter constant ex processu et informationibus. Vicesimo tertio, quia cum ipsa de vigore hujuscemodi abjurationis ignara suadentium instantiis simpliciter et humiliter paruisset, quippe et supplicasset quatinus a tetris et profanis illis carceribus et a vinculis ipsis crudelibus quibus tandiu afflicta exstiterat absolveretur virisque probis et ecclesiasticis custodienda traderetur eligens potius concito mori, ut lacrimabiliter asserebat, quam ulterius sic detineri, nihilominus eodem episcopo volente fuit per manus gladiatorum Anglicorum ad pristinos carceres contumeliose reducta et crudelius quam ante detenta, imo et de violatione suæ pudicitiæ vehementer impetita: hæc, ut prius, ex processu et informationibus. Vicesimo quarto, quia præcise ob causam resumptionis habitus viri modo præmisso et etiam constantissimæ adhæsionis ad suas revelationes præfatus episcopus non acquiescens deliberationi et consilio sanioris partis assistentium super ea causa per eum convocatorum cito et præcipitanter ad definitivam sententiam processit brachioque sæculari cremendam reliquit : hoc ex processu. Vicesimo quinto, quia ad extremum, ut ex tenore registri circa finem patet, fuit per istum Johanna omni commutatione et gratia judicialiter reputata penitus indigna, quamvis pœnitentia et Eucharistiæ sacramenta percipere devotissime requisiverit, ut constat ex informationibus. Vicesimo sexto, quia per unam et eamdem sententiam fuit Johanna pronuntiata excommunicata, neque tamen reperitur quod exinde beneficium absolutionis reportaverit sicut ex stillo inquisitionis et moris et juris est, sed confestim post pronuntiationem igni tradita fuit, tanquam non solum corporis sed etiam animæ quantum potuit et sua interfuit ille ad cumulum* vindictæ impius judex perditionem sitierit : hoc in processu ex tenore sententiæ perpenditur. Vicesimo septimo, quia non obstante devotissimo atque piissimo ejusdem Johannæ exitu cujus gratia etiam ille episcopus coacta compassione impulsus uberrime lacrimari visus est, nihilominus adhuc quod supererat suæ ferocitatis non omittens, quippe et mortuam persequi volens jussit flammæ reliquias, ut pote cineres et pulveres colligi et in flumen ex toto projici : hoc ex fama publica patet. Vicesimo octavo, quia quemdam religiosum ordinis prædicatorum, eo quod dixerat omnes qui sæpe dictam Puellam damnaverant seu judicaverant male fecisse compulit judicialiter revocare et carceri fere per annum in pane et aqua præsumpsit condemnare : hoc expresse habetur in fine registri.

Et ita ejusdem episcopi manifesta severitas ac personæ affectatum odium ex præmissis evidenter comperitur, cum tamen in judice etiam, secundum dictamina civilium legum hoc ad summum execrabile censeatur quoniam semper ad humanitatem inclinant, L. « Nulla », *De legibus et senatusconsultis* in qua dicitur : « Nulla juris ratio aut æquitatis benignitas patitur ut quæ salubriter pro utilitate hominum introducuntur, ea nos duriore interpretatione contra ipsorum commodum producamus ad severitatem[1] ». Et L. « Observandum » *De officio præsidis*[2], dicitur : Jus reddens in cognoscendo excandescere, scilicet ira, odio aut indignatione non debet adversus eos quos malos putat. Quanto magis ergo secundum canonica jura in ecclesiastico judice aut prælato causam potissimum fidei deducente severitas ac impietas damnabilis perhibetur, cum promptiora semper sint ad absolvendum quam ad condemnandum, ut C. « Ex litteris », *De probationibus*[3], et ad hoc in glossa allegantur ibidem multæ concordantiæ. Sed et in præmissa fidei causa quæ potius ad reducendum devios quam puniendum ex communi et sincere intentione ecclesiæ agitur, omne odium, omnis rigor, omnisque impia severitas tam prælatis quam inquisitoribus contra hæreticam labem deputatis districtissime et sub gravissimis pœnis interdicitur, ut clare patet in constitutione « Multorum », cum notatis ibidem per doctores, titulo *De hæreticis*[4]. Nec sufficit ad excusationem hujus quia frequenter iste episcopus videtur protestari se zelo fidei et affectu justitiæ dumtaxat ad procedendum moveri. Nam vitia plerumque se virtutes esse minus proinde mentiuntur, C. « Nisi cum pridem » *De renuntiatione*, circa medium[5], et C. « Sæpe »[6], et speciali-

[1] *Digeste*, I, 4, 25.
[2] *Digeste*, I, 21, 19.
[3] *D. Greg.* II, 19, 3.
[4] *Const. Clement.* V, 3, 1.
[5] *D. Greg.* I, 9, 10.
[6] *D. Grat.* D XLI, 6.

ter crudelitas zelus justitiæ vult apparere, ut ibi dicitur. Ideo in proposito ait Chrisostomus : « Prohibet Christus me per jactanciam justitiæ christiani christianos lædant ac despiciant, ut solis plerumque suspitionibus sunt quidam cæteros odientes et condemnantes ac sub specie pietatis proprium odium exequentes. » Et Tullius, lib. I *De officiis*, ait : « Totius injustitiæ nulla capitalior quam eorum qui cum maxime fallant ita agunt ut boni viri videantur, » et rursus : « Existunt sæpe injuriæ quadam nimis calida sed malitiosa juris interpretatione », ex quo illud factum est jam tritum proverbium : « Summum jus summa injuria est », et illud : « Simulata æquitas duplex est iniquitas ».

Et hoc sufficiat de præsenti capitulo.

TERTIUM CAPITULUM.

De incommoditate carcerum ac custodum.

Ex præmissis jam quodammodo apparet quod carceres, in quibus Johanna detenta per longum illius qualiscumque processus fuit, non erant competentes nec respectu detentæ personæ, quia mulier erat et juvenis, de qua legis civilis edictum sic habet : « Nulla mulier neque in causa civili neque in criminali in carcere mittatur, in monasterium vel assisterium immittatur aut mulieribus tradatur a quibus custodiatur donec causa manifestetur »; in authentica novo jure, C. *De custodia et exhibitione reorum*. Unde etiam in carcere prohibetur fieri commixtio sexuum tanquam indecens et periculosa, L. III, C. *De custodia reorum*. Nam in isto favetur mulieri, L. I, C. *De officio diversorum judicum*[1]. Ratione vero causæ nullatenus decuit quod in tali carcere videlicet profano, squalido, obscuro, crudeli, hostili atque privato, id est ubi capti ex bello ponebantur, ipsa manciparetur et detineretur. Fingebat enim iste episcopus se contra Johannam super crimine hæresis et in causa fidei procedere. Ideo cum sit crimen mere ecclesiasticum, C. « Ut inquisitionis », § Prohibemus, *De hæreticis*[2], non debuit in carcerem profanum et secu-

[1] *Code*, I, XLVIII, 1.
[2] *D. Bonifac.* V, 2, 18.

larem detrudi, et præsertim cum in civitate Rothomagensi sint ecclesiastici carceres boni et opportuni quos, ut præmissum est, idem episcopus imploraverat et petierat cum territorio sibi ob hanc causam signanter accommodari et obtinuerat, sicut [expresse patet ex serie litteræ præfatæ accommodationis.

Unde circa detentionem hæreticorum seu hæreticales carceres per providentiam Ecclesiæ et ex jure inveniuntur quædam specialia introducta quæ tamen iste nullo modo observavit, de quibus clare legitur et notatur in clementina « Multorum », *De hæreticis*[1]. Nam ubi non sunt speciales pro hoc crimine carceres qui in quibusdam regionibus muri dicuntur, tunc vigore legis ecclesiasticæ carceres episcopales debent diocesanis et inquisitoribus esse communes. Ideo iste non debuit aut potuit licite alios assumere unde et Johanna merito de eo quod non erat in ecclesiasticis carceribus conquerebatur, et ille utique veniebat de manifesta temeritate increpandus, ut in C. « Si decreta »[2]. Præterea eam duro tradere carceri et arto longo tempore priusquam inquisitorem requireret, præsumpsit. Ideo juxta præfatam constitutionem nulliter et indebite [factam] præsertim ante citationem et causæ cognitionem processit: unde et lex dicit: « Nullus incarcerari debet ut ligetur in carcere antequam convincatur ». Amplius non solum duro et arduo, sed etiam terribili et penali carceri eam tradidit contra expressum tenorem dictæ clementinæ. Et iterum secundum legem cum carcer potius inventus sit ad custodiam quam ad pœnam L. « Aut damno, § Solent », *De pœnis*[3]. Nam et ipsarum legum humanitas vult quod etiam reus capitalis criminis exhibitus non debeat pati manicas ferreas inhærentes ossibus: sufficit enim ut talis tute custodiatur et nullatenus crucietur L. 1, C. *De custodia et exhibitione reorum*. Quæ etiam lex non patitur hujusmodi reum in obscuro diei luce privari, quanto magis, ait, innocenti miserum esset. Unde cum ex hujusmodi pœnoso carcere se intollerabiliter cruciari frequenter palam et in judicio Johanna conquesta sit, protestans potius velle mori quam ulterius sic torqueri, ex hoc plane irritatur si quid contra se confessa fuerit, quia « qui in carcerem detrusit aliquem ut ab eo aliquid extorqueret, quidquid ob hanc causam factum est nullius est momen-

---

[1] *Clement. constit.* V, 3, 1.
[2] *D. Grat.* D, XX, 2.
[3] *Digeste*, XLVIII, 19, 8 § 9.

ti ». L. penultima *Quod metus causa*[1]. Et etiam ultro mori appetens ut pœnam quæstionis effugiat non est audiendus, L. I, *De quæstionibus*[2]. In verbo autem quæstionis non solum intelliguntur tormenta corpori exhibita, sed etiam fames, sitis, squalor carceris et quilibet alius dolor quo quis afficitur, donec objectum crimen confiteatur. Imo sordidus carcer potest convenienter quæstio appellari. L. apud Labeonem, § quæstionem et § quæstionis, *De injuriis*[3].

Denique quantum ad custodes qui commentarienses in jure civili vocantur est per constitutionem Ecclesiæ superius allegatam quantum ad causas fidei pertinet lex specialis ad providentiam et exactam cautelam posita, videlicet quod deputentur duo, unus ex parte episcopi, alter ex parte inquisitoris, quorum quilibet ipsius carceris seu conclavis differentem clavem debet habere, ita ut secundum communem episcopi et inquisitoris ordinationem universa detentis necessaria ministrentur et singula peragantur : quod hic per istos nullo modo reperitur observatum.

Cæterum ipsi custodes per constitutionem prædictam debent esse discreti, industriosi atque fideles, ut constat ex textu ejusdem ; quæ minime præsumi possunt de istis ad custodiam Johannæ deputatis. Nam hi erant viri bellicis dediti, et per consequens de vitiis multis suspecti, juxta illud quod de beatissimo Martino ait Severus Sulpicius, de tempore militiæ ejus loquens, « integer tamen ab illis vitiis quibus illud hominum genus implicari solet. » Nam tironibus, id est militibus, non debet facile hujusmodi custodia committi, eo quod nimis carnales sunt, L. I *De tironibus*. Et ita nullo modo Johanna, quæ juvencula erat, debuit istis commiti, juxta auctoritatem præmissam [authenticæ] novo jure. Licet non digne opus sit hic plurimum allegare aut dicta fulciri argumentis vel auctoritatibus quoniam manifesta ibi patet iniquitas, rursus juxta eamdem clementinam ipsi custodes de fidelitate præstare debent juramentum, sed hic omnino præsumi poterat quod hi erant in proposito, scilicet ad eam custodiendum malefidi, sicut et de facto patuit in violenter attentatione pudicitiæ ejus et in variis afflictionibus sibi in ipso carcere illatis. Quinimo idem episcopus plene noverat quod illi quia Anglici genere ac subjectionis lege erant de inimicitia in Jo-

[1] *Digeste*, IV, 2, 22.
[2] *Digeste*, XLVIII, 18, 27,
[3] *Digeste*, XLVII, 10, 9.

hannam ad hoc non permittendi. Ad hoc etiam constabat cuilibet manifeste cum evidens esset, eos hostes capitales esse, ideoque primo opere cavere debuit ne ad eorum manus deveniret, cum indubitanter animadvertere posset quod et per se ipsos et alios effrenatos hostilesque complices plurimas molestias Johannæ inferret, cum tamen dicat L. I, C. *De custodia reorum*, quia observatorum reorum cum humanitate quadam debent tractare incarceratos nec debent accusatoribus crudelitatem suam vendere pretio vel gratia astringendo incarceratos fame vel angustia aut siti, vel trahendo eos a loco audientiæ unde neminem audiant, vel clamantes a nemine audiantur. Si autem hoc fecerent, debet judex eis imponere pœnam capitalem, alioquin infamatur ipse judex et periculum subit pro arbitrio superioris. Hæc verba in forma ponit Azo. in *Summa* prædicta.

Ex informationibus nempe factis Rothomagi clare habetur quod innotuerunt dicto episcopo plurimæ enormes violentiæ ac molestiæ ipsi simplici ac miti Puellæ irrogatæ. Nihilominus illos custodes perfidos non punivit et certe satis præsumitur quod non fuisset ausus cum etiam, ut asseritur, ingressum ad dictos carceres nonnisi per magnam difficultatem ipse haberet et quam captivam suam dicebat in potestate libera non teneret. Ideo consequenter patet quod de clavibus juxta providentiam dictæ constitutionis nihil pœnitus fuit observatum, similiter neque de attentione et sollicitudine circa administrationem victus et aliorum necessariorum cum tamen lex etiam civilis decernat quod episcopi tenentur subvenire diligenter de victu necessario incarceratis, « L. Judices » *De episcopali audientia*[1].

Patet ergo evidenter incommoditas carceris et custodum seu commentariensium, et per consequens non solum iniquitas, sed et maxima impietas judicis.

QUARTUM CAPITULUM

De recusatione judicis et sufficienti provocatione seu appellatione ad papam.

Ex his quæ de impietate et affectu inordinato deque incompetentia judicis ac de incommoditate carcerum et hujusmodi proxime de-

---

[1] *Code*, I, IV, 9.

ducta sunt, satis apparet quod Johanna illum judicem prætensum merito recusare debuit et a gravaminibus sibi illatis vel inferendis appellationem interponere legitime potuit. Commune est enim et vulgatissimum in jure quod suspecti et capitales inimici judices esse non possunt aut debent, ut late deducitur in C. « Quia suspecti »[1]. Nam, secundum Tancredum, recusatio est a jurisdictione judicum declinatio per exceptionem suspitionis appositam. Coram enim judice suspecto non debet quis compelli litigare, C. « Ad hæc », *De rescriptis*[2]; « Cum sicut » *De eo qui mittitur in possessionem causa rei servandæ*[3]; hoc enim periculosum est, C. « Cum inter », *De exceptionibus*[4]. Quæ tamen sint causæ recusandi judicem non multum invenitur expressum, sed pro manifesta causa suspitionis ut C. « Quia vero », *De judiciis*[5]. Possunt tamen designari sex causæ, scilicet ambitio laudis, timor, ira, amor, odium, cupiditas. His enim corruptus judex veritatem male examinat versus : « Omnis laus timor ira necant, amor, odium dataque cecant », ut C. « Nihil »[6], « Accusatores »[7], et [causa] xi, quæst. iii per totum.

Manifestum est autem ex prædictis quod hæc omnia corruptæ suspitionis judicia apparuerunt in hoc episcopo judicium istud usurpanti. Nam clarum est quod venalis ambitio laudis et ut ab Anglicis vanæ gloriæ atque gratuitæ præmia commendationis seu acceptationis reportaret eum maxime induxit et movit quod summe damnatur in C. « Cum æterni », *De sententia et re judicata*,[8] § Si quis. Unde hoc videtur personæ acceptionem includere de qua dicitur *Proverbiorum* xviii « Accipere personam in judicium non est bonum ».

Fuit etiam, ut præmissum est, in ipso processu justissimus metus ipsi Johannæ multipliciter illatus, quoniam detinebatur in potestate et districtu inimicorum suorum capitalium, quod erat sufficiens inductivum non solum recusationis sed etiam appellationis, ut notatur in verbo sub districtu C. « Accedens », *Ut lite non contestata*[9]. Nam

---

[1] *D. Grat.* C. III, 5, 15 in fine.
[2] *D. Greg.* I, 3, 10.
[3] *D. Greg.* II, 15, 2.
[4] *D. Greg.* II, 25, 5.
[5] *D. Greg.* II, 1, 11.
[6] *D. Grat.* D. LXXXIII, 6, in fine.
[7] *D. Grat.* C. III, 5, 2.
[8] *D. Bonifac.* II, 14. 1.
[9] *D. Greg.* II, 6, 4.

ad officium judicis pertinet partibus cum securitate locum assignare, C. « Cum locum », *De sponsalibus*[1] ; C. « Hortamur »[2] ; C. « Ex parte », *De appellationibus*[3] ; L. « Si longius », *De judiciis*[4] ; L. « Si cum dies, § Si arbiter, *De arbitris*. Etiam et in istorum potestate simpliciter erat ex quo consurgebat maximus metus quoniam istud de jure timetur hoc refugit ratio, hoc de more vitatur, hoc abhorret natura, ut in clementina « Pastoralis § Esto igitur », *De sententia et re judicata*[5]. Et hoc est, secundum Hostiensem, justa causa recusationis quia quis potest timere propter se, propter parentes et propter bona, in capitulo « Visis », circa medium[6].

Præterea iracundiæ passionem hic episcopis in multis, ut dictum est, ostendit et prosequens legitime recusabilem ac suspectum se reddidit ; argumentum efficax in L. « Observandum », *De officio præsidis*[7].

Item apparuit corruptus favor in multis, ut habitum est, quoniam hic prætensus judex partem Anglicorum mirabiliter fovebat et eis summe familiaris erat, ideoque in hoc judicio veniebat legitime recusandus, ut in dicto C. « Accedens »[8] et C. « Insinuante », *De officio delegati*[9] ; C. « Postremo, » *De appellationibus*[10] ; C. « Quia suspecti »[11] ; C. « Placuit »[12].

De odio autem ac inimicitia capitali ipsius episcopi ad Johannam evidenter patuit : idcirco juste eum recusavit. Nam capitali inimico nullus tenetur se submittere, ut in præallegata clementina « Pastoralis » et in sæpe dicto capitulo « Accedens ». Si enim quis propter inimicitias capitales repellitur a testificando, ut C. « Cum oporteat » *De accusationibus*[13] et C. « Per tuas », *De simonia*[14], quanto magis a

[1] *D. Greg.* IV, 1, 14.
[2] *D. Grat.* C. III, 9, 20.
[3] *D. Greg.* V, 1, 11.
[4] *Digeste*, V, 1, 18.
[5] *Clement. constit.* II, 11, 2.
[6] *D. Grat.* C. XVI, 2, 1.
[7] *Digeste*, I, 21, 19.
[8] *D. Greg.* II, 6, 4.
[9] *D. Greg.* I, 29, 25.
[10] *D. Greg.* II, 28, 36.
[11] *D. Grat.* C. III, 5, 16 in fine.
[12] *D. Grat.* C. II, 5, 1.
[13] *D. Greg.* V, 1, 19.
[14] *D. Greg.* V, 3, 32.

judicando repelli debet quia minor causa repellit judicem quam testem, C. « Quicumque »[1]. Cujus ratio assignatur quia plures judices facilius inveniuntur quam unus bonus testis. Ut enim dicit Hostiensis, modica causa repellit judicem ut lis sine suspicione procedat, argumentum in L. « Apertissimi », *De judiciis*[2] ; et C. « Secundo requiris, » *De appellationibus*[3]. Notat etiam Johannes in dicto capitulo « Quia suspecti » quod sufficit protestari aliquam suspitionem et quidquid post illam protestationem fit non tenet ac si post appellationem factum esset ; C. « Cum sicut », *De eo qui mittitur in possessionem causa rei servandæ*[4]. Imo etsi non protestetur, si tamen postea probet suspitionem, cassatur quod fit contra eum, ut in sæpius allegato cap. « Accedens ». Ideo cum hic non solum fuerit privatum odium, sed evidens persecutio, ex consequenti fuit justa recusatio. Ad quod facit optime L. « Si pariter » *De liberali causa*[5]. Idem concluditur ex eo quod iste episcopus erat inimicus regis Franciæ et veri ac legitimi domini ipsius Johannæ, quia propter dominum tota familia recusat jurisdictionem alicujus ; L. I Code « Si quacumque preditus potestate. » Quippe et inimicus reputatur judex oriundus de terra ubi adversarius jurisdictionem habet aut si est subditus ejus, ut notatur in dicto C. « Accedens », super verbo « Inimicorum ».

Demum quoad pretium et munus satis notum est quod iste episcopus episcopium Lexoviense ob hanc causam vindicavit et obtinuit, cum tamen dicat canon « Is qui recte judicat et premium remunerationis expectat, fraudem in Deum perpetrat »[6], conclude, quanto magis ergo ille qui inique judicat, et ibidem C. « Pauper »[7] dicitur quod munere cito justitia violatur. Et ita ex omni parte Johanna justam causam recusandi habuit. Nam a principio interrogationum et sessionum præfato episcopo in hunc modum dixit : « Ego dico vobis, advertatis bene de hoc quod dicitis vos esse meum judicem quia vos accipitis unum grande onus et nimium oneratis me. » Et iterum ibidem : « Vos dicitis quod estis judex meus, advertatis de

---

[1] *D. Grat.* C. XI, 3, 12.
[2] *Code,* III, 2, 16.
[3] *D. Greg.* II, 28, 41.
[4] *D. Greg.* II, 15, 2.
[5] *Digeste,* XL, 12, 9.
[6] *D. Grat.* C. XI, 4, 66.
[7] *D. Grat.* C. XI, 4, 72.

hoc quod facitis, quia in veritate ego sum missa ex parte Dei, et ponitis vos ipsum in magno periculo seu dangerio ». Rursus alibi dixit eidem episcopo : « Vos dicitis quod estis meus judex : ego nescio si vos sitis, sed advisetis bene quod non male judicetis, quia poneretis vos in magno dangerio, et ego adverto vos ad finem quod si vos Deus inde castiget, ego facio debitum meum de dicendo vobis ». Ex informationibus vero clare habetur quod nullo modo voluit se submittere judicio illius episcopi, allegans quod ipse erat inimicus ejus capitalis et ita, recusatione ista interveniente, debuit omnino hic assertus judex a deductione causæ cessare maxime quia ubi etiam secundum leges appellatio est remota, recusatio tamen est permissa, L. I Code. Ut non liceat in una eademque causa, C. « Si quis in quacumque »[1].

Proinde et ipsa legitime ad summum pontificem censenda est appellasse, et hoc potissimum duplici ratione, videlicet propter gravamen justitiæ et personæ, secundo vero propter arduitatem seu magnitudinem causæ.

Ex namque superius deductis clare perpenditur quod Johanna intollerabiliter in hoc processu contra justitiam gravabatur : unde ex tot oppressionibus et gravaminibus sibi per procedentes illatis potuit non solum verisimiliter suspicari, sed evidenter potius concludere quod in definitione causæ tandem magis ipsa gravaretur. Constat vero quod appellationis beneficium ad relevamen injuste oppressorum introductum est, ut C. « Omnis oppressus »[2], C. « Licet, De appellationibus[3], cum similibus. Cujus etiam gratia legimus, Actuum xxv, a Festo præside Paulum apostolum Cæsarem appellasse. Hæc vero Puella ab episcopo sæpedicto et aliis coassistentibus se nimium onerari seu gravari sæpius in judicio conquesta est et judicium illorum causando recusavit, ut dictum est. Pro quo bene facit C. « Non ita » et § « Oppressi », ibidem[4]. Nec obstat quod propriis terminis non est usa dicens « appello aut provoco », vel hujusmodi, quia, ut notatur in C. « Dilecti », gaudet jus simplicitate sua. Unde etiam, secundum leges, in causis spiritualibus subtilita-

---

[1] D. Grat. C. II, 6, 15.
[2] D. Grat. C. II, 6, 3.
[3] D. Greg. II, 28, 16.
[4] D. Grat. II, 6, 18.

tes reprobantur ut L. « Sunt personæ », *De religionis*[1], simplicitati equidem partitur in multis articulis juris, ut C. « Tanta nequitia »[2] ; L. « Si quis § doli », *De jurisdictione omnis judicis*[3] ; L. II § I, *De in jus vocando*[4]. Nam et expressus est casus in C. « [Ad] audientiam ». *De appellationibus*[5], ubi quidam presbyter protectioni sedis apostolicæ eo quod a suo episcopo gravabatur se submisit, quamvis verbum appellationis ex simplicitate non expresserit, nihilominus decernitur quod sententia postmodum lata non teneat sed pro legitima apellatione censeatur, quoniam potius ad intentionem et sensum quam ad verba recurrendum est, C. « Marcion »[6] et C. « Sedulo »[7]. Sermo namque rei subjectus est, non econtra C. « Intelligentia », *De verborum significatione*[8]. Unde et plus reputatur facto quam verbo provocare, ut C. « Dilecti filii », *De appellationibus*[9], sicut et plus est factis demonstrare quam verbis dicere, L. « Si tamen, § Ei qui », *De Ædilitio edicto*[10]. Ex quibus patet quod a solemnitatibus in appellando de jure communi observandis censetur Johanna legitime excusata.

Secundo autem non parum ad vigorem et valorem suæ appellationis facit arduitas seu magnitudo materiæ de qua agebatur, videlicet de visionibus et revelationibus sibi factis. Et dimisso quod causa ipsa dominum regem Franciæ qui tamen vocatus non fuit satis proxime tangebat, de quo jurisperitus multas ratiocinationes ad fundandum veritatem appellationis forsan induceret, solum materiam in his revelationibus comprehensam pro nunc attendimus. Constat enim ex processu quod hi prætensi judices miro modo Johannam infestabant ut illa suas revelationes abnegaret, quod quidem, ut deductum est, nullo modo debuit. Unde et beatus Paulus, loco præallegato, de causa jam interpositæ appellationis loquens, ad visionem sibi factam cum coram rege Agrippa et multa sibi revelata

[1] *D. Greg.* II, 28, 52.
[2] *Digeste*, XI, 7, 8.
[3] *D. Grat.* D. LXXXVI, 24.
[4] *Digeste*, II, 3, 7 § 4.
[5] *D. Greg.* II, 28, 34.
[6] *D. Grat.* C. I, 1, 64.
[7] *D. Grat.* D. XXXVIII, 12.
[8] *D. Greg.* V, 40, 6.
[9] *D. Greg.* II, 18, 1.
[10] *Digeste*, XXI, 1, 48 § 3.

misteria fidei narrant pervenisset, statim adjecit : « Unde, rex Agrippa, non fui incredulus cœlesti visioni. » Cui siquidem ita rationem de objectis reddenti cum dixisset subsannatorie præses Festus : « Insanis, Paule », respondit constanter beatus Paulus : « Non insanio, inquit, optime Feste, sed sobrietatis et veritatis verba eloquor. » Sic et in proposito : electa hæc Puella, cum super firma et constanti assertione suarum revelationum multum frequenter et diu infestata fuisset et de quibus poterat varias rationes eleganter disseruisset, tamdem cum molestie gravamina alias evadere non posset, ad romanum pontificem de universis dictis et factis suis illa ei submittendo se plene retulit et ad eum duci per eumque judicari crebro et instanter petiit seu requisivit, aut etiam ad generale concilium, ut patet ex informationibus. Ideo suæ appellationi debuit omnino deferri, quoniam, secundum omnem catholicam doctrinam et secundum jura, hujusmodi secreta et ignota Deo soli reservantur, ut c. « Si omnia [1] » ; c. « Erubescant [2] » ; c. « Christiana [3] », cum similibus. Quæ vero circa fidei veritatem ardua aut obscura emergunt ad sedem apostolicam referri debent etiam per appellationem, ut optime expressum est in C.« Vel ex malicia, § Si vero. » *De appellationibus* [4]. Ardua quidem, ut in c. « Quotiens, » ubi dicitur : « Quotiens fidei ratio ventilatur, debent omnes fratres et coepiscopos nostros non nisi ad Petrum, id est nominis sui auctoritatem referre debere » [5]. Ad quod etiam faciunt multi alii canones, ut ii causæ II, quæst. VI, fere per totum.

Obscura denique, id est de quibus dubia emergit quæstio, similiter debent ad præfatam sedem pro determinatione referri, ut c. « Multis [6] », et c. « Hæc est fides [7] », cum multis similibus. Unde non valet instantia si quis dicat quod beneficium appellationis in hac parte, tam secundum ecclesiasticam ordinationem quam etiam secundum legem imperialem, dicitur criminosis in fide seu hæreticis interdictum, c. « Ut inquisitionis, » *De hæreticis* [8]. Hoc enim fa-

[1] *D. Grat.* C. VI, 1, 7.
[2] *D. Grat.* D. XXXIII, 11.
[3] *D. Grat.* C. XXXII, 5, 23.
[4] *D. Greg.* II, 28, 27.
[5] *D. Grat.* C. XXIV, 1, 12.
[6] *D. Grat.* D. XVII, 5.
[7] *D. Grat.* C. XXIV, 1, 14.
[8] *Bonifac. decr* V, 2, 18

cile eliditur etiam ex serie textus præmissæ decretalis. Ut enim dicit Archidiaconus, si bene videatur loquitur de illis de quibus constat quod sunt hæretici, nam dicit hæreticis credentibus, etc. Istos quidem paulo ante vocat nequitiæ filios : unde hi secundum leges et jura non gaudent proclamationis beneficio aut etiam aliquo juris beneficio. Idcirco a contrario sensu, ubi non constat aliquem esse hæreticum, tale juris beneficium ei denegari non debet. Ad quod etiam, secundum præfatum Archidiaconum coadunat quia, in tam gravi crimine, cum multa oportet cautela procedi, c. « Ut officium, § Verum [1]. » Dicitur etiam quod hoc intelligitur ubi jam data est sententia definitiva, quod quidem plane demonstrat littera procedens ubi exprimit de condemnatis et relictis. Ad quod facit L. « Constitutiones, » *De appellationibus.* Ex his etiam patet quod non præjudicat si quandoque illis assertis judicibus et ad eorum interrogatoria responderit quia et metus seu coactio ac etiam simplicitas digne eam excusant. Nam ubi quis viribus præturæ seu jurisdictionis ad respondendum compellitur, ubi resistentia seu recusatio legitima non audiretur, nulla est jurisdictio etiam ipso jure, ut legitur et notatur in *Digestis*, lib II, *De judiciis*, sicut etiam de dote per metum promissa, L. « Si mulier § Si dos » *Quod metus causa* [2]. Patet ulterius quod graviter isti erraverunt qui post interjectam appellationem potissimum de tanta quæstione ad summum pontificem directe pertinente ipsius cognitionem, imo et judicium usurpare præsumpserunt, de qua temeritate plene legitur in sæpe allegato c. « Hæc est fides. »

QUINTUM CAPITULUM

De subinquisitore ac ejus diffugio et metu sibi illato.

Consequenter vero an subinquisitor qui in ipso processu pro magna parte concurrit judex competens in ea causa fuerit, an non subtilioribus ac in jure peritioribus disceptandum relinquo. Colliguntur tamen aliqua ex registro et informationibus quæ totum dis-

[1] *Bonifac. decr.* V, 2, 11.
[2] *Digeste*, IV, 2, 21, § 3.

cursum ac exitum judicii pro parte hujus et quantum capere possum, reddunt suspectum, et ut puto, annullandum.

In primis autem quodam modo ponderandum videtur quod dum iste fuit per sæpedictum episcopum de concurrendo sibi in processu seu adjungendo requisitus, quamvis protestaretur se in ea causa non habere legitimam potestatem, allegans quod dumtaxat in civitate et diocesi Rothomagensi erat substitutus, nunc vero processus ille auctoritate ordinaria Belvacensis ecclesiæ deducebatur, nihilominus voluit idem episcopus et illum impulit, ut omnino processui se adjungeret : hoc clare patet in registro, fol. xii. Ex quo quidem possunt duo elici. Primum est vehemens ardor seu aviditas ad procedendum istius episcopi, ut pote non attendentis seu curantis, an ille subinquisitor sufficientem haberet virtutem vel ne : et sic in fundamento patet error, et per consequens in residuo. Nam ubi fundamentum non est, superædificari non potest, c. « Cum Paulus [1]. » Aliud vero est ex parte subinquisitoris qui quantum potuit et sibi licuit assensum dedit quod ille episcopus procederet, cum tamen antea recte protestatus fuisset se nullam in ea causa habere auctoritatem. Itaque assensus ille nullus fuit : hoc patet ubi prius. Nam requiritur de jure quod ipse talis fuerit qui mandare potuerit, ut suo nomine fieret, prout notat Bernardus in C. « Cum nos, » *De his quæ fiunt a prælato sine consensu capituli* [2]. Et si quis objiciat quod voluit per ratihabitionem et vigore auctoritatis sibi postmodum ab inquisitore transmissæ, de qua constat in processu, nam retrohabitio retrotrahitur ut in c. « Ratihabitionem, » *De regulis juris* [3]. Ad hoc patet responsio ex dictis. Non enim potest fieri ratihabitio nisi ab eo qui mandare potuit, unde proconsul, si ante ingressum provinciæ mandavit legato suo jurisdictionem quam ipsemet non habuit, nisi postquam ingressus fuit provinciam, mandatum non tenuit, tamen si postea ratum habeat quod mandavit, legatus tunc habebit jurisdictionem non quidem a tempore quo mandavit, sed quo provinciam intravit, L. « Observare » in fine, *De officio proconsulis* [4] ; et in lege « Quo enim § Sive quis » *Ratam rem haberi* [5], dicitur ad idem quod

[1] *D. Grat.* C. I, 1, 26.
[2] *D. Greg.* III, 10, 3.
[3] *Bonifac. decr.* V, 12, 10.
[4] *Digeste*, I, 16, 4 § 6.
[5] *Digeste*, XLVI, 8, 12 § 3.

ratihabitio non est sufficiens nisi fiat ab eo qui ab initio mandare potuit, ita ut ejus nomine fiat ; et c. « Auditis,« *De electione*[1],dicitur sic quod non valet ab initio ex post facto convalescere non potest, id est per subsequentem consensum ratificari non potest. Similiter omnino in lege « Quæ ab initio, » *De regulis juris*[2]. Præterea dicit Bernardus, in glossa super C. præallegato « Cum nos, » quod in his quæ ipso jure nulla sunt ratificatio fieri non potest.

Denique ex processu constat quod a die nona mensis Januarii usque ad XIII Martii antedictus episcopus varias examinationes solus fecit et ad plurimos substantiales actus per se processit, siquidem, ut verisimile est et ex informationibus etiam satis aperte committitur, iste subinquisitor magnitudinem causæ et processus ineptitudinem perpendens, quantum potuit diffugia quæsivit, et ita quidquid actum est in ea causa redditur suspectum, quippe et omne id quod in ipsa causa postmodum fecit videtur contra conscientiam egisse, quod tamen nullo modo debuit, ut c. « Litteras » *De restitutione spoliatorum*[3], c. « Per tuas, » *De Simonia*[4]. Proinde, ut testes deponunt, iste subinquisitor fuit variis sommationibus vocatus et pulsatus, neque ausus fuisset contradicere : unde et in procedendo multos terrores ac metus ab Anglicis perpessus est, ut ex informationibus apparet. Ex quibus sane redduntur processus et sententia nulli atque invalidi vel saltim merentur annullari, quoniam pervertitur timore humanum judicium, dum scilicet metu potestatis alicujus veritatem loqui pertimescimus, C. « Quatuor » et « Quisquis[5], » ac multum expresse statim post in C. « Injustum, » ubi dicitur : « Injustum judicium et diffinitio injusta, regio metu et jussu, aut cujuscumque episcopi seu potentis a judicibus ordinata vel acta, non valeat[6]. » Tenent enim communiter doctores quod sententia lata vi aut metu potissimum cadente in virum constantem non valet. Argumentum ad hoc in C. « In primis[7] ; » C. « Si sacerdoti-

---

[1] *D. Greg.* I, 6, 29.
[2] *Digeste*, L. 17, 210.
[3] *D. Greg.* II, 13, 13.
[4] *D. Greg.* V, 3, 32.
[5] *D. Grat.* C. XI, 3, 78 et 80.
[6] *D. Grat.* C. XI, 3, 89.
[7] *D. Grat.* C. II, 1, 7.

bus¹, » C. « Lotharius², » cum aliis concordantiis. Tenet tamen Johannes in prædicto C. « Quatuor, » super verbo « timore, » quod sententia metu lata valet, sed elidi potest per exceptionem, C. « Omne quod³, » ideo saltim venit irritanda et annullanda. Primum tamen istorum securius videtur et verius cum a simili electio facta per metum nulla sit ipso jure, ut C. « Quisquis, » *De electione*⁴. Id namque quod per metum agitur, licet non sit ex toto involuntarium in casu, ut dicit beatus Thomas, in quantum videlicet quis, agit aliquid ex causa ut vitet malum quod timet, coacta enim voluntas est voluntas, C. « Merito⁵, » tamen quod per metum agitur non potest dici liberum maxime ubi metus intervenit ex impressione potentis, cui commode resisti non potest, nisi cum periculo, ut C. « Hoc consultissimo, § Laici, » *De rebus ecclesiæ non alienandis*⁶. Liberum nempe est quod suimet causa est, ut dicitur in principio methaphisicæ, seu quod alieno arbitrio non reservatur, C. « Super eo, » *De conditionibus appositis in desponsatione*⁷. Unde cum oporteat, secundum Catonis sententiam quod animus in consulendo sit liber, multomagis hoc exigitur in judicando, et præsertim ubi de causis fidei agitur, in quibus debet quorumcumque hominum metus divino timori postponi, C. « Ut officium, » circa principium, *De hæreticis*⁸; et inquisitoribus eas prosequentibus debet expedita et inviolabilis adesse facultas, ibidem § « Denique. »

Et hoc sufficiat de præsenti capitulo.

SEXTUM CAPITULUM

De articulorum falsitate et corrupta eorum compositione.

Reperiuntur autem articuli ad deliberandum seu qualificandum prælatis et doctoribus hinc inde transmissi in multis vitiose et non

¹ *D. Grat.* C. XV, 6, 1.
² *D. Grat.* C. XXI, 2, 4, in fine.
³ *D. Grat.* C. XXV, 1, 8.
⁴ *D. Greg.* I, 6, 43.
⁵ *D. Grat.* C. XV, 1, 1.
⁶ *Bonifac. decr.* III, 9, 2.
⁷ *D. Greg.* IV, 5, 5.
⁸ *Bonifac. decr.* V, 2, 11.

fideliter recollecti seu compositi. Dissonant enim plurimum si quis diligenter attendat dictis et assertis Johannæ, et hoc per ampliationem ibi factam per diminutionem, id est multorum substantialium callidam suppressionem, per verborum confusam transpositionem, per intentionis dictorum et assertorum sive sensus variationem perque superfluam et ineptam effusi sermonis protractionem. Sed ut clarius ipsorum articulorum defectus appareant, expedit discursive asserta per Johannam illis capitulis fideliter et diligenter comparare, sub tali tamen compendio ut necessitas in superfluitatem non exeat et veritati brevitas non noceat.

Nam primus articulus multas falsitates dictis Johannæ superadditas continet, ut videlicet quod sanctos apparentes ei osculata fuit; quod illorum capita vidit et juxta arborem et fontem in loco profano sitos illos sanctos pluries venerata fuit; quod dicti sancti apparentes promiserunt ei quod ejus auxilio et laboribus suis princeps vi armorum magnum dominium temporale et honorem mundanum recuperaret; quod malet mori quam habitum viri relinquere, et quod hoc quandoque simpliciter dixit; quod præelegit etiam non interesse missarum officiis et carere sacra communione Eucharistiæ in tempore per Ecclesiam fidelibus ordinato ad hujusmodi sacramentum recipiendum quam habitum muliebrem resumere et virilem relinquere; quod nocte et die cum armatis conversabatur raro aut nunquam secum mulierem habens; quod militanti Ecclesiæ se suaque facta et dicta submittere recusavit; quod de his quæ fecit se tantummodo retulit judicio Dei, quod salvaretur in gloria beatorum si virginitatem quam sanctis sibi apparentibus vovit servaverit; quod asserit se certam de sua salute.

Hæc enim omnia falsa esse seu falsificata evidenter apparent eorum etiam prætensorum judicum processum perscrutanti, sed quidem mendose et calumniose adinventa et huic articulo primo dolose inserta et apposita, imo quasi totus articulus manifesta falsitate videtur corruptus quoniam præmissa, nec simpliciter, nec sit aut aliquo modo reperitur Johanna saltem in pluri parte dixisse. Nam de osculo illo superius tacto, de capitibus, de profano loco, de frequenti veneratione ibidem facta, de magno dominio temporali et honore mundano, de simpliciter eligendo potius mori aut non recipere sacram communionem seu divino interesse officio quam virilem vestem dimittere, de nocturna conversatione cum viris abs que alia muliere, de recusatione se submittendi Ecclesiæ sed tantummodo judicio Dei, de voto virginitatis sanctis sibi apparentibus emisso, ac de certitudine salutis, nulla pœnitus in ipso eorum registro fit mentio, sed potius apposita relatio, ut patet intuenti. Quod si forte alicui de præmissis aliquo modo vel apparenter consonum quidpiam in ipso processu invenitur, aut illud est per additionem mendaciter et inique aggravatum, ut dictum est, aut suppressionem veritatis sublevantis dolose falsificatum. Constat enim manifeste quod articulus tacet quam instanter et sæpe illa requisiverit etiam ab initio processus et per longum ejusdem audire missam atque divino interesse officio et in habitu muliebri, ut in variis passibus registri patet. Tacetque de multiplici et legitima submissione sæpius per eam facta Ecclesiæ, domino papæ, concilio generali, imo etiam et clericis secundum formam superius designatam. Tacet quidem de illa salutis certitudine, licet verbo certitudinis nusquam usa in eo passu fuerit, sed potius credulitatis, ut dictum est, quid adjecerit et quam conditionem apposuerit dicens quod credebat firmiter illud quod voces sibi dixerant, videlicet quod salvaretur ac si jam esset, quod dictum sic se intelligere exposuit, dummodo teneret promissionem quam fecit Deo, videlicet quod servaret bene virginitatem suam tam corporis quam animæ, quæ conditio, quamvis videatur poni in articulo nono, tamen est variata secundum formam et substantiam, imo etiam cum admixtione falsi, nam in eo dicitur sic : « Si bene servaret virginitatem quam eis vovit tam in corpore quam in anima, » nunc vero minime reperitur sic dixisse, et constat quod ille et iste modus dicendi seu loquendi varii ac diversi sint.

Quoad secundum vero articulum, etiam falsum est quod dixerit sanctum Michaelem fuisse qui apportavit signum suæ missionis ad regem, sed quod unus et idem est angelus qui nunquam sibi defecit. Residuum vero ejusdem articuli sonat de adventu et accessu Johannæ ad regem in quo videtur de angelo illo, ut superius deductum est, fictione parabolica fuisse partim locuta : unde cum ad eorum intentionem non deserviret, superfluum fuit apponere.

In tertio autem ubi in principio dicitur certa secundum verba Johannæ debet poni quod ad credendum fuit mota propter bonum consilium, etc. Et in fine ejusdem articuli additum est, ac in registro processus non habetur ex dictis Johannæ istud videlicet : et dicta ejusdem Michaelis et facta vera sunt et bona.

Quod autem in quarto positum est quod Galici facient in sua societate pulchrius factum quod unquam fuit factum pro tota christianitate. Istud quidem assumptum est non ex assertis per eam durante illo processu, sed ex quibusdam litteris longe ante per ipsam Johannam ad Anglicos directis coram Aurelianis castra metantes. Ideo ad articulos hoc minime pertinebat, sicut neque ad processum et præsertim fidei. Quæ quidem litteræ per ipsos Anglicos fuerunt corruptæ et vitiatæ, ut patet ex registro in quo etiam et præmissa verba reperiuntur evidenti abrasione fuscata et per consequens non mediocriter suspecta, imo etiam neque proprie in forma qua in dicto articulo referuntur.

Quo autem ad quintum, totum illud quod explicatur de qualitate sui habitus, puta de capucio, gippone, brachis et hujusmodi, falsum est neque habetur ex dictis ejus, ut ipsi mendose fingunt. Similiter quod noluerit aut maluerit potius mori quam dimittere habitum viri simpliciter non est verum, ut præmissum, et in fine ejusdem ponitur de maximis, ubi dictum est Johannæ, habet de magnis quod in aggravationem adhibitum est.

Conformiter in sexto ubi agitur de appositione horum nominum Jhesus, Maria et impressione crucis in suis litteris, mendose ibi additur quod in aliis scribi fecit quod interfici faceret illos qui non obedirent litteris aut monitionibus suis.

In septimo vero, ubi primo tangitur de recessu a parentibus, tacetur omnino quod ad plenam ejus excusationem facit, de quo superius loco suo egimus. Additur denique quod ad suam requestam habuit unum ensem a capitaneo Valliscoloris, cum tamen non sic reperiatur in processu. Et id quod tandem ibi subditur omnino falsum est, videlicet quod promisit domino regi in suo accessu illum ponere in magno dominio quod constat, ut prius, ex textu processus.

Cum vero in octavo agitur de præcipitio turris, ibidem dicitur quod illud non potuit evitare cum tamen sobriæ magis magis locuta fuerit dicens quod nesciebat aut poterat de hoc se tenere. Residuum vero articuli omnino superfluum videtur et non præjudicat.

Quoad nonum jam dictum est quod ibi est falsitas in additione cum dicitur « vovit » ubi habetur « promisit » quorum differentiam superius posuimus. Item non dixit, ut isti referunt, quod voverit sanctis virginitatem in corpore et anima, sed potius quod promiserit Deo et sanctis virginitatem servare animæ et corporis. Similiter, ut prædiximus, falsum est quod dixerit se esse certam de salute, sed magis quod firmiter credebat cum illa tamen conditione quam apposuit. In residuo autem ejusdem articuli multa fraudulenter supprimuntur quæ ad salvationem dictorum et Johannæ commendationem plurimum faciunt.

In decimo vero, ubi dicitur quod asseruit Deum diligere aliquas personas plus quam ipsam, tacetur id quod addidit, videlicet pro ediis corporis sui, et hoc solum dixit de domino rege ac de duce Aurelianensi. Circa autem articuli finem, de dilectione quo ad Burgundos, similiter multa dolose tacentur quoniam per ea quæ addidit clare demonstravit se intelligere de favore quam ad partem domini nostri regis ipsa gerebat, quam quidem partem Burgundi tunc non tenebant: unde frivolum fuit istud articulo inserere, aut saltem debuit dicti sui sensum verius explicare.

Quantum ad undecimum, sicut jam dictum est, quod Johanna sanctis sibi apparentibus virginitatem voverit, falsum est illud quod ibi ponitur, scilicet quod invocaverit, sicut late superius deductum est. Denique in reliqua parte articuli subticentur omnia quæ ad declarationem et excusationem faciunt, sed crude et profecto malitiose solum producuntur quæ suspitionem inducere videntur.

Sed quoad duodecimum et ultimum, ubi iterum replicatur de submissione, evidens falsitas, sicut et in primo articulo dicebatur, reperitur. Nam expresse falsum est quod noluerit se referre ad determinationem Ecclesiæ militantis sed ad solum Deum, quoniam expressissime se retulit de universis domino papæ et Ecclesiæ, ut in multis locis registri patet; similiter et concilio generali valde explicite, ut constat ex informationibus. Sed malitiose omnia hæc silentio transiguntur, in quo enormiter plane deprehenditur errasse qui articulos ipsos condidit et non minorem reatum quam falsitatis videtur incurrisse, ut [L. « Pœna legis, »] « § Qui in rationibus, » *De lege Cornelia, de falsis*[1]. Unde et per hoc fuerunt in primis consultores decepti quoniam in deliberando exhibita sibi secuti sunt, cum alias de actis processus divinare non possent, licet tamen in causa fidei specialiter institutum reperiatur quod illis de quorum consilio

---

[1] *Digeste*, XLVIII, 10, 1 § 4.

debet procedi ad sententiam et condemnationem debet totus processus super quo deliberandum est seriose manifestari ac integraliter explicari ut C. ultimo circa principium, *De hæreticis*[1], cujus oppositum constat hic fuisse factum. Unde ex sola actorum imperfectione seu veri suppressione decernitur sententia statuto juris irritanda, ut C. « Cum Bertoldus, » *De sententia et re judicata*[2]. Ergo quanto magis per expressionem falsi seu admixtionem in quo maxime deluditur justitia venit sententia annullanda. Nam ex mente actorum sententia robur habet sicut contractus ex mente contrahentium, ut notat Chinus in L. unica, *De errore calculi*[3]; et hoc satis probatur per legem « Illicitas, § Veritas, » *De officio præsidis*[4]. Unde et secundum litteras apostolicas in quibus fuit impetrando suggesta falsitas aut suppressa veritas, mandat papa non debere procedi, ut in extravaganti Alexandri tertii, quæ incipit « Intelleximus » *De officio judicis delegati*[5], sed et bene expresse c. « Super litteris, » *De rescriptis*[6].

Præterea dicti articuli superflua verborum protractione partiumque suarum inordinata collatione mirabiliter videntur confusi et ad verum sensum secundum causæ exigentiam reddendum prorsus inepti. Nam, ut dicit beatus Thomas, II, 2, quæst. I, art. 6, articulus constat ex distinctis partibus coaptationem ad invicem habentibus sicut et particulæ corporis invicem coaptatæ dicuntur articuli, sed tamen non quale partes, imo breviores seu minores et quæ non dividuntur in alias articuli dicuntur. Ideoque stillus inquisitionis contra hæreticos qui ab istis observandus erat juxta C. « Per hoc, » *De hæreticis*, habet et tenet quod clari et breves fideliterque extracti ac debite coordinati sunt formandi articuli in negotio fidei.

Taceo de nugatione et crebra ejusdem rei in dictis articulis superflua reiteratione qua non solum fastidium sed et quodammodo ridiculum videtur induci, quod quidem articulorum rationi nullo modo convenit, præsertim in tam gravi causa, sed et maxime attendo eorum ex industria obmissam veritatem expressamque falsi-

---

[1] *Bonifac. decret.* V, 2, 20.
[2] *D. Greg.* II, 27, 18.
[3] *Code*, II, 5.
[4] *Digeste*, I, 18, 6, § 1.
[5] *D. Greg.* II, 1, 7.
[6] *D. Greg.* I, 3, 20.

tatem, verborum superfluam prolixitatem atque indebite particulas ordinandi seu collocandi intricatam sensus perplexitatem, ut præmissum est, quæ omnia processus et sententiæ manifestum errorem ostendunt.

SEPTIMUM CAPITULUM

De qualitate revocationis seu abjurationis quam Johanna facere impulsa fuit.

Quia ex serie processus apparet quod Johanna inducta aut compulsa fuit per præfatos qualescumque judicantes hæresim abjurare ac publice multa revocare, bene se habet videre aliquid de qualitate hujusmodi abjurationis. Et primo quibus ex causis debeat de jure fieri; deinde de ista, quomodo et qualiter facta sit et utrum fuerit legitima[1].

Fit autem in primis abjuratio et principaliter quando quis deprehensus fuerit in errore, ut qui de articulis fidei et ecclesiasticis sacramentis aliter sentiunt aut docere non metuunt quam sacrosancta Romana Ecclesia præjudicat et observat, ut in cap. « Ad abolendam, » *De hæreticis*[2]. Ecce duo qui hic potissimum innuuntur, videlicet quod talis erret male sentiens de fide catholica, secundo quod in tali errore deprehendatur. Nam in primis non quilibet error est error in fide, quodlibet namque peccatum; error quidem dicitur, juxta illud Proverbiorum xiii « Errant qui operantur malum, » imo et fomes peccati error quandoque vocatur, secundum illud *Ecclesiastici* xi, « Error et tenebre peccatoribus concreata sunt. » Iste autem error peccati seu culpæ non subjacet abjurationi de qua hic loquimur, sed per virtutem sacramentorum expiatur neque præterea quilibet error in fide vel circa ea quæ fidei sunt hæresim continet. Quoniam potest quis errare in fide aut circa ea quæ fidei sunt absque tamen hæresis impietate seu pravitate, juxta illud beati Augustini : « Errare potero, sed hæreticus non ero. » Puta si quis ex ignorantia et simplicitate aut indebilitate et ex scrupulo conscientiæ du-

[1] *Bonifac. decr.* V, 2, 17.
[2] *D. Greg.* V, 7, 9.

bitet de aliquo pertinente ad fidem, talis dubitatio est potius pœna quam culpa et debilitas propriæ imaginationis quam peccatum, ut notat Henricus Bohie in cap. « Dubius, » *De hæreticis*[1]. Unde licet hujusmodi dubitatio sit abjicienda, tamen non est hæretica, C. « Per tuas, » *De simonia*[2]. Et hoc est quod dicitur *Ad Romanos* xiv : « Infirmum in fide assumite; » et Marci ix : « Credo, Domine ; adjuva incredulitatem meam. » Tales enim scrupulosi ut frequentius contra voluntatem suam hæsitant, unde si talibus motibus bene resistant et se firment in fide potius merentur quam peccent, ad instar stimulorum carnis, C. « Sed pensandum et testamentum[3]. » Si autem dubitatio erronea procedat ex deliberatione animi et cum quadam complacentia, præsertim si adjungatur pertinacia, talis hæretica est. Hæresis enim, ut dicit Isidorus, electionem importat, et habetur in C. « Hæresis. » Nam quemadmodum qui recte fidelis est his quæ ad fidem Christi et Ecclesiæ pertinent voluntarie assentit et illa sequi credendo eligit, sic hæreticus proprie loquendo, potius ea voluntarie eligit et illis credit seu assentit quæ sibi propria mens suggerit aut quæ ex perverso alicujus dogmate forsan suscepit quam illa quæ Ecclesia tradit et credenda tenendaque præcipit; de quibus superius late satis habitum est. Nam et Petrus de Tarentesia, iv, scripto *Sententiarum*[4], dist. xiii, art. 3, valde convenienter dicit quod a dispositione nihil simpliciter denominatur sed a perfecto habitu. Ideo non quicumque deviat a communi fide, sed qui pertinaciter deviat hæreticus proprie vocatur : unde ad rationem hæretici duo concurrunt : unum est error in ratione, quod est hæresis initium, alterum vero est pertinacia in voluntate, quod est hæresis complementum ; C. « Nulli fas[5] »; C. « Dubius, » *De hæreticis;*[6] et ita intelliguntur omnia jura quæ hæreticis quamcumque pœnam infligunt aut abjurationis aut immurationis, vel alias. Et si quis objiciat per legem « Omnes, » *De hæreticis*[7], quod levi seu tenui argumento vel articulo quis censetur hæreticus, respondetur quod hoc intelligitur

---

[1] *D. Greg.* V, 7, 1.
[2] *D. Greg.* V, 3, 32.
[3] *D. Grat.* D. VI, 2 et 1.
[4] *D. Grat.* C. XXIV, 3, 27.
[5] *D. Grat.* D. XIX, 5.
[6] *D. Greg.* V, 7, 1.
[7] *Code*, I, 5, 2.

de eo qui elective ac pertinaciter errat circa aliquem de articulis fide in symbolo comprehensis, quia sicut ratio fidei primo et principaliter circa ipsos, sic ex opposito hæresis contra illos proprie consistit adeo quidem et ita præcise ut qui discedit unum articulum omnino careat habitu fidei et censeri debeat hæreticus, ut abunde tractat sanctus Doctor, II, 2, quæst. v, art. 3.

Proinde ex serie litteræ illius præmissæ decretalis clare demonstratur quod oportet eum qui hæresim abjurare compellitur in errorem damnatum incidisse manifeste deprehendi et hoc, secundum glossam, verbi aut facti evidentia, puta quia hæresim manifeste dogmatizat ut L. « Palam » *De ritu nuptiarum* [1], aut probatione legitima. Alias deprehensio non sufficit. Argumentum ad hoc C. « Si quis diaconus »[2]. Non enim levis aut vehemens suspitio pro probatione suscipitur, sed solum violenta; C. « Fraternitatem »[3]; C. « Litteras », *De præsumptione*[4], L. « Si inter », *De rebus dubiis*[5]. Quinimo neque omnis violenta sufficit ubi potest probari seu probatur contrarium, C. « Nec aliqua »[6], C. « Proposuisti », *De probationibus*[7], cum similibus.

Cum itaque Johanna, ut satis ostensum est, in aliquem damnatum errorem incidisse aut alicui inhæsisse pertinaciter aut alias minime deprehensa fuerit, patet quod omnino injuste et impie compulsa fuerit abjurare.

Sed forte instarent hi dicentes quod fama publica laborans violentam præsumptionem inducebat : argumentum ad hoc C. « Inter sollicitudines », *De purgatione canonica*[8]. Ad istud dicitur quod duplex est fama : una quæ habetur de homine, alia autem quæ habetur inter homines. Fama enim quæ habetur de homine sic definitur: « Fama est illæsæ dignitatis status vita et moribus comprobatus et in nullo diminutus », *De variis et extraordinariis cognitionibus*, L. « Cognitionis, § Existimatio »[9]. De qua cum dubitatur inquiritur ab

[1] *Digeste*, XXIII, 2, 43 § 13.
[2] *D. Grat.* D. L,29.
[3] *D. Grat.* D, LIV, 15.
[4] *D. Greg.* II, 23, 14.
[5] *Digeste*, XXXIV, 5, 8.
[6] *D. Grat.* C. XXVII, 1, 4.
[7] *D. Greg.* II, 19, 4.
[8] *D. Greg.* V, 34, 10.
[9] *Digeste*, L, 15, 1.

his inter quos conversatus fuit, ut C. « Postquam » et « Innotuit, § Multa » *De electione*[1], et C. « Scriptum est »[2]. Unde contra famam vitæ laudabiliter actæ non facile præsumitur, C. « Cum in juventute », *De purgatione canonica*[3] et C. « Ex studiis » et « Mandata » *De præsumptione*[4]. Alia vero fama quæ habetur inter homines sic describitur : « Fama est publica seu famosa insinuatio communisque proclamatio ex sola suspitione et incerto auctore proveniens » ; C. « Sanctum est »[5], et ista par se nihil probat : unde dicitur « Fama volat ». Ideo non est ei in judicio de facili credendum, C. « Si quid vero de quocumque »[6]. Nam et secundum leges vanæ voces populi non sunt audiendæ : talis namque fama non est certa, arg. C. « Cum causam », *De testibus*[7], eo quod dictum unius facile sequitur multitudo, canone prædicto « Cum in juventute », § I. Unde ex his patet quod cum Johanna et in patria originis et ubicumque alibi conversata fuerat de bonæ ac laudabilis vitæ sinceritate fideique religiositate commendata exstiterit, non est verum quod isti contra eam de *infamia* inducunt, vel potest dici quod ubi quis infamatus est apud bonos et graves, talis videlicet infamia quæ nimis frequens sit et scandalum inducat et per consequens vehementem præsumptionem inferat, tunc quamvis etiam crimen hæresis fuerit de quo est suspitio, non est tamen ex hoc abjuratio hæresis inducenda, sed dumtaxat purgatio canonica : arg. ad hoc in C. « Litteras », *De præsumptionibus*[8], et multum expresse in C. « Ad abolendam, § Qui vero », et « Excommunicamus » *De hæreticis*. Ad quod etiam requiritur quod talis infamatio ab æmulis et inimicis non procedat, alias nulla est purgatio indicenda, C. prædicto « Cum in juventute ». Unde si Johanna quamcumque infamiam de hæresi habuerit, hoc solum fuit ab Anglicis ejus capitalibus inimicis et inter eos dumtaxat ; ideo purgationi etiam subjici non debuit. quanto minus ergo abjurationem seu revocationem.

---

[1] *D. Greg.* I, 6, 3 et 20.
[2] *D. Grat.* C. XIII, 2, 15.
[3] *D. Greg.* V, 34, 12.
[4] *D. Greg.* II, 23, 3, et 6.
[5] *D. Grat. De consecrat.* D. IV, 36.
[6] *D. Grat.* D. LXXXVI, 33.
[7] *D. Greg.* II, 20, 37.
[8] *D. Greg.* II, 23, 14.

Sed iterum objiciet aliquis quod propter infamiam hæresis compellitur quis abjurare, ut per casum expressum in C. prædicto [1] « Inter sollicitudines » apparet. Ad hoc dicitur quod ex textu ejusdem decretalis clare deprehenditur solutio. Nam propter vulgatam infamiam, grave scandalum et vehementem suspitionem ex dictis testium abortam indicitur purgatio, sed in pœnam familiaritatis ex certa scientia habitæ cum hæreticis infligitur abjuratio. Unde casus iste nullo modo Johannam concernit quia, sicut prædiximus, suspectos de sortilegio aut hæresi semper abhorruit et a se repulsit.

Propter quod ulterius sciendum est quod per Johannam tria allegantur quæ hujusmodi prætensæ abjurationis, etsi aliunde vigorem haberet, illum tamen penitus elidunt, videlicet : ignorantia, coactio et metus : hæc enim tria veri confessus rationem auferunt.

Primo enim allegat ignorantiam dicens quod non intelligebat revocare et quod illud quod continebatur in cedula abjurationis ipsa non intelligebat : hoc patet, folio CXIII. Quod quidem probabile est, ut ex multis apparet ; tamen quia cum mirabili ignominia et confusione tunc assistente populi innumerabili turba in spectaculo publico prædicanda exposita erat atque producta ibidemque insperate abjurare tumultuosis instantiis exstitit compulsa, ideo non mirum si ejusdem cedulæ tenori attendere non potuit, tum quia dicta cedula obscuris, inusitatis, suspensivis, involutis ac ex aliis dependentibus terminis confecta fuit, neque tamen invenitur quod ab ante, ut dicebat, sibi lecta et declarata aut etiam ad momentum ostensa fuerit, tum denique quia ex vexatione carcerum, molestia et inquietudine custodum ac severitate judicantium et aliorum assistantium diutius fatigata gravi ægritudine laboraverat et adhuc laborabat. Unde verisimiliter præsumitur quod animum turbatissimum habebat. Nam et quod ipsam abjurationem non intellexerit satis consentit major et sanior pars deliberantium post abbatem Fiscampnensem, ut patet folio CXIIII et CXV. Ex quo concluditur quod non fuerit valida, eo quod non fuit propter obstaculum ignorantiæ ex toto voluntaria. Secundum enim Gregorium Nicenum, Damascenum et Aristotelem, voluntarium est cujus principium est intra cum additione scientiæ : unde, ut dicit sanctus Doctor I, 2, quæst.

---

[1] D. Greg. V, 7, 9 et 13 § 1.

vi, art. 8, ignorantia habet causare voluntarium ea ratione qua privat cognitione quæ requiritur ad voluntarium. Non enim potest esse volitum quod est ignoratum : unde si quis ignorat aliquam circumstantiam actus, præsertim quam scire non tenetur, et ex hoc agit aliquid quod non faceret si sciret, talis ignorantia causat voluntarium simpliciter, et secundum Damascenum, id quod ex tali ignorantia agitur non debet imputari agenti. Et istis plene consentiunt leges et jura. Ait enim lex quoniam nihil est tam contrarium consensui quam error vel ignorantia, et hoc quia consensus etiam ex vi nominis sensum seu intellectum præsupponit. Et istud apparet ex serie verborum in regula juris qua dicitur : « Scienti et consentienti, etc. [1] », ubi debito ordine scientia consensui præmittitur. Unde hæc ignorantia simpliciter Johannam excusat : scientiam enim, non ignorantiam ligari volumus lege generali, C. « Tabula », libro X et lege ultima *De decretis ab ordine faciendis*[2] ; C. « Ut animarum », *De constitutionibus*[3].

Deinde coactionem Johanna allegavit dicens quod jussum sibi fuerat revocare ; patet fol. CXIII. Jussum autem imponit necessitatem, juxta illud Tulii in veteri rhetorica « Quod imperatur necessarium, quod permittitur voluntarium est ». Ad idem facit L. « Merito § Sed ego quæro », *Quod jussu*[4] : C. « Salonitanæ «[5], C. « Si episcopus »[6], C. « De rebus »[7]. Etiam alibi in ipso processu habetur, scilicet fol. XCVII, quod gentes ecclesiasticæ fortiter urgebant eam ; quæ omnia coactionem seu vim important. Est autem vis impetus majoris rei cui resisti non potest, scilicet commode, L, I et II. *Quod metus causa*, quod intelligendum est, secundum doctores, de vi compulsiva per quam cogitur quis ad id faciendum quod non faceret si esset liberi arbitrii. Constat autem, secundum beatum Thomam I, 2, quæst. vi, art. 5, quod violentia causat involuntarium, quoniam sicut in rebus quæ cognitione carent violentia aliquid facit contra naturam, ita in rebus cognoscentibus violentia facit aliquid esse

---

[1] *Bonif. decr.* V, 12, 27.
[2] *Digeste*, L, 12, 6.
[3] *Bonifac. decr.* I, 2, 2.
[4] *Digeste*, XV, 4, 1 § 2.
[5] *D. Grat.* D. LXIII, 24.
[6] *D. Grat.* D. XVIII, 13.
[7] *D. Grat.* C. XII, 2, 22.

contra voluntatem : commune enim est tam naturali quam voluntario quod utrumque sit a principio intrinseco, et ideo, sicut violentia directe opponitur naturali, ita et voluntario, ut sicut quod est violentum est innaturale, ita quod fit per coactionem dicitur esse involuntarium ; et ideo in glossa super C. « Ita ne »[1], habetur quod non debet dici quis perpetrasse quod nolens fecit, nec debent imputari quæ per coactionem violentam fiunt ; argum. C. « Presbyterum »[2].

Allegavit præterea frequenter timorem ac metum protestans quod quæcumque dixit seu revocavit hoc solum fecit et dixit præ timore ignis, et hoc verbum sæpius publice iteravit, ut patet in registro fol. CXIII fere per totum. Et rursus cum alias longe ante ostensa fuissent sibi tormenta quibus, ut ei dicebatur, adstatim exponenda erat, respondit veraciter : « Si vos deberetis mihi facere membra distrahi et facere animam meam recedere a corpore, ego tamen non dicam vobis aliud » ; et addidit : « Si aliquid de hoc vobis dicerem, postea semper dicerem quod per vim mihi fecissetis » ; hoc patet fol. XCVII. Ista autem protestatio voluntatis ab ante facta per totum præsumitur durare ut C. « Lotharius »[3], ubi ponitur casus valde expressus de Theberga regina quæ, vi coacta, adversum se composuit piaculum. Et tandem dixit : « Si amplius compulsa fuero, scitote non veritate, sed timore mortis et evadendi studio, quia aliter non possum, quod volueritis dicam ». Est autem metus, tam secundum leges quam secundum jura, trepidatio mentis causa periculi instantis vel futuri sufficientemque metum inducit, non solum periculum personæ, sed etiam rerum ; L. I. *Quod metus causa*, habetque metus in se justam ignorantiam, ut eadem eodem loco registrata, L. « Si cum § In hoc »[4]. Unde et Julius Celsus, lib. IV, ait : « Terror hominibus consilium mentemque eripit et membra debilitat ». Tullius etiam, lib. I *Tusculanarum*, dicit : « Inest homini sæpe omnis animi contractio ex metu mortis » et ideo, juxta eumdem Tullium, lib. I *De Officiis*, « In illis promissis standum non est quæ quis metu coactus vel dolo deceptus promisit ». Omnia namque verba metu mortis prolata omnem effectum propter inhærens vitium reddunt

[1] *D. Grat.* C. XXXII, 5, 3.
[2] *D. Grat.* D. L, 3.
[3] *D. Grat.* C. XXI, 2, 4 in fine.
[4] *Digeste*, IV, 2, 1 in fine et 14 § 3.

nullum, C. « Justum »[1], C. « Notificasti »[2], cum multis similibus. Unde etiam qui incarceratus aut obsessus tenetur quidquid facit per justissimum metum facere dicitur, L. « Qui in carcerem », *Qui metus causa*[3], et C. « Accedens », *De procuratoribus*[4]. Imo quidquid fit aut dicitur metu durante per metum fieri aut dici præsumitur, L. « Persecutionem » *De his quæ vi metusve causa fiunt* [5]. Præterea non præjudicat ei qui per metum aliquid facit neque quidem ad pœnam neque ad infamiam : unde beatus Augustinus ad Severum episcopum ita scribit et habetur, C. « Inter cætera »[6]. Non enim ullomodo ad opprobrium |coactæ voluntatis trahitur quod illicita conditio necessitatis extorsit, et C. « Cum per bellicam »[7] dicitur : « Inculpabile judicandum est quod necessitas intulit ». Idem etiam in C. « Merito »[8], C. « Illæ autem »[9], C. « Nunc autem »[10], C. « Eos quos » et « Inter cæteras », *De consecratione*[11]. Sed et textus valde expressus est Alexandri papæ in C. « Si sacerdotibus »[12], ubi sic dicitur : « Confessio non compulsa, sed spontanea fieri debet. Omnis enim confessio quæ fit ex necessitate fides non est. Pessimum itaque est de suspitione aut extorta confessione quemcumque judicare. » Et sequitur Scripturæ quocumque modo per metum aut fraudem aut per vim extortæ fuerint vel ut se liberare possint quocumque ab eis scripta vel roborata fuerint ingenio, ad nullum eis præjudicium aut nocumentum valere eis censemus neque ullam ex eo debere infamiam vel calumniam referre. Ex his etiam addendum est quod minor metus excusat fœminam quam metum, C. « Cum locum », *De sponsalibus*[13], C. « Indignantur »[14].

Concluditur itaque quod hæc revocatio non solum nulla, sed et

[1] *D. Grat.* C. XXIII, 3, 9.
[2] *D. Grat.* C. XXXIII, 5, 2.
[3] *Digeste*, IV, 2, 22.
[4] *D. Greg.* I, 38, 10.
[5] *Code*, II, 20, 1.
[6] *D. Grat.* C. XXII, 4, 22.
[7] *D. Grat.* C. XXXIV, 1 et 2, 1.
[8] *D. Grat.* C. XV, 1, 1.
[9] *D. Grat.* C. XXXII, 5, 14.
[10] *D. Grat.* D. XXI, 7.
[11] *D. Grat. De consecr.* D. IV, 118.
[12] *D. Grat.* C. XV, 6, 1.
[13] *D. Greg.* IV, 1, 14.
[14] *D. Grat.* C. XXXII, 6, 4.

iniqua fuit, cum hæc omnia concurrerint, videlicet fraus, vis ac metus, quæ secundum canones æquiparantur, ut notat Archidiaconus super verbo « Non vi » C. « Quamvis », *De pactis* [1]. C. « Redintegranda » [2].

OCTAVUM CAPITULUM

Octavum capitulum hujus secundæ partis est De prætenso relapsu contra Johannam.

Prætenderunt denique hi judicantes Johannam in hæresim fuisse recidivam seu in errorem pristinum relapsam. Et quamvis hoc esse falsum ex præcedentibus aliquo modo appareat, tamen circa hoc duo pro nunc videnda sunt, videlicet quomodo et quando dicitur quis relapsus in hæresim, et secundo unde isti fingunt Johannam fuisse relapsam. Non intendimus autem hic loqui de recidivo in peccatum, sed appropriare potius secundum modum juris de relapsu in hæresim seu in errorem periculosum perprius abjuratum. Sciendum itaque, secundum Archidiaconum et Johannem Andree, in C. « Accusatus », *De hæreticis* [3] quod non potest dici vere relapsus de quo non constat quod ante fuerit lapsus, sicut dicit canon quod non potest dici renatus qui prius non fuerit natus, sicut neque potest dici regeneratio in quo generatio non præcessit, C. « Qui in maternis » [4]. Secundum hoc autem ex verbis præmisse decretalis potest elici quod tribus modis dicitur aliquis relapsus.

Primo cum quis accusatus de hæresi vel suspectus contra quem fuit vehemens suspitio, hæresim in judicio abjuravit postea committit in ipsam censeri debet quadam juris fictione relapsus, licet ante abjurationem plene probatum non fuerit crimen hæresis contra ipsum. Si autem levis et modica fuit suspitio, tunc non debet puniri pœna relapsorum. In hoc ergo primo ad hoc quod aliquis proprie et vere dicatur relapsus, requiruntur aliqua, etiam secun-

[1] *Bonifac. decr.* I, 18, 2.
[2] *D. Grat.* C. III, 1, 3.
[3] *D. Bonifac.*, V, 2, 8.
[4] *D. Grat. De consecratione*, IV, 115.

dum Archidiaconum, videlicet quod sit violenta præsumptio quia propter suspitionem non sufficienter probatur hoc crimen per C. « Litteras », *De præsumptionibus*[1]. Ad quod etiam multum facit quod legitur et notatur in C. « Inter sollicitudines », *De purgatione canonica*[2].

Requiritur etiam quod ex dictis testium ipsa suspitio orta sit quæ faciat plenam criminis probationem, alias si non fuerit plena et talis per quam potuisset condemnari, juxta C. « Veniens » *De testibus*[3], sola juris fictione censebitur relapsus, ut in dicto textu exprimebatur : unde super verbo « fictione » notat Archidiaconus, quod caute dicit, quia secundum rei veritatem ubi de relapsu accusati non constitit a principio ; etiam postquam abjuravit hæresim, de qua erat infamatus, sive canonice se purgavit, debuit nihilominus denuntiari vir boni testimonii, C. « Habet »[4] C. « Omnibus » *De purgatione canonica*[5], C. « Ex tuarum »[6]. Neque enim potest dici iste vere relapsus, C. « Si baptizata », verbo « Sacramentum »[7].

Secundo, dicitur relapsus qui in una hæresis specie vel secta commisit aut in uno fidei articulo vel sacramento erravit et postea hæresim simpliciter vel generaliter abjuravit, et post in aliam speciem hæresis vel sectam incidit, censetur relapsus. Et id est secundum Archidiaconum si tantum unam speciem abjuravit et deinde in aliam speciem hæresis incidit. Sciendum tamen quod formaliter et per se dicitur relapsus qui in eumdem errorem quem alias detestando abjuravit postmodum reincidit. Alio autem modo dicitur quasi per consequentiam et materialiter relapsus qui unam hæresis speciem abjuravit et in aliam speciem postea labitur. Nam talis quasi consecutive dicitur relapsus, et hoc propter unitatem fidei ac medii ejus et ratione connexionis articulorum ad invicem quia qui errat in uno aut unum discredit cadit a tota fide infusa. Et etiam hoc dico propter convenientiam hæreticorum qui habent ut vulpe Samsonis caudas ad invicem colligatas et conveniunt de vanitate in

---

[1] *D. Greg.* II, 23, 14.
[2] *D. Greg.* V, 34, 10.
[3] *D. Greg.* II, 20, 10.
[4] *D. Grat.* C. II, 5, 6.
[5] *D. Greg.* V, 34.
[6] *D. Greg.* V, 84, 8.
[7] *D. Grat. De consecrat.* IV, 132.

id ipsum C. « Excommunicamus », circa principium, *De hæreticis*[1].

Tertio potest dici relapsus ille de cujus hæresi ante abjurationem constiterat vel modo constat, et post illam hæreticos receptat vel associat, munera eis dat seu favorem impendit qui excusari non possit etiam sine abjuratione merito debet judicari relapsus quoniam dubium non est quin ex approbati prius a se erroris consequentia id faciat. Hi namque tres modi expresse leguntur in prædicta decretali « Accusatus », nec inveniuntur secundum canones alii præter ipsos, et istud cum sit novum jus, videtur declarare illud antiquum in C. « Ad abolendam, § Illos vero », *De hæreticis*[2], ubi in quadam generalitate agitur de pœna reincidentium in hæresim. Si quis vero attente consideret, nullo modo poterit inveniri quod Johanna secundum aliquem prædictorum modorum non solum vere aut realiter sed neque aliqua juris fictione potuerit censeri relapsa, quia ex præmissis manifeste apparet quod in omnibus etiam supra communem modum fœminæ talis conditionis, peritiæ aut ætatis, maxime catholica et fidelis semper et usque ad supremum vitæ spiritum reperta fuit, sed quod multo mirabilius est, licet arduis et difficilibus quæsitus per longum processus impetita fuerit in nullo tamen responso invenitur a fidei rectitudine deviasse, dicuntque qui præsentes fuerunt quod vix etiam doctissimus ac peritissimus homo scivisset aut potuisset tantis et tam subtilibus quæstionibus adeo solide ac constanter respondere. Quod si forte quis objiciat si non erravit, cur ergo abjuravit, sive abjurationi se submisit, imo et abjurationis litteram cyrographo suo obsignavit? Ad hoc satis jam responsum est in præcedenti capitulo et ulterius dicitur quod imperitia eam salvat, quia ignorantia facti etiam prudentissimos fallit, L. « In omnibus » *De regulis juris*[3], ac etiam ætatis inferioritas quoniam minoribus xxv annorum jus ignorare permissum est, L. « Regula » *De juris et facti ignorantia*[4].

Et absque ulteriori allegatione sufficere satis credo ad qualitatem hujus prætensi relapsus inducere ea quæ in registro processus et in informationibus super isto relapsu inveniuntur, quod erat secun-

[1] *D. Greg.* V, 7, 13.
[2] *D. Greg.* V, 7, 9.
[3] *Digeste*, L, 17, 68.
[4] *Digeste*, XXII, 6, 9.

dum in hoc capitulo adducendum. Nam si quis attendat, solum super duobus hunc relapsum isti fundare prætendunt, videlicet super resumptione habitus virilis et ad suas visiones atque revelationes constanti inhæsione. Sex ex his quis, oro, concludet recidivum in hæresim cum ista ad fidem catholicam de se non pertineant aut neque etiam dependeant, ut late superius deductum est? Absurdum namque est hæresim convincere velle ubi in fide nullum imminet periculum. Unde cum in istis nihil omnino reperiatur a catholica veritate repugnans, imo potius e diverso, ut probatum est, omne illud quod ex istis ejus assertis habetur, est miro modo christianæ pietati consonans ac publicæ utilitati cooperans, non potest siquidem circa ea nisi malitiose in hæresim lapsus aut relapsus fingi. Et dico ulterius quod si Johannæ responsa quoad hæc duo habita seu data pie ac sobrie pensentur, nedum ex illorum pietate ipsa ab errore in fide penitus absolvetur, sed etiam a nova saltim moralis culpæ immunis reddetur. Dixit enim sæpius quod non ex humano consilio virilem vestem assumpserat, sciebatque modum quo illam susceperat, sed quatenus dimittere deberet aut quando ignorabat, inferens quod habitus ille finibus suæ legationis congruebat quam necdum, ut apparet, peractam credebat: et de his satis superius diximus.

Sed hoc loco causam habitum viri resumendi adjecit dicens quod ideo fecit quia non fuerat sibi observatum promissum præsertim quo ad carceres quos requisiverat deinceps habere gratiosos et ecclesiasticos et ob hoc maxime quia magis licitum seu conveniens sibi erat inter viros existens vestem viri habere quam mulieris. Et ad istam responsionem comprobandam plane faciunt testium depositiones dicentium quod per aliquos etiam magnates anglicos fuerat in eo carcere sua pudicitia vehementissime intentata. Quis ergo eam nisi vesanus sit aut certe delirus ex hoc reprehensibilem an non potius summe commendabilem existimabit, quia ut possibili virtute virginitatem tutaretur vestem defensioni commodiorem et a concupiscentia excitanda detractionem corripuit et induit? Absit ut quæ propter bonum facimus nobis ad culpam imputentur, C. « De occidendis »[1]. Superadditur denique ex informationibus et altera hujus legitima causa, quia videlicet fuerat ei per custodes muliebris vestis

---

[1] *D. Grat.* C. XXIII, 5, 8.

sublata et virilis superposita, de quo licet querulose causaretur, nihilominus purgandi ventris necessitate compulsa utque in secessum pergeret,amictum virilem ibi in dolo appositum supervestiens ex eo in hæresim relapsa insolenter proclamata et impie adjudicata fuit. Sed quam stollidum hoc sit nemo qui sapit ignorat.

Aliud autem quo eam finxerunt relapsam fuit causa inhæsionis ad suas revelationes quæ tamen, si secundum universas earum circumstantias debitæ attendantur, profecto illæ non solum reales, solidæ et veræ, sed et sanæ atque sanctæ deputabuntur: propter quod si ipsis constanter atque perseveranter adhæsit, laudi non crimini, virtuti non temeritati, religioni non errori, pietati non pravitati potius ascribendum est.

Sed de hujusmodi revelationibus ea, quæ superius dicta sunt, credimus sufficere.

NONUM CAPITULUM

De interrogantibus ac difficilibus interrogatoriis Johannæ factis.

Porro antequam veniamus ad qualitatem sententiæ satis congruit aliquid sub brevitate videre de interrogantibus, de consulentibus in causa atque de deliberantibus quoniam ex hoc magis patebit æquitas aut iniquitas istius judicii.

Et in primis quoad interrogantes Johannam et interrogatoria sibi facta, satis apparet ex registro et informationibus iniquitas causæ. Reperitur namque quod in consistorio numerosissimi cœtus prælatorum ac doctorum vicissim et per varios fuit interrogata, ferturque quod nonnumquam confuse plurimum ac inordinate examinabatur sic utpote quod multi et uno impetu simul diversa quæstionum jacula immitterent, et priusquam uni eorum simplissima puella partim respondisset, alter alterum quæsitum aut catervatim pariterque multi responsa interrumpentes hinc inde adversus eam missilia quæstionum importuna contorquebant, ita etiam ut a quibusdam melioribus animi ingens et publica de importunitate murmuratio suscitaretur. Sic equidem per semestre tempus pudica virgo et mansueta certatim aggressa fuit, quod sane quam inhumanum sit ac iniquum, quippe et a debita tantæ rei sobrietate atque interrogantium exacta gravitate dissonum et insulsum evidens quidem est ac manifestum. Nam ex modestia et suavitate quærendi surgit plerumque intelligentia quæsiti et firmior auctoritatis respondendi : unde Origenes quippe doctrinæ fonte manat et interrogare et respondere sapienter. Sed ne forte in aliquem videar invector contumeliosus, potius ad interrogatorium qualitatem venio de quibus series registri indubiam fidem facit : quorum quædam nimis subtilia seu difficilia sunt, quædam autem involuta seu captiosa, quædam namque ad rem ipsam impertinentia, imo frivola penitus atque superflua.

Reperiuntur enim aliqua sibi facta interrogatoria adeo difficilia et ardua ut etiam vir non mediocriter doctus vix scivisset in promptu respondere, ut est an credat quod Deus formaverit spiritus Anglicos in effigie corporali prout sibi apparebant ; quid sentiebat de papa et quem credebat esse verum papam ; an crederet sacram Scripturam esse revelatam a Deo ; an crederet quod Ecclesia non possit errare ; an crederet quod esset aliqua Ecclesia militans in terris ; an sciret se esse in gratia Dei et numquam peccasse mortaliter, et multa similia. Istud autem clarum est discrepare et a rectitudine et a temperantia veri judicii, ut scilicet quis ultra capacitatem interrogationibus vexetur aut oneretur præsertim in foro ecclesiastico et in causis spiritualibus ubi omnino subtiliter vel astute inquirendum prohibetur sed pure ac simpliciter : ad quod facit optime cap. « Dilecti filii, » *De appellationibus.* [1] Quinimo etiam et secundum leges civiles in causis spiritualibus subtilitates reprobantur ut L. « Sunt personæ » *De religiosis*[2], L. « Ita vulneratus » *Ad legem Aquiliam*[3]. Cum enim de bona fide agitur non est de legis apicibus disputandum, L. « Si fidejussor » *Mandati*[4], sed et maxime derogat negotio sanctæ inquisitionis in quo, secundum beatum Thomam II, 2, quæst. II, art. 6, non sunt examinendi simplices de subtilitatibus fidei nisi quando habetur suspitio quod sint ab hæreticis depravati qui in his quæ ad subtilitatem fidei pertinent solent fidem simplicium depravare, qui tamen, si inveniuntur non pertinaciter perver-

[1] *D. Greg.* II, 28, 52.
[2] *Digeste*, XI, 7, 43.
[3] *Digeste*, IX, 3, 51, § 2.
[4] *Digeste*, XVII, 1, 29 § 4.

sæ doctrinæ adhærere, si in talibus ex simplicitate deficiant, non eis imputatur. Unde etiam quod simplices accusati de hæresi examinantur per Ecclesiam de articulis fidei, non ideo est secundum eumdem doctorem quia teneantur omnes articulos fidei explicite credere, sed quia tenentur non assentire pertinaciter contrario alicujus articulorum : unde et tales simplices si deviantes reperiantur, non ideo damnantur quia nesciunt articulos, sed potius si pertinaciter defendant ea quæ sunt contraria articulis, quod non facerent nisi per hæresim fidem corruptam haberent. Ex quibus patet quia de articulis fidei simplices examinantur ut scilicet probetur si aliquid contrarium teneant, sed non de subtilitatibus fidei et articulorum nisi vehemens præsumptio esset quod circa hujusmodi essent ab hæreticis corrupti, quod certe hic locum non habebat, ut facile perpendi poterat et satis ostensum est. Quanto ergo minus super præmissis et consimilibus debuit Johanna interrogari quæ non solum nimis subtilia dignoscuntur, sed etiam neque articulos fidei in pluri parte aut dependentia ex illis respicere comperiuntur, ut de se patet.

Fuerunt etiam interrogatoria plura involuta et captiosa sibi facta, puta si spiritus ei apparentes loquebantur idioma gallicum vel anglicum, an Deus odio haberet Anglicos et Burgundos, an illi de parte Franciæ firmiter crederent eam esse missam a Deo, an cognosceret animos illorum de parte Franciæ qui osculabantur manus ejus, si præeligeret non audire missam vel recipere sacram communionem quam dimittere habitum virilem, si de omnibus dictis et factis suis vellet se submittere judicio Ecclesiæ, et plurima hujuscemodi quæ si attente considerentur, valde quidem saltim tali personæ dubia errant et obscura, imo certe captiosa et perplexa. Quod nimirum, ut prius, plane indignum est et iniquum quoniam veritatis amica simplicitas nullis verborum fallaciis, nullis appetit ambiguitatum involucris obfuscari, C. « Veritatis, » *De jurejurando* [1] ; et potissimum in causa fidei in qua expresse mandatur procedi simpliciter, c. « Statuta » *De hæreticis* [2]. Simpliciter quidem, ut notat Bonifacius in clementina « Sæpe », *De verborum significatione* [3], id est clare et lucide, absque omni involutione seu intricatione, quemadmodum et simpliciter credere tenemur, ut C. « Firmiter », *De summa trini-*

[1] *D. Greg.* II, 24, 14.
[2] *Bonifac. decr.* V, 2, 20.
[3] *Clement. constit.* V, 11, 2.

tate [1]. Simplicibus quippe verbis fides est proponenda,C. « Qui episcopus » [2], et generaliter nunquam per extranea verba aut quæsita est res proponenda, sed pro veritate mota, C. « Relatum » [3]. Unde per hunc modum simplicibus in dolo laqueus pararetur quod esse non debet, C. « De viduis » [4]. Unde et beatus Ieronimus ait quod prima virtus respondentis est interrogantium mentes cognoscere. Judex namque ecclesiasticus sic ex astucia procedens videtur non tam ignorantium simplicitati insidiari quam illorum saluti calumniose æmulari. Nam ex hujuscemodi ambiguis interrogatoriis, dum simplices obscuram intelligentiam illorum non perciperent, possent facimile in responsis deviare : unde malignus et iniquus judex mox contenderet quasi pro impietatis errore innocentum simplicitatem crudeliter damnare, quod sub magnis pœnis fieri, præsertim in causa fidei, districtissime prohibetur in clementina « Multorum », *De hæreticis* [5], ideoque omnis interrogatio captiosa de jure reprobatur juxta notata per Speculatorem, (titulo, *De Positionibus,* 7, verbo : Considerandum).

Alia denique fuerunt interrogatoria plurima ad causam per istos susceptam minime pertinentia in quibus adolescentula Johanna mirabiliter exstitit vexata, ut est de adventu ejus ad dominum regem et de signo eidem domino regi dato, atque etiam corona illi oblata. Et in his quæstionibus, quia regni misteria concernebant, ut versutissimi interrogatores ac malignissimi insidiatores plurimum ac diu institerunt, sed secundum jura nullus innocens adversariorum debet patere insidiis, in § « In manifestis » [6], et etiam sacramentum regis abscondere bonum est, *Tobiæ* XII. Ex his tamen ipsius Puellæ integerrimam constantiam superare sua etiam quavis importunitate non valuerunt. Multum præterea attente inquisierunt, de vexillo suo et pictura sua atque ejusdem vexilli fortuna, de pannoncellis ad ejus instar factis, de ensibus illius, de anulis, de litteris quibus inscribi faciebat hæc nomina « Jhesus Maria, » de insultibus ejus coram Parisius et coram villa de Caritate, de ingressu ejus ad villam

[1] *D. Greg.* I, 1. 1.
[2] *D. Grat.* XXIII, 2.
[3] *D. Grat.* D. XXXVII, 14.
[4] *D. Grat.* C. XXVII, 1, 7.
[5] *Clement. constit.* V, 3, 1.
[6] *D. Grat.* C. II, 1, 16.

Compendii, de egressu de eadem, de saltu cujusdam turris, de equo episcopi Silvanectensis, quid denique sentiret de morte domini ducis Burgundiæ, et aliis pene innumeris quæ plane ad causam fidei quam isti se deducere jactabant nullatenus spectare videntur ideoque superflua omnino fuerunt et frivola, necnon prorsus ad rem impertinentia, cum tamen notum sit quod fidei negotium limites præfixos habeat quos sane inquirendo egredi non licet, ne ipsi fidei ac etiam fidelibus per hujusmodi impertinentia offendiculum preparetur. ut C. « Accusatus § Sane » et § sequenti, *De hæreticis*[1]. Alias enim ultra metas potestatem extendendo ipsa inquisitio de qua pro argumento fidei salubriter provisum est crederet plane ad detrimentum fidelium et gravamen innoxiorum quod omnino fieri prohibetur in clementina prædicta « Multorum » circa principium *De hæreticis* cum notatis ibidem per Johannem Andreæ.

DECIMUM CAPITULUM

De exhortatoribus, deque assessoribus atque de prædicantibus processui intervenientibus.

Bene etiam se habet aliquid sub paucis videre si qui oblati fuerint aut dati defensores ac directores aut etiam exhortatores in causa tam ardua et denique qui assessores qualesque prædicantes ad proponendum populo capitula causæ intervenerunt.

Nam in primis minime reperitur quod ipsa ad respondendum tot et tantis sibi objectis articulis directores seu defensores habuerit, licet per testes reperiatur quod frequenter petierit, cum tamen generaliter et de jure nulla sit legitima defensio deneganda, ut c. « Cum inter », *De exceptionibus*,[2] c. « Litteras », *De præsumptionibus*,[3] et hoc maxime de jure conceditur ignaris ritus judiciorum seu simplicibus ac etiam ætate seu annis minoribus. Ait enim lex quod « in omnibus fere pœnalibus [judiciis] ætati et imprudentiæ succurritur, L. « Fere » *De regulis juris*[4]. De illis autem qui ætate minores sunt

[1] *Bonifac decret.* V, 2, 8, § 4 et 5.
[2] *D. Greg.* II, 25, 5.
[3] *D. Greg.* II, 23, 14.
[4] *Digeste*, L, 17, 108.

tiam legis benignitas decrevit ut illis legitimi defensores, præsertim in causa criminali, dentur, ut bene expresse in L. « Clarum ». *De auctoritate præstanda* [1], ubi ratio efficax talis assignatur, ne videlicet ex sua imperitia vel juvenili calore aliquid vel dicant vel taceant quod si fuisset prolatum vel non expressum prodesse eis poterat et a deteriore calculo, id est sententia eos eripere. Nec istis obstat tertium « Ad abolendam, § Illos vero, » *De hæreticis* [2], ubi audientia seu defensio videtur omnino hæreticis interdicta sicut et appellatio seu proclamatio, cap. « Ut inquisitionis », eod. titulo [3]. Nam ex serie litteræ et ex notatis per doctores expresse colligitur hoc debere solum intelligi de confessis et manifeste convictis super crimen hæresis et præsertim de illis qui in pristinum errorem damnatum et alias per eos abjuratum reinciderunt. Tales enim non admittuntur ad se defendendum maxime super ipso crimine hæresis, quia circa hujusmodi pestilentes personas nihil restat nisi condemnatio et executio facienda, cap. *De confessis* [4], C. « Nos » [5]. Secus autem, secundum Henricum post alios, in cap. « Si adversus, » *De hæreticis* [6], qui dicit quod ubi crimen est occultum et convinci non potest, non est audientia seu legitima defensio deneganda, cum Ecclesia non judicet de occultis, c. « Sicut tuis » et c. sequenti *De Simonia* [7], c. « Christiana » [8]. Quinimo ubi etiam crimen non est penitus occultum, antequam tales sint legitime confessi seu convicti de hæresi, non est eis in processu inquisitionis defensio deneganda, in quo quidem, si contra jura gravarentur, possent appellare, C. « Appellantem », « Omnis » et « Non ita » [9]. Non tamen admittuntur ad defendendum crimen hæresis aut sustinendum aliquam speciem ejus vel sectam, c. « Non vos » [10]. Et ita in proposito nostro hæc instantia non valet, ut ex superius deductis evidenter patuit.

Si autem aliquis dicat quod ex registro habetur fol. XLVI, quod

[1] *Code*, V, 59, 4.
[2] *D. Greg.* V, 7, 9.
[3] *Bonif. decr.* V, 2, 18.
[4] *D. Greg.* II, 18, 2.
[5] *D. Grat.* C. II, 7, 41.
[6] *D. Greg.* V, 7, 11.
[7] *D. Greg.* V, 3, 33 et 34.
[8] *D. Grat.* C. XXXII, 5. 23.
[9] *D. Grat.* C. II, 6 2, 3 1.
[10] *D. Grat.* C XXIII, 5, 2

ipsi Johannæ fuerunt oblati directores, ad hoc dicitur quod, ut ibidem patet, hoc non recusavit sed potius cum gratiarum repensione acceptavit, protestans tamen quod non intendebat recedere aut separare se a consilio Dei. Nihilominus quod aliquem habuerit minime reperitur, imo potius per testes habetur quod nullus audebat eam dirigere nisi sub periculo mortis. Satis vero comperitur quod nonnulli ficti et falsi suasores atque seductores ad eam plerumque introducti sunt qui illam, si possent, a constantia et rectitudine veritatis abducerent cum tamen non sit ignorantium simplicitas deludenda, *Job.* xii. Et bene facit quod legitur et notatur in C. « Cum ex injuncto, » *De hæreticis*, in verbo « Simplicitatem »[1] et C. « Sedulo »[2].

Sed quo ad exhortatores, quoniam forte quibusdam sufficere videretur absque alia defensione in causa quod per duos scientificos viros super potioribus capitulis processus spatio temporis seu dierum multorum interjecto sigillatim ac distincte admonita exhortataque fuerit, ut patet in registro, fol. XCIV et CVII, ideo attendendum est quales fuerunt hujusmodi exhortationes. Sunt namque duæ in eo registro seriatim descriptæ, quæ prima fronte et in superficie multum dulces et caritative possent æstimari, sed in rei veritate, si debite pensentur, fallaces sunt et dolosæ.

Primo ratione ibidem appositæ seu intermixtæ falsitatis. Innituntur enim præcise articulis de processu mendose et corrupte elicitis, de quorum falsitate superius actum est, ideoque Johanna merito eis prout sonabant assentire recusavit. Nam quia vir Dei missus a Deo in Bethel pseudo prophetæ et secundum doctores summo pontifici falso et cum fraude eum adhortanti potius quam Deo eum mittenti acquievit, a leone in via, Deo vindicante oppressus fuit, tertii *Regum* xiii. Ideo multum bene ait Apostolus ad Galatas v : « Nemini consenseritis ; persuasio enim hæc non est ex eo qui vocat vos. »

Proinde ratione adjunctæ dubietatis ac subtilitatis in illis exhortationibus : agitur namque ibi de Ecclesia militante et triumphante ac de auctoritate utriusque, de jurisdictione concessa beato Petro apostolo et aliis succedentibus ei, summis pontificibus, et specialiter inter alia multa ambigui sensus semper illud captiosum interferunt quod de omnibus dictis et factis suis debeat se submittere judicio

[1] *D. Greg.* V, 7, 12.
[2] *D. Grat.* D. XXXVIII, 12.

Ecclesiæ, ad quod sane quantum universalem Ecclesiam et summum pontificem continebat ipsa semper assensit, sed ad eorum intellectum qui de se ipsis hoc intendebant omnino se submittere juste recusavit. Patet enim manifeste quod his exhortationibus in modo loquendi inerat dolus et captiositas, ob quod non solum ex simplicitate excusatur sed etiam propter verborum obscuritatem ipsa respondere minime tenebatur, quoniam ad id quod quis non intelligit non potest congruum dare responsum, L. « Ut responsum, » *De transactionibus* [1]. Et etiam de tali obscura, subtili et ambigua exhortatione tanquam sufficienti illi non debent gloriari quia, ut ait beatus Augustinus, IV *De doctrina christiana* IV « Qui dicit cum docere vult quamdiu non intelligitur nondum existimet se dixisse ei quem vult docere, quia etsi dixit quod intelligit, nondum tamen illi dixisse putandus est a quo intellectus non est. » Et iterum idem : « Sunt quædam quæ vi sua ab aliquibus non intelliguntur aut vix intelliguntur, quantumlibet planissime dicentis versentur eloquio quæ in populi audientiam aut raro aut nunquam omnino mittenda sunt.

Item nullæ aut frivolæ videntur dictæ exhortationes ratione nimis artificiosæ seu compositæ loquacitatis earum. Nam si quis stillum advertat, potius constabit eas dicentium ostentationem quam Johannæ directionem seu ædificationem prætendere contra illud Senecæ notabile dictum : « Infirmus non quærit medicum eloquentem sed curare scientem ; » et habetur in glossa C. prædicti « Sedulo ». Unde ad hoc bene facit illud quod legitur in Can. ultimo, dist. XLIII : « Auctorem suum loquacitas inquinat qui servire auditoribus ad usum profectus ignorat, » et rursus in Can. I, dist. XLVI : « Qui enim docet ea quæ ab auditoribus intelligi non valent non eorum utilitatem sed sui ostentationem facit. »

Postremo autem dictæ exhortationes ineptæ et inefficaces censendæ sunt causa videlicet non solum nimis effusæ sed et plurimum confusæ prolixitatis seu nugacitatis in eis comprehensæ cujus gratia non modo ejus intelligentiam opprimebant, sed et tot uno contextu enarrata ipsi juvenculæ omnem memoriæ virtutem subripiebant. Nam, ut ait Tullius in primo *Rhetoricæ*, « Considerandum est ne quid perturbate, ne quid contorte dicatur : res enim sæpe parum est intellecta longitudine magis quam obscuritate narrationis. » Unde

---

[1] *Code*, II, 4, 15.

ipsi Johannæ non datur locus ad puncta dictarum exhortationum sigillatim et ordinatæ in subsidium memoriæ ac etiam intelligentiæ respondendi, sed solum ad extremum post longissimam, ut dixerim, tragediæ protractionem, ut dumtaxat si vellet absque alia dictorum seriosa resumptione quasi in globo perplexæ intricationis responderet, cum tamen, secundum Philosophum, contingat unum solum uno actu intelligere et multorum simul concurrens implicatio soleat memoriam confundere. Ideo parvi ponderis mihi videntur sæpedictæ exhortationes.

Præterea quo ad accessores duo præcise sunt videnda, videlicet eorum numerus et zelus.

Reperitur autem ex tenore processus quod plerumque judicio atque examini ipsius Johannæ adstiterunt prælati, doctores et alii in diversis facultatibus et dignitatibus promoti atque graduati ultra quinquaginta quinque, aut quadraginta, aut quadraginta quinque, vel eo circa, raro autem minus triginta qui ob hanc causam dumtaxat de Parisius et aliis pluribus hujus regni locis, quantum pro tunc Anglorum obedientia continebat, invitati fuerunt et vocati ac per Anglicos magnis donis honorati, ut quasi videretur contra beatissimam Katherinam per tyrannum Maxencium, vel similis rursum initus conflictus, de quo admirans unus oratorum exclamavit dicens: « O magnum imperatoris consilium, qui ob unius puellæ conflictum tot sapientes de remotis partibus convocavit, cum unus ex nostris clientulis eam poterat lenissime confutare ». Et certe hoc non solum indecens et ipsi causæ dissonum videtur, sed et neque judicium ob hoc per ipsos factum, si bene ponderetur, magis justum aut rectum censetur: unde et quodammodo prætensis judicibus qui in convocatione tanti cœtus plus apparentiam quam justitiam videbantur quærere competit illud Chrisostomi super Matheum : convenerunt ut multitudine vincerent vel saltim convincisse prætenderent quam ut pote æquitatis ratione superare non poterant, a veritate enim se esse professi sunt qui multitudine se armaverunt.

Sed quantum ad zelum prætereo quod in pluri parte, ut comperitur, erant Anglicis isti expresse affecti ; solum vero ad præsens animadverto quod hi non fuerunt, ut decebat justitiæ ac rectitudini, zelo muniti quoniam in decursu processus cum Johanna frequenter ad objecta impertinentia diceret « Hoc non pertinet ad processum vestrum. Petatis, inquiebat, ab assistentibus si pertineat ad processum. » Quod, cum fieret, pene universi dicebant quod sic, quamvis manifestum esset quod nullomodo tale interrogatorium ad causam fidei pertineret, ut est de signo quod fuit datum regi de illo, an sciret se liberandam a carcere per consilium suum, et sic de similibus. Unde cum eorum intentio recta non fuerit, tanta astantium aspectabilis multitudo plus aggravat quam excusat, juxta illud Remigii « Condemnantur isti et quia congregati sunt et quia principes et sacerdotes fuerunt. » Quanto enim plures ad aliquod malum peragendum conveniunt et quo sapientiores, sublimiores ac nobiliores fuerunt, eo deterius habetur malum quod committitur et eo major pœna illis debetur.

Tandem quia ex processu apparet quod duo doctores vicissim et aliquo dierum interposito spatio per ordinationem judicum Johannæ imposita facinora in publico sermone propalaverunt, ideo aliquid de hoc sub brevibus dicendum est. Unde notandum quod uterque istorum duorum se fundavit super articulis sæpedictis et eorum qualificatione de quorum falsitate constat evidentissime. Nam et de altero eorum Johanna in pleno judicio ait quod ille erat falsus prædicator et quod plura dixerat eam fecisse quæ ipsa non fecerat, quod patet fol. CXIII. Istud autem valde iniquum erat. Ad quod facit glossa super illo verbo *Mathei* xxii, « Magister, scimus quia verax es. »

Tripliciter enim contingit aliquem non docere veritatem : aut in ordine ad se, quia scilicet veritatem non novit vel non amat ; aut in ordine ad Deum cujus timore postposito veritatem quam novit non pure annuntiat ; vel in ordine ad proximum seu ad alterum cujus timore aut odio vel favore quis veritatem tacet.

Quod sane quatenus in proposito isto contigerit satis perspicuum est : unde et maxime ponderandum seu potius admirandum, imo haud dubie execrabiliter detestandum apparet illud quod per alterum horum duorum in sermone publico ex informationibus evidenter constat in contumeliam enormem domini nostri regis ac etiam importabile vituperium sacratissimæ coronæ Franciæ exclamatum est sic videlicet[1] : « O regnum Franciæ olim reputatum et dictum christianissimum, regesque tui ac principes christianissimi ; nunc vero o Johanna, rex tuus qui se dicit regem Franciæ tibi adhærendo et dictis tuis credendo effectus est hæreticus et schismati-

[1] En marge on lit : Execrabilis contumelia in dominum regem.

cus ». Et istud, prout asserit quartus testis, per ipsum prædicantem trina vice repetitum est. Ad quem tamen Johanna constanter ait: « Salva reverentia, non est verum ut dicitis, quia volo vos scire quod non est inter christianos viventes melior catholicus eo. »

Quam profecto ignominiosa atque contumeliosa sint hæc præcedentia verba non facile dixerim, et quodammodo etiam stupendum est quatenus Anglici præsertim nobiles hujuscemodi fedissimos sermones ob regiæ majestatis honorem et sui denique regis qui regi Francorum sanguine affinis est patienter tulerunt. Sed de alio eis cura non erat nisi ut illa extingueretur et dominus noster rex pro nutu et arbitrio loquentium diffamaretur.

Sed dimissis aliis, ad istos prædicantes me solum ad præsens reduco. Nam prædicationis actus cum sit præcipuus in Ecclesia, C. prædict. « Cum ex injuncto », *De hæreticis*, ad fructum animarum et Dei honorem dumtaxat retorqueri debet, C. « Nisi cum pridem », *De renunciatione*[1]. Ideo prædicatori convenit solum divina et vera prædicare, C. « Cum multa »[2] utilia et ædificatoria cum sobrietate proferre, sic videlicet quod aliquos corripiendo ad speciem non descendat et nihil inordinate aut indiscrete proferat, C. « Sit rector »[3]. Alias enim sequitur digna et gravis punitio quia qui inconsiderate loquitur sentiet mala. Mirandum ergo valde est qua temeritate aut qua potius effrenata demencia hi præsumpserint regiam majestatem in tali et adeo exactissimæ sobrietatis actu, in tantoque et tam numeroso cœtu hac execrabili contumelia blasphemare. Nam in lege scriptum est : « Principi populi tui non maledices », numeri XXII; et iterum apud Sapientem, *Ecclesiastes* x : « In cogitatione tua regi ne detrahas ». Quod si detrahendi regali celsitudini etiam interdicitur cogitatio, quantomagis sacrilega censetur in turba populi tam sacræ majestatis publica vituperatio : unde super illo verbo, prima *Petri* II « Sine regi tamquam præcellenti », ait quædam glossa : « Ne possit in hoc christianæ religioni detrahi et ex eo turbentur jura conditionum ». In eodem capitulo, postquam idem Apostolus præcepit dicens « Deum timete », statim subinduxit « Regem honorificate », ubi glossa « Quasi præcellentem ampliori honore veneramini ».

[1] *D. Greg.* I, 9, 10.
[2] *D. Grat.* D. LXXXVI, 5.
[3] *D. Grat.* D. XLIII, 1.

Et ita, ut breviter præstringamus. Hæc omnia non tam evidens quam enorme vitium continent et includunt.

UNDECIMUM CAPITULUM

De deliberantibus in causa seu determinationibus eorum quo ad capitula causæ.

Et quia, secundum juris dispositionem, non debet procedi ad sententiam vel condemnationem præsertim in negotio fidei nisi processus super quo deliberandum est viris providis, honestis ac religiosis prius integraliter et seriose manifestetur seu explicetur C. « Statuta », *De hæreticis*[1], ideo, priusquam ad qualitatem sententiæ in hac causa date veniamus, conveniens est aliquid de deliberantibus super isto processu datis dicere. Sciendum vero quod si vitium in eis contigit aut defectus, forte non irrationabiliter plerique deliberantium apponent dicentes quod secuti sunt tenorem et sententiam capitulorum sibi transmissorum, in quibus si falsum aut vitiosum quid fuerit, ipsis deliberantibus imputari non debet. Quippe et ipsis non fuit integraliter et seriose explicatus processus quemadmodum tanta causa requirit, ut modo dicebatur. Sed his non obstantibus, dico citra tamen injuriam cujuscumque loquendo quod aliquorum et in majori parte deliberationes nimis austeræ sunt et duræ, imo et nisi fallor, videntur ipsi negotio non parum indignæ. Et quamvis multi numero sint qui in ea causa determinando scripserunt, ut constat ex registro, tamen, quia inexplebile esset singulorum dicta prosequi, ad duas solum determinationes Parisiensium doctorum, videlicet theologorum ac juristarum, me ipsum succincte reducam, quia etiam ad illas fere omnes alii se inclinasse comperiuntur. Nam theologorum in primis determinatio circa omnes articulos sigillatim discurrens terribilia profecto, etiam si Manicheus vel Arius aut hæresiarcharum aliquis esset sæpedictæ Johannæ apponit prædicata. Sed quia in præcedentibus de aliquibus punctis in ipsa deliberatione comprehensis satis discussum est, et etiam quia

[1] *Bonifac. decr.* V, 2, 20.

plurima eorum aut non multum gravia aut omnino falsa sunt, ideo solum de duobus quæ isti mirabiliter detestantur eorum dicta tangentibus agemus, videlicet de apparitionibus seu revelationibus et de submissione ad Ecclesiam.

De ipsis enim apparitionibus dicunt quod pensatis sive modo et materia ipsarum revelationum, qualitate etiam personæ, locoque cum aliis circumstantiis, vel sunt ficta mendacia seductoria et perniciosa, vel sunt revelationes superstitiosæ a malignis spiritibus et diabolicis Belial, Sathan et Behemoth procedentes. Sed de circumstantiis harum visionum satis late disserimus, excepto eo quod possunt de qualitate personæ. Nam per hoc vel intelligunt sexum, aut genus, aut vivendi modum.

Non est autem facile credendum quod per hoc denotent sexum, quasi notum non sit quod spiritus divinus ac propheticus communis est viris ac mulieribus, ut notatur in glossa super illo verbo *Primæ ad Corinthios* xii : « Idem autem spiritus dividens singulis prout vult ». Et *Joelis* II « Effundam de spiritu meo super omnem carnem et prophetabunt filii vestri et filiæ vestræ » ; et paulo post « Super servos meos et ancillas meas in diebus illis effundam spiritum meum » : et Paulus *Primæ ad Corinthios* xii : « Mulier orans aut prophetans ». Constat enim quod sexui fœmineo non repugnat spiritus etiam propheticus, quemadmodum legimus in sacris Scripturis plures mulieres spiritum prophetæ habuisse, ut Maria soror Aaron, *Exodi* xv ; Deborah, *Judicum* iv ; Anna Samuelis mater, *primi Regum* ii ; Olda uxor Sellium *quarti Regum* xxii ; Elizabeth mater Johannis Baptistæ *Lucæ* i ; beatissima virgo Maria, ibidem ; Anna filia Samuel, *Lucæ* ii ; et quatuor filiæ Philippi diaconi, *Actuum* xxi. Similiter et in diversis historiis multæ mulieres leguntur prophetasse, ut Sibilla de Christo multa prædixit, prout refert beatus Augustinus in libro viii *De civitate Dei*. Aliæ etiam novem sibillæ vates fuerunt, ut ait Jeronimus contra Iommanum et Isidorus lib. viii *Ethimologiarum*. Ad idem, secundum fratrem Vincentium in *Speculo historiali*, de multis mulieribus quas superius memoravimus.

Si denique per qualitatem personæ accipiant genus ac parentes, miro quidem modo seipsos impediunt. Quis enim nesciat excellentiores prophetas, imo etiam et Apostolos media et plebe et infimo genere ut communius traductos et a Deo electos esse, ut patet ex Scripturis divinis, et hoc abunde tradit Apostolus *Primæ ad Corinthios*

1. Et in hoc maxime, juxta beatum Bernardum magnificatur Dei virtus et singularis relucet operatio miraculi, ut etiam notant Hostiensis et Johannes Andree in C. « Venerabilis », *De præbendis*[1].

Magis itaque puto quod per qualitatem personæ notant ipsius Johannæ vivendi seu conversandi ritum quem ipsa habebat, videlicet habitum viri et arma gestando, bellis et arduissimis rebus supra conditionem fœminæ seipsam immiscendo. Sed haud dubie divinis oraculis atque revelationibus ista minime præjudicant, imo potius quandoque Dei occulto nutu hæc et multo majora atque mirabiliora fiunt. Itaque salva eorum pace pie magis attendere debuissent ipsius Johannæ vitam, etiam non obstante suæ missionis admirabili exercitio, innocentissime actam, ut pote simplicitatem ipsius, modestiam, humilitatem, tollerantiam, virginitatem ac pudicitiam, sed, et quod multo præstantius est, ad Deum, ad fidem et Ecclesiam summam religionis pietatem, quippe et ad omnes mansuetudinem et caritatem. Quod vero si dicant: hæc ne unquam audivimus, ista non cognovimus, aut etiam eorum aliquod vel simile quandoque nobis de illa innotuit, ut debite patefactis nobis vitiis prætactas virtutes divinare potius debuerimus, dicitur quod celebri et publica fama currente et multo his majora de ipsa electa Puella undeque tunc prædicante, quatenus quæso ista eos latere potuit. Nam dumtaxat apud manifestos hostes culpæ notam habuit. Erga vero alios quoslibet semper virtuosa, innocens et pudica proclamata fuit. Unde quid in contrarium clarissimæ famæ agendo istorum conscientia dictaret seu etiam illorum determinationi quale testimonium ad intra redderet novit ille qui nihil ignorat quique solus cordium penetrator est et arbiter inobliquabilis.

Ut tamen multa istud concernentia et quidem in processu luculenter expressa ductus sobrietate transeam, hoc permaxime admiror professores divinæ Scripturæ ac cœlestis sapientiæ præcones sic faciliter et aspere de exili persona hujuscemodi negotia inaudita et cunctis admiranda feliciter gerente malum potius quam bonum etiam contra famam publicam dijudicasse, præsertim cum scientia theologiæ non modo summæ gravitatis, sed et rectissimæ æquitatis et piissimæ caritatis censeatur esse. Unde ejus autor filius Dei in Evangelio leve, temerarium, suspitiosum ac præsumptuosum prohibet judicium, *Mathei* vii et

[1] *D. Greg.* III, 5, 37.

Johannis vii. Plurimum etiam egregie ait Sanctus Doctor II 2, quæst. lx, art. iv, quod ubi judicatur de persona, præcipue attenditur bonum vel malum circa ipsum quod judicatur, quoniam in hoc ipso quis honorabilis habetur quod judicatur bonus, ex opposito autem contemptibilis si judicetur malus. Et ideo ad hoc potius tendere debemus quod hominem judicemus bonum nisi manifesta ratio in contrarium appareat. Quoniam ex eo quod aliquis absque sufficienti causa habet malam opinionem de altero, contrariatur ei et contemnit ipsum, cum tamen nullus debeat alium contemnere aut nocumentum aliquod inferre absque causa cogente. Et ideo ubi non apparent manifesta indicia de malitia alicujus, debemus eum bonum habere semper in meliorem partem interpretando quod dubium est, in quo etiam si aliquis erret, bonum scilicet judicando de aliqua persona mala, hoc non pertinet ad malum intellectum sicut nec ad ejus perfectionem secundum se pertinet cognoscere veritatem singularium quorumlibet contingentium, sed sic judicando magis pertinet ad bonum affectum ejus. Unde et melius est frequenter falli habendo bonam opinionem de persona mala, quam minus sæpe falli habendo malam opinionem de persona bona, quia ex isto fieret injuria alicui et non ex primo : hæc idem doctor. Nam et quod semel malus semper præsumatur malus, hoc procedit ex corrupta natura præsumentis, ut notat Johannes Andree in regula juris « Semel malus »[1], eo quod natura humana prona est ad delicta, C. « Omnis ætas »[2]. Facilius itaque debet quis præsumi bonus quam malus C. « Miramur »[3], C. « Mandata », *De præsumptionibus*[4].

Denique hi deliberantes ponunt istas revelationes sub quadam expressa disjunctione cum tamen sint res excedentes et quæ non cadunt sub certa hominis cognitione. Nam, ut dicit sanctus Thomas in quæstionibus *De veritate*, revelatio est manifestatio alicujus veritatis supra hominem existentis, ideoque non potest esse certa scientia de ipsa nisi per notitiam superiorem a qua inspiratio procedit, sicut neque de his quæ fidei sunt potest haberi clara evidentia. Ait enim Sapiens, *Proverbiorum* xvi : « Spirituum ponderator est Dominus » ; propterea temerariam circa hujusmodi inspirata et revelata

[1] *Bonifac. decr.* V, 12, 8.
[2] *D. Grat.* C. XII, 1, 1.
[3] *D. Grat.* D. LXI, 5.
[4] *D. Greg.* II, 23, 6.

sententiam, imo et curiosam eorum investigationem uno verbo Apostolus repercutit dicens, *Primæ ad Corinthios* I : « Quæ Dei sunt nemo cognoscit nisi spiritus Dei ; » et paulo post : « Animalis homo non percipit quæ spiritus Dei sunt nec est qui sensum Domini noverit. » Ut enim ait Theophilus, spiritus Domini propria parte et ubi vult et qualiter vult operatur : nescis tamen juxta evangelicam veritatem unde veniat aut quo vadat quia, etsi te præsente quempiam impleverit, non potest videri quomodo in eum intraverit vel quomodo redierit, quia natura est invisibilis.

Neque tamen ex eo quod hujusmodi revelationes ratione humana non facile concipiuntur sunt ideo existimandæ falsæ vel malæ, quoniam, ut ait beatus Thomas in *Summa contra Gentiles*, lib. I, c. 3, sicut maximæ amentiæ aliquis idiota esset qui ea quæ a philosopho proponerentur falsa esse assereret propter hoc quod illa capere non posset, ita multo amplius mirabilis stultitiæ homo esset si ea quæ divinitus Angelorum ministerio revelantur falsa esse suspicetur ex hoc quod rationes investigari non possunt. Propter quod beatus Paulus recte ait *Primæ ad Thessalonicenses* V : « Spiritum nolite extinguere et prophetias nolite spernere, » ubi ait quædam glossa : « Deus qui os asinæ aperuit sæpe revelat minori quod melius est. » Unde et beatus Augustinus lib. III *Confessionum* de suo statu ante conversionem quatenus circa hæc temerarius fuit ita profitetur : « Reprehendebam, inquit, cæcus pios patres : non solum sicut Deus juberet atque inspiraret utentes præsentibus, verum quoque sicut Deus revelaret futura prænuntiantes. » Et paulo post : « Multa facta quæ improbanda hominibus videntur testimonio Dei approbata sunt, et multa laudata sunt ab hominibus quæ Deo teste damnantur : cum sæpe aliter se habeat species facti et aliter facientis animus atque articulus occulti temporis. Cum ergo Deus aliquid repente inusitatum et improvisum imperat, etiam si hoc aliquando vetaverit, quamvis causam imperii sui pro tempore occultet et quamvis etiam contra pactum sit societatis aliquorum hominum, quis dubitet esse faciendum? Sed beati qui sciunt Deum imperasse. Hæc ego nesciens irridebam sanctos servos et prophetas Dei et quid agebam cum irridebam eos nisi ut a Deo irriderer ? » Hæc Augustinus de se ipso. Beatus Paulus etiam *Primæ ad Corinthios* XIV, dicit : « Si aliquid revelatum fuerit sedenti, prior taceat, » glossa id est « Detur ei locus ». Quia aliquando datur minori quod non majori et inferiori quod non superiori : aliquando enim sapientior instruitur de aliquo quod nesciebat per minorem subito inspiratum. Cum ergo non sit data vel dabilis ab homine aliqua regula qua de bonitate aut veritate hujusmodi revelationum discerni possit, ideo manifeste præsumptuosum apparet in ea re certum dare judicium, ut C. « Grave[1]. » Unde et quidam, sed pauci alii de deliberantibus hæc omnino sub dubio reliquerunt.

Quippe isti Parisienses dicunt in prima parte disjunctive quia vel sunt ficta mendacia, seductoria et perniciosa, quod certe dicere indignum mihi videtur, et hoc quadruplici ratione.

Primo causa simplicitatis ipsius Johannæ ac ipsius parentum qui nulla prorsus artis peritia fulti erant. Cor enim machinationibus tegere, sensum verbis velare, quæ falsa sunt vera ostendere, quæ vera sunt falsa demonstrare, hæc et his similia fictæ simulare ad astuciam seu mundanam sapientiam pertinet ; beatus Gregorius in moralibus exponens illud, *Job* xii. « Deridetur justi simplicitas. » Unde incredibile est quod Johanna tot et tanta quæ gessit et dixit fingere potuerit. — Secundo ratione infallibilitatis effectuum et eventuum illorum quæ prædixit. Nam, juxta poetam, « Exitus acta probant, » C. « Quod ait[2] ; » et præcedentia probantur per sequentia, ut ibi notatur. Ad quod facit C. « Achatius » circa finem[3]. — Tertio ratione perseverantiæ et continuitatis in suis mirabilibus agendis. Quod enim humana arte seu adinventione confictum est diu consistere non potest, juxta illud peritissimi scribæ Gamalielis verbum quod legitur *Actuum* v : « Si ex hominibus est, consilium hoc aut opus dissolvetur ; si autem ex Deo est, non poteritis illud dissolvere, ne forte et Deo repugnare videamini. » Unde Tullius, lib. ii, *De officiis* : « Omnia ficta celeriter tanquam flosculi decidunt nec simulatum quidquam potest esse diuturnum. » Et Seneca, lib. i, *De Clementia* : « Nemo potest diu personam ferre fictam ». Cito quidem in naturam suam recidunt quibus veritas non subest, quæ autem ex solido nascuntur tempore in melius proficiunt. — Quarto ratione integerrimæ constantiæ et firmitatis in responsis hinc inde super hoc datis, et hoc Pictavis ubi per tres septimanas districtissime fuit primo examinata, tandem per multos regni proceres ac nobiles dum negotia

[1] *D. Grat.* C, XI, 3, 74.
[2] *D. Grat.* C. XXII, 2, 18.
[3] *D. Grat.* C. XXIV, 1, 1.

bellica cum eis strenue ac feliciter gereret, ad extremum vero Rothomagi in quo per semestre temporis spatium fuit super his miro modo impetita, sed nec repertum est quod in verbo variaverit. Quod quidem fictionis præsumptionem excludit. Ait enim Quintilianus, lib. VIII, *De institutione oratoria* : « Prodit se quantumlibet custodita simulatio, nec unquam tanta est loquendi facultas quæ non titubet et hereat quotiens ab animo verba dissentiunt. » Ad idem Franciscus patriarcha in libro *De vita solitaria,* circa principium : « Ut enim immortalis est veritas, sic fictio et mendacium non durant. Simulata illico patescunt et magno studio compta cesaries vento turbatur exiguo. Argutum quoque mendacium vero cedit coramque pressius intuenti diaphanum est, sequitur latere diutius : magnus est labor. Nemo sub aquis diu vivit ; erumpat oportet et frontem quam celabat aperiat. »

Addunt præterea : vel ipse revelationes sunt superstitiosæ a diabolicis spiritibus procedentes, et in hac siquidem parte magis resident quamvis multo deterior sit, cum tamen Seneca in epistola eleganter dicat : « Semper enim quidquid dubium est humanitas inclinat ad melius, » et denique jura instituant ea quæ dubia sunt semper in meliorem partem debere interpretari, ut C. « Estote, » *De regulis juris*[1], cum multis similibus. Sed et non solum mirum, imo et procul dubio valde durum videtur has revelationes ponere a dæmonibus procedere, cum multo plures subsint non modo conjecturæ, sed etiam apertæ evidentiæ ad bonum quam ad malum, ut satis superius deductum est, cum de his ageretur. Quod autem addiciunt hæc nomina dæmonum Belyal, Sathan et Beemoth in aggravationem suspitionis contra Johannam et quo ad illos affectionis corruptæ ostensionem subjectum est, cum tamen istud nec gravitati actus hujuscemodi quem susceperant, neque ipsi rei de qua agebatur seu causæ quæ deducebatur quomodolibet competere videatur. Nam Belyal sine jugo, Sathan contrarius, Beemoth vero animalis seu bestialis dicitur, ac si per hæc vocabula innuere vellent Johannam suarum apparitionum vi aut suggestione jugum bonorum morum, obedientiæ, virtutis ac disciplinæ sprevisse, atque confregisse, catholicæ religionis, politicæ atque pacificæ communionis fœdera dissolvisse aut impedivisse et per reliquum, quasi videntur inducere,

[1] *D. Greg.* V, 41, 2.

eam intemperate, sensualiter atque libidinose se habuisse necnon pudicitiæ, sobrietatis atque fœmineæ honestatis jura violasse. Sed, ut patuit, universa hæc et consimilia sunt penitus a conversatione hujus Puellæ aliena: unde quod ad istam partem potius declinantes dicunt has apparitiones superstitiosas esse et per consequens periculosas in fide est contra glossam ordinariam super illo verbo positam « Sathanas se transfigurat in angelum lucis » *Secundæ ad Corinthios* XI, ubi dicitur quod quando ipse dæmon sensus corporis fallit, mentem vero non movet a vera rectaque sententia qua quisque vitam fidelem gerit, nullum est in religione periculum vel cum se bonum spiritum fingens ea vel facit vel dicit quæ bonis angelis congruunt, si tunc credatur bonus, non est error periculosus aut morbidus. » Idem ponit Sanctus Doctor II, 2, quæst. IV, art. 2, et simile legitur in § « His ita, » verbo, « Aliter [1]. » Et ita cum revelationes, quas Johanna asseruit habuisse, nonnisi ad virtutem ac fidei pietatem eam inducerent, ut dictum est, nihil sane potuit superstitiosum aut in religione christiana periculosum in eis judicari.

Cæteris autem punctis dimissis, tandem de submissione ad Ecclesiam dicunt isti deliberantes Johannam esse schismaticam, de unitate et auctoritate Ecclesiæ male sentientem, apostatricem ac in fide pertinaciter errantem. Licet enim in articulis, ut præmisimus, istis doctoribus traditis multæ falsitates et manifesta vitia reperiantur, durum tamen videtur quod etiam stante veritate articuli de quo hic agitur, talia prædicata ei attribuerint, tum quia si refugit aut distulit se submittere satis causam expressit in eo quod judicium illius episcopi tamquam manifesti inimici exhorrescens recusabat, quod quidem isti vel nosse vel facile excogitare poterant, tum quia constabat eisdem quod per Ecclesiam obedientiæ domini nostri regis post debitam suæ fidei comprobationem admissa fuerat et permissa, tum quia materiam de qua potissimum impetebatur asserebat constanter ex inspiratione processisse, quod quidem soli judicio Dei Ecclesia reservat, ut C. « Erubescant [2], » cum similibus, et etiam conscientiæ illius qui se inspiratum asserit potius relinquit, quam tamen si probabili credulitate informatam habeat, ad consilium prælati deponere non debet, C. « Inquisitioni, » *De sententia excommuni-*

---

[1] *D. Grat.* C. XXIX, 1, § 3.
[2] *D. Grat.* D. XXXII, 11.

rationis[1], cum aliis concordantiis, tum quoque quia lex privata ut superior a vinculo humanæ legis absolvit, ut C. « Duæ sunt[2], » C. « Licet, » *De regularibus*[3].

Proinde in ipso registro habetur determinatio juristarum ipsius inclitæ universitatis Parisiensis, quæ profecto exiguitati meæ temperatior atque mitior videtur quam illa theologorum. Nam isti signanter duo præsupponunt et tandem duo præcipue dicunt.

Præsupponunt autem quippe et rationabiliter quod Johanna compos sui affirmaverit pertinaciter contenta et declarata in articulis et facto seu opere adimpleverit. Secundo protestantur quod si caritative exhortata et debite monita a judice competenti fuerit, tunc currit secundum eos illorum deliberatio. Ista namque duo ad sublevationem Johannæ satis bene faciunt, quia longa in primis afflictione contrita quasi continue processu durante infirma fuit, et exinde satis præsumi potest quod ad tot et tanta respondere nisi spiritus Dei suppleret, non plene compos animi fuerit. Etiam constat ex præmissis quod neque pertinaciter aliquid devium a fide asseruit aut insolenter quidquam prout sibi imponitur fecit. De exhortationibus autem sibi factis et de incompetentia judicis satis habitum est superius.

Sed istis quasi præsuppositis, interea in deliberando potissimum duo dicunt, videlicet quod Johanna se ab unitate Ecclesiæ et errabat in fide contradicendo illi articulo fidei « Credo unam sanctam Ecclesiam catholicam. » Secundo quia se a Deo missam non ostendebat per operationem miraculi aut ex sacræ Scripturæ testimonio speciali.

Sed primum istorum manifeste apparet ex processu nullo modo subsistere eo quod ipsa semper et continue summo pontifici et universali Ecclesiæ multa de ejus sanctitate atque auctoritate pie ac religiose profitens se submisit, illi vero Ecclesiæ seu judicio potius episcopi Belvacensis merito recusavit se submittere, juxta clementinam « Pastoralis, § Esto igitur, » *De sententia et re judicata*[4]. Ideo hi juste concludere non possunt eam contradixisse prædicto fidei articulo in quo notanter ponitur catholicam, id est universalem sive

---

[1] *D. Greg.* V, 39, 44.
[2] *D. Grat.* C. XIX, 2, 2.
[3] *D. Greg.* III, 31, 18.
[4] *Clement. constit.* II, 11, 2.

generalem, ut ait Isidorus. Et idem habetur C. « Prima, » *De consecratione*[1]. Fides enim quam tenet Ecclesia non est fides hujus particularis Ecclesiæ vel illius sicut neque Ecclesia quæ in symbolo vocatur catholica est particularis hujus gentis vel illius aut hujus diocesis vel illius, sed potius una universalis continens omnem populum maxime qui vult esse in statu salutis, unum habens caput sub Christo videlicet papam cui omnes tenentur obedire : unde in eo sensu et conformiter ad articulum locuntur canones, c. « Firmiter, § Una, » *De summa trinitate*[2], c. « Loquitur, » C. « A recta, » C. « Alienus[3], » cum similibus. Unde sic intelligendo Ecclesiam, certum, est, ut dicit Betrus de Palude quarto scripto, dist. xiii, art. 3 ; « Quoniam aliquis ex electione et non simplici ignorantia dividit se a fide catholica in quocumque articulo quem explicite tenetur scire vel aliquo alio per Ecclesiam determinato cum pertinacia, ille est vere hæreticus. » Dico autem per Ecclesiam, sed universalem vel Romanam, quia ad particularem ecclesiam non pertinet de fide, universaliter judicare, c. « Majores, » *De baptismo*[4]. Unde dicens contra articulos unius episcopi excommunicationem potest incurrere sed non hæresim : hæc ille. Et rursus etiam loquendo de universali Ecclesia sane intelligendus est prædictus articulus quoniam, ut ait sanctus Doctor II, 2, quæst. i, art. 9, si dicatur in sanctam Ecclesiam catholicam, hoc est intelligendum secundum quod fides nostra refertur ad spiritum sanctum qui sanctificat Ecclesiam, ut sit sensus « Credo in spiritum sanctum sanctificantem Ecclesiam, » sed melius est et secundum communiorem usum ut non ponatur ibi « in, » sed simpliciter dicatur « unam sanctam Ecclesiam catholicam » sicut etiam Leo papa dicit. Propterea in nullo potest deprehendi quod circa articulum Puella ista erraverit, tum quia omnia dicta et facta sua summo pontifici et Ecclesiæ Romanæ humiliter submisit, unde qui hoc culpant incurrere videntur crimina posita in can. « Hæc est fides[5] ; » quod tamen capitulum contra Johannam inducere perpenduntur, tum denique quia Deo semper et præcipue de universis dictis et factis suis se retulit, juxta beatum Augustinum, qui, exponens

[1] *D. Grat. De consecratione* D. IV, 73.
[2] *D. Greg.* I, 1, 1, § 3.
[3] *D. Grat.* C. XXIV, 1, 18, 9 et 19.
[4] *D. Greg.* III, 42, 3.
[5] *D. Grat.* C. XXIV, 1, 14.

illud *Johannis* xiv « Creditis in Deum et in me credite, » ait : « Petro aut Paulo credimus, sed non dicimur credere nisi in Deum. »

Secundum vero est illud quod asserebat, videlicet missam fuisse a Deo, super quo hi doctores dicunt quod illa sufficienter non ostendebat neque videlicet quod operationem miraculi neque per testimonium Scripturæ. Et ista eorum deliberatio super hoc passu sumitur ex C. supradicto « Cum ex injuncto, » *De hæreticis*. Sed si quis diligenter aspiciat illud capitulum, non facit ad præsentem casum. Loquitur enim de eo qui dicit se invisibiliter missum ad regendum populum per auctoritatem seu prælationem aut ad eum instruendum per doctrinam et prædicationem. Ratione primi Moyses dux populi Israhelitici constitutus missionem probat per evidentiam miraculi, ut legitur in capitulis iv et vii in *Exodo*. Ratione vero secundi Johannes Baptista in approbationem suæ missionis profert testimonium Scripturæ dicens : « Ego vox clamantis in deserto : dirigite viam Domini, sicut dicit Isaias propheta », *Johannis* i. Unde qui ad ista duo vel alterum eorum se asserit invisibiliter missum non est leviter acquiescendum et maxime illi qui se dicit taliter missum ad prædicandum, quia est præcipuum opus in Ecclesia, ut in præallegato cap. « Cum ex injuncto, » et maxime privilegiatum, C. « Quod Dei timorem, » *De statu monachorum*[1]. Per ipsum enim veritas fidei traditur fidelibus et declaratur, C. « Interrogo [2] ; » ideo maxime periculosum reputatur, c. « Hæreticus [3]. » Propterea non omni statui vel conditioni hominum competit, sed maxime prælatis et ab eisdem missis vel commissis capitulo « Inter cætera, » *De officio judicis ordinarii* [4], et dicto C. « Cum ex injuncto, » neque etiam omni sexui sed solum virili congruit, ut tradit Apostolus, *Primæ ad Corinthios* xiv.

Secus autem si quis affirmet se missum ad aliquid agendum pro mundana policia aut civili hominum dispositione et hujusmodi. Nam, ut dicit beatus Thomas, ii, 2, quæst. clxxiiii, articulo 3, magis proprium est divinæ revelationi cognitio quam operatio, et ideo infimus gradus prophetiæ est cum aliquis ex interiore instinctu mit-

---

[1] *D. Greg.* III, 35, 5.
[2] *D. Grat.* C. I, 1.
[3] *D. Grat.* C. XXIV, 3.
[4] *D. Greg.* I, 31, 15.

.titur aut movetur ad aliqua facienda exterius, sicut de Samsone dicitur, *Judicum* xv, quod « Irruit spiritus Domini in eum et sicut solent in ardorem solis ligna consumi, ita et vincula, quibus ligatus erat, dissipata sunt et soluta. » Hujus vero generis videtur esse missio Puellæ, videlicet ad operandum pro regni oppressi sublevatione. Ideo non requirebatur ostensio alicujus signi, sicut neque Samuel cum a Deo missus est ad ungendum Saül in regem Israel et postmodum David de sua missione signum tradidit. Similiter Nathan David regi paradigma proponens absque alio signo pœnitentiam indixit : Helyseus etiam tribus regibus miranda prædicens et eorum necessitati consulens nullum signum dedit ; multaque talia in divinis Scripturis leguntur. Unde Beda ait super illo verbo Zachariæ *Lucæ* primo « Unde hoc sciam ? » : « Si homo esset qui mira promitteret impune signum flagitare liceret ; at vero cum angelus promittit, jam dubitare non licet. » Præterea ad regem Franciæ Johanna missa erat, non autem ad Anglicos vel alios qui eam hostiliter detinebant et signum ab ea quærebant, juxta illud *Lucæ* xi « Generatio hæc nequam est, signum quærit »,quod tamen ipsa eis dare minime tenebatur.

Denique qui se a Deo missum asserit aut dicit ex revelatione et affirmat debere fieri quod omnino et de se malum est, et tunc censetur procedere ex malo spiritu ; ita dicit C. « Nec mirum [1], » et sic intelligitur C. « Nisi, § Sed dices ibi quia contra veritatem, » etc. *De renunciatione* [2] ; aut asserit fiendum quod de se bonum est aut indifferens, et tunc secus est, quod statim convinci potest, si videlicet plures concurrant ad bonum conjecturæ efficaces ut hic. In certis enim non certis non est locus conjecturis,C. « A nobis, » *De sententia excommunicationis* [3], C. Si te » *De renunciatione* [4], L. « Continuus, § Cum ita, » *De verborum obligationibus* [5].

Cæterum non incongrue possumus hic allegare multiplicem miraculi ostensionem ut quod simplex fragilisque Puella nunquam ab ante armis aut bellis assueta, docta vel experta tot admirabiles victorias reportaverit, regnum ab oppressione crudeli relevaverit, fu-

[1] *D. Grat.* C. XXVI, 5, 14.
[2] *D. Greg.* I, 9, 10 § 8.
[3] *D. Greg.* V, 39, 28.
[4] *Bonifac. decr.* I, 7, 2.
[5] *Digeste*, XLV, I, 137, § 2.

tura infallibiliter pronuntiaverit, et similia. Et notandum quod has deliberationes isti doctrinam appellant, sed quemadmodum ait Tullius lib. I, *De officiis*, sicut animus paratus ad periculum, si sua cupiditate non communi utilitate impellitur, audaciæ potius nomen habet quam fortitudinis, sic scientia vel doctrina, quæ remota est a justitia, calliditas potius quam sapientia est appellanda. Præcepit namque Dominus ut in rationabili judicii poneretur doctrina et veritas, ut legitur *Exodi* XXVIII et *Levitici* VIII; super quo ait Ieronimus : « In rationabili judicii veritas doctrinæ superponitur ut non astruat quis quod proprio cogitaverit ingenio, sed quod veritas habet. Unde in doctrina illa ad quam personæ judicium sequitur, si veritas favore, metu vel alias supprimitur, nulla excusatione potest digne tollerari. Nam et beatus Augustinus, exponens illud *Mathei* v. « Si sal evanuerit, in quo salietur ? » dicit : « Si vos per quos condiendi sunt quodammodo populi metu temporalium prosecutionem amiseritis regna cœlestia qui erunt homines per quos errores aufferat cæterorum. Veritas enim doctrinæ ac justitiæ, etsi quandoque ex causa potest omitti, nunquam tamen potest legitime vel excusabiliter perverti ; ad quod bene facit C. « Nemo [1]. »

In istis verumtamen quæ præmissi nullus credat me tam celebri tamque famosæ universitati voluisse aut velle in aliquo detrahere cujus quidem inclitæ gloriæ neque laus mea prodesset, neque certe probrium si, quod absit, inducerem obesset. Sed dignum potius credo secundum canonicas sanctiones ut culpæ obnoxios et auctores sceleris pœna dumtaxat teneat, innocentibus vero nihil ad crimen alienum facilius redundet. Itaque satis puto paucissimos numero parti Anglicorum nimis affectos hujuscemodi deliberationes viis obliquis non tam exegisse aut extorsisse quam per se ipsos egisse seu edidisse et de hoc ipso impietatis artificio parum vel minime toti corpori universitatis constitisse.

---

[1] *D. Grat.* C. XI, 3, 81.

DUODECIMUM CAPITULUM

De qualitate sententiæ et diffinitione processus.

Postremo vero de sententia contra Johannam lata ac de diffinitione processus etiam aliquid disserendum est. Satis autem manifestum est ex prædictis quod in eo processu quoad multa substantialia magna et evidens patet iniquitas ideoque facile convincitur quod sententia vitiis non caret. Ut autem subtiliora peritioribus relinquamus, potissimum videtur ad præsens quod sententia ipsa nulla fuerit aut saltim annullanda veniat propter sex causas.

Prima est propter defectum legitimæ jurisdictionis seu propter incompetentiam judicis. Ostensum est enim supra episcopum Belvacensem nullo jure auctoritatem competentis judicis habuisse in hac causa, et exinde non potuit esse judicium ratum, sed præcise violenter et indebite usurpatum : unde quidquid per istum in procedendo aut diffiniendo gestum est irritum censeri debet et inane, ut late deducit beatus Thomas II, 2. quæst. LX, art. ultimo et LXVII, art. I, ut etiam patet C « At si clerici, » *De judiciis*[1], C. « Ad nostram, » *De consuetudinibus*[2], C. « In primis, »[3] L. « In privatorum », *Si a non competente judice*[4]. Quo autem ad alterum conjudicem, et si sententia fortassis aliunde teneret, ratione tamen metus ac terroris sibi multipliciter illati non valet, ut C. « Justum, »[5] C. « Cum æterni, » *De sententia et re judicata*[6], cum similibus.

Secunda causa est propter alterius judiciis, scilicet episcopi manifestam corruptionem in eo ; namque, ut visum est, multipliciter apparuit in hujus rei deductione affectus, corruptus et plane inordinatus : unde merito venit sententia retractanda, C. « Venalis, »[7], et C. prædict. « Cum æterni, » cum notatis ibidem, ubi prius. No-

---

[1] *D. Greg.* II, 1, 4.
[2] *D. Greg.* I, 4, 3.
[3] *D. Grat.* C. II, 1, 7.
[4] *Code* VII, 48, 4.
[5] *D. Grat.* C. XXIII, 2, 1.
[6] *D. Bonifac.* II, 14, 1.
[7] *D. Grat.* C. II, 6, 7.

latque ibi Archidiaconus super verbo « Gratiam, » quod si in judicio preces interveniunt, potest sententia rescindi, L. « Servo invito, § Cum prætor, » *Ad Trebellianum*[1].

Tertia quia post legitimam recusationem seu appellationem lata est, ideo non tenet, Code L. « Imperatum », *De precibus*.

Quarta causa ob actorum et capitulorum causæ falsitatem ac surreptionem. Ex eo vero debet sententia in melius reformari, C. « Litteras » et C. « Olim, » *De restitutione in integrum*[2].

Quinta ob suspitionem ex qua dumtaxat hæc sententia processit, cum tamen, ut ait beatus Thomas, II, 2, quæst. LX, art. 3, omne judicium procedens ex suspitione seu præsumptione sit illicitum quoniam suspitio secundum Tullium importat opinionem mali de aliquo ex levibus indiciis. Nam ex eo quod aliquis afficitur male ad alterum scilicet quando odit aut contemnit eum aut etiam irascitur vel invidet ei statim et ex levibus signis opinatur mala de ipso, quia unusquisque faciliter credit quod appetit, ideo cum quis ex levibus indiciis æstimat malum de alio, præsertim si sit de aliquo gravi, est peccatum mortale, quia non est sine contemptu proximi temere judicare de eo, quantomagis vero eadem habitudine sententias diffinitivas continere debemus, ut habetur in glossa super illo verbo, *Primæ ad Corinthios* IV » : Nolite ante tempus judicare. » Sed et hoc maxime cavendum est, ut scilicet ex suspitionibus judex procedat ad condemnandum et præsertim de tam gravi crimine ut est crimen hæresis per capitulum « Litteras, » *De præsumptionibus*[3]. Unde cum Johanna minime, ut patuit, de hæresi fuerit per probationem sufficientem aut confessionem convicta, ideoque censeri omnino debet istud judicium contra eam habitum, et signanter quoniam principalis materia, scilicet de revelationibus, erat prorsus dubia et incerta etiam secundum opiniones deliberantium, ut patet ex registro : propter quod, attenta dubietate materiæ, debuissent potius ad superiorem sedem, prout ipsa Johanna petebat, causam remittere. Nam, secundum Bernardum in libro *De præcepto et dispensatione*, « Homines facile falli in Dei voluntate de rebus dubiis percipienda et in præcipienda fallere possunt. In hujusmodi autem nec præceptor est expectandus, nec prohibitor auscultandus, sed quod ita la-

---

[1] *Digeste* XXXVI, 1. 65 § 2.
[2] *D. Greg.* II, 13, 13 et 12.
[3] *D. Greg.* II, 23, 14.

tere aut obscurum esse cognoscitur ut in dubium venire possit utrum nam Deus sic aut aliter forte velit, si non de labiis custodientibus scientiam et ore angeli Domini exercituum certum reddatur, a quo denique potius divina consilia requirentur quam ab illo cui credita est dispensatio misteriorum Dei. Ipsum enim quem pro Deo habemus tamquam Deum in his quæ aperte non sunt contra Deum audire debemus ; » hæc ille. Quæ siquidem verba videtur de summo pontifice signanter intelligere. Grave quoque satis est et indecens ut in re dubia certa detur sententia, C. « Grave[1]. » Imo etiam, licet quædam vera sint, non sunt tamen a judice credenda nisi certis indiciis demonstrentur, C. « Quamvis[2]. » Unde in C. allegat. « Ad abolendam, » super verbo « Hæreticos » *De hæreticis*, notat Innocentius quod episcopus cognoscit de illis qui præcise in hæresim jam damnatam et indubitatam noscuntur incidisse, et Hostiensis ibidem ait : « Episcopi sunt ubi de fide agitur ordinarii si tamen aliquod dubium incidat et si illud possint examinare, non tamen sine Romanæ Ecclesiæ licentia diffinire, cujus est diffinitio talium dubiorum. » C. « Quotiens[3] », C. « Præceptis[4] » ; etiam quandoque si indubitatum vertatur in dubium. In causa itaque fidei ubi debet cum summa cautela procedi, hic ordo per providentiam juris traditur, prout legitur et notatur in C. « Cum contumacia, » *De hæreticis*[5], quod propter suspitionem hæresis quis citatur ut veniat responsurus de fide ; si autem contumax est, jam dicitur vehementer suspectus tuncque excommunicatur ; et si in sententia per annum steterit, eo ipso suspitio quæ vehemens erat transit in violentam : inde ex tunc velut hæreticus condamnatur.

Ideo cum hic processus super re incerta et omni homini dubia saltim quoad partem condemnationis fundatus fuerit et præmissâ juris dispositio observata non extiterit, colligitur quod quemadmodum processum est per solam et qualemcumque suspitionem, ita conclusum est et diffinitum seu sententiatum per præcipitationem, hoc est gradibus istis et aliis, quidquid judicantes apparenter finxerint, legitime non observatis, imo etiam opinionibus meliorum atque potiorum deliberan-

[1] *D. Grat.* C. XI, 3, 74.
[2] *D. Grat.* C. XI, 3, 75.
[3] *D. Grat.* C. XXIV, 1, 12.
[4] *D. Grat.* D. XII, 2.
[5] *Bonif. decr.* V, 2, 7.

tium neglectis aut despectis, ut patet de lectura et ulteriori declaratione cedulæ abjurationis et quampluribus aliis. Ex quo patet quod hujusmodi sententia non a discretione matre virtutum, sed a noverca justitiæ voluntaria, scilicet vindicantis præcipitatione processit, ideoque nulla est, ut expresse tradit clementina prædicta « Pastoralis, » *De sententia et re judicata*. Unde super [verbo] « Vindicantis » ait Paulus, id est judicantis contra illud, C. « Quatuor[1] », et super verbo « Præcipitatione » inquit Bonifacius de amanatis, hoc est effrenata voluntate quæ est dum quis deviat a tramite justitiæ. Hoc namque dicimus præcipitare quod credere facimus festine de summo ad infimum, L. « Si diutino, » in fine. *De pœnis*[2] ; et licet voluntas principis pro lege servetur, ut L. « Quod principi », *De constitutionibus principum*[3], et dicatur magna et justa causa, ut notatur in L. « Relegati, » in fine, *De pœnis*[4], tamen est intelligendum de ea quæ non deviat a tramite justitiæ rationalis et naturalis, ut in dicta clementina « Pastoralis. »

Sexta causa quare hæc sententia nulla est vel annullanda ideo est quia continet manifestam iniquitatem et intollerabilem errorem. Nam plane iniquum est et omni juri repugnans ut sub prætextu justitiæ innocentes graventur aut eis crimina sub colore prosequendi ac dispensandi judicii falso imponantur, quia non debent procedere injuriæ unde jura nascuntur, et maxime reperitur cautum in jure ne hæresis crimen quod sua enormitate maximum est insontibus quoquomodo imponatur, quod expresse legitur in clementina « Multorum, » *De hæreticis*.

Tres autem sententiæ habentur in registro processus contra Johannam habiti quarum una quæ diffinitiva erat et dimissionem justitiæ sæculari continebat fuit ante abjurationem pronuntiata per medium, cumque vero importunis adstantium suasionibus ipsa revocationi se submisisset, fuit alia quædam pronuntiata perpetui carceris pœnam sibi infligens, et tandem post dies aliquot ob causam conficti ac prætensi relapsus, fuit altera publice lata totalem ac extremam derelictionem continens. In his vero universis sententiis, si debite ex suo tenore pensentur, maxima patet iniquitas.

Nam prima illarum quæ partim lecta fuit ita de ipsa innocente

[1] *D. Grat.* C. XI, 3, 78.
[2] *Digeste*, XLVIII, 19, 25.
[3] *Digeste*, I, 4, 1.
[4] *Digeste*, XLVIII, 19, 4.

Puella continebat : « Dicimus et decernimus te revelationum et apparitionum divinarum mendosam confictricem, perniciosam, seductricem, præsumptuosam, leviter credentem, superstitiosam, divinatricem, blasphemiam in Deum et sanctos et sanctas ac ipsius Dei in suis sacramentis contemptricem, legis divinæ, sacræ doctrinæ ac sanctionum ecclesiasticarum prævaricatricem, seditiosam, crudelem, apostatricem, schismaticam, in fide nostra multipliciter errantem atque in Deum et sanctam Ecclesiam modis prædictis temere delinquentem. » Et subditur in eadem sententia quod Johanna per nonnullos scientificos et expertos doctores seu magistros salutem animæ suæ zelantes sæpe et sæpius admonita seipsam dispositioni, determinationi et emendationi sanctæ matris Ecclesiæ submittere non curavit aut voluit. Quinimo, ut ibidem asseritur expresse, indurato animo, obstinate atque pertinaciter denegavit ac etiam expresse ac vicibus iteratis domino nostro papæ sacro generali concilio se submittere recusavit. Hæc in prima sententia formaliter continentur.

In secunda vero continuo post abjurationem prolata habetur sic : « Dicimus et decernimus te gravissime deliquisse revelationes et apparitiones divinas mendose confingendo, alios seducendo, leviter et temere credendo, superstitiose divinando, blasphemando Deum et sanctas, prævaricando legem, sacram doctrinam et canonicas sanctiones, contemnendo Deum in suis sacramentis, seditiones moliendo, apostatando, crimen schismatis incurrendo et in fide catholica multipliciter errando. »

In tertia autem et ultima seu diffinitiva sententia ita legitur et reperitur : « Te in varios errores variaque crimina schismatis, idolatriæ, invocationis dæmonum et alia permulta incidisse reperimus, deinceps vero post hujuscemodi tuorum errorum abjurationem irruente et seducente cor tuum auctore schismatis et hæresis, te in eosdem errores et in præfata crimina ex tuis confessionibus spontaneis et assertionibus iterum prout dolor incidisse velut canis ad vomitum reverti solet sufficienter et manifeste constat, potius te corde ficto quam animo sincero et fideli tuas adinventiones erroneas antea verbo tenus abnegasse clarissimis indiciis habuimus comprobatum. Hinc est quod in sententias excommunicationis quas primitus incurreras et in errores pristinos reincidisse declarantes te relapsam et hæreticam decernimus, ac per hanc sententiam nostram quam pro tribunali sedente in his scriptis proferimus et pronuntiamus te tamquam membrum putridum ne cætera membra pariter inficias ab ipsius Ecclesiæ unitate rejiciendam et ejus corpore abscindendam necnon potestati sæculari relinquendam decernimus prout rejicimus et abscindimus et relinquimus. »

Ecce quæ et qualia in his sententiis continentur, profecto ipsi Johannæ atquæ causæ suæ minime competentia, sed potius, ut dictum est et declaratum, falso sibi objecta et imposita, imo quod majus est, neque deliberationibus a doctoribus super hoc habitis quasi in modico consona. Quod si de prædictis adeo extraneis terribilibus terminis sigillatim rationem elicere tentaremus, maximum codicem labor ipse exigeret. At vero sub compendio in præcedentibus satis deductum est quatenus hujuscemodi prædicata insonti Puellæ nullatenus congruunt, quinimo si comprehensa in illis sententiis diligenter attendantur, in multis excedunt deliberationes consultantium, ut modo dicebatur. Quod quidem repugnat speciali super hoc traditæ provisioni juris in cap. « Statuta » *De hæreticis*[1], cum notatis ibidem per Johannem Andree in novella ubi allegat canonem illum « Estote »[2]. Ex hac itaque manifesta iniquitate in qua personæ innocentia enormiter leditur falso sibi hæresim imponendo, juri etiam plane contradicitur consiliaque prudentum exceduntur, despiciuntur ac transgrediuntur, redditur sententia nulla. Ad hoc bene facit cap. « Inter cæteras » et cap. « Sententia » *De sententia et re judicata*[3]. Quippe et prætereundum non est quod in his sententiis, præsertim in ultima error intollerabilis seu inexcusabilis reperitur.

Primo in hoc quod fuit pronuntiata excommunicata, cum tamen per informationes constet quod eodem mane et parum ante horam judicii de expressa illorum judicantium licentia devotissime perceperat sacramenta pœnitentiæ et Eucharistiæ, et hoc ad suimet instantiam et requisitionem quæ duo manifeste repugnant et errorem evidentem continent.

Secundo quia judicialiter decreverant eam omni gratia et communione seu omni sacramentorum perceptione privandam, ut patet in registro folio CXVI, et hoc contra piam et providam juris disposi-

---

[1] *D. Bonifac.* V, 2, 20.
[2] *D. Grat.* C. I, 1, 119.
[3] *D Greg.* II, 27, 9 et 1.

tionem, ut in c. « Super eo, » *De hæreticis*[1]. Et videantur notata per Henricum Bohye in c. « Si adversus »[2], dicentem quod nunquam denegatur audientia in foro exteriori seu conscientiæ per C. « Quemadmodum » in fine *De jurejurando*[3], C. « Inter claras », *De summa trinitate*, cum similibus.

Tertio quia non constat per sententiam vel alias quod a prætensa illa excommunicationis sententia eam absolverint, quod est contra æquitatem et expresse contra stillum inquisitoribus traditum et semper observatum quoniam qui potestati seculari relinquuntur moventur suaviter ac instanter ut absolutionis beneficium requirant quibus petentibus publice impartitur, et hoc quidem sententiæ tenor exprimere debet. Sed ex supradictis verbis luculenter constat, cum videlicet dicunt ac decernunt eam omni gratia et communione privandam, quod decreverant omnino sibi non conferre hoc absolutionis beneficium, imo et neque offerre; quod quidem non solum evidentis erroris, sed et crudelitatis extremæ fuit ostensivum.

Quarto declarant et pronuntiant eam hæreticam quod sane, præmissis attentis, omnino falsum est cum semper catholica et fidelis non solum populari seu publica æstimatione, sed etiam multiplici, longua atque districta circa eam facta examinatione reperta fuerit. Præterea confitentes seu potestantes fidem non sunt hæretici reputandi, imo etiam neque redeuntes ad fidem, quia non sunt tales, ut c. « Hæc est fides, »[4] c. « Dixit apostolus » et c. « Qui in ecclesia ». Ideo evidentem errorem in hoc continet præfata sententia.[5] Unde summopere cavendum est ne illi qui fuerunt hæretici aliquando tales in sententia pronuntientur, quia nec est modus pronuntiandi sic in jure, ut in sua consultatione ad inquisitores tradit dominus Guido Fulcodii qui fuit postmodum papa Clemens quartus; et hoc notat Archidiaconus in c. « Ut commissi, » *De hæreticis*[6]. Quantominus ergo vel actu esse tales censendi aut judicandi sunt qui fideles semper existentes aut ad fidem redeuntes eam devote profitentur.

[1] *Bonifac. decr.* V, 7, 11.
[2] *D. Greg.* V, 7, 11.
[3] *D. Greg.* II, 24, 25.
[4] *D. Grat.* C. XXIV, 1, 14.
[5] *D. Grat.* C. XXIV, 3, 19 et 31.
[6] *Bonifac. decr.* V, 2, 12.

Denique et quinto errorem ideo continet quia post crebras, publicas atque legitimas recusationes lata fuit, de quo satis præmissum est.

Unde ex his patet error non solum probabilis, juxta c. « Fraternitatis. » *De frigidis et maleficiatis* [1], sed etiam intollerabilis, secundum c. « Per tuas », *De sententia excommunicationis* [2], ob quod sententia nulla vel saltem annullanda omnino videtur.

Et ita concluditur ex prædictis qualitercumque deductis quod processus quoad materiam et formam, similiter et sententia contra hanc electam Puellam habiti manifestam injustitiam continent. Quod pro nostra exiguitate et sub præmissis protestationibus susceperamus declarandum.

Explicit recollectio super difficultatibus circa materiam atque formam ipsius primi processus contra dictam Johannam agitati et super elucidatione quæstionum in dicta materia et forma processus incidentium facta per Inquisitorem prædictum ex ordinatione prædictorum dominorum delegatorum et consiliariorum ab eis evocatorum.

[1] *D. Greg.* IV, 15, 6.
[2] *D. Greg.* V, 39, 40.

XV

JACOBI GELU MINISTRI (ARCHIEPISCOPI) EBREDUNENSIS DE PUELLA AURELIANENSI DISSERTATIO [1].

EPISTOLA DIRECTA SERENISSIMO REGI FRANCORUM COMPILATA PER REVERENDISSIMUM IN CHRISTO DOMINUM JACOBUM GELU ARCHIEPISCOPUM EBREDUNENSEM SUPER ADVENTU JOHANNÆ DOMINI NOSTRI JESU CHRISTI ANCILLÆ PRÆFATO REGI AB ALTO DIRECTÆ.

CHRISTIANISSIMO principi domino Karolo septimo, Francorum regi serenissimo, ac dalphino Viennensi inclitissimo, magnalia ac misericordias Domini jugiter in considerationem agere.

Quia circa nuperrime in celsitudinis vestræ favorem ac gloriosæ domus Franciæ laudem et perpetuam famam, peracta ministerio

[1] Jacques Gélu natif d'Ivoy dans le duché de Luxembourg s'adonna d'abord à l'étude du droit, licencié ès lois il fut chancelier du duc d'Orléans, conseiller au parlement de Paris, puis président du conseil delphinal de Grenoble, général des finances. Il se tourna alors vers la religion, en 1412 il était nommé chanoine à Embrun, et en 1414 archevêque de Tours. En 1415 le roi le délégua au concile de Constance, et la même année Gélu fut mis à la tête des quatorze prélats qui accompagnèrent l'empe-

Puellæ adolescentulæ, cujus miranda omnium aures pulsare non cessant, doctos viros varia sentire intellexi; quibusdam asserentibus peculiarem altissimi, ad conservationem dominiorum proprio-

reur Sigismond auprès de Pierre de Lune, dit Benoit XIII, pour l'engager à ce démettre de la papauté; dans la plupart des conférences avec l'antipape il fut l'organe de la députation. En 1417 Gélu fit partie du conclave qui nomma Martin V, mais peu s'en fallut qu'il ne fut élevé lui-même au pontificat. Revenu en France comme légat apostolique il s'occupa de négocier la paix entre le dauphin et le duc de Bourgogne, et faillit même périr dans un massacre d'Armagnacs.

Gélu fut un diplomate habile, il fut envoyé à deux reprises à Madrid pour conclure un traité d'alliance entre le roi de France et celui de Castille; le pape l'envoya dans le royaume de Naples pour essayer de pacifier ce malheureux pays.

De retour en France; Jacques Gélu s'employa de toutes ses forces pour empêcher les effets de l'infâme traité de Troyes que la reine Isabeau de Bavière venait de conclure avec Henri V roi d'Angleterre et le duc de Bourgogne, et par lequel, comme l'on sait, le dauphin Charles devait être exclu de la couronne de France dont il était l'héritier légitime. Jacques Gélu alla trouver le duc de Bretagne qui avait souscrit à ce déshonneur de la patrie; il chercha à le ramener, lui et les seigneurs bretons, à leurs devoirs envers le dauphin. Il leur écrivit aussi de Tours, et s'adressa même plusieurs fois directement au roi d'Angleterre dans des lettres où l'éloquence, le patriotisme et la plus sainte indignation protestaient en faveur des droits sacrés du dauphin et appelaient la colère de Dieu et des hommes sur ceux qui continueraient à les violer.

Voulant quitter la France, après avoir vu ses remontrances inutiles, il partit pour Rome où on lui offrit l'archevêché de Lyon, il préféra celui d'Embrun (1427); les papes et les rois ne dédaignèrent pas de l'y consulter, et c'est dans cette retraite modeste qu'il mourut en 1432.

On a de Gélu un écrit intitulé *Apologie pour l'empereur Sigismond, le roi d'Aragon et les ambassadeurs du concile contre l'anti-pape Benoit XIII*; Gélu fit aussi une histoire des archevêques d'Embrun : *Rerum ab antecessoribus in Ecclesia Ebredunensi gestorum breve compendium*. Enfin les archives de l'Eglise de Tours possèdent un mst des *Décrets de Gratien* où se trouvent une *Vita Jacobi Gelu ad annum 1421, ab ipso conscripta*.

Charles VII voulut avoir en 1429 son avis sur Jeanne d'Arc et lui fit relativement à la mission divine de l'héroïne cinq questions auxquelles Gélu répondit par ce mémoire.

Le sage prélat pensait qu'il fallait beaucoup examiner avant de reconnaître un miracle dans les hauts faits de cette merveilleuse fille, mais il partageait l'admiration et l'enthousiasme commun. Ce fut la plus grande et la dernière douleur de sa vie, quand il apprit que la vierge de Dom-

rum in persona et progenie vestris, provisionem existere in ævum feliciter duraturam; aliis opinantibus Puellam præfatam, nequissimi hostis fallaciam delusam, ipsius et satellitum suorum medio operari in confusionem et vituperium justitiæ, virtutum præclarissimæ, quam se colore adstruunt; idcirco considerans quod in agro dominico, prout quisque valet, serere illius frumentum, alter pretiosum aliquid, et alius quæ habet, quanquam non multum præstantia, tenetur, nec aliorum opes alterius paupertate fœdari; quatenus materia prædicta elucescat, ipsam juxta modulum talenti crediti tractatulo præsenti, annuente scientiarum datore Deo, comprehendam. Quem majestati vestræ destinare proposui pro speculo terso et admodum polito, in quo fragilitatem imbecillitatemque potentiæ humanæ et terrenæ, ac principum, populo quanquam gravi præsidentium, excellentiam, etiam omnipotentiæ Dei benedicti gratias uberes multiplicesque vobis impensas, absque tamen obligationis alicujus vinculo, sed mera libertate sua, insuper, quam nulla solvere valetis facultate ipsi domino largitori Deo, beneficentiam speculari, meditari, videre ac recognoscere, quamvis insufficienter, valeatis.

Sed nunc in ænigmate et per hoc in amorem, timorem, laudem et gloriam benefactoris Dei, parentis liberi, tota mente, tota virtute et animæ tota assurgatis, tandemque de virtute in virtutem profiscentes, ipsi facie ad faciem gratias peragatis in patria, visione beatificata dotatus. Quod, ut fiat, ex intimis pium, misericordem et omnium bonorum largitorem Deum suppliciter exoro.

Vester olim Turonensis, nunc Ebredunensis metropolis, Jacobus, minister indignus.

---

remy était tombée au pouvoir des Anglais, et qu'ils l'avaient fait brûler. (*Gallia Christiana* t. III col. 1090 ; H. Fisquet *La France pontificale* (Aix, Arles, Embrun) p. 913.

La Bibl. nat. possède deux m[sts] de ce mémoire, l'un fonds Cangé 6199, l'autre du Puy 639, ce dernier porte in fine, fol. 128 verso : *Extraict des registres de la Chambre des comptes et Cour des finances du Dauphiné du livre cotté* « *Processus super insultu et guerra Anthonii de anno MCCCCXXX.* »

DISSERTATIO

Doctorum fidelium scriptis facto singulari Puellæ, ad serenissimum regem Francorum dominum Karolum septimum venientis, primaria apprehensione concepto, non abs re mirari cœpimus dubiæ rei eventum, et ejusdem causam finalem efficientem et materialem inquirere, de voluntateque, pietate, misericordia et justitia Dei perscrutari. Unde plura in sacræ fidei catholicæ confirmationem et æstimationis aliquorum confusionem, nulli curam universi attribuentium, cedentia, reperimus; quos sæpenumero detestati sumus, ac refellimus et damnamus per præsentem tractatulum, in Dei gloriam, fidei approbationem, catholicorum lætitiam ingentem, præcelsæ domus Franciæ excellentiam, domini regis prædicti laudem regni et fidelium incolarum ejus christianissimorum perpetuam famam, editum per me, Jacobum, olim Turonensem archiepiscopum, nunc sanctæ metropolis Ebredunensis ecclesiæ antistitem indignum; anno Domini millesimo quadringintesimo vicesimo nono; præsidente Romanæ Ecclesiæ domino Papa Martino quinto, et romano imperio domino Sigismundo, feliciter. In quo quidem tractatu nihil temere asserere volumus, sed melius scientium judicia sequi, annuente salvatore nostro domino Jesu Christo, cui soli debetur honor et gloria.

Nulla gens usquam est adeo aut fuit extra leges moresque projecto, quæ non aliquos deos crediderit. De Deo enim omnibus insita est opinio; hinc omnis mortalium cura, quam multiplicium studiorum labor exercet, etsi diverso calle procedat, ad unum tamen nititur beatitudinis finem pervenire. Quo magis est admiranda quorumdam pravitas qui, etsi humanæ speciei exsistant anima rationali informati, quia membra magni corporis sumus omnes naturaque nos cognatos ediderit cum ex iisdem in eadem gigneret: de Deo tamen male et impie suspicantur: fato aut casui, non omnipotentiæ creatoris attribuentes quæ providentia divina contingant; falso existimantes non majorem Deo esse curam de hominibus quam de vilissimis specierum singularum individuis: quo fit ut volitis suis indifferenter libere se uti posse credant, tandemque peccatorum suorum mole pressi, justitiam, omnium virtutum præclarissimam; crudelitatibus etiam immersi, quæ ad omnia valet pietatem;

et in proximorum injurias acti, quæ propria est creatoris, in Deo misericordiam, abnegent, nec peccare se existiment, si quam avidissime suis fruantur voluptatibus, quæ non sunt hominis præstantia dignæ. Sed et miserrimi sunt qui eo pervenerunt ut talia supervacua sibi faciant necessaria ; tunc enim consummata est infelicitas ubi turpia non solum delectant, sed et placent, desinitque remedio esse locus quando, quæ vitia sunt, mores fiunt. Ex libidine orta, sine termino sunt ; et in immensum exit cupiditas, quæ naturalem modum transilit. Quare qui se prædictis immergunt, eisdem carere non possunt quasi in consuetudinem adductis ; et quia peccatum mox suo pondere ad aliud trahit et vitia nos in desperationem perducunt, in nefanda incidant, ut, nec infernum quo malefactorum suorum pœnas luant, ponant (qui tamen descriptus est perpetua nocte oppressa regio in qua nulla est redemptio) paradisum etiam ubi, quæ nec oculus vidit, nec auris audivit, et nisi cor hominis non ascendit, præparat Deus diligentibus se, abnegantes : etiam animam humanam de potentia materiæ eductam, scilicet ut bruti et ad corruptionem individui corrumpi impie existiment ; quum tamen speciei humanæ a brutali per hoc secernatur divinitas, tandem dicat insipiens in corde suo : « Non est Deus. » Qui talia agunt, digni sunt morte ; et nedum qui agunt, sed et qui agentibus consentiunt.

Assertiones prædictæ hominem occupare possunt feliciter vitiis enutritum et damnatis versantem moribus ; sed virtus quæ beatos nos efficit, cum sua vi nos trahat et sua potestate alliciat, non contingit, nisi animo bene instituto et assidua exercitatione in bonis ad summum perducto. Non dat natura virtutem ; ars est enim bonum fieri, et animus malis artibus imbutus haud facile libidinibus caruit. Hinc quæ salutaria sunt, agitari sæpe et versari debent, ut nec tantum nota sint sed parata. Dogmata supra posita, nedum opinari esse falsa, sed scire fide oculata et ratione intellectiva compellitur intellectus, si singulare illud et mirandum facinus consideretur quod nunc ostendit Dominus nobis per Puellam, in adjutorium domini regis divinitus pro recuperatione dominiorum suorum transmissam ; quod perstringere cessit animo, ne posteræ circa prædicta hæsitent ætates.

Ut autem nihil antiquitatis ignoretur et exordium rei omnibus clareat, negotium texendum censuimus ut bonæ memoriæ regem

Johannem pro stipite eligamus. Quatuor enim filios habuit : Karolum quintum, dalphinum primum Viennensem ; Ludovicum, ducem Andegaviæ, regem Siciliæ ; Johannem, ducem Biturîæ, et Philippum ducem Burgundiæ, qui habuit Johannem, etiam ducem Burgundiæ (de quo infra dicetur) patrem ducis Burgundiæ moderni. Karolus quintus habuit Karolum sextum, mansuetum et pium, sed infirmitate præpeditum, propter quam ad regni gubernacula minus aptus erat ; et Ludovicum, ducem Aurelianensem, elevati sensus virum. Karolus sextus genuit Karolum dalphinum, in ætate tenera mortuum, cui successit Ludovicus dux Aquitaniæ, dalphinus perspicacis ingenii, circa adolescentiam defunctus. Huic Johannes comes Pontivi, dictus de Hannonia, qui filiam comitis Hannoniæ habuit uxorem, successor exstitit ; sed modico tempore vixit dalphinus. Postremo dominus rex modernus Karolus septimus ad dalphinatum, postea ad regnum venit.

Verum pro declaratione dicendorum, sciendum quod viventibus Ludovico Aurelianensi et Philippo Burgundiæ ducibus, magnæ inter eosdem, occasione regiminis regni, insurrexerunt dissentiones, quæ per Johannem prædictum, patre suo defuncto, continuatæ exstiterunt, adeoque ut ipse clam ducem Ludovicum Aurelianensem interfici fecit. Quapropter infinita mala evenerunt, quia domini domus Franciæ præcelsæ se diviserunt, aliis partem Aurelianensem foventibus, et quibusdam partem Burgundiæ. Populus etiam divisus exstitit. Hinc strages cruentæ et seditiones ortæ sunt, medio quarum multi notabiles Parisius et alibi, per homines viles et abjecti status partem Burgundiæ tenentes, morti addicti sunt. Anglici vero divisionem regni considerantes, ipsum invaserunt et lapsu temporis plures patrias, civitates et castra sua vi et industria, partim et juvamine partis Burgundiæ ac non obedientium domino regi subjectorum, obtinuerunt, bellisque campestribus partem Aurelianensem quam dominus rex foverat ut suam, plurimum attenuaverunt. Damna multa domino regi pars Burgundiæ procuravit, quia regi Angliæ se confœderavit ; cujus juvamine Anglici Franciam, Briam, Campaniam, Picardiam, Normanniam et usque Ligerim regnum obtinuerunt, ac Karolum sextum reginamque ejus uxorem ceperunt; quibus in eorum potestatem adductis, fecerunt per eos dominum regem contra jus et fas omne exhæredari ac regem Angliæ hæredem institui, postque magnam regni partem Anglici cum adjutorio partis Burgundiæ sibi appropriaverunt ac aliquos partem regis tenentes, principes, nobiles et alios, sic territaverunt quod multum exstitit debilitata pars regia. Nam aliqui principum partis regiæ, homagium Anglicis fecerunt; alii domanium regis exquisitis coloribus ab ipso extorquebant; alii facultatibus et financiis ipsum spoliabant; quibusdam falsa in populo, quatenus regem exosum haberet, per totum regnum seminantibus; in tantumque hæ pestes invaluerunt quod, vix reperiebatur qui domino regi obediret. Item nobiles et principum aliqui a spe ceciderant, et dominum regem relinquentes, ad propria se reducebant, rumorque invalescebat quod cuilibet licitum erat de regno sibi appropriare quæ occupare poterat. Unde depauperabatur rex patientissimus, adeo quod vix tenuem nedum pro domo sua, sed pro persona, victum habebat, et regina; resque sic ducta est quod nulla erat apparentia per auxilium humanum dominum regem sua dominia recuperare posse, crescente continue inimicorum et sibi non obedientium potestate, ac remissione juvaminis illorum qui partem suam foverant. Non financias reperire de suo poterat rex, et a sibi subditis donata sine mensura dissipabantur. Absque apparatu regio relinquebatur rex, et unde sibi succurrere posset, non habebat. Omnia tamen patienter sustinebat, auxilio destitutus humano et avaritia suorum depauperatus; sed spem firmam in Deo eum reposuisse audivimus ac ad Deum singulariter recurrisse, orationibus et eleemosynis, venditione jocalium etiam aliquorum quæ habebat. Quorum, ut creditur, mediis, placatus misericors Deus et tactus ardore caritatis, intrinsecus cogitavit super eum et regnum cogitationes pacis, reparationis et restaurationis; inclinando per pietatem majestatem suam, ut misericordiam et justitiam eisdem faceret.

Placuit itaque Altissimo in cujus femore scriptum est *Rex regum et Dominus dominantium*, regi succurrere per adolescentulam puellam, de post fœtantes nutritam et ereptam; non stola magistrali, non conversatione prudentium, non instructione doctorum, informatam; habitum virilem gestantem; se a Deo missam asserentem, quatinus princeps esset exercitus regii ad domandum rebelles et expellendum ipsius inimicos a regno, ac eum in dominiis suis restituendum. Quæ res, etsi in se considerata mirabili exsistat, cum nec mulieri, præsertim puellæ et juveni, propter sexus fragilitatem et verecundiam congruat ut sit dux exercitus seu armis se immisceat, ac viros bellicosos viribus corporalibus potentes, exercitatos, qui omnibus terrori erant, vincat; attamen in Dei potentiam relata nullam admirationem inducere debent, quia in paucis veluti in multis, victoriam etiam sexus muliebris interventu æqualiter præstare potest, ut in Debbora factum exstitit. Non est qui ejus resistere possit voluntati cum omnia in sua ditione sint posita. Per hoc docemur humanitus nihil posse, nisi Domino faciente, quia omnis potestas a domino Deo est. Humana enim præsumptio damnatur adversus justitiam Dei se extollere; confunduntur cervices superborum et supercilia grandia in se confidentium; infima Deus elegit ut fortia confundat. Sed etsi in specula rem præsentem feramus, multa se offerent propter quæ merito suspicari et credere possemus clementiam divinam ad prædicta sic peragenda inclinatam.

Primo occurrit domini regis justitia. Ipse enim fuit filius, nunc unicus, bonæ memoriæ Karoli sexti, constante matrimonio genitus, naturalis et legitimus, qui nihil ingratitudinis adversus parentes egit; et tamen decepti, inducti ac territi ipsum de facto exhæredarunt inimicum ejus capitalem, regem Angliæ, hæredem instituendo contra jus naturale, divinum et humanum.

Secundo prædecessorum suorum se offerunt merita gloriosa. Nam post fidei catholicæ susceptionem, nullo unquam errore in fide notati sunt, ut de Francia dicatur quod sola monstro caruit. Deum honoraverunt, fidem et Ecclesiam auxerunt et in reverentia semper habuerunt.

Tertio, orationes personarum devotarum et ejulatus oppressorum, insuper altera ex parte infidelitas subditorum et inhumanitas eorum. Nam per eos captis fidelibus regiis, pro cibis et alimentis fenum interdum porrigebant ut brutis; alimenta eisdem contra jus naturæ omnimode denegantes et, post eorum interfectionem, sepulturam. Secundo eorum sævitia in omnes indifferens, absque status aut sexus delectu; nam prælatos et viros ecclesiasticos, nobiles, consiliarios et virgines, senes cum junioribus et mulieres prægnantes, occiderunt.

Quarto, inimicorum injustitia titulum validum nullum habentium, qui, quasi fidem non professi fuerint catholicam, quæ alienum non tantum usurpare, sed rem proximi concupiscere prohibet, sibi regni diadema et sceptrum non veriti sunt velle appropriare; cum tamen omne quod ex fide non est, sit peccatum.

Quinto, insatiabilis crudelitas gentis illius quæ in actibus suis nullam admittit pietatem. Quos enim bellis subdiderunt, neci tradere non sunt veriti, similibus nequaquam indulgentes, sed contra jus naturæ eosdem necantes. Per ipsos tota christianitas turbata exstitit; quin imo orbis universus; inimici etiam crucis Christi nimium gloriati sunt, talia exitia inter christianos audientes, cum nulla possit esse nostrum propior quam per tales divisiones destructio. Sed nunquam rem eo duci vidimus; quanquam propter mala gentis nostræ multum turbatam, quin in pietate, misericordia et justitia Domini speraremus; domino regi asserentes et persuadentes quod magis erat possibile in homine vivente animam rationalem non esse, quam in Deo pietatem, misericordiam et justitiam deficere; peccatis autem regis nostri et populi seu omnium simul, pestem prædictam contingere non ad excidium domus regiæ, sed ad correctionem nostram. Restabat autem quod a peccatis correcti, ad Dominum confugeremus, quia agens agit in patiente prædisposito. Hinc domino regi persuadebamus ad pietatis divinæ bonitatem confugere et se illi tota mentis devotione committere ac in eo firmiter sperare; res enim desperatas suæ virtutis magnitudine consummare potest.

Sed rem nostram paulisper ex causa laxemus.

Assertum est nobis viros multum litteratos constanter dicere Puellam prædictam, non a Deo missam, sed magis arte diabolica deceptam et illusam, non in Dei potestate quæ facit, sed dæmonum ministerio peragere. In argumentum capiunt quia uno impetu aut momento, ut sic loquamur, Deus peragit, cum tempore aliquo non indigeat ad consummationem sive perfectionem operum suorum. Ipse dixit et facta sunt; mandavit et creata sunt. Ista autem Puella jam diu incepit; nondum complevit; ergo, etc.

Item si divina essent prædicta, Deus angelum destinasset, non juvenculam simplicem cum ovibus nutritam, omni illusioni subjectam et de facili deceptibilem propter sexus naturam et vitæ in otio peractæ solitudinem. Talibus enim dæmon cautus plerumque illudit. Hoc maxime in his, quibus degimus, regionibus in dies experimur. Ejus enim multæ et variæ sunt artes illudendi et homines decipiendi, quibus a natura, post sui casum, invidet et inimicatur. Ergo etc.

Ex themate prædicto aliquas elicere quæstiunculas satis utile judicamus, quo materia præsens elucescat; quia veritas agitata magis splendescit in lucem. Quæro ergo primo utrum divinam majestatem deceat de unius hominis actibus aut regni singulariter se intromittere.

Secundo, utrum Deus sua magis per angelos quam per homines habeat expedire.

Tertio, utrum deceat divinam sapientiam, quæ viris competunt, sexui muliebri committere.

Quarto, si et per quæ valemus cognoscere opera esse a Deo an arte diabolica facta.

Quinto, si ordinatione, voluntate aut dispositione divina aliqua sint facienda, utrum sine prudentia humana sint peragenda.

Quæstio prima.

Ad partem negativam primæ quæstionis arguitur æqualiter est cura Deo de omnibus. Item sicut Deus omnium creator est, sic omnium est et debet esse conservator qui dat formam, dat consequentia ad eam : quare indifferenter se ad omnia habet; nihil odiens facit, quare omnium misereatur, omnia enim sua sunt etc.

Respondemus cum omni correctione et submissione humili prælibata, quod Deus omnia diligit quia omnia condidit, omnia etiam disponit et conservat æqualiter; sicque non est aliquid de quo ei cura non sit. Et hoc necessarium est quia si manum suam retraheret ab aliquo, certum est ipsum non posse subsistere cum ab eo omnia dependeant. Verum est tamen quod singulis rebus, prout uniuscujusque natura expetit, quæ convenire novit accommodat. Aliter de pomis aut piris providet et disponit, et aliter de homine. Cuilibet tamen sufficienter juxta naturæ qualitatem sive modum, Quia vero homo se multis quæ prudentiam requirunt, imo quasi infinitis habet immiscere et circa ea versari, idcirco amplior circa eum requiritur et necessaria est Dei providentia ac directio quam circa individua alterius speciei. Docemur locum in naturalibus hanc rationem habere. Aliquæ sunt herbæ quæ ubilibet cusare possunt etiam inter petras, quin imo ipsis hærent; aliæ delicatam et minutam requirunt terram fimo aptatam, prignam et calore solis intenso adjutam : aliter enim neque crementum neque perfectionem suæ speciei attingerent. Unde quia nobilioris et magis delicatæ naturæ existunt, in his specialiter Dei requiritur cura sive provisio.

Nulla enim neque præstantior sub concavo orbis lunæ creatura est homine : hinc speciatissimam de eo curam Dei bonitatem habere consequens est dicere, et tanto majorem et specialiorem quanto se magis aptat sua virtute, devotione et dispositione ut Dei gratiam mereatur et acquirat ac ea dignus fiat. Sicut enim a causa arguimus efficaciter ad effectum, sic etiam ab effectu ad causam valide ad causam arguere possumus. Utrumque enim bonum est argumentum : hinc dicimus quod si homo simplex aut administrationem habens in republica ut rex, vel etiam populus aut regnum unum bene, decenter et devote Deo famuletur, suæ majestati ut convenit serviat, ac ejus mandata custodiat et per bonæ vitæ conservationem. Domino Deo laudes reddat, quia majestas operis resultat in laudem creatoris sive opificis, decens est majestatem divinam de talis hominis aut regni actibus singulariter se intromittere, ipsos protegendo et ab adversis liberando. Bonitas divina cujus natura est benefacere nihil relinquit irremuneratum et dives est in omnes ut singulis ad condignum retribuere valeat et dare omnibus affluenter.

Hujus dicti quamplures habemus historias probatorias : divina bonitas Moysen rexit et usque ad mortem fovit ; Jacob acceptum habuit de quo scribitur « Jacob dilexi ; » David fidelem a malitia Saülis et astutia Absalonis liberavit ; Ezechiæ regi morienti quindecim annos addidit ; ad Josue precem solem sistere jussit et diem quadraginta octo horarum spatio dilatavit ; personam Job a Sathanæ potestate exclusit eam preservando ; Tobiæ juniori Zachariam misit qui eum per iter suum conduxit, negotiari juvit et ad larem paternum sanum et incolumen reduxit ac post reductionem Tobiæ senioris sanitatis restitutionis causa fuit ; ei enim hirundinum fere excœcato visum et lumen restituit ; apostolorum quemlibet confortavit ; martirum fortitudinem ampliavit, juvit et accendit ; confessores et virgines in integritate vitæ preservavit ; populum Israeliticum a servitute Pharaonis liberavit et ipsum quadraginta annorum spatio fovit, nec enim illo tempore attrita fuerunt eorum vestimenta.

Non ergo mirum est si post tot et tanta flagella patienter ac domino Rege et populo suo perpessa, miserator et misericors Dominus velit ejus misereri et populi, ac in misericordia continere iras quas peccatis exigentibus meruerant. Speramus regem et populum emendatos et correctos ad Dominum reversos ejus propitiationem invenisse. Si enim unius hominis simplicis Tobiæ administrationem reipublicæ non habentis Deus curam gesserit ita specialem virtute parentum hoc merente, quare non possumus sic de domino regi ministro Dei sperare et æstimare quia administrationem magnam in republica habente? Et si populi Israelitici post varias afflictiones Deus misertus est et eum tanquam peculiarem elegit, quare credere non possumus quod regnum Franciæ semper in fide firmum, nunc satis de suis demeritis correctum, ad Deum per pœnitentiam reversum divina majestas juvare non dedignetur, præsertim quia, ut supra scriptum est, satis se offert in casu nostro materia, Dei clementiam ad justitiam et misericordiam regis et populi sui inclinandi et propitiationem suam obtinendi? Unde considerare debemus quod de defectibus quæ circa nos proveniunt, judicem Deum non arguere habemus nec debemus, cum semper juste faciat, sed culpam nostram.

Ut enim eam puniat, creaturas parvulas fecit, ut muscas minutas, pulices et similia quibus humana retunditur superbia. Compertum est tales parvulas creaturas tale tœdium atque fastidium homini dare quod nec studere nec in operationes suas exire poterit : dic homini fortissimo ut in loco pulicibus pleno quiescat. Ut autem correctionem commissorum recipiamus, præmissa attendere debemus. Carneades in epigrammate etiam prædictis alludens ait neminem ad sexagesimum annum pervenire absque notabili famæ, corporis aut bonorum sive facultatum detrimento, « Et hoc Dii voluerunt, ut dicit, quatenus agnoscerentur. » Sed ex quo talia in Deum referimus nos emendando, paratus se offerat gratiam benigne largiens, Deus pater secundam personam in trinitate benedicta ad redimendum nos misit quæ humanitatem nostram in utero virginali recepit et passionibus quibus subjecti sumus præter peccatum subditus ob nostræ salutis remedium esse voluit, altitudinem suam inclinando ut nostram gustaret miseriam, quare ergo ut regi consulat altissimus unam de suis creaturis mittere non poterit, ita ut dicamus majestatem suam de unius regis et populi decere se intromittere juvamine et a faucibus inimicorum liberare? Profecto de Dei pietate, misericordia et justitia ut prius, cum correctione tamen debita diffinire possum et sentire. Nec est verum quod Deus omnia sua simul et uno contextu faciat : nam creationem mundi per spatium sex dierum peregit, et die septimo ab omni opere quod patrarat cessavit. Quamvis fateamur quod unico momento aut instanti aut si quid minus dici posset, si sibi placuisset, mundum creasset, attamen aliqui dixerunt et videtur convenientius omnium specierum materias una simul informes Deum creasse et easdem per spatium sex dierum specificasse. « In principio enim creavit Deus cœlum et terram » etc. Similiter cum populum Israeliticum a servitute Pharaonis liberare vellet, non omnes unico momento plagas immisit, sed sicut indurescebatur cor Pharaonis, sic plagas temporis lapsu. Dum autem Tobiam Angelus duxit, ductum servavit et sanum reduxit; hæc tempore indiguerunt nec momento, sed longo intervallo facta sunt, et quousque parentes de illius missione contristarentur dicentes : « Utinam nunquam fuisset pecunia pro qua filium nostrum misimus baculum senectutis nostræ. » Insuper et Deus interdum subito facit aliqua, ut de accysia virorum oculos per orationem Hœlisei invasit. Turbatis etiam discipulis quia eo mare movebatur ut navicula operiretur fluctibus, imperavit dominus ventis et mari, et cessavit illico tempestas. Istorum igitur diversitatis causam quærere et scire velle est niti arcana Dei scrutari, quæ non licet homini. Cum sis mortalis, quæ sunt mortalia quære ; mitte arcana Dei cœlumque inquirere quid sit non est sapiendum plus quam oporteat. Certum est autem Deum sic aut sic agere posse : rationem autem quare hoc aut illo fiat modo ejus immensitati remittere debemus, cujus respectu intellectus noster merito oculis noctuæ in radio solis existentibus comparatur qui propter splendorem luminis offuscantur ita quod nihil percipiunt aut vident, omnium operum Dei nullam invenire potest homo rationem eorum quæ fiunt sub sole, et quanto plus laboraverit ad quærendum, tanto minus inveniet.

Quæstio secunda.

Secunda quæstio erat utrum Deus sua per Angelos magis quam per homines expedire habeat ? Congruentius videtur per Angelos : agens enim perfectissimum et nobilissimum ministerio nobilioris medii ut potentia correspondeat instrumentum agere debet. Constat autem naturam angelicam esse aliis quoad multa perfectiorem et nobiliorem excellunt angeli acutie intellectus, experientia propter eorum longævam durationem, agilitate etiam quare omnia pertranseunt cum loca nulla occupent; igitur, etc.

Insuper prædidis alludendo ministerio angeli primi parentes a paradiso ejecti extitere post lapsum : « Ejecitque Adam et collocavit ante paradisum delitiarum Dominus cherubin flammeum et versatilem gladium tenentem ; » per Angelos Sodoma et Gomorra perierunt « Venerunt duo Angeli Sodomam vespere ; » Angelum evaginatum gladium in manu habentem in via vidit Balaam ; Manne loquutus est angelus et ascendebat sursum in flamma holocausti ; sunt et spiritus quos facit angelos Deus ad vindictam creati qui in furore suo confirmat tormenta ; sed postremo missus est Gabriel archangelus ad Mariam virginem desponsatam Joseph.

Pro præmissorum solutione dicimus quod per Angelum et creaturas cæteras humanas et alias Deus sua operari potest : nec enim sic per angelos determinatus sive limitatus est agere quin aliter facere possit. Verum est tamen quod angelus est nomen officii, secundumque qualitatem sibi commissorum recipit spiritus nomen angeli aut archangeli : archangelus ad majora, angelus ad minora determinatus dicitur. Pro ministerio Incarnationis Filii Dei quo non est majus Archangelus ad Mariam destinatur virginem, sed Angelus ad Manne et Zachariam patrem Johannis Baptistæ. Dicimus tamen quod pure, libere, libertate contradictionis agere potest Deus per angelos et non agere per eosdem, sed per alias creaturas sive humanas, sive brutales, sive vegetativas. De humana apparet in Moyse et Aaron fratre suo, fuit enim Moyses medium inflictionis plagarum Ægypti per Deum ; Josue, Judas Machabæus, David jussu divino pro paternis legibus tyrannos contra eosdem bella peragentes populi Israelitici peculiares Dei vicerunt : Samuel, Hælyas, Helisæus in spiritu Dei miranda plurima profecerunt ; mulieres etiam, ut Judith et Esther nutu divino etiam vindictam exercuerunt. Per columbam ramum viridem in archam Noe misit Deus ; corvus Heliam et Antonium pavit eremitam ; Balaam loquuta est in via asina. Postremo per qualitativas dispositiones rerum entia producit prima causa quæ Deus est, plus influens in effectum quam quæcumque alia causa. Interdum sine materia Deus creator agit, sæpe cum materia, tanquam agens naturale in effectibus concurrit, prout suæ sapientiæ volitum est, singula peragens ratione justissima juxta rerum naturam intrinsecam interdum et etiam earumdem convenientiam , omnia distribuens numero, pondere, mensura et valida ratione.

Congruentius enim in materia præsenti per muliebrem sexum et fragilem, ut per juvenem puellam egisse dici potest sua divina sapientia, quatenus inimicis regis in solis suis viribus, armatorum multitudine, astutia et armorum exercitio magis quam in Deo confidentibus et mala infinita sine justa causa facientibus impuneque hoc agere existimantibus Deus benedictus ostenderet non in prædictis, sed in Domino et ejus justitia sub timore suo esse vivendum et nihil sine justa causa esse faciendum, quasi non esset in justissimo justitia et in vindicante judice pœnarum debitarum inflictio. Deus enim zelotes est, peccata parentum in filios vindicans, cumque per minima Deus confundat fortia. Majoris enim est potestatis et excellentiæ per sexum muliebrem fragilem exercitum ferocem fortem corporibus et viribus exercitatissimum armis vicisse quam per multitudinem bellatorum et directionem formidabilium et interritorum militum. Contemnitur in præmissis humana præsumptio quæ sine causa adversus justitiam Dei se elevare nitebatur quasi in justissimo non spectaret nec crederet justitiam. Sic confundenda est eorum superbia quæ ascendit semper, eorum, inquam, qui Deum oderunt nec ipsum ut Deum glorificaverunt, sed evanuerunt in cogitationibus suis : unde credentes se esse sapientes stulti facti sunt, sic stulti filii Adam a spe deciderunt, non valentes Dei pietatem erga læsum regem et populum suum ac per eam Dei misericordiam erga eum denegare, quin imo ut eorum elatæ confundantur cervices, justitiam dure et acriter eosdem punientem oculata fide noverunt. Nimis honorati exstitissent si per medium Anglici victi, expulsi, territi et punisi fuissent : quare ut eorum superbiam usque ad Cœlos se extollentem confunderet Deus et humiliaret, eis restitit et per juvenculam rusticanis parentibus infimis et humillimis in sua regione ortam, vili ministerio traditam, omni fragilitati subjectam, indoctam et ultra quod dici potest simplicem voluit supercilia illa retundere ac in humilitatem et Dei majestatisque suæ cognitionem inducere ut salvos faceret eos qui perierant.

Quæstio tertia.

Tertia quæstio : Utrum deceat divinam sapientiam quæ viris competunt sexui muliebri committere? Videtur quod non. Ordo rerum confunderetur nisi cuique sua dignitas servaretur. Sed plura competunt viris propter eorum dignitatem quæ mulieribus non sunt committenda propter sexus verecundiam et pudicitiam : in *Deuteronomio* Dominus ait : « Non induetur mulier veste virili, nec vir utetur veste fœminea; abominabilis enim est apud Deum qui facit hæc. » Item quanquam aliqua sint in se considerata licita et bona, nequaquam sunt mulieribus, sed nec omnibus viris committenda, ut in prædicatione quæ non nisi doctis viris est permittenda : unde quamvis beata virgo singulis apostolis esset perfectior, attamen non sibi Deus prædicationem commisit, sed ipsis apostolis eo quod sexui suo non congruebat. Igitur etc.

Confirmatur quia aliquibus viris aliqua et non aliis sunt committenda, igitur fortiori ratione hoc de mulieribus est dicendum. Presbiteris licitum est ministrare et sacrificare, non laicis : hinc Saül a Samuele etiam ex peccato correptus extitit quia sacrificium Deo obtulit, dicente sibi ipso Samuele : « Stulte egisti nec custodist mandata Domini Dei tui quæ præcepit tibi. » Et etiam Oza quia arcam quæ videbatur cadere velle sustentare volebat manu fuit vita privatus; Ozias rex qui incensum cœpit ut adoleret coram Domino super altare Thimiamatis, reluctantibus et contradicentibus sibi sacerdotibus, lepra percussus est usque in diem mortis suæ.

Sed in oppositum arguamus quia sexus muliebris medio placuit altissimo arcana miranda revelare et aperire, penitus illo tunc a viris incognita quæ misterium Incarnationis Filii Dei concernunt et etiam resurrectionis generalis et adventus Christi ad judicium, et modum quo finietur mundus. Hæc sibilla Tyburtes Albimea nomine quæ Tyburi colitur ut Dea juxta ripas amnis Amonis imperatori Octaviano, ubi trium dierum spatium petiit et jejunium complevit, roganti de visione sua responsum dedit, inquiens :

« Judicii signum tellus sudore madescet,
E cœlo rex adveniet per secla futurus.
Scilicet in carne præsens ut judicet orbem
Unde Deum cernent incredulus atque fidelis
Celsum cum sanctis cui jam termino in ipso
Sic animæ cum carne aderunt quas judicat ipse
Cum jacet incultus densis in vepribus orbis,

Rejicient simulacra viri cunctam quoque gazam
Exuret terras ignis, pontusque polumque
Inquirens tetri portas effringet Averni
Sanctorum non erit cunctæ lux libera carni
Tradentur sontes æterna flamma cremabit
Occultos actus detegens tunc quisque loquetur
Secreta, atque Deus reserabit pectora Luci,
Tunc erit luctus, stridebunt dentibus omnes
Eripitur solis jubar, et chorus interit astris
Volvetur cœlum, lunaris splendor obibit
Deficient colles, valles extollet ab imo
Non erit in rebus hominum sublime vel altum,
Jam æquantur campi, montes et cetula ponti
Omnia cessabunt, tellus confracta peribit,
Sic pariter fontes torrentum flammaque igni
Et turba cum sonitum tristem dimittet ab alto
Orbe gemens facinus miserum variosque labores,
Tartareumque chaos monstrabit turba dehiscens
Et coram hic Domino reges sistentur ad unum
Decidet e cœlo ignisque et sulphureus amnis. »

Ex prædictis apparet quod occulta et miranda revelata fuerunt huic sibillæ mulieri et vati. Igitur, etc.

Vatem sibillam merito vocaverimus, quod ut clareat, parumper ripas egrediamur, in alveum tandem regressuri. Lactantius memorat quod Marcus Varro, quo nemo unquam doctior ne apud Græcos vixit, in libris rerum divinarum quod ad C. Cæsarem pontificem maximum scripsit ait sibillinos libros non fuisse unius sibillæ, sed appellari uno nomine sibillinos quod omnes fœminæ vates fuerint sibillæ a veteribus nuncupatæ. Cæterum decem fuisse sibillas reperimus : unam e regno Persarum, cujus mentionem agit Nichanor, qui Macedonis Alexandri gesta conscripsit; aliam Libissam, cujus meminit Euripides in prologo *Hamiæ* ; tertiam Delphicam, de qua Crysippus libro *De divinatione;* aliam Cinicam in Italia, de qua Nenius in libro *De bello punico;* quintam Eritream, quam Apollodorus Eritreus civem suam fuisse affirmat, eamque váticinatam Trojam esse perituram et Homerum mendacia scriptum ; aliam Samiam, de qua Eratosthenos in antiquis annalibus Samiorum dicit esse scriptum ; septimam Cumariam nomine Amelthatam cujus libri allati sunt Romam ; aliam Alesponciam in agro Trojano natam quam scribit Heraclides Ponticus Solonis et Tyri fuisse temporibus ; nonam Phrigiam quæ multa vaticinata est; decimam illam Albimeam Tiburtem, de qua supra.

Si igitur per has sibillas futura et miranda prædicere voluerit et viros præfata latere, quare dicere non poterimus quod Deus negotium mirandum circa quod versamur puellæ committere non valuerit magis quam alteri virorum, etc.

Dicimus pro solutione quæstionis quod divina sapientia nunquam in suis actibus fallit aut fallitur, sed quidquid agit bene facit, nec aliquid potest esse bonum nisi sit acceptum ei. Itaque quidquid vult est bonum, quidquid facit est bonum : nam velle et posse in Deo et bonum esse idem sunt, sicque ipse est omnium actuum regula verissima secundum quam omnia habent dirigi ; idcirco nihil quod sibi placet non est bonum. Quin imo totum ordinem naturæ sua virtute mutare posset et novum mundum aut mundos creare : omnipotens enim est, nec est qui sibi dicat : « Cur ita facis? » De lege tamen ordinata aliqua potuit et voluit, vult et potest quæ tenere debemus et eisdem adhærere, nec a talibus recedendum est nisi ex causa. Tamen princeps et rex regum est qui solutus est legibus quas condidit et adversus eas ordinare potest quia certum est ipsum talia facere non nisi ratione justissima quamvis incognita interdum a nobis. Unde quod verisimile de Deo dicitur quod sola voluntas ejus est lex justissima quia ejus voluntas est pro ratione. Sic petierunt filii Israel ab Ægyptiis vasa argentea et aurea vestemque plurimam ; dedit autem Dominus gratiam eis coram Ægyptiis ut commodarent ea et expoliaverunt Ægyptios, et excusantur a furto quia Domini est terra et plenitudo ejus, nec potest dici furtum, ubi Dominus vult quod sua re aliquis utatur. Insuper princeps potest casum aliquem a lege communi excipere, maxime quando justa causa faciendi sic occurrit. A lege qua dictum erat quod omnis homo qui per concubitum viri et mulieris nascitur, iræ nascitur filius et peccato subditus excepta est virgo Maria, sed justissima ex causa quia mater Dei esse meruit quare Dominum decuit ipsam a talibus præservare. Hinc dicimus quod melius est rem publicam regi bono principe quam bona lege : lex enim in terminis universalibus datur, et causas occurrentes non potest considerare, ut secundum earum qualitatem deffiniat, quia mortua est. Princeps autem est lex animata quia, et tempore, personis et circumstantiis consideratis, limitat negotia et ipsa disponit aut legem secundum terminos sequendo aut ejus rationem a verbis ipsius recedendo, quia scire leges non est scire verba legis, sed intentionem legislatorum.

Insuper dici potest quod quamvis princeps legem universaliter sine causa non mutare totaliter habeat, hoc tamen habet locum in principe subjecto ut omnis homo qui minister Dei est, sed in Deo qui est Princeps principum, Rex regum et Dominus dominantium, non sic, quia totum quomodo et quoties et qualiter vult immutat. Non enim dependet voluntas sua ab aliquo, sed omnia ab eo : idcirco ipse sibi regula est. Consequenter dicimus quod concesso aliquo per modum sequelæ concessa videntur alia sine quibus illud concessum debite fieri non posset. Qui dat formam dat consequentia ad eam : hinc qui concedit alimenta, concedit et vestimenta quia quis sine vestimentis bene vivere non potest.

Unde ad casum nostrum applicando prædicta. Dicimus quod Deus potuit ordinare quod Puella armatis viris præesset et etiam eos regeret, et quod fortissimos et exercitatissimos debellaret et vinceret, ac in habitu virili talia peragendo incederet. Nec in hoc fallit aut fallitur sapientia divina. Optima enim ratione omnia prædicta ultra voluntatem Dei, quæ omnium est summa ratio et quæ sufficit pro omni causa sive ratione, sunt facta, si bene consideretur casus qui se offert. Inimici domini regis (qui sunt christiani et per consequens obligantur secundum regulas, præcepta et mandata Dei in Decalogo contentas, vivere), confidentes in virtute sua et potentia, regem hæreditate paterna sine causa justa spoliare volebant, contra præcepta legis, sive etiam contempto mandato divino, ac si Deus nihil in hac re ordinasset, in contemptum Dei et injuriam plurimam proximi. Cum tamen Domino Deo servire et eidem obedire debuissent, et proximos suos sicut se ipsos diligere, regnum occupare et sibi appropriare conabantur, in Dei legem et naturæ committentes. Ad convincendum tantam superbiam et inobedientiam et ad ostendendum quod Deus est ad quem confugere possunt læsi et obtinere remedium ; et quod, sine ejus beneplacito, præsumptio humana nihil attentare debet.

Contemnendo talem superbiam se sic elevantem, numquid Deus juste potuit mulierem, nedum sagacem, parvulam puellam simplicem, status inferioris, indoctam, inexercitatam, in habitu virili destinare ut tantam superbiam omnino confutaret ; generi humano per hæc doctrinam dans quod in Deo est pietas qua movetur ad succurrendum læsis, in Deo est misericordia qua subvenit afflictis, (et sic afflictis, quod non erat humanitus pro eorum restauratione sive in statum pristinum repositione, apparentia ; sed omnes sensus humani et prudentia deficiebant : tunc enim convenit misericordiam divinam se de rebus interponere, quia desperata suæ virtutis magnitudine, consummare et complere potest) ; ad docendum etiam quod in Deo est justitia, quod unicuique quod suum est, tribuat et conservet ; per talem actum divinum increduli et qui non tenebant nedum regi omnipotentia Dei sed fato ad ipsum convertuntur firmiter scientes quod in stultitia sua damnabantur. Unde paucum fuisset Cherubin aut Seraphin aut alterum angelum ad retundendum præfatam superbiam misisse et unico ictu eos omnes contrivisse ; sed sapientia divina hoc agere noluit, dans superbis per casum nostrum intelligi quod non oportet pro confundendo prædicta usque ad potentiam supercœlestium devenire, sed sufficit rem fragilissimam et ineptam ipsum capere ut fortissima hominum confundat.

Quod autem juste in habitu virili prædicta peragendo incedat, per modum sequelæ hoc actus habet. Decentius enim est ut ista in habitu prædicto virili committantur, propter conversationem cum viris, quam alias ; quia qui similem cum aliis gerit vitam, necesse est ut similem sentiat in legibus disciplinam.

Unde ergo dicimus quod, etsi non appareret in casu nostro aliqua ratio sic faciendi, præterquam sola voluntas Dei (quæ sufficeret pro ratione, cum non debeamus velle cognoscere rationem factorum per sapientiam divinam quæ infinita est, et cujus non sumus capaces) : attamen, etsi Deus esset princeps etiam mortalis, tot et tanta in materia nostra concurrunt, ut dictum est supra, quod a lege communi (quæ est quod actus viriles debent viris committi) recedere posset, et hunc actum virilem nedum mulieri, sed Puellæ indoctæ, committere ; ne unquam potestas humana quantacumque contra majestatem divinam audeat sive præsumat se elevare, sed actus suos subjiciat divinæ potentiæ, et sciat humanitus non esse potestatem validam nisi quantum a Deo concessum fuerit positive aut saltem permissum.

Quæstio quarta.

Quæritur quarto si et per quæ valemus cognoscere opera esse a Deo an arte diabolica facta ?

Videtur quod nullo modo cognoscere possumus. Primo, quia notitia nostra intellectiva dependet a sensitiva. Nihil enim est in intellectu quin prius fuerit in sensu nostro. Per sensus nostros talia opera non possumus cognoscere, magis per rationem fieri oporteat quam discursu sensuum. Bene enim possum videre aliquem elemosinam dare, aliquem jejunare, sed non possum finem seu rationem quidditatis vel quare hoc agit aliquo sensuum percipere. Igitur, etc.

Secundo, illa quæ spirituum fiunt medio rationem secretam et latentem incognitamque habent, invisibilem et impalpabilem, quare eorum naturam minime cognoscere valemus : « Spiritus ubi vult spirat, et nescit quo tendit aut quo vadat » ; hinc circa mirabilia seu miranda versantur. Tertio, angelus Sathanæ sæpe in angelum lucis se transformat, quatenus incantos faciliter decipiat. Prophetam decepit ac pane et aqua contra prohibitionem Domini sacravit : hinc leonis morsu illico interiit. Quarto, quia similia opera maligni spiritus bonis operibus faciunt et ingerunt hominum mentibus quatenus eos decipiant. Bona etiam pro præmio promittunt, et in alia nota quam sua specie, ne nos terreant, apparent : diabolus in specie serpentis Evæ suggessit quod si de fructu vetito comederet, bonum et malum cognosceret et sicut Deus esset. Quinto, mali spiritus complexiones hominum agnoscunt et ad quid inclinentur sciunt : quare de his in quibus placentiam recipiunt persuadent ut decipiant, ut luxurioso de mulieribus, de pulcritudine, avaro de pecunia, superbo de dominiorum donatione, et sic de similibus et talibus persuasionibus sensualitatem tangentibus, quia difficile est repugnare. Igitur, etc.

Circa quæstionis solutionem est sciendum quod titulus quæstionis potest dupliciter intelligi : uno modo, ut quæratur si et per quæ aliquis possit cognoscere si illa quæ sibi suggeruntur sint a Deo aut a spiritu malo.

Pro quo speculandum quod multis calamitatum tentationibus

mens justi in hac vita pulsatur sic et injusti. Sed tamen insidiæ diaboli quamvis huc et illuc diffundantur, « quærit enim semper quem devoret » ; a potestate ejus non egrediuntur nec extra eam sunt, et hoc ne tantum noceant quantum volunt et quantum malitiose contendunt. Igitur, dum tentationem inferre volunt, si a Deo potestatem non habeant, non valent adipisci quod appetunt. Et verum est quod omnis voluntas diaboli injusta est, quia non nisi nocere tales spiritus cupiunt : attamen ejus potestas quæ permissione divina sibi conceditur est justa. Tentari enim quemlibet injuste appetit, sed eos qui tentandi sunt non nisi juste tentari Deus permisit. « Irruebat spiritus Domini malus in Saul ». Si Domini erat spiritus, cur erat malus ? Cur Domini dici potest ? Respondemus quod per prædicta Domini potestas justa intelligitur non sinentis aliquem tentari nisi justa ratione, quare ejus permissio justa est. Isto respectu dictus spiritus dici potest Dei ; sed mala voluntas etiam spiritus tangitur quam habet in volendo tentare ut decipiat : hinc isto respectu dicitur malus spiritus. Idem enim spiritus per acceptam justam a Deo tentandi potestatem dicit potest Domini, quia sui medio agit Dominus, aut per tentationem in viro justo faciendo proventum, aut per tentationem in malo, quatenus in peccata cadendo amplius demereatur et sic pœna majori dignus gravius puniatur. Sento enim gradu ad vindictam divina procedit ira tarditatemque supplicii gravitate compensat.

Si tamen sua mala voluntas et animus nocendi in se consideretur, certe non potest non malus aut nequam dici ; opera enim sua quentum ad suam voluntatem relata omnia sunt malitia involuta, cum nihil faciat ad finem bonum, sed omnia agat ad finem reprobum et damnatum. Appetit in quolibet esse quod ipse est, videlicet malus et pravus, invidus etiam sua natura : idcirco non potest videre in homine bonum. Invidia diaboli mors intravit in orbem terrarum, quare nititur nos semper pervertere. Si diceres : Si mali spiritus sint liberi arbitrii, ergo faciunt quod volunt. Si autem hoc est verum, quomodo hoc ex scientia Dei dependet, quia ex hoc Deus videtur velle malum facere : itaque per hoc videtur quod Dominus non haberet bonam voluntatem, ex quo esset, conformis voluntati spiritus mali qui non vult nisi malum.

Expressius sic arguitur : si dicamus quod idcirco male faciunt spiritus mali quia Deus permittit et quia ipsi nihil aliud volunt aut velle possunt quam quod Deus vult cum videatur eis velle suum tradere quando tradit eis posse ; nihil enim possunt nisi quod Deus vult nec velle nec posse velle accipere possunt nisi per voluntatem Dei.

Dicimus quod in bonis spiritibus præmissa possunt intelligi et de ipsis verificantur quia boni spiritus bonum faciunt, et hoc Deus vult Deusque eis concedit. In malis prædicta locum non habent : unde dicimus sic quod licet ex permissione divina sit quod malum possunt, quia nisi Dominus permitteret non possunt, ex inspiratione tamen ejus non est quod malum volunt, quia non facit eos Deus male velle sed bene ; cum male voluerunt aut vellent, illarum malarum voluntatum ordinator et non creator est Deus.

Sed iterato dicitur : Non videtur hoc procedere quia diaboli non faciunt nisi quod Deus vult, et tamen non volunt nisi quod Deus non vult ; insuper si Deus non vult illud quod diaboli faciunt, quare et quomodo permittit quod faciunt quod ipse non vult, cum facere non possint nisi eo permittente, nec permitti possunt facere nisi eo volente.

Respondemus quod mala quæ faciunt mali spiritus non vult Deus quia mala sunt, sed eorum malam voluntatem ordinat, coartat et regit Deus secundum suam voluntatem. Diabolus sive spiritus malus vult hominem occidere aut ad fornicationem sive aliud crimen inducere : hanc malam occidendi voluntatem non vult Deus, sed eam coartat, ne videlicet faciat omnimode spiritus quod vult, sed cum moderamine quod Deus vult, et sic ordinantur ad regulandum quod indebite volunt secundum Dei limitationem et moderationem. Circa quod speculandum quod Dominus voluntatem hominis quanquam liberum arbitrium habentis et etiam spiritus mali qui habet liberum arbitrium quatuor modis cohercet, limitat et gubernat secundum suam voluntatem.

Uno modo, quia terminum eis apponit. Dixit ad Dominum Sathan : « Numquid frustra timet Job Deum ? » sequitur ad propositum : « Numquid tu vallasti eum et domum ejus universamque substantiam ejus per circuitum, sed extende paululum manum tuam, et tange cuncta quæ possidet, nisi in facie benedixerit tibi ». Et sequitur bene ad propositum : « Ecce universa quæ habet in manu tua sunt, tamen in eum ne extendas manum tuam ». Per hoc formaliter apparet quod artatur ad certa potestas spiritus mali voluntate divina : istam ordinationem vult Dominus quamvis malam spiritus voluntatem non velit formaliter.

Secundo, Deus miraculo temporaliter illatæ impossibilitatis vult et arctat malam spiritus aut hominis voluntatem : hoc contingit quando sine impedimento exteriori sed virtute subjecta et occulta divinæ præsentiæ comprimitur potestas spiritus mali. Clamaverunt dæmoniaci Domino : « Quid nobis et tibi, Jesu fili Dei ? Venisti ante tempus torquere nos. Si nos ejicis, mitte nos in gregem porcorum ». Ecce qualiter per Domini præsentiam impossibilitata est dæmonum potestas sive spirituum malorum subjecta virtute ejus præsentiæ, sicque sine licentia nec exire nec in gregem porcorum intrare poterant.

Tertio, obstaculo extrinsecus eis adhibito, quando videlicet sunt aliæ potestates extrinsecus obviantes et impedientes ne eorum voluntates ad effectum deducantur : ferit Dominus sonitum magnum in nubibus per quem terruit Philistæos, sicque populo Israelitico nocere non valuerunt.

Quarto, per judicium intrinsecus operantis dispositionis, hoc est dictu, quando ipsa vis divina quæ ab intus in omnibus præsidet illas voluntates quæ sunt contra voluntatem divinam tollit. Habebam voluntatem interficiendi aliquem vel necandi, et hoc suasione diabolica in me contingebat; Deus benedicta sua gratia me prævenit et hanc malam voluntatem tollit a me, ita quod pœniteo et propter Dei timorem illud quod proposueram non facio. Sic impeditus est David non amplius Absalon non velle videre muliere Thecinthe plorante voluntate divina, insuper et ipse qui proposuerat Nabal et omnia quæ habebat destruere prohibitur a Domino exstitit, uxore ejus Abigail benedictionem cum abundantia ei afferente.

Inter tot ergo et tanta mala positi, multum cavere debemus ne nos decipi permittamus, navigantibus nobis per hoc mare magnum et spatiosum manibus ubi sunt reptilia quorum non est numerus, id est, diversa inimicorum genera. Hinc ad Dominum recurrere debemus ut nos a talibus pestibus liberare habeat, spem in ipsum reponendo, nec tardabit fragilitati nostræ succurrere benedictus Deus qui non permittit nos tentari ultra id quod possumus. Homo enim quando se promptum ad bona facienda reperit, quando se facilem ad ea quæ Dei sunt sentit, tunc debet et potest sperare in Domino, quia spiritu Dei ea quæ superveniunt agenda sibi ingeruntur, et hæc est voluntas Dei. Verum exemplo Samuelis non debet esse levis in credendo, sed trina vice debet petere pulsari a Domino : sic Gamaliel per somnum in revelatione corporis beati protomartiris Stephani perigit. Antiqui signum a Domino petebant, ut Saul a Samuele dum unctus esset in regem de prophetis in via occurrentibus sibi et homine agniculos bajulante ; Gedeon in vellere sicco area madida et e contra in area sicca et vellere madido de voluntate divina certificatus est; dat propheta signum quod immolari debent sacerdotes Baal quia scindetur altare et conspergetur cinis ac effundetur. Itaque in constantia bona recipienda sunt sic nobis suggesta, nec nimis creduli esse debemus in talibus, sed caute an a Deo spiritus sit exquirere.

Sed et alio modo potest titulus quæstionis intelligi et ad propositum nostrum, si videlicet et per quid cognoscere possumus opera aliena esse a Deo an arte diabolica.

Circa quod notandum est quod humana nostra fragilitas multis defectibus subjecta est, quare credens quandoque bene judicare decipitur ; non enim omnimode potest esse certa de actibus occurrentibus. Quare sufficit de ipsis definire prout humana fragilitas nostra sinit : hæc est juris humani provisio. Differt enim nostra in hoc a divina cognitio, quia Deus neque falli potest neque fallitur, sed nos multis deceptionibus et fallaciis subjecti existimus ; quin imo plerique sensus nostri circa sua propria objecta decipiuntur, ut patet in oculis elevatis qui unum visibile judicant duo esse visibilia et in digitis cancellatis qui unum sensibile judicant duo esse sensibilia. Non est ergo mirum si in facto alieno decipiuntur. Si ergo quæramus de cognitione operum in quantum proximum concernunt qualiter cognoscimus si a Deo sint, respondemus quod quia nihil est minus cognoscibile a nobis quam cor sive mens hominis, cum imperscrutabile per nos existat, solius enim Dei est cordium esse scrutatorem et secretorum cognitorem, attamen nobis modus adest interiora hominum cognoscendi et judicandi, de his videlicet per eorum opera exteriora.

Tales enim sunt voces qualia sunt signa passionum quæ sunt in anima ; per decentiam habitus extrinseci morum intrinseca ostenditur honestas ; qualis enim quis est sibi suos mores assumit ; mos suus cuique est prout est : hi fructus sunt nostri per quos arbor cognoscitur an bona sit sive mala. Apud Græcos antiquissimum erat proverbium « Qualis oratio, talis vita ». Utrum enim aliquis sit modestus, an alius in sua oratione percipitur. Si aliquem bene vivere secundum statum suum, bonis moribus indulgere, conversationem bonam et gratam habere perspexerimus, quomodo de tali in malum judicare possemus : pravum enim et adversum rationi esset tale judicium, quod probatur. Nisi enim sic diceremus, sequeretur absurdum, videlicet quod bonorum operum notitia sive cognitio esset impossibilis et malorum facilis, cum tamen sint plura bona quam mala et beatius sit et delectabilius circa bona quam circa mala versari.

Item Dei habemus notitiam et invisibilium per cognitionem creaturarum visibilium ; invisibilia ipsius a creatura mundi per ea quæ facta sunt intellecta conspiciuntur, et tamen difficilior est ejus cognitio, cum sit imperscrutabilis, quam talium operum. Igitur, etc.

Et si dicatur : « Aliqui fingunt se esse bonos, sicut hypocritæ, cum tamen mali sint ; quare decipi possumus de talium operationibus judicantes ; sub specie agni gerunt lupum », benedictus Dominus horum judicium nobis docuit dicens : « A fructibus eorum cognoscetis eos ». Cæterum ficta, diu latere non possunt. Æquiparantur ficta morbo gravi et incluso, qui aut vincatur a natura satis cito, aut ipsam vincat necesse est. Nam extreme lædentia non diu stare possunt. Cum autem ad sanitatem tales morbi veniunt, cum impetu exeunt ac violenter erumpunt, et quales erant inclusi patenter manifestant. Sic in hypocrisi accidit.

Ad casum nostrum applicando, de Puella nostra et ejus operibus quod a Deo sint, quantum humana fragilitas noscere sinit, possumus affirmative respondere, quia videlicet a Deo sint. Ipsa enim sicut bona et fidelis christiana Deum colit, ipsum adorat, sollicite sacramenta ecclesiastica veneratur, et frequentat confitendo sæpe et corpus Domini devote recipiendo ; honesta est in verbis, honesta in conversatione, multiloquium in quo non deest peccatum evitans ; sobria in victu ; in cæteris etiam gestibus suis nihil indecorum, nihil turpe, nihil quod non deceat verecundiam puellarem, ostentans, velut nobis relatum est. Nec unius diei sunt prædicta, nec ficta putentur, sed plurium mensium ; in quibus satis apparuisse potuisset, si quid sinistri de ea dicendum esset. Et quanquam circa arma versetur, nec crudelitatem tamen unquam persuasit, sed omnium miseretur ad regem dominum suum confugientium et inimicorum recedere volentium ; non sitit humanum sanguinem, sed offert inimicis pacificum ad propria recessum, regno in quiete et pace dimisso et rebellibus ad domum suum regressum per obedientiam bonam, recepta a rege veniæ indulgentia. Verum est tamen quod ea ad quæ missa est, nititur complere, videlicet subjugare hostes et rebelles jugo colla submittere, cum, requisiti quod debitum faciant, denegaverint : hæc enim est via juris communis omni rationi consona.

De conversatione in habitu virili, supra satis excusata est, quia actus ad quem missa est hoc exigit, ut supra satis deductum exstitit. Conversationem etiam cum viris habeat oporteat, quia eorum est circa difficilia versari, circa quæ missa est, intendere. Nec minus tamen inter armatos vivit honeste, pudice ac decenter, nihil propter hoc quod non deceat virginem puellam, agens, ut nobis relatum est. Quod etiam pie credimus, re tota in se bene ponderata. Non enim increduli ac, ut sic loquamur, aut male suspicari de bonis operibus debemus pertinaciter, ut non rationibus, vitæ moribus conversationem loquentibus assentiamus. Impersuabiles deos nequaquam reciperemus aut inexorabiles, quare nec tales esse debemus, sed mentes nostras ad possibilia, verisimilia et alia quæ sui natura et ab accidenti sunt etiam admissibilia inclinare, nec sic nostris opinionibus adhærere debemus quod omnem rationem excludamus et persuasionem. Prudentiæ propriæ inniti multum reprobatum est « Ne sis sapiens apud temetipsum » : prudentiæ autem suæ innititur qui proprium sensum sanctorum, proborum et bonorum dictis et sententiis anteponit.

Sed restat videre ex parte operum in se qualiter cognoscemus si a Deo sint an arte diabolica. Circa quod dicimus quod duo sunt hic consideranda natura videlicet operis, secundo finis propter quem fit.

De primo, attendamus necesse est utrum res quæ agitur vel circa quam versatur sit de genere bonorum. Quod si sit, magis præsumendum est quod Dei virtute quam diabolica arte fiat, quia Dei est bene agere. Pulcherrima et optima Dei natura est semper bene facere et nulli nocere ; mali autem spiritus sive diaboli est mala velle et ad malum semper tendere.

Si vero res in se considerata sit de genere malorum, ut occidere, rem alterius capere, violentare, lædere aliquem, timorem aut livorem infligere et similia agere, causa propter quam et finis debent in considerationem adduci. Occidere interdum permissum est a lege, ut criminosos capitaliter punire ; insuper a lege concessum est non valenti aliter evadere aggressorem interficere. Etiam dicimus quod non est clementia bello et quod ibi occidere hostem licitum et meritorium est, si tamen bellum sit justum : militare non est peccatum neque circa arma versari maxime pro tuitione rei publicæ. Pugna pro patria. Johannes Baptista approbando militiam non dixisset, quod milites contenti esse debent stipendiis suis, nisi militia fuisset licita. Idcirco enim bellamus ut pacem consequamur, et sic finis belli debet esse pax : pacem autem nemo rem non licitam et honestam ac summe appetibilem diceret. Cujus autem finis bonus est, ipsum quoque bonum est.

Ad casum nostrum applicando, placuit Deo omnipotenti regi Domino nostro humanitus desolato juvamine suorum et aliorum etiam confederatorum potestate destituto propter rationes plures nobis incognitas succurrere ; sed ad reprimendum superbiam nimis se efferentem, ponamus quod miserit puellam simplicem ut eum in sede parentum reponeret. Ipsa monuit et monet inimicos sine titulo et causa validis regnum occupantes et læsionem maximam insontibus facientes quatenus ad patriam propriam sine damno corporis et bonorum recedant ; monet et regis subjectos, principes et alios qui factionem contra eum fecerant redire ad sui superioris obedientiam cum spe veniæ de omnibus quæ in dominum suum commiserant ; ista sunt facta justa, rationabilia et æqua magis quam alia, quia gravi sunt punitione digna severitate justitiæ considerata. Ponamus quod prædicti noluerint monitis tam rationabilibus acquiescere, certe subest rationabilis causa bellum indicendi quod justum ex parte regis erit et meritorium ex parte juvamen et auxilium et adjutorium regi facientium : quare capere, occidere et cætera quæ sunt guerræ facere erunt licita, quia si aliquid est licitum, omnia sine quibus et quæ sequuntur ex eo necessario sunt de numero licitorum. Præsupponimus tamen quod non mala voluntate sed quamvis sic fiant, cum compassione in quantum concernit facientes, fiunt. Judex cum aliquem ad mortem condemnat, non eum injuriose neque acriter seu ferociter et acerbe, sed cum compassione et mansuetudine condemnare habet.

Unde dicendum cum correctione prædicta quod supra posita cum qualitatibus et conditionibus suis qualificatis taliter agere quanquam de sui natura nude considerata possent dici de genere malorum, non de genere malorum qualificationibus debite attentis sunt, imo de genere bonorum, et sic non possunt dici arte diabolica facta quia sunt bona et ad bonum et licitum finem ordinata, et sic a Deo debent dici facta : imo in dubio præsumi debet sic, nec in prædictis aliquid diabolicum seu malorum spirituum intervenire dicemus vel suspicari debemus, sed a Deo procedere qui est vera justitia malos puniens et bonos remunerans, vera misericordia quæ succurit desolatis, vera pietas quæ subvenit læsis.

Quæstio quinta.

Ultima quæstio erat : si ordinatione divina et voluntate aliqua sint facienda, utrum sine humana prudentia sint peragenda?

Videtur quod non. Tentare Deum prohibitum est : « Non tentabis Dominum Deum tuum. » Hinc duella non sunt permissa indifferenter. Multos enim vidimus sub justo justitiæ clipeo perire ; debet enim homo quod in se est facere nec Deo totaliter negotium sine aliquo sui exercitio committere, exemplo Abrahæ qui, ut periculum evitaret mortis, dixit Sarram ejus uxorem suam esse sororem. Dei enim coadjutores sumus, quamvis Dei agricultura existamus. Adæ dictum est : « In sudore vultus tui vesceris pane tuo, » per quod diligentia in agendis est sibi indicata. Unde quamvis immissa veniant semina, attamen nisi cultivetur terra, fructus nusquam eo uberes dabit. Dat Deus omne bonum, sed non per cornua taurum.

Secundo homini frustra data esset industria si eadem uti non posset in sibi commissis, quin imo videretur nedum ipsa, sed et libertas sui arbitrii esse adempta. Nihil etiam est peragendum quin modi et media ipsum ad effectum deducendi sint pensandi. Ubi intenderis, ingenium valet ; cum autem consulueris mature, facto opus est. Deliberandum est diu quod statuendum est semel ; neque autem votis aut suppliciis mulieribus auxilia Deorum parantur, sed agendo et consulendo, operando prospera cuncta cædunt. Commisso enim negotio esse censetur data facultas advisandi et pensandi modum, locum, tempus et circumstantias quibus levius et proprius perfici possit. Sic dati sunt exploratores terrarum quas sibi filii Israel obtinuerunt.

Tertio, quando res commissa non unico actu nec subito sive uno semel expleri potest, sed tractu temporis indiget, veluti est casus noster. Non enim omnia loca simul et semel totius regni visitari possunt, sed unum post aliud. Oportet quod advisentur negotia si insultus prestandus sit; infirmiora civitatis aut castri sunt quærenda, circa victualia juxta numerum commilitonum, de machinis et aliis necessariis ubi situabuntur, et sic de quamplurimis videtur esse per modum sequelæ remissum ordinationi mandatarii.

Quarto sit : consilia quæ in bonum fiunt sunt a Deo et ejus voluntate fiunt quia Deus ipsa vult, ergo non repugnant his quæ Deus commisit. Non enim commisit nisi bonum, et si bonum non fuisset quod commisit, nusquam commisisset; modo bonum bono non repugnat, sicut ne verum vero, imo bonum bono, sicut verum vero consonat. Quare consilium humanum non videtur Deus interdixisse, cum voluit vel commisit aliquem actum fieri. Item ubi sunt plurima consilia, ibi salus, et integrum est judicium quod plurimorum autoritatibus confirmatur. Talia autem tollere videtur rem periculo exponere. Igitur, etc.

Quæstionis hujus difficilis est materia, si bene pensetur. Pro ejus aliquali declaratione speculandum quod quanquam omnium rerum prima et præcipua causa sit voluntas creatoris, quia nulla præcedens causa movit eam, ipsa enim est æterna nec aliqua subsequens causa eam confirmavit quoniam ex semetipsa justa est, nec idcirco voluit quia futurum fuit justum quod voluit, sed quod voluit justum fuit quia ipse voluit. Proprium hujus voluntatis divinæ est justum esse quod est : ex ipsa ortum est quidquid est et ipsa orta non est quia æterna est, nec hæc voluntas est diversa, licet loquutio de eadem sit diversa. Unde capitur voluntas Dei pro ipsa voluntate quæ vere est in ipso et idem cum ipso et coæterna ipsi quæ est ipse Deus. Aliquando etiam voluntas divina secundum quamdam dicendi figuram voluntas ejus vocatur quæ secundum proprietatem non est voluntas ejus, sed signum voluntatis ejus, et ipsum signum voluntatis ejus ipsa dicitur voluntas, cum tamen voluntas non sit sed signum tantum, sicut signa iræ. « Domine ne in ira tua corripias me. » Quando Deus corripit, dicitur iratus quia irati corripiunt, et tamen realiter non est iratus. Dilectionis signa etiam dilectio appellantur, et secundum istos modos dilectionum quasi voluntates Deo attribuuntur, quia diversa sunt illa quæ per figuram dicuntur voluntas ejus, cum ea quæ secundum proprietatem dicitur sit una voluntas ipsius, ista nec multiplicitatem recipit nec mutabilitatem.

De Deo duo dicuntur quæ voluntas Dei appellantur, et hæc sunt proprie signa voluntatis, non tamen voluntates : harum una faciens dicitur, alia permittens. Operatio Dei dicitur voluntas ejus, sic permissio Dei dicitur voluntas ejus, et eo sic dicuntur quia operatio et permissio sunt secundum voluntatem ejus : attamen veraciter sunt signa voluntatis ejus et sunt quasi consequentia voluntatis summæ, explicatio ejus et effectus ipsius. Quidquid enim in illa videlicet voluntate divina semper est in istis aliquando est, et quidquid in istis aliquando non est in illa nunquam est. Omne enim quod in illa est semper est, quia ab æterno Deus voluit quod nunc factum est vel permissum ; omne etiam quod est in istis aliquando est : Deus enim voluit aliquando, videlicet quando feci hoc vel illud quod illo tunc ipsum facerem, quia nec aliquid est præter ejus voluntatem, nec aliquid fieri potest extra ejus permissionem sive operationem, et sequuntur duo unam voluntatem et una in ambobus invenitur, quoniam nec nolens operatur Deus nec permittit nisi volens. Cum autem aliquid fit, dici potest voluntas Dei, quia voluntate Dei factum est, ut hoc fieret vel permissum : voluntarie fecit quod fecit et bene fecit, et voluntarie fecit quod permisit, et bene fecit, et bene permisit, licet bonum non fuerit quod permisit. Bona facit Deus et bene facit, mala permisit et non fecit, et bene fecit permittendo, quoniam utrumque, videlicet bonum facere et malum permittere bonum fuit, bonum est enim esse bona et mala.

Insuper voluntas Dei dicitur beneplacitum ejus, quia quæcumque voluit fecit nec est qui possit resistere voluntati ejus. Per hoc satis probatur quod non potest impediri beneplacitum ipsius Dei : æternum enim est ita quod esse non potest quod in eo non est nec potest non esse quidquid in illo est ; nec enim contra ipsum nec extra ipsum nec sine ipso aliquid est in omni quod est, et vult omne quod vult, et omne quod non vult non fit : omne quod vult semper vult ut fiat, quod non semper est aliquando vult : et sic hæc tria reperimus quæ dicuntur voluntas Dei, videlicet beneplacitum ejus, operatio ipsius et permissio ipsius.

Etiam præceptum Dei dicitur voluntas ejus sic et prohibitio Dei dicitur voluntas ejus. Cum aliquid præcepit Deus, monstrat velle fieri quod præcepit, et cum aliquid fieri prohibet, monstrat se velle quod non fiat. Dicuntur enim prædicta voluntas ejus quia signa sunt voluntatis ipsius, verumtamen non per omnia sicut beneplacitum, operatio sive permissio ejus, quia ista duo præceptum et prohibitio referuntur ad rationabilia tantum. Brutis nihil præcipitur aut prohibetur, quia talium non sunt capacia. Prædicta duo non omnino certum faciunt quid sit in beneplacito divino et æterno donec operatione vel permissione probetur quod factum fuerit, quoniam in beneplacito æterno ita fuit ut fieret quod factum est; præcipitur sæpe quod fiat quod factum non est quia non fiet et prohibetur quod futurum est et fiet; et non est in beneplacito Dei nisi solum hoc ut sit quod fiet, quia ita esse bonum est. Deus enim vult bonum et non vult malum, et omne bonum vult et omne malum non vult, voluit enim bonum quod præcepit et non voluit malum quod permisit.

Ut autem liqueat materia, argui sic potest : Deus præcepit ut honorem ipsum : non facio, et sic non factum est quod Deus voluit ; Deus prohibet ne occidam ; occidi aliquem, factum est quod Deus noluit. Unde non videntur ista stare cum beneplacito Dei et voluntate divina quibus non videtur repugnari posse, ut supra dictum est. Respondemus quod in utroque casuum prædictorum est factum quod Deus voluit : permisit enim me non honorare ipsum, et hoc voluit ratione nobis incognita. Potest tamen aliqua ratio assignari, ut me gravius puniret et sic ad sui cognitionem me revocaret, quia vexatio dat intellectum, et bonum fecit sic permittendo. Permisit etiam me occidere aliqua latenti causa, ad mei profectum forsan aut ad vindictam per me alias commissorum et hoc voluit. Quare in utroque casu non est factum quod Deus non voluit, sed quod ipse vult, et qualiter et quomodo sibi beneplacitum fuit et utrumque bonum fuit. Non enim aliquid permittit sine bona et valida ratione, nec voluit Deus malum cum voluit quod malum esset. Nam velle bonum et malum esse non est malum.

Pro evidentiori prædictorum declaratione, est sciendum quod triplex est bonum. Primum est summum quod est vere bonum ; eo quod in se bonum est et est universaliter bonum quia ad omnia bonum est et est omni bonum nec extra ipsum bonum est : sine Deo nemo vix bonus est. Aliud est medium bonum quod videlicet ad aliquid bonum est, ut divitiæ sunt bonæ ad aliquid, faciunt enim ad quodquid est. Nam omnino egens sive pauper non potest ita bene virtuti, scientiæ aut sapientiæ vacare sicut aliqualiter dives. Paupertas arcta retrahit a multis bonis faciendis. Esse formosum, esse nobilem, habere liberos, ista sunt bona ad aliquid, quia non omnino fœlix est qui specie turpissimus, innobilis et sine prole : species Priami digna erat imperio. Etiam miseri animi est non posse pati divitias : unde quamvis non sint colendæ divitiæ, quia auro ut fittilibus utendum est, non tamen omnino abjiciendæ sunt. Non possidetur a divitiis prudens dives, sed eas possidet. Quare talia sunt ad aliquid bonum et secundum aliquas circonstantias considerata bonum faciunt et rationem boni habent. Aliud est bonum infimum denominative dictum bonum : unde quamvis in se simpliciter consideratum non sit bonum, per modum sequelæ bonum est, quia ad ipsum sequitur bonum quod non fieret nisi ipsium esset : quare ab intrinsece bonum est et bonum dici potest.

Applicando ad casum nostrum, occidere aliquem bonum non est, cum occidere absolute in se consideratur, sic lædere bonum non est, violentare aliquem non est bonum : nam ista sunt extra officia pietatis et humanitatis. Humanum est enim cuilibet succurere et lapsis manus præbere, omnibus benefacere et nulli nocere, et tamen prædicta facere dato casu bonum est, quia ex hoc magnum bonum sequi potest. Ponamus quod subditus est rebellis domino suo sine causa nisi quia non voluit obedire ; dominus requisivit eum, eum etiam admonuit ; subditus velut pertinax non curat obedire. Etiam inimici invaserunt regnum sine causa : offertur eis quod recedant absque læsione personarum et absque perditione bonorum. Omnes prædicti sunt inexorabiles, sicut fertur, dominum regem et puellam subditis et inimicis regis facere. Numquid, si eis ingeratur bellum poterunt occidi licite, captivari et detineri, aut civitates sive castra in quibus habitant per insultus et facta guerræ capi ? Certe sic, quia justum est bellum ex parte regis, et hoc vult Deus quia bonum est sic agere. Itaque operatio ex parte regis est licita et indicativa sive signum voluntatis Dei. Quod autem subditi tales et inimici capiantur et detineantur violenter, ex parte talium subditorum et inimicorum permissio est ; et si Deus permittat illos vinci aut occidi bonum est, quia permissio illa ex justa causa facta est : quare bonum est et indicativa voluntatis divinæ sive signum ipsius voluntatis divinæ. Et etiam prædicta propter sequelam sunt sive bona bonum : referuntur enim talia ad bonum justitiæ quæ debet reddere cuique quod suum est. Referuntur ad bonum pacis : per talia pax in regno procuratur et inter incolas ipsius concordia, per talia res reddit ad debitum naturæ et morum ordinem. Quare quamvis in se considerata non sint de genere bonorum, tamen per modum sequelæ sunt bonum et habent rationem agibilitatis.

Sed veniendo ad rationem *formalem quæsiti, quærebatur si voluntate divina aut ordinatione, aliqua sint facienda, utrum sine prudentia humana sint conducenda sive peragenda?

Dicimus cum correctione quod, ex quo beneplacitum fuit Deo alicui creaturæ committere dispositionem aut regimen alicujus negotii sive facti : voluntas ejus cum magna devotione suscipienda est et amplectenda et cum gratiarum actione sequenda, quantum fieri potest ; quatenus Deo qui magis sua pietate, bonitate, misericordia et justitia prædicta facere voluit, quam debito aut alias, nullomodo resistatur. Unde censequenter consulerimus quod voluntati commissarii vei nuntii divini nullomodo resisteretur, sed eidem totaliter obediretur, potissime in his quæ essentialia suæ commissionis vel sui facti contingunt.

Verum est tamen quod, antequam talis creatura ab initio negotii recipiatur veluti a Deo missa, probandus primo est spiritus an a Deo vel parte adversa sit missus, veluti fecit Josue. Non enim leviter et sine magno pondere et advisamento in talibus ab initio negotii fides fuit adhibenda ; sed ex quo, re examinata et scita, quantum humana fragilitas noscere sinit, susceptum est negotium tanquam a Deo ordinatum et commissum ; alicui, tunc dicendum esse judicaremus, ut superius est scriptum. Persuadetur sic ; melior est obedientia quam victima. Unde, quia Saül non obedivit voluntati divinæ per Samuelem prophetam sibi dictæ, perdidit regnum, quamvis tamen non crederet male agere. Reservaverat ipse et populus pinguiora armentorum ut ea Domino adolerent et misertus fuerat Agag regis Amaleth, quorum omnium interitionem commiserat Saüli Deus. Unde de prædictis per Samuelem certificatus reservationem prædictorum fecit quamvis non incolorate ; tamen regno privatus fuit proprio, quia voci Domini et voluntati ejus non obedivit. Sic debet rex timere ne, si omittat facere quæ Puella consulit, credens tamen bene facere, aut etiam sperans in prudentia humana, a Domino relinqueretur nec optatum obtineret, sed intentione sua frustraretur.

Secundo sic : si dubitetur de aliquo concernente factum Puellæ commissum, quam angelum Domini Dei exercituum pie credimus esse, (angelus enim nomen officii est, non naturæ), missum ad faciendum redemptionem plebis suæ et restaurationem regni, etc. magis sapientiæ divinæ quam humanæ prudentiæ statuendum est, quia ipsius, videlicet humanæ, ad divinam nulla est comparatio, cum finiti ad infinitum non sit proportio. « Attingit enim divina sapientia a fine usque ad finem fortiter et disponit omnia suaviter. » Quare credendum quod ille qui commisit, inspirabit creaturæ suæ quam misit, ea quæ sunt agenda, melius et expedientius quam prudentia humana exquirere posset.

Tertio diversæ sunt passiones hominum. Aliqui metu personæ, alii metu status, alii metu bonorum, alii volentes ad altiora provehi, alii diversis considerationibus, prout cuique fantasma est, possunt a vero diverti. Divina autem voluntas, nec falli potest nec fallere, nec decipi nec decipere, quia ejus est semper bonum facere et benefacere.

Quare consuleremus quod in talibus, primo et principaliter exquireretur votum Puellæ, et quamvis esset dubium nobis, vel non magnam apparentiam quoad non habens, quod tamen, si fixe aliquid diceret, illud dominus rex sequeretur et tanquam a Deo Puellæ propter manutenentiam negotii sibi commissi, inspiratum servaretur. Quoad præparationem negotiorum, ut de machinis, de pontibus, de scalis et similibus faciendis ; de victualibus pro numero commilitonum et de similibus ; de modo financias habendi et talibus extrinsecus, sine quibus tamen res diu durare sine miraculo non posset : satis diceremus per prudentiam humanam providendum, per rationes in principio quæstionis adductas. Sed ubi per divinam sapientiam aliquid est magis quam alias faciendum, succumbere debet et humiliare se prudentia humana et nihil debet attentare, proponere aut sequi quod divinam majestatem offendat. Et in hoc consilium Puellæ primum et præcipuum dicimus esse debere, et ab ea ante omnes assistentes, quærendum, investigatum et petendum. Qui dat formam, dat consequentia ad eam, et qui committit unum, committit et omnia sine quibus. Quare sperare in Domino debemus, qui causam regis suam fecit, quod talia inspirabit per quæ res finem suum debitum et effectum sortietur ; quia Dominus opus imperfectionis non novit.

Insuper regi consuleremus quod omni die certum aliquid Deo, beneplacitum ac ejus voluntati gratum faceret quodque super hoc cum Puella conferret, et, post ejus advisamentum, in esse deduceret quam humiliter et devote ; ne Dominus manum suam retrahendi causam habeat, sed gratiam suam continuet. Proprie enim ejus proprium est misereri semper et parcere, nisi nos indignos gratiæ suæ effecerimus. Æternæ igitur majestati cervices et colla submittat ac poplites curvet grata mortalis regis humilitas promptitudinem voluntatis humilitas divinis dispositionibus obsecundando. Per hoc debitum fecerit ac eum, per quem reges regnant meritorie placaverit ; cui sit honor et gloria in sempiterna sæcula. Amen.

Imprimerie DESTENAY, Saint-Amand (Cher).

www.ingramcontent.com/pod-product-compliance
Lightning Source LLC
Chambersburg PA
CBHW060306230426
43663CB00009B/1602